金程考研

金融硕士（MF）真题及详解

金融硕士(MF)考试辅导用书

金程考研专业课教研中心 编

上海财经大学出版社

图书在版编目(CIP)数据

金融硕士(MF)真题及详解/金程考研专业课教研中心编. 一上海:上海财经大学出版社,2019.4
ISBN 978-7-5642-3223-8/F・3223

Ⅰ.①金… Ⅱ.①金… Ⅲ.①金融学-硕士生入学考试-题解 Ⅳ.①F830-44

中国版本图书馆 CIP 数据核字(2019)第 046334 号

□ 责任编辑 胡 芸
□ 封面设计 钱伊贝

金融硕士(MF)真题及详解

金程考研专业课教研中心 编

上海财经大学出版社出版发行
(上海市中山北一路 369 号 邮编 200083)
网 址:http://www.sufep.com
电子邮箱:webmaster @ sufep.com
全国新华书店经销
上海叶大印务发展有限公司印刷装订
2019 年 4 月第 1 版 2019 年 4 月第 1 次印刷

787mm×1092mm 1/16 40.5 印张 960 千字
定价:98.00 元

金程考研十大服务系统 | 全面照顾学员学习每一个环节

10
十大服务系统

1. 考研全程规划系统
2. 院校专业决策系统
3. 备考资料数据库系统
4. 专业深度剖析系统
5. 入学水平测试系统
6. 全程学习监督系统
7. 心理咨询支持系统
8. 阶段复习评测系统
9. 全真模拟考试系统
10. 复试调剂支持系统

—上海·金程总部

联系电话：400-700-9596

联系地址：上海市虹口区松花江路2539号复旦科技园1号楼

—上海·松江分校

联系电话：021-60498367

联系地址：上海市松江区松江大学城文汇路一期678弄202室

—北京分公司

联系电话：010-88086667

联系地址：北京市西城区平原里21号亚泰中心6层

—南京分公司

联系电话：025-83628492

联系地址：南京市秦淮区中山东路90号华泰证券大厦7楼S1室

—深圳分公司

联系电话：0755-82411035

联系地址：深圳市罗湖区银湖路金湖一街CDI大厦3楼

—西安分公司

联系电话：18066629068

联系地址：西安市碑林区长安北路1号陕西国际会展大厦1428室

在微信上关注

微信号：kaoyan_gfedu

微信搜索：金程考研网

在微博上关注

微博名称：金程考研网

微博搜索：金程考研网

【金程考研辅导课程体系】

<table>
<tr><th colspan="4">金鹰密训营</th></tr>
<tr><td>寒假密训营</td><td colspan="2">数学/英语/431 金融学综合</td><td>1 月</td></tr>
<tr><td>春季密训营</td><td colspan="2">数学/英语/431 金融学综合</td><td>3–6 月</td></tr>
<tr><td rowspan="2">暑期密训营</td><td>暑期公共课</td><td>数学/英语/政治/199 管理类联考综合</td><td>7–8 月</td></tr>
<tr><td>暑期专业课</td><td>431 金融学综合/复旦 801/复旦 856/上财 801</td><td>8 月</td></tr>
<tr><td rowspan="3">秋季密训营</td><td>提高班</td><td>数学/英语/政治/专业课/199 管理类联考综合</td><td>9–10 月</td></tr>
<tr><td>冲刺班</td><td>数学/英语/政治/专业课/199 管理类联考综合</td><td>10–11 月</td></tr>
<tr><td>模考点题班</td><td>数学/英语/政治/专业课/199 管理类联考综合</td><td>12 月</td></tr>
<tr><th colspan="4">金鹰孵化营（大二营）</th></tr>
<tr><td colspan="2">金鹰孵化营</td><td>数学/英语/政治/431 金融学综合/复旦 801/复旦856/上财 801/上财 810/199 管理类联考综合/396 经济类联考综合</td><td>大二–考前</td></tr>
<tr><th colspan="4">个性化辅导</th></tr>
<tr><td>定向协议班</td><td colspan="2">定向协议班 A 班/ 定向协议班 B 班/ 定向协议班 C 班/ D 班（复试）</td><td>随报随学</td></tr>
<tr><td>私密一对一</td><td colspan="2">初试一对一/复试一对一</td><td>随报随学</td></tr>
<tr><th colspan="4">金融大师班</th></tr>
<tr><td>金融大师班</td><td colspan="2">导学+基础+提高+冲刺+模考</td><td>1–12 月</td></tr>
<tr><th colspan="4">金石特训营</th></tr>
<tr><td>金石特训营</td><td colspan="2">暑期集训+个性化一对一</td><td>1–12 月</td></tr>
<tr><th colspan="4">飞鹰计划</th></tr>
<tr><td>飞鹰计划</td><td colspan="2">飞鹰周末班+强化班+冲刺班+模考点题班</td><td>当年 10 月–次年 12 月</td></tr>
<tr><th colspan="4">标准畅读班</th></tr>
<tr><td>公共课畅读班</td><td colspan="2">数学/英语/政治/199管理类联考综合/396 经济类联考综合</td><td>当年 10 月–次年 12 月</td></tr>
<tr><td>金融畅读班</td><td colspan="2">预备班/基础班/提高班/冲刺班/模考班</td><td>5–12 月</td></tr>
</table>

金融硕士(MF)考试辅导通关宝®系列

编 委 会

特别鸣谢： 徐培华　汤震宇　鲁　莹　谢红樱　洪　波

陈丽美　肖　洋　曹　平

“金融硕士(MF)考试辅导通关宝®系列”书序

一、“金融硕士(MF)考试辅导通关宝®系列”丛书概述

为应对考生在择校、复习及参加考试过程中可能面临的信息不对称问题，金程考研凭借十余年来在金融经济专业方面的学术沉淀及多年的教学研发经验，为考生定制了本套分阶段的“金融硕士(MF)考试辅导通关宝®系列”丛书。针对考生复习备考的各个阶段(基础—强化—冲刺—模考)，本套丛书都配备了相关的资料，以便使考生的复习能达到事半功倍的效果。

本套丛书严格按照全国考试大纲编写，另外适当加入大纲中没有的常考知识点，参考了多本431金融学综合考试参考书目，适合报考清华大学、中国人民大学、复旦大学、上海财经大学、上海交通大学、厦门大学、南开大学、南京大学、中山大学以及其他参考全国考试大纲命题的院校的431金融学综合考生。

二、“金融硕士(MF)考试辅导通关宝®系列”丛书分册介绍

本套丛书共有六本，分别为：

(一)《金融硕士(MF)复习全书》(原白皮书)(预计发售时间:4月)

本书是整套丛书的核心书籍，是考生在基础、强化阶段复习的必备书籍之一，主要作用是帮助考生巩固并深入理解已经学过的参考书上的基本知识点，复习后期也可起到备查的作用，是贯穿研究生考试复习过程的重要辅导资料。

本书是在金程考研原白皮书即《金融硕士(MF)辅导》的基础上进行了修订，将以更高的质量和新的面貌呈现在广大考生面前。本书每章内容都是按照全国考试大纲的章节进行编写的，全面覆盖了所有知识要点，并结合历年真题和经典例题对高频考点进行更为深入的讲解，使本书更加具有考试的实用性，以帮助考生搭建系统知识体系框架，夯实专业基础。

(二)《金融硕士(MF)习题及详解》(预计发售时间:4月)

本书是重要的习题训练，真题虽然重要，但是数量有限。因为习题训练是夯实基础、强化学习效果的重要手段，所以备考过程中相应数量的习题训练必不可少。

本书习题参照高频考点、经典例题等资料而编写，符合真题思路，帮助考生更好地巩固学习效果。

(三)《金融硕士(MF)真题及详解》(预计发售时间:4月)

在考研备考过程中，真题的重要性不言而喻。对于任何考试，把握命题人的意图都是决定性的环节，而真题是最能体现这些意图的权威资料。因此本书适合考生在强化及冲刺阶

段使用,以便洞悉命题规律和趋势。

(四)《金融硕士(MF)知识汇总及热点专题》(原红皮书)(预计发售时间:10 月)

本书是适合考生复习中后期强化知识体系的参考书,有助于考生牢固掌握考试基础知识点及考试热点。

本书主要由两部分内容组成。第一部分是知识汇总,即对每章知识点进行了深度总结和串联,帮助考生强化记忆。第二部分是热点专题,该部分内容为考生总结了近阶段发生的金融热点问题,并结合知识点和考点进行分析,不仅可以帮助考生了解热点问题,更重要的是帮助考生在遇到此类热点真题时,学会如何理论联系实际,运用理论知识和相关模型进行解答和论述。

(五)《金融硕士(MF)全真模拟 5 套卷》(内部发行)(预计发售时间:11 月)

本书适合考生在冲刺阶段使用,目的是帮助考生提前熟悉考试题型,以便进行全真模拟和实战演练。本套全真模拟题是按照各高校考试重点和命题趋势研发而成,在考试题型、分值分布和考试重难点把握上完全贴合真题,可帮助考生在最后阶段突破考试壁垒,快速进入临考状态。

(六)《金融硕士(MF)最后密押 3 套卷》(内部发行)(预计发售时间:12 月)

本书适合考生在最后冲刺阶段使用。主要作用是超前预测必考题和常考题,帮助考生快速判断"题眼"、找到"陷阱",只"猜"必考和常考的知识点。

本书通过对各大名校历年考研真题的考点、题型、分值等进行统计和分析,全力凸显命题规律,以此为方向精选习题,并将最新热点问题改编为试题,其风格、难度、考查重点等与考研真题具有极强的相似度。考生认真做完本卷后,对考研真题风格的把握将会更加准确。

由于编者水平有限,本书肯定还存在诸多不当之处。如果您在学习过程中发现错误或有其他建议,请发邮件至 jckytushu@sina. com 沟通。我们衷心希望金程考研金融硕士系列书籍继续得到大家的认可,也诚恳地希望大家多提改进建议,以便我们在今后的修订中不断完善。

目　录

一、2015～2019 年选编真题

2019年复旦大学431金融硕士真题

一、选择题(共10题,每题4分,共40分)

1. 下列不纳入中国M1统计口径的是(　　)。

A. 复旦大学的活期存款　　B. 工商企业的活期存款

C. 个人持有的现金　　D. 某银行库存现金

2. 若收益率曲线向下倾斜,则意味着(　　)。

A. 预期市场收益率会上升

B. 预期短期债券收益率比长期债券收益率低

C. 预期经济将进入上升期

D. 预期货币政策未来将进入宽松期

3. 下列不属于银行信用风险管理措施的是(　　)。

A. 与客户建立长期关系　　B. 抵押

C. 补偿性余额　　D. 利率衍生品交易

4. 内部均衡和外部均衡的矛盾及政策搭配是哪位经济学家首先提出的?(　　)

A. James Meade　　B. Robert Mundell

C. T. Swan　　D. H. Johnson

5. 若资金可以自由借贷,银行同业拆借利率的下限是(　　)。

A. 存款准备金率　　B. 央行再贴现率

C. 存款基准利率　　D. 准备金利率

6. 关于国际收支平衡表,下列说法中正确的是(　　)。

A. 官方储备差额为正值,表示该国为债权国

B. 官方储备差额为负值,表示该国为债权国

C. 资本与金融账户差额为负值,则官方储备增加

D. 假定错误与遗漏账户差额为零,若经常项目顺差,则资本与金融账户(含官方储备)差额一定为负值

7. 下列说法中,对投资组合分散化的描述正确的是(　　)。

A. 适当分散化可以减少或消除系统性风险

B. 分散化减少投资组合的期望收益,因为它减少了投资组合的总体风险

C. 当把越来越多的证券加入投资组合时,总体风险一般会以递减的速度下降

D. 除非投资组合包含了至少30只以上的个股,分散化降低风险的效果不会充分体现

8. 下列关于远期价值和远期价格的说法中,错误的是(　　)。

A. 远期价格是远期合约价值为零的价格

B. 远期价格与现货价格紧密相关,远期价值是合约本身的价值

C. 远期价格等于远期合约在实际交易中形成的交割价格

D. 远期价值受远期实际价格和理论价格共同影响

9. 公司进行决策时,如果不考虑沉没成本,其体现的财务原则是(　　)。

A. 期权原则　　B. 风险收益对等原则

C. 净增效益原则　　D. 资本市场效率原则

10. A 公司目前有 3 000 万元到期债务,其资产的市场价值为 9 000 万元,公司有 1 000 万股流通股,没有其他债务,没有现金储备。若公司通过发行新股融资来偿还债务,请问需发行(　　)万股新股?公司的股价将会是(　　)元。

A. 100,9　　B. 300,6　　C. 300,9　　D. 500,6

二、简答题(共 3 题,每题 10 分,共 30 分)

1. 简述格雷欣法则的含义及其在现实生活中的体现。

2. 很多人认为过度资产证券化是美国次贷危机爆发的原因之一,请问金融机构热衷资产证券化的微观动机是什么?

3. 简述第一类代理问题的主要表现。

三、计算题(共 3 题,每题 20 分,共 60 分)

1. 假设无风险资产收益率为 5%,投资人最优的风险资产组合预期收益率为 15%,标准差为 25%,问:

(1)为使投资人接受一单位风险需增加的预期收益是多少?

(2)假设投资人需构建标准差为 10%的资产组合,应持有最优风险资产组合的权重是多少?构建的资产组合预期收益率是多少?

(3)假设投资人需构建预期收益率是 19%的资产组合,应如何分配无风险资产和最优风险资产组合的比例?

2. 假设无风险比率为 6%,根据下列数据计算资产组合 P 与市场组合 M 的绩效测度。

(1)夏普比率,(2)詹森比率,(3)特雷诺比率,(4)信息比率。

	资产组合 P	市场组合 M
平均回报率	35%	28%
Beta	1.2	1.0
标准差 σ_i	42%	30%
跟踪误差 $\sigma_i(e)$	18%	0

3. 某公司当前股价为每股 6 元,有 2 000 万股流通股,该公司宣布计划借款 3 000 万元用于回购股票,并减轻公司所得税负担。

(1)在完美资本市场中,该项计划宣布之后,请问该公司的股价是多少?

(2)假设该公司的所得税税率为30%,股东预计债务变动将是永久的,如果只考虑公司税,该计划宣布后,请问该公司的股价是多少?

(3)假设不考虑其他因素,只考虑公司所得税和财务困境成本,若该项计划宣布之后股价跌至每股5.2元,请问借入新债引发的财务困境成本的现值是多少?

四、论述题(共1题,每题20分,共20分)

2015年以来,人民币兑美元的汇率从持续升值逐渐转入贬值通道,请论述人民币贬值的影响因素以及人民币贬值对资本市场的影响机制。

2018 年复旦大学 431 金融硕士真题

扫码听课

一、选择题(每题 4 分,共 40 分)

1. 根据中国人民银行对货币口径的定义,个人到银行将现金转为活期存款,会有何影响?(　　)

A. M0 下降,M1 上升　　B. M1 下降,M2 不变

C. M1 不变,M2 不变　　D. M1 下降,M2 下降

2. 下列哪项业务可能对银行的或有负债产生影响?(　　)

A. 托收业务　　B. 基金产品销售

C. 备用信用证　　D. 并购咨询

3. 一个国家在另一个国家发行,且计价货币是非债券发行交易国货币的债券称为(　　)。

A. 外国投资　　B. 可转换债券　　C. 外国债券　　D. 欧洲债券

4. 一般而言,由(　　)引起的国际收支失衡是长期的且持久的。

A. 经济周期更迭　　B. 货币价值变动

C. 预期目标的改变　　D. 经济结构滞后

5. 仅限于会员国政府之间和 IMF 与成员国之间使用的储备资产是(　　)。

A. 黄金储备　　B. 外汇储备

C. 特别提款权　　D. 在基金组织的储备头寸

6. 两种资产 i、j 构成的资产组合中,资产组合的标准差可能降到最低的是(　　)。

A. 相关系数=−1　　B. 相关系数=0

C. 相关系数=0.3　　D. 相关系数=1

7. 在 Black-Scholes 期权定价模型的参数估计中,最难估计的变量是(　　)。

A. 执行价格　　B. 连续复利的无风险利率

C. 标的资产波动率　　D. 期权的到期时间

8. 考虑有两个因素的多因素 *APT* 模型,股票 A 的期望收益率是 18%,对因素 1 的贝塔值是 1.5,对因素 2 的贝塔值是 1.2。因素 1 的风险溢价是 3%。无风险收益率是 5%,如果无套利机会,那么因素 2 的风险溢价是(　　)。

A. 6%　　B. 4.25%　　C. 7.08%　　D. 8.85%

9. 关于股利政策,下列说法中错误的是(　　)。

A. 税收效应理论认为,当股票资本利得税和股票交易成本之和大于股利收益税时,应

采用高现金股利分配率政策

B. 客户效应理论认为，对于高收入阶层和风险偏好投资者，应采用高现金股利分配率政策

C. “一鸟在手”理论认为，由于股东偏好当期股利收益率胜过未来预期资本利得，应采用高现金股利分配率政策

D. 代理成本理论认为，为解决控股股东和小股东之间的代理冲突，应采用高现金股利分配率政策

10. 如果要对股票进行估值，那么以下不可以使用的是(　　)。

A. 股票平均收益率　　B. 债券收益率加上风险溢价

C. 国债的利率　　D. 投资者的必要收益率

二、简答题(每题 10 分，共 30 分)

1. 我国近年来一直为“双顺差”，但我国又是资本流出大国，请从国际收支平衡表构成的角度谈一谈这两者是否矛盾。

2. 请比较一价定律与购买力平价的联系与区别。

3. 请比较资本市场线与证券市场线的联系与区别。

三、计算题(每题 20 分，共 60 分)

1. 已知某股票永续股利为 6 元，无风险利率为 4.3%，市场组合收益率为 13%，该股票的 β 系数为 0.9。

(1)用 *CAPM* 计算该股票的期望收益率。

(2)你愿意出多少钱购买这只股票?

(3)假设真正的 β 为 1.3，而不是 0.9，那么如果你按第二问的价格购买该股票，请问你是高估了还是低估了其价格?

2. 假设某股票期初价格为 95 元，其期末价格有可能为 150 元或 90 元，假设该股票卖出期权的执行价格为 110 元。

(1)如果你用卖出期权对冲风险，那么每股股票需要多少份卖出期权?

(2)如果每股股票用 puts 期权对冲之后，期末价值为多少?

(3)假设必要收益率为 10%，请问每份期权的价格是多少?

3. 假设某公司需要筹集资金 20 000 万元，其明年的 *EBIT* 为 6 000 万元，当前股票价格为 90 元，共有股份为 1 000 万股，假设资本市场为完美市场。

(1)如果用发行股票的方式筹集资金，其明年的每股收益预计为多少?

(2)如果用债务方式筹集资金，利率为 5%，其明年的每股收益为多少?

(3)预计上述两种方式的 P/E 分别为多少，并解释为何两者会出现差异。

四、分析与论述题(每题 20 分，共 20 分)

全球金融危机以来，我国产生了许多新型货币政策工具，如 SLF、MLF 等，试比较其与传统货币政策工具的区别，并就其产生的原因以及作用效果进行分析。

扫码听课

2018年华东师范大学431金融硕士真题

一、单项选择题(每题1分,共20分)

1. 在我国的货币层次划分中,一般将住房公积金存款划为(　　)。

A. M0　　B. M1　　C. M2　　D. M3

2. 可以用来当作商业银行二级准备的资产有(　　)。

A. 在中央银行的存款　　B. 国库券

C. 同业拆借资金　　D. 定期存款

3. 下面哪个市场是利率市场化的基础,它有利于形成市场化利率信号?(　　)

A. 一级市场　　B. 二级市场　　C. 资本市场　　D. 货币市场

4. 决定货币M1的数量时,主要由公众控制的因素有(　　)。

A. 法定存款准备金率　　B. 存款与通货的比率

C. 基础货币　　D. 超额准备金率

5. 公司将一张面额为10 000元、到期期限为6个月的商业票据贴现,若银行的年贴现率为5%,则银行应付金额为(　　)元。

A. 125　　B. 1 501　　C. 9 750　　D. 10 020

6. 下列金融变量中,直接受制于商业银行行为的有(　　)。

A. 定期存款比率　　B. 现金漏损率

C. 超额存款比率　　D. 财政性存款比率

7. 弗里德曼的研究表明,当预期通货膨胀率与实际通货膨胀率处于什么关系时,失业率等于自然失业率?(　　)

A. 大于　　B. 等于　　C. 小于　　D. 不确定

8. 国内某公司在海外直接投资取得并汇回的利润,应计入国际收支平衡表中经常账户的(　　)项目。

A. 收益　　B. 经常转移　　C. 直接投资　　D. 资本转移

9. 下列关于特别提款权的说法中,不正确的是(　　)。

A. 它具有内在价值

B. 它的价格根据主要发达国家货币汇率加权平均算出

C. 它没有商品贸易及金融交易基础

D. 限定在成员国政府与IMF及各成员国之间发挥作用

10. 亚投行的全称是(　　)。

A. 亚洲投资发展银行　　B. 亚洲投资银行

C. 亚洲基础设施投资银行　　D. 亚洲基础设施投资发展银行

11. 公司增发的普通股的市价为 12 元/股，筹资费用率为市价的 6%，本年发放股利为每股 0.6 元，已知同类股票的预计收益率为 11%，则维持此股价需要的股利年增长率为(　　)。

A. 5%　　B. 5.39%　　C. 5.68%　　D. 10.34%

12. 某公司 2016 年销售净收入 315 000 元，应收账款年末数为 18 000 元，年初数为 16 000 元，其应收账款周转次数是(　　)次。

A. 10　　B. 15　　C. 18.5　　D. 20

13. 某公司正在开会讨论投产一种新产品，对以下收支发生争论，你认为不应列入该项目评价的现金流量有(　　)。

A. 新产品投产导致流动资金增加 80 万元

B. 该项目利用现有未充分利用的厂房和设备，如将该设备出租可获收益 200 万元，但公司规定不得将生产设备出租，以防对本公司形成竞争

C. 产品销售会使本公司同类产品减少收益 100 万元

D. 产品销售会使本公司同类产品增加收益 200 万元

14. 在进行股票投资时，一位投资者只基于公司披露的年报信息进行分析与选择股票就可以获得超额利润，这与哪种有效市场假说相符？(　　)

A. 弱有效市场　　B. 半强有效市场

C. 强有效市场　　D. 以上都不对

15. 下列有关“优序融资理论”的理解中，不正确的有(　　)。

A. 债务融资优于内部融资　　B. 内部融资优于外部融资

C. 债务融资优于权益融资　　D. 内部融资优于权益融资

16. 在以下关于 β 系数的表述中，错误的是(　　)。

A. β 系数用来度量证券本身在不同时期收益变动的程度

B. β 系数是用来测定一种证券的收益随整个证券市场收益变化程度的指标

C. β 系数代表证券的系统风险

D. β 系数度量证券收益相对于同一时期市场平均收益的变动程度

17. 一对股票 A 和股票 B：A 的期望收益率为 0.12，β 值为 1.2；B 的期望收益率为 0.14，β 值为 1.8，无风险收益率为 0.05，市场期望收益率为 0.09。应该投资的股票及原因是(　　)。

A. 股票 A，因为 A 的超额收益率 2.2%大于股票 B 的超额收益率 1.8%

B. 股票 B，因为 B 的超额收益率 2.2%大于股票 A 的超额收益率 1.8%

C. 股票 A，因为 A 的超额收益率 5%大于股票 B 的超额收益率 3.8%

D. 股票 B，因为 B 的超额收益率 5%大于股票 B 的超额收益率 3.8%

18. 股票公司规定的能获得此次股利分派的最后日期界限是指(　　)。

A. 股利宣告日　　B. 股权登记日

C. 除息日　　D. 股利发放日

19. 在单一方案决策过程中，与净现值评价结论最可能发生矛盾的评价指标是(　　)。

A. 净现值率　　B. 获利指数

C. 投资回收期　　D. 内部收益率

20. 财务杠杆反映的是(　　)。

A. 销售量与息税前利润之间的关系

B. 销售量与每股收益之间的关系

C. 息税前利润与每股收益之间的关系

D. 息税前利润与股利支付率之间的关系

二、名词解释(每题 4 分，共 24 分)

1. 行为金融学
2. 投机性货币需求
3. 投资银行
4. 远期汇率
5. 扬基债券
6. 增量现金流

三、简答题(每题 8 分，共 48 分)

1. 简述间接金融和直接金融的区别与联系。
2. 简述我国传统货币政策工具及其特点。
3. 简述货币中性的概念、成立条件及其对宏观调控的启示。
4. 简述国际清偿力与国际储备的关系。
5. 简述 MM 定理的主要内容。
6. 简述普通股成本确定方法中资本资产定价模型和现金流贴现方法的区别与联系。

四、计算题(每题 10 分，共 30 分)

1. 某公司正考虑购买一台生产玩具的机器，机器的价格为 530 000 元，使用期限为 5 年。该机器将采用直线折旧法完全折旧。该机器每年能够生产 15 000 件玩具。第一年每件玩具的售价将为 40 元，尔后将以每年 5%的增长率增长。第一年每件玩具的生产成本将为 20 元，尔后将以每年 6%的增长率增长。该项目每年的固定成本将为 75 000 元，同时需要立即投资 25 000 元于净营运资本。公司税率为 34%。如果恰当的折现率为 15%，那么该项投资的净现值是多少?

2. 一家上市公司资产负债表中长期负债账面价值为 3 810 万元(每张债券面值为 1 000 元)，息票率为 8%，期限为 2 年。假设投资者对公司债券要求得到收益率为 10%，公司所得税率为 40%，税前筹资费率为 3%，请计算该债券的筹资成本。

3. 某公司目前发行在外普通股 1 000 万股(每股 1 元)，已发行 10%利率的债券 4 000 万元。该公司打算为一个新的投资项目融资 5 000 万元，新项目投产后公司每年息税前盈余增加到 2 000 万元。现有两个方案可供选择：按 12%的利率发行债券(方案 1)；按每股

200 元发行新股(方案 2)。公司适用所得税税率 40%。请判断哪个方案更好。

五、论述题(每题 14 分,共 28 分)

1. 试述金融科技的内涵、近年来的发展及其影响。
2. 试述近三年来人民币汇率的变动特点及其原因。

2017年复旦大学431金融硕士真题

扫码听课

一、名词解释(每题5分,共25分)

1. 风险价值
2. 通货膨胀目标制
3. 泰勒规则
4. 货币替代
5. 回购协议

二、选择题(每题4分,共20分)

1. 若目前无风险资产收益率为5%,整个股票市场的平均收益率为15%,B公司的股票预期收益率与整个市场平均收益率之间的协方差为250,整个股票市场平均收益率的标准差为20,则B公司股票必要收益率为(　　)。

A. 15%　　B. 12%　　C. 11.25%　　D. 8%

2. 根据杜邦分析框架,A企业去年净资产收益率(ROE)下降,可能是由于(　　)引起的。

A. 销售利润率上升　　B. 总资产周转率下降

C. 权益乘数上升　　D. 股东权益下降

3. 若甲公司股值从10元上升到25元,乙公司结构、竞争能力等与甲公司相同。现在估计乙公司明年股票价值上升150%以上,请问这是什么经济学行为?(　　)

A. 心理账户　　B. 历史相关性

C. 启发性思维　　D. 锚定效应

4. 根据巴拉萨—萨缪尔森效应,下列说法中正确的是(　　)。

A. 贸易部门劳动生产率较低的国家,实际货币升值

B. 贸易部门劳动生产率较高的国家,物价较低

C. 贸易部门劳动生产率提高相对较快的国家,名义货币升值

D. 贸易部门劳动生产率提高相对较慢的国家,名义货币贬值

5. 下列描述中,正确的是(　　)。

A. 央行可以通过增加贷款发行货币,通过购买国债不能增发货币

B. 如果央行提高存款准备金率,商业银行在央行的存款增多

C. 如果流动性降低,通货存款比降低

D. 随着信用卡的广泛使用，货币流通速度增加

三、计算题(每题 20 分，共 40 分)

1. 假定无风险收益率 R_f 为 5%，投资人最优风险资产组合的预期收益率 $E(R_t)$ 为 15%，标准差为 25%，试求：

(1)投资人承担一单位的风险需增加的预期收益率是多少？

(2)假设投资人需要构造标准差为 10%的投资组合，则投资最优风险资产组合的比例是多少？构造的投资组合预期收益率是多少？

(3)假设投资人将 40%的资产投资于无风险证券，则该投资组合的预期收益率和标准差是多少？

(4)假设投资人需要构造预期收益率为 19%的投资组合，则如何分配最优风险资产组合和无风险证券比例？

(5)假设投资人资产总额为 1 000 万元，需要借入多少无风险证券以构造预期收益率为 19%的投资组合？

2. 你一家要去美国旅游，去银行看到的牌价为：

银行	现钞买入	现汇买入	卖出
A	608.02	611.39	613.84
B	606.90	611.80	614.26
C	606.77	611.67	614.13

(1)如果你有 5 万元人民币要兑换成美元，你会选哪个银行？能换到多少美元？

(2)旅游回来后你要把剩余的 1 000 美元换成人民币，你会选哪个银行？能换到多少人民币？

(3)是否存在某种套利机会？如果存在，请说明操作方法；如果不存在，请说明判断方法。

四、简答题(每题 10 分，共 20 分)

1. 简单介绍托宾税的作用机制和可能的利弊，并请举例说明。

2. 如何理解投资风险分散化？如何实现风险分散化投资？

五、论述题(第 1 题 20 分，第 2 题 25 分，共 45 分)

1. 货币政策的中介目标可以分为数量型和价格型中介目标两种，有人认为目前的中国，数量型货币政策指标的有效性下降，应该放弃数量型目标而选用利率型目标，请论述你对此的理解。

2. 股东与管理者之间的代理成本以及股东与债权人之间的代理成本分别是如何产生的？债务融资与这些代理成本有什么关系？

2016年复旦大学431金融硕士真题

扫码听课

一、名词解释(每小题5分,共25分)

1. 特别提款权
2. 货币中性
3. 抵押贷款和质押贷款
4. 资本配置线
5. 内含报酬率

二、选择题(每小题4分,共20分)

1. 根据蒙代尔的最优指派原则,一国出现通货膨胀、国际收支顺差,应该选择的政策搭配是(　　)。

A. 紧缩的货币政策和扩张的财政政策

B. 紧缩的财政政策和扩张的货币政策

C. 紧缩的财政政策和紧缩的货币政策

D. 扩张的货币政策和扩张的财政政策

2. 以下针对央行负债的变动中,会导致商业银行体系准备金增加的是(　　)。

A. 外国在央行存款增加　　B. 财政部在央行存款增加

C. 流通中的货币减少　　D. 其他负债增加

3. 下列期权到期日期权损益表示方法中正确的是(　　)。

A. 欧式看涨期权空头 max(St−X,0)　　B. 欧式看涨期权多头 min(St−X,0)

C. 欧式看跌期权多头 max(St−X,0)　　D. 欧式看跌期权空头 min(St−X,0)

4. 以下关于市盈率的表达中,错误的是(　　)。

A. 股利分配越高,市盈率越高

B. 公司成长价值越高,市盈率越高

C. 名义利率越高,市盈率越低

D. 到期收益率、要求报酬率越高,市盈率越高

5. 关于债券到期收益率的含义,正确的是(　　)。

A. 持有债券至到期的内含报酬率

B. 使债券未来息票收入现值为债券价格的折现率

C. 无风险利率加上一个风险溢价

D. 债券利息收益率与本金收益率之和

三、计算题(每小题 20 分,共 40 分)

1. 某公司进口美国电脑,成本为 100 美元/台,30 天后付款,当前汇率 1 美元等于 6.5 元人民币($e=6.5$),公司每台可得利润 50 美元。

(1)若一个月后即期汇率为 1 美元等于 6 元人民币($e=6$),问公司利润为多少?若 30 天后即期汇率 1 美元等于 7 元人民币($e=7$),问公司利润为多少?

(2)若单位利润带来的效用$U=\sqrt{\pi}$,预计一个月后即期汇率为 1 美元等于 6 元人民币和 1 美元等于 7 元人民币的概率各为 50%,此时有一份 $e=6.7$ 的远期协议,问你会签这份协议吗?

2. 某股票当前市价 10 元,3 个月后该股票价格不是 12 元就是 9 元,一份以该股票为标的执行价格为 10 元、为期 3 个月的欧式看涨期权价值为 0.8 元,计算:

(1)该股票风险中性的概率。

(2)以该股票为标的执行价格为 11 元、为期 3 个月的欧式看跌期权的价值。

(3)以该股票为标的远期协议的理论远期价格。

四、简答题(每小题 10 分,共 20 分)

1. 美联储加息对我国宏观经济有什么影响?

2. 分析做市商报价驱动机制和指令驱动交易机制的差异性。

五、论述题(第 1 题 20 分,第 2 题 25 分,共 45 分)

1. 什么是国际储备货币分散化?原因是什么?人民币成为国际货币对当前国际储备货币的格局有什么影响?

2. 2015 年 7 月,中国 A 股持续下跌,许多证券公司纷纷暂停了融券交易,在此情况下,套利交易机制还有效吗?套利机制有效性受哪些因素影响?

2016年上海财经大学431金融硕士真题

一、选择题(每题2分,共60分)

1. 货币中性是指货币数量变动只会影响(　　)。

A. 实际工资　　B. 物价水平

C. 就业水平　　D. 商品的相对价格

2. 下列哪一项不是商业银行与投资银行的主要区别?(　　)

A. 资金来源不同　　B. 融资功能不同

C. 监管机构不同　　D. 利润来源不同

3. 利率为资金借贷的价格,决定于金融市场上资金流量的供需关系,这是下面哪一种理论的观点?(　　)

A. 流动性偏好理论　　B. 节欲说

C. 可贷资金理论　　D. 古典学说

4. 货币政策的时间不一致性意味着(　　)。

A. 中央银行出于公众利益的考虑,会改变自己事先宣布的政策

B. 中央银行的政策制定,经常超出公众的预期

C. 社会公众对中央银行的信任度并不重要

D. 货币政策的效果存在时滞

5. 下列中央银行中独立性最大的是(　　)。

A. 英格兰银行　　B. 美联储

C. 中国人民银行　　D. 欧洲中央银行

6. 弗里德曼的货币需求函数非常强调(　　)对货币需求的重要影响。

A. 货币数量　　B. 恒久性收入

C. 各种资产的相对收益率　　D. 预期物价水平的变化

7. 下列关于存款保险制度的说法中正确的是(　　)。

A. 一旦商业银行倒闭,存款人的存款将得到保险公司的如数赔偿

B. 一旦商业银行倒闭,存款人的存款账户将被冻结,以免造成损失

C. 可减少商业银行因流动性不足而倒闭的风险

D. 可减少商业银行因清偿力不足而倒闭的风险

8. 以下关于P2P网贷平台的说法中,正确的是(　　)。

A. 因为不属于金融机构,所以不会受到金融监管

B. 存在信用风险，但没有流动性风险

C. 能够消除信息不对称，降低信息成本

D. 能够降低交易成本，提高效率

9. 一般来说，对冲基金属于(　　)。

A. 开放基金　　B. 保险基金　　C. 养老基金　　D. 私募基金

10. 特别提款权目前的定值货币为(　　)。

A. 美元，欧元，日元，卢布　　B. 美元，欧元，英镑，人民币

C. 美元，欧元，日元，人民币　　D. 美元，欧元，日元，英镑

11. 在国际货币市场上，经常用来交易的短期金融工具是(　　)。

A. 国库券　　B. 同业拆借　　C. 商业票据　　D. 点心债券

12. 在资本完全自由流动、汇率浮动的开放经济 *IS*—*LM* 模型中，紧缩性的货币政策将使 *LM* 曲线(　　)。

A. 左移，此后由于本币升值使 *IS* 曲线也左移

B. 右移，此后由于本币升值使 *IS* 曲线也右移

C. 左移，而 *IS* 曲线保持不变

D. 先左移，然后由于本币升值向右回移

13. 衡量一国外债期限结构是否合理的指标是(　　)。

A. 偿债率　　B. 负债率

C. 外债余额和 GDP 之比　　D. 短期债务比率

14. 某只股票以每 10 股送 2 股向全部股东派发股票股利，已知除权日前一日的收盘价格为 12 元，则除权基准价是(　　)。

A. 9 元　　B. 10 元　　C. 11 元　　D. 12 元

15. 一个贝塔系数＞1 的股票，其所属的行业往往是(　　)。

A. 防御性产业　　B. 周期性产业

C. 资本密集型产业　　D. 劳动密集型产业

16. 两种证券 A 和 B，它们的期望收益率分别为 10％和 20％，标准差为 30％和 50％，A 和 B 的相关系数为 0.9，且已知 A 和 B 是等权重的，该组合的标准差为(　　)。

A. 35％　　B. 40％　　C. 10％　　D. 38.9％

17. 以下哪个公式是夏普比率？(　　)

A. $\frac{\alpha_p}{\sigma(\varepsilon_p)}$　　B. $\frac{R_i - R_f}{\beta_i}$

C. $\frac{E(R_p) - R_f}{\sigma_p}$　　D. $R_{it} - [R_{ft} + \beta_i (R_{mt} - R_{ft})]$

18. 假设你个人认为 IBM 的预期回报率是 12％，如果它的 β 值是 1.25，无风险利率为 3.5％，市场期望收益率是 10.5％。则根据 *CAPM* 模型，对 IBM 的估价是(　　)。

A. 过高　　B. 过低　　C. 公正　　D. 无法计算

19. 一笔 30 年的房贷，每月支付 6 997.5 元，年利率是 6％，问第 20 年第一个月支付的利息部分最接近下列哪个答案？(　　)

A. 3 375 元　B. 3 890 元　C. 6 997.5 元　D. 4 200 元

20. 以下关于 *IRR* 的描述中哪个是错的？（　　）

A. 对于投资项目，*IRR* 大于资本成本应该接受

B. 对于融资项目，*IRR* 小于资本成本应该接受

C. 任何 *IRR* 高于资本成本都能选

D. *IRR* 法和净现值法一样在任何时候都有效

21. 以下哪项应该纳入资本预算？（　　）

A. 折旧　B. 已经投入研发的金额

C. 项目筹资的利息费用　D. 项目期末残值的处理

22. 根据理性预期的总供给函数，只要中央银行公开宣布提高货币增长率，则（　　）。

A. 失业率不变，通货膨胀率上升　B. 失业率和通货膨胀率都上升

C. 失业率下降，通货膨胀率上升　D. 失业率和通货膨胀率都不变

23. 下列哪些因素对人民币汇率水平的影响是直接的？（　　）

A. 存款准备金率的调整　B. 外汇储备的变动

C. 存、贷款利率的调整　D. 亚投行的成立

24. 某公司 A 的股票贝塔值为 1.2，昨天公布的市场回报率为 13%，现行的无风险利率是 5%，某投资者观察到昨天该股票的年回报率为 17%，假设市场是强有效的，那么（　　）。

A. 昨天公布的是有关 A 公司的好消息

B. 昨天公布的是有关 A 公司的坏消息

C. 昨天没有公布有关 A 公司的任何消息

D. 无从判断消息的好坏

25. A、B 股票的市场模型估计结果如下：$r_A=0.005+1.2r_1+\varepsilon_A$，$r_B=0.001+0.8r_1+\varepsilon_B$，$\sigma_1=0.5$，那么 A 股票和 B 股票收益率的协方差是（　　）。

A. 0.2　B. 0.24　C. 0.25　D. 0.96

26. 一张期限为 10 年的付息债券，票面利率为 6%，面值 100 元，每年支付一次利息，到期收益率为 7%，则该债券的价格为（　　）元。

A. 92.98　B. 95.38　C. 100　D. 116.22

27. 到期日相同的期权，执行价格越高，（　　）。

A. 看涨期权的价格越高　B. 看跌期权的价格越低

C. 看涨期权的价格越低　D. 看涨期权与看跌期权的价格均越低

28. 无风险利率为 7%，市场组合的期望收益率为 15%，证券 X 的期望收益率为 21%，贝塔值为 1.3，那么（　　）。

A. 股价被低估，应该买入　B. 股价被高估，应该买入

C. 股价被低估，应该卖出　D. 股价被高估，应该卖出

29. 无杠杆公司明年的自由现金流量为 800 元，其增长率为 5%且永续，假设公司经营业务不变，当其借入负债进行杠杆经营时，其权益资本成本变为 18%，借款利率为 8%，负债业务权益比为 1/2，税率为 35%，税盾的价值接近（　　）。

A. 1 000 万元　B. 990 万元　C. 1 800 万元　D. 1 100 万元

30. 如果证券 C 的价值是 180 美元，按照一价定律，证券 A 的价值是（　　）。

证券	今天的现金流	一年后
A	0	100
B	100	0
C	100	100

A. ＄80　　B. ＄90

C. ＄100　　D. 不知道无风险利率，无法计算

二、计算与分析题（每题 10 分，共 60 分）

1. 假设银行体系准备金为 750 亿元，公众持有现金 500 亿元，法定活期存款准备金率为 10%，法定定期存款准备金率为 5%，流通中通货比率为 20%，定期存款比率为 40%，商业银行超额准备金率为 18%，试求：

(1)货币乘数是多少？

(2)狭义货币供应量 M1 是多少？

2. 假设名义货币工资 W 刚性，运用 $IS-LM$ 和 $AD-AS$ 理论分析：政府支出 G 的增加对经济均衡时的实际产出 Y、实际消费 C、实际投资 I、实际利率 r、名义物价 p、实际工资以及失业 u 的影响。

3. 2012 年 5 月 1 日，德国出口商品到美国，美国进口商由于资金紧张，不能马上付款，但承诺会在半年内支付 500 万美元，于是德国出口商在 2012 年 5 月 1 日到 A 银行办了一个 5 月期外汇远期卖出 500 万美元，交割日为 10 月 1 日，但在 8 月 1 日的时候美国进口商通知德国出口商只能在 12 月 31 日支付货款，请帮助德国企业做一个掉期，并计算德国出口商最终实现的本币收益。

2012 年 5 月 1 日 A 银行外汇行情：

即期汇率：＄1＝€ 0.923/4－0.931/2

1 个月远期差价：0.881/8－0.895/8

2 个月远期差价：0.86－0.873/8

5 个月远期差价：0.857/8－0.86

2012 年 8 月 1 日 A 银行外汇行情：

即期汇率：＄1＝€ 0.84－0.85

1 个月远期差价：1/2C－1/4Cdiscount

2 个月远期差价：3/4C－1/2Cdiscount

5 个月远期差价：1C－3/4Cdiscount

4. 1 年期、2 年期、3 年期、4 年期和 5 年期各期限的即期利率为 2%、3%、3.7%、4.2% 和 4.8%。

(1)计算从第 2、3、4、5 年开始的一年远期利率。

(2)如果无偏预期理论成立，根据这里的利率期限结构，应该选择怎样的投资策略？

5. P公司今年由于投资失败陷入财务危机，无法偿还的债务为4 000万元，目前P公司正面临两个投资选择，期初投资均为800万元，两个项目在乐观和不乐观时的收益情况见下表。

项　目	期初投资	现金流现值	概　率
A	800	7 000	0.1
		0	0.9
B	800	3 000	0.4
		100	0.6

(1)要求分别计算A、B所带来的预期现金值和净现值。

(2)分别从债权人和股东的角度做出投资决策，并解释原因。

6. 某公司2012年度的销售收入是180亿元，净利为12亿元，股价为25元，发行在外股数10亿股，预计4年后销售收入300亿元，销售净利率10%，假设公司不分配股利，全部净利用于再投资，要求：

(1)2012年的市盈率和收入乘数是多少？

(2)预计2016年该公司将成为一个有代表性的成熟公司(市盈率为20倍)，其股价应是多少？

(3)如果维持现在的市盈率和收入乘数，且预计每股净利为2.5元，2016年该公司需要多少销售额？每年的增长率是多少？

三、论述分析题(每题15分，共30分)

1. 自2008年美国次贷危机后，我国通过与很多贸易伙伴国家签订了双边货币互换协议，于是人民币通过跨境贸易结算开始了其国际化的进程，然而人民币始终未能在资本和金融账户下实现自由兑换，2015年中国启动成立亚投行，但在2015年前几个月，我国出口不景气，外汇储备减少。2015年8月11日央行宣布决定完善人民币兑美元汇率中间价报价，人民币兑美元的中间价当天贬值4%，2015年10月上海自贸区宣布将率先实现人民币在资本和金融账户下自由兑换。就在当月24日，央行进行了“双降”，即同时降低了存款基准利率和存款准备金率。

请根据上述内容结合自己所学的理论进行分析：

(1)资本项目开放对人民币国际化会产生怎样的影响？

(2)降低存款利率和降低存款准备金率的依据和目的有何不同？

(3)降低存款准备金率与外汇储备及汇率之间存在怎样的背景关系？

2. 公司资本结构有哪些主要理论？你怎样认识现实中我国上市公司的资本结构？

扫码听课

2016年清华大学431金融硕士真题

一、选择题(每题3分,共90分)

1. 目前,世界各国普遍使用的国际收支概念是建立在(　　)基础上的。

A. 收支　　B. 交易　　C. 现金　　D. 贸易

2. 经常账户中,最重要的项目是(　　)。

A. 贸易收支　　B. 劳务收支

C. 投资收益　　D. 单方面转移

3. 投资收益属于(　　)。

A. 经常账户　　B. 资本账户

C. 错误与遗漏　　D. 官方储备

4. 周期性不平衡是由(　　)造成的。

A. 汇率的变动　　B. 国民收入的增减

C. 经济结构不合理　　D. 经济周期的更替

5. 收入性不平衡是由(　　)造成的。

A. 货币对内在价值的变化　　B. 国民收入的增减

C. 经济结构的不合理　　D. 经济周期的更替

6. 下列关于国际收支平衡表述中不正确的是(　　)。

A. 是按复式簿记原理编制的　　B. 每笔交易都有借方和贷方的账户

C. 借方总额与贷方总额一定相等　　D. 借方总额和贷方总额并不相等

7. 以下不属于商业银行资产业务的是(　　)。

A. 贴现　　B. 贷款　　C. 信用证　　D. 证券投资

8. 以下不属于中央银行的负债业务的主要是(　　)。

A. 外汇、黄金储备　　B. 流通中通货

C. 国库存款　　D. 金融机构存款

9. 中央银行的独立性集中反映在中央银行与(　　)的关系上。

A. 财政　　B. 政府

C. 商业银行　　D. 其他监管部门

10. 投资者效用函数$U=E(r)-A\sigma^2$,在这个效用函数里A表示(　　)。

A. 投资者的收益要求

B. 投资者对风险的厌恶

C. 资产组合的确定等价利率

D. 对每 A 单位风险有 1 单位收益的偏好

11. 你管理的股票基金的预期风险溢价为 10%，标准差为 14%，短期国库券利率为 6%，你的委托人决定将 60 000 美元投资于你的股票基金，将 40 000 美元投资于货币市场的短期国库券基金，委托人投资组合的夏普比率是多少？（　　）

A. 0.71　　B. 1　　C. 1.19　　D. 1.91

12. 按照 *CAPM* 模型，假定市场预期收益率为 15%，无风险利率为 8%，X 证券的预期收益率为 17%，X 的贝塔值为 1.25，以下说法中正确的是（　　）。

A. X 被高估　　B. X 是公平定价

C. X 的阿尔法值是－0.25%　　D. X 的阿尔法值是 0.25%

13. 零贝塔证券的期望收益率为（　　）。

A. 市场收益率　　B. 零收益率

C. 负收益率　　D. 无风险收益率

14. 当下列哪种情况发生会出现“随机漫步”？（　　）

A. 股票价格随机变化但可以预测

B. 股票价格对新旧信息均反应迟缓

C. 未来价格变化与以往价格变化无关

D. 以往信息对预测未来价格是有用的

15. 技术性分析的两个基本假设是证券能够（　　）。

A. 逐步地根据新的信息作出调整，研究经济环境能够预测未来市场的走向

B. 迅速地根据新的信息作出调整，研究经济环境能够预测未来市场的走向

C. 迅速地根据新的信息作出调整，市场价格由供求关系决定

D. 逐步地根据新的信息作出调整，市场价格由供求关系决定

16. 下列经济活动中，能够使公司所有者权益增加的是（　　）。

A. 发行公司债券　　B. 向股东配售新股

C. 以资本公积转增资本　　D. 提取法定盈余公积

17. 假设某公司拥有实物期权，可以投资具有正 *NPV* 的项目，那么公司市场价值和实体资产价值关系为（　　）。

A. 市场价值＜实体资产价值　　B. 市场价值＝实体资产价值

C. 市场价值＞实体资产价值　　D. 不确定

18. 某公司经营杠杆为 2，财务杠杆为 3，下列说法中不正确的是（　　）。

A. 销售收入下降 5%，*EBIT* 下降 10%　　B. *EBIT* 增加 10%，*EPS* 增加 20%

C. 销售收入增加 20%，*EPS* 增加 120%　　D. *EPS* 增加 15%，*EBIT* 增加 5%

19. 某公司目前股价是 20 元，已发行 203 股股票，假设公司以每股 25 元价格向公众投资者发行 53 股新股，发行后公司股价为（　　）元。

A. －25　　B. 20　　C. 21　　D. 22.5

20. 某公司计划投资 A 项目，该项目预计年营业收入 600 万元，直接经营成本 400 万元，折旧摊销 20 万元，税率 33%，预计年经营现金流是（　　）万元。

A. 140.6　　B. 200　　C. 134　　D. 114.2

21. 下面哪一项增加会影响公司的流动比率但不会影响速动比率？(　　)

A. 应付账款　　B. 现金　　C. 存货　　D. 固定资产

22. 某公司今年年初有流动资产 380 万元，流动负债 210 万元，年末流动资产 410 万元，流动负债 250 万元，请问公司的净营运资本变动额是多少？(　　)

A. －30 万元　　B. －10 万元　　C. 30 万元　　D. 10 万元

23. 下面哪一项增加会引起经营性现金流增加？(　　)

A. 员工薪酬　　B. 办公室场地租金

C. 设备租赁费用　　D. 设备折旧费用

24. 某公司债权成本 7%，普通股股权成本 11%，优先股股权成本 8%，该公司共有 104 000 股普通股，市价 20 元/股，40 000 股优先股，市价 34 元/股，债券面值共 500 000 元，现在市价是面额的 102%，当前税率 34%，该公司的加权平均资本成本是多少？(　　)

A. 9.14%　　B. 6.54%　　C. 8.60%　　D. 6.14%

25. 若公司没有负债，有 80 000 股普通股，市价 42 元/股，目前股权成本是 12%，税率 34%，该公司考虑改变目前资本结构，计划按面值发行 1 000 000 元债券，票面利率 8%，一年付息一次，债券募集资金将全部用来回购股票，在新资本结构下，股权价值是多少？(　　)

A. 240 万元　　B. 270 万元　　C. 330 万元　　D. 336 万元

根据下列信息回答第 26、27 题：

一家面临重组的公司其价格为 200 万元，目前公司有抵押债券 150 万元，无抵押债券 100 万元，重组后公司发行 75 万元抵押债券，25 万元次级债券，100 万元无抵押债券，公司所得税为 25%。

26. 重组后抵押债券持有者可获得多少有价证券？(　　)

A. 100 万元　　B. 125 万元　　C. 133.3 万元　　D. 150 万元

27. 重组后无抵押债券持有者可获得多少有价证券？(　　)

A. 50 万元　　B. 69.7 万元　　C. 75 万元　　D. 100 万元

28. 一家金融机构使其资产和负债的利率风险价格敏感度相同，其应采取(　　)。

A. 空头对冲　　B. 多头对冲

C. 利率互换　　D. 利率风险对冲

29. 有一组债券，当利率变化时，其中哪个债券的价格百分比变化最小？(　　)

A. 无息债券　　B. 高息票债券

C. 低息票债券　　D. 纯折价债券

30. 一个欧式看涨期权 9 个月后到期，行权价格是 45 元，其价格为(　　)。使用 Black-Scholes 期权定价模型，股票价格为 40 元，无风险利率为 15%，$N(d_1)=0.718\ 891$，$N(d_2)=0.641\ 713$。

A. 2.95 元　　B. 4.86 元　　C. 6.69 元　　D. 8.81 元

二、计算题(1～3 题 10 分，第 4 题 15 分，共 45 分)

1. 一位养老基金经理正在考虑三种共同基金，第一种是股票基金，第二种是长期政府债券与公司债券基金，第三种是回报率为8%的以短期国库券为内容的货币市场基金，这些风险基金的概率分布如下：

名　称	期望收益率(%)	标准差(%)
股票基金(S)	20	30
债券基金(B)	12	15

基金回报率之间的相关系数为0.10。

A. 两种风险基金的最小方差资产组合的投资比例是多少？这种资产组合回报率的期望值与标准差各是多少？

B. 这家养老基金所能达到的最大夏普比率是多少？

2. 假设你作为一个初创公司的创始人拥有公司全部股权，而且公司没有负债。为了发展公司业务，你想募集3 000万元资金。假设通过股权方式募集3 000万元资金需要卖出公司2/3的股权，但你想保持对公司的控制权，所以卖出的股权比例不想高于50%。

A. 假设你通过债权融资2 000万元，那么你需要卖出多少比例的股权去募集剩余的1 000万元？

B. 假设完美资本市场(perfect capital market)，如果你想保持公司控制权，通过债券融资的最低额度是多少？

3. 1973年英国的物价水平为15.9，美国物价水平为29.2(1995年为100)；2003年英国物价水平为122.4，美国物价水平为121.5。两国的汇率水平为：1973年0.430 4英镑/美元，2003年0.597 5英镑/美元。

(1)计算1973～2003年英国和美国的通货膨胀率之差，并用它比较同期英镑对美元的贬值情况。

(2)在1973～2003年的英国和美国之间，相对购买力平价理论有效吗？说明理由。

4. 下图有两个二叉树，描述了一个三年期零息债券价格，右边描述短期利率，每个期间价格或利率上移的概率为50%，如果该债券上附加一个卖出期权，行权时间是$t=1$，行权价格是0.83。

A. 该带有卖出期权的债券价格是多少？

B. 它的到期收益率是多少？

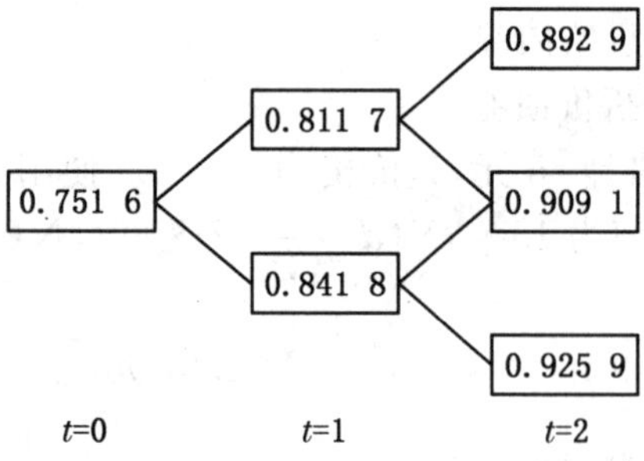

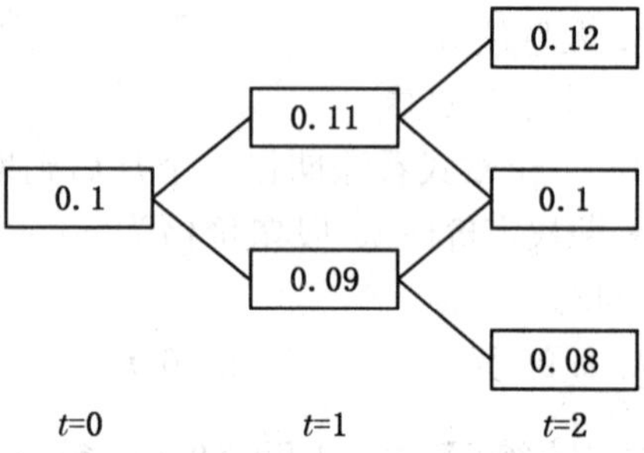

三、论述题(两题任选一题解答,15 分)

1. 2015 年 10 月 23 日,中国人民银行宣布自 2015 年 10 月 24 日起对商业银行和农村合作金融机构等不再设置存款利率浮动上限,这意味着我国利率管制从此基本放开。请根据所学金融理论简要评述我国利率管制放开的影响。

2. 2010 年特别提款权(SDR)篮子审议之时,中国就曾向 IMF 提出过申请,但由于不满足货币“可自由使用”的条件而失败,2015 年时值五年一次的 SDR 货币篮子评估年,人民币再度提出入篮申请,请问什么是特别提款权?人民币加入 SDR 对中国经济和国际金融体系有何影响?

扫码听课

2016年对外经贸大学431金融硕士真题

一、单项选择题(每小题2分,共20分)

1. 下列活动中,货币执行流通手段的职能是(　　)。

A. 学校财务人员向教师发工资　　B. 张三偿还李四5 000元借款

C. 李教授向学校捐款10 000元　　D. 王五用打工所得购买手机一部

2.《巴塞尔协议》的核心内容是通过资本金管理来控制金融风险,下列(　　)是国际金融危机后的《巴塞尔协议Ⅲ》中被明确纳入风险管理框架之中的。

A. 信用风险　　B. 市场风险　　C. 流动性风险　　D. 操作风险

3. 收益率曲线所描述的是(　　)。

A. 债券的到期收益率与债券的到期期限之间的关系

B. 债券的当期收益率与债券的到期期限之间的关系

C. 债券的息票收益率与债券的到期期限之间的关系

D. 债券的持有期收益率与债券的到期期限之间的关系

4. 在下列货币政策工具之中,由于(　　)对经济具有巨大的冲击力,中央银行在使用时一般比较谨慎。

A. 公开市场操作　　B. 窗口指导

C. 再贴现率政策　　D. 法定存款准备金政策

5. 以下(　　)不属于资本与金融账户。

A. 直接投资　　B. 投资收益　　C. 证券投资　　D. 其他投资

6. 自然失业率是指(　　)。

A. 长期内使得劳动力供给等于劳动力需求的失业率

B. 当通货膨胀没有变化倾向时的失业率

C. 商品市场处于均衡状态时的失业率

D. 经济处于内外均衡时的失业率

7. 一个价格被低估的证券将(　　)。

A. 在证券市场线上

B. 在证券市场线下方

C. 在证券市场线上方

D. 随着它与市场组合协方差的不同,或在证券市场下方或在上方

8. 在公司制企业中,管理权与所有权的分离提供了以下哪个好处?(　　)

A. 减轻代理问题　　　　　　　　B. 股权容易转移

C. 股东对公司盈亏负有无限责任　　D. 以上皆不是

9. 在决定接受项目时,(　　)对投资决策方案无影响。

A. 沉没成本　　B. 相关成本　　C. 机会成本　　D. 重置成本

10. 一家公司估计其平均风险的项目的 *WACC* 为 10%,低于平均风险的项目的 *WACC* 为 8%,高于平均风险的项目的 *WACC* 为 12%。假设以下项目相互独立,请判断该公司应该接受哪个项目?(　　)

A. 项目 X 风险低于平均值,内部收益率(*IRR*)为 9%

B. 项目 Y 具有平均水平的风险,内部收益率(*IRR*)为 9%

C. 项目 Z 风险高于平均水平,内部收益率(*IRR*)为 11%

D. 以上项目均不能被接受

二、判断题(每小题1分,共15分)

1. 我国商业银行贷款发放应当遵循的原则是安全性、流动性和盈利性。(　　)
2. 央行发放货币(现金通货),央行的总负债增加,货币供应量 M1 扩张。(　　)
3. 票据发行便利是一种有法律约束力的中期周转性票据发行融资的承诺。(　　)
4. 企业之间的商业信用属于直接融资的一种。(　　)
5. 以弗里德曼为代表的现代货币主义认为,影响人们货币需求的主要因素是当期收入水平。(　　)
6. 商业银行负债业务创新的最终目的是创造存款账户的灵活性。(　　)
7. 费雪方程式表明名义利率等于实际利率加上通货膨胀率。(　　)
8. 布雷顿森林体系实际上实行的是可调整的固定汇率制度。(　　)
9. 根据《巴塞尔协议Ⅲ》的最低资本充足要求,商业银行的总资本充足率应为 8%,其中核心一级资本(普通股)充足率提高到 4.5%,一级充足率 6%。(　　)
10. 多因素的套利定价理论对单一因素的模型进行了拓展,囊括了许多系统性风险的来源。(　　)
11. 公司财务杠杆越大,破产概率就越大。(　　)
12. 企业应持有尽量多的现金来保持流动性。(　　)
13. 优先股股东一般没有投票权。(　　)
14. 投资组合的系统性风险可以通过持有更多股票进行分散。(　　)
15. 按照 MM 公司税模型分析,当财务杠杆增加时公司的价值就会增长,这是由于杠杆作用使 *ROE* 增加的缘故。(　　)

三、名词解释(每小题4分,共20分)

1. 布雷顿森林体系
2. 流动性陷阱
3. 三元悖论
4. 套利

5. 净资产收益率

四、计算题(每小题 10 分,共 20 分)

1. 已知 2015 年 10 月 30 日美元兑人民币汇率为 6.349 5,当日欧元兑人民币汇率为 6.977 1。2008 年 10 月 30 日美元兑人民币汇率为 6.827 0,当日欧元兑人民币汇率为 8.929 7。

(1)计算 2008 年 10 月 30 日至 2015 年 10 月 30 日期间人民币兑美元的汇率变动率和人民币兑欧元的汇率变动率。(5 分)

(2)计算欧元兑美元在 2008 年 10 月 30 日至 2015 年 10 月 30 日期间的汇率变动率,欧元相对美元是升值了还是贬值了?(5 分)

2. 某股票每年支付一次固定红利,直至永远,其市场价格为 50 元,年化预期收益率为 14%,市场组合的年化风险溢价为 5%,年化无风险利率为 6%。

(1)假设 *CAPM* 模型成立,求此股票的贝塔值。(3 分)

(2)该股票每年每股支付多少固定红利?(3 分)

(3)如果该股票收益率与市场组合收益率的协方差变成原来的两倍(其他条件不变),该股票的市场价格应为多少?(4 分)

五、简答题(每小题 6 分,共 30 分)

1. 简述"特里芬难题"的含义和影响。
2. 简述凯恩斯货币需求理论与弗里德曼货币需求理论的差异。
3. 简述利率的风险结构的主要内容。
4. 什么是系统性风险和非系统性风险?
5. 公司金融主要解决哪三个方面的问题?

六、论述题(每小题 15 分,共 30 分)

1. 什么是"稳健的货币政策"?为什么在经济下行的新常态下央行继续实施稳健的货币政策?(15 分)

2. 面对国内经济步入"新常态",以及利率市场化改革、汇率形成机制改革、人民币国际化、新资本管理办法实施和互联网金融的兴起,创新驱动已经成为商业银行面对市场竞争的新常态。面对经济转型升级,商业银行要创新经营方式,从主要发行信贷资产迈向全资产经营,经营方式也将更加多样化。全资产经营强调各类资产的组合配置,注重发挥资产负债管理作为盈利性风险管理工具的作用。

请回答以下问题:

(1)商业银行资产管理理论经历了哪些发展阶段,其主要观点是什么?(9 分)

(2)资产管理理论如何推进商业银行资产业务的多样化?(6 分)

(3)公司的股利政策受哪些因素的影响?(15 分)

七、专业英语(共 15 分,略)

2016 年中山大学 431 金融硕士真题

一、单项选择题(每小题各有 4 个选项,请选出最合适的 1 个选项。本部分共 20 小题,每小题 2 分,共计 40 分)

1. 以下不属于三元悖论(The Impossible Trinity,也称不可能三角理论)所涉及的三个目标的选项是(　　)。

A. 货币政策独立性　　B. 汇率稳定性

C. 物价稳定　　D. 资本完全流动性

2. 布雷顿森林体系下的汇率制度属于(　　)。

A. 浮动汇率制　　B. 可调整的浮动汇率制

C. 联合浮动汇率制　　D. 可调整的固定汇率制

3. 以外币数量标明单位本币的价格,比如在美国外汇市场,1 美元=6.35 元人民币,这种标价方法是(　　)。

A. 直接标价法　　B. 间接标价法

C. 美元标价法　　D. 本币标价法

4. 以下不属于国际收支逆差通常会引起的后果是(　　)。

A. 货币贬值　　B. 外汇储备枯竭

C. 货币紧缩　　D. 货币升值

5. 只能在合约到期日实现权利的外汇期权交易叫(　　)。

A. 看涨期权　　B. 美式期权

C. 看跌期权　　D. 欧式期权

6. 如果利率上升时,银行资产价值下降的幅度超过负债价值下降的程度,银行净值将下降,则该银行拥有(　　)。

A. 正的存续期缺口　　B. 负的存续期缺口

C. 存续期缺口约为 0　　D. 存续期缺口大于 0 小于 1

7. 欧洲货币市场是(　　)。

A. 经营欧洲货币单位的国家金融市场

B. 经营欧洲国家货币的国际金融市场

C. 欧洲国家国际金融市场的总称

D. 经营境外货币的国际金融市场

8. 构成商业银行最主要资金来源的是(　　)。

A. 自有资本　　B. 存款
C. 向央行借款　　D. 发行金融债券

9. 派生存款是由商业银行什么活动引申出来的存款？(　　)
A. 同业拆入　　B. 发放贷款
C. 办理贴现　　D. 吸收储蓄存款

10. 以下属于货币政策中间目标的是(　　)。
A. 基础货币　　B. 经济增长　　C. 充分就业　　D. 物价稳定

11. 对经济运行影响强烈而不常使用的货币政策工具是(　　)。
A. 信用配额　　B. 公开市场业务
C. 再贴现政策　　D. 存款准备金政策

12. 金本位制度下，外汇汇率上下波动的幅度受制于(　　)。
A. 黄金储备状况　　B. 外汇储备状况
C. 黄金输送点　　D. 外汇政策

13. 半强有效市场假定认为股票价格(　　)。
A. 反映了以往的全部价格信息
B. 反映了全部的公开可得信息
C. 反映了包括内幕信息在内的全部相关信息
D. 是可以预测的

14. 当其他条件相同，分散化投资在以下哪种情况下最有效？(　　)
A. 组成证券的收益不相关　　B. 组成证券的收益正相关
C. 组成证券的收益很高　　D. 组成证券的收益负相关

15. 先在期货市场卖出期货，当现货价格下跌时，以期货市场的盈利弥补现货市场的损失从而达到保值的期货交易方式是(　　)。
A. 多头套期保值　　B. 空头套期保值
C. 交叉套期保值　　D. 平行套期保值

16. 某公司当前的销售收入为 100 000 000 元，固定资产总值为 200 000 000 元，如果公司的累计折旧为 5 000 000 元，那么公司的固定资产周转率为(　　)。
A. 5.00　　B. 6.67　　C. 20.00　　D. 25.00

17. 在原始投资额不相等的多个互斥方案决策时，不能采用的决策方法为(　　)。
A. 净现值法　　B. 净现值指数法
C. 内部收益率法　　D. 收益成本比值法

18. 最优资本结构指的是(　　)。
A. 每股利润最大时的资本结构
B. 企业风险最小时的资本结构
C. 企业目标资本结构
D. 综合资金成本最低，企业价值最大时的资本结构

19. 项目 A 和项目 B 要求初始投资 25 000 元，项目 A 未来 4 年的现金流分别为 15 000 元、10 000 元、7 000 元、4 988 元，项目 B 未来 4 年的现金流分别为 0、5 000 元、9 730 元、

28 000元，假定基准折现率为10%，以下哪个论述正确？（　　）

A. 项目A的*NPV*比项目B高

B. 项目B的内部报酬率比项目A高

C. 项目B和项目A的内部报酬率一样高

D. 以上都不正确

20. 某公司当前的加权资本成本为13%，财务人员预测公司明年的税后债务成本将上升3个百分点，如果现在公司的债务比率为40%，则明年企业的加权资本成本为（　　）。

A. 13.2%　　B. 13.0%　　C. 14.2%　　D. 14.8%

二、名词解释（本部分共5小题，每小题4分，共计20分）

1. 基础货币
2. J曲线效应
3. 特里芬难题
4. 系统风险
5. 到期收益率

三、计算题（本部分共4小题，共计50分）

1.（20分）某银行的资产负债表如下，其中，BL、ML分别是2.5年和30年期、按月偿还的商业抵押贷款；CD1是1年期一次性偿付的存单，CD5是5年期一次性偿付的存单，D是存续期。

（1）（4分）如果该行管理层的目标项目是资本（净价值），其存续期缺口是多少？

（2）（4分）如果利率下降了150个基点，该银行的资本（净价值）将上升还是下降？约为多少？

（3）（4分）假设资本项目是银行管理层的目标项目，当前的资产负债结构能令他实现目标项目的免疫吗？如果能，请说明原因；如果不能，说明原因的同时给出能实现免疫目标的方案。

（4）（4分）假定在本轮金融危机冲击下，该银行两类贷款均因违约率上升而减值50%，同时两类存款各流失150亿元。此时银行净价值将变为多少？资本项目存续期缺口是多少？如果该国没有存款保险，此时该银行会面临什么问题？如何解决？

（5）（4分）如果资本金不得低于贷款总额的8%，则在（4）所描述的事件发生后，该银行需要补充多少资本金？

资产负债表

资产(A)	美元(亿)	D(年)	负债	美元(亿)	D(年)
现金	200	0	CD1	450	1.0
BL	400	1.25	CD5	450	5.0
ML	400	7.0	净价值(K)	100	
总计	1 000		总计	1 000	

2.(10分)假定纽约外汇市场上,1美元=5法郎;巴黎外汇市场上,1英镑=8.54法郎;伦敦外汇市场上,1英镑=1.72美元。请问:

(1)(5分)投资者能否利用三地外汇市场的上述行情获利(即是否存在套汇机会)?若有,应如何操作?

(2)(5分)如果投资者手中有1 000万美元,利用上述套汇机会,该投资者将获得多少利润?

3.(10分)考虑风险资产组合,一年后来自该资产组合的现金流可能为50 000美元或130 000美元,概率都为0.5;两年后现金流可能为70 000美元或200 000美元,概率都为0.5。可供选择的无风险国库券投资年利率为6%。

(1)(3分)如果投资者持有两年,要求平均每年8%的风险溢价,则投资者愿意支付多少钱去购买该资产组合?

(2)(3分)假定投资者以(1)中价格去购买此资产组合,如果持有一年卖出,该资产组合的预期一年后价格为多少?

(3)(4分)假定现在投资者要求12%的风险溢价,则投资者愿意支付的价格是多少?比较第(1)问和第(3)问的答案,关于投资所要求的风险溢价与售价之间的关系,投资者有什么结论?

4.(10分)已知:现行国库券的利率为5%,证券市场组合平均收益率为12%,市场上A、B、C、D四种股票的P系数分别为0.9、1.15、1.7和0.48;B、C、D股票的预期收益率分别为16.5%、23%和10.2%。要求:

(1)(2分)采用资本资产定价模型计算A股票的预期收益率。

(2)(2分)计算B股票价值,为拟投资该股票的投资者做出是否投资的决策,并说明理由。假定B股票当前每股市价为15元,最近一期发放的每股股利为1.8元,预计年股利增长率为4%。

(3)(3分)计算A、B、C投资组合的β系数和预期收益率。假定投资者购买A、B、C三种股票的比例为1∶3∶6。

(4)(3分)已知按3∶5∶2的比例购买A、B、D三种股票,如果不考虑风险大小,请在A、B、C和A、B、D两种投资组合中做出投资决策,并说明理由。

四、分析论述题(本部分共3小题,共计40分)

1.(12分)有学者认为,法定存款准备金率的调整会改变货币乘数,从而对货币供应量带来较大影响,因此是一剂效力很猛的药方,通常不应轻易使用。然而,2006年以来,为抑制经济过热,中国人民银行连续近20次调高法定存款准备金率,法定存款准备金率曾一度高达17.5%,直到2008年9月下旬,为应对金融危机对我国经济所造成的负面影响,中国人民银行转而多次下调法定存款准备金率。请结合相关公式,回答以下问题:

(1)(6分)上述学者的观点是否正确?请首先推导反映货币供应量、基础货币与货币乘数三者间关系的公式,并结合该公式进行分析论述。

(2)(6分)央行如此频繁地调整法定存款准备金率,你认为是否必要和有用?原因何在?

2.(12 分)2005 年 7 月 21 日，我国启动人民币汇率形成机制改革，强调目标是"建立健全以市场供求为基础的、有管理的浮动汇率体制，保持人民币汇率在合理、均衡水平上的基本稳定"，遵循"主动性、渐进性、可控性"原则；人民币汇率不再单一盯住美元，而是按照我国对外经济发展的实际情况，选择若干种主要货币，赋予相应的权重，组成一个货币篮子。

同时，根据国内外经济金融形势，以市场供求为基础，参考一篮子货币计算人民币多边汇率指数的变化，对人民币汇率进行管理和调节，维护人民币汇率在合理均衡水平上的基本稳定。参考一篮子表明外币之间的汇率变化会影响人民币汇率，但参考一篮子不等于盯住一篮子，它还需要将市场供求关系作为另一重要依据，据此形成有管理的浮动汇率。下图是本轮汇改启动以来人民币兑美元汇率的走势图，从中可见，汇改启动以来，人民币相对于美元持续稳定升值，而自金融危机爆发以来，人民币与美元汇率在一段时期保持相对稳定，呈水平形态。

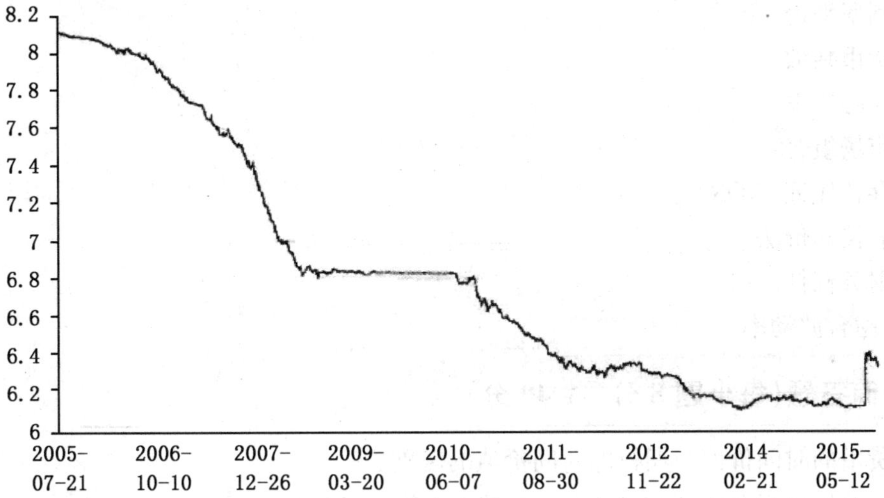

请问：

(1)(2 分)如何理解汇改以来人民币兑美元的汇率变化，尤其是图中曲线在金融危机前后的变化？

(2)(5 分)从我国货币政策的自主权角度来看，汇改所强调的浮动汇率体制有何意义？

(3)(5 分)金融危机以来，图中近于水平的曲线是否表明当前汇率政策偏离了 2005 年启动汇改时的初衷？你是否认同当前的汇率政策？这种汇率政策对我国货币政策有何影响？

3.(16 分)古典经济学认为公司应该如何决定最优的投资水平？现实中公司进行投资活动时可能存在哪些无效率行为？产生这些无效率投资的主要原因是什么？如何治理？

2016年南开大学431金融硕士真题

扫码听课

一、名词解释(每小题3分,共30分)

1. 自由现金流
2. 利率期限结构
3. 利率平价
4. 货币乘数
5. 核心资本
6. 市场组合
7. 存托凭证(ADR)
8. 直接标价法
9. 财务杠杆
10. 隐含波动率

二、简答题(每小题8分,共40分)

1. 货币的时间价值与期权的时间价值的区别。
2. 企业发放现金股利和发放股票给股东对资产负债表项目造成的差异。
3. 用托宾Q理论解释货币政策的传导机制。
4. 解释债券免疫策略。
5. 说明投融资分离基本定理的内容。

三、计算题(每小题15分,共60分)

1. 企业每月应收款7 000万元,现采取“2/10,n/30”的折扣策略,年融资成本15%,下游企业年融资成本10%,策略是否合适,是否存在情况使折扣策略失效,还有什么帮助收回应收账款的方法?

2. 企业需500万元设备,按5年折旧无残值,两种方法:方案A贷款购买,贷款利率6%的500万元分三年利息支付,本金第三年支付,都是年末支付,三年卖掉设备得120万元,设备保养费一年20万元;方案B经营租赁,每年年前支付120万,分三年,无须保养费,税率是30%,哪种方案合适?若是一次折旧,利率下降哪种方案合理?

3. 投资者花7.8元买入执行价格45元看跌期权,卖出40元看跌期权得6.5元,请问股价在42元时总利润是多少?利润与股价有什么关系?

4. 公司当前股利为 1 元，分析师认为 2 年内按 20%增长，第三年起按 5%增长，短期债券利率 4%，证券指数 10%，公司贝塔值 1.2，请求出股票内在价值。若当前股价为 29 元，分析师会建议投资者怎么做？

四、论述题（每小题 20 分，共 20 分）

最近 A 股市场的剧烈下降，有人认为是股指卖空期权惹的祸，政府也对期货做出了政策打击，试分析 A 股市场暴跌的原因。你认为股指卖空期权必然引起暴跌吗？为什么？如何建立比较安全健康的 A 股市场？

扫码听课

2015年复旦大学431金融硕士真题

一、名词解释(每小题5分,共25分)

1. 到期收益率
2. 系统性风险
3. 有效汇率
4. 格雷欣法则
5. 利息税盾效应

二、选择题(每小题4分,共20分)

1. 根据*CAPM*模型,假定市场组合收益率为15%,无风险利率为6%,某证券的Beta系数为1.2,期望收益率为18%,则该证券(　　)。

A. 被高估　　B. 被低估

C. 合理估值　　D. 以上都不对

2. 货币市场的主要功能是(　　)。

A. 短期资金融通　　B. 长期资金融通

C. 套期保值　　D. 投机

3. 国际收支平衡表中将投资收益计入(　　)。

A. 贸易收支　　B. 经常账户　　C. 资本账户　　D. 官方储备

4. 下列说法中,不正确的是(　　)。

A. 当央行进行正回购交易时,商业银行的超额准备金将减少;当央行进行逆回购交易时,商业银行的超额准备金将增加

B. 法定准备金率对货币供给的影响与公开市场操作及贴现率不同,后两者主要针对基础货币进行调控,而法定准备金则直接作用于货币乘数

C. 法定准备金作为货币政策工具的历史长于其作为稳定金融,防止流动性危机的政策工具

D. 公开市场操作的有效性受国内金融市场的发达程度影响

5. 甲公司现有流动资产500万元(其中速动资产200万元),流动负债200万元。现决定用现金100万元偿还应付账款,业务完成后,该公司的流动比率和速动比率将分别(　　)和(　　)。

A. 不变,不变　　B. 增加,不变

C. 不变，减少　　　　D. 不变，增加

三、计算题(每小题 20 分，共 40 分)

1. 对股票 A 和股票 B 的两个(超额收益率)指数模型回归结果见下表。在这段时间内的无风险利率为 6%，市场平均收益率为 14%，对项目的超额收益以指数回归模型来测度。

股　票	A	B
指数回归模型估计	$1\%+1.2(r_M-r_f)$	$2\%+0.8(r_M-r_f)$
R^2	0.576	0.436
残差的标准差 $\sigma(e)$	10.3%	19.1%
超额准备的标准差	21.6%	24.9%

(1)计算每只股票的 α、信息比率、夏普测度、特雷诺测度。

(2)下列各种情况下投资者选择哪只股票最佳：

①这是投资者唯一持有的风险资产；

②这只股票将与投资者的其他债券资产组合，是目前市场指数基金的一个独立组成部分；

③这是投资者目前正在构建一积极管理型股票资产组合的众多股票中的一种。

2. 某公司正在考虑收购另一家公司，此收购为横向并购(假定目标公司和收购公司具有相同风险水平)。目标公司的负债与权益市值比为 1∶1，每年 *EBIT* 为 500 万元。收购公司的负债与权益市值比为 3∶7。假定收购公司收购了目标公司后，资本结构保持不变。无风险利率为 5%，市场风险溢酬为 8%，收购公司的权益贝塔值为 1.5，公司所得税为 30%。假定所有债务都是无风险的，两个公司都是零增长型公司。请根据有税 MM 理论作下列计算：

(1)目标公司的债务与权益的资本成本为多少?

(2)目标公司的债务价值与权益价值为多少?

(3)收购公司所支付的最高价格不应高于多少?

四、简答题(每小题 10 分，共 20 分)

1. 简述金融期货市场的基本功能。

2. 开放经济在运行中的自动平衡机制有哪些?

五、论述题(第 1 题 20 分，第 2 题 25 分，共 45 分)

1. 什么是货币国际化? 请分析如何将利率市场化、资本账户自由兑换和人民币国际化三者有机结合协调推进。

2. 当考虑了人们的预期因素之后，菲利普斯曲线将发生怎样的变化? 这种变化有什么样的政策意义?

2015年上海财经大学431金融硕士真题

一、选择题(每小题2分,共计60分)

1. 下列关于比特币的说法中,错误的是(　　)。

A. 是一种互联网支付手段

B. 没有政府信用的支持

C. 容易助长投机和犯罪

D. 因为是私人发行的,所以不可能是真正的货币

2. 若将100元人民币存入商业银行的储蓄存款账户会导致(　　)。

A. M1和M2都增加　　B. M1和M2都不变

C. M1增加,M2不变　　D. M1减少,M2不变

3. 关于上海银行间同业拆放利率,不正确的表述是(　　)。

A. 是一种算数平均利率

B. 由公开市场一级交易商之间通过交易形成

C. 由报价行提供报价

D. 是一种批发性利率

4. 我们通常所说的负利率是指(　　)。

A. 名义利率为负　　B. 名义利率低于实际利率

C. 实际利率为负　　D. 存款利率低于贷款利率

5. 古典理论认为利率决定于(　　)。

A. 储蓄与投资　　B. 货币的供给与需求

C. 债券的供给与需求　　D. 信贷的供给与需求

6. 垃圾债券一般是指信用评级在BBB(Baa)以下的债券,又称为(　　)。

A. 无法上市交易的债券　　B. 低收益债券

C. 高收益债券　　D. 破产企业债券

7. 2014年10月14日,英国政府成功发行30亿元3年期人民币债券,息票率2.7%。成为首个发行人民币债券的外国政府,购买方主要来自各国的金融机构。其可能的目的是(　　)。

A. 弥补财政预算赤字　　B. 以人民币作为外汇储备

C. 调节市场利率　　D. 吸纳英国市场多余的人民币

8. 关于我国目前的利率水平,以下正确的表述是(　　)。

A. 贷款利率存在下限　　B. 存款利率存在下限

C. 贷款利率存在上限　　D. 存款利率存在上限

9. 把凯恩斯的货币需求公式改为$M=L(y,r)+L(r)$的是(　　)。

A. 托宾　　B. 弗里德曼　　C. 鲍莫尔　　D. 卢卡斯

10. 假设利率变动对货币需求的影响极大，则这一现象可支持下列哪一项陈述？(　　)

A. 财政政策对增加产出无效

B. 财政政策对增加产出比货币政策有效

C. 货币政策相对有效

D. 以上都不对

11. 圆通运输公司目前没有任何负债，公司的股权资本成本为16%。假设圆通决定提高公司的杠杆水平，使公司的债务价值与总资产价值的比值维持在1/3。假设圆通的债务资本成本为9%，并且公司所得税率为35%。如果圆通税前的加权平均资本成本保持不变，那么杠杆水平提高以后公司的税后加权平均资本成本与下面哪个数字最为接近？(　　)

A. 12.9%　　B. 13.0%　　C. 16.0%　　D. 15.0%

12. 国际游艇股份有限公司目前所有资产的市场价值为6亿元，其中7 000万元为现金，公司负债2.5亿元，发行在外的总股份数为2 000万股。假设资本市场是完美的，如果公司把7 000万元现金作为股利发给股东，那么发完股利之后公司的股价与以下哪个数字最为接近？(　　)

A. 26.50元　　B. 12.50元　　C. 14.00元　　D. 17.50元

13. A和B两只股票的预期收益率、Beta值和收益率的标准差完全相同，分别为11%、1.1和24%，两只股票收益率的相关系数为0.7，投资组合P由A和B构成，其中50%资金投于A，50%资金投于B，以下哪种说法是正确的？(　　)

A. 投资组合P的预期收益率小于11%　　B. 投资组合P的标准差大于24%

C. 投资组合P的标准差小于24%　　D. 投资组合P的Beta值小于1.1

14. 假设中石化于2014年初披露其位于东北的一家炼油厂由于火灾产生重大损失，这次火灾会使中石化于2014年末以及2015年末分别减少1.2亿元和0.8亿元的现金流。假设中石化发行在外的总股数为5 000万股，其加权平均资本成本为9%且不受这次火灾的影响。那么投资者预期中石化的股价应该下跌多少元？(　　)

A. 3.87元　　B. 4.00元　　C. 3.55元　　D. 2.00元

15. 公司在评估项目时，以下哪些现金流是与项目有关的增量现金流？(　　)

A. 已经支出的和项目相关的研发费用

B. 已经发生的为评估项目所做的市场调研费用

C. 为项目融资向银行借款所支付的利息

D. 由项目折旧带来的税收节省

16. 如果债券发行时到期收益率小于票面利率，我们说债券(　　)，市场利率变高会(　　)。

A. 折价发行，减少折价　　B. 折价发行，增加折价

C. 溢价发行，减少溢价　　　　　　　　D. 溢价发行，增加溢价

17. 你正考虑投资一个项目，经过计算项目的相关信息如下：内部收益率 8.7%，盈利比率 0.98，净现值－393，回收期 2.44，必要回报率 9.5%，以下哪种说法是正确的？(　　)

A. 用于计算净现值的折现率小于 8.7%

B. 用于计算盈利比率的折现率等于内部收益率

C. 根据盈利比率应该接受并投资此项目

D. 根据内部收益率应该拒绝投资此项目

18. 三星电子上海有限公司三年前以 9 万元的价格购入了一套设备。去年三星上海又花 1 万元对此设备进行了技术更新。实际上公司目前并没有使用这一设备，但有其他公司愿意以 5 万元的价格向三星上海购买此设备。三星上海的管理层正在讨论是否要出售此设备或把它投入生产运营以增加产能。当公司考虑把设备投入运营这一选择时，此设备的使用成本应该是以下哪一项？(　　)

A. 40 000 元　　B. 50 000 元　　C. 60 000 元　　D. 80 000 元

19. 如果金融市场是有效的，投资者应该预期他们在市场上的投资(　　)。

A. 经常能获得超额收益率　　　　　　B. 经常能获得正的净现值

C. 所有投资的净现值为零　　　　　　D. 经常有套利的机会存在

20. 公司应该选择其资本结构水平使得(　　)。

A. 公司的资本成本达到最高　　　　　B. 公司的价值达到最大

C. 公司的税收达到最大　　　　　　　D. 公司完全没有任何债务

21. 假设在英国和美国之间利率平价是成立的，则(　　)。

A. 英国企业在美国买国债与美国企业在英国买国债投资回报是相同的

B. 英国企业在英国买国债与美国企业在英国买国债投资回报是相同的

C. 英国企业在美国买国债与英国企业在英国买国债投资回报是相同的

D. 上述都对

22. 上海黄金国际板中，现阶段交易的参与者是(　　)。

A. 上海自贸区内注册的企业

B. 上海自贸区内开业的金融机构和企业

C. 上海自贸区内开业的外资金融机构、国内金融机构和企业

D. 自贸区内有外汇业务的企业

23. 假设现在是 2001 年 1 月 1 日，如果一家美国公司将在 2001 年 4 月 1 日之前收入 500 万英镑，但确切的结算日目前没有确定，于是，该公司与银行进行一个择期远期外汇交易卖出英镑以规避英镑贬值风险，目前伦敦外汇市场上英镑的汇率行情是：

1 月期远期汇率 \$1.673－\$1.676

2 月期远期汇率 \$1.670－\$1.674

3 月期远期汇率 \$1.666－\$1.671

如果该公司在 4 月 1 日之前收入款项并向银行卖出英镑，则银行将采用的远期汇率为(　　)。

A. \$1.666/€　　B. \$1.671/€　　C. \$1.674/€　　D. \$1.677/€

24. 根据国际费雪效应的观点，如果英国利率高于美国利率，则（　　）。

A. 英镑的价值将保持不变　　B. 英镑相对于美元而言将会有远期贴水

C. 英国的通货膨胀率将下降　　D. 英镑相对于美元的即期汇率将贬值

25. 在国际收支平衡表中，借方记录的是（　　）。

A. 海外资产的增加和对外负债的增加

B. 海外资产的增加和对外负债的减少

C. 海外资产的减少和对外负债的增加

D. 海外资产的减少和对外负债的减少

26. 某公司以每10股配2股送3股的方案向原股东进行送配股，已知配股价为6元，除权日前一天的收盘价格为15元，则权值为（　　）。

A. 15元　　B. 9.8元　　C. 4.2元　　D. 3.8元

27. 迅达公司发行可转换债券，面值为1 000元，其转换价格为40元，目前该公司的股价为50元，则每张债券能够转换为股票的股数为（　　）股。

A. 40　　B. 20　　C. 25　　D. 50

28. 某投资者参与保证金买空交易，初始保证金比率为40%，保证金最低维持率为20%，投资者以20元价格买入500股，则当股票价格跌破每股多少时，该投资者必须追加保证金？（　　）

A. 12.5元　　B. 10元　　C. 15元　　D. 17.5元

29. 当（　　）时，应该选择高贝塔系数的证券或组合。

A. 市场处于牛市

B. 市场处于熊市

C. 市场组合的实际预期收益率等于无风险利率

D. 市场组合的实际预期收益率小于无风险利率

30. 已知某公司的股利支付率为40%，股利增长率固定为5%，净资产收益率为30%，股票的Beta系数为1.2，无风险报酬率为4%，股票市场平均的风险报酬率为8%，则甲公司的本期 P/E 为（　　）。

A. 9.25　　B. 11.05　　C. 13.5　　D. 15

二、计算与分析题(每题10分，共计60分)

1. 以下是某银行的年度报告，请整理出其资产负债表，并回答：

(1)该银行的杠杆率(资本/总资产)为多少？

(2)计算其资产和负债结构，说明该银行主要面临何种风险？

项　目	金额(亿)	项　目	金额(亿)
房屋建筑物	1 078	净贷款	29 981
储蓄存款	3 292	短期借款	2 080
现金	2 660	其他负债	778

续表

项　目	金额(亿)	项　目	金额(亿)
NOW账户	12 816	所有者权益	3 272
长期债务	1 191	证券投资	5 334
其他资产	1 633	活期存款	5 939
无形资产	758	存款单	9 853
其他定期存款	2 333	卖出联邦基金	110

2. 以下是某银行的资产负债情况。

资　产	数额(亿)	负债+权益	数额(亿)
现金	60	活期存款	140
5年期中期国库券	60	1年期大额可转让存单	160
30年期抵押贷款	200	股权资本	20
总资产	320	总负债加股东权益	320

请计算该银行的期限缺口。判断该银行是有利率上行风险还是利率下行风险，并说明原因。

3. ABZ是全球最大的玻璃器具生产商，其股价目前为每股25元。市场预期其明年的每股盈利为2.5元。ABZ每年会把公司盈利中的固定份额b用于再投资，其余所有未用于再投资的盈利会全部作为股利发放给股东，这意味着ABZ明年的股利为每股$(1-b)\times 2.5$，假设ABZ的盈利每年以4.5%的速度永续增长，并且*CAPM*成立，无风险收益率为2%，市场预期收益率为8%。ABZ的股权Beta值为0.8，并且是100%的权益融资公司。基于以上数据：

(1)ABZ的留存比例b是多少？

(2)ABZ再投资的投资回报率是多少？

4. P公司正考虑一个项目，此项目可以使公司在第一年年末税后节省450万元，之后每年末节省的现金以4%的速度永续增长。这一项目由P公司聘请的一家咨询公司提议，咨询公司同时指出此项目的期初投入成本为2 700万元。咨询公司为评估此项目收取200万咨询费。公司的目标“债务/股权”比率为0.5，股权Beta值为1.2。市场组合的预期收益率为12.4%，无风险资产的收益率为4.4%，P公司的税后债务资本成本为7%。根据咨询公司特别风险提示，此项目的风险要高于公司的主营业务，因此公司管理层认为用于此项目的折现率应比通常使用的折现率高2%以体现额外风险。

(1)P公司的加权平均资本成本是多少？

(2)新项目的净现值是多少？P公司应该投资此项目吗？

5. 一家英国公司将在未来两年内代表一家法国公司在法国建造一个工厂。将发生的有关现金流大致如下：

时　间	项　目	现金流
现在	购买土地	€ 3 000 万
第一年	原材料、劳动力等成本	€ 5 000 万
第一年	收入法国公司第一笔分期付款	€ 5 100 万
第二年	建设成本	€ 5 400 万
第二年	收入法国公司最后一笔分期付款	€ 1.17 亿

英国公司的财务主管想利用货币互换规避欧元现金流的汇率风险，银行提供的固定利率与固定利率货币互换的具体条件是：

期限：2 年；英镑本金：£2 000 万；互换汇率：£/€ 1.5；欧元和英镑的利率都为 7%。

对于货币互换未能规避的风险将使用远期外汇交易避险，有关汇率情况如下：

即期汇率：€ 1.512 5—€ 1.552 5

1 年期远期差价：1 663—1 775

2 年期远期差价：3 013—3 125

(1)请画出该互换协议的现金流动图。

(2)请站在该英国公司的角度写出每年欧元的现金流。

(3)请计算利用货币互换和远期交易避险将产生的英镑现金流。

6. 债券 A 和债券 B 面值和息票率相等，皆为 1 000 和 8%。A 债券期限为 5 年，B 债券期限为 10 年。若市场利率波动比由 8%上升为 10%，则哪个证券的价格波动幅度更大？波动比率高多少？

三、论述与分析题(每题 15 分，共计 30 分)

1. 中国人民银行于 2013 年初创设了常备借贷便利(Standard Lending Facility，SLF)。作为一种新型的货币政策工具，它是中国人民银行正常的流动性供给渠道，期限为 1～3 个月，主要功能是满足金融机构期限较长的大额流动性需求。对象主要为政策性银行和全国性商业银行。利率水平根据货币政策调控、引导市场利率的需要等综合确定。SLF 以抵押方式发放，合格抵押品包括高信用评级的债券类资产及优质信贷资产等。根据表 1 和表 2 给出的信息，请回答下列问题：

(1)在有公开市场业务和再贴现工具的情况下，中国人民银行为什么还要创设 SLF？

(2)在表 2 中，最能影响 SLF 操作的是哪些变量？为什么？

(3)SLF 与法定存款准备金政策、利率政策有何不同？

表 1　　货币政策工具比较

政策工具	标的期限	利率确定	额度	交易对手	工具/抵押
公开市场业务	7、14、28、91 天	招标	较小	一级交易商	国债/央票
再贴现	1～6 个月	央行决定	较小	其他金融机构	商业票据
SLF	1～3 个月	央行决定	较高	商业银行	国债/信贷
SLO	1～5 天	招标	较高	一级交易商	国债/央票

表 2　　　　有关经济指标　　　　单位:亿元人民币

时间	SLF 余额	银行结汇减去售汇	CPI 同比上涨	固定资产投资增长率	社会融资规模	M1 增长率	银行间同业拆借利率(1 天)
2013.06	4 160	−25	2.7%	20.1%	10 375	1.96%	6.43%
2013.07	3 960	−424	2.7%	20.1%	8 191	−0.93%	3.34%
2013.08	4 100	514	2.6%	20.3%	15 841	1.12%	3.23%
2013.09	3 860	1 651	3.1%	20.2%	14 120	−0.56%	3.22%
2013.10	3 010	2 206	3.2%	20.1%	8 645	2.30%	3.62%
2013.11	2 610	2 249	3.0%	19.9%	12 310	1.66%	3.88%
2013.12	1 000	1 897	2.5%	19.6%	12 532	3.84%	3.71%
2014.01	2 900	4 475	2.5%	—	26 004	−6.64%	3.36%
2014.02	700	2 796	2.0%	17.9%	9 370	0.55%	2.49%
2014.03	0	2 465	2.1%	17.6%	20 934	3.49%	2.30%
2014.04	0	597	1.8%	17.3%	15 259	−0.10%	2.47%
2014.05	0	241	2.5%	17.2%	14 013	−1.0%	2.44%
2014.06	0	948	2.3%	17.3%	19 673	4.16%	2.72%
2014.07	0	73	2.3%	17.0%	2 737	−2.97%	3.23%
2014.08	0	−51	2.0%	16.5%	9 577	0.20%	2.97%
2014.09	5 000	−1 006	1.6%	16.1%	10 522	−1.45%	3.35%

2. 党的十八届三中全会为“混合所有制经济”注入了新的内容，指出“国有资本、集体资本、非公有资本等交叉持股、相互融合的混合所有制经济，是基本经济制度的重要实现形式”，同时强调，“鼓励发展非公有资本控股的混合所有制企业”。基于以上背景：

(1)请描述您对“混合所有制企业”的理解。什么样的企业是“混合所有制企业”？

(2)“混合所有制企业”是否优于“单一所有制企业”，比如完全的国有企业或完全的私营企业？请用您所掌握的金融知识论证您的观点。

扫码听课

2015 年华东师范大学 431 金融硕士真题

一、单项选择题(本大题共 20 小题,每小题 1 分,共 20 分)

1. 信用的基本特征是(　　)。

A. 平等的价值交换　　B. 无条件的价值单方面让渡

C. 以偿还为条件的价值单方面转移　　D. 无偿的赠予或援助

2. 利率的变动只能影响社会总需求,要调整总供给的结构和趋向,需要(　　)。

A. 市场化的利率决定机制　　B. 灵活的利率联动机制

C. 适当的利率水平　　D. 合理的利率结构

3. 金融创新增强了货币供给的(　　)。

A. 外生性　　B. 内生性　　C. 可控性　　D. 可测性

4. 银行同业拆借市场的期限一般不超过(　　)。

A. 7 天　　B. 1 个月　　C. 4 个月　　D. 1 年

5. 中央银行是银行的银行,它集中管理商业银行的(　　)。

A. 库存现金　　B. 股票

C. 存款准备金　　D. 债券

6. 凯恩斯学派认为货币政策传导过程中发挥重要作用的是(　　)。

A. 基础货币　　B. 法定存款准备金

C. 货币供应量　　D. 利率

7. 在多种利率并存的条件下起决定作用的利率是(　　)。

A. 基准利率　　B. 差别利率　　C. 实际利率　　D. 公定利率

8. 在国际收支平衡表中,投资收益属于(　　)。

A. 经常项目　　B. 资本项目

C. 金融项目　　D. 错误与遗漏项目

9. 正确描述国际收支概念的是(　　)。

A. 国际收支是一个存量　　B. 国际收支是一个流量

C. 国际收支记录本国居民间交易　　D. 国际收支记录非本国居民间交易

10. 长期以来一直采用间接标价法来表达其官方汇率的国家是(　　)。

A. 美国　　B. 日本　　C. 英国　　D. 德国

11. 下列活动中,不属于筹资活动的是(　　)。

A. 非定向增发　　B. 发行债券

C. 向银行贷款　　D. 处置固定资产以收回现金

12. 将10 000元存入银行,年利率8%,复利计息,则3年后本息和是(　　)。

A. 12 597元　　B. 12 400元　　C. 10 000元　　D. 15 620元

13. 发生在每期期初的年金,称为(　　)。

A. 预付年金　　B. 普通年金

C. 永续年金　　D. 递延年金

14. 经营杠杆系数为3,总杠杆系数为4.5,则财务系数等于(　　)。

A. 3　　B. 0.5　　C. 1.5　　D. 3.5

15. 资金每增加一个单位而增加的成本称为(　　)。

A. 综合资金成本　　B. 边际资金成本

C. 平均资金成本　　D. 权益资金成本

16. 溢价发行为100元的债券,票面利率为12%,期限5年,每天付息一次,到期一次偿还本金,则该债券的到期收益率(　　)。

A. 等于12%　　B. 大于12%

C. 小于12%　　D. 无法确定

17. 在证券投资中,在投资组合中随机加入足够多的证券,可以分散(　　)。

A. 任何风险　　B. 非系统风险

C. 系统性风险　　D. 市场风险

18. 以下哪一项指标不反映企业的盈利能力?(　　)

A. 每股收益　　B. 净资产收益率

C. 权益报酬率　　D. 总资产周转率

19. 以下哪些因素不会改变项目的内部收益率?(　　)

A. 项目初始投资额　　B. 项目经营期现金流

C. 项目周期　　D. 项目资本成本率

20. 根据我国法律法规的规定,税后利润应该首先(　　)。

A. 提取法定公积金　　B. 弥补以前年度亏损

C. 提取任意公积金　　D. 向股东分配股利

二、名词解释(本大题共6小题,每小题4分,共24分)

21. 货币乘数

22. 欧债危机

23. 商业银行中间业务

24. P2P网贷

25. 资产证券化

26. 兼并收购

三、简答题(本大题共6小题,每小题8分,共48分)

27. 我国广义货币M2是怎样划分的?

28. 在弗里德曼的现代货币数量论中，货币需求是由哪些因素决定的？

29. 什么是“时间不一致性问题”？中央银行通常采取怎样的办法解决这一问题？

30. 简述布雷顿森林国际货币体系的主要内容。

31. 简述杜邦分析法的基本内容。

32. 简述公司优先股筹资的优缺点。

四、计算题（本大题共3小题，每小题10分，共30分）

33. 中山公园向银行借款500万元，补偿性余额为8%，借款利率为7%，筹资费率为2%，所得税税率为33%，求该项银行借款成本率。

34. 维可公司按“2/10，n/60”的条件购入价值为50 000元的原材料，如果公司在交易发生后的第60天付款，计算该公司放弃现金折旧的机会成本率。

35. 华宝公司计划投资某项目固定资产生产云计算设备，原始投资额为60万元，经营期3年，期满无残值，预计投产后，年产销量1 000件，单位售价700元，单位经营成本500元，该企业按直线法折旧，所得税率25%，设定折现率10%，请计算：

(1)该投资项目的静态投资回收期。

(2)该投资项目的净现值。

五、论述题（本大题共2小题，每小题14分，共28分）

36. 试述影响一国货币汇率变动的主要因素及其影响机制。

37. 述评美国的量化宽松货币政策。

扫码听课

2015年清华大学431金融硕士真题

一、选择题(每题3分,共90分)

1. 以下哪一个是系统性风险?(　　)

A. 木材价格剧烈下降　　B. 航空公司飞行员罢工

C. 人行调整基准利率　　D. 人们抵制去快餐厅

2. 你持有9个月后到期的国债期货,如果利率期限结构上的所有利率在这9个月中整体下降,那么你持有的国债期货价格将在到期时(　　)。

A. 下降　　B. 升高

C. 不变　　D. 由于国债到期日不同而不确定

3. 一个公司预期本公司的股票价格将下跌,该公司在股票价格下跌之前发行哪种证券为最优选择?(　　)

A. 可转债　　B. 可转优先股

C. 普通债　　D. 以上三者无区别

4. 一个固定收益基金经理希望持有价格波动率最大的债券,其应该持有(　　)。

A. 短期高息票债券　　B. 长期低息票债券

C. 长期零息票债券　　D. 短期低息票债券

5. 某公司负债2 000万元,股权账面价值4 000万元,股权市场价值8 000万元,年运营收入为400万元,公司资产负债率为(　　)。

A. 50%　　B. 40%　　C. 33.33%　　D. 25%

6. 下列哪些不属于公司的资本预算活动?(　　)

A. 举债进行股票回购　　B. 向竞争对手购买其用户信息

C. 为研发部门雇佣一名工程师　　D. 在中央商务区开一家餐馆

7. 一家银行每季度支付的年利率(APR)为8%,其有效年利率(EAR)是(　　)。

A. 8%　　B. 8.24%　　C. 8.25%　　D. 8.54%

8. 某公司2014年有一笔100万元的经营支出,公司税率为30%,该支出使得(　　)。

A. 应纳税收入减少了30万元　　B. 应纳税收入减少了70万元

C. 税后收益减少了70万元　　D. 纳税减少了70万元

9. 下列哪种行为属于直接融资行为?(　　)

A. 你向朋友借了10万元

B. 你购买了10万元余额宝

C. 拟向建设银行申请了10万元汽车贷款

D. 以上都是

10. 通常,向商业银行申请贷款的会比银行掌握更多关于自身投资项目的信息。这种信息上的差异称为(　　),它会产生(　　)问题。

A. 逆向选择,风险分担　　B. 不对称信息,风险分担

C. 逆向选择,道德风险　　D. 不对称信息,逆向选择

11. 下列哪一项不属于中央银行的负债?(　　)

A. 政府在央行的存款　　B. 储备货币

C. 外汇储备　　D. 金融性公司在央行的存款

12. 扩张性货币政策通常会导致(　　)。

A. 产出增加和利率下降　　B. 产出不变和利率下降

C. 通货膨胀和利率上升　　D. 通货紧缩和利率上升

13. 如果资本可自由流动,下面哪种说法较为确切?(　　)

A. 在固定汇率制和浮动汇率制下,财政政策对产出的影响是一样的

B. 相比浮动汇率制,在固定汇率下财政政策对产出的影响更大

C. 相对浮动汇率制,在固定汇率下财政政策对产出的影响更小

D. 以上都是错误的

14. 30年期限,10%票面利率的债券面值是100元,目前债券售价98元,那么债券收益率应该(　　)。

A. 大于10%　　B. 小于10%　　C. 等于10%　　D. 无法判断

15. 一只股票年化期望收益率是10%,该股票的标准差为40%,年化无风险利率是2%,那么该股票的夏普比率是(　　)。

A. 0.25　　B. 0.2　　C. 0.33　　D. 0.5

16. 假设股票X收益率的标准差是50%,股票市场收益率的标准差为20%,股票X收益率与股票市场收益率的相关性是0.8,那么股票X的贝塔系数是(　　)。

A. 0　　B. 2　　C. 0.8　　D. 无法判断

17. 假设一个公司的资本结构由2 000万元的股权资本和3 000万元的债权资本构成,该公司股权资本的融资成本是15%,债权资本的融资成本是5%,同时假设该公司税率是40%,那么该公司的加权平均资本成本(*WACC*)是(　　)。

A. 7.8%　　B. 9%　　C. 10%　　D. 6%

18. 假设某企业的净利润固定是4 400万元,并且该企业每年将所有净利润都作为股息发放给投资者,该企业共发行了1 100万股票,假如该企业股息对应的折现率是10%,假设该企业从明年开始第一批发放股息,该企业股票的价格是(　　)。

A. 4元　　B. 44元　　C. 400元　　D. 40元

19. 假设一个公司全年的*EBIT*(息税前利润)是100万元,折旧是20万元,净运营资本增加了10万元,税率是40%,那么该公司今年的自由现金流是(　　)。

A. 40万元　　B. 50万元　　C. 60万元　　D. 70万元

20. A、B、C、D四只股票之间的相关系数如下:Corr(A,B)=0.85;Corr(A,C)=0.60;

Corr(A,D)=0.45,每只股票的期望收益为80%,标准差均为20%。如果此前投资者只持有股票A,目前允许选取另一种股票组成资产组合,那么投资者选择哪只股票才能使投资组合最优?(　　)

A. B　　B. C　　C. D　　D. 需要更多信息

21. 以下哪个不属于央行传统的三大货币政策工具?(　　)

A. 法定准备金　　B. 消费者信用控制

C. 再贴现率　　D. 公开市场业务

22. 半强有效市场假说认为股票价格(　　)。

A. 反映了过往的全部价格信息

B. 反映了全部的公开信息

C. 反映了包括内幕信息在内的全部相关信息

D. 是可以预测的

23. 根据有效市场假定,(　　)。

A. 贝塔值大的股票往往定价过高

B. 贝塔值小的股票往往定价过高

C. 阿尔法值为正的股票,正值会很快消失

D. 阿尔法值为负的股票往往会产生低收益

24. 根据 *CAPM* 模型,贝塔值为1.0、阿尔法值为0的资产组合的预期收益率为(　　)。

A. 在市场预期收益率和无风险收益率之间

B. 无风险利率

C. 市场预期收益率与无风险收益率之差

D. 市场预期收益率

25. 根据 *CAPM* 模型假定:市场的预期收益率为15%,无风险利率为8%;X证券的预期收益率为17%,X的贝塔值为1.25,以下哪项说法正确?(　　)

A. X被高估　　B. X正确定价

C. X的阿尔法值为−0.25%　　D. X的阿尔法值为0.25%

26. 根据费雪效应,以下说法中不正确的是(　　)。

A. 在长期,且货币是中性的情况下,货币增长的变动不影响真实利率

B. 在长期,且货币是中性的情况下,货币增长的变动不影响名义利率

C. 名义利率根据通货膨胀一对一调整

D. 通货膨胀上升时,名义利率上升

27. 如果美联储大量印发美元,那么下列哪项是不正确的?(　　)

A. 1美元所能购买的日元数量减少　　B. 引起美国物价水平上升

C. 美元相对日元贬值　　D. 美国经济增长超过日本

28. 下列哪项会减少中国净支出?(　　)

A. 一个中国艺术教授利用暑假参观欧洲博物馆

B. 美国学生纷纷去观看中国拍摄的电影

C. 你购买了一辆德国产奔驰车

D. 日本大学生在学生书店买了一个中国制造的玩具熊

29. 假设美国共同基金突然决定更多地在加拿大投资，那么(　　)。

A. 加拿大净资本流出上升　　B. 加拿大国内投资增加

C. 加拿大储蓄上升　　D. 加拿大长期资本存量降低

30. 下列关于法定准备金的说法中，错误的是(　　)。

A. 法定准备金是银行根据其存款应该持有的最低准备金

B. 法定准备金影响银行体系可以用1美元创造出多少货币

C. 当美联储提高法定准备金率时，意味着银行必须持有更多的准备金

D. 当美联储提高法定准备金率时，增加了货币乘数，并增加了货币供给

二、计算题(每题10分，共30分)

1. 假设中国的A公司出售一批货物给美国的B公司，6个月后将收到3 000万美元货款，A公司希望控制汇率风险，假定目前的即期中美汇率为1美元＝6.13元人民币，6个月期的远期汇率为1美元＝6.21元人民币。A公司可以购买6个月期美元看跌期权，其执行价格为1美元＝6.13元人民币，期权费为每1美元0.1元人民币。目前，人民币6个月期的年化利率是4%，而美元6个月期的年化利率是0.5%。

(1)如果A公司决定用远期合约来套期保值，计算此次销售可确保获得的人民币收入。

(2)如果A公司想使用即期美元和人民币工具来套利保值，应该怎样做，能获得人民币的收入是多少?

(3)假设未来的即期汇率为1美元＝6.21元人民币，如果A公司决定用美元的看跌期权来套期保值，此次销售的“期望”人民币未来收入值是多少?

(4)假如你是A公司的决策人员，你会选择哪种方式来控制这笔交易的汇率风险?

2. 永新光电一周年后的公司总价值有70%的概率为5 000万元，有30%的概率为2 000万元。无风险利率为5%，永新光电公司的资本成本为10%。

(1)假如公司资本结构中没有债务，那么现在公司股权的总价值为多少?

(2)假如公司有一笔一年期债务，到期前不支付利息，一年到期后的本金利息总价值为1 000万元，根据MM理论，现在公司股权的总价值是多少?

(3)一年后公司可能实现的最低股权回报率在情况(1)和情况(2)分别是多少?

3. 假设单因素*APT*模型成立，经济体系中所有的股票对市价的指数的贝塔值为1.0，个股的非系统性风险(标准差)为30%。如果证券分析师研究了20种股票，结果发现一半股票的阿尔法值为2%，另一半为－2%。分析师买进100万美元的等权重正阿尔法的股票资产组合，同时卖空100万美元的等权重负阿尔法的股票资产组合。

(1)该组合的期望收益是多少?

(2)该投资组合是否还存在系统风险?简述理由。

(3)该组合的标准差是多少?

三、分析题(共15分)

介绍净现值法(*NPV*)和内部收益率法(*IRR*)，比较它们的优点和缺点。

四、时事题(二选一,共 15 分)

1. 请分析阿里巴巴在美国上市的好处和可能的问题,并分析其 2012 年在香港主动退市的可能原因。

2. 前些时候美国退出量化宽松政策,美联储可以采取哪些货币政策执行退出量化宽松?

2015年中国人民大学431金融硕士真题

扫码听课

第一部分(金融学,共90分)

一、单项选择题(每小题1分,共20分)

1. 下列说法中哪项不属于信用货币的特征?( )

A. 可代替金属货币　　B. 是一种信用凭证

C. 依靠国家信用而流通　　D. 是足值货币

2. 自由铸造、自由兑换及黄金自由输出是( )制度的三大特点。

A. 金块本位　　B. 金币本位

C. 金条本位　　D. 金汇兑本位

3. 我国的货币层次划分中M0指流通中的现金,也就是( )。

A. 商业银行库存现金　　B. 存款准备金

C. 公众持有的现金　　D. 金融机构与公众持有的现金之和

4. 下列哪个人最先提出现代资产组合理论?( )

A. Markowitz　　B. Miller　　C. Sharpe　　D. Melton

5. 政策性银行的成立时间是( )。

A. 1994年　　B. 1995年　　C. 1996年　　D. 1997年

6. 在金本位制下,外汇汇率的波动幅度受( )的限制。

A. 黄金储备状况　　B. 外汇储备状况

C. 外汇政策　　D. 黄金输送点

7. 现在价格完全包括了过去价格的信息,则认为资本市场是( )。

A. 弱型有效市场　　B. 半强型有效市场

C. 强有效市场　　D. 完全有效市场

8. 我国货币当局资产负债表中的储备货币是指( )。

A. 外汇储备　　B. 基础货币

C. 法定存款准备　　D. 超额存款准备

9. 商业银行的核心资本不包括( )。

A. 普通股　　B. 资本公积

C. 一般准备　　D. 未分配利润

10. 欧洲美元(　　)。

A. 对美国来说不是外汇　　B. 受美国监管

C. 是离岸美元　　D. 是欧洲国家的官方美元储备

11. 关于金融体系的结构,属于银行主导型的国家是(　　)。

A. 德国　　B. 美国　　C. 英国　　D. 澳大利亚

12. 根据利率平价理论,假如人民币的名义利率比美元高,通货膨胀率也比美元高,长期来看,人民币是(　　)。

A. 升值　　B. 贬值　　C. 不变　　D. 以上都不对

13. 泰勒规则的因素不包括以下哪个?(　　)

A. 当前的通货膨胀率

B. 均衡实际利率

C. 汇率

D. 现实 GDP 产出与潜在 GDP 产出之差

14. 银行间同业拆借是(　　)在组织监管。

A. 银监会　　B. 证监会

C. 中国人民银行　　D. 中国银行业协会

15. 下列哪个理论与开放经济下的均衡无关?(　　)

A. 泰勒规则　　B. 米德冲突

C. 丁伯根法则　　D. 三元悖论

16. 下列哪一个是场外交易?(　　)

A. 隔夜回购　　B. 期权　　C. 期货　　D. 外汇掉期

17. 如果美国国债价格降低,伦敦同业拆借利率 LIBOR 不变,则 LIBOR 与美国国债价值差距 TED 的变化是(　　)。

A. 降低　　B. 升高　　C. 不变　　D. 无法判断

18. 下列属于商业银行盈利指标的是(　　)。

A. 存贷比　　B. 资本风险比率

C. 资产使用率　　D. 资产收益率

19. 下列不涉及汇率因素的是(　　)。

A. 米德冲突　　B. J 曲线效应　　C. 货币幻觉　　D. 三元悖论

20. 一年期的国库券即期利率为 3%,两年期国库券即期利率为 5%,则根据纯粹预期理论,从一年期到两年期的远期利率应为(　　)。

A. 2%　　B. 4%　　C. 7%　　D. 8%

二、名词解释(每小题 2 分,共 20 分)

1. 格雷欣法则
2. 央行逆回购
3. 商业银行净息差
4. 金融抑制

5. 五级贷款分类
6. 宏观审慎
7. 铸币税
8. 金融脱媒
9. 凯恩斯流动性偏好理论
10. 格拉斯—斯蒂格尔法案

三、简答题(每题 13 分,共 26 分)

1. 用托宾 Q 理论来阐述货币政策的传导机制。
2. 比较分析 2～3 种利率期限结构理论,并说明它们之间的关系。

四、分析与论述题(24 分)

中国经济近些年来出现了明显不同于前 30 年的特征,经济增速持续下滑,自 2010 年至 2012 年经济增速连续 11 个季度下滑,2012 年和 2013 年的 GDP 年增速连续两年低于 8%。

与此同时,我国商业银行的贷款利率、存款利率和同业拆借利率却均维持在高水平。

国家的决策人也注意到这一情况,于是决定调整利率。中国人民银行自 11 月 22 日起下调金融机构人民币贷款和存款基准利率。金融机构一年期贷款基准利下调 0.4 个百分点至 5.6%;一年期存款基准利率下调 0.25 个百分点至 2.75%;将金融机构存款利率浮动区间的上限由存款基准利率的 1.1 倍调整为 1.2 倍;其他各档次贷款和存款基准利率分为一年以内(含一年)、一年至五年(含五年)和五年以上 3 个档次。

请针对以上内容分析并回答以下问题:

(1)分析材料中利率逆反现象产生的原因。

(2)分析利率逆反现象与利率市场化的关系。

(3)央行此次降息对利率市场化和我国宏观经济带来的影响。

第二部分(公司财务,共 60 分)

一、单项选择题(每小题 1 分,共 10 分)

1. 某企业现在的流动比率为 1,以下哪些行为将提高公司的流动比率?(　　)

A. 赊销　　B. 用现金购置原材料

C. 变卖闲置的固定资产　　D. 以上都对

E. 以上都不对

2. 增长率为 10%,负债权益比为 1/2,股利支付率为 20%,资产与总收入的比值为 1.2∶1,则销售利润率是(　　)。

A. 8%　　B. 9%　　C. 10%　　D. 11%

E. 12%

3. 以下哪项将减少公司的净营运资本?(　　)

A. 应付账款减少　B. 固定资产减少
C. 应收账款减少　D. 银行存款增加
E. 以上都不对

4. 公司固定成本下降,销售数量上升,会引起 *EBIT* 怎样的变化?(　　)
A. 上升　B. 下降
C. 不变　D. 以上都有可能
E. 以上都不对

5. 某上市公司 A 买了 40 万股中国工商银行的股票,每 10 股分红利 2.617 元,应该缴税(　　)。
A. 0　B. 2.617 万元
C. 3.663 8 万元　D. 5.234 万元
E. 以上都不对

6. 以下哪个理论说明企业有最优资本结构?(　　)
A. MM 无税　B. MM 有税
C. 优序融资理论　D. 权衡理论
E. 以上都不对

7. 以下哪项与企业收益无关?(　　)
A. 投资　B. 厂商　C. 客户　D. 政府
E. 以上都无关

8. 可赎回债券的赎回价格与其面值之间的关系是(　　)。
A. 大于　B. 等于　C. 小于　D. 以上都有可能
E. 以上都不对

9. 每次央行降息、降准,我国 A 股都受到强烈冲击,这违反了以下哪个?(　　)
A. 强有效　B. 半强有效　C. 弱有效　D. 以上所有
E. 以上都不选

10. 在同质预期的情况下,所有人将(　　)。
A. 持有相同的组合　B. 持有按照市场价值加权的组合
C. 按照各自的风险偏好确定投资组合　D. 以上都有可能
E. 以上都不对

二、判断题(每小题 1 分,共 10 分)

1. 资产负债率是负债总额除以资产总额的百分比,也就是负债总额与资产总额的比例关系。(　　)

2. 夏普比率等于某段时间内的平均权益风险除以方差。(　　)

3. 企业价值乘数可以比较资本结构、税收或资本支出存在差异的两家公司。(　　)

4. 内生增长下企业的资金需求等于留存收益。(　　)

5. 股利平滑化的含义:公司达到繁荣提高股利,公司进入萧条降低股利。(　　)

6. 在杠杆收购中,若企业拟好了清偿的时间表,应采取 *APV* 法。(　　)

7. 因为增加负债可以给企业带来税盾的好处，有利于企业价值的增加，所以增加负债会降低权益与资本风险。（ ）

8. 在资本预算中，如果现金流多次变号，那么就不可以使用 *IRR* 法。（ ）

9. 只要相关系数小于1，两证券组合的标准差就小于它们各自标准差的加权平均数。（ ）

10. 鉴于折旧是一个非付现项目，因此在进行资本预算时没有必要考虑折旧。（ ）

三、分析与计算题（共40分）

1. 材料大意是中国银行发行优先股，在香港的股息率比在内地高。

问题：(1)决定优先股股息率的因素。

(2)中国银行此次境内外股息率不同的原因。

2. Y公司经营领域横跨三个行业，各部分市值和对应无杠杆权益贝塔见下表。

	市值	无杠杆权益贝塔
地产	20亿元	1.00
软件	10亿元	1.25
百货	10亿元	0.6

已知Y有1亿股发行在外的股票，当前股价20元，公司其余资本均为公司债券，债券评级为A，相对于国债收益率的信用利差为4%，Y公司适用公司所得税率25%，市场风险溢价8%，国债收益率4%。

(1)计算Y的无杠杆权益。

(2)求Y的加权资本成本。

(3)假设Y公司按市价出售其百货业务，并用出售所得偿还债务，此举使公司债券评级上升为AA，信用利差减为2%，计算新的加权资本成本。

3. X公司2013年净利润15 000万元，折旧2 000万元，资产负债表如下（单位：万元）。

资产	期末值	期初值	负债及权益	期末值	期初值
现金	10 000	5 000	流动负债	6 000	5 000
非流动资产	12 000	10 000	非流动负债	24 000	20 000
流动资产	22 000	15 000	负债	30 000	25 000
固定资产净额	80 000	75 000	权益	72 000	65 000
总资产	102 000	90 000	总额	102 000	90 000

预计2014年的X净利润、折旧、净盈利资本都增长10%，X公司有如下4个候选项目（均为永续不增），假设投资所需要资金来自自有资金，无风险利率为4%，市场风险溢价为8%，税率为25%。

	投资	年税前现金流量	权益贝塔
A	3 000 万元	600 万元	1.2
B	2 000 万元	300 万元	1.0
C	2 000 万元	400 万元	1.1
D	3 500 万元	800 万元	2.0

(1)估计 X 的 2013 年固定资产投资金额。

(2)X 的 2013 年未增发新股,估计支付多少现金红利?

(3)2014 年 X 将选哪些项目投资?

(4)2014 年 X 将支付多少现金股利?

2015年对外经贸大学431金融硕士真题

扫码听课

一、单项选择题(每小题2分,共20分)

1. $M=KPY$ 是哪项学说的观点?(　　)

A. 现金交易说　　B. 现金余额说

C. 可贷资金理论　　D. 流动性溢价理论

2. 不需要在场内交易的金融产品是(　　)。

A. 期货　　B. 期权　　C. 基金　　D. 汇率远期

3. 央行发行1 000万元货币,货币当局的资产负债表的变化是(　　)。

A. 货币发行增加1 000万元,准备金增加1 000万元,整个资产负债总量增加

B. 货币发行增加1 000万元,准备金减少1 000万元,整个资产负债表不变

C. 货币发行减少1 000万元,准备金增加1 000万元,整个资产负债表不变

D. 货币发行增加1 000万元,准备金增加1 000万元,整个资产负债表不变

4. 弗里德曼对货币的定义是(　　)。

A. 狭义货币　　B. 购买力的栖息地/寄托物

C. 准货币　　D. 广义货币

5. 下列关于固定汇率的描述中正确的是(　　)。

A. 有助于稳定的国际贸易和投资　　B. 防止通货膨胀在国际间传染

C. 有助于各国货币政策的自主性　　D. 有助于建立稳定的货币制度

6. 关于国际收支,下列说法中正确的是(　　)。

A. 国际收支是个存量的概念

B. 对未涉及货币收支的交易不予记录

C. 国际收支并非国际投资头寸变动的唯一原因

D. 它是本国居民与非居民之间货币交易的总和

7. 以下关于资本市场线 *CML* 和证券市场线 *SML* 的表述中,错误的是(　　)。

A. 在 *SML* 上方的点是被低估的资产

B. 投资者应该为承担系统性风险而获得补偿

C. *CML* 能为均衡时的任意证券或组合定价

D. 市场组合应该包括经济中所有的风险资产

8. 根据 *CAPM*,假定市场期望收益率为9%,无风险利率为5%,X公司股票的期望收益率为11%,其贝塔值为1.5,以下说法中正确的是(　　)。

A. X 股价被高估　　B. X 股票被公平定价

C. X 股价被低估　　D. 无法判断

9. 金融机构分析企业财务报表的重点是(　　)。

A. 营业能力　　B. 获利能力

C. 偿债能力　　D. 资产管理

10. 某企业的资本总额为 150 万元,权益资本占 55%,负债利率为 12%,当前销售额为 100 万元,息税前收益为 20 万元,则财务杠杆系数为(　　)。

A. 2.5　　B. 1.68　　C. 1.15　　D. 2.0

二、判断题(每小题 1 分,共 15 分)

1. 货币的非中性是指货币能够影响实体经济,并对实体经济产生积极或消极的影响。(　　)

2. 理财业务是商业银行新型的资产业务。(　　)

3. 当人们预期利率上升时,货币需求会大量增加,甚至形成流动性陷阱。(　　)

4. 中国人民银行发行中央银行票据是为了举借债务,弥补自身头寸不足。(　　)

5. 在其他因素不变的情况下,本国价格水平提高将引起本币发生实际贬值。(　　)

6. 特里芬难题解释了国际金本位制崩溃的原因。(　　)

7. 根据均衡信贷配给理论,银行贷款利率相对于市场利率具有粘性,即利率市场化后银行贷款利率会是一个比均衡利率更低的利率。(　　)

8. 目前国际市场上使用较为广泛的是"5 级分类方法"。该方法将银行的贷款资产分为正常、关注、次级、可疑和损失,除前三类外,后两类为不良资产。(　　)

9. IPO 抑价,即 IPO 低定价发行,对发行公司来说是一项成本。(　　)

10. 在做资本预算的时候,我们只关注相关税后增量现金流量,由于折旧是非付现费用,所以在做预算的时候可以忽略折旧。(　　)

11. 如果企业没有固定成本,则企业的经营杠杆为 1。(　　)

12. 某企业正在讨论更新现有的生产线,有两个备选的方案。A 方案的 *NPV* 为 400 万元,*IRR* 为 10%;B 方案的 *NPV* 为 300 万元,*IRR* 为 15%。据此可以认为 A 方案更好。(　　)

13. 公司权益的账面价值和市场价值一般不相等。(　　)

14. 贝塔值为零的股票其期望收益率也为零。(　　)

15. 因素模型中,证券收益率方差的大小只决定于因素的方差大小。(　　)

三、名词解释(每小题 4 分,共 20 分)

1. 监管套利

2. 影子银行

3. 欧式期权

4. 绿鞋条款

5. 边际资本成本

四、计算题(每小题 10 分,共 20 分)

1. 某债券面值 100 元,票面利率 8%,5 年期,发行价格为 105 元,若小张此时买进,持有三年后卖出,假设卖出价格为 117 元。

(1)计算当期收益率。

(2)计算持有期收益率。

(3)计算到期收益率(按单利计算)。

(4)说明到期收益率和执行价格的相关关系。

2. 某些股票和标普 500 的关系见下表:

名称	标准差	相关系数	截距
INTEL	12	0.7	0.22
FORD	14	0.3	0.10
XXX	10	0.6	0.05
S&P500	5	1	0.00

(1)求各股票的贝塔值。

(2)已知标普 500 收益率 15%,无风险收益率 5%,求各股票期望收益率,并作出 *SML* 曲线图。

(3)一年后,各股票收益率分别为 20%、15%、10%,在 *SML* 图中表示出各点,并说明它们被高估还是低估。

五、简答题(每小题 6 分,共 30 分)

1. 简述中央银行控制基础货币的基本方式。

2. 简述成本推进型通货膨胀。

3. 简述股票回购的三种方式。

4. 套利满足的三个特征是什么?

5. 简述净现值法(*NPV*)和内部收益率法(*IRR*)中关于再投资收益率的各自隐藏的假设,并说明哪种估值方法更合理。

六、论述题(每小题 15 分,共 30 分)

1. 购买力平价理论。

(1)简述购买力平价理论。

(2)购买力平价理论的合理之处有哪些?

(3)购买力平价理论的缺陷有哪些?

2. 2014 年 9 月,中国银行、华夏银行先后宣布在香港发行优先股,称证监会已核准其非公开发行优先股。10 月 16 日,中国银行在香港发行我国首单优先股。这标志着我国金融改革又向前迈出了一大步。请回答以下问题:

(1)优先股的特征有哪些?

(2)简述商业银行发行优先股的动机和作用。

(3)比较境内外证券市场的特点,说明为什么选择在境外发行?

3. 影响企业选择资本结构的因素有哪些?为什么?

七、专业英语(共 15 分,略)

扫码听课

2015年中央财经大学431金融硕士真题

一、单项选择题(每小题1分,共20分)

1. 金银复本位制的不稳定性源于(　　)。

A. 金银的稀缺　　B. 生产力的提高

C. 货币发行管理混乱　　D. 金银同为本位币

2. 单纯从物价和货币购买力的关系看,物价指数上升25%,则货币购买力(　　)。

A. 上升20%　　B. 下降20%　　C. 上升25%　　D. 下降25%

3. 信用的基本特征是(　　)。

A. 无条件的价值单方面让渡　　B. 以偿还为条件的价值单方面转移

C. 无偿的赠予或援助　　D. 平等的价值交换

4. 认为利率纯粹是一种货币现象,利率水平由货币供给与货币需求的均衡点决定的理论是(　　)。

A. 马克思的利率决定理论　　B. 实际利率理论

C. 可贷资金论　　D. 凯恩斯的利率决定理论

5. 我国习惯上将年息、月息、日息都以“厘”做单位,但实际含义却不同,若年息6厘、月息4厘、日息2厘,则分别是指(　　)。

A. 年利率为6%,月利率为4%,日利率为2%

B. 年利率为0.6%,月利率为0.4%,日利率为0.02%

C. 年利率为0.6%,月利率为0.04%,日利率为2%

D. 年利率为6%,月利率为0.4%,日利率为0.02%

6. 一张差半年到期的面额为2 000元的票据,到银行得到1 900元的贴现金额,则年贴现率为(　　)。

A. 5%　　B. 10%　　C. 2.56%　　D. 5.12%

7. 以下属于利率衍生工具的是(　　)。

A. 债券期货　　B. 货币互换　　C. 外汇期货　　D. 外汇期权

8. 同早期的银行相比,现代商业银行的本质特征是(　　)。

A. 信用中介　　B. 支付中介　　C. 融通资金　　D. 信用创造

9. 假设黄金现货的价格为200元/克,市场无风险利率为4%,那么,不考虑黄金仓储成本,6个月后交割黄金期货合约理论价格应该是(　　)。

A. 200元/克　　B. 204元/克　　C. 198元/克　　D. 202元/克

10. 假设今天沪深 300 指数收盘于 3200 点，指数期望收益率为 8%，无风险利率为 4%，那么，一年后交割的沪深 300 指数期货合理理论点位是(　　)。

A. 3200.04　　B. 3300.59　　C. 3328.01　　D. 3074.53

11. 弗里德曼认为货币需求函数的特点是(　　)。

A. 不稳定　　B. 不确定　　C. 相对稳定　　D. 稳定

12. 本币汇率下跌会引起下列哪个现象？(　　)

A. 出口减少、进口增加　　B. 出口增加、进口减少

C. 进出口不发生变化　　D. 进出口同时增加

13. 国际收支失衡是指(　　)。

A. 贸易项目失衡

B. 经常项目失衡

C. 经常项目、资本与金融项目总体失衡

D. 自主性交易项目失衡

14. 从看跌期权的视角，公司债权人所拥有的债权可以理解为(　　)。

A. 持有以公司资本为标的物的看跌期权

B. 向股东出售以公司资产为标的物的看跌期权

C. 拥有公司，并持有以公司资产为标的物的看跌期权

D. 拥有无风险债权，并向股东出售以公司资产为标的物的看跌期权

15. 某项目的现金流如下表所示：

年份	0	1	2	3	4
现金流	−5 000	1 900	1 900	2 500	2 000

那么，该项目的回收期最接近(　　)。

A. 2 年　　B. 2.5 年　　C. 3 年　　D. 3.5 年

16. A 公司普通股刚刚支付了每股 2 元的红利，股票价格当前为 100 元每股，可持续增长率为 6%，则该公司普通股的资本成本为(　　)。

A. 6.4%　　B. 7.3%　　C. 8.1%　　D. 8.8%

17. 在资本预算中，下列现金流中最不应该考虑的是(　　)。

A. 沉没成本　　B. 税收影响

C. 机会成本　　D. 新项目对旧项目的替代效应

18. P 公司 2015 年的资本预算为 500 万元，该公司目标资本结构包括 60% 的负债和 40% 的股权，公司预测 2015 年将有 300 万元的净利润。如果该公司遵循剩余红利分配政策，则其目标股利支付率为(　　)。

A. 25%　　B. 33%　　C. 38%　　D. 42%

19. 以下不属于资产运用能力指标的是(　　)。

A. 存货周转率　　B. 应收账款周转期

C. 利息保障倍数　　D. 资金周转率

20. 债券筹资的优点不包括(　　)。

A. 债券的成本介于普通股和优先股之间

B. 债权人不直接参与公司经营管理

C. 债券利息在税前列支,可以带来税收屏蔽的好处

D. 债券可以附加多种选择权,增强其吸引力

二、判断题(每小题 1 分,共 20 分)

1. 劣币驱逐良币规律产生于信用货币制度的不可兑换性。(　　)

2. 商业票据的背书人对票据负有连带责任。(　　)

3. 在通常情况下,如果资本边际效率大于官定利率,可以诱使厂商增加投资;反之,则减少投资。(　　)

4. 信托业务由于能够使商业银行获利,所以是资产业务。(　　)

5. 基础货币等于流通中现金与商业银行的存款准备金之和。(　　)

6. 在凯恩斯看来,投机性货币需求增减的关键在于微观主体对现存利率水平的估价。(　　)

7. 公开市场业务是通过增减商业银行借款成本来调控基础货币的。(　　)

8. 经济体系中到底需要多少货币从根本上说取决于有多少实际资源需要货币实现其流转并完成再生产过程。(　　)

9. 在一般性货币政策工具中,再贴现政策对中央银行而言具有较强的主动性。(　　)

10. 中央银行对利率的控制能力强于对超额准备的控制。(　　)

11. 人民币特种股票 B 股属于广义外汇。(　　)

12. 一国对外负债的增加应该记录在国际收支金融账户的借方。(　　)

13. 在固定汇率制度下,一国国际收支顺差过大会引起国内物价上涨。(　　)

14. 在不考虑税收、交易成本和财务危机成本的情况下,如果公司通过发行股票的方式来赎回其债务,那么之后的股票价格会上升,因为此时股东的风险下降了。(　　)

15. 在计算公司 *WACC* 时,权重应基于公司的目标资本结构。(　　)

16. 债券的到期收益率(*YTM*)是使得未来现金流现值等于债券当前价格的贴现率。(　　)

17. 2012 年投资者 A 的收益率为 19%,投资者 B 的收益率为 15%,A 的投资组合 β 值为 1.5,B 的投资组合 β 值为 1。如果无风险利率为 9%,同期市场收益率为 15%,则 A 在选股方面更加出色。(　　)

18. 利用 *IRR* 对互斥项目进行评估时,假设现金流的再投资收益率为项目资本成本。(　　)

19. 有限合伙制企业的合伙人均为有限合作人。(　　)

20. 参与优先股是指优先股股东可以参与公司股东大会并投票。(　　)

三、计算题(每题 10 分,共 30 分)

1. 假设你的住房抵押贷款已经偿还了 5 年的时间,每月还款额为 12 286 元,贷款的原

始期限为 30 年，利率为 10%(APR)。在这五年中，利率下跌，因此你决定进行再融资，也就是说，你要将当期尚未偿还的贷款余额经过重新磋商后展期为一项新的贷款。新贷款为 30 年期，要求按月还款，利率为 6.625%(APR)。

(1)新贷款要求每个月还款多少？

(2)如果你仍希望在 25 年后还清贷款，那么新贷款的月还款为多少？

(3)假设你想每个月还是继续偿还 12 286 元，并且想在 25 年后还清贷款，那么除了未偿还完的贷款，你还能额外借多少现金？

时间	60	120	180	240	300	360
利率为 0.833%的年金现值系数	47.065 4	75.671 2	93.057 4	103.624 6	110.047 2	113.950 8
利率为 0.552%的年金现值系数	50.956 1	87.577 2	113.896 0	132.810 9	146.404 6	156.174 1

计算结果保留整数位。

2. 某公司资本结构中包括 70%的债务和 30%的股权，公司希望保持这种目标资本结构。公司预计今年会产生 180 万元的保留盈余。公司所得税率为 30%。

(1)基于如下信息计算不同筹资规模下公司的 $WACC$：

资金来源	成本	融资规模
负债融资	10%	发行新债不超过 100 万元
负债融资	12%	发行新债超过 100 万元，但不超过 300 万元
负债融资	15%	发行新债超过 300 万元
股权融资	14%	股权资金需求不超过留存收益
股权融资	16%	对外发行股票融资不超过 200 万元
股权融资	18%	对外发行股票融资超过 200 万元

(2)如果公司有如下独立项目可供选择，则公司对外举债和发行股票融资的数量各是多少？

投资项目	投资额(万元)	IRR
A	230	13.5%
B	200	24.6%
C	325	9.7%
D	180	15.8%
E	150	16.0%

计算的融资规模结果保留至整数位，$WACC$ 结果保留至万分位。

3. G 公司目前流通在外的股票为 100 万股，市价为 6 元/股，此外还有 200 万元利率为 6%的债券，G 公司正在考虑一个投资额为 300 万元的项目，有三种筹资方案可供选择：

a. 全部使用每股 6 元的普通股融资；

b. 按利率 8%发行债券；

c. 按利率 9%发行优先股。

(1)如果投资后的期望 *EBIT* 为 100 万元，计算各种筹资方案下的 *EPS*，假定税率为 25%。

(2)计算方案 a、b 和 a、c 间的无差异点(即，使得 *EPS* 相等的 *EBIT* 水平)。(计算 *EPS* 结果保留小数点后 2 位，*EBIT* 保留至整数位。)

四、名词解释(每题 4 分，共 20 分)

1. 存款货币
2. 商业银行的核心资本
3. 购买力平价
4. 永续年金
5. 修正的内部收益率(*MIRR*)

五、简答题(每题 8 分，共 32 分)

1. 简述利率发挥作用的基础性条件。
2. 简述互换交易的基本功能。
3. 简述国际货币制度的主要内容。
4. 可转换债券作为筹资工具有哪些优缺点？

六、论述题(每题 14 分，共 28 分)

1. 近年来，中国人民银行采用有别于传统货币政策工具的策略，创设了几种货币政策新工具。请结合中国经济运行的现实背景，分析这些政策工具与传统货币政策工具的功能与预期效果有何不同。

2. 试述影响汇率变动的因素和汇率变动对经济的影响。结合近年来人民币升值问题，分析人民币升值的原因和人民币升值带来的经济影响。

扫码听课

2015 年中山大学 431 金融硕士真题

一、单项选择题(每小题各有 4 个选项,请选出最合适的 1 个选项。本部分共 20 小题,每小题 2 分,共计 40 分)

1. 假设其他情况不变,以下何种情况会导致一国的基础货币减少?(　　)

A. 中央银行增加黄金储备　　B. 商业银行向中央银行归还借款

C. 中央银行向财政部透支　　D. 中央银行在二级市场上买入国债

2. 根据凯恩斯主义的分析方法,总需求可以写成(　　)。

A. $Y=C+I+G+NX$　　B. $Y=C+I+G-NX$

C. $Y=C-I-G-NX$　　D. $Y=C+I-G-NX$

3. 各国中央银行货币发行准备基本上包括两种:一种是现金准备,另一种是(　　)。

A. 商品保证准备　　B. 票券保证准备

C. 信用保证准备　　D. 外汇保证准备

4. 超额存款准备金等于(　　)。

A. 库存现金+商业银行在中央银行的存款

B. 法定存款准备率+库存现金

C. 存款准备金+法定存款准备金

D. 存款准备金-法定存款准备金

5. 若中央银行在公开市场上大量抛售有价证券,意味着货币政策(　　)。

A. 放松　　B. 收紧　　C. 不变　　D. 不一定

6. 在我国的货币层次划分中,一般将“外币存款”划入如下哪个层次?(　　)

A. M0　　B. M1　　C. M2　　D. M3

7. 下列有关弗里德曼与凯恩斯的货币需求理论的表述中,哪一个是错误的?(　　)

A. 在凯恩斯的货币需求函数中,利率仅限于债券利率

B. 在弗里德曼的货币需求函数中,收入指的是具有高度稳定性的恒久收入

C. 凯恩斯认为,货币需求的利率弹性较低,即对利率不敏感

D. 弗里德曼认为,货币流通速度高度稳定

8. 金本位制下决定汇率的基础是(　　)。

A. 金平价　　B. 铸币平价

C. 法定平价　　D. 黄金输出入点

9. 来自休斯敦的美国公民鲍勃购买一股新发行的英国石油公司的股票,这项交易应该

记在美国国际收支平衡表的哪个账户？(　　)

A. 经常账户　　B. 资本账户

C. 金融账户　　D. 直接投资账户

10. 为避免美元汇率变动的风险，A 公司在外汇市场上买进即期美元外汇的同时，卖出等量的远期美元外汇，这叫作(　　)。

A. 套汇　　B. 套利　　C. 掉期　　D. 投机

11. 布雷顿森林协议在对会员国缴纳的资金来源中规定，(　　)。

A. 会员国份额必须全部以黄金或可兑换的黄金货币缴纳

B. 会员国份额的 50%以黄金或可兑换成黄金的货币缴纳，其余 50%的份额以本国货币缴纳

C. 会员国份额的 25%以黄金或可兑换成黄金的货币缴纳，其余 75%的份额以本国货币缴纳

D. 会员国份额必须全部以本国货币缴纳

12. 汇率波动受黄金输送点的限制，各国国际收支能自动调节，这种货币制度是(　　)。

A. 浮动汇率制　　B. 国际金本位制

C. 布雷顿森林体系　　D. 混合本位制

13. 下列各种筹资方式中，筹资风险相对较小的筹资方式是(　　)。

A. 发行普通股　　B. 发行公司债券

C. 向银行借款　　D. 发行优先股

14. 当市场进入完全竞争的阶段，经济租金将会(　　)。

A. 提高　　B. 下降　　C. 保持不变　　D. 趋向于 0

15. 现金作为一种资产，它的(　　)。

A. 流动性强，盈利性也强　　B. 流动性强，盈利性差

C. 流动性差，盈利性强　　D. 流动性差，盈利性也差

16. 某公司在无负债时的资本成本为 8%，现考虑采用 50%负债的新资本结构，负债的利息率为 5%，如果所得税率为 40%，则新资本结构下的权益资本成本为(　　)。

A. 6.6%　　B. 9.2%　　C. 9.8%　　D. 11%

17. Beta 可用以测度(　　)。

A. 公司特殊的风险　　B. 可分散化的风险

C. 市场风险　　D. 个别风险

18. 资产收益是随机的理论支持是(　　)。

A. 投资组合理论　　B. 期权定价理论

C. 有效市场假说　　D. 以上三者都不是

19. 下列观点中哪个属于流动性偏好理论？(　　)

A. 远期利率是未来的预期即期利率的无偏估计

B. 远期利率不是未来的预期即期利率的无偏估计

C. 流动性溢价的存在使得收益率曲线为向上的情况要少于为向下的情况

D. 预期利率上升,利率期限结构并不一定是向上的

20. 假设股票A价格下跌,那么该股票的看跌期权的价格将(　　),该股票的看涨期权将(　　)。

A. 上升,上升　　B. 下降,下降

C. 下降,上升　　D. 上升,下降

二、名词解释(本部分共5小题,每小题4分,共计20分)

1. 流动性溢价理论
2. 货币中性
3. 最优货币区
4. 持续增长率
5. 资本市场线

三、计算题(本部分共4小题,共计50分)

1.(15分)某银行有15亿元固定利率的资产,30亿元浮动利率的资产,25亿元固定利率的负债,20亿元浮动利率的负债。如果市场利率上升了5%。请回答如下问题:

(1)银行的利润将有何变化?请用资产—负债缺口分析法加以说明。(8分)

(2)你可以采取哪些措施来降低利率风险?请阐述其理由。(7分)

2.(10分)假定美国的存款利率是每年6%,而英国的存款利率是每年4%。美元对英镑的即期汇率是$E_{\$/£}=1.25$。假设你是一个投资者,目前持有的资金是100万美元。

(1)如果你打算购买英镑存款,这些美元资金可以兑换多少英镑?(1分)

(2)一年以后,你将拥有多少英镑?(1分)

(3)如果你没有将这些资金转化为英镑存款,而是将它存在了你在美国的美元账户上,那么一年以后你将拥有多少美元?(1分)

(4)假设国际交易成本为零,不考虑资产风险和流动性的差异,根据无抛补的利率平价理论,那么一年期的远期汇率是多少才能保证以上两项投资(英镑存款和美元存款)对你来说没有什么差异?请解释原因。(4分)

(5)如果把问题(4)中计算出来的汇率作为对未来一年的美元兑英镑的预测值,那么美元的预期贬值率是多少?这个比率与美元存款和英镑存款的利率差是什么关系?(3分)

3.(10分)某股份公司的有关资料如下:(1)年息税前收益2 400万元;(2)所得税率25%;(3)总负债5 000万元,平均利息率8%;(4)发行普通股5 000万股,每股面值1元;(5)每股账面价值2元;(6)该股票的贝塔系数为1.2,目前国库券收益率4%,平均股票市场收益率为9%。该公司产品市场相当稳定,预期无增长,所有收益全部用于发放股利,并假定股票价格与其内在价值相等。要求:

(1)计算该公司每股收益及股票价格。(3分)

(2)计算该公司的加权平均资本成本。(2分)

(3)该公司拟调整资本结构,增加5 000万元的负债来回购股票。假定增加负债的利息率为8.5%。该股票的贝塔系数上升为1.3。息税前收益保持不变。当公司公告该资本调

整计划，投资者将就公司的获利性和风险重新评估股票的价值，回购前后股票将会保持在新的均衡价格。试问该公司以什么价格回购公司股票？公司应否改变资本结构？（5分）

4.（15分）假设股票A和B的一年期收益率遵从下述指数模型：

$$r_A=2\%+0.5r_M+e_A$$
$$r_B=-2\%+2.0r_M+e_B$$

投资者甲预测 $\sigma(r_M)=20\%$（标准差），$\sigma(e_A)=30\%$，$\sigma(e_B)=10\%$，$E(r_M)=8\%$（期望）。

拥有10万元人民币预算的甲计划做一年期的投资，并打算按照1∶1的比例将部分资金投资于A、B股票（风险资产组合），其余资金购买年利率为5%的国库券（无风险资产）。

（1）计算甲的风险资产组合的均值与方差。（5分）

（2）最优投资策略在风险资产组合和无风险资产之间选取。假设甲的效用函数为 $E(r_p)-2.5\sigma^2(r_p)$，计算甲在风险资产组合上的最优投资比例。（5分）

（3）甲的最优投资组合的系统风险和非系统风险各为多少？（5分）

四、分析与论述题（本部分共3小题，共计40分）

1.（15分）英国《金融时报》中文网报2014年9月22日报道称，中国央行最近推出了一些"非常规货币政策"，如定向降低准备金率（定向降准）、抵押补充贷款（Pledged Supplementary Lending，PSL）、定向降低再贷款利率（再贷款）等，引起了经济金融业界和学界的广泛关注。一种流行的解读是央行逐渐退出外汇市场干预，外汇占款这一基础货币创设渠道萎缩：央行在不愿意用降准这一猛药的情况下，寻找新的平稳的基础货币投放方式，或者是在经济周期下行期间且信贷规模增长过快，央行在不对货币总量开闸放水条件下，对宏观经济进行微调。因此，有学者建议央行应该尽快退出这些结构性货币政策。

补充说明：

定向降准：是针对某金融领域或金融行业进行的央行货币政策调整，目的是降低存款准备金率。

抵押补充贷款（PSL）：是指中央银行以抵押方式向商业银行发放贷款，合格抵押品可能包括高信用评级的债券类资产及优质信贷资产等，它也是一种基础货币投放工具。

定向降低再贷款利率：是指中央银行引导部分金融机构降低针对特定领域（如农业相关项目）的贷款或再贷款利率。

请根据上述材料，回答如下问题：

（1）什么是外汇市场干预？主要有哪些途径？（3分）

（2）你认为央行实施上述"非常规货币政策"的用意何在？（4分）

（3）请比较传统货币政策与上述"结构性货币政策"的优劣。（8分）

2.（15分）假定你是一个国家负责制定财政政策的官员，你所在的国家实行浮动汇率制度。现在国会要求你仅仅使用财政政策去提高整个国家的总产出 Y，同时降低这个国家的贸易赤字水平。请利用蒙代尔—弗莱明模型，结合以下图形分别分析以下几个问题。

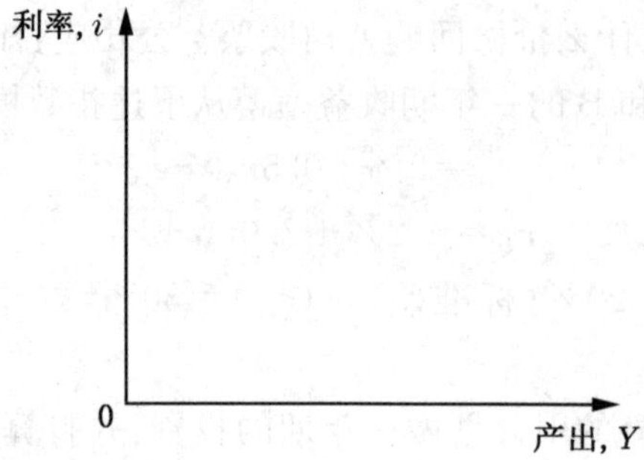

(1)你能否仅仅通过财政政策来同时实现以上两个目标？为什么？(5 分)

(2)假如你被调入该国的中央银行，专门负责这个国家的货币供给，你是否能够使用货币政策来实现这两个目标？为什么？(5 分)

(3)现在假设国家将汇率制度调整为固定汇率制，只使用货币政策或者只使用财政政策能否达到降低贸易赤字水平同时提高国民总产出的目标？为什么？(5 分)

3.(10 分)净现值(NPV)与内部收益率(IRR)是评价投资项目是否可行的主要动态评价方法，这两种方法都隐含再投资的假设，你认为两种方法的再投资假设是什么？哪种再投资假设更合理？对于互斥项目，两者得出评价结论不一致的可能原因是什么？

2015年南开大学431金融硕士真题

一、名词解释(每题5分,共30分)

1. 基础货币
2. 利率平价定理
3. 抵押支持证券
4. 流动性陷阱
5. 有效久期
6. 利率敏感性管理

二、简答题(每题10分,共70分)

1. 简述弗里德曼的货币需求函数及其政策含义。
2. 简述凯恩斯流动性偏好理论。
3. 银行为什么要保有一定规模的资本?
4. 商业银行资产负债管理理论都有哪些?
5. 股票估值模型都有哪些各自适用的条件?
6. 简述*APT*和*CAPM*模型的区别。
7. 简述债券回购的分类和作用。

三、论述题(每题25分,共50分)

1. 什么是利率市场化?简述我国利率市场化的改革步骤,并结合实际谈谈你对利率市场化的看法。

2. 2014年11月17日,上海与香港股票市场交易互联互通机制“沪港通”正式启动。2016年12月5日,深圳与香港股票市场交易互联互通机制“深港通”正式启动。有学者认为,“沪港通”丰富了交易品种,优化了市场结构,为境内外投资者投资A股和港股提供了便利和机会,有利于巩固香港国际金融中心地位,加快建设上海国际金融中心;有利于推进人民币国际化,提高跨境资本和金融交易可兑换程度。请根据材料回答下列问题:

(1)“沪港通”对我国资本市场的意义;

(2)人民币国际化需要具备的条件;

(3)你对人民币国际化的看法。

扫码听课

2015年武汉大学431金融硕士真题

一、名词解释(共6小题,每小题5分,共30分)

1. 货币政策名义锚
2. 国际储备
3. 外汇缓冲政策
4. 代理问题
5. 或有索取权
6. 非系统性风险

二、计算题(共4小题,每小题9分,共36分)

1. 某投资者预期购入面值为100元的股票,该股票每年可获得4%的股利收益,三年后若将其卖出可以获得120元的收益,试根据收益资本化计算该股票的投资价值;若该投资者计划长期持有该股票,并不将其卖出,那么该股票的投资价值又是多少?(假设市场利率为5%)

2. 某美国公司向德国出口机器,三个月后收回货款500万欧元。为防止外汇风险以欧式期权保值。期权协议价格1欧元=0.450 0美元,卖出40份欧元期货期权,期权费为每欧元2美分。如果三个月后欧元汇率发生下列变化:1欧元=0.410 0美元;1欧元=0.430 0美元;1欧元=0.470 0美元。试计算三种汇率变化情况下该公司的损益,并说明各种情况下是否该行权。

3. 假设一个公司拥有两个互斥的投资项目,其现金流为下表所示,且适用的折现率均为10%。

年	项目A	项目B
0	−1 500	−2 500
1	800	700
2	900	1 300
3	700	1 900

试分别计算两个项目的盈利指数。根据盈利指数法则,该公司应该投资哪个项目?这样的选择合理吗?

4. 某公司的股票收益率与市场组合收益率之间的协方差是0.036,市场组合收益率的标准差为20%，市场风险溢价的期望值为7.5%。公司发行的债券的市场价值为4 000万元，到期收益率为8%。公司同时还发行了500万股普通股，每股股价为20元。公司管理层认为目前公司的负债/权益比是最优的。公司税率为35%，国债收益率为6%。试求该公司的加权平均资本成本。

三、简答题(共8小题，每小题9分，共72分)

1. 简述货币政策中介目标体系变量的种类和选取原则。

2. 简述资本充足性约束对商业银行的影响。

3. 用货币论简要分析国际收支失衡的原因及调节方法。

4. 简述汇率的弹性价格货币模型与粘性价格模型的异同。

5. 根据蒙代尔—弗莱明模型简要分析开放经济条件下财政政策和货币政策的作用效果。

6. 从资本预算的实物期权方法来看，为什么传统的 *NPV* 分析方法趋向于低估项目资本预算的真实价值？如果一个投资项目的现金流是完全确定的，没有任何风险，那么实物期权方法还适用吗？

7. 简述无税条件下 Modigliani-Miller 命题的主要内容及假设条件。

8. 简述公司财务困境的原因及成本：一般情况下债务人和债权人会通过债务合约来减少债务融资的代理成本，请列举至少两项与此目的相关的合约条款。

四、论述题(共1小题，12分)

2008年金融危机后，西方发达国家中央银行纷纷通过压低市场利率的方法来促进本国经济复苏与实体经济发展，这导致了超低利率环境的出现，例如目前美国的联邦基金利率就稳定在0%至0.25%之间。超低利率环境改变了常规货币政策的传导渠道，导致了常规货币政策的传导效果失真，并催生了一大批非常规货币政策的诞生。请利用凯恩斯的流动性陷阱理论对发达国家央行实施的非常规货币政策的理论依据进行解释。

二、2011～2014 年选编真题

2014 年复旦大学 431 金融硕士真题

一、名词解释(每小题 5 分,共 25 分)

1. IPO 折价
2. 消极投资策略
3. 金融深化
4. 杠杆收购
5. 熊猫债券

二、选择题(每小题 4 分,共 20 分)

1. 以下哪个久期最长?(　　)

A. 8 年期 10%息票利率　　B. 8 年期零息票利率

C. 10 年期零息票率　　D. 10 年期 10%息票利率

2. 以下关于优先股和普通股的说法中不正确的是(　　)。

A. 普通股股东可以参与公司日常经营决策

B. 优先股一般没有表决权

C. 普通股一般不可以出售

D. 优先股股票不能赎回

3. 偿债率是(　　)。

A. 外债余额/国民生产总值　　B. 外债余额/国内生产总值

C. 外债余额/出口交易额　　D. 还本付息额与进出口收入之比

4. 以下哪项不属于我国 M2 统计口径?(　　)

A. 公司活期存款　　B. 公司定期存款

C. 居民储蓄存款　　D. 商业票据

5. 最后一个计利税交易日,某股票收盘价 40 元,股利每股 1 元,股利税率为 20%,则次日这只股票开盘价为(　　)元。

A. 39.2　　B. 39.8　　C. 39　　D. 40

三、计算题(每小题 20 分,共 40 分)

1. 设某固定利率债券面值为 100 美元,剩余期限为 3 年,息票率为 6%,每年付息一次,到期收益率为 6%,请计算:

(1)该债券的久期和修正久期。

(2)该债券的凸性。

(3)利用久期法则解释,当收益率变动1%时,债券的价格变动百分之几。

(4)利用凸性法则解释,当收益率变动1%时,债券的价格变动百分之几。

2. 三年到期的一份欧式看涨期权,波动率为每年15%,无风险利率为12%,标的资产当前的市场价格为170,行权价格为200。

(1)构建二叉树。

(2)求看涨期权价值。

四、简答题(每小题10分,共20分)

1. 比较凯恩斯学派和货币学派的货币政策传导机制理论。

2. 举例说明买空和卖空交易机制如何放大收益和风险。

五、论述题(第1题20分,第2题25分,共45分)

1. 什么是行为金融学?行为金融学如何对传统效率市场造成严峻的挑战?

2. 确定一国外部均衡目标的主要标准是什么?请分析近年来中国国际收支情况是否符合外部均衡的要求,并谈谈你对其成因以及未来演变趋势的看法。

扫码听课

2014年上海财经大学431金融硕士真题

一、选择题(每题2分,共60分)

1. 纸币的发行是建立在货币(　　)职能基础上的。

A. 价值尺度　　B. 流通手段

C. 支付手段　　D. 储藏手段

2. 根据杜邦等式可知,假设不计其他因素的影响,下列可提高权益净利率的方式是(　　)。

①加强负债管理,提高资产负债率　　②加强资产管理,提高资产周转率

③加强销售管理,提高销售净利润率　　④增强资产流动性,提高流动比率

A. ①和②　　B. ③和④

C. ①②③　　D. ②③④

3. 在考虑税收时,投资者对股票回购与现金股利的态度是(　　)。

A. 回购优于现金股利　　B. 现金股利优于回购

C. 两者等价　　D. 以上都不对

4. 如果消费者动用储蓄存款进行消费,货币构成将发生的变化是(　　)。

A. M1减少,M2增加　　B. M1减少,M2减少

C. M2不变,M1增加　　D. M2增加,M1不变

5. 甲公司流通在外的股数为10 000股,每股市场价值5元,现以5%的股利支付率发行股票股利,在股利分配之后甲公司的总价值为(　　)元。

A. 52 500　　B. 50 000　　C. 47 619.05　　D. 55 000

6. 现有资产组合如下,证券A价值400元,其贝塔值为1.2;持有证券B价值800元,其贝塔值为-0.3,则组合贝塔值为(　　)。

A. 0.2　　B. 0.3　　C. 0.48　　D. 1.2

7. 从消费者的角度看,当利率上升的时候,会(　　)。

A. 抑制消费、增加储蓄　　B. 刺激消费、减少储蓄

C. 刺激消费、刺激储蓄　　D. 抑制消费、抑制储蓄

8. 乙公司全部资本为200万元,负债比率为40%,利率为12%,每年支付优先股股利1.44万元,所得税40%,每年息税前利润32万元,则该公司的财务杠杆为(　　)。

A. 1.43　　B. 1.53　　C. 2.67　　D. 1.60

9. 由发起人承担所有风险的养老金计划是(　　)。

A. 固定缴款计划　　B. 固定给付计划

C. 变额年金计划　　D. 延期支付计划

10. 信用账户 10 000 元现金，10 000 元市值证券 A，A 折算率为 70%，欲投资于保证金比率 50%的证券 B，则最多可以购买证券 B 的市值为(　　)元。

A. 34 000　　B. 20 000　　C. 40 000　　D. 28 000

11. A 公司每年需材料 200 吨，每吨材料年度储备成本 20 元，每次进货费用为 125 元，单位订购价格为 20 元，则最佳采购次数为(　　)。

A. 4　　B. 6　　C. 7　　D. 10

12. 有一只 10 年期附息债券，票面利率 6%，面值 100 元，每年付息一次，折现率 7%，则债券市场价格为(　　)元。

A. 92.98　　B. 95.38　　C. 100　　D. 116.22

13. 对于承租人来说，同借款购买设备相比，融资租赁的优点是(　　)。

A. 节约资金　　B. 税收抵免

C. 无现金支出　　D. 期限长

14. (　　)是商业银行的表外业务。

A. 结算业务　　B. 租赁业务

C. 代理业务　　D. 承诺业务

15. 根据《中国(上海)自由贸易试验区总体方案》，在自贸区内人民币在(　　)之间实现自由兑换。

A. 贸易企业　　B. 企业法人

C. 居民个人　　D. 所有的企业和个人

16. 投资机会较大的高增长企业和投资机会较小的低增长企业相比，债务权益比(　　)。

A. 较低　　B. 较高　　C. 相同　　D. 无法判断

17. 某公司净利润为 550 万元，总资产为 4 800 万元，应收账款 620 万元，应收账款周转天数 20.5 天，B/S=1.25，假设全年为 365 天，则总资产周转率为(　　)。

A. 3.42　　B. 3.11　　C. 2.61　　D. 2.3

18. 根据《巴塞尔协议Ⅲ》，系统重要性银行的最低总资本充足率要求为(　　)。

A. 8%　　B. 10.5%　　C. 11.5%　　D. 12%

19. 目前在我国，信托投资公司的监管机构为(　　)。

A. 银监会　　B. 中国人民银行

C. 保监会　　D. 证监会

20. 以下哪项不是投资回收期法的不足？(　　)

A. 它忽略了货币的时间价值

B. 需要一个主观上确定的最长可接受回收期

C. 不能测度项目的流动性

D. 不能测度项目的盈利性

21. 在一国货币汇率贬值时，该国(　　)。

A. 应扩大海外投资　　B. 应提高零部件国产化率

C. 外资企业应着重内销　　D. 富裕阶层海外度假更合适

22. 现在股价 62.5 元，买入 6 个月欧式看涨期权，允许以 65 元的执行价格买入 100 股，期权费 200 元，到期涨到 75 元，则净利润为(　　)元。

A. 800　　B. 1 000　　C. 1 200　　D. 1 400

23. 下列多采用有限合伙制的金融机构是(　　)。

A. 信用社　　B. 互助保险公司

C. 共同基金　　D. 对冲基金

24. 仅限于会员国政府之间和 IMF 与会员国之间使用的储备资产是(　　)。

A. 黄金储备　　B. SDR　　C. 外汇储备　　D. 普通提款权

25. 商品黄金记录在国际收支平衡表的(　　)。

A. 经常项目　　B. 储备资产项目

C. 统计误差项目　　D. 资本项目

26. 收入水平的高低和获取收入时间长短与货币需求分别有什么关系？(　　)

A. 正相关，正相关　　B. 负相关，负相关

C. 正相关，负相关　　D. 负相关，正相关

27. 如果认为企业的经营与所在行业其他企业的经营相似，决定该企业的贝塔系数时，应该(　　)。

A. 尽量采用行业的贝塔系数，以降低估计误差

B. 尽量采用该企业的贝塔系数，以降低估计误差

C. 采用行业中业绩较好的企业的贝塔系数

D. 采用行业中业绩较差的企业的贝塔系数

28. 铸币平价为汇率的决定基础的是(　　)制度。

A. 纸币流通制　　B. 金块本位制

C. 金汇兑本位制　　D. 金币本位制

29. 我国货币供应量 M2－M1 代表的是(　　)。

A. 狭义货币供应量　　B. M0

C. 基础货币　　D. 准货币

30. 根据 *CAPM* 模型，防御型证券的贝塔系数为(　　)。

A. 小于 0　　B. 等于 0　　C. 小于 1　　D. 大于 1

二、计算与分析题(每题 10 分，共 60 分)

1. *RAROC* 是指经风险调整的收益率，常用净收益与经济资本的比值来衡量。某笔贷款的相关风险要素为：违约概率 30 个基点，违约损失率 50%，违约风险暴露为 150 万元，该笔贷款的收益为 1 万元，假设经济成本为违约风险暴露的 5%，求该笔贷款的 *RAROC*。

2. 假设某银行的优惠贷款利率为 12%，经评估，客户 A 的信用风险溢价为 2%。该银行向客户 A 发放 1 000 万元贷款，同时收取 0.125%的贷款启动费，并要求借款人以非生息活期存款的形式持有 10%的补偿余额。若活期存款的法定存款准备金率为 10%，试计算：

(1)银行需缴纳多少法定存款准备金?

(2)该笔贷款的资产收益率(ROA)为多少?

3. 一公司有如下的资产负债:

资　产	负　债
现金 1 000	存单 10 000
债券 10 000	股东权益 1 000
资产 11 000	负债及所有者权益 11 000

债券是 10 年期的固定息票债券,年利率为 10%,存单 1 年期限,利率为 6%,求:

(1)在第 1 年期末公司净利息收入为多少?若在第 1 年末市场利率上升 100 个基点,则第 2 年的净利息收入为多少?

(2)若市场利率上升 100 个基点,则债券的价值变为 9 446,此时股东权益的价值变为多少?

(3)根据以上分析,分析公司所面临的利率风险包括什么?

4. 假设有两种机器 A 和 B,公司必须从中选用一种。两种机器的设计虽然不同,但生产能力完全相同,只能从事完全相同的工作。机器 A 的购置费为 15 000 元,可以使用 3 年,每年的使用费为 5 000 元。机器 B 的购置费为 10 000 元,但它只能使用 2 年,每年的使用费是 6 000 元。假设折现率为 10%,公司该购买哪一种机器?

5. 某公司债务为 5.3 万元,股票市值为 73.1 万元,公司为扩大生产将公司的资本结构调整后,负债权益比为 25%。调整前的权益成本为 12.6%,借款利率 8%,所得税税率 40%,求加权平均资本成本。

6. 公司有三种零息债券,剩余期限 1 年期的到期收益率为 10%,剩余期限 2 年期的到期收益率为 11%,剩余期限 3 年期的到期收益率为 12%,求:

(1)隐含的 1 年以后的 1 年远期利率及 2 年以后的 2 年期远期利率是多少?

(2)若无偏预期理论证券,市场预期正确,求下一期的利率期限结构(1 年期零息债券与 2 年期债券的到期收益率)。

(3)若购入了 3 年期的零息债券,则下一年的预期收益率为多少?

三、论述题(每题 15 分,共计 30 分)

1. 已知美国 2007～2012 年间的货币总量情况如下表(单位:亿美元):

时间	存款机构准备金	流通中的现金	支票存款	法定存款准备金	M1	M2
2006 年	430	7 498	6 167	412	13 665	70 422
2007 年	431	7 603	6 140	413	13 743	74 508
2008 年	8 202	8 163	7 886	529	16 049	81 843
2009 年	11 387	8 641	8 317	635	16 958	84 877

续表

时间	存款机构准备金	流通中的现金	支票存款	法定存款准备金	M1	M2
2010 年	10 920	9 191	9 176	707	18 367	87 831
2011 年	15 971	10 019	11 593	949	21 612	96 394
2012 年	15 690	10 908	13 564	1 102	24 472	104 171

请回答以下问题：

(1)从表中可以看出，2006 年开始，货币乘数如何变动？

(2)货币乘数变动的理论影响因素有哪些？从表中是否能够体现？

(3)货币乘数具有内生性还是外生性？这对货币政策有何影响？

(4)不考虑其他情况(如就业、CPI 等)，仅根据上表数据，美国是否应退出量化宽松的货币政策？为什么？

2. 中国人民银行为完善金融市场基准利率体系，退出贷款基础利率集中报价和发布机制，并于 2013 年 10 月 25 日正式运行。贷款基础利率的集中报价和发布机制是在报价行自主报出本行贷款基础利率的基础上，指定发布人对报价进行加权平均计算，形成报价行的贷款基础利率报价平均利率，运行初期向社会公布 1 年期贷款基础利率。

(1)企业的融资方式有哪些？

(2)央行贷款利率发布机制改革对企业融资成本及可得性的影响是什么？

(3)该改革对大企业和小企业的融资将分别产生何种影响？

2014 年华东师范大学 431 金融硕士真题

扫码听课

一、单项选择题(本大题共 20 小题,每小题 1 分,共 20 分)

1. 我国货币层次划分中现金划入(　　)。

A. M0　　B. M1　　C. M2　　D. M3

2. 财政分配与信用分配的最大区别在于(　　)。

A. 载体不同　　B. 体现关系

C. 有偿性与无偿性　　D. 运动形式

3. 可转让存单首创于下面哪家银行?(　　)

A. 英国英格兰银行　　B. 美国第一银行

C. 汇丰银行　　D. 美国花旗银行

4. 投资银行的本源业务是(　　)。

A. 收购兼并业务　　B. 证券承销业务

C. 理财业务　　D. 经纪业务

5. 金融市场上由于金融工具价格波动而带来的风险称为(　　)。

A. 系统性风险　　B. 非系统性风险

C. 信用风险　　D. 市场风险

6. 下列不属于世界银行集团的金融机构是(　　)。

A. 国际清算银行　　B. 国际复兴开发银行

C. 国际开发协会　　D. 国际金融公司

7. 商业银行的本源业务是(　　)。

A. 中间业务　　B. 理财业务

C. 存贷款业务　　D. 表外业务

8. 中国目前对公司 IPO 的监管属于(　　)。

A. 审批制　　B. 核准制

C. 注册制　　D. 登记制

9. 保费收入占国内生产总值之比称为(　　)。

A. 保费增长率　　B. 偿付能力

C. 保险深度　　D. 保险密度

10. 目前世界上采用间接标价法的国家和地区是(　　)。

A. 美国和英国　　B. 美国和日本

C. 英国和中国香港　　D. 英国和日本

11. 弗里德曼是下面哪个学派的代表人物？（　　）

A. 供给学派　　B. 货币学派

C. 合理预期学派　　D. 瑞典学派

12. 菲利普斯曲线说明，在短期内通货膨胀与失业率之间（　　）。

A. 没有关系　　B. 相关关系

C. 正相关关系　　D. 负相关关系

13. 以下资产负债表项目中，哪一项不属于非流动资产？（　　）

A. 应收股利　　B. 可供出售金融资产

C. 商誉　　D. 递延所得税资产

14. 新舟公司长期资本市场价值总额为5 000万元，其中长期负债3 000万元，普通股2 000万元，债务税前资本成本为8%，普通股资本成本率为15%，公司所得税率为25%，则该公司加权率平均资本成本为（　　）。

A. 9%　　B. 10.8%　　C. 9.6%　　D. 11%

15. 某项投资年百分比利率为12%，按季度复利计息，则有效年利率为（　　）。

A. 3%　　B. 12%　　C. 12.75%　　D. 12.55%

16. 根据我国法律规定，企业税后利润应该首先用于以下哪一项活动？（　　）

A. 提取法定公积金　　B. 弥补以前年度亏损

C. 提取任意公积金　　D. 向股东分配股利

17. 以下哪一项不属于采用5C评估法进行企业信用评估时所需考虑的对象？（　　）

A. 抵押品　　B. 资本　　C. 成本　　D. 品德

18. 以下哪一项不符合我国股份有限公司发行股份的基本要求？（　　）

A. 公司的股份采取股票的形式发行

B. 同次发行的同种类股票，每股发行的条件和价格应该相同

C. 股票可以平价、溢价或者折价发行

D. 同种类的每一股份具有相等权利

19. 某项目的周期为2年，初始投资为2 000万元，之后每年末收入净现金1 500万元，则该项目的内部收益率约为（　　）。

A. 32%　　B. 29%　　C. 26%　　D. 50%

20. 筹资活动现金流量可以用以下哪个公式表示？（　　）

A. 筹资活动现金流量＝权益净变动＋债务净变动＋股利、利润和利息支付

B. 筹资活动现金流量＝权益净变动＋债务净变动

C. 筹资活动现金流量＝权益净变动＋债务净变动＋投资净收益

D. 筹资活动现金流量＝债务净变动＋股利、利润和利息支付

二、名词解释（本大题共6小题，每小题4分，共24分）

21. 欧洲货币市场

22. 巴塞尔协议

23. 盯住浮动
24. 影子银行
25. 经营性长期负债
26. 浮差管理

三、简答题(本大题共 6 小题,每小题 8 分,共 48 分)

27. 简述政府采用公开市场业务干预金融市场的特点。
28. 简要分析货币乘数的决定因素。
29. 画图分析凯恩斯的流动性陷阱。
30. 简述国际储备管理的主要内容。
31. 简述公司进行股票回购的动机。
32. 简述公司并购财务协同效用理论的主要内容。

四、计算题(本大题共 3 小题,每小题 10 分,共 30 分)

33. 扬子公司投资 100 万元儿童安全座椅生产线,预计生产每件安全座椅的变动成本为 2 000 元,每年固定成本为 23 万元(含折旧),预计市场售价为 3 000 元,项目必要报酬率为 8%,所得税率为 25%。该项目的项目周期为 5 年,按直线法计提折旧,预计残值为 5 万元。请根据上述条件计算该项目的财务盈亏平衡点。

34. 宝来公司生产某种设备全年需要甲种零件 4 000 件,单价为 100 元,每次订货成本为 500 元,每件甲材料的年储存成本为 4 元。如果公司每次订货超过 1 200 件,则供应商给予宝来公司 1%的折扣,请计算宝来公司采购的经济批量。

35. 甲、乙两个项目的项目周期分别为 3 年和 4 年,项目各年现金流量如下表所示,假如资本成本率均为 10%,请比较哪个项目更优。

项目现金流量表

单位:万元

项目	第 0 年	第 1 年	第 2 年	第 3 年	第 4 年
甲项目	−500	200	200	400	
乙项目	−700	300	300	200	300

五、论述题(本大题共 2 小题,每小题 14 分,共 28 分)

36. 试述国际货币体系发展主要经历了哪些阶段及其特点。
37. 述评互联网金融对商业银行业务的冲击。

扫码听课

2014 年清华大学 431 金融硕士真题

一、选择题(每题 3 分,共 90 分)

1. 商业银行最基本的职能是(　　)。

A. 信用中介　　B. 支付中介　　C. 信用创造　　D. 金融服务

2. 为保持银行的清偿能力和流动性,商业银行贷款的期限结构必须与下列哪一项的期限结构匹配?(　　)

A. 存款和中间业务　　B. 资产

C. 经营　　D. 存款与其他负债

3. 以下哪个不属于我国 M1 的统计范畴?(　　)

A. 居民持有的现钞　　B. 企业持有的现钞

C. 企业的活期存款　　D. 居民的活期存款

4. 什么确定了中央银行在金融体系中的核心和主导地位,确定了中央银行对金融机构实施金融监督监管的必然性与必要性?(　　)

A. 依法实施货币政策　　B. 代理国库

C. 充当“最后贷款人”角色　　D. 集中与垄断货币发行

5. 如果金银的法定比价是 1∶14,而市场比价是 1∶15,这时,充斥市场的将是(　　)。

A. 银币　　B. 金币

C. 金币和银币同时　　D. 以上都不是

6. 商业银行利用资本金来应对(　　)。

A. 预期损失　　B. 非预期损失

C. 灾难性损失　　D. 以上全部

7. 在美国境内的 XYZ 公司,有一笔 7.5 亿日元的应付款,需要在一年后支付给东京银行,目前即期汇率是 RMB116/D1.00,一年远期汇率是 RMB109/D1.00。美元的年利率为 6%,日元为 3%。XYZ 公司也可以购买以 0.0086 美元/日元为执行价格的一年期的日元看涨期权,成本为 0.012 美分/日元。如果远期汇率是对未来即期汇率的最佳的预期,若用期权对冲,一年后总支付的美元价值是(　　)。

A. 6 450 000 美元　　B. 6 545 400 美元

C. 6 653 833 美元　　D. 6 880 734 美元

8. 下面对固定汇率描述不正确的是(　　)。

A. 国际贸易在稳定的价格下进行

B. 给予货币政策或财政政策自由

C. 要求大量的外币储备

D. 减少汇率波动风险,有助国际贸易增长

9. 一个投资项目有如下信息:

内部收益率(*IRR*):8.7%;

利润率:98%;

净现值:-393 美元;

回收期:2.44 年;

资本成本:9.5%。

下列哪项陈述是正确的?(　　)

A. 用于计算净现值的折现率必须小于 8.7%

B. 按照净现值,该项目应该被接受

C. 按照利润率,该项目应该被接受

D. 按照内部收益率,该项目应该被拒绝

10. 公司财务经理的责任是增加(　　)。

A. 公司规模　　B. 公司增长速度

C. 经理人的能力　　D. 股东权益价值

11. 如果你父母每年年初给你 10 000 元,存款年利率为 6%,到第三年年末你父母给你的钱一共值多少?(　　)

A. 33 600 元　　B. 33 746 元　　C. 34 527 元　　D. 35 218 元

12. 一只债券的年收益率是 7.25%,同期通货膨胀率为 3.5%。那么这只债券的实际收益率是多少?(　　)

A. 3.5%　　B. 3.57%　　C. 3.72%　　D. 3.62%

13. 当我们把一只股票加入一个投资组合时,以下哪项会降低?(　　)

A. 总风险　　B. 系统风险

C. 非系统性风险　　D. 经济风险

14. 当你使用财务报表估值时,如果公司未来的分红比例升高,无杠杆现金流将如何变化?(　　)

A. 升高　　B. 不变　　C. 降低　　D. 不可预测

15. 如果一家公司的应收账款增加,其他情况不变,那么公司的现金流将(　　)。

A. 增加　　B. 不变　　C. 减少　　D. 不可预测

16. 名义利率是 10%,以下哪种复利计算方式导致最高实际利率?(　　)

A. 年复利　　B. 月复利　　C. 日复利　　D. 连续复利

17. 根据 CAPM 模型,贝塔值为 1.0、阿尔法值为 0 的资产组合的预期收益为(　　)。

A. 在 r_m 和 r_f 之间　　B. 无风险利率 r_f

C. r_m-r_f　　D. 市场预期收益率 r_m

18. 下列关于资产组合的预期收益率的说法中,不正确的是(　　)。

A. 组合收益率的影响因素为投资比重和个别资产收益率

B. 资产组合的预期收益率就是组成资产组合的各种资产的预期收益率的加权平均数

C. 不论投资组合中两项资产之间的相关系数如何，只要投资比例不变，各项资产的期望收益率不变，则该投资组合的期望收益率就不变

D. 即使投资比例不变，各项资产的期望收益率不变，但如果组合中各项资产之间的相关系数发生改变，投资组合的期望收益率就有可能改变

19. 假定投资者的效用函数为 $U=E(r)-0.005A\sigma^2$，给定以下投资组合：

投资组合	预期收益率(%)	标准差(%)
1	12	30
2	15	50
3	21	15
4	24	21

如果投资者的风险厌恶系数 A=4，投资者会选择以下哪种投资组合？（　　）

A. 1　　B. 2　　C. 3　　D. 4

20. 你管理的股票基金的预期风险溢价为10%，标准差为14%，短期国库券利率为6%。股票基金的风险回报率是多少？（　　）

A. 0.71　　B. 1.00　　C. 1.19　　D. 1.91

21. 六个月国库券即期利率为4%，一年期国库券即期利率为5%，则六个月后隐含的六个月远期利率为（　　）。

A. 3.0%　　B. 4.5%　　C. 5.5%　　D. 6.0%

22. 下面关于普通股看涨期权与认股权证判断中正确的是（　　）。

A. 前者由公司发行，后者不是

B. 两者都可能依附于债券

C. 前者到期日长于一年，后者在一年之内

D. 前者可转股票，后者不能

23. 关于 *SML*，表现了（　　）。

A. 证券预期收益率与系统风险的关系

B. 市场组合是风险性证券的最佳组合

C. 证券收益率与市场指数收益率的关系

D. 市场组合与无风险资产组成的完整组合

24. 半强有效市场假定认为股票价格（　　）。

A. 反映了过去的全部价格信息

B. 反映了全部的公开可得信息

C. 反映了包括内幕信息在内的全部相关信息

D. 是可以预测的

25. 央行实行宽松的货币政策，以下哪种情况会发生？（　　）

A. 债券价格上升，利率上升　　B. 债券价格下降，利率上升

C. 债券价格上升,利率下降　　D. 债券价格下降,利率下降

26. 通胀的直接原因是(　　)。

A. 生产成本增加　　B. 消费品价格上升

C. 总需求大于总供给　　D. 货币供应过多

27. 根据《中国人民银行法》,下列哪项表明了中国货币政策的最主要目标?(　　)

A. 币值稳定　　B. 保证就业

C. 经济增长　　D. 国际收支平衡

28. 下列不是央行的一般政策工具的是(　　)。

A. 法定准备金率　　B. 再贴现利率

C. 公开市场操作　　D. 直接信用控制

29. 不属于短期国际资本流动形式的是(　　)。

A. 贸易性资本流动　　B. 保值性资本流动

C. 证券投资　　D. 银行性资本流动

30. 下列哪项不属于外汇过多的负面影响?(　　)

A. 经济增长过分依赖外国　　B. 加剧国内通胀

C. 本币升值压力　　D. 外汇资金闲置积压

二、计算题(每题 10 分,共 30 分)

1. 假定基期时加拿大元的即期汇率为 1 加元=1.01 美元,现在的即期汇率为 1 加元=0.95 美元。根据下表进行计算:

	加拿大	美国
基期物价水平	100	100
现在物价水平	102	105
预期年通货膨胀率	2%	3%
预期年利率	3%	5%

(1)假定购买力平价成立,计算现在的加元美元购买力平价汇率,题中数据表明支持购买力平价吗?

(2)如果国际费雪效应成立,预测 1 年后加元兑美元的即期汇率。

(3)如果相对购买力平价成立,预测 4 年后加元兑美元的即期汇率。

2. 考虑你管理的风险资产组合期望收益率为 11%,标准差为 15%,假定无风险利率为 5%。

(1)你的委托人要把她总投资预算的多大一部分投资于你的风险资产组合中,才能使她的总投资预期回报率等于 8%?

(2)她的投资回报率的标准差是多少?

(3)另一委托人要求标准差不得大于 12%,那他能得到的最大的预期回报是多少?

3. 木华汽车在评估一个国际收购项目,关于项目及融资有如下信息:

期初投资	20亿美元
项目年现金流 *EBIT*(永久)	4亿美元
项目公司税率	25%
无杠杆股权成本	10%

试分析：

(1)项目无杠杆自由现金流是多少？

(2)假设木华汽车将采取通过股票和债券融资收购，而其中项目收购债券融资额为8亿美元(永久)，债务资本成本为6%，项目的净现值是多少？

三、论述题(每题10分，共30分)

1. 股票发行抑价是全球金融市场都存在的普遍现象，请解释什么是股票发行抑价。并阐述为什么发行抑价会存在。

2. 2013年7月，国务院办公厅发布《关于金融支持经济结构调整和转型升级的指导意见》，提出“逐步推进信贷资产证券化常规化发展，盘活资金支持小微企业发展和经济结构调整”。请简要分析信贷资产证券化对商业银行的经营会带来哪些影响。

3. 利用凯恩斯货币需求理论简述收入水平下降对利率的影响。央行可以用哪些政策防止收入减少对利率的这种影响？

2014年对外经贸大学431金融硕士真题

扫码听课

一、单项选择题(每小题1分,共10分)

1. 投资者可以选择放弃执行合同的金融交易是(　　)。

A. 远期利率协议　　B. 择期交易

C. 期货交易　　D. 期权交易

2. 通常,经济学家认为衡量利率最精确的指标是(　　)。

A. 贴现率　　B. 票面利率

C. 到期收益率　　D. 实际利率

3. 商业银行表外业务的"表外"相当于资产负债表而言的,其与资产负债表的关系是(　　)。

A. 该项业务的发生只会引起资产负债表内的资产方资金发生变动

B. 该项业务的发生只会引起资产负债表内的负债方资金发生变动

C. 该项业务的发生只会引起资产负债表内的权益方资金发生变动

D. 在一定条件下可能会转化为资产负债表内的业务

4. 凯恩斯学派的货币政策传导机制中,起关键作用的指标是(　　)。

A. 利率　　B. 货币供给量

C. 基础货币　　D. 超额存款准备金

5. 由于垄断组织提高垄断利润而导致一般物价的上涨,属于(　　)。

A. 需求拉上型通货膨胀　　B. 工资推动型通货膨胀

C. 利润推动型通货膨胀　　D. 结构型通货膨胀

6. 一个投资组合无法通过充分分散化消除的风险是(　　)。

A. 单个证券的风险　　B. 系统性风险

C. 无风险证券的风险　　D. 总体方差

7. 关于金融中介机构的功能,以下选项中不正确的是(　　)。

A. 可降低交易成本　　B. 可进行风险分担

C. 能消除信息不对称　　D. 可提供流动性服务

8. 根据汇率决定理论中的弹性价格货币模型,以下引起本币升值的因素是(　　)。

A. 本国货币供给相对于外国增加　　B. 外国产出水平相对于本国增加

C. 本国利率水平相对于外国增加　　D. 外国利率水平相对于本国增加

9. 按照马科维茨的描述,下面的(　　)资产组合不会落在有效边界上。

资产组合	期望收益率(%)	标准差(%)
W	12	15
X	5	7
Y	15	36
Z	9	21

A. W　　B. X　　C. Y　　D. Z

10. 有4种评价投资的主要方法,其中考虑了货币时间价值的方法有(　　)。

A. 净现值法和内部收益率法　　B. 内部收益率法和回收期法

C. 回收期法和会计收益率法　　D. 会计收益率法和净现值法

二、判断题(表述正确的划√,表述错误的划×,每小题1分,共计10分)

1. 通常在国庆长假前,中央银行与商业银行进行逆回购交易来增加基础货币投放。(　　)

2. 违约风险债券与无风险债券的利率之差称为违约升水。(　　)

3. 商业银行扩张信用,创造派生存款的约束机制的原理在于商业银行吸收的存款是否能够全部发放贷款。(　　)

4. 在其他因素不变的情况下,本国价格水平提高将引起本币实际升值。(　　)

5. 某投资者采取如下的投资策略,在股票价格下降10%时买入股票,在价格上涨10%时卖出股票,如果这种策略在股市中能够获得超额收益,则意味着弱有效市场假说不成立。(　　)

6. 啄食有序理论(Pecking Order Theory)认为,盈利好的企业应该多负债。(　　)

7. 成长型股票的市账率(即市值与账面价值比)一般小于1。(　　)

8. 1999年美国国会通过的《麦克法登法案》,确立了美国商业银行与投资银行混业经营的格局。(　　)

9. 在通货膨胀比较严重,且预期通货膨胀问题能够在近期内明显缓解的情况下,长期利率会低于短期利率。(　　)

10. “中央银行是政府的银行”的含义是指中央银行的产权归属于政府。(　　)

三、名词解释(每小题4分,共计20分)

1. 资本结构
2. 代理问题
3. 联邦基金利率
4. 敏感性分析
5. 费雪效应

四、计算题(每小题8分,共计16分)

1. 已知经济体中现金C=3 200亿元,银行存款D=1万亿元,超额准备金ER=600亿美元，法定准备金率 $r=0.2$。

(1)计算现金比率(c)、超额准备金率(e)和货币乘数(m)；

(2)计算法定准备金(RR)、准备金(R)和基础货币(MB)；

(3)假如中央银行将法定准备金率 r 调整为 0.1，计算新的货币乘数(m)和新的货币供给(M)。

2. 假定流动补偿理论解释利率期限结构是合理的，已知下列条件：

未来 5 年内的一年期利率分别是：5%，6%，7%，7%，7%；

未来 1 至 5 年的流动补偿率分别是：0%，0.25%，0.5%，0.75%，1%。

(1)求 2 年期至 5 年期的利率分别是多少？

(2)画出收益曲线(Yield Curve)图。

五、简答题(每小题 8 分，共计 16 分)

1. 请列举股利支付的至少 2 种可能的正面效应和至少 2 种可能的负面效应。

2. 解释经营风险和财务风险的概念，假如 A 企业的财务风险大于 B 企业，是否 A 企业的权益资本成本将更高？

六、论述题(每小题 14 分，共计 28 分)

1. 2013 年 9 月 28 日，上海自由贸易园区正式挂牌，拟在园区实现利率市场化改革试点，这意味着在区内的经济主体需要重视对利率的预测，请结合利率理论，阐述经济主体在预测利率时应考虑的基本因素。

2. 试分析泰勒规则的基本政策思想，并论述对中国实施货币政策的借鉴意义。

七、专业英语(略)

2014 年中央财经大学 431 金融硕士真题

扫码听课

一、单项选择题(每小题 1 分,共 20 分)

1. 金币的职能按照先后次序排列为(　　)。

A. 价值尺度、流通手段、贮藏手段、支付手段和世界货币

B. 价值尺度、流通手段、支付手段、贮藏手段和世界货币

C. 价值尺度、支付手段、流通手段、贮藏手段和世界货币

D. 价值尺度、流通手段、世界货币、支付手段和贮藏手段

2. 下列信用形式中不属于国家信用的是(　　)。

A. 中央政府债券　　B. 地方政府债券

C. 政府担保债券　　D. 中央银行票据

3. 认为利率变化取决于投资流量与储蓄流量均衡的理论是(　　)。

A. 流动性偏好理论　　B. 实际利率理论

C. 可贷资金理论　　D. $IS-LM$ 模型利率理论

4. 中国人民银行决定放开贷款利率下限的时间是(　　)。

A. 2012 年 6 月　　B. 2012 年 7 月

C. 2013 年 7 月　　D. 还未确定放开时间

5. 假设一国流通中的现金为 50 000 亿元,存款额为 700 000 亿元,银行系统准备金为 200 000 亿元,那么,该国货币乘数的理论值应该为(　　)。

A. 4　　B. 3　　C. 2.8　　D. 10

6. 资本市场有效性假说是由经济学家(　　)提出的。

A. 罗伯特·默顿　　B. 尤金·法玛

C. 迈伦·斯科尔斯　　D. 欧文·费雪

7. 银行采用风险敞口对利率敏感性分析结果进行管理的理论是(　　)。

A. 资产管理理论　　B. 银行压力测试理论

C. 负债管理理论　　D. 资产负债综合管理理论

8. 美国联邦储备体系属于(　　)。

A. 单一制中央银行　　B. 复合制中央银行

C. 准中央银行　　D. 跨国中央银行

9. 下列关于存款扩张倍数与货币乘数关系表述中正确的是(　　)。

A. 存款扩张倍数与货币乘数的影响因素完全相同

B. 存款扩张倍数与货币乘数反映的政策含义是相同的

C. 存款扩张倍数与货币乘数分别从央行与商业银行角度反映货币扩张程度

D. 中央银行只关注货币乘数不关注存款扩张倍数

10. 通货膨胀的经济效应不包括(　　)。

A. 强制储蓄效应　　B. 收入分配效应

C. 费雪效应　　D. 资产结构调整效应

11. 特别提款权不能直接用于(　　)。

A. 换取外汇　　B. 换回本币

C. 贸易支付　　D. 归还贷款

12. 根据货币分析法对名义货币需求函数 M_d 的假设,下列说法中错误的是(　　)。

A. 国民收入 Y 与 M_d 之间呈正比例变化关系

B. 价格水平 P 与 M_d 之间呈正相关关系

C. 名义利率水平 i 与 M_d 之间呈负相关关系

D. 通货膨胀预期 $E(P)$ 与 M_d 之间呈正相关关系

13. 假设相对 PPP(相对购买力平价)在长期内成立,若一篮子可交易商品的价格在美国为 20 美元,在墨西哥为 100 比索,汇率为 7 比索/美元,以下的变化哪个可能在未来发生?(　　)。

A. 在美国的价格会上升　　B. 在墨西哥的价格会下降

C. 比索的名义水平升值　　D. 比索的名义水平贬值

14. 在我国,除息日的股票价格与股权登记日的股票价格相比(　　)。

A. 较低　　B. 较高　　C. 一样　　D. 不一定

15. 公司发行面值为 100 元的优先股,股利率为 8%,发行价格为 120 元,发行成本为发行价格的 10%,则该优先股的融资成本为(　　)。

A. 6.54%　　B. 7.41%　　C. 8.57%　　D. 9.32%

16. 下列关于权益性融资与债务性融资表述中正确的是(　　)。

A. 作为外源融资,权益性融资与债务性融资都不需要对外支付融资成本

B. 债务性融资的成本一般高于权益性融资,但融资风险却低于权益性融资

C. 权益性融资没有固定偿还日期

D. 债务性融资成本是不断变化的

17. 降低经营杠杆系数,从而降低企业经营风险的途径是(　　)。

A. 节约可变成本　　B. 节约固定成本

C. 提高资本负债率　　D. 降低资本负债率

18. 一台旧设备账面价值为 30 000 元,变现价值为 32 000 元,企业打算继续使用该设备,但由于物价上涨,估计需要增加经营性流动资产 5 000 元,增加经营性流动负债 2 000 元,即垫支营运资本 3 000 元。假定所得税税率为 25%,则继续使用该设备初始的现金流出量为(　　)元。

A. 2 200　　B. 33 800　　C. 34 500　　D. 35 500

19. C 公司股票的 β 值为 0.5,但该股票的波动率很大,如果市场组合的期望收益率为

15%，无风险利率为 10%，则 C 公司股票的期望收益率为（　　）。

A. 5%　　B. 7.5%　　C. 10%　　D. 12.5%

20. F 公司是一家无负债公司，其每年税息前收益是 10 000 元，股东要求的权益回报率为 16%。M 公司所得税率为 35%，但没有个人所得税，设所有交易是在完善资本市场中进行。如果 M 公司借入面值为无负债公司价值一半的利率为 10%的债务并用于赎回股票，其他情况不变，问 M 公司的价值为（　　）元。

A. 47 734　　B. 40 625　　C. 35 428　　D. 32 500

二、判断题（每小题 1 分，共 20 分）

1. 面纱论与理性预期学派都认为货币是中性的。（　　）
2. 在我国，政策性金融债券属于准主权信用债。（　　）
3. 利息转化为收益的一般形态是因为利率能够事先确定。（　　）
4. 利率变化通过与其机制作用于金融资产价格，使资产价格出现同向变化趋势。（　　）
5. 股票的 Beta 系数是衡量非系统性风险的重要指标。（　　）
6. 二叉树定价法解决了欧式看跌期权的定价问题。（　　）
7. 政策性银行属于存款性货币银行。（　　）
8. 美国的硬币发行计入美联储资产负债表中的负债方。（　　）
9. 2013 年 6 月中旬，同业拆借市场利率大幅度上升是由于货币政策不当导致的。（　　）
10. 美国的金融监管体系属于"双峰"监管模式。（　　）
11. 购买力平价的理论前提为一价定律，它是货币主义汇率理论的基石。（　　）
12. 克鲁格曼提出的第一代货币危机的标准模型所针对的对象是采取浮动汇率制的小国。（　　）
13. 根据资产分析法，国内货币需求与本国利率呈负相关关系，与外国利率呈正相关关系。（　　）
14. 在不考虑税收、交易成本和财务危机成本的情况下，适度的借债不会显著影响公司陷入财务危机或破产的可能性。因此，适度的借债不会提供股东所要求的回报率。（　　）
15. 折现不是现金流出，所以在计算投资项目现金流出时，不需要考虑折旧。（　　）
16. 客户向银行申请住房抵押贷款，除了按月供（等额本息）还款外，还有双周供（等额本息）还款方式也就是每两周还一次贷款。如果贷款额、贷款期限和贷款利率相同，那么月供的累积还款额更大。（　　）
17. 某股票的市场价格为 60 元，其中 β 系数为 0，预计该股票 1 年后支付 2 元的红利，期末除权价格为 62 元，如果 *CAPM* 成立，市场上无风险利率为 5%，市场风险溢价为 5%，则该股票目前的价格被高估。（　　）
18. 可转换债券转换为普通股时会导致稀释效应，认股权证的行权也会导致稀释效应。（　　）

19. 在投资组合理论的框架下，有效投资组合与市场组合之间的相关系数等于1。 （　）

20. 在无税收的MM定理中，如果公司负债，那么由于股东仅享有剩余索取权，其收益的波动性要大于无负债公司，所以负债公司的股东所要求回报率更高。 （　）

三、计算题(每题10分，共30分)

1. 某股票股权登记日的收盘价为20.35元，每10股派发现金红利4.00元，送1股，配2股，配股价为5.50元/股，求其除权参考价。

2. C公司债务利息为200 000元，债务的税前成本为8%，股权成本为12%。税息前收益(*EBIT*)为1 200 000元，公司所得税率为40%。求公司的总价值。

3. 如果有一台设备还可以用两年，该机器每年的运营成本是12 000元。现在考虑将该设备更新，需要花费25 000元。新机器运行效率较高，每年的运营成本只需8 000元，可以使用5年，贴现率为6%。那么，是否现在应该更新设备？

利率为6%的复利现值系数表和年金现值系数表

T	1	2	3	4	5	6
复利现值系数	0.943	0.890	0.840	0.792	0.747	0.705
年金现值系数	0.943	1.833	2.673	3.465	4.212	4.917

四、名词解释(每题4分，共20分)

1. 背书
2. 窗口指导
3. 无抛补利率平价(Uncovered Interest Rate Parity)
4. 扩张期权
5. 融资租赁

五、简答题(每题8分，共32分)

1. 简述货币在经济中的积极作用。
2. 简述金融市场的一般功能。
3. 用特里芬悖论简述布雷顿森林体系自身的缺陷。
4. 比较用于企业价值评估的*WACC*方法和*APV*方法。

六、论述题(每题14分，共28分)

1. 论述货币政策与财务政策进行协调配合的必要性及协调配合模式，并阐述现阶段我国货币政策与财务政策进行协调配合的方式选择。

2. 试评价现行国际本位货币体系的缺陷及其改革方案。

2014 年中山大学 431 金融硕士真题

一、单项选择题(本部分共 21 小题,每小题 2 分,共计 42 分)

1. 如果银行经理确定其银行的缺口为正 2 000 万美元,那么,利率上升 5 个百分点会导致银行利润(　　)。

A. 增加 100 万美元　　B. 减少 100 万美元

C. 增加 1 000 万美元　　D. 减少 1 000 万美元

2. 信用风险管理工具包括(　　)。

A. 信用配给　　B. 抵押品

C. 补偿余额　　D. 上述所有的选项都正确

3. 货币数量论认为,物价水平变动的唯一原因是货币数量的变动,原因是(　　)。

A. 在短期内,流通速度与实际总产出被假定为常量

B. 在短期内,流通速度被假定为常量

C. 物价水平的变动十分缓慢

D. 货币供给在长期内是常量

4. 下面哪个因素会导致总供给曲线位移?(　　)

A. 劳动力市场松紧状况的变动　　B. 通货膨胀预期的变动

C. 商品价格变动等供给冲击　　D. 上述所有选项都正确

5. 长期总供给曲线是一条垂直线,通过(　　)。

A. 产出的自然率　　B. 物价水平的自然率

C. 自然失业率　　D. 上述都不正确

6. 如果出现完全挤出,那么随着政府支出的增加,(　　)。

A. 私人支出以同等规模减少　　B. 总需求曲线不受影响

C. 总供给曲线会向右外位移　　D. A 与 B 都正确

7. 在资本完全自由流动和固定汇率制度前提下,以下结论正确的是(　　)。

A. 货币政策和财政政策均有效　　B. 货币政策和财政政策均无效

C. 货币政策有效、财政政策无效　　D. 货币政策无效、财政政策有效

8. "不可能三角"定理指出,一国不可能同时实现三个目标,只能选择其中两者而舍弃余下的第三个目标,以下不属于该定理所提出的三个目标的是(　　)。

A. 货币政策独立性　　B. 财政政策独立性

C. 资本自由流动　　D. 汇率稳定

9. 与国际储备相比，国际清偿力的范畴（　　）。

A. 更大　　B. 更小

C. 相等　　D. 两者无法比较

10. 根据马歇尔—勒纳条件，以下什么选项是汇率贬值改善国际收支的必要条件？（　　）

A. 进出口需求价格弹性的绝对值之和小于 1

B. 进出口需求价格弹性的绝对值之和等于 1

C. 进出口需求价格弹性的绝对值之和大于 1

D. 以上均不对

11. J 曲线效应描述的是（　　）。

A. 收入分配状况随着经济增长先恶化再改善的过程

B. 一国内部各区域间经济差距随着经济增长先扩大再缩小的过程

C. 国际收支随着货币贬值先恶化再改善的过程

D. 国际收支随着货币贬值先改善再恶化的过程

12. 按照国际收支的货币论，一国基础货币的来源是（　　）。

A. 央行的国内信贷　　B. 央行的国内信贷与外汇储备之和

C. 央行的外汇储备　　D. 央行的国内信贷与外汇储备之差

13. 公司的所有权与经营权分离带来的好处是（　　）。

A. 公司的寿命可以是无限的　　B. 易于股份转让而不影响公司经营

C. 聘请职业经理人　　D. 产生代理成本

14. 一台账面价值为 60 000 元的设备，目前市场价值为 50 000 元，如果所得税率为 25%，则使用该设备的机会成本为（　　）元。

A. 50 000　　B. 52 500　　C. 57 500　　D. 62 500

15. 如果一项常规项目的内部收益率（*IRR*）等于该项投资的资本成本，则该项目的净现值为（　　）。

A. 正　　B. 负　　C. 零　　D. 难以确定

16. 内部产生的现金是指（　　）。

A. 留存收益加利息　　B. 支付的股利加利息

C. 留存收益减折旧　　D. 留存收益加折旧

17. 股票 A 和股票 B 的期望收益率分别为 20% 和 12%，用方差衡量的风险，股票 A 是股票 B 的 3 倍，如果两只股票的相关系数为 0，则股票 A、B 最小方差组合时的期望收益率为（　　）。

A. 12.8%　　B. 14%　　C. 16%　　D. 18%

18. 股票价格服从随机游走的说法意味着（　　）。

A. 股票价格的序列变化彼此是独立的

B. 股票价格的序列变化彼此是正相关的

C. 股票价格的序列变化彼此是负相关的

D. 自相关系数为正

19. 随着一个投资组合中股票种类的增加,(　　)。

A. 市场风险下降　　B. 独特风险下降并接近零

C. 独特风险下降并等于市场风险　　D. 总风险趋近零

20. 如果一家公司使用相同的公司资本成本来评价所有项目,则会发生(　　)。

A. 接受低风险的差项目　　B. 拒绝高风险的好项目

C. A 和 B　　D. 既不是 A 也不是 B

21. 具有预期高成长机会的公司其销售的股票(　　)。

A. 具有高市盈率　　B. 具有低市盈率

C. 价格与市盈率无关　　D. 价格取决于股利支付率

二、名词解释(本部分共 6 小题,每小题 3 分,共计 18 分)

1. 补偿性余额
2. 货币流通速度
3. 金本位制
4. 货币互换
5. 代理成本
6. 经济增加值

三、计算和作图题(本部分共 4 题,共计 45 分)

1.(15 分)假定国民银行的资产负债表如下(单位:百万美元):

资　产	负　债
准备金 50	存款 350
贷款 400	资本 100

(1)如果该银行的税后净利润为 450 万美元,那么资产回报率(*ROA*)和股权回报率(*ROE*)各是多少?(4 分)

(2)假定银行希望通过将存款从 35 000 万美元增加到 50 000 万美元,来提高股权回报率。如果法定准备金率为 10%,银行仅仅持有法定准备金,将超额准备金全部用来发放贷款,那么银行的准备金是多少?银行贷款规模是多少?(4 分)

(3)如果资产回报率不变,那么银行的税后净利润是多少?(4 分)

(4)新的股权回报率是多少?(3 分)

2.(10 分)假定欧元区某国外汇市场的即期汇率为:1 欧元=1.350 0-1.352 0 美元,6 个月远期:50-70。

请问:

(1)美元 6 个月远期的汇率是多少?(3 分)

(2)我国某出口企业如在该市场买入 6 个月远期美元＄10 000 000,届时需支付多少欧元?(取整数)(4 分)

(3)如按上述远期汇率，我国某工业企业向欧洲出口一批产品，6 个月后交货，原报价每台 15 000 欧元，现欧洲进口商要求其改用美元报价，则应报多少美元？(3 分)

3.(10 分)某公司打算增加一条生产线，需要设备投资 100 万元，在年初投入，无需建设期，税法规定该类设备的折旧年限为 5 年，直线折旧，残值率为 5%。市场预测显示该公司生产的产品销售可维持四年，四年后的销售前景难以预测。预计第 4 年末设备的变现价值为 10 万元，生产部门预计需要增加的营运资本为 20 万元，在年初投入，在项目结束时收回。预计该生产线投产后，年增销售量 6 万件，单价为 40 元，单位变动成本为 30 元，不包括折旧在内的年固定成本为 25 万元，所得税率为 25%，投资者要求的收益率为 10%。要求：

(1)计算会计盈亏平衡点的销售量。(2 分)

(2)从项目投资角度计算投资有效期内各年净现金流量。(4 分)

(3)如果该投资中有 40 万元来自银行贷款，期限为 4 年，年利率为 10%，每年末付利息，本金分 4 年等额偿还。要求从权益现金流角度计算投资有效期内各年净现金流量。(4 分)

4.(10 分)资本市场线 *CML* 和证券市场线 *SML* 的比较。

(1)写出 *CML* 和 *SML* 的方程。(4 分)

(2)将 *SML* 方程中的贝塔系数$\beta_i=\dfrac{\rho_{im}\sigma_i}{\sigma_m}$用来代替，并将其结果与 *CML* 方程进行比较，你发现有哪些异同？从中可以得出什么结论？(6 分)

四、分析与论述题(本部分共 3 题，每题 15 分，共计 45 分)

1.(15 分)当地时间 2013 年 10 月 10 日，欧洲央行宣布与中国央行签署了规模为 3 500 亿元人民币/450 亿欧元的中欧双边本币互换协议。该互换协议有效期三年，经双方同意可以展期，这是中国签署的第三大货币互换协议，仅次于与中国香港地区和韩国签署的协议。此前中国已与英国、澳大利亚和巴西签署了类似的互换。截至当天，我国央行已与 22 个国家和地区的央行或货币当局签署了总规模超过 2.2 万亿元人民币的双边本币互换协议。此外，国际清算银行(BIS)最新全球外汇市场成交量调查报告显示，人民币的日均交易额已从 2010 年 4 月的第 17 位跃升至今年的第 9 位，将瑞典克朗、新西兰元和港元甩在身后，成为日均交易额前 10 名的货币之一；环球银行金融电信协会(SWIFT)发布的报告则显示，目前人民币的全球市场占有率已达 1.49%，在 2012 年 1 月至 2013 年 8 月期间，人民币的外汇交易量增加了 113%。请问：

(1)我国央行近年来不断推动与其他国家货币当局的货币互换，主要原因是什么？(5 分)

(2)上述事实，与 2005 年 7 月我国央行启动本轮人民币汇率形成机制改革以来，人民币对外币(尤其是美元)整体呈现出小幅但持续稳定升值的事实间有何联系？(5 分)

(3)你认为，从中长期来看，人民币若想最终发展成为即使不能取代美元，至少与其并驾齐驱的国际主要储备货币，还需要克服什么障碍？(5 分)

2.(15 分)假定如下图中的点 1 所示，经济起初位于产出的自然率水平 Y_n。

(1)假定企业受到国际金融危机的冲击而减少了计划投资支出，请结合图例演示来说明

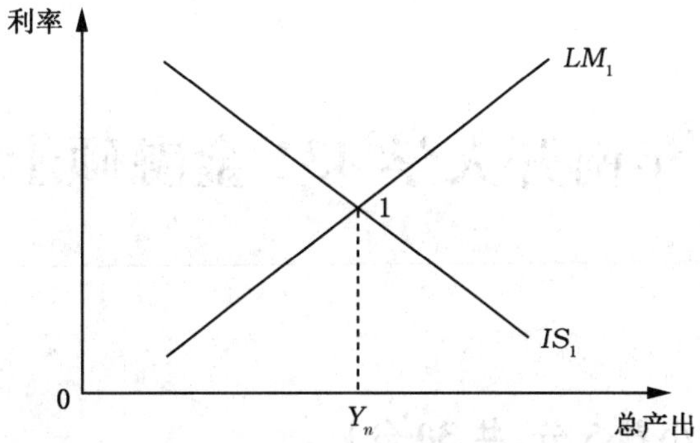

短期内对经济关键变量(总产出和利率)的影响是什么?

(2)假定央行在国际金融危机发生后,没有采取主动性的干预政策。从上述问题(1)中的新均衡点出发,结合图例演示来描述长期内对经济的影响。

3.(15分)资本结构的调整可通过债券与股票之间的交换来完成。如果公司希望提高负债比率,可发行新的债券来交换流通在外的股票,而想转向更保守资本结构的公司则可以发行新的股票来交换流通在外的债券。一些研究发现,以债券交换股票是利好消息,公告时股价上升,而用股票来交换债券则是利空消息,股价下跌。

(1)这些结论是否违背了MM理论?(4分)

(2)这些结论与资本结构的权衡理论一致吗?(4分)

(3)这些结论与投资者对下列运作的反应一致吗?(3分)

①投资者把发行股票的公告看成利空消息;

②投资者把回购公告看成利好消息。

(4)如何解释上述研究结论?(4分)

2014年南开大学431金融硕士真题

一、名词解释(每小题5分,共30分)

1. 货币供给内生性
2. 非存款负债
3. 加权平均资本成本
4. 信用利差
5. 特里芬难题
6. 证券市场线

二、简答题(每小题10分,共80分)

1. 简述古典学派关于实际因素决定利率的理论。
2. 以美联储公开市场操作为例,简述公开市场操作的机理和特点。
3. 简述商业银行资本筹集的主要渠道。
4. 简述有效市场的主要内容和含义。
5. 简述开放式基金和封闭式基金的区别。
6. 从投资角度分析经济周期与股价变动的关系。
7. 简述显性存款保险制度对我国金融体系改革的影响。
8. 你是如何理解我国A股市场上IPO溢价现象的?

三、论述题(每小题20分,共40分)

1. 请简述广义货币供给和狭义货币供给的含义,以及我国货币供给的统计口径。并简述货币供给的外生理论。

2.(1)市场如果出现一年期同业拆借利率远远高于十年期的国债利率的现象,这说明了利率期限结构的什么异象?

(2)结合我国实际说明出现“钱荒”的原因。

(3)金融与经济发展有什么关系?请谈谈你的理解。

扫码听课

2014 年武汉大学 431 金融硕士真题

一、名词解释(每小题 5 分,共 6 小题,共 30 分)

1. 流动性偏好
2. 菲利普斯曲线
3. 资本盈余
4. 股利的信息内涵效应
5. 管理浮动
6. 最优货币区

二、计算题(每小题 9 分,共 4 小题,共 36 分)

1. 某金融工具存续期为三期,第一期的现金流为 70 万元,第二期的现金流为 50 万元,第三期的现金流为 60 万元,求该金融工具的持续期(假设市场利率为 5%)。

2. 假定某投资者拥有 1 000 股 A 公司的股票。一年后该投资者将收到每股 0.7 元的股利,两年后,A 公司将发放每股 40 元的清算股利。A 公司股票的必要报酬率是 15%。试计算:

(1)在不考虑税收影响的情况下,该投资者持有股票的当前价格;

(2)如果该投资者偏好在接下来的两年里每年股利都相等,通过计算说明他将如何通过自制股利来达到该目的。

3. 某股票的贝塔系数为 1.5,期望收益为 20%,目前无风险资产的收益率是 4%,若以该股票和无风险资产构建投资组合,试计算:

(1)在均等投资于股票和风险资产的情况下,组合的期望收益是多少?

(2)如果组合的期望收益是 7.2%,它的贝塔系数是多少?

(3)如果组合的贝塔系数是 3,组合中两个资产的投资比例是多少?如何理解这种情况下组合中两种资产的比例?

4. 某个美国投资者以 6%的年利率借入 10 万美元,期限 6 个月,然后,该投资者将美元兑换成英镑投资于年利率为 8%的债券,纽约外汇市场的行市如下:£/US$=1.765 1/62,6 个月远期差价为 80/50。问£/US$6 个月的远期汇率是多少?如何利用远期外汇交易进行套期保值?试计算套期保值的收益。

三、简答题(每小题 9 分,共 8 小题,共 72 分)

1. 简述市场分割理论的主要内容及其不足。

2. 简述政府实施金融监管的主要原因。
3. 简述公司贝塔值估算中存在的问题及其相关解决办法。
4. 简述财务困境成本的种类。
5. 简述优序融资理论的两条法则及其三个推论。
6. 简述物价—现金流动机制发挥作用的前提条件。
7. 简述影响汇率变动的主要因素。
8. 简述一价定律及购买力平价的内容。

四、论述题(共 1 题,12 分)

什么是货币供给外生理论?这一理论为什么会受到一些学者的质疑?如何看待这一学术争论?

2013 年复旦大学 431 金融硕士真题

一、名词解释(每题 5 分,共 25 分)

1. 汇率超调
2. Sharpe 指数
3. 在险价值(Value at Risk)
4. 实物期权
5. 资本结构的均衡理论

二、选择题(每题 4 分,共 20 分)

1. 马科维茨投资组合理论的假设条件有(　　)。

A. 证券市场是有效的

B. 存在一种无风险资产,投资者可以不受限制地借入和贷出

C. 投资者都是风险规避的

D. 投资者在期望收益率和风险的基础上选择投资组合

2. 以下几个选项中收益率最高的是(　　)。

A. 半年复利利率 10%　　B. 年复利利率 8%

C. 连续复利利率 10%　　D. 年复利利率 10%

3. 仅考虑税收因素,高现金股利政策对投资者(　　);仅考虑信息不对称,高现金股利政策对投资者(　　)。

A. 有益,有害　　B. 有益,有益

C. 有害,有益　　D. 有害,有害

4. 甲、乙两公司财务杠杆不一样,其他都一样。甲公司的债务资本和权益资本分别占 50%和 50%;乙公司债务资本和权益资本分别占 40%和 60%。某投资者持有 8%的甲公司股票,根据无税 MM 理论,什么情况下投资者继续持有甲股票?(　　)

A. 公司甲的价值高于公司乙

B. 无套利均衡

C. 市场上有更高期望收益率的同风险项目

D. 迫于竞争压力

5. 当一国处于通货膨胀和国际收支逆差的经济状况时,应采用的政策搭配为(　　)。

A. 紧缩国内支出,本币升值　　B. 扩张国内支出,本币升值

C. 紧缩国内支出,本币贬值　　　　　　D. 扩张国内支出,本币贬值

三、计算题(每题 20 分,共 40 分)

1. X 公司与 Y 公司股票的收益风险特征如下:

	期望收益(%)	标准差(%)	β 值
股票 X	14.0	36	0.8
股票 Y	17.0	25	1.5
市场指数	14.0	15	1.0
无风险利率	5.0		

(1)计算每只股票的期望收益率和 α 值。

(2)识别并判断哪只股票能够更好地满足投资者的如下需求:

a. 将该股票加入一个风险被充分分散的资产组合;

b. 将该股票作为单一股票组合来持有。

2. 初始投资 60 万元,市场规模 70 万元,公司份额 10%,单价 20 元,可变成本 10 元,年固定成本 10 万元(不包括折旧),营业税税率 20%,投资者要求回报率 10%,项目投资期 2 年,直线折旧法,不考虑残值。

(1)该项目的净现值。

(2)财务盈亏平衡点。

四、简答题(每题 10 分,共 20 分)

1. 现代经济中的金融系统具有哪些功能?

2. 为什么说 *NPV* 方法是最不容易犯决策错误的资本预算方法?

五、论述题(第 1 题 20 分,第 2 题 25 分,共 45 分)

1. 巴菲特的老师格雷厄姆曾说过:"从长期来说,股票市场是一个称重仪,但至少在短期,股市更像投票机而不是称重仪。"很多学者认为 2007 年美国金融危机与建立在"有效市场假说"之上的治理理念有直接联系,你是否同意?请说明理由。

2. 汇率调节国际收支的作用有哪些?在什么情况下一些国家愿意放弃本国汇率政策采用统一货币?分析一下欧元危机是什么。

扫码听课

2013年上海财经大学431金融硕士真题

一、选择题(每题2分,共60分)

1. 下列行为中,货币执行流通手段的是(　　)。

A. 交付租金　　B. 就餐付账　　C. 付息　　D. 分期付款

2. 按预期假说,如果人们预期未来短期利率下降,债券回报率(债券利率)曲线呈(　　)。

A. 平坦　　B. 递增　　C. 下降　　D. 隆起

3. 公司将一张面额为10 000元、3个月后到期的商业票据变现,若银行年贴现率为5%,应付金额为(　　)元。

A. 125　　B. 150　　C. 9 875　　D. 9 800

4. 已知2007年R公司营运净利润为550万元,资产总额为4 800万元,应收账款总额为620万元,债务权益比为1.25。那么,2007年该公司的股权回报率*ROE*为(　　)。

A. 23.76%　　B. 24.28%　　C. 24.11%　　D. 25.78%

5. 甲、乙、丙三人讨论债务结构,其中甲认为:(1)一个公司资本结构和财务杠杆没有太大关系,财务杠杆不改变公司向股东分配的权益;(2)完美市场假设是资本结构不影响公司价值的必要条件之一。乙认为:(1)根据MM理论,一个公司可以通过增加债券资本和提高企业财务杠杆比率来实现企业价值最大化;(2)只有公司价值增加时,资本结构的变化才能使股东受益。而丙认为:(1)财务杠杆系数越大,表明财务杠杆作用越大,财务风险也越大;(2)从一定意义上讲,最优资本结构在不降低经营资本的条件下使资本成本最低。观点不正确的是(　　)。

A. 甲(1),乙(2)　　B. 甲(2),乙(2),丙(2)

C. 甲(1),丙(1)　　D. 甲(1),乙(2),丙(1)

6. 以下不属于商业银行负债创新的是(　　)。

A. NOW账户　　B. ATS账户

C. CDs账户　　D. 票据便利发行

7. 上市公司每10股派发红利1.5元,同时按10配5的比例向现有股东配股,配股价格为6.4元。若该公司股票在除权除息日前收盘价为11.05元,则除息参考价为(　　)。

A. 8.5元　　B. 9.4元　　C. 9.55元　　D. 10.25元

8. 美元指数是综合反映美元在国际外汇市场汇率情况的指标,用来衡量美元对一揽子货币的汇率变化程度。据此判断美元指数是(　　)。

A. 双边汇率　　B. 实际汇率　　C. 有效汇率　　D. 基础汇率

9. 2012年底，D公司预期红利为2.12元，且以每年10%的速度增长，如果该公司的必要收益率为每年14.2%，其股票现价=内在价值，下年预期价格为(　　)元。

A. 55.52　　B. 40　　C. 50　　D. 66.3

10. 若绝对购买力平价成立，那么实际汇率必定为(　　)。

A. 常数　　B. 0　　C. 1　　D. 正数

11. 证券组合的收益序列方差是反映(　　)的指标。

A. 证券组合预期收益率　　B. 证券组合实际收益率

C. 样本期收益率平均值　　D. 投资证券组合的风险

12. 托宾的资产选择理论是对凯恩斯(　　)货币需求理论的重大发展。

A. 交易动机　　B. 预防动机　　C. 投机动机　　D. 税收动机

13. 某人以10 000元投资买A股票，预计持有半年后将其售出，预计未来半年内获利800元，未来半年股票市值为10 500元可能性为60%，市值为11 000元可能性为20%，市值为9 500元可能性为20%，投资者预期年持有收益率为(　　)。

A. 23%　　B. 24%　　C. 25%　　D. 26%

14. 一国货币升值对该国出口的影响为(　　)。

A. 出口增加，进口减少　　B. 出口减少，进口增加

C. 出口增加，进口增加　　D. 出口减少，进口减少

15. 中小型股票基金认购费率为1%，基金价额面值为1元，该基金采用金额费率法来确定认购费用和认购份数，有一投资者以3 000元认购该基金，其认购费用和认购份数为(　　)。

A. 3 000　　B. 2 850　　C. 2 970　　D. 2 900

16. 菲利普斯、弗里德曼研究表明，当预期通胀率(　　)实际通胀率时，失业率处于自然失业率。

A. 高于　　B. 等于　　C. 低于　　D. 不一定

17. 在我国出借资金供其买入上市证券或出借上市证券供其卖出，并收取担保物的经营活动为(　　)。

A. 资产管理业务　　B. 证券经纪业务

C. 融资融券业务　　D. 公司自营业务

18. 一国的对外军事援助应列入该国国际收支平衡表的(　　)项目。

A. 错误与遗漏　　B. 经常

C. 资本　　D. 金融

19. 中央银行扭曲操作时买进票据与卖出国债，结果(　　)。

A. 货币供给下降　　B. 货币供给上升

C. 短期利率上升　　D. 长期利率上升

20. 假设某股票当前的市场报价为最高买入价12.52元，最低卖出价为12.54元，如希望立即成交，则应选择(　　)方式报出买单。

A. 限价12.52元申报　　B. 12.53元申报

C. 本方最优市场报价　　D. 对手方最优市价申报

21. F 公司的资产与销售收入之比为 0.6，自然增加的负债与销售收入之比为 0.4，利润率为 0.1，留存收益率为 0.55，去年公司的销售收入为 2 亿元。这些比率不变，运用额外融资需求公式计算公司在不增加非自发性外部资金的情况下，最大增长率为（　　）。

A. 0.38　　B. 0.50　　C. 0.35　　D. 0.40

22. 我国货币层次划分中，证券公司客户保证金属于（　　）。

A. M1　　B. M2　　C. M0　　D. 以上皆非

23. 在直接标价法下，如果需要比原来多的本国货币才能兑换一定数量的外币，表明本币（　　），汇率（　　）。

A. 升值，上升　　B. 升值，下降　　C. 贬值，上升　　D. 贬值，下降

24. 假设甲公司的固定成本占总成本比例高于乙公司固定成本占总成本比例，且两家公司的周期性、资本结构相似，下列选项中正确的是（　　）。

A. 甲公司贴现率＜乙公司贴现率　　B. 甲公司贴现率＝乙公司贴现率

C. 甲公司贴现率＞乙公司贴现率　　D. 不确定

25. 根据传统货币数量论，货币供应上升 50%，则（　　）。

A. 短期产出上升 50%，物价水平在长期上升 50%

B. 短期产出下降 50%，物价水平在长期下降 50%

C. 物价水平上升 50%

D. 短期产出上升 50%

26. 假设某新设备使用寿命为 4 年，总成本现值为 1 200 元，贴现率为 10%，设备约当年均成本为（　　）元。

A. 378.67　　B. 395.45　　C. 410　　D. 421.50

27. 属于商业信用转化为银行信用的是（　　）。

A. 票据贴现　　B. 股票质押贷款

C. 票据背书　　D. 不动产质押贷款

28. 假设某 5 年期债券面值为 1 000 元，票面利率为 6%，每年付息一次，投资者为该债券支付价格为 1 100 元，债券当前收益率为（　　）。

A. 3.77%　　B. 4.25%　　C. 5.00%　　D. 5.45%

29. 下列（　　）体现了中央银行"银行的银行"职能。

A. 发行货币　　B. 最后贷款人

C. 代理国库　　D. 集中存款准备金

30. H 汽车公司有 1 000 万元资产，其中 200 万元通过债务筹集，800 万元通过权益筹集，目前 β 系数为 1.2，所得税率为 40%，无杠杆 β 系数为（　　）。

A. 1.325 4　　B. 0.985 6　　C. 1.043 5　　D. 1.213 4

二、计算与分析题（每题 10 分，共 60 分）

1. 若公司有两笔贷款如下：

	贷款 1	贷款 2
违约概率	0.8%	5%
风险暴露	120 000 元	60 000 元
违约时贷款收回率	50%	80%

(1)求哪一笔贷款预期损失大?

(2)何种方法可减少预期损失?

2. 根据以下表格计算投资的平均会计收益率。

时间	投资支出	净利	折旧	现金流量
0	−100 000			−100 000
1		10 000	40 000	50 000
2		13 000	30 000	43 000
3		14 000	20 000	34 000
4		18 000	6 000	24 000
5		20 000	4 000	24 000

3. A 银行决定向甲公司贷款 1 亿美元,期限 6 个月,风险权重为 20%。B 银行决定向乙公司贷款 1 亿美元,风险权重 100%。C 银行希望向丙公司发放贷款,风险权重为 20%,C 银行风险加权资产上限为 0.25 亿美元,已经发放贷款 5 000 万美元(风险权重为 20%)。求:

(1)若对银行的资本充足率最低要求为 8%,计算 A、B 两银行办理该业务对应所需资本数量?

(2)C 银行可向丙公司发放贷款的最大限额是多少?

4. B 公司目前全部用权益资本来满足其资金需求,权益资本成本为 12%。现公司打算以 8%的利率发行债券,在新的资本结构下,债券市场价值为公司价值的 45%,若公司所得税率为 25%,计算该公司新的权益资本成本和加权平均资本成本。

5. 作为一名财务分析师,要利用贴现模型对 M 上市公司承接 X 工程影响其股价进行评估。假定 M 上市公司原来股利增长率不到 1%,在承接 X 工程后,可将股利增长率提高到 2%(3 年里),β 值由原来的 1 提高到 1.2,并且 3 年以后公司股利增长率将稳定为 6%,如果目前公司股价为 8.98 元,已知无风险利率为 4%,市场要求的收益率为 8%,预计下年红利每股为 0.18 元。

(1)求 M 公司股票按照风险调整要求的收益率。

(2)根据股利贴现模型计算当前公司股票的内在价值。

(3)你认为投资者应该买入还是卖出该股票?

6. 如果 A 国选择 X 国货币为关键货币,并采用间接标价法,汇率水平设定为 1.1,已知 B 国在直接标价法下与 X 国货币的汇率为 2.2,计算 A 国与 B 国的货币之间的汇率水平。

三、论述分析题(每题15分,共30分)

1. 材料一:美联储的量化宽松货币政策

自2008年11月至今,美联储为缓解次贷危机对实体经济的不利影响,共实施了三轮量化宽松货币政策,以下为主要内容:

2008年9月,雷曼兄弟倒闭时,美国银行体制的基础货币为8 750亿美元。

QE1:2008年11月24日,美联储宣布购买房地美、房利美、联邦住宅存款银行发行的价值1 000亿美元债券及其担保的5 000亿美元的资产支持证券。

QE2:2010年11月3日,美联储宣布买入6 000亿美元政府长期债券。

QE3:2012年9月13日,美联储决定每月购买400亿美元抵押贷款支持证券。

材料二:美国基础货币及宏观经济指标

时间	基础货币(亿美元)	M2(亿美元)	CPI	失业率
2008.06	8 331	77 511	4.8%	5.8%
2008.12	16 541	82 416	0.1%	7.4%
2009.12	20 177	85 244	2.7%	9.3%
2010.12	20 085	88 170	1.5%	9.6%
2011.12	26 107	96 177	2.8%	8.9%
2012.06	26 150	99 189	1.6%	8.2%

(1)为什么在QE2中,美联储选择购买的金融资产与QE1和QE3完全不同?

(2)在2008年6月~2012年6月期间,美国的货币政策有何变化?可能是什么原因造成的?对货币政策的效果有什么影响?

(3)QE3要实现刺激实体经济、降低失业水平的目标,其可能的货币政策传导机制是什么?试写出3种不同的货币政策传导机制。

(4)量化宽松政策作为非传统的货币政策,受到很大质疑,它有哪些负面影响?你是如何看待美联储一再采用这一政策的?

2. 2012年,中海油公司宣布,已经和加拿大油气公司尼克森达成协议,中海油将以151亿美元现金收购尼克森全部股份。收购单价为普通股每股27.5美元,优先股26加元,比尼克森前一次交易日股价溢价61%。中海油还另承担尼克森43亿美元债务。这单交易仅次于中国铝业提出的195亿美元要约收购美国优尼科石油。用公司金融相关理论说明中海油收购尼克森的动因是什么,并分析该收购活动的潜在风险和利益在哪些方面。

附表1 **年金现值系数表**

年数 \ 利率(%)	1	2	3	4	5	6	7	8	9	10
1	0.99	0.98	0.97	0.96	0.95	0.94	0.93	0.93	0.92	0.91
2	1.97	1.94	1.91	1.89	1.86	1.83	1.81	1.78	1.76	1.74

续表

年数 \ 利率(%)	1	2	3	4	5	6	7	8	9	10
3	2.94	2.88	2.83	2.78	2.72	2.67	2.62	2.58	2.53	2.49
4	3.90	3.81	3.72	3.63	3.55	3.47	3.39	3.31	3.24	3.17
5	4.85	4.71	4.58	4.45	4.33	4.21	4.10	3.99	3.89	3.79
6	5.80	5.60	5.42	5.24	5.08	4.92	4.77	4.62	4.49	4.36
7	6.73	6.47	6.23	6.00	5.79	5.58	5.39	5.21	5.03	4.87
8	7.65	7.33	7.02	6.73	6.46	6.21	5.97	5.75	5.53	5.33
9	8.57	8.16	7.79	7.44	7.11	6.80	6.52	6.25	6.00	5.76
10	9.47	8.98	8.53	8.11	7.72	7.36	7.02	6.71	6.42	6.14

附表 2　　复利现值系数表

年数 \ 利率(%)	1	2	3	4	5	6	7	8	9	10
1	0.99	0.98	0.97	0.96	0.95	0.94	0.93	0.93	0.92	0.91
2	0.98	0.96	0.94	0.92	0.91	0.89	0.87	0.86	0.84	0.83
3	0.97	0.94	0.92	0.89	0.86	0.84	0.82	0.79	0.77	0.75
4	0.96	0.92	0.89	0.85	0.82	0.79	0.76	0.74	0.71	0.68
5	0.95	0.91	0.86	0.82	0.78	0.75	0.71	0.68	0.65	0.62
6	0.94	0.89	0.84	0.79	0.75	0.70	0.67	0.63	0.60	0.56
7	0.93	0.87	0.81	0.76	0.71	0.67	0.62	0.58	0.55	0.51
8	0.92	0.85	0.79	0.73	0.68	0.63	0.58	0.54	0.50	0.47
9	0.91	0.84	0.77	0.70	0.64	0.59	0.54	0.50	0.46	0.42
10	0.91	0.82	0.74	0.68	0.61	0.56	0.51	0.46	0.42	0.39

2013年华东师范大学431金融硕士真题

一、单项选择题(本大题共20小题,每小题1分,共20分)

1. 一国货币制度的核心内容是(　　)。

A. 规定货币名称　　B. 规定货币单位

C. 规定货币币材　　D. 规定货币币值

2. 第一次世界大战前,主要的国际储备资产是(　　)。

A. 美元资产　　B. 黄金资产

C. 英镑资产　　D. 德国马克资产

3. 在诸多信用形式中,最基本的信用形式是(　　)。

A. 国家信用　　B. 商业信用

C. 消费信用　　D. 银行信用

4. 下列属于直接金融工具的是(　　)。

A. 企业债券　　B. 银行债券

C. 银行抵押贷款　　D. 大额可转让定期存单

5. 长期以来一直采用间接标价法的国家是(　　)。

A. 日本　　B. 法国　　C. 英国　　D. 德国

6. 金融市场风险中不属于系统风险的是(　　)。

A. 经营　　B. 政策　　C. 利率　　D. 物价

7. 无风险收益率为0.07,市场期望收益率为0.15,证券X期望收益率为0.12,β值为1.3,那么你应该(　　)。

A. 买入X,因为它被高估了　　B. 买入X,因为它被低估了

C. 卖出X,因为它被低估了　　D. 卖出X,因为它被高估了

8. 最典型的全能型商业银行国家是(　　)。

A. 英国　　B. 德国　　C. 美国　　D. 日本

9. 现金漏损率越高,则存款货币创造乘数(　　)。

A. 不一定　　B. 不变　　C. 越大　　D. 越小

10. 列入经常项目的是(　　)。

A. 本国居民海外存款的利息收入　　B. 国际借贷

C. 债务减免　　D. 固定资产转移

11. 在宏观经济的最终平衡中占主导地位的是(　　)。

A. 商品市场均衡　　B. 劳动力市场均衡
C. 货币市场均衡　　D. 进出口均衡

12. 当一国货币升值时，会引起该国外汇储备的(　　)。
A. 实际价值增加　　B. 实际价值减少
C. 数量增加　　D. 数量减少

13. 财务管理中杜邦分析体系的核心比率是(　　)。
A. 权益净利率　　B. 总资产报酬率
C. 股息率　　D. 总资产周转率

14. 用于测度某一项资产的系统风险的指标是(　　)。
A. 标准差　　B. 方差
C. 阿尔法系数　　D. 贝塔系数

15. 某公司按照市场价格计算的目标资本结构为60%的长期债务、40%的普通股，普通股的成本为12%，公司所得税率为25%，公司的加权平均资本成本是8.4%，则该公司长期债务的税前成本是(　　)。
A. 6%　　B. 7%　　C. 8%　　D. 9.6%

16. 以下有关财务杠杆的说法中，正确的是(　　)。
A. 息税前利润的变化影响经营杠杆系数，但不影响财务杠杆系数
B. 总杠杆系数越大，经营杠杆系数越大
C. 经营杠杆系数越大，财务杠杆系数越大
D. 息税前利润不变，固定成本越大，经营杠杆系数越大

17. 以下有关资本成本的叙述中，错误的是(　　)。
A. 资本成本是公司资本提供者所要求的最低报酬率
B. 资本成本是公司取得资本使用权的代价
C. 资本成本是投资资本的机会成本
D. 项目资本成本是公司投资于资本支出项目所要求的最高报酬率

18. 2012年末某公司准备以2.5万元出售一台闲置的冷却设备，该设备于3年前以5万元的价格买入，税法规定的折旧年限为9年，按照直线法计提折旧，残值率为10%，公司所得税率为25%，则该项交易对公司2012年现金流量的影响是(　　)。
A. 增加2.75万元　　B. 减少0.25万元
C. 增加2.25万元　　D. 以上答案均不正确

19. 某上市公司宣布的股利分配方案为：每10股送2股派发现金红利1元，股票定价为20元，则每10股转出的未分配利润为(　　)。
A. 3元　　B. 41元
C. 1元　　D. 以上答案均不正确

20. 以下有关营运资本的公式中错误的是(　　)。
A. 营运资本=流动资产-流动负债
B. 营运资本=股东权益+长期负债
C. 营运资本=股东权益+非流动负债-非流动资产

D. 营运资本＝长期资本－长期资产

二、名词解释(本大题共 6 小题,每小题 4 分,共 24 分)

21. 铸币税
22. 名义利率
23. 浮动汇率
24. 欧洲货币
25. 修正的内部报酬率
26. 市盈率

三、简答题(本大题共 6 小题,每小题 8 分,共 48 分)

27. 简述现行人民币汇率制度的主要内容。
28. 简述中央银行的三大职能。
29. 简述国际储备的主要内容。
30. 简述均值方差模型的主要内容。
31. 简述用于确定最优现金持有量的鲍莫尔模型(Baumol Model)的主要内容。
32. 简述公司价值评估中使用的自由现金流折现模型的主要内容。

四、计算题(本大题共 3 小题,每小题 10 分,共 30 分)

33. 浮动利率安排是一种规避利率风险的手段。设现在需要筹措资金 100 万元,期限一年,有两种方案:

(1)以 10%的固定利率借入资金。

(2)以 LIBOR 利率借入资金,LIBOR 利率变动如下:

时间	当前	3 个月后	6 个月后	9 个月后
LIBOR	12%	10%	9%	8%

求两种方案各支付的利息(设利息每 3 个月支付一次)。

34. 某公司正在确定其 2013 年的信用政策,有 A 和 B 两种方案可供选择(如下表)。其产品单价为每件 10 元,变动成本为每件 8 元,固定成本总额保持不变,资本成本率为 10%。请利用表格中的数据,为该公司在 A、B 方案中确定一个较优的方案。

	A 方案	B 方案
信用政策	$n/30$	$n/60$
预计全年销售量(件)	48 000	60 000
坏账率	2%	3%
收账费用(元)	3 000	5 000

35. 某公司正对一项投资项目进行评估。该项目的周期为 3 年,每年年末的预期现金

流量为 5 000 万元,项目期初的一次性投资支出为 1.3 亿元。当前市场的无风险利率为 2%,市场风险溢价为 4%,项目的贝塔值系数为 1.5。请分析该公司是否应该接受该项目。

五、论述题(本大题共 2 小题,每小题 14 分,共 28 分)

36. 试述市场经济国家中央银行调控货币供给数量的工具。

37. 试述商业银行中间业务的主要类型,并说明这类业务为什么越来越受到商业银行的重视。

2013 年中国人民大学 431 金融硕士真题

第一部分(金融学,共 90 分)

一、单项选择题(每小题 1 分,共 20 分)

1. 国际金汇兑本位制正式开始建立起来的时间是(　　)。

A. 18 世纪 90 年代　　B. 19 世纪 20 年代

C. 19 世纪 40 年代　　D. 19 世纪 50 年代

2. 以下产品进行场内交易的是(　　)。

A. 股指期货　　B. 利率掉期

C. 利率远期　　D. 合成式 CDO

3. 以下不属于货币市场交易产品的是(　　)。

A. 银行承兑汇票　　B. 银行中期债券

C. 短期政府国债　　D. 回购协议

4. 计算并公布 LIBOR 利率的组织是(　　)。

A. 国际货币基金组织　　B. 国际清算银行

C. 英国银行家协会　　D. 世界银行家协会

5. 银行承兑汇票的转让一般通过以下哪种方式进行?(　　)

A. 承兑　　B. 背书　　C. 贴现　　D. 再贴现

6. 下面哪项不是美联储的货币政策目标?(　　)

A. 稳定物价　　B. 稳定联邦基金利率

C. 促进就业　　D. 保持适度水平的长期利率

7. 根据《中华人民共和国商业银行法》,商业银行贷存比不得高于(　　)。

A. 75%　　B. 65%　　C. 60%　　D. 50%

8. 公认的现代银行的萌芽起源于(　　)。

A. 美国　　B. 德国　　C. 英国　　D. 意大利

9. 凯恩斯的流动性偏好理论提出多种持有货币的动机,但不包括(　　)。

A. 交易动机　　B. 预防动机　　C. 投机动机　　D. 贮存动机

10. 我国的货币层次划分中 M2 等于 M1 与准货币之和,其中准货币不包括(　　)。

A. 企业定期存款　　B. 信托类存款

C. 居民储蓄存款　　D. 活期存款

11. 当流动性陷阱发生时,货币需求弹性(　　)。

A. 变大　　B. 变小　　C. 不变　　D. 不确定

12. 通货膨胀无论何时何地都是货币现象这一论断由(　　)提出。

A. 凯恩斯　　B. 弗里德曼

C. 恩格斯　　D. 亚当·斯密

13. 美国金融危机发生以后,国债的价格变化是(　　)。

A. 略微下降　　B. 略微上升　　C. 大幅下降　　D. 大幅上升

14. 下列哪一项不是货币的主要职能?(　　)

A. 赋予交易对象价格形态　　B. 购买和支付手段

C. 积累财富保存价值　　D. 充当符号

15. 下列对金融市场的功能说法中错误的是(　　)。

A. 调剂资金,配置资源　　B. 消除和转移风险

C. 定价　　D. 转移风险

16. 下列哪项不属于货币市场?(　　)

A. 票据贴现　　B. 短期债券市场

C. 银行拆借市场　　D. 股票市场

17. 下列哪项不属于欧洲货币市场的特点?(　　)

A. 经营自由,不受所在国管制

B. 资金来自世界各地,规模庞大

C. 利率结构独特,贷款利率相对高,存款利率相对低

D. 借款条件灵活,手续简便

18. 以下金融市场国际化对国内影响说法中错误的是(　　)。

A. 提高金融资源配置效率　　B. 促进国际合作协调

C. 削弱本国货币政策独立性　　D. 减少金融风险扩散

19. 下列哪项不是商业银行的作用?(　　)

A. 信用中介

B. 支付中介

C. 化储蓄为投资,扩大社会资本总额

D. 发行人民币

20. 下列哪项不是中央银行的特点?(　　)

A. 不以盈利为目的

B. 不经营普通银行业务

C. 制定和执行货币政策时,具备相对独立性

D. 不受国务院管制

二、判断题(每小题1分,共20分,对的用√表示,错的用×表示)

1. 外汇储备越多越好,利于国家金融安全和国际事务的进行。　　(　　)

2. 法定准备金通过资金成本和超额准备金影响商业银行。（　）

3. 公开市场操作的前提条件之一是金融市场是全国性的、独立性的、可操作证券种类齐全，且具有一定规模。（　）

4. 货币政策时滞包括认识时滞和行动时滞。（　）

5. 金融监管基本原则有依法管理，合理、适度竞争，自我约束和外部强制。（　）

6. 金融监管只有隐形成本。（　）

7.《巴塞尔协议》中市场纪律核心是信息披露，一般银行一年一次，大型银行每季度一次。（　）

8. 浮动汇率制度下财政政策一定无效。（　）

9. 流动性理论中，投资者要求流动性风险补偿，故收益率曲线一定向上倾斜。（　）

10. 金本位制下黄金输送点中汇率的波动区间为铸币平价（金平价）加或减输送黄金的成本。（　）

11. 资本化是指任何有收益的事物，都可以通过收益与利率的对比倒过来算出它相当于多大的资本金额。（　）

12. 马克思（平均利润率决定利率）假设平均利润率有下降趋势，一定时期内平均利润率相对稳定和利率的决定具有必然性。（　）

13. 抑制通胀不是利率管制的原因。（　）

14. 汇率风险包括进出口风险、外汇储备风险、外债风险。（　）

15. 浮动汇率制会牺牲内部平衡。（　）

16. 利率调整是央行货币政策的法宝之一。（　）

17. 降低交易的搜寻成本和信息成本是金融市场的功能。（　）

18. 股指期货属于资本市场。（　）

19. 风险投资步骤：筛选投资机会、交易发起、评价、交易设计、投资后管理。（　）

20. 离岸金融市场是指发生在某国，却独立于该国货币和金融制度，但受该国金融法规管制的金融活动场所。（　）

三、问答题（每题15分，共30分）

1. 简述《巴塞尔协议》的三大支柱。

2. 列举三个不同的利率期限结构理论，并且比较其异同。

四、分析与论述题（20分）

在股票和基金之外，银行理财产品也是人们进行日常投资的一个主要方向。随着银行理财产品的丰富，理财产品的投向也呈现多层次的特点，常规的货币市场工具、结构性理财产品都可以作为投资者选择的对象。

请针对理财相关内容回答以下问题：

（1）理财产品为什么使得原来不能直接进入货币市场的个人现在能直接进入货币市场？

（2）我国金融体系是哪一种格局？论述我国金融体系的组成。

（3）论述利率市场化对我国货币政策传导的影响。

第二部分(公司财务,共 60 分)

一、单项选择题(每小题 1 分,共 15 分)

1. 股票回报率由(　　)组成。

A. 票面利息和资本利得收益率　　B. 利息与预期收益率

C. 股利收益率和资本利得收益率　　D. 股利收益率和到期收益率

2. 假设一个公司计划发行债务回购部分股票,公司未来的收益状况保持不变,则对于财务杠杆的引入,(　　)将不会发生变化。

A. 股东权益收益率　　B. 每股收益

C. 资产收益率　　D. 资产负债率

3. 某公司发展非常迅速,股利在今后 3 年预期将以每年 25%的速率增长,之后增长率下降到每年 7%,假设要求收益率是 11%,公司当前每股支付 2.25 元的股利,则当前该公司的股票价格为(　　)。

A. 94.55 元　　B. 8.6 元　　C. 109 元　　D. 126.15 元

4. 企业 2012 年的销售利润率为 8%,总资产周转率为 0.6,权益乘数为 2,净利润留存比率为 40%,那么企业的可持续增长率是(　　)。

A. 4.08%　　B. 5.14%　　C. 3.99%　　D. 3.45%

5. 无风险资产的权重为−0.5 意味着(　　)。

A. 投资者以无风险利率借入资金　　B. 投资者以无风险利率借出资金

C. 投资者以当前利率借入资金　　D. 投资者以当前利率借出资金

6. 企业可以通过以下哪些行为提高自己的可持续增长率?(　　)

A. 回购股份　　B. 增加留存收益

C. 增加并购　　D. 减少债务

7. 下列哪项不属于优先股的权利?(　　)

A. 剩余财产分配权　　B. 表决权

C. 优先于普通股的分配权　　D. 股利分配权

8. 假设证券市场处于均衡状态。证券 A 的期望收益率为 6%,其中贝塔系数为 0.5,市场组合的期望收益率为 9%,则无风险利率为(　　)。

A. 1.5%　　B. 2%　　C. 3%　　D. 4.5%

9. 分散化可以降低风险,一个组合的证券进行充分分散化以后,剩下的风险是(　　)。

A. 单个证券的风险　　B. 与整个金融市场组合相关的风险

C. 无风险证券的风险　　D. 总体风险

10. 6 个月国库券即期利率为 4%,1 年期国库券即期利率为 5%,则从 6 个月到 1 年的远期利率应为(　　)。

A. 3%　　B. 4.5%　　C. 5.5%　　D. 6%

11. 收入有很强的周期性以及营运有很高杠杆性的公司可能具有(　　)。

A. 低的贝塔系数　　B. 高的贝塔系数
C. 负的贝塔系数　　D. 零贝塔系数

12. 在下列描述中，哪项不符合对有效市场的表述？（　　）
A. 公司股票的价格不会因为选择不同的会计方法受到影响
B. 公司价值与所选择的资本结构无关
C. 财务经理无法选择债券和股票的发行时机
D. 增加股票发行不会压制公司现有股票的价值

13. 某公司债务对股权的比例为 1，债务成本是 12%，平均资本成本是 14%。在不考虑税收和其他因素的情况下，其股权资本成本是（　　）。
A. 13%　　B. 15%　　C. 16%　　D. 18%

14. 某公司股票每股支付年度股利 3 元，预计股利将无限期地以 8%的速度增长，假定其市场收益率为 14%，那么该股票的内在价值为（　　）元。
A. 57　　B. 30　　C. 68　　D. 54

15. 在以下有关贝塔系数的表述中，错误的是（　　）。
A. 贝塔系数用来度量证券本身在不同时期收益变动的程度
B. 贝塔系数是用来测定一种证券的收益随整个证券市场收益变化程度的指标
C. 贝塔系数代表证券的系统风险
D. 贝塔系数度量证券收益相对于同一时期市场平均收益的变动程度

二、判断题(每小题 1 分，共 10 分)

1. 财务管理的目标是最大化公司的利润。（　　）
2. 根据资本结构理论，盈利好的公司应该负债率高。（　　）
3. 次贷危机发生后，美国国债的价格大幅度下降。（　　）
4. 对企业价值进行评估时，FTE 法使用的是无杠杆现金流。（　　）
5. 资本预算中，我们只关注相关税后的增量现金流量，由于折旧是非付现费用，所以在估算现金流时可以忽略折旧。（　　）
6. 如果两只股票的期望收益率具有相同的标准差，那么它们的贝塔值也相同。（　　）
7. 位于证券市场线上方的点所代表的资产的价值是被高估的。（　　）
8. 无税的 MM 命题说明，随着公司结构中负债比重的提高，权益成本的上升完全抵消了公司使用负债所导致的加权资本成本的下降，因此，公司价值与资本结构无关。（　　）
9. 总资产周转率等于会计期内的销售收入总额除以平均的资产总额，反映了企业的盈利能力。（　　）
10. 在弱有效市场中，一种证券今天价格可以表示为最近的观察价格加上证券的期望收益值，再加上这段时间发生的随机收益值。（　　）

三、分析与计算题(共 35 分)

1. 请说明股利分红的三点好处。你认为近些年来创业板支付较高的现金股利会成为常态吗？为什么？

2. 对上市公司 X 的估值过程中,需要合理估计 X 的权益贝塔。根据过去两年的数据得到的回归结果是权益贝塔值为 1.2。在此期间,X 公司一直保持 25%的负债权益比率,并在化工和钢铁两个行业从事经营活动。但是由于钢铁行业的不景气,X 公司在上个月将其钢铁业务进行了剥离,并将出售钢铁业务所得用于偿还债务和回购股票。因此,你对能否使用基于历史数据得到的权益贝塔债产生了怀疑。

(1)计算剥离钢铁业务前无杠杆公司的贝塔(β_u)。已知 X 公司的所得税税率为 25%,公司债务为无风险债务。

(2)假设钢铁业务价值占公司价值的 30%,钢铁业务无杠杆贝塔值为 0.8。请计算化工业务对应的无杠杆贝塔值。

(3)假设公司将出售钢铁业务所得 1/3 偿还债务,2/3 回购股票。请计算 X 公司业务重组后的权益贝塔。

3. 第一汽车公司希望向神舟租车公司出售一批轿车。神舟租车公司对其用于租赁业务的轿车有以下规定:按直线法折旧,5 年后将其处理并预计无残值。神舟租车公司预期这批轿车每年能带来的税前经营性现金流为 100 000 元,公司的所得税税率为 25%。新增的这批轿车不会增加企业风险,全权益资本成本为 10%,无风险利率为 4%。

(1)神舟租车公司为购买这批轿车所愿意支付的最高价是多少?

(2)假设第一汽车公司对这批轿车的定价为 380 000 元,神舟租车公司将发行 200 000 元的 5 年期债券为该项目融资,债券按 8%的利率平价发行,假设无发行费用和财务困境成本,按年付息,那么该项目的调整净现值 APV 是多少?

扫码听课

2013年对外经贸大学431金融硕士真题

一、单项选择题(每小题1分,共10分)

1. 银行间同业拆借市场的交易目的主要是为了(　　)。

A. 满足金融机构的长期投资需求　　B. 满足金融机构筹集资本金的需求

C. 弥补金融机构准备金头寸的缺口　　D. 为投资者提供衍生产品

2. 中国人民银行买入外汇,其资产负债表上的变化是(　　)。

A. 国外资产增加,政府存款增加　　B. 国外资产增加,国外负债增加

C. 国外资产增加,金融性公司存款增加　　D. 国外资产增加,货币发行增加

3. 久期分析可以考察(　　)的市场价值对利率变动的敏感性。

A. 银行总资产

B. 银行总负债

C. 银行利率敏感性总资产与利率敏感性总负债之和

D. 银行总资产与总负债

4. 根据汇率决定的资产组合模型,当国内的债券供给增加,本币将会(　　)。

A. 升值　　B. 贬值

C. 不变　　D. 以上都有可能

5. 企业2011年的销售净利率为8%,总资产周转率为0.6次,权益乘数为2,利润留存为40%,则可持续增长率为(　　)。

A. 3.99%　　B. 4.08%　　C. 5.14%　　D. 3.45%

6. 美国地方政府发行的市政债券的利率低于联邦政府债券,其原因可能是(　　)。

A. 违约风险因素　　B. 流动性差异因素

C. 税收差异因素　　D. 市场需求因素

7. 尽管借款人愿意支付合同利率甚至更高的利率,贷款人可能仍会拒绝提供贷款,这种现象被称为(　　)。

A. 强迫交易　　B. 战略选择　　C. 信贷配给　　D. 共谋行为

8. 由于信息不对称,银行发放贷款后,(　　)的存在将会使银行资产风险加大。

A. 道德风险　　B. 柠檬问题

C. 逆向选择　　D. 搭便车问题

9. 股票回报率由(　　)组成。

A. 票面利息与资本利得　　B. 利息与到期收益率

C. 股利收益率和资本利得　　　　D. 股利收益率与到期收益率

10. AAA公司今年支付了0.5元现金股利，并预计股利明年开始会以每年10%的速度一直增长下去，该公司的Beta值为2，无风险回报率为5%，市场组合的回报率为10%。该公司的股价应最接近于(　　)。

A. 10元　　B. 11元　　C. 25元　　D. 75元

二、判断题(下列表述是否正确，正确的划√，错误的划×，每小题1分，共10分)

1. 再贴现率是主动权能够掌握在中央银行手中的货币政策工具。(　　)

2. 凯恩斯开创的流动性偏好理论利用债券的供给和需求来说明均衡利率的决定。(　　)

3. 非有效的证券或资产组合位于资本市场线的上方。(　　)

4. 资本预算中，我们只关注相关税后增量现金流量，由于折旧是非付现费用，所以在估计现金流量时可以忽略折旧。(　　)

5. MM无公司税模型表明，随着公司资本结构中负债比重的提高，权益成本的上升完全抵消了公司使用便宜负债所导致的加权平均成本的下降，因此，公司价值与资本结构无关。(　　)

6. 托宾投资Q理论是用来解释货币政策通过影响货币市场进而影响投资支出，从而传导货币政策意图的。(　　)

7. 通货紧缩将形成有利于净货币债务人的财富分配效应。(　　)

8. 对于看跌期权的买方，只有在市场价格大于协定价格与期权费之差时才有利可图。(　　)

9. 当评估互斥项目时，用 *NPV* 法和 *IRR* 法得出的结果总是一致的。(　　)

10. 如果两只股票的回报率具有相同的标准差，则它们具有相同的Beta。(　　)

三、名词解释(每题4分，共20分)

1. J曲线效应
2. 理性预期
3. 约当年均成本法
4. 票据发行便利
5. 内部收益率

四、计算分析题(每题8分，共16分)

1. 已知反映国际收支平衡的 *BP* 曲线(纵轴为利率，横轴为收入)

$$P \cdot X(Y^*, R) - E \cdot P^* \cdot Q(Y, R) + K[i - i^* - E(e)] = 0$$

其中，P 为出口品的本币价格，X 为本国的出口量，Y^* 为外国收入，R 为实际汇率，E 为直接标价法下的名义汇率，P^* 为进口品的外币价格，Q 为本国的进口量，Y 为本国收入，i 为本国利率，i^* 为外国利率，$E(\hat{e})$ 为预期本币贬值率，K 为常数。

上式表示了国际收支平衡表中经常账户、资本和金融账户两者之间的均衡关系(其中，本国出口量为外国收入和实际汇率的函数，进口量为本国收入和实际汇率的函数，资本流动则为本国利率、外国利率、预期本币贬值三者之差的线性函数)。

试通过计算来回答：

(1)该曲线的斜率是正还是负，为什么？(2分)

(2)当外国收入增加时，将使该曲线向哪个方向移动？(3分)

(3)当本币贬值时，在何种情况下会使该曲线向右方移动？(3分)

2. A公司需要浮动利率资金，它可以在信贷市场上以半年LIBOR加上30个基点或在债券市场上以11.15%的年利率筹措长期资金，与此同时，B公司需要固定利率资金，它能够在信贷市场上以半年LIBOR加上50个基点或在债券市场上以11.95%的年利率筹措长期资金。

试分析：

(1)这两家公司是否存在利率互换交易的动机？(2分)

(2)如何互换？(3分)

(3)这笔互换交易的总成本节约了多少？(3分)

五、证明与简答题(每题8分，共16分)

1. 有两个证券收益率分别为R_1和R_2，且$E(R_1)=E(R_2)=\mu$，$\mathrm{Var}(R_1)=\mathrm{Var}(R_2)=\sigma^2$，$R_1$和$R_2$之间的相关系数为$\rho$。证明资产组合达到最小方差时两个资产的权重均为0.5，与ρ无关。

2. 请证明鲍莫尔·托宾的平方根公式，并说明其政策意义。

六、论述题(每题14分，共28分)

1. 请结合资本结构的权衡理论，阐述企业在进行长期融资决策时应考虑的基本因素。

2. 在全球金融危机余波未了，欧美经济仍在衰退边缘挣扎的时候，巴塞尔银行监管委员会于2010年底通过了《巴塞尔协议Ⅲ》，成为2008年金融危机后首个全球范围内的重磅监管改革产物。针对《巴塞尔协议Ⅲ》的出台，业内议论纷纷，请根据你的理解，回答以下问题：

(1)《巴塞尔协议Ⅲ》的主要内容是什么？(8分)

(2)对西方商业银行和我国商业银行的影响有何不同？(6分)

七、专业英语(略)

扫码听课

2013 年中山大学 431 金融硕士真题

一、单项选择题(本部分共 21 小题,每小题 2 分,共计 42 分)

1. 假设其他情况不变,以下哪种情况会导致一国的基础货币减少?(　　)

A. 中央银行增加黄金储备　　B. 商业银行向中央银行归还借款

C. 中央银行向财政部透支　　D. 中央银行在二级市场上买入国债

2. 资本流入是指外国资本流到本国,它表示(　　)。

A. 本国对外国的负债减少　　B. 本国对外国的负债增加

C. 外国在本国的资产减少　　D. 本国在外国的资产增加

3. 国际收支的收入大于支出时,差额列入哪一项可以使国际收支人为地达到平衡?(　　)

A. 错误和遗漏项目的支出方　　B. 错误和遗漏项目的收入方

C. 官方结算项目的支出方　　D. 官方结算项目的收入方

4. 下列选项中不属于官方储备的是(　　)。

A. 中央银行持有的黄金储备　　B. 国有商业银行持有的外汇资产

C. 会员国在 IMF 的储备头寸　　D. 中央银行持有的外汇资产

5. 判断一国国际收支是否平衡的标准是(　　)。

A. 经常账户借贷方金额相等　　B. 资本和金融账户借贷方金额相等

C. 自主性交易项目的借贷方金额相等　　D. 调节性交易项目的借贷方金额相等

6. 以下哪一种包括在 M1 里,却没有包括在 M2 里?(　　)

A. 流通中的现金　　B. 支票

C. 活期存款　　D. 以上都不是

7. 当中央银行在公开市场上卖出政府债券时,以下正确的是(　　)。

A. 中央银行的负债保持不变　　B. 银行体系内的资金将增加

C. 中央银行的负债减少　　D. 银行体系内的资金保持不变

8. 根据泰勒规则,当下列哪种情况发生时,美联储需要降低联邦基金利率?(　　)

A. 当通货膨胀率高于美联储的通货膨胀目标时

B. 当实际 GDP 高于美联储的产出目标时

C. 当实际 GDP 低于美联储的产出目标时

D. 当 A 和 B 同时发生时

9. 根据货币主义者关于通货膨胀的观点,货币供应增加会导致(　　)。

A. 增加短期产出，但不会改变长期产出

B. 使价格水平上升，但对短期产出和长期产出都没有影响

C. 使政府财政赤字增加

D. 使价格水平上升，且对短期产出和长期产出都有影响

10. 采用直接标价时，如果需要比原来更少的本币就能兑换一定数量的外币，则表明(　　)。

A. 本币币值上升，外币币值下降，本币升值，外币贬值

B. 本币币值下降，外币币值上升，本币贬值，外币升值

C. 本币币值上升，外币币值下降，外币升值，本币贬值

D. 本币币值下降，外币币值上升，外币贬值，本币升值

11. 中央银行进行公开市场业务操作的工具主要是(　　)。

A. 大额可转让存款单　　B. 银行承兑汇票

C. 金融债券　　D. 国库券

12. 以下在银行资产负债表中属于资产的是(　　)。

A. 商业银行持有的国债

B. 商业银行发放的贷款

C. 中央银行给商业银行发放的贴现贷款

D. A 和 B 都是

13. 公司财务管理的目标是(　　)。

A. 利润最大化　　B. 风险最小化

C. 公司价值最大化　　D. 每股收益最大化

14. 证券组合风险的大小不仅与单个证券的风险有关，还与各个证券收益间的(　　)有关。

A. 协方差　　B. 标准差　　C. 离差率　　D. 贝塔系数

15. 某企业原流动比率大于 1，速动比率小于 1，现以银行存款支付以前的应付账款，则企业的(　　)。

A. 流动比率下降　　B. 速动比率下降

C. 两种比率均不变　　D. 两种比率均提高

16. 当净现值为零时，则可说明(　　)。

A. 投资方案无收益　　B. 投资方案只能收回投资

C. 投资方案只能获得期望收益　　D. 投资方案亏损，应拒绝接受

17. 下列表述中，正确的有(　　)。

A. 股票股利直接增加股东的财富

B. 股票股利导致公司资产的流出

C. 股票股利会导致公司资产的增加

D. 股票股利会引起所有者权益各项目的结构变化

18. 随着一个投资组合中股票种类的增加，(　　)。

A. 非系统风险下降并趋近 0　　B. 市场风险下降

C. 非系统风险下降并趋近市场风险　　D. 总风险趋近 0

19. 如果一个股票的价值是高估的，则它应位于(　　)。

A. 证券市场线的上方　　B. 证券市场线的下方

C. 证券市场线上　　D. 在纵轴上

20. 折旧具有抵减所得税的作用，由于计提折旧而抵减的所得税可用(　　)计算。

A. 折旧额×所得税率　　B. 折旧额×(1－所得税率)

C. (付现成本＋折旧)×所得税率　　D. (付现成本＋折旧)×(1－所得税率)

21. 某公司当年每股收益为 4 元，每股支付的股利为 2 元，如果每股净资产为 25 元，则期望的股利增长率为(　　)。

A. 16%　　B. 12%　　C. 8%　　D. 4%

二、名词解释(本部分共 6 小题，每小题 3 分，共计 18 分)

1. 套期保值
2. 特里芬难题
3. 资本充足率
4. 货币乘数
5. 市盈率
6. 自由现金流

三、计算和作图题(本部分共 4 题，共计 45 分)

1. X 公司希望以浮动利率融资，Y 公司希望以固定利率融资。两家公司投资的金额相同，它们分别收到以下利率报价：

	固定利率	浮动利率
X 公司	6.0%	LIBOR
Y 公司	8.2%	LIBOR+0.2%

请设计一笔利率互换，使作为 X 公司得到互换利益的 60%，而 Y 公司只是得到互换利益的 40%，并指出双方最终实际负担的利率(给出计算过程)。

2. 某银行的资产负债表如下，其中，BL、ML 分别是 2.5 年和 30 年期，按月偿还的商业抵押贷款 CD1 是 1 年期一次性偿付的存单，CD5 是 5 年期一次性偿付的存单，D 是存续期。

资产负债表

资产(A)	美元(亿)	D(年)	负债	美元(亿)	D(年)
现金	200	0	CD1	450	1.0
BL	400	1.25	CD5	450	5.0
ML	400	7.0	净价值(K)	100	
总计	1 000			1 000	

(1)如果该行管理层的目标项目是资本(净价值),其存续期缺口是多少?

(2)如果利率下降 150 个基点,该银行的资本(净价值)将上升还是下降?约为多少?

(3)假设资本项目是银行管理层的目标项目,当前的资产负债结构能令他实现目标项目的免疫吗?如果能,请说明原因;如果不能,请说明原因,并给出一个能实现免疫目标的方案。

(4)紧接第(2)问,假定在本轮金融危机冲击下,该银行两类贷款均因违约率上升而减值 50%,同时两类存款各流失 150 亿元。此时银行净价值将变为多少?资本项目存续期缺口是多少?如果该国没有存款保险,此时该银行会面临什么问题?如何解决?

3. 某公司正在考虑两个互斥的投资项目,方案 A 投资额为 200 万元,有效期两年,现金流量分别为 130 万元和 150 万元,其内部收益率为 25%;方案 B 投资额为 100 万元,有效期两年,现金流量分别为 70 万元和 78 万元,其内部收益率为 30%。

(1)画出两个项目的净现值与折现率之间关系的示意图。

(2)公司资本的机会成本目前不确定,请从增量投资的角度解释,公司应如何选择?

4. M、N 股票的期望收益率分别为 10%和 15%,标准差分别为 16%和 24%。当两者之间的相关系数分别为 1 和−1 情况下,请作图反映期望收益率与标准差之间的可能组合并确定有效的投资组合。

四、分析与论述题(每题 15 分,共计 45 分)

1. 有学者认为,法定存款准备金率的调整会改变货币乘数,从而对货币供应量带来较大影响,因此是效力很猛的药方,通常不应轻易使用。然而,2006 年以来,为抑制经济过热,中国人民银行连续近 20 次上调法定存款准备金率。直到 2008 年 9 月下旬,为应对金融危机对我国经济所造成的负面影响,中国人民银行转而多次下调法定存款准备金率。请结合相关公式,回答以下问题:

(1)上述学者的观点是否正确?请首先推导反映货币供应量、基础货币与货币乘数三者之间关系的公式,并结合该公式进行分析论述。

(2)央行如此频繁地调整法定存款准备金率,你认为是否有必要和有用,原因何在?

2. 我国在人民币汇率形成机制改革方面,一直强调其目标是"建立健全以市场供求为基础的、有管理的浮动汇率体制;保持人民币汇率在合理、均衡水平上的基本稳定",并强调坚持"主动性、渐进性、可控性"。此外,我国在放松资本管制和允许资本自由流动方面一直持十分谨慎的态度,本轮金融危机及其导致的经济衰退似乎进一步强化了这种取向。下图是 2005 年 7 月 21 日启动人民币汇率形成机制改革以来人民币兑美元的中间价走势图。请据此回答如下问题:

(1)下图反映了什么事实?

(2)下图所反映的事实与我国相对应时期货币政策所面临的流动性泛滥问题是否有必然联系?若有,请描述其机制。

(3)从图形上看,危机发生后一段时间内,人民币兑美元升值趋势暂时得到缓解。你认为,这与我国当年强调确保 2009 年实现 8%的经济增长率之间是否存在必然关系?请给出分析。

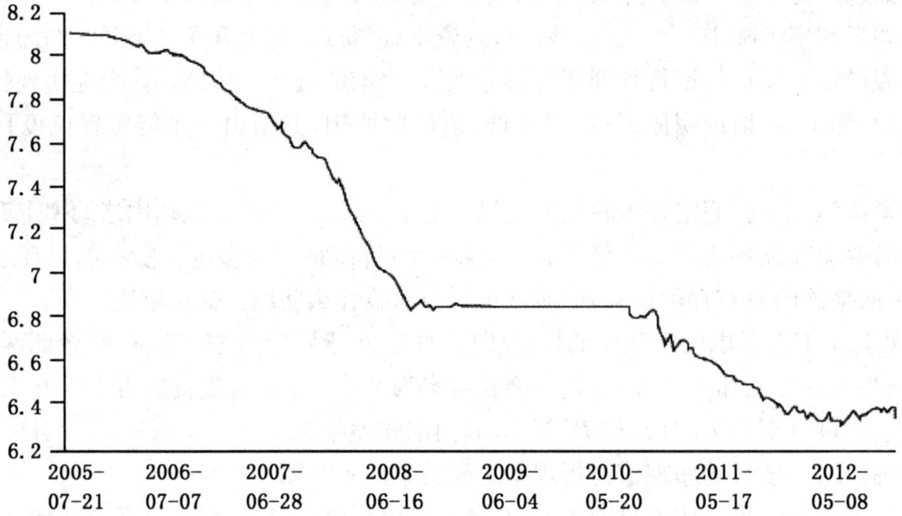

(4)我国当前在汇率制度和资本管理方面所采取的上述政策和措施是否合适？对保持我国货币政策自主权有何意义？请结合“蒙代尔—弗莱明”模型、“不可能三角”理论进行论述。

3. 我们经常看到，公司的市场价值与账面价值是不同的，请解释造成两者差异的原因。根据你的观察，具备什么特征的行业或公司的市场价值与账面价值之比高？哪些低？

2013年南开大学431金融硕士真题

扫码听课

一、名词解释(每小题5分,共30分)

1. 影子银行
2. 资产证券化
3. 高能货币
4. 风险溢价
5. 流动性风险
6. 债务货币化
7. 信贷配给

二、简答题(每小题10分,共80分)

1. 简述预期理论和分割市场理论如何解释收益率曲线。
2. 简述《巴塞尔协议Ⅲ》对于商业银行资本充足率的影响。
3. 简述金融创新的类型。
4. 简述信息技术创新对于金融机构的作用,至少举两个信息技术创新例子。
5. 简述表外业务和中间业务。
6. 简述为什么维持物价稳定是中央银行的首要目标。
7. 简述流动性溢价理论。
8. 简述利息平价条件下的汇率变化理论。

三、论述题(每小题20分,共40分)

1. 为什么市场上对利率市场化呼声那么高?你认为利率市场化的条件是什么?并联系我国,谈谈实现利率市场化需要采取哪些措施?

2. (1)简述中央银行的货币政策工具。

(2)次贷危机爆发,美国采取了哪些措施来应对危机?我国主要的货币政策手段有哪些?中美政策手段不同的原因是什么?

2012 年复旦大学 431 金融硕士真题

一、名词解释(每题 5 分,共 25 分)

1. IMF 协议第八条款
2. 表外业务
3. 指令驱动交易机制
4. 税盾效应
5. 杠杆收购

二、选择题(每题 4 分,共 20 分)

1. 以下关于期权价格波动说法中正确的是(　　)。

A. 对于到期日确定的期权,其他条件不变,随着时间流逝,其时间价值的减少是递增的

B. 对于到期日确定的期权,其他条件不变,随着时间流逝,其时间价值的减少是递减的

C. 对于到期日确定的期权,其他条件不变,随着时间流逝,其时间价值的减少是不变的

D. 时间流逝同样的长度,其他条件不变,期限长的期权时间价值的减少幅度将大于期限短的期权时间价值的减少幅度

2. 下列不影响可贷资金供给的是(　　)。

A. 政府财政赤字　　B. 家庭储蓄

C. 央行货币供给　　D. 利用外资

3. 股票价格已经反映所有历史信息,如价格的变化状况、交易量变化状况等,因此技术分析手段无效,这种市场类型为(　　)。

A. 强式有效市场　　B. 半强式有效市场

C. 弱式有效市场　　D. 无效市场

4. 一公司发行股票筹资 2 000 万元,已知第 0 期支付股息 100 万元,股息增长率为 5%,则融资成本为(　　)。

A. 10.25%　　B. 12.25%　　C. 15.25%　　D. 13.25%

5. 某公司与政府签订一项公路协议,公路建成 5 年后若运行良好,该公司有权利扩建,其他公司无权参与,问公司拥有什么类型的实物期权?(　　)

A. 扩张期权　　B. 放弃期权　　C. 延期期权　　D. 收缩期权

三、计算题(每题 20 分,共 40 分)

1. 1 英镑的含金量为 113.006 格令,1 美元的含金量为 23.22 格令,黄金的运输费用为

0.025美元，求：

(1)英镑兑美元的铸币平价。

(2)黄金输出点。

(3)黄金输入点。

2. 某公司永续 *EBIT* 为500万元，无杠杆情况下收益率为10%，又已知公司可以借入500万元债务以回购部分股票，改变公司的资本结构，公司所得税率为25%。求：

(1)无税MM理论下，所有者权益为多少？

(2)有税MM理论下，所有者权益为多少？税盾效应为多少？

四、简答题(每题10分，共20分)

1. 举例说明为何不能同时确定货币供应量和利率作为货币政策的中介目标。

2. 简述证券市场交易机制设计的目的和原则。

五、论述题(第1题20分，第2题25分，共45分)

1. 开放经济条件下，宏观经济政策的操作与封闭经济条件下有何区别？

2. 新优序融资理论认为，公司融资的顺序为：内部融资，债券融资，股权融资。请结合我国股票市场谈谈我国公司的融资顺序是否符合新优序融资理论，并分析原因。

2012年上海财经大学431金融硕士真题

扫码听课

一、单项选择题（每小题2分，共计60分）

1. 一项100万元的借款，借款期限5年，年利率10%，每半年复利一次，则实际利率比名义利率高（　　）。

A. 5%　　B. 0.4%　　C. 0.25%　　D. 0.35%

2. 债券的资金成本一般低于普通股，最主要的原因在于（　　）。

A. 债券筹资费用少　　B. 债券的发行量小

C. 债券的利息固定　　D. 债券利息有减税作用

3. 某公司财务杠杆系数等于1，这表明该公司当期（　　）。

A. 利息与优先股股息为零

B. 利息为零，而有无优先股股息不好确定

C. 利息与息税前利润为零

D. 利息与固定成本为零

4. 某企业投资方案的年销售收入为180万元，年销售成本为120万元，折旧为20万元，所得税率为30%，则方案的年现金净流量为（　　）。

A. 42万元　　B. 48万元　　C. 60万元　　D. 62万元

5. 企业资本总市值与企业占有的投入总资本之差即（　　）。

A. 市场增加值　　B. 经济增加值

C. 资本增加值　　D. 经济利润

6. 作为整个预算编制起点的是（　　）。

A. 现金收入预算　　B. 生产预算

C. 销售预算　　D. 产品成本预算

7. 以下特征不属于项目融资方式的是（　　）。

A. 较高的财务杠杆　　B. 签订复杂的多方协议

C. 设立独立的项目公司　　D. 贷款人对发起人有无限追索权

8. 固定股利政策的优点主要是（　　）。

A. 有利于公司树立良好的形象　　B. 有利于公司保留较多的盈余

C. 有利于保持理想的资金结构　　D. 股利支付与当期利润挂钩

9. 某学校为设立一项科研基金，拟在银行存入一笔款项，以后可以无限期地在每年年末支取利息30 000元，利率为6%，该学校应存入（　　）。

A. 750 000 元　　B. 500 000 元　　C. 80 000 元　　D. 120 000 元

10. 在下列指标中反映企业运营能力的是(　　)。

A. 销售利润率　　B. 总资产报酬率　　C. 速动比率　　D. 存货周转率

11. 下列未加入欧元区的国家是(　　)。

A. 法国　　B. 英国　　C. 马耳他　　D. 爱沙尼亚

12. 凯恩斯流动性偏好理论认为真实货币需求主要受哪两个因素的影响?(　　)

A. 收入与财富　　B. 利率与通货膨胀率

C. 财富与物价水平　　D. 收入与利率

13. 如果金银的法定比价为1∶13,而市场比价为1∶15,这时充斥市场的将是(　　)。

A. 银币　　B. 金币

C. 金币和银币　　D. 以上都不是

14. (　　)属于契约型金融机构。

A. 投资银行　　B. 封闭型基金

C. 保险公司　　D. 信用社

15. 央行采取盯住利率措施,则货币供给将会如何变动?(　　)

A. 繁荣期间将会递增　　B. 萧条期间将会递增

C. 繁荣期间将会递减　　D. 货币数量维持不变

16. 商业银行吸收存款,必须考虑(　　)。

A. 如果吸收活期存款,以降低资金成本

B. 加强吸收储蓄存款,以降低体系内通货膨胀压力

C. 定期存款的利率弹性大于活期存款,所以前者利率较高

D. 活期存款的提款风险显著低于定期存款

17. 有发行外在货币(outside money)权利的金融机构是(　　)。

A. 商业银行　　B. 中央银行

C. 政策性银行　　D. 外汇管理局

18. 某大银行遭到挤兑,其影响为(　　)。

A. 通货比例会下降　　B. 货币乘数会上升

C. 货币供给会上升　　D. 通货比例会上升

19. 信托与租赁属于商业银行的(　　)。

A. 资产业务　　B. 负债业务

C. 中间业务　　D. 表外业务

20. 鲍莫尔的存货模型是对凯恩斯货币需求理论中的(　　)的重大发展。

A. 交易动机　　B. 预防动机

C. 投机动机　　D. 谨慎动机

21. 同期限的公司债券与政府债券相比,票面利率一般较高,这是对(　　)的补偿。

A. 赎回风险　　B. 政策风险

C. 利率风险　　D. 信用风险

22. 对于一个无风险资产和风险资产的组合,假定可以无风险利率任意借贷资金,有效

的形状是(　　)。

A. 线段　　B. 射线

C. 一个月牙形的区域　　D. 月牙形区域的左上边界

23. 在证券市场上,系统风险和非系统风险的最本质区别在于(　　)。

A. 投资者对风险的偏好　　B. 证券组合中证券数量的多少

C. 是否受到宏观政策的影响　　D. 风险度量值的不同

24. 其他条件相同的情况下,债券的票面利率越低,到期收益率同等幅度波动引起价格波动幅度(　　)。

A. 越大　　B. 越小　　C. 没有变化　　D. 无法判断

25. 设无风险利率是5%,市场组合的期望收益率是15%。股票X的期望收益率是13%,β值是1.2,那么你应该(　　)。

A. 买入股票X,因为其价格被高估　　B. 买入股票X,因为其价格被低估

C. 卖出股票X,因为其价格被高估　　D. 卖出股票X,因为其价格被低估

26. 国际收支的弹性理论认为,与其他因素相比,影响一国贸易收支的最重要因素是(　　)。

A. 实际利率　　B. 实际汇率　　C. 价格水平　　D. 货币供应

27. 如果美元利率为8%,而美元对欧元的预期升值率为3%,那么(　　)。

A. 投资者只会投资在美元资产上

B. 投资者只会投资在欧元资产上

C. 投资者对于投资在何种资产上是无所谓的

D. 需要更多的信息才能做进一步判断

28. 下列是对中国持有3.2万亿美元外汇储备的评价,其中错误的是(　　)。

A. 美元相对于其他货币的贬值,会使我国的储备缩水

B. 过分集中于美元资产,会使中国政府处于被美国政府绑架的尴尬地位

C. 储备多,意味着大量资源闲置

D. 过多的储备给别国提供了需求人民币升值的借口

29. 关于购买力平价,下列说法中正确的是(　　)。

A. 在对不同国家的收入水平进行比较时,采用汇率的方法与采用购买力的方法,结果是一致的

B. 购买力平价的意思是,同样的一笔钱在不同国家所能购买的商品或其组合数量是一样的

C. 购买力平价可解释汇率的短期波动

D. 购买力平价若成立,则实际汇率为1

30. 在国际金融研究领域里,关于人物与其贡献,匹配错误的是(　　)。

A. 克鲁格曼提出了三元悖论

B. 特里芬指出了布雷顿森林体系的内在缺陷

C. 米德提出了物价—现金流机制

D. 蒙代尔提出了最优货币区理论

二、计算与分析题(每小题 10 分,共计 60 分)

1. B 公司欲通过配股方式发行普通股,已知配股前公司普通股为 50 万股,公司计划以每股 30 元的配股价格配售 10 万股新股,此后市场股价为每股 40 元,现忽略发行费用和市场炒作因素,问配股前 B 公司的股价是多少?

2. D 食品公司正考虑一个新项目的可行性。项目的初始投资额为 160 万元,预计项目寿命期为 10 年,期末无残值。每年的广告费用预计为 15 万元,单位产品成本为 2 元,预期售价为每件 6 元,假设折现率为 10%,公司所得税税率为 25%。试分别计算该项目的会计盈亏均衡点和净现值盈亏均衡点。

3. 有 A、B 两公司各欲借入 5 000 万美元,期限均为 5 年。两家公司的借款条件如下表:

	固定利率	浮动利率
A 公司	10.00%	LIBOR+0.30%
B 公司	11.20%	LIBOR+1.00%

(1)在借款条件方面,哪家公司在浮动利率市场上具有相对优势?

(2)若 A、B 两家公司希望通过利率互换,并均等分享利率互换所带来的收益,则该笔互换如何进行?

(3)通过该利率互换,A 公司在 5 年借款期内,共可节约多少利息费用?

4. 设统计部门选用 A、B、C 三种商品来计算消费者价格指数,所获数据如下表:

品种	数量	基期价格(元)	本期价格(元)
A	365	0.30	0.50
B	500	1.00	1.50
C	12	20.00	25.00

(1)试计算当年 CPI。

(2)CPI 能否真实度量物价水平的变化?为什么?

(3)CPI 往往会高估还是低估实际的通货膨胀率?为什么?

5. 市面上有两只股票,股票 A 的标准差为 30%,股票 B 的标准差为 20%,不允许卖空。若两只股票的相关系数为 1,怎样的投资组合可以使投资组合的风险最小?若两只股票的相关系数为−1,风险最小的投资组合又应如何构建?

6. 假设中国的利率为 3%,美国的利率为 1%,美元兑人民币的汇率为 6.5,试通过利率计算,求出 1 年期的远期汇率水平。

三、论述分析题(每小题 15 分,共计 30 分)

1. 据 2011 年 11 月初媒体报道,中国证监会有关负责人表示,为进一步督促上市公司提升对股东的回报,证监会将要求所有上市公司完善分红政策及其决策机制,科学决定分红政策,增强红利分配透明度,不得随意调整已确定的分红政策。证监会将立即从首次公开发行股票开始,在公司招股说明书中细化回报规则、分红政策和分红计划,并作为重大事项加以提示。

请根据公司股利分配理论和我国上市公司股利分配的现状,论述证监会相关政策制定的意义,以及上市公司应如何采取具体措施完善分红决策机制。

2. 2011 年 9 月 20 日至 21 日,美联储公开市场委员会以 7 票赞成、3 票反对的结果通过了一项政策决议:在 2012 年 6 月前,卖出剩余期限在 3 年以下的 4 000 亿美元中短期国债,同时购买相同金额的期限为 6 年至 30 年的中长期国债,以延长美联储持有的国债的平均期限,美联储通过的这一政策措施,非常罕见,在历史上称为“扭转操作”(operation twist)。“扭转操作”宣布当日,纽约股市三大股指应声下跌,欧洲与亚太主要股市也全线下跌。下表列出了在该项政策出台前后各一个月时间美国国债收益率的部分数据。

美国国债的收益率　　单位:%

日期	1月	3月	6月	1年	2年	3年	5年	7年	10年	20年	30年
2011—08—19	0	0.02	0.04	0.1	0.2	0.34	0.9	1.43	2.07	2.97	3.39
2011—09—21	0.01	0.01	0.04	0.11	0.21	0.37	0.88	1.36	1.88	2.69	3.03
2011—10—21	0.01	0.02	0.05	0.12	0.3	0.46	1.08	1.66	2.23	2.98	3.26

请根据以上材料和相关知识,回答下列问题:

(1)什么是债券收益率曲线?它的形状通常有哪些?

(2)货币政策为何要关注该曲线?美联储通过“扭转操作”希望对债券收益率曲线的形状有何种影响,请具体阐述。

(3)如果“扭转操作”能够成功,对经济有何影响?会帮助美联储实现何种政策意图?

(4)在对利率期限结构的分析上主要有哪些代表性理论?其主要观点是什么?你认为美联储的“扭转操作”能达到目的吗?为什么?

附表 1　　**年金现值系数表**

利率(%) 年数	1	2	3	4	5	6	7	8	9	10
1	0.99	0.98	0.97	0.96	0.95	0.94	0.93	0.93	0.92	0.91
2	1.97	1.94	1.91	1.89	1.86	1.83	1.81	1.78	1.76	1.74
3	2.94	2.88	2.83	2.78	2.72	2.67	2.62	2.58	2.53	2.49
4	3.90	3.81	3.72	3.63	3.55	3.47	3.39	3.31	3.24	3.17
5	4.85	4.71	4.58	4.45	4.33	4.21	4.10	3.99	3.89	3.79
6	5.80	5.60	5.42	5.24	5.08	4.92	4.77	4.62	4.49	4.36
7	6.73	6.47	6.23	6.00	5.79	5.58	5.39	5.21	5.03	4.87
8	7.65	7.33	7.02	6.73	6.46	6.21	5.97	5.75	5.53	5.33
9	8.57	8.16	7.79	7.44	7.11	6.80	6.52	6.25	6.00	5.76
10	9.47	8.98	8.53	8.11	7.72	7.36	7.02	6.71	6.42	6.14

附表 2　　　　**复利现值系数表**

年数 \ 利率(%)	1	2	3	4	5	6	7	8	9	10
1	0.99	0.98	0.97	0.96	0.95	0.94	0.93	0.93	0.92	0.91
2	0.98	0.96	0.94	0.92	0.91	0.89	0.87	0.86	0.84	0.83
3	0.97	0.94	0.92	0.89	0.86	0.84	0.82	0.79	0.77	0.75
4	0.96	0.92	0.89	0.85	0.82	0.79	0.76	0.74	0.71	0.68
5	0.95	0.91	0.86	0.82	0.78	0.75	0.71	0.68	0.65	0.62
6	0.94	0.89	0.84	0.79	0.75	0.70	0.67	0.63	0.60	0.56
7	0.93	0.87	0.81	0.76	0.71	0.67	0.62	0.58	0.55	0.51
8	0.92	0.85	0.79	0.73	0.68	0.63	0.58	0.54	0.50	0.47
9	0.91	0.84	0.77	0.70	0.64	0.59	0.54	0.50	0.46	0.42
10	0.91	0.82	0.74	0.68	0.61	0.56	0.51	0.46	0.42	0.39

扫码听课

2012 年华东师范大学 431 金融硕士真题

一、单项选择题(本大题共 20 小题,每小题 1 分,共 20 分)

1. 财政分配与信用分配的最大区别在于(　　)。

A. 载体的不同　　B. 体现的关系

C. 有偿性和无偿性　　D. 运动形式

2. 在我国货币层次划分中,现金划入(　　)。

A. M0　　B. M1　　C. M2　　D. M3

3. 某公司获得银行贷款 100 万元,年利率 6%,期限三年,按年计息,复利计算,到期后应偿还银行本息共为(　　)。

A. 120 万元　　B. 119.1 万元　　C. 118 万元　　D. 117.5 万元

4. 下列不属于世界银行集团的金融机构是(　　)。

A. 国际复兴开发银行　　B. 国际开发协会

C. 国际金融公司　　D. 国际清算银行

5. 在金融市场风险中不属于系统风险的是(　　)。

A. 利率　　B. 政策　　C. 经营　　D. 通货膨胀

6. 下列条件下哪种组合的风险最低?(　　)

A. 两者股票完全正相关　　B. 两者股票不相关

C. 两者股票有一定负相关　　D. 两者股票完全负相关

7. 弗里德曼是下列哪个学派的代表人物?(　　)

A. 货币学派　　B. 供给学派

C. 合理预期学派　　D. 瑞典学派

8. 欧洲货币市场是(　　)。

A. 经营欧洲国家货币的国际金融市场

B. 经营欧元的国际金融市场

C. 欧洲国家国际金融市场的总称

D. 经营境外货币的国际金融市场

9. 下列不是货币政策最终目标的是(　　)。

A. 国际收支顺差　　B. 经济增长

C. 充分就业　　D. 物价稳定

10. 以下不是商业银行传统三大业务的是(　　)。

A. 中间业务　B. 表外业务　C. 负债业务　D. 资产业务

11. 票面利率高于发行时的市场收益率水平时，实行(　　)。

A. 平价发行　B. 折价发行　C. 溢价发行　D. 中间价发行

12. 最早的保险市场出现在(　　)。

A. 意大利　B. 日本　C. 美国　D. 英国

13. 以下哪一项是利息保障倍数的计算公式？(　　)

A.(净利润＋利息费用＋所得税费用)/利息费用

B.(营业利润－利息费用－所得税费用)/利息费用

C.(利润总额＋利息费用＋所得税费用)/利息费用

D.(营业利润＋利息费用－所得税费用)/利息费用

14. 某公司预计未来保持经营效率、财务政策不变，预计股利支付率为 30%，期初权益预计净利率为 8%，则股利的增长率为(　　)。

A. 2.4%　B. 5.6%　C. 22%　D. 27.6%

15. 在项目决策时，项目现金流量的计算不需要考虑以下哪一项因素？(　　)

A. 机会成本　B. 沉淀成本　C. 税收　D. 附加效应

16. 在其他因素保持不变，折现率提高后，下列哪个指标会变小？(　　)

A. 静态投资回收期　B. 内部报酬率

C. 会计利润　D. 净现值

17. 下列各项中，属于应收账款机会成本的是(　　)。

A. 应收账款平均余额

B. 坏账损失额

C. 应收账款平均余额与机会成本率的乘积

D. 应收账款占用资金的应计利息

18. 假设证券市场处于 *CAPM* 模型所描述的均衡状态，某证券的期望收益率为 13%，其贝塔系数为 1.5，市场组合的期望收益率为 10%，则无风险利率为(　　)。

A. 4%　B. 5%　C. 6%　D. 7%

19. 对于息税前收益大于 0 的企业，如果存在不变成本，则该企业的经营杠杆率(　　)。

A. 小于 1　B. 大于 1　C. 等于 1　D. 不确定

20. 能够增加普通股股票发行在外股数，但不改变公司资本结构的行为是(　　)。

A. 支付现金股利　B. 增发普通股

C. 股票分割　D. 股票回购

二、名词解释(本大题共 6 小题，每小题 4 分，共 24 分)

21. 布雷顿森林体系

22. 流动性陷阱

23. 有效汇率

24. 菲利普斯曲线

25. 修正的内含报酬率
26. 破产成本

三、简答题(本大题共 6 小题,每小题 8 分,共 48 分)

27. 简述一国货币制度的主要内容。
28. 简述人民币升值对中国经济的利弊。
29. 简述中央银行是如何通过负债业务影响基础货币变动的。
30. 简述资本结构信号理论的主要内容。
31. 简述“股利无关论”的具体内容和结论。
32. 简述利率期限结构理论的主要内容。

四、计算题(本大题共 3 小题,每小题 10 分,共 30 分)

33. 一张面额为 100 万元、利率为 10%的存单,于 2012 年 1 月 1 日发行,应于 2012 年 2 月 29 日到期。某中央银行在发行日购入后,又于 2012 年 1 月 31 日将它转卖给某商业银行,假设市场利率为 9%,问转卖时存单价格是多少?该商业银行持有存单的收益率是多少?

34. 某企业计划使用一种大型设备,既可以采用购买的方式,也可采用租赁的方式。若采取购买的方式,企业需一次性支付设备价格 300 万元,预计使用年限为 6 年,残值为 60 万元。若采取租赁的方式,企业需每年支付租赁费 70 万元,租赁期为 6 年。假定贴现率为 12%,所得税率为 25%,已知$(P/A,12\%,6)=4.114$ $(P/F,12\%,6)=0.5066$。试分析企业应该选取哪种方式。

35. 某企业每年耗用某种材料 4 000 千克,该材料每千克的成本为 100 元,单位存储年付现成本为 10 元,一次订货成本为 25 元,该公司的资本成本率为 10%,则其经济订购批量是多少?

五、论述题(本大题共 2 小题,每小题 14 分,共 28 分)

36. 举例说明商业银行的存款创造原理。
37. 述评欧洲主权债务危机(爆发原因、影响及其对策)。

扫码听课

2012年中国人民大学431金融硕士真题

第一部分(金融学,共90分)

一、单项选择题(每小题1分,共20分)

1. 国内只流通银行券且不能兑换黄金,国际储备除黄金还有一定比重外汇,外汇在国外才可兑换黄金,黄金是最后的支付手段,这是(　　)制度的特点。

A. 金块本位　　B. 金币本位

C. 金条本位　　D. 金汇兑本位

2. 下列说法中,哪项不属于法定货币的特征?(　　)

A. 可代替金属货币　　B. 代表实质商品或货物

C. 发行者无将其兑现为实物的义务　　D. 不是足值货币

3. 我国的货币层次划分中M2等于M1与准货币的加总,准货币包括(　　)。

A. 长期存款　　B. 短期存款

C. 长短期存款之和　　D. 公众持有的现金

4. 我国货币当局资产负债表中的"储备货币"就是指(　　)。

A. 外汇储备　　B. 基础货币

C. 法定存款准备　　D. 超额存款准备

5. 在影响我国基础货币增减变动的因素中最主要的是(　　)。

A. 国外资产　　B. 央行对政府债权

C. 央行对其他存款性公司债权　　D. 央行对其他金融性公司债权

6. 美联储通过公开市场操作主要调整的是(　　)。

A. 货币供应增长率　　B. 联邦基金利率

C. 再贴现率　　D. 银行法定存款准备率

7. 如果你购买了W公司股票的欧式看涨期权,协议价格为每股20元,合约期限为3个月,期权价格为每股1.5元。若W公司股票市场价格在到期日为每股21元,则你将(　　)。

A. 不行使期权,没有亏损　　B. 行使期权,获得盈利

C. 行使期权,亏损小于期权费　　D. 不行使期权,亏损等于期权费

8. 以下产品进行场外交易的是(　　)。

A. 股指期货　　B. 欧式期权　　C. 外汇掉期　　D. ETF 基金

9. 下列关于货币有限法偿说法中，正确的是(　　)。
A. 在交易支付中，收款人有权拒绝接受辅币
B. 有限法偿主要是针对辅币而言的
C. 在法定限额内，收款人有权拒绝接受辅币
D. 有限法偿一般是指对单次最高支付总额的规定

10. 下列关于政策性银行说法中，正确的是(　　)。
A. 发达国家也有政策性银行
B. 中国农业银行是针对农业发展的政策性银行
C. 我国目前有一家政策性银行
D. 盈利性只是政策性银行经营目标之一

11. 标志着现代中央银行制度产生的重要事件发生在(　　)。
A. 意大利　　B. 瑞典　　C. 英国　　D. 美国

12. 我国中央银行的最终目标不包括(　　)。
A. 经济增长　　B. 币值稳定　　C. 利率稳定　　D. 促进就业

13. 下列货币政策操作中，可以增加货币供给的是(　　)。
A. 增加法定存款准备金率　　B. 提高再贴现率
C. 提高超额存款准备金率　　D. 央票回购

14. 以下不属于贷款风险五级分类管理中的类型的是(　　)。
A. 正常　　B. 次级　　C. 不良　　D. 损失

15. 以下哪个假设是流动性溢价理论在纯粹预期理论基础上的拓展？(　　)
A. 投资者期限偏好　　B. 期限的风险补偿
C. 不同期限债券的替代性差　　D. 投资者具有不同预期

16. 假定其他条件不变，以下关于货币乘数说法中正确的是(　　)。
A. 与法定准备金率正相关　　B. 与超额法定准备金率正相关
C. 与现金比率正相关　　D. 与贴现率负相关

17. 下列不属于商业银行现金资产的是(　　)。
A. 库存现金　　B. 准备金
C. 存放同业款项　　D. 应付款项

18. 商业银行在经营中，由于借款人不能按时还贷而遭受损失的风险是(　　)。
A. 国家风险　　B. 信用风险
C. 利率风险　　D. 汇率风险

19. 在直接标价法下，汇率升降与本国货币价值的高低是(　　)变化。
A. 正比例　　B. 反比例
C. 无法确定　　D. 以上都不对

20. 根据相对购买力平价理论，通胀率高的国家的货币远期有(　　)。
A. 贬值趋势　　B. 升值趋势
C. 先升值后贬值趋势　　D. 不能确定

二、判断题(每小题1分,共20分,对的用√表示,错的用×表示)

1. TED利差(欧洲美元的LIBOR利率与同期限的国债利率之差)在金融危机时期会变得更大。 ( )

2. 信用卡只是延迟支付,并不影响货币供应。 ( )

3. SDR是IMF设立的储备资产和记账单位。 ( )

4. 古典学派货币需求理论认为货币本身无内在价值,其价值源于交换价值。 ( )

5. 市场利率上升时,债券交易价格会随之降低。 ( )

6. 金本位制下,铸币平价是决定两国货币汇率的基础。 ( )

7. 商业银行的活期存款和定期存款都是货币供应的重要组成部分。 ( )

8. 只有在部分准备金制度下,才可能有存款货币的创造。 ( )

9. 承兑业务不属于商业银行的传统中间业务。 ( )

10. 保险公司、投资公司以及金融租赁公司都属于金融中介。 ( )

11. 1994年颁布的《中华人民共和国中国人民银行法》第一次以法律形式确定了中国人民银行的中央银行地位。 ( )

12. 货币市场是资本市场的重要组成之一。 ( )

13. 通货膨胀对投资具有抑制作用。 ( )

14. 储蓄存款又有支票存款之称。 ( )

15. 凯恩斯货币理论认为货币需求量与货币和债券的预期收益率有关。 ( )

16. 在 $IS-LM$ 模型中,IS 对应的是产品市场均衡线,LM 对应的是货币市场均衡线。 ( )

17. 1945年到1972年期间的国际货币体系格局被称为布雷顿森林体系。 ( )

18. 中国商业银行法规定,商业银行贷款集中度不得高于15%。 ( )

19. 从理论上讲,看涨期权的卖方可以实现收益无穷大。 ( )

20. 在流动性陷阱发生的情况下,货币供给弹性会变得无限大。 ( )

三、问答题(每题15分,共30分)

1. 利率是金融学中核心变量之一,关于利率的决定理论也很多。其中,可贷资金理论(Loanable Funds Theory of Interest)试图完善古典学派的储蓄投资理论和凯恩斯流动性偏好利率理论。

(1)请比较可贷资金理论与储蓄投资理论和凯恩斯流动性偏好理论的异同。

(2)具体说明可贷资金理论相对于另外两种理论在哪些方面进行了完善和补充。

(3)尽管各种利率决定理论强调利率的不同决定因素,但是现代宏观经济运行中各国均强调中央银行对利率的决定(或者说影响)机制的重要性。请阐明央行影响利率的途径和机制,并说明这种利率决定机制与已有理论是否存在联系?

2. 隔夜指数掉期(Overnight Index Swap,OIS),是一种将隔夜利率交换成为固定利率的利率掉期,彭博资讯(Bloomberg)等各种资讯系统平台定期都会发布OIS数据信息,这一指标本身反映了隔夜利率水平。2011年以来,美元、英镑与欧元的3个月期伦敦同业拆放利率(LIBOR)与 OIS 的利差持续扩大。请回答：

(1)OIS 实质上是一种利率掉期，请简要说明利率掉期的基本过程。

(2)具体说明为何近年来 LIOBOR-OIS 利差会出现增大的趋势。

四、分析与论述题(共 20 分)

2011 年下半年，中国各商业银行向监管部门每月报备月末“月均存贷比”，而不再是之前的每季度末考核。按月考核显然会加大银行通过发行理财产品来对冲存款的冲动。银行大规模发行理财产品揽存，一方面增加了个人间接投资货币市场的机会，对货币市场发展及其影响力可能有积极意义，而同时也可能会导致其他固定收益产品面临严重冲击。另外，有分析人士指出，银行理财产品的过度发展可能会增加监管部门对国内影子银行体系监管的难度，尽管目前影子银行体系主要是指银行理财产品之外的所有非商业银行系统内的资金流动(即储蓄转投资)，既可以包括从信托、担保公司、小贷公司、典当行、融资租赁公司、拍卖行等准金融部门出去的贷款，也可以包括实体企业之间、居民之间的纯粹意义上的民间借贷。

请针对以上内容分析并回答以下问题：

(1)从货币市场的基本定义、市场构成以及主要交易产品类型等方面，阐述货币市场的货币政策传导功能，并说明为什么银行理财产品可能对货币市场发展及其影响力具有积极意义。

(2)分析并论述当前中国影子银行发展的主要动因，并结合近年来由美国次贷危机引发的全球金融危机的经验教训，阐明当前我国应该如何应对影子银行问题。

第二部分(公司财务，共 60 分)

一、单项选择题(每小题 1 分，共 10 分)

1. 以下哪项将减少公司的净营运资本？(　　)

A. 应付账款减少　　B. 固定资产减少

C. 应收账款减少　　D. 银行存款增加

2. 如果弱式有效市场成立，那么(　　)。

A. 技术分析无用　　B. 股票价格反映了历史价格中的信息

C. 股票价格是不可预测的　　D. 以上都是

3. 股票 A 的期望收益率为 20%，股票 B 的期望收益率为 12%。以方差表示的股票 A 的风险是股票 B 的 3 倍。如果两只股票之间的相关系数为 0，那么由两只股票组成的最小方差组合的期望收益率为(　　)。

A. 16%　　B. 14%　　C. 12%　　D. 以上都不是

4. A 公司去年支付现金股利 400 万元，留存比率为 1/3，去年的销售收入为 12 000 万元，总资产平均余额为 10 000 万元。A 公司去年的总资产收益率(*ROA*)是(　　)。

A. 6%　　B. 5%　　C. 12%　　D. 以上都不是

5. 股票A和市场组合的相关系数为0.4，股票A收益的标准差为40%。市场组合收益的标准差为20%。股票A的β系数为（　　）。

A. 0.8　　B. 1.0　　C. 0.4　　D. 0.2

6. 如果有效市场假说不成立，那么公司就可以（　　）。

A. 选择发行股票或债券的时机　　B. 选择不同会计方法提升股价

C. 收购被低估的其他公司　　D. 以上都是

7. 长期财务规划中，通常不包括（　　）。

A. 调节变量　　B. 折现现金流量

C. 销售收入增长率　　D. 固定资产投资

8. 在计算新产品投资后的增量现金流时，应考虑（　　）。

A. 在过去一年中对新产品的研发费用　　B. 未来每年新计提的折旧

C. 已承诺的增加的红利　　D. 以上都不考虑

9. 提高财务杠杆会影响公司的业绩表现，因为（　　）。

A. 增加公司*EBIT*的波动　　B. 降低公司*EBIT*的波动

C. 增加公司净利润的波动　　D. 降低公司净利润的波动

10. 下列哪一行业可能具有最低的资产负债率？（　　）

A. 银行　　B. 造纸　　C. 航空运输　　D. 医药

二、判断题（每小题1分，共10分）

1. 在资本预算时，如果使用公司的加权平均资本成本来对公司所有的投资项目进行折现，那么就有可能拒绝过多的高风险项目，而接受过多的低风险项目。（　　）

2. MM命题Ⅰ（无税）的一个关键假设是个人的借贷利率与公司相同。（　　）

3. 属于同一行业、规模相同且利润率相同的公司的股票一般对市场指数的反应程度相同。（　　）

4. 作为公司制企业的目标，当债权人的利益得到保障时，公司价值最大化与股票价格最大化是一致的。（　　）

5. 资本预算时，项目适用的折现率应等于同样风险水平的金融资产的期望收益率。（　　）

6. 如果一家公司不打算进行新的权益融资，且资本结构保持不变，那么该公司可能实现的增长率仅有一个，即可持续增长率。（　　）

7. 套利定价理论（*APT*）和资本资产定价模型（*CAPM*）都表明证券的期望收益只与它的系统性风险相关。（　　）

8. 假设可以比较准确地估计公司破产的可能性和破产成本，那么这些预期破产成本将由债权人和股东共同承担。（　　）

9. 公司如果增加借贷，随着杠杆的提高，权益和负债的风险都会加大，公司整体的风险随之提高，在经营性现金流量不变的情况下，公司的价值将会降低。（　　）

10. 公司与债权人签订保护性条款，虽然限制了公司的经营活动，但可以降低破产成本，最终会提高公司的价值。（　　）

三、分析与计算题(共 40 分)

1.(10 分)根据苹果公司(Apple Inc.)财务报告,截至 2011 年 6 月 25 日,其现金及有价证券达到 760 多亿美元,它除经营中发生的应付账款、应计费用外没有一分钱债务。苹果公司最近几年都没有增发过股票进行融资,完全依靠自身产生的现金流支持了其高速增长。有的媒体在惊呼苹果比美国政府更有钱的同时,也指出其不善理财。请从苹果股东的角度,分析低负债的利弊。谈谈你对苹果"零负债"政策的看法。

2.(共 15 分)X 公司正在研究如何调整公司的资本结构。目前,公司发行在外的股票为 4 000 万股,每股价格为 20 元,(以市场价值计)负债—权益比为 0.25,公司的权益为 1.2,公司的债务评级为 AAA,对应的市场利率基本等于目前 8%的无风险利率水平,市场风险溢价为 5%。公司的所得税率为 25%。

(以下计算除问题中所列变化外,均假设公司其他情况保持不变;债务均为永续债务。)

(1)计算公司目前的加权平均资本成本。(3 分)

(2)公司计划利用当前股票市场低迷的时机,发行新债 2 亿元用于回购股票。如果公司执行了股票回购计划,公司的股票价格将变为多少?(3 分)

(3)(接第 2 问)但增加负债将直接导致公司的信用评级为 AA,对应的市场利率升为 9%。如果公司执行了这一计划,加权平均资本成本变为多少?(3 分)

(4)公司也可通过其他选择来提高财务杠杆比率。按照公司现有的发展规划,明年的资本投资为 2 亿元,明年计划股息率(即股利收益率)为 10%,如果公司完全通过举新债来解决明年的资本支出,预期明年底的股价、负债权益比将变为多少?(红利在明年年底前已发放完毕)(6 分)

3.(共 15 分)Y 公司正在评估在西部投资建厂的经济效益,该项目的生命周期预计为 73 年。公司在 3 年前已经以 800 万元购入了一块土地,如果公司现在出售该块土地,将会获得税后 650 万元;如果 5 年后出售该块土地,保守估计仍会获得税后 650 万元,公司决定将厂房建于该块土地,预计建厂将耗资 1 500 万元。根据即期市场数据,Y 公司的加权平均资本成本为 12%。Y 公司的所得税率为 25%。该投资项目需要初始(即 0 期)净营运资本额为 90 万元。

(1)计算该项目在 0 期的现金流。(3 分)

(2)新建厂房的寿命期为 8 年,A 公司采用的是直线折旧法。在项目结束时(即第 5 年末),出售厂房可获得 500 万元,计算厂房的税后残值。(3 分)

(3)预计该项目每年将产生固定成本(折旧除外)40 万元。每年单位产品的价格为 10 000 元,销售数量为 12 000 单位,单位可变生产成本为 9 000 元。该项目每年的(税后)经营现金流量是多少?(3 分)

(4)由于西部投资项目的风险比公司目前投资项目的风险要高,因此管理层决定将该项目的资本成本向上调高 2%。计算该项目的净现值。(6 分)

2012年对外经贸大学431金融硕士真题

一、单项选择题(每小题1分,共10分)

1. 由一些信用等级较高的大型工商企业及金融公司发行的一种短期无担保的期票,称为(　　)。

A. 商业汇票　　B. 银行支票　　C. 商业票据　　D. 银行本票

2. 期限结构的流动性溢价理论的关键性假设是(　　)。

A. 不同到期期限的债券是可以相互替代的

B. 不同到期期限的债券市场是完全独立的

C. 人们对未来短期利率的预期值是不同的

D. 投资者对不同到期期限的债券没有特别的偏好

3. 如果某商业银行存在一个20亿元的正缺口,则5%的利率下降将导致其利润(　　)。

A. 增加10亿元　　B. 增加1亿元

C. 减少10亿元　　D. 减少1亿元

4. 2011年10月15日,巴黎G20会议决定对(　　)的资本充足率要求再提高1%～2.5%。

A. 跨国银行　　B. 系统重要性金融机构

C. 中资银行　　D. 所有银行

5. 主张"通货膨胀不论何时何地都是一种货币现象"的经济学家是(　　)。

A. John Maynard Keynes　　B. John R. Hicks

C. Milton Friedman　　D. Franco Modigliani

6. 银行监管对银行进行的骆驼评级,主要评估包括资本充足率、资本质量、管理、盈利、流动性和(　　)六个方面。

A. 安全性　　B. 经营的稳健性

C. 对市场风险的敏感度　　D. 信息披露程度

7. 去年,X公司的财务数据如下:销售额400万元,成本200万元,税50万元,净利润150万元,总资产1 200万元,负债600万元,权益600万元。资产和成本均与销售额等比例变化,但负债不受销售额影响。最近支付的股利为90万元。X公司希望保持股利支付比率不变。明年该公司预计销售额为480万元。外部融资额(EFN)应为多少万元?(　　)

A. 240万元　　B. 132万元　　C. 60万元　　D. 168万元

8. L公司刚支付了2.25元的股利，并预计股利会以5%每年的速度增长，该公司的风险水平对应的折现率为11%，该公司的估价应与以下哪个数值最接近？（　　）。

A. 20.45元　　B. 21.48元　　C. 37.50元　　D. 39.38元

9. 无风险资产的权重等于−0.5意味着（　　）。

A. 投资者以无风险利率借入资金　　B. 投资者以无风险利率借出资金

C. 投资者以当前利率借入资金　　D. 投资者以当前利率借出资金

10. 企业可以从如下哪些行为提高自己的可持续增长率？（　　）

A. 回购股份　　B. 增加留存收益

C. 增加并购　　D. 减少债务

二、判断下列论述是否正确（表述正确的划√，表述错误的划×，每小题1分，共10分）

1. 某投资者购买了未来到期的债券，如果他担心未来利率上涨，他可能会构造一个利率远期的多头来规避风险。（　　）

2. 货币的流动性是指其在极短的时间内变成现金而不至于发生损失的能力。（　　）

3. 解决米德冲突的蒙代尔政策搭配主张用财政政策消除内部失衡，货币政策消除外部失衡。（　　）

4. 银行承受的最大资产损失是银行的库存现金。（　　）

5. 存款保险制度的积极作用在于它能更好地保护大银行，以防止系统性危机的发生。（　　）

6. 当评估项目时，项目带来的公司折旧的变化不算增量现金流。（　　）

7. *FTE*法使用的是无杠杆现金流。（　　）

8. 对融资项目，采用内部收益率法时的投资准则是：当$IRR>$资本成本时则采用，当$IRR<$资本成本时则舍弃。（　　）

9. 总资产周转率等于会计期内的销售收入总额除以平均的资产总额，反映了企业的盈利能力。（　　）

10. 优先股融资利率一般比公司高等级债券的票面利率低。（　　）

三、名词解释（每题4分，共20分）

1. 格雷欣法则

2. 货币中性

3. 债券的到期收益率

4. 投资项目估值的修正现值法

5. 多头套期保值

四、计算分析题（每题8分，共16分）

1. 据2011年二季度中央银行货币政策报告称：“6月末，基础货币余额为20.3万亿元（2010年6月末为15.4万亿元），比年初增加2.1万亿元，同比增长32.7%；货币乘数为

3.847，比上年同期低 0.530。”

请根据上述材料回答：

(1)什么是基础货币和货币乘数？(3 分)

(2)计算 9 月末的货币供给量(M2)。(2 分)

(3)分析与去年同期相比，货币供给量发生了怎样的变化？(3 分)

2. AAA 公司是一家经营稳健、处于成熟阶段的公司。预计未来销售收入将永久保持稳定在 23 500 000 元，可变成本为销售收入的 60%，公司税率为 40%，该公司每年末把所有盈利作为股利发放。该公司的负债/权益比率为 0.45。公司无杠杆的权益要求回报率(R_0)为 17%，债务税前成本为 9%。

(1)如果公司全部由权益融资，公司价值为多少？(3 分)

(2)公司有杠杆时，权益资本成本是多少？(3 分)

(3)用 *WACC* 法对公司进行估值。(3 分)

五、证明与简答题(每题 8 分，共 16 分)

1. 什么是逆向选择？有哪些办法可解决金融市场中存在的逆向选择问题？

2. 请简述完美市场条件下的 MM 定理一与定理二。

六、论述题(每题 14 分，共 28 分)

1. 试述金融分业经营与混业经营的优缺点。(7 分)并论述西方发达国家金融混业经营的两种主要模式。(7 分)

2. 2011 年 9 月 26 日，美国参议院的一个跨党派小组再次推出针对人民币汇率的提案，企图通过政治手段再次迫使人民币升值。

(1)请利用所学相关知识，解释为何人民币升值未必能解决美国的贸易逆差。(7 分)

(2)从 2005 年到 2008 年间的人民币实际有效汇率和我国贸易差额之间的关系来看，人民币升值却伴随着贸易逆差的扩大，你认为应如何解释这一现象。(7 分)

七、专业英语翻译(略)

2012年中央财经大学431金融硕士真题

扫码听课

一、单项选择题(每小题1分,共20分)

1. 货币层次是根据(　　)来划分的。

A. 安全性　　B. 收益性　　C. 流动性　　D. 风险性

2. 下列信用形式属于银行信用的是(　　)。

A. 商业汇票和银行承兑汇票　　B. 商业本票和银行汇票

C. 商业汇票和银行本票　　D. 银行承兑汇票和银行本票

3. 假设你花了100元获得一项资产,该资产以后每年会给你带来5元的稳定收入,假设市场利率等于4%,那么你愿意最低以(　　)元价格出售这项资产。

A. 100　　B. 99　　C. 101　　D. 125

4. 以下关于利率的期限结构说法中错误的是(　　)。

A. 利率期限结构通常表现出短期利率波动大、长期利率波动小的特征

B. 市场分割理论不能解释收益率曲线通常向上倾斜的特征

C. 预期理论能够解释短期利率和长期利率的联动关系

D. 流动性升水理论假设不同期限的债券之间存在不完全的替代性

5. 一位投资者以5元的价格买入A公司的股票,持有3个月后,以5.5元的价格出售,在持有期间A公司派发了0.15元每股的红利。那么该投资者的投资收益率是(　　)。

A. 12%　　B. 5%　　C. 3%　　D. 13%

6. 下列关于证券发行的说法中错误的是(　　)。

A. 私募发行手续简单,节省费用,但流动性差

B. 公募发行成本较高,但可以在短期内募集较大资金

C. 直接发行受到很多法律限制

D. 间接发行风险较大,发行费用高

7. 商业银行的经营原则是(　　)。

A. 安全性、风险性、盈利性统筹兼顾　　B. 安全性、盈利性、流动性统筹兼顾

C. 风险性、流动性、盈利性统筹兼顾　　D. 盈利性、流动性、收益性统筹兼顾

8. 以下业务属于中央银行资产业务的是(　　)。

A. 货币发行、存款业务、发行中央银行票据

B. 货币发行、再贷款、证券业务

C. 再贴现、证券业务、外汇储备

D. 外汇储备、再贴现、发行中央银行票据

9. 假设一个经济流通中现金有20亿元，存款有100亿元，准备金有30亿元，法定存款准备金率是0.2，那么经济中商业银行持有超额存款准备金和货币乘数分别是(　　)。

A. 10亿和3.3　　B. 20亿和2.4

C. 10亿和2　　D. 10亿和2.4

10. 下列说法中不正确的是(　　)。

A. 金融全球化促进金融业提高效率　　B. 金融全球化增强国家宏观经济政策的效率

C. 金融全球化会加大金融风险　　D. 金融全球化会增加国际金融体系的脆弱性

11. 在其他条件不变的情况下，根据汇率理论的弹性价格货币分析法，以下哪一项变化会导致本国货币对外升值？(　　)

A. 本国的货币供应量相对于其他国家增加

B. 本国的国民收入相对于其他国家增加

C. 本国的利率相对于其他国家增加

D. 本国的物价相对于其他国家上升

12. 假设2012年1月8日外汇市场汇率行情如下：伦敦市场1英镑=1.42美元，纽约市场1美元=1.58加元，多伦多市场100英镑=220加元，如果一个投机者投入100万英镑套汇，那么(　　)。

A. 有套汇机会，获利1.98万英镑　　B. 有套汇机会，获利1.98万美元

C. 有套汇机会，获利1.98万加元　　D. 无套汇机会，获利为零

13. 根据蒙代尔的政策搭配原理，在固定汇率制度下，当一国同时处于通货膨胀和国际收支逆差时，应采用(　　)的政策搭配。

A. 扩张性的财政政策和紧缩性的货币政策

B. 扩张性的财政政策和扩张性的货币政策

C. 紧缩性的财政政策和紧缩性的货币政策

D. 紧缩性的财政政策和扩张性的货币政策

14. S公司的财务数据如下：速动比率为1，流动比例为2，其中流动资产为4 000元，则其存货规模为(　　)元。

A. 1 500　　B. 1 800　　C. 2 000　　D. 300

15. 下面对资本资产定价模型的描述中，错误的是(　　)。

A. 某个证券的期望收益率由两部分组成，无风险利率以及风险溢价

B. 风险溢价的大小取决于β值的大小

C. β越大，单个证券的风险越高，得到的风险补偿也越高

D. β度量的是单个证券的全部风险，包括系统性风险和非系统性风险

16. 某永续年金在贴现率为5%时的现值为1 000元，那么当贴现率为10%时，其现值为(　　)元。

A. 300　　B. 500　　C. 700　　D. 1 000

17. 认股权证与普通看涨期权的区别不包括(　　)。

A. 认股权证的执行将改变公司发行在外的股份数量

B. 认股权由股份公司发行，而看涨期权由投资者发行

C. 认股权证没有有效期限制，始终有效

D. 认股权证的价值与看涨期权有区别

18. 进行资本预算时，项目的期末现金流中不包括(　　)。

A. 项目贷款的本金偿还　　B. 回收的净营运资本投资

C. 处置残余资产所得　　D. 与处置残余资产相关的所得税

19. 公司债务权益比为1，其权益资本成本为16%，公司债务成本为8%。如果公司所得税为25%，那么在公司债务权益比为0时，其权益成本为多少？(　　)

A. 11.00%　　B. 12.00%　　C. 12.57%　　D. 13.33%

20. 按照股利政策的在手鸟理论，投资者偏好以现金红利的方式获得投资回报的主要原因是(　　)。

A. 一般而言，投资者现金红利收入的税率较低

B. 投资者认为现金红利的风险比资本利得的风险低

C. 现金红利收入有延迟纳税的好处

D. 投资者不理性

二、判断题(每小题1分，共20分)

1. 实际利率和名义利率都可能为负值。(　　)

2. 有效市场假说是说明资产价格与信息之间关系的理论。其中，弱有效市场假说认为当前的市场价格已经反映了所有公开的信息。(　　)

3. 本币升值会通过贸易渠道推高资产价格。(　　)

4. 期货与远期本质上是一致的，形式上的差别之一是期货具有标准化的合约，在交易所集中交易；而远期合约标准化程度较低，并不在交易所交易。(　　)

5. 商业银行经营管理的缺口管理理论强调商业银行资产和负债的利率风险应该相互匹配，认为商业银行可以平衡利率敏感性资产和利率敏感性负债来规避利率风险，也可以通过主动调整缺口来获利。(　　)

6. 古典货币需求理论中的交易方程式和剑桥方程的根本区别是，剑桥方程是从宏观视角分析货币需求，而交易方程式是从微观视角分析货币需求。(　　)

7. 自然失业率假设认为，长期内通货膨胀与失业率之间不存在替代关系，因为长期中人们会调整通货膨胀预期，使预期通货膨胀与实际通货膨胀一致，失业维持在自然失业率上。(　　)

8. 货币政策操作指标需要满足可测性、可控性、相关性和抗干扰性的特点。货币供应量的相关性、抗干扰性较好，但可测性和可控性不足，因此不是好的操作指标。(　　)

9. 合理的金融结构能够完善金融的服务功能，并降低金融市场的系统性风险，促进经济发展。(　　)

10. 只要实现部分准备金制度，商业银行就可以创造派生存款。(　　)

11. 国际储备的功能包括储备资产的增值保值和提高对外投资的收益率。(　　)

12. 欧洲货币市场的美元利差一般都会高于美国国内市场的美元利差。(　　)

13. 特里芬难题是指美元作为国际货币在满足国际清偿力和维持美元信心之间的矛盾。（　）

14. 期限相同且每年付款金额相同时，先付年金的现值大于后付年金现值。（　）

15. 在风险与期望收益的坐标系内，位于证券市场线(SML)上方的证券的定价偏高。（　）

16. 根据《中华人民共和国合伙企业法》，国有独资企业可以成为普通合伙人。（　）

17. 按照标准普尔的债券评级标准，垃圾债券是指评级在 BB 及以下的债券。（　）

18. 通常，当市场利率下降时，可赎回债券被赎回的可能性会增大。（　）

19. 内部收益率是项目的实际收益率，随着项目风险的变动而变化。（　）

20. 在无税收的 MM 定理中，如果公司负债，那么由于股东仅享有剩余索取权，其收益的波动性要大于无负债公司，所有负债公司的股东所要求的回报率大于无负债公司的股东所要求的回报率。（　）

三、计算题(第 1、2 小题各 10 分，第 3 小题 15 分，共 35 分)

1. 在 *CAPM* 的假设下，一个有效投资组合的期望收益率为 25%。给定如下条件：$E(R_m)=15\%, R_f=5\%, \sigma_m=20\%$。其中，$R_m$ 和 σ_m 分别是市场组合的期望收益率和标准差，R_f 为无风险利率。求该投资组合的回报率标准差，以及该组合与市场之间的相关系数。

2. 假设关于资本结构的 MM 理论成立。A 公司目前的市场价值为 1 700 000 元，其中包括价值为 500 000 元的负债(债务没有风险，并且为永续债务)。公司未来每一期的 *EBIT* 保持不变，债务利率(税前)为 10%，公司所得税率为 40%，如果公司完全由股东提供资金，那么股东所要求的回报率为 20%。求 A 公司目前(有负债)的净利润，并计算如果公司完全由股东提供资金，那么公司的价值是多少？

3. 5 年前，罗先生的公司购入了 10 辆预期使用寿命为 15 年的卡车，每辆价格为 150 000 元，目前这些旧车还能继续使用 10 年的时间，期末残值为 0。现在，他正在考虑是否购买 5 辆新型卡车代替这 10 辆旧车。一辆新车的工作能力与两辆旧车完全相当。每辆新车的价格为 250 000 元，预期寿命为 10 年，期末残值为 0。如果购买了这 5 辆新车，则公司的年经营费用会下降 100 000 元。而旧车目前能以 30 000 元的价格出售。该公司税率为 40%，并且采用直线法折旧。假设资本成本为 8%，那么该公司是否应该替换旧车？

年利率为 8%的复利现值系数表和年金现值系数表

时间	复利现值系数	年金现值系数
1 年	0.925 9	0.925 9
2 年	0.857 3	1.783 3
3 年	0.793 8	2.577 1
4 年	0.735 0	3.312 1
5 年	0.680 6	3.992 7
6 年	0.630 2	4.622 9

续表

时间	复利现值系数	年金现值系数
7年	0.583 5	5.206 4
8年	0.540 3	5.746 6
9年	0.500 2	6.246 9
10年	0.463 2	6.710 1

四、名词解释(每题4分,共20分)

1. 格雷欣法则
2. 流动性风险
3. J曲线效应
4. 财务危机
5. 有效投资组合和有效边界

五、简答题(每题8分,共32分)

1. 简述证券基本面分析的主要内容。
2. 简述货币政策目标之间的冲突性。
3. 简述固定汇率和浮动汇率制度的优缺点。
4. 简述可转换债券筹资的利弊。

六、论述题(每题14分,共28分)

1. 请讨论数量型货币政策工具与价格型货币政策工具各自的特点,以及各自的局限性。目前我国货币政策操作中应该如何有效地使用这两类工具?

2. 解释中国外部经济失衡的原因,并阐述通过何种措施来降低纠正中国的外部失衡。

2012年中山大学431金融硕士真题

一、单项选择题(本题共30小题,每小题2分,共计60分)

1. 股票交易中,限价委托方式的优点是(　　)。

A. 成交迅速

B. 没有价格上的限制,成交率高

C. 在委托执行后才知道实际的执行价格

D. 股票可以以投资者预期的价格或更有利的价格成交

2. 优先股不具有的权利是(　　)。

A. 股利分配权　　B. 剩余资产分配权

C. 表决权　　D. 优于普通股的分配权

3. 下列债券中,(　　)具有最长的久期。

A. 5年期,零息票债券　　B. 5年期,息票率为8%的债券

C. 10年期,零息票债券　　D. 10年期,息票率为8%的债券

4. 某公司债务对股权的比例为1,债务成本是12%,平均资本成本是14%,在不考虑税收和其他因素的情况下,其股权资本成本是(　　)。

A. 13%　　B. 15%　　C. 16%　　D. 18%

5. 假设无风险收益率为4%,若β系数为1.5的风险组合的预期收益率为10%,则β系数为0.5的风险组合的预期收益率为(　　)。

A. 4%　　B. 6%　　C. 8%　　D. 10%

6. 盈利能力强的公司应具有更高的负债率,这一表述比较符合下述何种理论的预期?(　　)

A. 优序融资理论　　B. 权衡理论

C. 代理理论　　D. 市场择时理论

7. 股票价格已经反映了所有的历史信息,如价格的变化状况、交易量变化状况等,因此技术分析手段对了解股票价格未来变化没有帮助。这一市场是指(　　)。

A. 强有效市场　　B. 次强有效市场

C. 弱有效市场　　D. 无效市场

8. 某公司股票每股支付年度股利3元,预计股利将无限期地以8%的速度增长,假定其市场收益率为14%,则股票的内在收益价值为(　　)元。

A. 57　　B. 30　　C. 68　　D. 54

9. 在以下关于 β 系数的表述中，错误的是(　　)。

A. β 系数用来度量证券本身在不同时期收益变动的程度

B. β 系数是用来测定一种证券的收益随整个证券市场收益变化程度的指标

C. β 系数代表证券的系统风险

D. β 系数度量证券收益相对于同一时期市场平均收益的变动程度

10. 证券市场线描述的是(　　)。

A. 市场组合是风险证券的最优组合

B. 证券的预期收益率是其系统性风险的函数

C. 证券收益率与指数收益率之间的关系

D. 由市场组合和无风险资产构成的组合

11. 国际收支平衡表中的基本差额计算是根据(　　)。

A. 商品的进口和出口　　B. 经常项目

C. 经常项目和资本项目　　D. 经常项目和资本项目中的长期资本收支

12. 决定货币 M1 的数量时，以下与货币供给 M1 无关的因素是(　　)。

A. 法定存款准备金率　　B. 基础货币

C. 超额准备金率　　D. 定期存款比率

13. 下面两种债券哪一种对利率的波动更敏感？(　　)

(1)平价债券 X，5 年期，10%的息票率。

(2)零息票债券 Y，5 年期，10%的到期收益率。

A. 债券 X，因为久期更短　　B. 债券 X，因为到期时间更长

C. 债券 Y，因为久期更长　　D. 债券 Y，因为到期时间更短

14. 下列＄1 000 面值的一年期债券中，哪一种的到期收益率最小？(　　)

A. 售价＄900，票息率为 5%的债券　　B. 售价＄1 000，票息率为 10%的债券

C. 售价＄950，票息率为 8%的债券　　D. 售价＄1 000，票息率为 12%的债券

15. 根据流动性溢价理论，以下说法中正确的是(　　)。

A. 当收益率曲线陡峭上升时，预期短期利率在未来将下降

B. 当收益率曲线向下倾斜时，预期未来短期利率将上升

C. 当收益率曲线水平时，预期未来短期利率保持不变

D. 在收益率曲线陡峭上升时，市场预期未来可能会有通货膨胀

16. 在资本完全流动的小国固定汇率体制下，政府财政扩张的影响是(　　)。

A. 国内利率上升，国内产出增加　　B. 国内利率上升，国内产出减少

C. 国内利率不变，国内产出增加　　D. 国内利率不变，国内产出也不变

17. 纸币流通下，可能使一国货币升值的因素有(　　)。

A. 政府宣布减少税收　　B. 物价上升

C. 加强对进口的限制　　D. 银行利率下降

18. 一张处于虚值状态的看跌期权的内在价值等于(　　)。

A. 看跌期权价格　　B. 股价减去执行价格

C. 零　　D. 执行价格减去股价

19. 当一国经济出现膨胀和顺差时，为了内外经济的平衡，根据财政货币政策配合理论，应采取的措施是(　　)。

A. 膨胀性的财政政策和膨胀性的货币政策

B. 紧缩性的财政政策和紧缩性的货币政策

C. 膨胀性的财政政策和紧缩性的货币政策

D. 紧缩性的财政政策和膨胀性的货币政策

20. 下面属于弗里德曼货币需求理论的政策含义的是(　　)。

A. 主张利用膨胀的货币政策刺激经济　　B. 主张实行“单一规则”的货币政策

C. 应把充分就业列为货币政策目标　　D. 应把利率作为货币政策目标

21. 关于货币政策中介目标，下列说法中正确的是(　　)。

A. 以盯住利率作为中介目标会导致货币供给的逆周期性

B. 货币主义学派强调以利率作为货币政策中间目标

C. 中央银行对货币市场利率的控制意味着他会失去对货币供给的控制

D. 中介指标选择利率肯定优于选择货币供给

22. 相比实施固定汇率制度的国家，实施浮动汇率的国家对国际储备的需求(　　)。

A. 更大　　B. 更小

C. 几乎一样　　D. 无法判断

23. 货币市场利率的变化影响证券价格的变化，如果市场利率上升超过未到期公司债券利率，则(　　)。

A. 债券价格上涨，股票价格上涨　　B. 债券价格下跌，股票价格下跌

C. 债券价格上涨，股票价格下跌　　D. 债券价格下跌，股票价格上涨

24. 若一国货币币值低估，往往会出现(　　)。

A. 外汇供给增加，外汇需求减少，国际收支顺差

B. 外汇供给减少，外汇需求增加，国际收支逆差

C. 外汇供给增加，外汇需求减少，国际收支逆差

D. 外汇供给减少，外汇需求增加，国际收支顺差

25. 欧洲美元是指(　　)。

A. 欧洲地区的美元　　B. 美国境外的美元

C. 世界各国美元的总称　　D. 各国官方的美元储备

26. 根据利率平价理论，当远期本币贬值时，说明本国利率(　　)。

A. 高于外国利率　　B. 等于外国利率

C. 低于外国利率　　D. 无法确定

27. 国际储备不包括(　　)。

A. 商业银行储备　　B. 外汇储备

C. 在IMF的储备头寸　　D. 特别提款权

28. 某日纽约外汇市场即期汇率美元/瑞士法郎1.713 0—1.714 0，3个月远期差价140—135，则远期汇率为(　　)。

A. 1.853 0—1.849 0　　B. 1.699 0—1.700 5

C. 1.727 0—1.727 5　　　　D. 1.573 0—1.579 0

29. 关于《巴塞尔资本协议》，下列说法中正确的是(　　)。

A. 银行核心资本充足率必须超过4%

B. 银行资本充足率必须超过4%

C. 银行资本占总资产的比重必须超过4%

D. 银行附属资本充足率必须超过4%

30. 在下列控制经济货币总量的各个手段中，中央银行不能完全自主操作的是(　　)。

A. 公开市场业务　　　　B. 再贴现政策

C. 信贷规模控制　　　　D. 法定准备金率

二、计算题(本题共4小题，每小题10分，共计40分)

1. 已知无风险资产的收益率为8%，市场组合收益率为15%，某股票的贝塔系数为1.2，派息比率为40%，最近每股盈利10美元，每年付一次的股息刚刚支付，预期该股票的股东权益收益率为20%。

(1)求该股票的内在价值。(5分)

(2)假如当前的股价为100美元/股，预期一年内股价与其价值相符，求持有该股票1年的回报率。(5分)

2. 有两种资产A和B，在不同的市场情况下，它们表现出不同的收益，假设不允许卖空。

市场状况	A		B	
	收益(%)	概率	收益(%)	概率
好	9	1/3	20	1/3
中	6	1/3	15	1/3
差	3	1/3	5	1/3

(1)求A和B的期望收益、方差和协方差。(5分)

(2)为了构建具有最小方差的资产组合，请问应如何配置资产组合中A和B的比例。(5分)

3. 已知某个跨国集团公司在美国、中国香港、英国和日本都有分支机构。各分支机构之间有业务往来，存在一组交易如图1所示。

另外，已知外汇市场上的交叉汇率表如下所示：

	港币(HK$)	日元(¥)	英镑(£)	美元(US$)
港币		10.00	0.067	0.100
日元	0.100		0.007	0.010
英镑	15.000	150.00		1.500
美元	10.000	100.00	0.667	

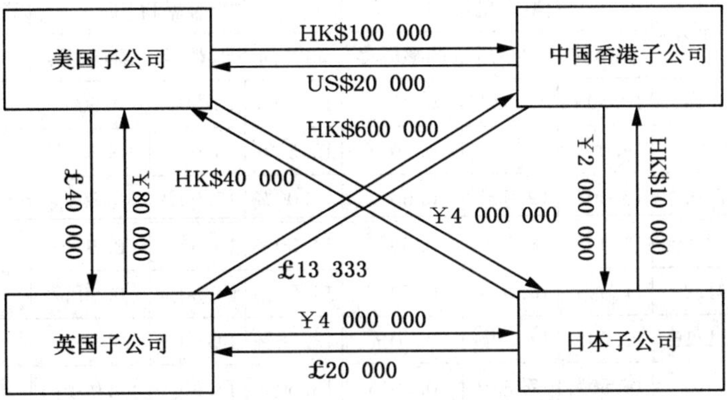

图 1

试按照净额结算的方法画出一个简化的现金流图使得交易成本最小，同时说明具体的计算过程。（提示：40 000/3 近似等于 13 333，2/3 近似等于 0.667，可按近似等式简化计算。）

4. 假设你是一家银行的经理。该银行有 15 亿元固定利率的资产，30 亿元浮动利率的资产，25 亿元固定利率的负债，20 亿元浮动利率的负债。如果市场利率上升了 5 个百分点，请回答如下问题：

（1）此时银行的利润将有何变化？请用资产—负债缺口分析法加以说明。（5 分）

（2）你可以采取哪些措施来降低利率风险？（5 分）

三、分析与论述题（本题共 3 小题，第 1、2 小题各 15 分，第 3 小题 20 分，共计 50 分）

1. 请简要解释资本结构理论中的权衡理论（Trade Off Theory）和融资次序理论（Pecking Order Theory），并结合中国公司具体情况对两种理论作简要评述，哪种理论更符合中国公司实际情况？

2. 试综合运用蒙代尔—弗莱明模型和 $AS-AD$ 分析框架说明美国量化宽松的货币政策对美国经济和对我国经济的影响，并据此说明对我国货币政策实施构成的挑战。

3. 下表给出了自 2007 年以来央行历次法定存款准备金率的调整情况以及股票市场的反应：

（1）试结合表中的数据和货币乘数模型分析法定存款准备金率调整对货币乘数和货币供应量的可能影响。存款准备金率上调一定能紧缩市场流动性吗？为什么？（6 分）

（2）法定存款准备金率政策公布以后，股票市场的反应是否存在一定的规律？为什么在某些时候（尤其是 2007 年）存款准备金率上调消息公布后，股票反而上涨？（7 分）

（3）在西方主要发达国家，法定存款准备金率一般情况下都不会轻易变动，而近年来在我国却成为频繁变动的常用货币政策工具，你认为造成这种差异的原因是什么。（7 分）

公布时间	生效日期	大型金融机构			中小金融机构			消息公布次日指数涨跌	
		调整前	调整后	调整幅度	调整前	调整后	调整幅度	上证	深证
2011/3/18	2011/3/25	19.50%	20.00%	0.50%	16.00%	16.50%	0.50%	0.08%	−0.62%
2011/2/18	2011/2/24	19.00%	19.50%	0.50%	15.50%	16.00%	0.50%	1.12%	2.06%
2011/1/14	2011/1/20	18.50%	19.00%	0.50%	15.00%	15.50%	0.50%	−3.03%	−4.55%
2010/12/10	2010/12/20	18.00%	18.50%	0.50%	14.50%	15.00%	0.50%	2.88%	3.57%
2010/11/19	2010/11/29	17.50%	18.00%	0.50%	14.00%	14.50%	0.50%	−0.15%	0.06%
2010/11/9	2010/11/16	17.00%	17.50%	0.50%	13.50%	14.00%	0.50%	1.04%	−0.15%
2010/5/2	2010/5/10	16.50%	17.00%	0.50%	13.50%	13.50%	0.00%	−1.23%	−1.81%
2010/2/12	2010/2/25	16.00%	16.50%	0.50%	13.50%	13.50%	0.00%	−0.49%	−0.74%
2010/1/12	2010/1/18	15.50%	16.00%	0.50%	13.50%	13.50%	0.00%	−3.09%	−2.73%
2008/12/22	2008/12/25	16.00%	15.50%	−0.50%	14.00%	13.50%	−0.50%	−4.55%	−4.69%
2008/11/26	2008/12/5	17.00%	16.00%	−1.00%	16.00%	14.00%	−2.00%	1.05%	4.04%
2008/10/8	2008/10/15	17.50%	17.00%	−0.50%	16.50%	16.00%	−0.50%	−0.84%	−2.40%
2008/9/15	2008/9/25	17.50%	17.50%	0.00%	17.50%	16.50%	−1.00%	−4.47%	−0.89%
2008/6/7	2008/6/25	16.50%	17.50%	1.00%	16.50%	17.50%	1.00%	−7.73%	−8.25%
2008/5/12	2008/5/20	16.00%	16.50%	0.50%	16.00%	16.50%	0.50%	−1.84%	−0.70%
2008/4/16	2008/4/25	15.50%	16.00%	0.50%	15.50%	16.00%	0.50%	−2.09%	−3.37%
2008/3/18	2008/3/25	15.00%	15.50%	0.50%	15.00%	15.50%	0.50%	2.53%	4.45%
2008/1/16	2008/1/25	14.50%	15.00%	0.50%	14.50%	15.00%	0.50%	−2.63%	−2.41%
2007/12/8	2007/12/25	13.50%	14.50%	1.00%	13.50%	14.50%	1.00%	1.38%	2.07%
2007/11/10	2007/11/26	13.00%	13.50%	0.50%	13.00%	13.50%	0.50%	−2.40%	−0.55%
2007/10/13	2007/10/25	12.50%	13.00%	0.50%	12.50%	13.00%	0.50%	2.15%	−0.24%
2007/9/6	2007/9/25	12.00%	12.50%	0.50%	12.00%	12.50%	0.50%	−2.16%	−2.21%
2007/7/30	2007/8/15	11.50%	12.00%	0.50%	11.50%	12.00%	0.50%	0.68%	0.92%
2007/5/18	2007/6/5	11.00%	11.50%	0.50%	11.00%	11.50%	0.50%	1.04%	1.40%
2007/4/29	2007/5/15	10.50%	11.00%	0.50%	10.50%	11.00%	0.50%	2.16%	1.66%
2007/4/5	2007/4/16	10.00%	10.50%	0.50%	10.00%	10.50%	0.50%	0.13%	1.17%
2007/2/16	2007/2/25	9.50%	10.00%	0.50%	9.50%	10.00%	0.50%	1.41%	0.19%
2007/1/5	2007/1/15	9.00%	9.50%	0.50%	9.00%	9.50%	0.50%	2.49%	2.45%

2012年南开大学431金融硕士真题

扫码听课

一、名词解释(每题10分,共50分)

1. 道德风险
2. 表外业务
3. 基础货币
4. 相机抉择
5. 成本拉动型通货膨胀

二、简答题(每题15分,共75分)

1. 简述利率对货币需求的作用。
2. 中央银行为何要保持独立性?
3. 商业银行为什么要进行资本充足性管理?
4. 为什么货币供给由中央银行、商业银行、存款人和借款人共同决定?
5. 为什么到期期限相同的债券的利率不同?利率风险结构的影响因素有哪些?

三、论述题(每题25分,共50分)

1. 结合我国当前经济条件,比较存款准备金政策和利率政策的优劣。

2. 经济衰退,失业率高时,应采取货币政策和财政政策(政府支出、减税)中的什么政策或政策组合?在不同情况下,应用 $IS-LM$ 模型比较货币政策和财政政策的有效性。

2012年武汉大学431金融硕士真题

一、名词解释(共6小题,每小题5分,共30分)

1. 电子货币
2. 泰勒规则
3. 权益自由现金流
4. 风险溢价
5. 实际有效汇率
6. 特里芬难题

二、计算题(共4小题,每小题9分,共36分)

1. 假设某种债券面值100元,期限5年,年利率为5%,按年付息,某投资者在第一年年末以98元市价买进该债券,并在第三年年末以103元的价格将债券卖出,计算该投资者的持有期收益率。(结果保留小数点后两位)

2. 某拟上市企业准备增资1 000万股,该企业2011年净利润预计2 500万元,现有股本7 000万股,以16倍市盈率估值,请计算:

(1)增发后企业股份价值;

(2)增发股份每股价格;

(3)若该企业提出以2012年预计净利润4 000万元进行估值,将增资多少万元?

3. Nike购买一台品牌机器用来生产它的High Flight品牌系列鞋。采用直线折旧法对该机器计提折旧,折旧期限为5年,无残值,机器成本为350 000美元。这种鞋每双的售价为60美元,变动成本为8美元,机器每年的固定成本为100 000美元。假设所得税税率为34%,适当的折现率为8%,资金回收系数(A/P,8%,5)=3.992 7。请计算作答:

(1)会计盈亏平衡产量;

(2)现值盈亏平衡产量;

(3)分析说明(1)(2)中结果差异的原因。

4. 某企业目标债务/权益比为0.6,债务资本成本为15.15%,权益资本成本为20%,公司所得税率为34%。该公司正在考虑一个仓库改造项目,需要投资5 000万元,预计仓库改造后每年将节约费用800万元。请计算作答:

(1)企业加权平均资本成本;

(2)仓库改造项目是否可行?

三、简答题(共8小题,每小题9分,共72分)

1. 什么是财务现金流？并请分析财务现金流与公司价值之间的关系。

2. 什么是股票回购？公司实施股票回购的原因有哪些？

3. 在银行的利率风险度量中,敏感性缺口(Funding Gap)和持续期缺口(Duration Gap)各反映利率风险对银行有何影响？以及缺口的表达方式是什么？

4. 简述公开市场业务的政策效应及其优缺点。

5.“只要本国货币贬值,就能改善一国的贸易逆差”是否成立？试用弹性分析法进行分析。

6. 香港联系汇率制本质上是什么汇率制度？有何特点？它的缺陷表现在哪些方面？

7. 简述货币主义汇率理论中的汇率超调模型。

8. 国际储备结构管理涉及哪些内容？

四、论述题(共1题,12分)

试述现代金融监管体制的发展趋势。

2011年复旦大学431金融硕士真题

一、名词解释(每题5分,共25分)

1. 有效汇率
2. 利率的期限结构
3. 流动性陷阱
4. 大宗交易机制
5. 正反馈交易机制

二、选择题(每题4分,共20分)

1. 套汇交易的性质是(　　)。

A. 保值　　B. 投机

C. 盈利　　D. 既套保又投机

2. 某股票证券的$\beta=1.5$,无风险利率是10.0%,市场期望的风险回报是18.0%,$g=8\%$。刚支付的股息是8.0元,则该股票的理论价格为(　　)。

A. 57.14元　　B. 60.53元　　C. 63元　　D. 61.71元

3. 以下理论中不属于商业银行管理理论的是(　　)。

A. 周期性收入理论　　B. 真实贷款理论

C. 预期收入理论　　D. 资产管理理论

4. 以下不属于金融抑制内容范围的是(　　)。

A. 金融市场不健全　　B. 金融产品单调

C. 金融监管　　D. 金融贷款额度管理

5. 依据蒙代尔—弗莱明模型,在固定汇率制度下,有(　　)。

A. 财政政策无效,货币政策无效　　B. 财政政策有效,货币政策无效

C. 财政政策有效,货币政策有效　　D. 财政政策无效,货币政策有效

三、计算题(每题20分,共40分)

1. 已知A公司借美元借款的利率是LIBOR+1.0%,借欧元借款的固定利率是5.0%;B公司借美元借款的利率是LIBOR+0.5%,借欧元借款的固定利率是6.5%。请帮金融机构给A、B两公司安排一套金融互换。

2. A公司拟收购B公司,两家公司在收购前的相关财务资料见下表:

A公司并购B公司前相关财务资料

项目	A公司	B公司
税后利润	240万元	20万元
发行在外的普通股股数	60万股	10万股
市盈率	5	8

假如B公司目前的每股净收益为2元，将每年永续增长4%。

(1)B公司的价值为多少？

(2)如果A公司为B公司每股发行在外的股票支付14元，则这一收购的NPV为多少？

(3)如果A公司按每股净收益为换股率换取B公司发行在外的全部股票，那么，这一收购的NPV为多少？

(4)如果这一方式可取，则应该选择现金收购还是换股收购？

四、简答题(每题10分，共20分)

1. 如果中央银行要降低货币乘数，应该怎么操作？

2. 试论述正反馈机制在股市泡沫形成中的作用。

五、论述题(第1题20分，第2题25分，共45分)

1. 高股利可以传递上市公司良好的预期，请结合中国股市情况评价我国上市公司是否可以通过高股利传递良好信息。

2. 试论述外汇储备的决定因素并评价我国现阶段的外汇储备是否合理。

扫码听课

2011 年上海财经大学 431 金融硕士真题

一、单项选择题（每小题 2 分，共计 60 分）

1. 对于互斥项目，资本预算中以下方法可能失效的是（　　）。

A. *NPV* 法　　B. 增量 *NPV* 法

C. 增量 *IRR* 法　　D. *IRR* 法

2. 下面理论中，哪一个不属于汇率决定理论？（　　）

A. 货币论　　B. 国际借贷论

C. 吸收论　　D. 利率平价论

3. 根据我国货币层次划分，个人活期储蓄存款属于（　　）。

A. M0　　B. M1　　C. M2　　D. M3

4. 一个国家的货币贬值，（　　）。

A. 降低了该国出口品的相对价格，同时也降低了进口品的相对价格

B. 提高了该国出口品的相对价格，同时也提高了进口品的相对价格

C. 降低了该国出口品的相对价格，同时也提高了进口品的相对价格

D. 提高了该国出口品的相对价格，同时也降低了进口品的相对价格

5. 采用投资回收期法进行决策分析时易产生误导，使决策者接受短期利益大而舍弃长期利益高的投资方案，这是因为（　　）。

A. 该指标忽略了收回原始投资以后的现金流状况

B. 该指标未考虑货币时间价值因素

C. 该指标未利用现金流量信息

D. 该指标在决策上伴有主观臆断的缺陷

6. 下列哪个表述最为正确？（　　）

A. 如果 *PPP* 成立，那么只要各国用以计算物价水平的商品篮子是相同的话，一价定律对于任何商品都是成立的

B. 如果一价定律对于任何商品都是成立的话，那么 *PPP* 将自动成立

C. 如果一价定律对于任何商品都是成立的，那么只要各国用以计算物价水平的商品篮子是相同的话，*PPP* 将自动成立

D. 如果一价定律不能对于所有商品都成立，那么只要各国用以计算物价水平的商品篮子是相同的话，*PPP* 将不成立

7. 一般而言，若市场利率上升，货币流通速度将（　　）。

A. 增加　　B. 减少　　C. 不变　　D. 无法确定

8. 在资本可以自由流动的固定汇率制下，下列说法中通常错误的是(　　)。

A. 国内外利率相等，$R=R^*$　　B. 汇率的预期变化率等于零

C. 远期汇率等于即期汇率　　D. 实际汇率 $E=1$

9. 如果市场利率低于债券票面利率，则债券价格(　　)债券面值。

A. 高于　　B. 低于　　C. 等于　　D. 无法判断

10. 商业银行与其他金融机构的主要区别之一在于其能接受(　　)。

A. 派生存款　　B. 定期存款　　C. 储蓄存款　　D. 活期存款

11. 不考虑汇率变动以及错误和遗漏时，一国的经常账户(　　)。

A. 等于该国对外净财富的变化

B. 等于该国的资本和金融账户的变化

C. 的盈余表示该国对外财富的减少

D. 的赤字等于外汇储备的变化

12. 对现金营业周期变化没有影响的是(　　)。

A. 应收账款周转天数　　B. 存货周转天数

C. 货币资金周转天数　　D. 应付账款周转天数

13. 1995年我国以法律形式确定我国中央银行的最终目标是(　　)。

A. 以经济增长为首要目标

B. 以币值稳定为主要目标

C. 保持物价稳定，并以此促进经济增长

D. 保持币值稳定，并以此促进经济增长

14. M公司进行配股发行，规定每三份配股权可认购一股新股，认购价格为每股20美元，除权后的股票每股市场价格是26美元，那含权股票的每股价格为(　　)。

A. 22美元　　B. 24美元　　C. 26美元　　D. 28美元

15. 贴现与透支(　　)。

A. 均属于银行的贷款业务

B. 前者属于贷款业务，后者属于中间业务

C. 前者属于中间业务，后者属于贷款业务

D. 两者均属于中间业务

16. 我国企业会计基本准则规定，企业在对会计要素进行计量时，一般应采用(　　)法。

A. 公允价值　　B. 历史成本　　C. 重置成本　　D. 现值

17. 对我国目前发行的1元硬币最准确的描述是(　　)。

A. 本位币　　B. 金属货币　　C. 实物货币　　D. 辅币

18. 如果公司每年支付的股利是每股5元，折现率为12%，则该股票的内在价值为(　　)元。

A. 60　　B. 40　　C. 41.66　　D. 41.46

19. 一张差半年到期的面额为2 000元的票据，到银行得到1 900元的贴现金额，则年

贴现率为(　)。

A. 0.05　　B. 0.1　　C. 0.025 6　　D. 0.051 2

20. 以下特征不属于项目融资方式的是(　　)。

A. 货币人对发起人有无限追索权　　B. 签订复杂的多方协议

C. 设立独立的项目公司　　D. 较高的财务杠杆

21. 下列说法中正确的是(　　)。

A. 尽管中央银行不能完全控制再贴现的数量，但它能通过公开市场业务影响再贴现的数量

B. 中央银行能完全控制再贴现贷款的数量

C. 尽管中央银行不能完全控制再贴现的数量，但它能通过制定再贴现利率影响再贴现的数量

D. 中央银行再贴现的数量每年以固定的比例增长

22. 某股票的贝塔值为0.5，无风险利率为5%，如果市场的平均收益率为11%，则该股票的期望收益为(　　)。

A. 10%　　B. 20%　　C. 6%　　D. 8%

23. 下列(　　)体现中央银行“发行的银行”职能。

A. 发行货币　　B. 最后贷款人

C. 代理国库　　D. 集中存款准备金

24. 套期保值的目的是(　　)。

A. 赚取价差　　B. 加快资金周转

C. 规避现货风险　　D. 避税

25. 在决定货币需求的各个因素中，收入水平的高低和收入获取时间长短对货币需求的影响分别是(　　)。

A. 正相关，正相关　　B. 负相关，负相关

C. 正相关，负相关　　D. 负相关，正相关

26. 证券价格及时、充分地反映了全部公开的信息，这样的市场称为(　　)。

A. 无效市场　　B. 弱式有效市场

C. 半强式有效市场　　D. 强式有效市场

27. 若 r 是名义年利率，m 是复利次数，则有效年利率等于(　　)。

A. $(1-m/r)^m-1$　　B. $(1+m/r)^m-1$

C. $(1+r/m)^m-1$　　D. $(1-r/m)^m-1$

28. (　　)将有助于扭转经济下滑的局面，证券市场将走强。

A. 降低存款准备金率　　B. 提高利率

C. 提高再贴现率　　D. 在公开市场上进行正回购操作

29. 在 $IS-LM$ 模型中，物价水平下降将使均衡利率水平(　　)。

A. 下降　　B. 上升　　C. 不变　　D. 无法确定

30. 根据资本资产定价模型理论，如果陈先生的风险承受能力比张先生强，那么(　　)。

A. 陈先生的最优证券组合比张先生的好

B. 陈先生的无差异曲线的弯曲程度比张先生的小

C. 陈先生的最优证券组合的期望收益率比张先生的高

D. 陈先生的最优证券组合的风险比张先生的低

二、计算与分析题(每小题10分,共计60分)

1. W电力公司正在考虑一个2 000万元的投资项目,其资金来源于权益融资和10年期的银行借款,公司的目标负债权益比为1。预计该项目每年将产生息税前收益800万元,且为永续性的。假设银行借款利率为10%,权益资本成本为20%,公司所得税率为25%。试用WACC法评估该项目的价值。(10分)

2. 某国家共有基础货币400亿元,中央银行对活期存款和定期存款规定的法定存款准备金率分别为15%和10%。据测算,流通中的现金漏损率为25%,商业银行的超额准备金率为5%,而定期存款比率为50%。试计算:该国银行体系共持有多少准备金?(10分)

3. G公司计划更新设备,旧设备账面价值为20万元,剩余使用期限为5年,且可以按10万元出售。新设备的购置成本为30万元,使用新设备后每年营业费用将降低3万元,假设两个设备均采用直线法计提折旧,5年后均无残值。公司所得税率为25%,折现率为10%,试判断是否应更新设备。(10分)

4. A国名义利率和B国名义利率均为15%,但A国通货膨胀率严重,为100%,B国则为5%。

(1)A国的实际利率为多少?(3分)

(2)B国的实际利率为多少?(3分)

(3)如果要用费雪效用估算名义利率与实际利率的关系,应当满足什么条件?(4分)

5. 假设无抛补利率平价(Uncovered Interest Rate Parity)、抛补利率平价(Covered Interest Rate Parity)、绝对购买力平价和相对购买力平价都成立,请预测下列各种情况下本币名义汇率将如何变化(必须注明需使用到哪些平价条件)。

(1)本国利率为3%,而国外利率为5%。(2分)

(2)本国的预期通货膨胀比国外的高1个百分点。(2分)

(3)远期汇率比即期汇率高3%。(3分)

(4)实际汇率等于1.1。(3分)

6. 假定市场上有两种证券A和B,其预期收益率分别为8%和13%,标准差分别为12%和20%,A、B两种证券的相关系数为0.3,市场无风险收益率为5%。某投资者决定用这两种证券组成最优风险组合,则A、B的系数分别为多少?该最优风险组合的预期收益率和方差分别为多少?(10分)

三、论述分析题(每小题15分,共计30分)

1. 后危机时代的中国企业面临着来自方方面面的挑战。有效控制企业内部各类风险,已经成为企业管理者的首要任务之一。2010年4月26日,财政部、证监会、审计署、银监会、保监会联合发布了《企业内部控制配套指引》。该配套指引包括18项《企业内部控制应用指引》《企业内部控制评价指引》和《企业内部控制审计指引》，并规定自2011年1月1日起在境内外同时上市的公司执行，2012年1月1日起在上交所、深交所主板上市公司执行。这标志着适合我国企业内部控制规范体系已基本建成。

企业筹资活动是企业的一项重要的资金活动，企业筹资活动的内部风险控制，首先应该具体分析筹资活动流程之不同环节所体现出来的风险。请你结合现实，论述企业筹资各环节中可能会遇到的相关风险，并提出相应的防范措施。

2. 美国2007年以来爆发的次贷危机，使其金融体系的正常运行受到重创，进而给整个国民经济带来严重的后果。一方面，企业和个人对流动性的需求大幅增加；另一方面，巨额损失也削弱了银行等金融机构的贷款能力和意愿。为了最大限度地降低危机对经济复苏的不利影响，美联储通过多种渠道，不断突破传统最后贷款人的角色，对货币政策工具进行了多项创新，以应对持续性信贷紧缩，缓减金融市场的流动压力，维护金融体系的稳定。下面是美联储所采取的部分政策措施，请仔细阅读，并回答问题。

降低基准利率。从2007年9月19日开始，美联储连续10次下调联邦基金的目标利率，将其从5.25%降至接近于0的水平。从2008年末至2010年末，美联储将联邦基金利率维持在0～0.25%的目标区间。

向市场注入流动性。美联储完善了贴现窗口，改革了流动性补充机制，甚至还创立商业票据融资便利(CPFF)，直接从符合条件的美国发行商处购买三个月期无担保商业票据和资产支持商业票据。

提供救助贷款。由于担心美国国际集团(AIG)破产可能给金融市场，尤其是信用违约互换(CDS)市场带来的巨大冲击，美联储提供850亿美元紧急贷款救助美国国际集团。

扩大贷款范围。2008年11月25日，美联储为解冻部分信贷市场，创设了规模达2 000亿美元的无追索权的融资便利。其贷款对象为持有相关证券的机构、企业甚至自然人，可接受的抵押品为以美元计价的AAA登记的资产支持证券，基础资产为近期发放的汽车贷款、学生贷款、信用卡贷款或者美国小企业管理局担保的小企业贷款。

(1)降低利率对经济有哪些作用？为什么低利率政策还不足以保证经济的复苏？既然这样，还有必要将基准利率维持在接近0的水平上吗？(5分)

(2)中央银行增加货币供应量的传统做法有哪些？美联储的创新之处体现在哪里？增加货币供应量对一国经济有何影响？试比较凯恩斯主义、货币主义和理性预期学派在这一问题上的不同看法。(5分)

(3)美联储为什么要拯救濒于倒闭的金融机构？这种做法的负面后果有哪些？(5分)

附表1 **年金现值系数表**

年数 \ 利率(%)	1	2	3	4	5	6	7	8	9	10
1	0.99	0.98	0.97	0.96	0.95	0.94	0.93	0.93	0.92	0.91
2	1.97	1.94	1.91	1.89	1.86	1.83	1.81	1.78	1.76	1.74
3	2.94	2.88	2.83	2.78	2.72	2.67	2.62	2.58	2.53	2.49
4	3.90	3.81	3.72	3.63	3.55	3.47	3.39	3.31	3.24	3.17

续表

利率(%) / 年数	1	2	3	4	5	6	7	8	9	10
5	4.85	4.71	4.58	4.45	4.33	4.21	4.10	3.99	3.89	3.79
6	5.80	5.60	5.42	5.24	5.08	4.92	4.77	4.62	4.49	4.36
7	6.73	6.47	6.23	6.00	5.79	5.58	5.39	5.21	5.03	4.87
8	7.65	7.33	7.02	6.73	6.46	6.21	5.97	5.75	5.53	5.33
9	8.57	8.16	7.79	7.44	7.11	6.80	6.52	6.25	6.00	5.76
10	9.47	8.98	8.53	8.11	7.72	7.36	7.02	6.71	6.42	6.14

附表 2 **复利现值系数表**

利率(%) / 年数	1	2	3	4	5	6	7	8	9	10
1	0.99	0.98	0.97	0.96	0.95	0.94	0.93	0.93	0.92	0.91
2	0.98	0.96	0.94	0.92	0.91	0.89	0.87	0.86	0.84	0.83
3	0.97	0.94	0.92	0.89	0.86	0.84	0.82	0.79	0.77	0.75
4	0.96	0.92	0.89	0.85	0.82	0.79	0.76	0.74	0.71	0.68
5	0.95	0.91	0.86	0.82	0.78	0.75	0.71	0.68	0.65	0.62
6	0.94	0.89	0.84	0.79	0.75	0.70	0.67	0.63	0.60	0.56
7	0.93	0.87	0.81	0.76	0.71	0.67	0.62	0.58	0.55	0.51
8	0.92	0.85	0.79	0.73	0.68	0.63	0.58	0.54	0.50	0.47
9	0.91	0.84	0.77	0.70	0.64	0.59	0.54	0.50	0.46	0.42
10	0.91	0.82	0.74	0.68	0.61	0.56	0.51	0.46	0.42	0.39

2011年华东师范大学431金融硕士真题

扫码听课

一、单项选择题(本大题共20小题,每小题1分,共20分)

1. 一国货币制度的核心内容是(　　)。

A. 规定货币名称　　B. 规定货币单位

C. 规定货币币材　　D. 规定货币币值

2. 第一次世界大战前,主要的国际储备资产是(　　)。

A. 美元资产　　B. 黄金资产

C. 英镑资产　　D. 德国马克资产

3. 一直在我国占主导地位的信用形式是(　　)。

A. 银行信用　　B. 国家信用

C. 消费信用　　D. 民间信用

4. 信用活动中货币发挥的职能是(　　)。

A. 储藏手段　　B. 支付手段

C. 流通手段　　D. 价值手段

5. 在直接标价法下,外汇价格的涨跌与标价数额变化的关系是(　　)。

A. 同向　　B. 反向　　C. 没有关系　　D. 不确定

6. 下列不属于股票特征的是(　　)。

A. 高风险　　B. 高收益　　C. 高流动性　　D. 可返还

7. 中国目前对证券发行的监管属于(　　)。

A. 核准制　　B. 审批制　　C. 注册制　　D. 登记制

8. 下列条件下哪种组合的风险最低?(　　)

A. 两只股票完全正相关　　B. 两只股票不相关

C. 两只股票有一定负相关　　D. 两只股票完全负相关

9. 在影响基础货币增减变动因素中,最主要的是(　　)。

A. 国外净资产　　B. 央行对政府债权

C. 央行对商业银行债权　　D. 固定资产增减变化

10. 欧洲货币市场是(　　)。

A. 经营欧元的国家金融市场　　B. 经营欧洲国家货币的国际金融市场

C. 欧洲国家国际金融市场的总称　　D. 经营境外货币的国际金融市场

11. 货币市场所指的交易市场的借贷期限(　　)。

A. 在1年以内　　B. 在3个月以内

C. 在2年以内　　D. 在半年以内

12. 由债权人签发给债务人的付款命令书是(　　)。

A. 商业本票　　B. 商业汇票

C. 商业期票　　D. 银行支票

13. 根据现代企业财务管理理论和实践,以下各种财务管理的目标中,综合考虑了资金的时间价值以及风险与报酬之间关系的是(　　)。

A. 企业利润最大化　　B. 企业产值最大化

C. 企业净资产收益率最大　　D. 企业价值最大化

14. 以下各项中,不属于速动资产的是(　　)。

A. 货币资金　　B. 应收账款

C. 应收票据　　D. 存货

15. 以下属于评价企业经营效率的指标是(　　)。

A. 流动比率　　B. 存货周转率

C. 毛利率　　D. 资产负债率

16. 两个备选项目的期望收益率分别为10%和12%,假设两个项目都存在风险,应使用下列哪项指标比较两个项目的风险高低?(　)

A. 标准差　　B. 方差

C. 标准离差率　　D. 发生损失的概率

17. 在下列有关股票市场中系统风险和非系统风险的说法中,错误的是(　　)。

A. 系统风险也称市场风险

B. 系统风险无法由个别企业或行业控制

C. 投资者可通过多元化投资分散非系统风险

D. 投资组合中股票种类越多系统风险越低

18. 在债务融资中,补偿性余额对借贷企业的影响是(　　)。

A. 利息增加　　B. 利息减少

C. 可用资金增加　　D. 实际利率上升

19. 某公司2008年和2009年的销售利润率分别为7%和24%,资产负债率保持不变,则哪一年的净资产收益率较高?(　　)

A. 2008年　　B. 2009年　　C. 两年相同　　D. 无法确定

20. 某公司的资本成本为10%,如果其债务和股本各占50%,其债务的税前成本为10%,边际税率为20%,则其股本成本为(　　)。

A. 10%　　B. 12%　　C. 14%　　D. 16%

二、名词解释(本大题共6小题,每小题4分,共24分)

21. 劣币驱逐良币定律(格雷欣法则)

22. 直接融资

23. 可转换债券

24. 表外业务
25. 自由现金流
26. 内源融资

三、简答题(本大题共 6 小题,每小题 8 分,共 48 分)

27. 简述利率对宏观经济的调节作用。
28. 简述固定汇率制度与浮动汇率制度的优劣。
29. 简述中央银行的职能。
30. 简述有效市场假说的主要内容和对公司财务管理的意义。
31. 简述无套利定价模型的主要内容。
32. 分别简述在无税和有税条件下 MM 定理的主要内容。

四、计算题(本大题共 3 小题,每小题 10 分,共 30 分)

33. 设原始存款 1 亿元,法定存款准备金率为 15%,超额存款准备金为 4%,提现率为 6%。试计算整个银行体系创造的派生存款总额。

34. 某企业拟投资一个新的项目,项目期限 3 年,初期投入 1 000 万元,未来三年末的税后现金流分别为 500 万元、600 万元和 800 万元,假如该项目的必要报酬率为 10%。请计算项目的静态回收期、动态回收期和净现值。

35. 已知甲公司和乙公司的贝塔系数分别为 1 和 1.5,市场上的无风险收益率为 4%,甲公司的期望收益率为 10%。请计算市场组合的收益率和乙公司的期望收益率。

五、论述题(本大题共 2 小题,每小题 14 分,共 28 分)

36. 试述通货膨胀的主要成因和相应的治理措施。
37. 述评近期全球货币战(含义、起因、危害与对策)。

2011年对外经贸大学431金融硕士真题

扫码听课

一、单项选择题(每小题1分,共10分)

1. 中国于2005年7月和2010年6月两次启动人民币汇率形成机制改革,两次汇改之间,人民币对美元汇率也从8.276 5调整到6.827 5,则人民币对美元(　　)。

A. 升值17.5%　　B. 贬值17.5%

C. 升值21.2%　　D. 贬值21.2%

2. Super公司2010年销售额为720万元,所有的销售均为赊销。同时,应收账款为90万元。如果1年以365天计算,该公司的平均收账期为(　　)天。

A. 4.56　　B. 30.42　　C. 40.97　　D. 45.63

3. 某抵押贷款的月利率为6.6‰,则该抵押贷款的年利率为(　　)。

A. 7.92%　　B. 9%　　C. 8.21%　　D. 以上答案均不对

4. 当贴现率和内部收益率相等时,则(　　)。

A. 净现值小于零　　B. 净现值等于零

C. 净现值大于零　　D. 净现值不确定

5. 分散化可以充分降低风险,一个分散化组合剩下的风险是(　　)。

A. 单个证券的风险　　B. 与整个市场组合相关的风险

C. 无风险证券的风险　　D. 总体方差

6. 期货市场的主要功能是(　　)。

A. 降低交易成本并提高收益率　　B. 风险转移与价格发现

C. 提供流动性并增加交易量　　D. 风险分担与投机获利

7. 美国于(　　)通过了《金融服务现代法案》,标志着美国进入混业经营时代。

A. 1999年　　B. 1998年　　C. 2000年　　D. 2008年

8. 某公司发展非常迅速,股利在今后3年预期将以每年25%的速率增长,其后增长率下降为每年7%。假如要求收益率是11%,公司当前每股支付2.25元的股利,当前价格为(　　)。

A. 94.55元　　B. 86元　　C. 109元　　D. 126.15元

9. 股东可以通过下列哪种途径来约束管理层行为?(　　)

A. 选举董事会,由董事会任命管理层

B. 被其他公司收购的威胁

C. 设立管理层薪酬体系,将管理层薪酬与公司绩效挂钩

D. 以上皆是

10. 作为银行的银行,中央银行的主要职能是(　　)。

A. 统一货币发行、调控货币供给

B. 集中金融机构的现金准备和“最后贷款人”

C. 代理国库、为政府筹措资金

D. 代表国家管理金融业

二、判断下列表述的经济含义是否正确(表述正确的划√,表述错误的划×,每小题1分,共10分)

1. 财务管理的目标是最大化公司的利润。(　　)
2. 根据费雪方程,实际利率等于名义利率减去当期通货膨胀率。(　　)
3. 最优资本结构理论认为,盈利好的企业应该负债率高。(　　)
4. 在为股东创造价值这一前提下,如果一个项目的净现值为正,则应该投资。(　　)
5. 英国是世界上最早建立存款保险制度的国家。(　　)
6. 权益的账面价值和市场价值一般不相等。(　　)
7. 商业银行的表外业务是在其资产负债表内业务的基础上发展起来的,它与一般中间业务的区别在于它在一定条件下可能会转化为表内业务。(　　)
8. 由于“信贷配给”的存在,信贷市场的利率并不是一个使信贷市场供求相等的均衡利率,而是一个比均衡利率更高的利率。(　　)
9. 如果X公司的销售利润率高于Y公司,则X公司的股本收益率一定高于Y公司。(　　)
10. 在一国政府税收一定的情况下,如果一国的国内储蓄大于国内投资,则该国经常账户会出现顺差。(　　)

三、名词解释(每小题4分,共16分)

1. 优序融资理论
2. 监管套利
3. 有效市场假说
4. 汇率超调

四、计算分析题(每小题10分,共20分)

1. 已知,市场证券组合(Market Portfolio)的预期回报为0.12,无风险利率0.05,市场证券组合的标准差为0.1。用下列数据计算:

	与市场组合回报的相关系数(ρ)	标准差(σ)	权重
A	0.4	0.25	0.4
B	0.3	0.3	0.6

(1)计算由 A、B 组成的投资组合的 β。(4 分)

(2)根据 $CAPM$,计算该组合的预期收益率。(3 分)

(3)计算这一资产组合的风险溢价。(3 分)

2. 下表是某商业银行的资产负债表：

某商业银行的资产负债表

资　产		负　债	
短期资产	800	短期负债	1 200
长期资产	1 000	长期负债	640
其中：浮动利率资产	200	所有者权益	160
合计	2 000	合计	2 000

请根据该行的资产负债表：

(1)计算该行的缺口率。

(2)如果利率处于上升通道,你对该银行的资产负债管理有何具体建议？说明理由。

五、证明与简答题(每小题 8 分,共 16 分)

1. 证明利率的预期理论表达式,并作图说明收益曲线的形状。

2. 简述有效市场假说的三种形式,并列举三个违背有效市场假说的异常现象。

六、论述题(每小题 14 分,共 28 分)

1. 请运用通货膨胀理论,分析 2010 年是否存在通货膨胀预期？如果存在,起因是什么？你认为应采取怎样的货币政策。

2. 金融创新导致传统银行业务的衰落,表现为传统银行业务的规模和盈利能力的降低。请分析为什么。银行业应对金融创新的措施有哪些？

七、专业英语(略)

2011 年中央财经大学 431 金融硕士真题

扫码听课

一、单项选择题(每小题 1 分,共 20 分)

1. 以下货币制度中会发生劣币驱逐良币现象的是(　　)。

A. 金银双本位　　B. 金银平行本位

C. 金币本位　　D. 金汇兑本位

2. 认为利率纯粹是一种货币现象,利率水平由货币供给与货币需求均衡点决定的理论是(　　)。

A. 马克思的利率决定理论　　B. 实际利率理论

C. 可贷资金论　　D. 凯恩斯的利率决定理论

3. 投资银行在各国的称谓不同,在英国称为(　　)。

A. 证券公司　　B. 商人银行

C. 长期信贷银行　　D. 金融公司

4. 解释金本位制度时期外汇供求与汇率形成的理论是(　　)。

A. 国际借贷说　　B. 购买力平价说

C. 货币分析说　　D. 金融资产说

5. 下列哪个国家不是欧元区国家?(　　)

A. 斯洛文尼亚　　B. 希腊

C. 瑞典　　D. 德国

6. 自动转账制度(ATS)这一制度创新属于(　　)。

A. 避免风险的创新　　B. 技术进步推动的创新

C. 规避行政管制的创新　　D. 降低经营成本的创新

7. 从中央银行制度看,美国联邦储蓄体系属于(　　)。

A. 单一中央银行制度　　B. 复合中央银行制度

C. 跨国中央银行制度　　D. 准中央银行制度

8. 认为银行只宜发放短期贷款的资产管理理论是(　　)。

A. 可转换理论　　B. 预期收入理论

C. 真实票据理论　　D. 可贷资本论

9. 根据“蒙代尔政策搭配理论”,当一国国际收支出现顺差、国内通货膨胀严重时,合理的政策选择为(　　)。

A. 扩张性货币政策和紧缩性财政政策

B. 扩张性财政货币政策和货币升值

C. 紧缩性财政货币政策和货币贬值

D. 紧缩性货币政策和扩张性财政政策

10. 面值为100元的永久性债券票面利率是10%，当市场利率为8%时，该债券的理论市场价格应该是(　　)元。

A. 100　　B. 125　　C. 110　　D. 1 375

11. 根据超调汇率决定模型，下列哪种情况是不真实的？(　　)

A. 汇率在短期内会偏离购买力平价

B. 货币冲击发生时，商品市场调整快于金融市场调整

C. 商品价格是粘性的

D. 无抛补利率平价成立

12. 根据货币主义(弹性价格)汇率理论，下列哪一经济事件可能导致美元对日元贬值？(　　)

A. 美联储提高利率，实行紧缩性货币政策

B. 日本发生严重通货膨胀

C. 美国实际国民收入呈上升趋势

D. 美国提高对日本进口品的关税

13. 下列哪项是在计算相关现金流时需要计算的？(　　)

A. 前期研发费用　　B. 营运资本的变化

C. 筹资成本　　D. 市场调查费用

14. 对于 i，j 两种证券，如果 $CAPM$ 成立，那么下列哪个条件可以推出 $E(R_i)=E(R_j)$？(　　)

A. $\rho_{im}=\rho_{jm}$，其中，ρ_{im}，ρ_{jm} 分别代表证券 i，j 与市场组合回报率的相关系数

B. $\text{Cov}(R_i,R_m)=\text{Cov}(R_j,R_m)$，其中 R_m 为市场组合的回报率

C. $\sigma_i=\sigma_j$，σ_i，σ_j 分别代表证券 i，j 的收益率的标准差

D. 以上都不是

15. 一般而言，在红利发放比率大致相同的情况下，拥有超常增长机会(即公司的再投资回报率高于投资者要求回报率)的公司(　　)。

A. 市盈率(股票市场价格除以每股盈利，即 P/E)比较低

B. 市盈率与其他公司没有显著差异

C. 市盈率比较高

D. 其股票价格与红利发放率无关

16. X公司的损益数据如下表所示：

销售额	12 000 000
变动成本	9 000 000
固定成本前收益	3 000 000

续表

固定成本	2 000 000
息税前收益	1 000 000
利息费用	200 000
税前利润	800 000
所得税	400 000
净利润	400 000

企业目前的营业杠杆和财务杠杆分别是多少？（　　）

A. 营业杠杆为 3.5，财务杠杆为 1.25

B. 营业杠杆为 3.5，财务杠杆为 1.5

C. 营业杠杆为 3，财务杠杆为 1.25

D. 营业杠杆为 3，财务杠杆为 1.5

17. 某永续年金在贴现率为 5%时的现值为 1 200 元，那么当贴现率为 8%时，其现值为（　　）元。

A. 200　　B. 750　　C. 1 000　　D. 1 200

18. 河海公司目前有 7 个投资项目可供选择，每一项目的投资额与现值指数如下表：

项目	投资额(万元)	现值指数
A	400	1.18
B	300	1.08
C	500	1.33
D	600	1.31
E	400	1.19
F	600	1.20
G	400	1.18

河海公司目前可用于投资的总金额为 1 200 万元，根据资本限量决策的方法，选出河海公司的最优投资组合方案(假设投资于证券市场的净现值为 0)（　　）。

A. A＋B＋C　　B. C＋D，剩下的钱投资于证券市场

C. D＋E，剩下的钱投资于证券市场　　D. D＋F

19. 某公司普通股的现金股利按照每年 5%的固定速率增长，目前该公司普通股股票的市价为每股 20 元，预期下期股利为每股 2 元，那么该公司以当前价格发行股票筹资的成本为（　　）。

A. 10%　　B. 15%　　C. 20%　　D. 25%

20. 下列哪个不是 *CAPM* 的假设？（　　）

A. 投资者风险厌恶，且其投资行为是使其终期财富的期望效用最大

B. 投资者是价格承受者，即投资者的投资行为不会影响市场上资产的价格运动

C. 资产收益率满足多因子模型

D. 资本市场上存在无风险资产，且投资者可以无风险利率无限借贷

二、判断题（每小题 1 分，共 20 分）

1. 人民币是在 1996 年底实现经常项目下可自由兑换的。（ ）

2. 收益资本化规律导致利息转化为收益的一般形态。（ ）

3. 派生存款乘数与货币乘数没有本质的差异。（ ）

4. 中国人民银行基础货币占款最多的资产项目是国外资产。（ ）

5. 汇率决定的资产组合分析法假定，本币资产与外币资产具有不可完全替代性。（ ）

6. 1844～1946 年期间的英格兰银行属于复合制中央银行。（ ）

7. 一般而言，同一标的资产的美式期权比欧式期权的价格略高。（ ）

8. 远期利率协议的结算日是协议规定的借款期限期满后的第一天。（ ）

9. 依据利率平价理论，利率高的货币远期汇率是升水，利率低的货币远期汇率是贴水。（ ）

10. 利率升高，人们持有的货币减少，属于利率的收入效应。（ ）

11. 在国际金本位制度下，由于铸币平价和黄金输送点的存在，各国的汇率波动非常剧烈。（ ）

12. 中央银行对外汇市场的非冲销式干预一般不会引起货币供应量的变化。（ ）

13. 假设投资者都是风险厌恶的，那么如果两个投资组合的期望收益相等，投资者会偏好风险更小的投资组合。（ ）

14. 在计算项目的期间营运现金流量时，如果项目的部分资金来源于债务，那么需要在现金流中扣除利息费用。并按照 *WACC* 作为贴现率评估项目价值。（ ）

15. 公司经营环境较好，宏观经济处于上升周期时，面临发展机会的公司会采用较为保守的融资政策，较少地使用负债，因为未来发生财务危机的可能性小。（ ）

16. 假设利率（r）大于 0，如果时间（t）足够长，那么现值利率因子 $PVIF(r,t)$ 有可能小于 0。（ ）

17. 在其他条件相同时，期末年金终值等于期初年金终值的（$1+r$）倍。（ ）

18. 根据《证券法》的规定，我国股票发行管理实施核准制。（ ）

19. 根据《中华人民共和国合伙企业法》，国有独资公司、国有企业、上市公司以及公益性的事业单位、社会团体不得成为普通合伙人。（ ）

20. 假如 20 岁时存入银行 100 元，以 8% 的年利率存 45 年，并以复利计息，根据七二法则，45 年后，这笔资金的终值约为 1 000 元。（ ）

三、计算题（每题分值见题后所标，共 35 分）

1. 2008 年初，中国东方集团公司拟收购希腊 MG 公司，合同金额 1 000 万欧元。东方集团公司计划通过拆借资金方式完成收购，当时能够借到的资金是美元，即期汇率为 1 欧元＝1.4 美元，所以需要借入 1 400 万美元，年利率为 8%，2 年还清借款。为解决货币不对

称问题,经过谈判,东方集团公司于2008年1月5日与美洲银行签订一个2年期的美元和欧元的互换协议,美洲银行筹集到1 000万欧元,利率是10%,与东方集团公司的1 400万美元互换,伦敦同业拆借市场同期限的美元和欧元的利率(LIBOR)分别为7.5%和9.5%。计算:

(1)东方集团公司的货币互换价值。(7分)

(2)东方集团公司与美洲银行的互换汇率(小数点后保留4位)。(2分)

2. 2010年12月5日,兴业银行急需20 000万元资金应付客户提款,由于流动性不足,只能用即将于2011年3月1日到期的票据向中央银行进行再贴现,中央银行再贴现率为5.1%,计算兴业银行需要拿多少数额的票据去中央银行办理贴现?(小数点后保留4位)(6分)

3. 考虑一个有效投资组合,给定如下条件:

$E(R_j)=20\%;E(R_m)=15\%,R_f=5\%,\sigma_m=20\%$

求该投资组合的回报率标准差,以及该组合与市场之间的相关系数。(5分)

4. 假设李先生今天花费100元买入50注双色球彩票,但是突然急需现金,因此想要将彩票转卖,如果你目前已经持有一个充分分散化的投资组合,那么你愿意花多少钱来购买这些彩票。(假设彩票明天就开奖并可以即时兑付,而根据历次开奖的经验,平均每投注2元可以收回1元。)(5分)

5. M公司是一个无负债公司,其每年预期税息前收益为10 000元,股东要求的权益回报率为16%,M公司所得税率为35%,但没有个人所得税。设所有交易都在完善的资本市场中进行,问:

(1)M公司的价值为多少?

(2)如果M公司借入面值为无负债公司价值的一半的利率为10%的债务,债务没有风险,并且所筹集的债务资金全部用于赎回股权,则此时公司的价值变为多少?而权益资本成本为多少?(10分)

四、名词解释(每题3分,共15分)

1. 百慕大式权证
2. 费雪效应
3. "马歇尔—勒纳"条件
4. 融资租赁
5. 半强有效市场

五、简答题(每题6分,共24分)

1. 简述货币政策传导机制理论的主要内容。
2. 简述国际收支失衡的原因和调整措施。
3. 简述"最适度通货区理论"的内容。
4. 什么是财务危机?如何理解财务危机所带来的成本?财务危机成本由谁承担?

六、论述题(每题12分,共36分)

1. 论述美国量化宽松货币政策对中国货币政策操作的影响与应对策略。

2. 论述现代商业银行经营管理的核心内容与管理方法。

3. 比较投资预算方法中的 *NPV* 方法和 *IRR* 方法,它们各有什么优点?在什么情况下会出现不一致?如果出现不一致,应以何者为准?

扫码听课

2011年中山大学431金融硕士真题

金融学部分

一、单选题(每题1.5分,共30分)

1. 布雷顿森林体系崩溃的根本原因是(　　)。

A. J曲线效应　　B. 特里芬难题

C. 米德冲突　　D. 原罪论

2. 决定货币M的数量时,主要由商业银行控制的因素有(　　)。

A. 法定存款准备金率　　B. 基础货币

C. 超额准备金率　　D. 现金漏损率

3. 下面两种债券哪一种对利率的波动更敏感?(　　)

(1)平价债券X,5年期,10%的息票率。

(2)零息票债券Y,5年期,100%的到期收益率。

A. 债券X,因为有更高的到期收益率

B. 债券X,因为到期时间更长

C. 债券Y,因为久期更长

D. 债券Y,因为久期更短

4. 下列$1 000面值的各项债券中,哪一种的到期收益率最高?(　　)

A. 售价$900,票息率为5%的债券

B. 售价$1 000,息票率为10%的债券

C. 售价$950,息票率为8%的债券

D. 售价$1 000,息票率为12%的债券

5. 如果所有债券的利率都增长相同的倍数,那么(　　)。

A. 5年期债券价格的增长比10年期债券价格的增长更多

B. 10年期债券价格的增长比5年期债券价格的增长更多

C. 5年期债券价格比10年期债券价格下降得更多

D. 10年期债券价格比5年期债券价格下降得更多

6. 对债券有超额需求说明(　　)。

A. 对货币存在超额需求　　B. 货币市场均衡

C. 货币发行不足　　D. 货币发行过度

7. 根据流动性溢价理论，以下说法中错误的是（　　）。

A. 当收益率曲线陡峭上升时，预期短期利率在未来将上升

B. 当收益率曲线向下倾斜时，预期未来短期利率将下降

C. 当收益率曲线水平时，预期未来短期利率保持不变

D. 在收益率曲线陡峭上升时，市场预期未来可能会有通货膨胀

8. 在浮动汇率体制下，利率对汇率变动的影响是（　　）。

A. 国内利率上升，则本国汇率上升（即本币升值）

B. 国内利率上升，则本国汇率下降（即本币贬值）

C. 需比较国内外的利率和通货膨胀率后确定

D. 利率对汇率没有影响

9. 纸币流通下，可能使一国货币贬值的因素有（　　）。

A. 政府宣布增加税收　　B. 物价下降

C. 加强对进口的限制　　D. 银行利率下降

10. 下列属于货币市场工具的是（　　）。

A. 互换协议　　B. 国库券

C. 票据发行便利　　D. A和C都是

11. 先在期货市场卖出期货，当现货价格下跌时，以期货市场的盈利弥补现货市场的损失从而达到保值的期货交易方式是（　　）。

A. 多头套期保值　　B. 空头套期保值

C. 交叉套期保值　　D. 平行套期保值

12. 优先股的"优先"是指（　　）。

A. 在剩余控制权方面较普通股优先　　B. 在表决权方面较普通股优先

C. 在剩余索取权方面较普通股优先　　D. 在配股权方面较普通股优先

13. 下列业务中属于商业银行的资产负债表业务的是（　　）。

A. 票据发行便利　　B. 代理业务

C. 租赁业务　　D. 咨询顾问业务

14. 关于《巴塞尔资本协议》，下列说法中错误的是（　　）。

A. 银行核心资本充足率必须超过4%

B. 银行资本充足率必须超过8%

C. 银行资本占总资产的比重必须超过8%

D. 银行附属资本充足率必须超过4%

15. 根据我国《商业银行法》，银行同业拆借的最长时间为（　　）。

A. 1个月　　B. 2个月　　C. 4个月　　D. 8个月

16. 如果商业银行向中央银行申请100亿元的再贷款，并同时降低超额准备金与存款的比率，假定公众偏好行为未发生系统性变化，则会导致货币供给（　　）。

A. 减少100亿元　　B. 增加100亿元

C. 增加超过100亿元　　D. 增加100亿元，也有可能超过100亿元

17. 下面哪项不是弗里德曼货币需求理论的政策含义？(　　)

A. 主张膨胀的货币政策对经济具有刺激作用

B. 主张实行“单一规则”的货币政策

C. 不能把充分就业作为货币政策目标

D. 不能把利率作为货币政策目标

18. 关于货币政策中介目标，下列说法中错误的是(　　)。

A. 以盯住利率作为中介目标会导致货币供给的顺周期性

B. 货币主义学派强调以货币供给量作为货币政策中间目标

C. 中央银行对货币市场利率的控制意味着它会失去对货币供给的控制

D. 中介指标选择利率优于选择货币供给

19. J 曲线效应反映的是(　　)。

A. 汇率变动对国际收支调节的时滞效应

B. 利率变动对国际收支调节的时滞效应

C. 收入变动对国际收支调节的时滞效应

D. 货币供给变动对国际收支调节的时滞效应

20. 相比实施浮动汇率制度的国家，实施固定汇率的国家对国际储备的需求(　　)。

A. 更大　　B. 更小

C. 几乎一样　　D. 无法判断

二、计算分析题(每题 10 分，共 30 分)

1. 已知法定存款准备金率为 $r=15\%$，商业银行超额准备金率为 $e=5\%$，流通中的现金为 $C=\$40$ billion，活期或支票账户存款总量为 $D=\$160$ billion。

(1)请计算基础货币数量(MB)，货币乘数(m)。

(2)如果保持基础货币数量(MB)，公众持有现金比率(C/D)和法定准备金率($r=15\%$)不变，银行超额准备金率从 5%降到 3%，则 M 将比原先增加多少？

(3)活期或支票账户存款总量将增加多少？

2. 美国某跨国公司于某年 12 月 1 日向一家德国公司出口了一批货物，合同金额 1 000 万欧元，按照合同约定，货款将于 6 个月后的第二年 6 月 1 日以欧元支付。外汇市场上，欧元的即期汇率为：买入价为 1.220 5USD/EUR，卖出价为 1.223 5USD/EUR。为了规避欧元可能贬值的风险，该美国跨国公司试图利用货币市场进行套期保值。已知在货币市场上，半年期美元贷款利率为 5%/年(单利)，半年期美元投资利率(如购买半年期的债券)为 3%/年(单利)；半年期欧元贷款利率为 6%/年(单利)，半年期欧元的投资利率为 4%(单利)。

请问该跨国公司具体应如何利用货币市场来规避外汇风险？采用货币市场套期保值手段后，该跨国公司 6 个月后最终能得到多少美元？

3. A 公司拟购买某公司债券作为长期投资(打算持有至到期日)，要求的必要报酬率是 6%。现有三家公司同时发行 5 年期、面值为 1 000 元的债券。其中：甲公司债券的票面利率为 8%，每年付息一次，到期还本，债券发行价格为 1 040 元；乙公司债券的票面利率为 8%，单利计息，到期一次还本付息，债券发行价格为 1 020 元；丙公司债券的票面利率为 0，债券发行价格为 750 元，到期按面值还本。

(1)请评价甲、乙、丙三种债券是否值得投资，并为 A 公司做出购买哪种债券的投资决策。(6 分)

(2)假如 A 公司购买并持有甲公司债券，但由于市场形势的变化，A 公司决定不再持有该债券至到期日，而是在 2 年后将其以 1 050 元的价格出售，请计算该项投资实现的复利收益率。(4 分)

三、论述题(每题 15 分，共 30 分)

1. 下图表示我国 1997 年以来人民币对美元汇率和外汇储备的变动情况。

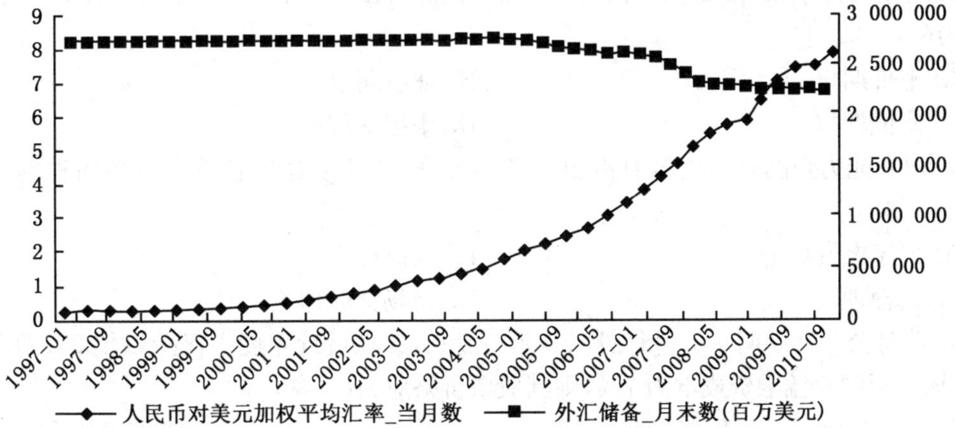

(1)试结合上面的图形以及中国的实际情况，分析中国目前的巨额外汇储备形成的原因及其可能产生的影响。(6 分)

(2)最近，欧美等国家对人民币汇率的逼压不断升级。试结合上面图形和所学知识，分析人民币升值是否可以马上缓解中美贸易失衡问题，抑制我国外汇储备规模增长？为什么？(5 分)

(3)从 2010 年 10 月 23 日起，我国上调了人民币存贷款利率，你认为此举对人民币汇率可能产生何种影响？为什么？(4 分)

2. 货币政策传导是指从运用货币政策工具到实现货币政策目标的过程。货币政策传导机制是否完善直接影响到货币政策的实施效果和对国民经济的调控效率。请问：

(1)货币政策传导的渠道主要有哪些？(6 分)

(2)你对我国货币政策传导效率的现状作何评价和解释？(4 分)

(3)你认为应如何进一步提高我国的货币政策传导效率？(5 分)

公司财务部分

一、单项选择题(每题 1.5 分，共计 15 分)

1. 在证券市场上，(　　)剧烈波动，会吸引更多的投资者。

A. 利润　　B. 利润率　　C. 收入　　D. 价格

2. 假设你投资了1 000元购买A公司的股票，3 000元购买B公司的股票，若A股票和B股票的预期收益率分别是10%和16%，则投资组合的预期收益率是(　　)。

A. 14.5%　　B. 18%　　C. 11.5%　　D. 13.5%

3. 下列哪一个表述是错误的？(　　)

A. *CAPM* 模型的前提假设之一是，投资者对证券的波动性、预期收益具有相同的预期

B. 资本市场线描述了证券的预期收益与其风险之间的关系

C. 有些证券的Beta系数可能是负数

D. 半强势效率市场假说意味着所有的技术分析和基础分析都无法击败市场

4. 对于看涨期权，设 S 为标的资产的市场价格，X 为协议价格，把 $S>X$ 时的看涨期权称为(　　)。

A. 平价期权　　B. 虚值期权

C. 实值期权　　D. 虚拟期权

5. 盈利能力强的公司应该具有更高的负债率，这一表述比较符合下述何种理论的预期？(　　)

A. 优序融资理论　　B. 权衡理论

C. 代理理论　　D. 市场择时理论

6. 若某公司计划明年支付每股2.3元的股利，并在后续年度中保持每年2%的股利增长率，该公司的权益融资成本为7%，则其股票价格应为(　　)。

A. 32.86元　　B. 115元　　C. 46元　　D. 25.56元

7. 某债券的风险溢价为1%，若经济状况好其现金流为1 100元，若经济状况差则其现金流为1 000元，两种情况发生的概率均为50%。若无风险收益率为4%，则该债券当前的价格应为(　　)。

A. 1 050元　　B. 1 000元　　C. 1 010元　　D. 1 019元

8. 下列有关股票指数期货的表述最为合理的是(　　)。

A. 标的物是具体的股票　　B. 同时具备期货和股票的特色

C. 采取股票交收　　D. 交割形式与传统期货相似

9. 假如你将持有一只普通股1年，你期望获得1.5元/股的股息并能在期末以22.5元/股的价格卖出。如果你的预期收益率是20%，那么在期初你愿意支付的最高价格是(　　)。

A. 20元　　B. 18.75元　　C. 16.67元　　D. 22.5元

10. 在财务分析中，通常会采用(　　)衡量无风险回报率。

A. 投资报酬率　　B. 短期国库券回报率

C. 预期回报率　　D. 短期银行存款利率

二、计算题(每题10分，共计30分)

1. 通过分析，你预期A股票在年末会支付0.56元/股的股息，同时，在年末该股票可以按45.5元/股的价格售出。如果与A股票风险水平相当的投资项目的预期收益率是

6.8%，请回答如下问题：

(1)你认为A股票当前的合理定价是多少？

(2)在此价格下，该股票的预期股息率(dividend yield)是多少？

(3)在此价格下，该股票的预期资本利得(capital gain)是多少？

2. 假设你投资了1 000元用于购买A和B两只股票，其中，以每股3元的价格购买了200股A公司的股票，以每股4元的价格购买了100股B公司的股票。如果A公司的股票涨到每股3.6元，而B公司的股票下跌到每股3.8元，请回答如下问题：

(1)股票价格变动后，你的投资组合的价值是多少？

(2)股票价格变动后，你的投资组合的收益是多少？

(3)如果价格变动后你不会抛售或买进上述两只股票，那么A股票和B股票在新的投资组合中的权重分别是多少？

3. 假设A公司目前的债务—权益比率$D/E=2$。该公司的债务融资成本为$r_D=6\%$，权益融资成本$r_E=12\%$。若该公司增发股票并利用获得的资金偿还债务，从而使其债务—权益比率减少为$D/E=1$，这会使其债务融资成本降低为$r_D=5.5\%$。若假设资本市场是完美的，请回答如下问题：

(1)在执行上述交易前，公司的加权平均资金成本(*WACC*)是多少？

(2)完成上述交易后，公司的权益融资成本是多少？

(3)完成上述交易后，公司的加权平均资金成本(*WACC*)是多少？

三、分析与论述题(15分)

在1998～2009年期间，中国上市公司所持有的“现金和现金等价物”占“总资产”的比重(Cash/TA)约为15%，部分公司的Cash/TA比率甚至高达80%。我们知道，虽然现金和现金等价物是公司内部最具有流动性的资产，但其收益率也是最低的。请分析，上市公司可能出于哪些动机持有现金？不同的动机可能对公司的经营业绩和公司价值产生什么样的影响？

2011 年南开大学 431 金融硕士真题

扫码听课

一、名词解释(每题 5 分,共 25 分)

1. 存款准备金
2. 逆向选择
3. 资本充足性管理
4. 有效市场假说
5. 经常账户

二、简答题(每题 15 分,共 75 分)

1. 简述商业银行管理的基本原则。
2. 简述凯恩斯主义的货币需求理论。
3. 简述货币政策变化如何影响股票价格?
4. 影响一国长期汇率的主要决定因素有哪些?
5. 简述远期合约的缺陷及期货市场成功的原因。

三、论述题(每小题 25 分,共 50 分)

1. 通货膨胀是我国宏观经济当前面临的最主要的不确定因素之一。试运用你所学习的金融学理论对引起中国通货膨胀的各种因素及其对策进行分析。

2. 由美国次贷问题引发的全球金融危机严重威胁了全球金融体系稳定,国际金融市场极度动荡,美国等国陷入经济衰退,世界经济和金融形势也处于严重的失序和失衡状态。金融危机发生以后,美联储采取了一系列措施,诸如包括:

(1)美联储于 2007 年 8 月 17 日宣布将贴现利率降低 50 个基点,即从 6.25%降到 5.75%,并一再降低贴现率至 0.75%;

(2)美联储于 2007 年 9 月 18 日决定将保持了 14 个月的联邦基金目标利率从 5.25%下调至 4.75%,并一再降低至 0.25%;

(3)美联储于 2007 年 12 月开始启用短期贷款拍卖,以向面临流动性不足的商业银行提供资金;

(4)美联储采取一系列救助计划,如 2008 年 9 月 17 日授权纽约联储向 AIG 公司提供最多 850 亿美元的紧急救助贷款;

(5)从 2009 年 3 月起,美联储通过购买 1.7 万亿美元的中长期国债等措施,将资产负债表迅速扩大;2010 年 11 月 3 日,美联储宣布推出第二轮定量宽松货币政策,到 2011 年 6 月底以前计划将购买 6 000 亿美元的美国长期国债。

请回答以下问题:

(1)美联储采取了哪些货币政策措施?这些政策工具有何不同?

(2)美联储通过这些手段增加了货币供应量,这将对美国与其他国家经济有何影响?

(3)你认为中国应采取哪些措施以应对美国的货币政策变化?

2011年武汉大学431金融硕士真题

扫码听课

一、名词解释(共6小题,每小题5分,共30分)

1. 远期外汇合约
2. 特别提款权
3. 货币局制度
4. 经济增加值
5. 经营杠杆
6. 利息税盾

二、计算题(共4小题,每小题9分,共36分)

1. 假设某公司发行面值为100元的附息债券,票面利率为6%,即持有一张该债券一年后可换回106元。设债券期限为5年,当前市场价格为102元,求该债券的当期收益率。如果投资者在持有该债券2年后,以115元的价格将其卖出,请计算投资者持有期的收益率。

2. 某投资者拥有Smart Money公司价值为100 000美元的股票,第一年年底他收到股利2美元,第二年年底再收到股利4美元,第三年年底他将股票以每股50美元卖出。假定收到股利需按28%的税率征税,并假定市场收益率是15%。请计算:

(1)该投资者收到股利的现值;

(2)Smart Money公司股票价格;

(3)该投资者本来拥有多少股Smart Money公司的股票?

3. 如图所示,某项目的现金流如下:$CF_0=-\$100$,$CF_1=\$230$,$CF_2=-\$132$。

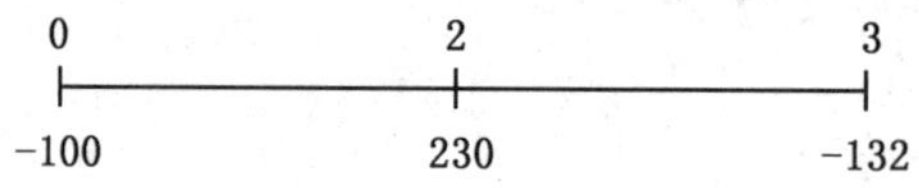

请解答下列问题:

(1)计算该项目的内部收益率;

(2)画出该项目的净现值曲线图。

(3)试分析当折现率为多少时该项目可行。

4. Rayburn制造公司目前是一家完全权益结构的公司,公司的权益价值是2 000 000美元,权益的成本为18%,并假定不存在税收。该公司计划发行400 000美元的债务用于回购公司股票,债务成本是10%。请计算:

(1)回购后公司权益的成本；
(2)回购后公司总的资本成本；
(3)解释(1)(2)中的结果。

三、简答题(共7小题,每小题10分,共70分)

1. 比较分析商业信用与银行信用的特点、局限性及其相互关系。
2. 简述利率的期限结构理论的产生及其主要内容。
3. 简述现金交易说与现金余额说的主要内容及其区别。
4. 简述国际收支理论中的货币主义分析法。
5. 人民币升值的影响主要体现在哪些方面?
6. 简述最优货币区的概念和基本内容。
7. 简述有效资本市场的类型及其对公司的启示。

四、论述题(共1题,14分)

试比较分析法定存款准备金政策、再贴现政策与公开市场操作三项政策工具的运行机制及其特点。

三、2015～2019 年选编
真题参考答案

2019年复旦大学431金融硕士真题参考答案

一、选择题

1. D

M1＝M0＋企业单位活期存款＋农村存款＋机关团体部队存款。A、B项是企事业单位的活期存款，C项是流通中的现金，所以本题选择D。

2. D

收益率曲线向下倾斜，说明长期债券收益率比短期债券收益率低，故A、B项错误；若经济进入上升期时，应该资金需求增加，收益率曲线上扬，所以C项错误。本题选择D。

3. D

利率衍生品交易是对利率风险的管理，所以本题选D。

4. A

1951年，米德提出的"米德冲突"就是阐述内外均衡的矛盾和政策搭配问题。

5. D

同业拆借利率的下限其实就是利率走廊的下限，也就是准备金率。如果同业拆借利率低于准备金率，银行可以选择将钱存到央行，而不是到同业市场拆放，所以本题选D。

6. D

储备差额只意味着储备资产的变化，若差额为正，则反映该年储备资产减少，但并不意味着一定就是债务国或者债权国。所以A、B项错误。资本与金融账户的差额不一定反映官方储备的变化。而D项是根据复式记账法则的反映，所以本题选D。

7. C

随着越来越多的证券加入投资组合，会逐渐分散非系统性风险，不过风险的下降速度会不断递减。所以本题选C。

8. C

远期价格是使合约价值为零的交割价格，故C项错误。

9. C

净增效益原则是指财务决策建立在净增效益的基础上，一项决策的价值取决于它和替代方案相比所增加的净收益。净增效益原则的应用领域之一是沉没成本概念。沉没成本与将要采纳的决策无关，因此在分析决策方案时应将其排除。

10. D

根据无税MM理论，资本结构不影响公司价值。所以公司当前的股价＝(9 000－3 000)/1 000＝6(元)。故需要发行500万新股才能融资3 000万元还债，融资后，流通股股数为 1 500 万股，此时股价为 9 000/1 500＝6(元)。

二、简答题

1.(1)格雷欣法则含义。格雷欣法则是金银双本位制下的一种现象，具体来说，指两种名义价值相同而实际价值不同的货币同时流通时，名义价值低于实际价值的货币即良币会退出流通领域，而名义价值高于实际价值的货币即劣币则充斥流通领域，这一现象被称为劣币驱逐良币规律，因为是英国人格雷欣最早发现和阐述的，所以又称为格雷欣法则。

(2)格雷欣法则在生活中的体现。格雷欣法则描述的是劣币驱逐良币的过程，生活中也常常有这种情况出现。

①公交排队案例。

平日乘公共汽车时，规规矩矩排队者总是被插队的人挤得东倒西歪，几趟车也上不去，而不守秩序的人倒常常能够捷足先登，争得座位或抢得时间。最后遵守秩序排队上车的人越来越少，车辆一来，众人都争先恐后往上挤。

在此场景中，所谓的"良币"是指那些规规矩矩排队的人，他们遵守了道德规范，但是却被插队的人(劣币)挤到一边，往往是最后上车或者根本挤不上车的人。最后会有越来越多的人加入插队的队伍，久而久之，当没有任何一个人遵守秩序时，乘客的效率会变得极低，同时也存在例如踩踏事故的隐患。

②企业管理案例。

在日常工作中，若埋头苦干、勤勉努力而又默默无闻的员工(良币)受到忽视，而那些阿谀奉承、擅长拍马屁的员工(劣币)则受到老板的重视，频频升职。这样的情形形成了恶性循环，就会有越来越少的员工干实事，整个企业的工作效率将会下降。

2.(1)资产证券化含义。资产证券化(Asset-Backed Securities，ABS)，是指以基础资产未来所产生的现金流为偿付支持，通过结构化设计进行信用增级，在此基础上发行资产支持证券或受益凭证的过程。

与传统债券相比，资产证券化具有以下特点：

第一，资产证券化以基础资产作为信用基础，打破了以发行主体信用为基础的传统证券发行模式。

第二，传统债券无法达到基础资产与发行主体隔离的效果，资产证券化通过特殊目的载体(SPV)，实现基础资产与发行主体的风险隔离，基础资产不属于破产清算财产。

第三，在满足相关规定的前提下，资产证券化可以实现基础资产"出表"的效果，达到优化财报和表外融资的目的，这也是相较于传统债券较为明显的一个优势。

(2)金融机构的微观动机。研究金融机构资产证券化的微观动机，其实就是谈资产证券化对金融机构有什么好处？一般而言，金融机构资产证券化常见的几个动机如下：

①监管资本套利。监管资本套利是 20 世纪 80 年代以来出现的新名词，它是指金融机构在不违背监管资本规定、不降低金融机构的业务规模和整体风险的同时，通过金融交易降低监管资本要求而进行的套利。而贷款出售和资产证券化是监管资本套利的两种常用工具。所以 Gerding 明确指出利用资产证券化进行监管资本套利是引发 2008 年金融危机的重要诱因。

②转移风险和增加流动性。通过资产证券化，将一些流动性差的资产打包处理后，再次在市场进行流通转让，使得金融机构能够提前回收流动性，降低了流动性风险，同时在资产证券化的过程中还能够转移风险，在这个链条上的银行、担保、保险都有相应的收益，但也在一定程度上埋下了隐患，若监管不当，很容易产生问题。

③比较优势。大型金融机构基于自身的比较优势也是资产证券化的动机之一，资产证券化的能力与债权转化的能力相关，而债权转化的过程中需要构建资产池，规模越大的银行的资产在客户类型上、地理区域分布上和产品品种上越分散，构建的资产池风险就越分散，获得的评级就越高，资产证券化的发行就越容易成功。另外，大型银行的能力不仅可以让客户信赖，也更容易得到政府部门的认可，因此规模越大的银行越容易在政策上获得支持，因此规模越大的银行，进行资产证券化的可能性越大。

3.(1)第一类代理问题是什么?

第一类代理问题就是我们常说的委托代理问题，股东将公司经营权赋予管理层，而管理层可能会为了自身利益损害股东权益，其描述的是股东与其管理层之间的矛盾。

除了第一类代理问题，还有第二类代理问题，其描述的主要是大股东和小股东之间的矛盾，在股权结构单一、股权比较集中的情况下，具有优势的大股东可能会为了自身的利益侵害小股东的权益。

(2)第一类代理问题的主要表现。

①消极怠工。管理层在日常工作中，有可能出现消极怠工的现象，进而影响公司长期经营，损害股东权益，比如管理层不作为、不关注基层员工、投入工作的时间精力不足等。

②职务消费。日常工作中，管理层可能会利用自身的信息优势或者便利，将公司资源用于个人享受或者干脆将公司资源挪为私用，这也损害了股东权益，是委托代理问题的表现形式之一。

③过度投资。管理层可能为了扩大自身影响力或者出于其他自身目的，不断扩大投资规模和多元化经营，在这个过程中，管理者并不是基于股东财富最大化的目的进行投资，可能滥用公司的自由现金流，不仅带来很大的经营风险，也造成公司资源的浪费，损害股东权益。

④短期行为。管理者的短期行为是基于其自身利益出发采取的措施，而不是从公司长期经营的角度考虑的，所以也是侵害了股东的权益，不利于股东。

比如除了上述所说的过度投资外，还有逃避风险，公司的管理人员过于保守，即使有利可图，也不愿进行风险投资。因为投资成功，他们无法分享高额利润，而一旦投资失败，管理层可能会下岗。所以管理层可能会排斥那些高收益的风险项目，这也是管理者基于自身利益出发、损害股东权益的表现之一。

(3)如何解决代理问题。

①激励手段。在现代公司中，解决经理人在事后偷懒、内部交易等道德风险的重要机制设计是，在事前与经理人签订一份建立在可观测变量基础上的激励合约。

所谓激励合约，是通过在股东与经理人之间订立隐性或显性合约，来实现把对经理人努力的补偿(年薪、股权或期权等)建立在企业业绩等可证实的指标上，从而使经理人在一定程度上按照投资者的利益行事的一种激励手段。

②监督手段。首先,可利用公司董事会与外部董事来监督经营者。由于在分散股权结构下,股东仅作为出资人不可能经常参与公司的经营活动和对经理人进行监督,所以股东将自身的权利赋予董事会来代理他们对经理的经营活动进行监督,从而降低股东与经理人之间的信息不对称。其次,可以通过举债经营,引进债权人通过债务合约对公司管理者进行监督。

三、计算题

1.(1)$S_i=\frac{E(R_T)-R_f}{\sigma_i}=\frac{15\%-5\%}{25\%}=0.4$,所以投资人接受一单位风险需增加的预期收益是40%。

(2)无风险资产标准差为0,且与风险资产协方差为0。因此,风险资产比例=10%/25%=40%,无风险资产比例=1-40%=60%。

投资组合的预期收益=60%×5%+40%×15%=9%。

(3)设投资于无风险资产比例为w,则:$5\%w+15\%\times(1-w)=19\%$。$w=-0.4$,即无风险资产比例为-40%,风险资产比例为140%。

2.第一,根据题目条件,求出资产组合P的四个比率,具体如下:

(1)夏普比率$\frac{r_i-r_f}{\sigma_i}=\frac{35\%-6\%}{42\%}=0.69$;

(2)詹森比率$\alpha_i=r_i-r_f-\beta_i(r_m-r_f)-\sigma_i(e)=35\%-6\%-1.2\times(28\%-6\%)=2.6\%$;

(3)特雷诺比率$\frac{r_i-r_f}{\beta_i}=\frac{35\%-6\%}{1.2}=24\%$;

(4)信息比率$\frac{\alpha_i}{\alpha_i(e)}=\frac{2.6\%}{18\%}=14.4\%$。

第二,根据题目条件,求出市场组合M的四个比率,具体如下:

(1)夏普比率$\frac{r_i-r_f}{\sigma_i}=\frac{28\%-6\%}{30\%}=0.73$;

(2)詹森比率$\alpha_i=r_i-r_f-\beta_i(r_m-r_f)-\sigma_i(e)=28\%-6\%-1\times(28\%-6\%)=0$;

(3)特雷诺比率$\frac{r_i-r_f}{\beta_i}=\frac{28\%-6\%}{1}=22\%$;

(4)信息比率$\frac{\alpha_i}{\alpha_i(e)}$,因为$\alpha_i$、$\alpha_i(e)$为零,所以市场组合$M$不存在信息比率。

综上所述,我们得到如下计算结果:

	资产组合 P	市场组合 M
夏普比率	0.69	0.73
詹森比率	2.6%	0
特雷诺比率	24%	22%
信息比率	14.4%	—

3. (1)在完美市场中，根据无税 MM 定理，资本结构不影响公司价值，借款 3 000 万元可回购 500 万股股票，流通股剩余 1 500 万股，此时权益资本为 2 000×6－3 000＝9 000(万元)。故此时股价为 9 000/1 500＝6(元)。

(2)考虑公司税，根据有税 MM 定理，公司价值与资本结构有关，有杠杆公司价值等于无杠杆公司价值加上税盾。公司价值为 2 000×6＋30%×3 000＝12 900(万元)，股价为 12 900/2 000＝6.45(元)。

(3)若发布消息后，股价下跌至 5.2 元，此时公司价值为 2 000×5.2＝10 400(元)，只考虑财务困境和公司税的情况下，那么财务困境的现值为 12 900－10 400＝2 500(万元)。

四、论述题

1. 2015 年 8 月 11 日，中国人民银行宣布完善人民币中间价报价机制，外汇市场上十年如一日都稳如泰山的人民币陷入飘摇动荡的迷局；随后国内外金融市场出现的剧烈反应更是出乎预料，史称“811”汇改。

其初步明确了“收盘价＋一篮子货币汇率变化”的双参考定价机制，较好地兼顾了市场供求指向、保持对一篮子货币基本稳定和稳定市场预期三者之间的关系。

(1)人民币贬值的原因。

第一，中间价以及美元升值预期。由于人民币汇率是以外汇市场的供求为基础，参考一篮子货币的变化，当其他货币，尤其是美元有升值预期的时候，人民币相应就会产生贬值预期。2015 年以来美联储进入加息周期，尤其是 2018 年连续加息导致美元走强，使人民币承担了一定的贬值压力。

第二，央行主动干预人民币过快升值。当美元等其他主要经济体实行宽松货币政策时，容易出现大量的投机“热钱”进入中国，对人民币需求增加，导致人民币升值，此时中国央行为了稳定汇率，出手干预，造成人民币贬值。

第三，私募等国际投资机构做空人民币。国际空头有时也会影响人民币汇率，短期造成人民币贬值，不过这种情况，中国央行可以通过提高离岸市场的人民币利率、加大空头的做空成本等措施来化解。

第四，2018 年以来，我国经济下行压力较大，中美贸易摩擦频繁。内外部不确定因素导致资金的避险情绪增加，一定程度上导致我国资本外流，使人民币出现了一定的贬值幅度。

(2)人民币贬值的影响。

第一，使汇率机制实现市场化具备更充足的条件。贬值会让人民币汇率具有更多的不确定性，会让那些对赌人民币升值的投资者以及机构对长期持有人民币变得更加谨慎，还能让央行人民币汇率调控政策的调控空间得到改善，使得人民币汇率形成良好的市场化机制具备更好的外部条件。

第二，人民币贬值能够降低本国出口商品的国际价格，使之更具有国际竞争力。能够增加出口，使出口型外贸企业得利，增加国家外汇储备。

第三，给国内房地产市场带来冲击。人民币贬值还会导致内地房地产企业从海外进行融资的成本快速增加。这对于资本密集型的房地产行业来讲就是雪上加霜。

第四，对居民的生活带来诸多影响。比如人民币贬值，就会在用美元进行计价的石油价格不变的情况下，导致进口原油的价格上升。而进口原油价格上升，不仅汽油的价格上升会直接增加居民出行的支出，而且作为一种基础生活产品，原油的价格上涨还会导致下游产品价格全面上涨。这些都会直接增加居民的生活支出。

(3)贬值对资本市场的影响机制。

第一，流动性渠道。

本币贬值→资本外流→外汇市场上外汇需求增加→央行利用外汇储备去增加外汇市场上的供给→基础货币投放减少→国内流动性紧张→股市下跌。

第二，信心渠道。

本币贬值→市场对央行干预外汇市场的决心能力产生疑虑→市场信心下降→抛售股票。

或者理解为预期渠道：

本币贬值→投资者预期该国经济和金融将会出现变动→风险规避情绪加剧→抛售股票等风险资产。

第三，利率渠道。

本币贬值→央行采用提高利率的方式应对→国内实体经济受到影响→股市下跌。

第四，资产组合调整渠道。

从居民资产配置情形来看，本币贬值→居民家庭财富缩水→股市资产配置相对过多→减少持有的股票组合→股价下跌。

2018年复旦大学431金融硕士真题参考答案

一、选择题

1. B

本题考查两个点：一是中国货币口径的定义；二是个人活期存款到底属于哪种统计口径。知道这两个信息，这道题就很简单了。

我国的货币口径：

M0＝流通中现金

M1＝M0＋单位活期存款

M2＝M1＋准货币（定期存款＋储蓄存款＋其他存款＋个人活期储蓄）

所以，将现金转为个人活期时，流通中现金减少，M1也会减少，而M2不变。故选B。

2. C

本题考查同学们对表外业务的理解，不计入资产负债表，但能影响损益的是表外业务，也就是表外业务能影响或有负债。从选项中看，除了C项备用信用证属于担保，是表外业务外，其他的三个业务都是中间业务，不会对或有负债产生影响。

3. D

本题考查欧洲债券的定义，较简单。一国在外国发行以第三国货币为面值的债券，称为欧洲债券。而一国在外国发行以当地货币为面值的债券，称为外国债券，常见的有熊猫债券、武士债券、扬基债券等。

4. D

本题考查对国际收支失衡原因的理解。本题其实就是问，什么原因造成的国际收支失衡是长期且持久的，关键词是长期和持久。选项中，只有经济结构滞后造成的失衡是长期且持久的。

我们一般说经济结构滞后有两种情况：一是产业结构单一；二是产业结构不能适应世界经济的变化。比如中东一些国家，国内经济严重依赖石油出口，假设未来新能源普及，那么这些国家必然会出现国际收支失衡，而且短时间内是调整不过来的。

5. C

本题考查SDR的定义，比较简单的一道题。SDR是IMF创建的一种账面资产，俗称纸黄金，作为储备资产，仅限于会员国政府之间和IMF成员国之间使用。

6. A

本题考查包含两种证券的资产组合的风险的度量。该资产组合的方差公式表达为：

$$\sigma_p^2 = X_i^2\sigma_i^2 + X_j^2\sigma_j^2 + 2X_iX_j\rho_{i,j}\sigma_i\sigma_j$$

其中 $\rho_{i,j}$ 表示两种资产组合的相关系数，当相关系数为－1时，该资产组合的方差最小，标准差也最小。

7. C

期权的执行价格 X 和到期时间 T 在合约条款中都已经有规定，连续复利的无风险利率 R_f 可以通过市场上相应期限的国债等无风险资产计算得到。在 Black-Scholes 期权定价模型的参数估计中，最难估计的变量是标的资产的波动率。如股票波动率用于度量股票所提供收益的不确定性，一般利用模型从历史数据估计波动率或由期权价格计算隐含波动率。

8. C

本题考查 APT 模型的相关计算。18％＝5％＋1.5×3％＋1.2×X，解得因素2的风险溢价 X＝7.08％。（备注：原C项是7.75％，题目有误，没有正确答案，故这里把7.75％变更为正确的7.08％，方便考生参考。）

9. B

客户效应理论（追随者效应理论）是税差理论的延续，该理论从股东边际所得税出发，认为每个投资者所处的税收等级不同，处于高税收等级的股东偏好低股利政策，处于低税收等级的股东偏好高股利政策。

10. C

股票是有风险的，而国债基本是无风险的，因此其利息率不可以作为股利的贴现率。

二、简答题

1.（1）国际收支双顺差，一是指经常账户顺差，二是指资本与金融账户（注：不含储备资产，下文如无特别说明，资本与金融账户均不含储备资产）顺差。经常账户顺差具体来看，货物项目的差额是经常账户顺差的主要来源，而货物贸易顺差来自货物出口大于进口。资本与金融账户顺差从国际收支平衡表来看，金融账户是导致资本金融账户顺差的主要原因，其中直接投资的差额又是构成金融账户顺差的主体。

（2）资本净流出主要是指资本账户的逆差，也就是资本账户的下辖项目支出大于收入，造成逆差。资本账户主要包括资本转移和非生产非金融资产的收买或放弃。

资本转移主要是固定资产所有权转移、同固定资产收买或放弃相联系的或者以其为条件的资产转移，以及债权人不索取回报而取消的债务。

非生产、非金融资产的收买或放弃是指各种无形资产如专利、版权、商标、经销权以及租赁和其他可转让合同的交易。

（3）综上所述，从国际收支平衡表来看，资本与金融账户顺差，主要是金融账户的顺差，与资本账户逆差并无矛盾，是可以共存的。只要金融账户的顺差额大于资本账户的逆差额，那整个资本与金融账户还是顺差的，同经常项目顺差一起构成了双顺差的现象。

（4）此外，中国的双顺差持续了多年，在2015年后我国变成了经常项目顺差和资本与金融账户逆差的情况。多年的双顺差对中国产生了重大影响，主要有三个方面：

一是双顺差带来了外汇储备的巨额累积，巨大的储备额实质上是将双顺差下以高成本引入的资金又通过购买低回报率美国国债或是增加在美国银行的美元存款等外汇储备资产经营的方式将实际资源“返还”给了外国。

二是影响国内宏观调控效果。为保持人民币汇率稳定,新增顺差只能通过增加外汇储备来消化,这便给中央银行带来巨额的外汇占款压力。为保持货币供给不变,央行采取冲销措施,外汇占款由此挤占了国内信贷的投放。在这种情况下,国内的货币政策独立性受到削弱。

三是导致银行间货币流动性过于宽松。银行体系由过去的“宽货币、紧信贷”转变为“宽货币、宽信贷”的局面。货币供应量增长加快,主要原因是外汇占款渠道发放的基础货币增加较快。

2.(1)一价定律。在没有运输费用和官方贸易壁垒的自由竞争市场上,一件相同商品在不同国家出售,如果以同一种货币计价,其价格应是相等的。也就是说,通过汇率折算之后的标价是一致的,若在各国间存在价格差异,则会发生商品国际贸易,直到价差被消除,贸易停止,这时达到商品市场的均衡状态。P_d^i 和 P_f^i 是第 i 种可贸易品的本国与外国的价格水平,e 是直接标价法下的汇率,下同。

$$P_d^i = eP_f^i$$

(2)购买力平价。该理论认为两国货币购买力之比就是决定汇率的“首先的最基本的依据”;汇率的变化也是由两国货币购买力之比的变化而决定的,即汇率的涨落是货币购买力变化的结果。其分为两种形式:绝对购买力平价和相对购买力平价。

绝对购买力平价是指,对于两国的任何一种可贸易品,一价定律都成立,并且在物价指数的编制中,两国各种可贸易品所占的权重相等,那么,两国由可贸易商品构成的物价水平之间存在下列关系:

$$\sum_{i=1}^{n} \alpha^i P_d^i = e \sum_{i=1}^{n} \alpha^i P_f^i$$

其中,α^i 表示第 i 种可贸易品在物价指数中的权重。

尽管商品分为可贸易品和不可贸易品,但是主张购买力平价的学者认为,可贸易品和不可贸易品二者存在一定的联系,使得一价定律对不可贸易品也成立。也就是说,汇率取决于两国的一般物价水平之比。

相对购买力平价是把汇率的变动幅度和物价的变动幅度联系起来,其含义是尽管汇率水平不一定能反映两国物价绝对水平的对比,但可以反映两国物价的相对变动。物价上升速度快的国家,其货币贬值。

$$e_t = \frac{PI_{d,t}}{PI_{f,t}} \cdot e_0$$

其中,e_t 和 e_0 分别是计算期和基期的汇率;$PI_{d,t}$ 和 $PI_{f,t}$ 分别是本国和外国在 t 期的物价指数。

(3)二者的区别和联系。

首先,一价定律描述的可贸易品和汇率之间的关系是购买力平价成立的基础。

其次,购买力平价讨论的是一般物价水平,包含了非贸易品,那么就有可能当购买力平价成立时,并不是所有商品都符合一价定律。

最后,绝对购买力平价是一价定律在国际产品市场上的运用。假设每单位商品在中国的价格为 P_d,在外国的价格为 P_f,根据一价定律,一单位外币在外国购买的产品数量等于在中国购买的数量。即$\frac{1}{P_f}=\frac{e}{P_d}\Rightarrow e=\frac{P_d}{P_f}$，这就是购买力平价的汇率决定公式，但是在实际中，我们将P_d和P_f用物价指数代替，这样就无法满足一价定律的条件了，比如各国可能生产不同的商品；各国生产有非贸易品。这两点导致了绝对购买力平价不成立。

3.(1)资本市场线(Capital Market Line，CML)是表明有效组合的期望收益率和标准差之间的一种简单的线性关系的一条射线。它是沿着投资组合的有效边界，由风险资产和无风险资产构成的投资组合。

资本市场线方程可用下式描述：

$$E(r_p)=r_f+\left[\frac{E(r_M)-r_f}{\sigma_M}\right]\sigma_p$$

图形如下：

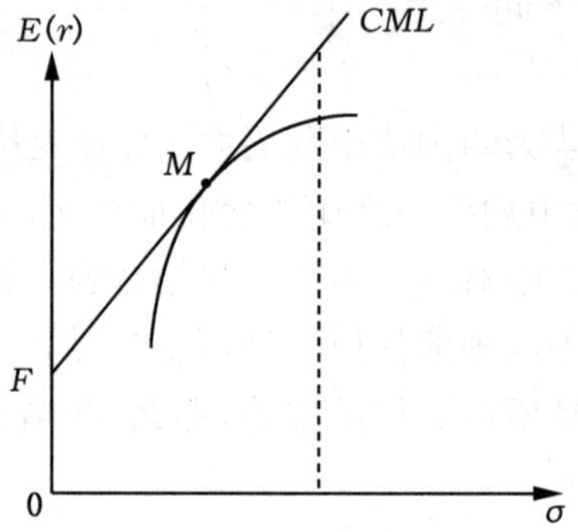

(2)证券市场线(Securities Market Line，SML)是说明投资组合报酬率与系统风险程度β系数之间关系的一条射线。*SML*揭示了市场上所有风险性资产的均衡期望收益率与风险之间的关系。

证券市场线方程为：

$$E(r_i)=r_f+[E(r_M)-r_f]\beta_i$$

图形如下：

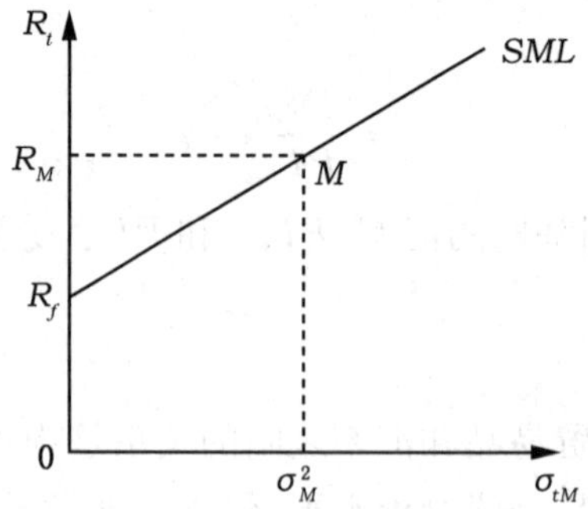

(3)资本市场线与证券市场线的联系。

①纵轴上都有截距，且都表示无风险收益率；

②纵轴都表示期望收益率；

③资本市场线上的所有组合对应点一定在证券市场线上，而非有效组合的对应点也将落在证券市场线上，但是在资本市场线以下。

(4)资本市场线与证券市场线的区别。

①资本市场线的横轴是标准差(既包括系统风险又包括非系统风险)，证券市场线的横轴是贝塔系数(只包括系统风险)。

②资本市场线揭示的是持有不同比例的无风险资产和市场组合的情况下风险和报酬的权衡关系；证券市场线揭示的是证券本身的风险和报酬之间的对应关系。

③资本市场线描述了有效投资组合的风险与预期收益之间的关系，而证券市场线界定的风险与收益的关系则适用于所有的资产和组合，无论其有效与否。

④资本市场线表示的是期望报酬率，即投资后期望获得的报酬率；而证券市场线表示的是要求收益率，即投资前要求得到的最低收益率。

⑤证券市场线的作用在于根据必要报酬率，利用股票估价模型，计算股票的内在价值；资本市场线的作用在于确定投资组合的比例。

⑥资本市场线适用前提很严格；而证券市场线适用前提宽松，适用范围广。

三、计算题

1.(1)根据资本资产定价模型公式可得，$E(r_p)=r_f+\beta(r_m-r_f)=4.3\%+0.9\times(13\%-4.3\%)=12.13\%$。

(2)由零增长模型公式可得，$P=\dfrac{D_0}{E(r_p)}=\dfrac{6}{12.13\%}=49.46$(元)。

(3)代入实际的贝塔值，由资本资产定价模型公式可得：

$$E(r_p)=r_f+\beta(r_m-r_f)=4.3\%+1.3\times(13\%-4.3\%)=15.61\%$$

$$P=\frac{D_0}{E(r_p)}=\frac{6}{15.61\%}=38.44(\text{元})$$

分析可知，以(2)中的价格购买该股票是高估了该股票价格。

2.(1)本题可用无套利定价法来解。构建一个由 Δ 单位的卖出(看跌)期权空头和 1 单位的标的资产多头组成的组合。当期末股票价格为 150 元时，卖出期权不会行权，资产组合的价值为 150 元。当期末股票价格为 90 元时，看跌期权会行权，资产组合的价值为 $90-20\Delta$，令 $150=90-20\Delta$，可得 $\Delta=-3$，可知每股股票需要 3 份卖出期权。

(2)由第(1)问分析可知，每股股票用看跌期权对冲后，期末价值为 150 元。

(3)假设必要收益率为 10%，设每份期权的价格为 p，$(95+3p)(1+10\%)=150$，可得 $p=13.79$(元)。

3.(1)如果用发行股票的方式筹集资金，按 90 元每股的价格发行新股，则新增股数 20 000/90=222.22(万股)，公司新的总股数为 1 000+222.22=1 222.22(万股)，由于题目中假设资本市场是完美的，故无税，*EPS*=*EBIT*/总股数=6 000/1 222.22=4.9(元/股)。

(2)如果用债务方式筹集资金，利率为 5%，会产生利息一共为 20 000×5%=1 000(万元)，属于股东的收益为 6 000−1 000=5 000(万元)，*EPS*=5 000/1 000=5(元/股)。

(3)若以发行新股方式融资，$P/E=90/4.9=18.37$。若以发行债券方式融资，$P/E=90/5=18$。两种融资方式下 P/E 的差异主要是由于该公司的总资产息税前收益率为6 000/(90 000+20 000)=5.45%，大于债券的融资成本5%。

四、论述题

(1)新型货币政策工具。

①短期流动性调节工具(Short-term Liquidity Operations，SLO)。2013年1月，中国人民银行创设了"短期流动性调节工具"，作为公开市场常规操作的必要补充，本质上其是超短期的逆回购。在银行体系流动性出现临时性波动时相机使用。其作用主要是有利于央行有效调节市场短期资金供给，熨平突发性、临时性因素导致的市场资金供求大幅波动，促进金融市场平稳运行，也有助于稳定市场预期和有效防范金融风险。

②常备借贷便利(Standing Lending Facility，SLF)。2013年初，中国人民银行创设了常备借贷便利，其属于中央银行的选择性政策工具，是正常的流动性供给渠道，以抵押形式发放。其主要功能是满足金融机构期限较长的大额流动性需求，对象主要为政策性银行和全国性商业银行，期限为1～3个月。

③中期借贷便利(Medium-term Lending Facility，MLF)。2014年9月，中国人民银行创设，其属于中央银行提供中期基础货币的选择性政策工具，采取质押形式发放。金融机构提供国债、央行票据等优质债券作为合格质押品。对象为符合宏观审慎管理要求的商业银行、政策性银行，可通过招标方式开展。中期借贷便利利率发挥中期政策利率的作用，通过调节向金融机构中期融资的成本来对金融机构的资产负债表和市场预期产生影响，引导其向符合国家政策导向的实体经济部门提供低成本资金，促进降低社会融资成本。

④抵押补充贷款(Pledged Supplemental Lending，PSL)。2014年4月，中国人民银行创设，其属于中央银行的选择性政策工具，主要功能是支持国民经济重点领域、薄弱环节和社会事业发展而对金融机构提供的期限较长的大额融资。其主要通过质押方式发行，合格抵押品包括高等级债券资产和优质信贷资产。

⑤临时性借贷便利(Temporary Lending Facility，TLF)。2017年1月，中国人民银行创设的新工具，期限仅为28天，仅面向中、农、工、建、交五大行，属于紧急补充流动性。资金成本与同期限公开市场操作利率大致相同。这一操作可通过市场机制更有效地实现流动性的传导。当市场流动性紧张，资金利率快速上升，央行在公开市场和MLF投放量难以满足市场需求时，可以通过TLF操作，向市场提供流动性，以缓解资金面紧张的问题。

(2)传统货币政策工具。

①法定存款准备金。存款准备金是指金融机构为保证客户提取存款和资金清算需要而准备的资金，金融机构按规定向中央银行缴纳的存款准备金占其存款总额的比例就是存款准备金率。存款准备金制度是在中央银行体制下建立起来的，它的初始作用是保证存款的支付和清算，之后才逐渐演变成为货币政策工具，中央银行通过调整存款准备金率，影响金融机构的信贷资金供应能力，从而间接调控货币供应量。

其特点是效果非常猛，通过法定存款准备金率影响货币乘数，成倍的影响社会信贷规模。由于难以把握时机和幅度，一般只是在特殊场合使用，平时使用较少。

②再贴现。再贴现政策是指中央银行通过直接调整或制定对合格票据的贴现利率，来干预和影响市场利率以及货币市场的供给和需求，从而调节市场货币供应量。

再贴现业务的主要优点是，它有利于中央银行发挥最后贷款者的作用，并且既能调节货币供给的总量，又能调节货币供给的结构，还具有告示性效应。再贴现业务的主要缺点是，再贴现业务的主动权在商业银行，而不在中央银行，这就限制了中央银行的主动性，再贴现率的调节作用有限。

③公开市场操作。公开市场操作是指央行在证券市场上公开买卖各种政府债券以控制货币供应量及影响利率水平的行为。它是传统货币政策工具中唯一能够直接使银行储备发生变化的主动性工具，具有主动性和灵活性的特征；同时还能繁荣本国的债券市场。

但是，中央银行只能在储备变化的方向上而不能在数量上准确地实现自己的目的。而且通过公开市场业务影响银行储备需要时间，它不能立即生效，而要通过银行体系共同的一系列买卖活动才能实现。人民银行公开市场操作方式包括回购交易、现券买断和发行中国人民银行票据等。

(3)新型货币政策工具和传统货币政策工具的比较。

传统货币政策工具基本都属于数量型的货币政策工具，一般效果较为直接，能够较快实现政策目标，但是时机幅度不容易把握，操作性不强，难以做到“收放自如”，容易造成“急刹车”等消极影响。而且传统的货币政策工具都是一般性操作工具，直接影响整个社会经济，没有具体针对对象，难以进行微调操作，灵活性方面较为欠缺。

新型货币政策工具大多属于选择性工具，不同的工具针对不同的对象，央行可以根据现实经济情况进行政策选择，而且政策的时机和幅度容易把握，央行可以根据情况来回进行微调，防止“急刹车”等消极影响，有助于熨平经济的波动性。

(4)新型货币政策工具产生的原因和效果。

①原因。随着我国金融市场的发展，以及非存款性金融机构的创新，大量金融工具成为货币的替代物。近年来，央行在货币政策操作过程中频繁使用数量型调控工具，但未能达到预期设定的目标，在时机幅度上难以把握，这说明传统货币政策的传导机制并不顺畅。

面对国内复杂的宏观经济状况，央行必须调整自己的货币政策工具，所以根据国情对货币政策进行创新是必然趋势。目前，我国已经形成了以传统政策工具、利率政策工具、新型选择性政策工具为主的市场化货币政策体系。同时，货币政策通过与宏观审慎政策配合，逐渐形成了双支柱调控框架的政策体系，使央行的调控政策更有效，避免经济体出现“灰犀牛”“黑天鹅”等经济问题。

②效果。整体来看，新型的货币政策工具不仅使央行的调控更主动、控制力更强，同时取得了很好的效果，基本达到政策目标。

第一，从2017年1月创设的TLF来看，央行主要是为了解决春节前各大银行的流动性紧缺问题，如果采用降准等宽松措施，一是效果太猛，二是与目前“稳健的货币政策”相违背。但是通过TLF，适时适机地解决了问题。

第二，央行《2017年第三季度货币政策执行报告》称，为促进经济平稳增长，保证基础货币供给，结合金融机构流动性需求情况，每月适时开展中期借贷便利操作，有效弥补了银行体系中长期流动性缺口，成为央行基础货币供给的重要渠道。

也就是说，基础货币供给渠道确实发生了巨大变化。中央银行货币政策工具取代外汇占款成为基础货币供给的主渠道，增强了央行对基础货币的控制力，有助于提升我国货币政策独立性。其中，新型的中期借贷便利、抵押补充贷款等工具功不可没。

第三，央行新型工具的政策利率对市场其他利率的影响力逐渐增大，有助于未来市场化利率体系的建设。比如通过 SLF 建设利率走廊，进一步推进我国利率市场化的发展。

综上所述，新型货币政策工具创设主要是为市场提供适度的流动性和调节市场利率，帮助央行平抑经济波动。总的来说，这些新型工具达到了预设的效果，央行也在不断地丰富其工具箱。

2018年华东师范大学431金融硕士真题参考答案

一、单项选择题

1. C

我国在2011年货币层次调整时，将公积金存款纳入了M2的统计范围。

2. B

商业银行的二级储备资产兼顾了一定的流动性和盈利性，B项国库券符合此标准。

3. D

A项一级市场是有价证券发行的市场；B项二级市场是有价证券的交易市场；C项资本市场是指期限在一年以上各种资金借贷和证券交易的场所；D项货币市场是指期限在一年以内的短期债务工具市场，它是利率市场化的基础。

4. B

通货存款比率是指流通中的现金与商业银行活期存款的比率。这一比率的高低反映了居民和企业等部门的持币行为。通货存款比率越高，表明居民和企业等部门持有的现金越多，商业银行创造存款货币的能力就越弱。

5. C

贴现利息＝面值×贴现率×到期日/360，代入数据可知，贴现利息为250元，所以银行需要支付9 750元。

6. C

A项定期存款比率主要与定期存款准备金率和人们的财富、收入相关；B项现金漏损主要由公众的流动性偏好和持有成本决定；D项取决于政府当局；C项的超额准备金由商业银行的库存现金和在央行的多余存款组成，因此，超额存款比率受制于商业银行。

7. B

本题考查自然失业率的定义。当预期通货膨胀率与实际通货膨胀率相等时，此时的失业率称为自然失业率。

8. A

经常账户包括：①货物和服务。货物是指通过海关的进出口货物，服务包括运输、旅游、通信、建筑、保险等。②收益。包括职工报酬和投资收益两类。③经常转移。主要包括侨汇、无偿捐赠和赔偿等项目，包括实物和资金形式。

9. A

特别提款权是IMF创造的一种纸面资产，不具有内在价值，所以本题选A。

10. C

本题为时事题，亚投行的全称是亚洲基础设施投资银行。

11. B

本题是在已知普通股股票的资本成本的情况下，计算公司应当达到的股利年增长率。根据股利增长模型下普通股资本成本的计算公式可以计算得出：股利年增长率＝普通股资本成本－预期年股利额/[普通股市价×(1－普通股筹资费用率)]。而题目中所给出的只是上年发放的股利，因此预期的年股利额应在上年发放股利的基础上加上今年的预期年股利增加额，即预期年股利额＝上年发放股利×(1＋股利年增长率)。由此可以计算得出股利的年增长率为5.39%。

12. C

应收账款周转次数＝本年销售收入净额/[(年末应收账款＋年初应收账款)/2]。所以315 000/[(18 000＋16 000)÷2]＝18.5。

13. B

现金流量是现代理财学中的一个重要概念，是指企业在一定会计期间按照现金收付实现制，通过一定经济活动(包括经营活动、投资活动、筹资活动和非经常性项目)而产生的现金流入、现金流出及其总量情况的总称，即企业在一定时期的现金和现金等价物的流入和流出的数量。

14. A

弱有效市场，股价充分反映历史价格走势，但未反映基本面信息，投资者仍可通过技术分析获取超额收益。

15. A

根据优序融资理论，内部融资是最优先的，其次是债务融资，最后是股权融资，所以A选项错误。

16. A

本题考查β定义，β可以衡量证券的系统风险，也可以用来衡量一种证券的收益随整个证券市场收益变化程度，还可以用来衡量证券收益相对于同一时期市场平均收益的变动程度。所以B、C、D项正确，由D项正确可知，A项是干扰项，故A错误。

17. A

根据詹森Alpha的定义，超额收益率等于期望收益率减去由*CAPM*模型算出的理论收益率。代入数据计算可得，本题选A。

18. B

在股权登记日这一天收盘时仍持有或买进该公司股票的投资者是可以享有此次分红或参与此次配股或参加此次股东大会的股东，这部分股东名册由证券登记公司统计在案，届时将所应送的红股、现金红利或者配股权划到这部分股东的账上；除权除息日是指上市公司发放股息红利的日子，股权登记日下一个交易日即是除权除息日。在股票的除权除息日，证券交易所都要计算出股票的除权除息价，以作为股民在除权除息日开盘的参考。

19. C

净现值大于零对应净现值率大于贴现率，获利指数大于1，内部收益率大于贴现率，但是投资回收期需要一个主观的评判标准，且它不考虑时间价值，可能会与净现值评价得到的结论产生矛盾。

20. C

本题考查财务杠杆定义，反映的是息税前利润和每股收益间的关系。

二、名词解释

1. 行为金融学就是将心理学尤其是行为科学的理论融入金融学之中，是一门新兴边缘学科。行为金融学是金融学的热门边缘交叉学科，对传统金融理论的创新发展具有重要意义。行为金融学从微观个体行为以及产生这种行为的心理等动因来解释、研究和预测金融市场的发展。这一研究视角通过分析金融市场主体在市场行为中的偏差和反常，来寻求不同市场主体在不同环境下的经营理念及决策行为特征，力求建立一种能正确反映市场主体实际决策行为和市场运行状况的描述性模型。

2. 凯恩斯将人们的持币分为三类，即交易动机、谨慎动机、投机动机。由于未来利率不确定，为及时调整资产结构而持有货币。（将资产分为不生利货币和生利债券两种）因为货币属于不生利的资产，持有货币会产生一定的持有成本，债券虽然生利，但是也面临着价格风险。所以因投机动机而产生的货币需求与即期利率负相关，即期利率越高，货币的持有成本也越高，人们会调整自己的资产负债结构，将一定的货币转换为债券。

3. 投资银行是与商业银行相对应的一类金融机构，主要从事证券发行、承销、交易、企业重组、兼并与收购、投资分析、风险投资、项目融资等业务的非银行金融机构，是资本市场上的主要金融中介。投资银行是美国和欧洲大陆的称谓，英国称为商人银行，在日本则指证券公司。

投资银行的组织形态主要有四种：一是独立型的专业性投资银行，这种类型的机构比较多，遍布世界各地，它们有各自擅长的业务方向，比如美国的高盛、摩根士丹利；二是商业银行拥有的投资银行，主要是商业银行通过兼并收购其他投资银行、参股或建立附属公司从事投资银行业务，这种形式在英、德等国家非常典型，比如汇丰集团、瑞银集团；三是全能型银行直接经营投资银行业务，这种形式主要出现在欧洲，银行在从事投资银行业务的同时也从事商业银行业务，比如德意志银行；四是一些大型跨国公司兴办的财务公司。在中国，投资银行的主要代表有中国国际金融有限公司、中信证券等。

4. 远期汇率也称期汇汇率，是交易双方达成外汇买卖协议，约定在未来某一时间进行外汇实际交割所使用的汇率。远期汇率到了交割日期，由协议双方按预订的汇率、金额进行交割。

5. 扬基债券是在美国债券市场上发行的外国债券，即美国以外的政府、金融机构、工商企业和国际组织在美国国内市场发行的、以美元为计值货币的债券。

6. 增量现金流也称为相关现金流量，是指公司有无被决策项目时未来现金流量的差值，也就是由决策引起的公司总未来现金流量的变化。现金流量是指企业在一定会计期间按照现金收付实现制，通过一定经济活动（包括经营活动、投资活动、筹资活动和非经常性项目）而产生的现金流入、现金流出及其总量情况的总称，即企业在一定时期的现金和现金等价物的流入和流出的数量。

三、简答题

1. 间接金融是各单位、个人之间通过各种金融媒介即银行或其他金融机构中介进行的资金转移形式。直接金融是资金盈余者和资金短缺者之间直接借贷的资金融通方式，由双方直接商议或在公开市场上买卖金融证券来完成。间接金融和直接金融是现代资金融通关系的两种重要形式。

(1)相互关系。直接融资和间接融资都是资金的融通活动。直接融资和间接融资相互渗透、相互支持。

(2)区别。金融机构所起作用不同，在间接融资方式中，商业银行是核心中介机构。这种融资方式的特点是，面对众多的资金盈余者，银行以资金需求者的身份向他们出售自己的金融工具，将社会闲置资金集中起来，然后再将筹集来的资金统筹安排，以资金供给者的身份提供给资金的短缺者。银行向资金盈余者出售的金融工具手段为各种存款凭证，向资金短缺者提供资金的主要方式为各种贷款，也不排除有一部分投资于政府债券。在这种融资媒介中，银行一方面媒介了资金从盈余者向短缺者的流动，另一方面又割断了二者的直接联系。资金盈余者把资金的使用权出售给了银行，不必要也不可能知道银行将把这笔资金投向何方。同样，资金短缺者在向银行购买资金使用权时也没必要向银行追究资金源自何处。银行的这种双重作用造就了间接融资方式，银行也因而成为间接金融的中心。

直接融资是以证券公司为核心的。直接融资指的是资金盈余者直接购买资金短缺债权或产权的融资方式。不过，这种交易并非是绕过金融中介机构进行的。与银行不同的是，证券公司对资金余缺双方来说只是一种服务性的中介机构，它接受客户委托代为买卖有价证券时，与委托人发生的是委托关系而不是债权债务关系，当然，这并不排除证券公司向客户授信的情况。

2. 我国货币政策工具主要有常规工具、选择工具和补充工具三大类。

常规工具又称一般性货币政策工具，是指中央银行所采用的、对整个金融系统的货币信用扩张与紧缩产生全面性或一般性影响的手段，是最主要的货币政策工具，包括：①存款准备金制度；②再贴现政策；③公开市场业务。这三者被称为中央银行的“三大法宝”，主要是从总量上对货币供应量和信贷规模进行调节。

选择工具是指中央银行针对某些特殊的信贷或某些特殊的经济领域而采用的工具，以某些个别商业银行的资产运用与负债经营活动或整个商业银行资产运用与负债经营活动为对象，侧重于对银行业务活动质的方面进行控制，是常规性货币政策工具的必要补充。常见的选择性货币政策工具主要包括：①消费者信用控制；②证券市场信用控制；③不动产信用控制；④优惠利率；⑤特种存款。

除以上常规性、选择性货币政策工具外，中央银行有时还运用一些补充性货币政策工具，对信用进行直接控制和间接控制。包括：①信用直接控制工具，指中央银行依法对商业银行创造信用的业务进行直接干预而采取的各种措施，主要有信用分配、直接干预、流动性比率、利率限制、特种贷款；②信用间接控制工具，指中央银行凭借其在金融体制中的特殊地位，通过与金融机构之间的磋商、宣传等，指导其信用活动，以控制信用，其方式主要有窗口指导、道义劝告。

3. 内涵：货币中性是货币数量论一个基本命题的简述，是指货币供给的增长将导致价格水平的相同比例增长，对于实际产出水平没有产生影响。总体来看，古典学派和新古典学派的经济学家都认为货币供给量的变化只影响一般价格水平，不影响实际产出水平，因而货币是中性的。

成立条件：不存在货币幻觉。

影响：如果人们假设货币需求的增加伴随着对其他所有商品和债券的需求减少，那么，新的均衡将在所有货币价格以相同比例下降、利率不变的情况下达到。相应地，这些产品各自的产出也不变。然而在凯恩斯货币理论中则假设货币需求的增长仅仅是靠债券的持有而实现的，而这正是凯恩斯流动性偏好理论的含义。这种流动性偏好的变动就其作用而言并非是中性的，而是将导致利率的增长，进而影响投资及经济系统的其他实际变量。同样，由现金存款比率和(或)银行准备金存款比率变化引起的内部货币和外部货币之间比例的变化，其作用也不是中性的。但是有人提出，如果金融部门的供给函数和需求函数也没有货币幻觉，那么，外部货币的增长将不改变这些比率，因而其作用是中性的。如果货币增加是由公开市场上购买政府债券造成的(以至在开始，总的金融资产不变)，或者如果在商品市场产生一种真正平衡的影响，就诚如梅茨勒(1951)指出的那样，均衡利率将下降，以至货币就其作用而言将不再是中性的。但是，如果个人完全预料到并贴现未来政府债券所需的赋税额的话(这种情况下，债券就不是净财富的一部分)，那么，中性也可能出现。

4. 国际清偿力：指一国在不至于使国民经济结构遭到严重破坏前提下获得国际支付手段，以满足对外支付需要的平衡国际收支的综合能力。

国际储备：一国或地区官方拥有的、可以随时使用的国际储备性资产。

联系：都是国家偿付能力、平衡国际收支能力的体现，国际储备包含在国际清偿力中。

区别：国际储备具有持有性和无条件性，而国际清偿力具有可能性和条件性；国际清偿力比国际储备外延更广，还包括可以动员的对外支付手段。

5. 公司所得税理论观点(修正观点)：认为若考虑公司所得税的因素，公司的价值会随财务杠杆系数的提高而增加，从而公司资本结构与公司价值相关。

(1)命题Ⅰ：有债务公司的价值＝有相同风险但无债务公司的价值＋债务的节税收益。

(2)命题Ⅱ：MM资本结构理论的权衡理论观点：债务比例提高，风险提高，财务危机、破产的可能性上升，该成本的上升将会导致公司价值下降。因此，公司最佳的资本结构应当是节税利益和债务资本比例上升而带来的财务危机成本与破产成本之间的平衡点。

6. ①资本资产定价理论认为市场的期望报酬率是无风险资产的报酬率加上风险溢酬，$R_M=R_F+R_P$。构造证券投资组合并计算收益率后资本资产定价模型可以进一步测算组合中每一种证券的收益率。在一系列假设下，该模型公式为$R_i=R_F+\beta_i(R_M-R_F)$。

②现金流贴现理论认为资产价值等于资产未来的现金流量以恰当的贴现率贴现得到。

③联系：资本资产定价模型可用于计算适用于现金流贴现理论中风险资产的必要报酬率(贴现率)。

④区别：资本资产定价理论计算得到的是资产的报酬率；现金流贴现理论计算得到的是资产的价值。

四、计算题

1.

	0	1	2	3	4	5
初始投资	−530 000					
营运资本	−25 000					25 000
销售收入		600 000	630 000	661 500	694 575	729 304
销售成本		−300 000	−318 000	−337 080	−357 305	−378 743
固定成本		−75 000	−75 000	−75 000	−75 000	−75 000
折旧抵税		36 040	36 040	36 040	36 040	36 040
现金流量	−555 000	184 540	192 460	200 657	209 138	242 910

$NPV=123\ 276.74$

2. 筹资额$=\dfrac{3\ 810\times8\%}{1+10\%}+\dfrac{3\ 810\times8\%+3\ 810}{1+10\%}\times1-3\%=3\ 567.42$(万元)

债务资本成本$=\dfrac{3\ 810\times8\%\times1-40\%}{3\ 567.42}=5.13\%$

3. 若按方案(1):

$$EPS=\frac{(2\ 000-4\ 000\times10\%-5\ 000\times12\%)\times1-40\%}{1\ 000}=0.6$$

若按方案(2):

$$EPS=\frac{(2\ 000-4\ 000\times10\%)\times1-40\%}{1\ 000+5\ 000\div200}=0.94$$

应选择方案(2)发行股票。

五、论述题

1. 定义:按照国际权威机构金融稳定理事会(FSB)的定义,金融科技是指技术带来的金融创新,它能创造新的模式、业务、流程与产品,既可以包括前端产业也可以包含后台技术。金融科技是基于大数据、云计算、人工智能、区块链等一系列技术创新,全面应用于支付清算、借贷融资、财富管理、零售银行、保险、交易结算六大金融领域,是金融业未来的主流趋势。

狭义的金融科技是指非金融机构运用移动互联网、云计算、大数据等各项能够应用于金融领域的技术重塑传统金融产品、服务与机构组织的创新金融活动。从事金融科技的非金融机构普遍具有低利润率、轻资产、高创新、上规模、易合规的特征。广义的金融科技是指技术创新在金融业务领域的应用。

发展:金融科技在全球范围内的发展速度快且后劲强,主要体现在三个方面:

一是产业规模迅速增长,成交数及投资额均呈快速发展态势。根据 KPMG 公司 2017 年发布的报告,全球金融科技领域的投资活动从 2010 年的 319 笔、90 亿美元增长到 2016

年的 1 076 笔、250 亿美元，其中市场嗅觉更为灵敏的风险投资(VC)对这一行业更是高度看好，投资额从 8 亿美元猛增到 136 亿美元。

二是全球布局更加广泛，从硅谷、纽约、伦敦等中心城市向全球各区域扩展，其中亚太地区目前的发展尤为瞩目。2016 年全球金融科技企业 100 强中，美洲 35 家，中国 8 家；全球 27 家金融科技独角兽企业中，美国 14 家，中国 8 家；金融科技领域投融资排名前三的国家分别为中国、美国和印度。

三是细分领域轮动发展，后续发展持续获得支撑。金融科技的细分领域已从最初的网络支付和网络贷款领域，拓展到金融顾问服务、消费金融、保险等众多领域。从各细分领域的发展阶段来看，在支付和网贷两个领域，发展相对成熟，无论是在美国还是中国，都有 10 年以上的发展历史，形成了较大的市场规模，也有代表性的企业和相应的监管框架落地。对于其他细分领域，无论是从需求端出发的智能投顾、保险科技、监管科技，还是从底层技术出发的区块链，虽起步晚，但发展态势很强，具有将金融科技一波波递次推进的潜力，其中的区块链技术更是具备了重建金融底层技术架构的巨大能量。

影响：①对传统金融服务价值链的挑战。传统意义上的全能银行服务链条包括客户关系、零售和商业存贷款以及一系列货币、资本批发市场的众多活动，金融科技对上述各个组成部分都发起了强有力的挑战。支付结算主要采取现金、借记卡、信用卡以及电汇方式。金融科技公司则借由“数字钱包”或“电子钱包”来提供大规模的国内与跨境支付服务，虽仅有少量结算收入，但借助交易所收集到的全部数据，公司就可向客户兜售非银行产品和服务。新型发展模式加上希望规避监管，使得金融科技公司无意涉足常规银行业。

传统银行业以构建客户关系作为发端，而现在这一历史特性也正在悄然改变：客户可通过电子聚合器来比较价格并交换服务，依靠智能投资顾问的数学运算获取投资建议。随着客户越来越愿意将其投资决策委托给机器，其资金及贷款也更易于与最优利率相匹配。如果公共政策举措和新技术能够结合并创造出普遍适用、持久和可靠的数字凭证，那么这些流程将会更加顺畅。在零售和商业银行领域，金融科技公司通过提供新的借贷平台，加剧了市场竞争。在一些 G20 国家，新型商业模式利用大数据和高级分析为客户量身定制产品和服务。

②对金融政策的影响。在分析金融技术运用及对金融体系的影响程度时，G20 当局需要牢记的公共政策考量至少应包括三个方面。

第一，必须要解决新产品和服务带来的诸多行为问题，如客户适用性、反洗钱和打击资助恐怖主义等。监管机构要努力确保财务咨询和服务标准得到遵守、金融体系的完整性得到保护。

第二，具有更大包容度和更多竞争力的双重特性必须能够体现出数字身份的价值。在发达经济体和新兴经济体中，仍有数十亿人无法享受到应有的银行服务，仍有部分国家被隔离在全球金融系统之外。新技术或可提供解决方案，如生物识别和密码学已被用于验证客户身份，从而提高金融服务效率，降低反洗钱和反恐融资尽职调查成本。2010 年以来，印度政府已经发行了超过 8 亿个这样的数字身份，帮助至少五分之四的国民以此获得政府和金融部门的服务。但在把握机会的同时，也要关注公民隐私权以及存储和处理大量数据的成本压力。当然，是否且如何保证收益超过成本，最终还是应该由政府和公民来决定。

第三，必须重视数据保护等基础性问题。一直以来，金融机构依据完善的法律监管框架，保护并使用其客户数据；相比而言，社交媒体公司则定期收集且时常共享客户的海量信息。未来，金融科技还将从更广泛的渠道汇总、共享数据，但对于是否应该搭建数据管理的适当框架，人们仍争论不休。

③对金融稳定的影响。支付结算与客户关系的变化对金融稳定有着更为深远的意义。虽然金融科技有利于常规银行业提升竞争力、优化效率和丰富客户选择，但客户界面和支付业务的放开可能也标志着全能银行业的终结。另外，如果全能银行零售资金来源不够稳定、长期客户关系较弱，那么其存款波动性和流动性风险可能会增加。客户关系的淡薄也使得交叉销售无法深入，最终影响到银行的盈利水平。整个金融体系虽不一定面临风险，但银行的审慎标准和处置机制都将需要调整。融资方式的多样化还意味着，当零售银行业无法提供贷款时，P2P 等新型融资服务或可取而代之，为消费者和小企业提供信贷支持，部分借款人也将越来越依赖这种资金来源。

2. 汇率市场化是指市场机制在人民币汇率的形成过程中发挥基础性作用，更多地参照国际货币市场的供求情况，依据市场供求灵活确定人民币与各种外币的比价。随着我国经济的开放，我国与世界的融合度在不断地加深，汇率市场化改革也成为我国汇率制度改革的必然趋势。人民币汇率市场化改革的关键在于建立适应市场化运作的汇率机制，实现人民币汇率市场化改革目标必须建立完善有效的汇率形成机制。

我国人民币汇率市场化主要有以下特点：

①更加依靠市场供求。从最近两年情况看，人民币汇率有升有降，升降跟市场运行情况基本吻合，人民币汇率基本上是根据市场需求和交易状况来运行的。

②不具备大幅贬值基础。我国经济增长速度属于最快的国家之一。从长远看，人民币没有持续大幅度贬值基础。我国经济整体风险状况已有很大改善，总的来说，保持较平稳的增长，“硬着陆”可能性几乎没有。

人民币汇率未来会更多趋向于基本稳定下的双向波动、弹性增大的状态。有很多因素从正反两个方面共同影响人民币汇率变化。比如，全球使用人民币进行支付结算的范围明显扩大，越来越多的官方机构愿意持有人民币，这都增加了对人民币的需求。另外，在“一带一路”建设、对外投资方面，使用人民币的需求也在上升。但这都不是人民币持续升值或持续贬值的决定性因素。从我国的角度看，宏观经济企稳，整体金融体系稳定程度进一步提升，这对人民币汇率在中长期来说都是很重要的支撑。从外围角度看，美元强式是有限度的，不会脱离其基本面走强。

2017 年复旦大学 431 金融硕士真题参考答案

一、名词解释

1. 利用方差、标准差、β 系数和下半方差来描述和衡量风险时，这些风险参数无法衡量一个公司资产的总体风险。风险价值就是为解决这一难题，由摩根银行于 1994 年首次提出。风险价值又称在险价值，是指在正常市场环境下，给定一定的置信水平 α，一项金融资产或证券组合在未来的 T 天内，预期的最大损失金额。VAR 是一个总结性的风险度量值，其刻画了资产组合价值下降的风险以及潜在的损失。当计算 VAR 时，首先要确定两个重要参数 α 和 T。不同投资主体可以根据其需要采取不同的值。计算出 VAR 后，还需要进行事后检验，即检验计算时的置信水平与实际观察结果是否相符。

2. 通货膨胀目标制是一种以保持低的和稳定的通货膨胀为目标的货币政策制度或政策框架，这一框架以价格稳定为货币政策的首要目标，目的是实现和保持较低的通货膨胀率。在通货膨胀目标制下，传统的货币政策体系发生了重大变化，在政策工具与最终目标之间不再设立中间目标。

通货膨胀目标制是央行实现价格稳定、增强央行可行性的重要手段。其兼具了单一规则和相机抉择的优点。

3. 泰勒规则由美国经济学家约翰·泰勒提出。泰勒规则也称利率规则，是由泰勒经过长期的研究和实证分析，于 1993 年提出的一条货币政策调整规则，该规则表明了中央银行的短期利率工具依经济状态而进行调整的方法。以泰勒规则的方程为代表，其基本公式为：

$$i_0=r_f+\pi_t+\alpha(\pi_t-\pi^*)+\beta\Delta y_t$$

结论：根据这个公式，央行进行利率调控。如果实际通货膨胀超过目标通货膨胀，央行相应提高利率；如果实际经济增长超过目标经济增长，央行也只能提高利率；如果这两种情况反过来，央行相应调低利率。如果两者同方向变动，利率变动的幅度就比较大；如果两者变动幅度、方向不一致，央行的利率变动根据两者变动互相抵消的净额进行。

4. 货币替代是指外币在货币的各个职能上全面或部分地替代本国货币发挥作用的一种现象。货币替代分为两种：一种是本国居民和外国居民同时持有本币和外币，即对称性替代；另一种是本国居民单方面地持有并使用外币，即不对称性的货币替代。货币替代最重要的经济后果是导致国内金融秩序的不稳定，削弱政府运用货币政策的能力。

需要指出的是，货币替代的上述负面影响，只有在货币自由兑换的情况下才会大规模发生。因此，提高本国货币的币值稳定性、实际收益率和信心是解决货币替代问题的最根本方法。

5. 回购协议本质上是一种抵押贷款，抵押品为证券，通常交易的是政府债券。根据期限长短，回购协议分为隔夜回购和期限回购。隔夜回购是指卖出和买回证券相隔一天，超过一天的叫期限回购。回购协议的优点是避免了对放款的限制，期限灵活，可以套利。但是面临着信用风险，通常通过保证金或追加保证金来减小信用风险。影响回购协议利率的因素有：证券质量(质量越好，利率越低)；期限长短(期限越长，利率越低)；交割条件(实物交割，利率低)；货币市场其他子市场的利率水平。

二、选择题

1. C

$$\beta=\frac{\mathrm{Cov}_{im}}{\sigma_m^2}=\frac{250}{20^2}=0.625$$

$$r_i=r_f+\beta(r_m-r_f)=5\%+0.625(15\%-5\%)=11.25\%$$

2. B

净资产收益率＝资产利润率×权益乘数＝销售利润率×总资产周转率×权益乘数。由杜邦公式得，总资产周转率下降，净资产收益率下降。

3. D

锚定效应是指在缺乏更准确信息的情况下，以往价格(或类似产品的要价)也就更容易成为确定当前价格的一个参照。锚定现象告诉我们，在金融市场中，人们在决策时并不总是根据合理的信息。一些不相关的信息也可能影响人们对金融资产价值的判断。

4. C

巴拉萨—萨缪尔森效应是指生产效率较低的国家存在货币低估现象，可以通过提高生产效率来缓解。

5. C

央行增加基础货币发行可以通过贷款也可以通过公开市场操作在二级市场买入国债，故A项错。央行提高准备金，若没有超过超额准备金，则商业银行在央行的存款不变，故B项错。

三、计算题

1. (1)夏普比率 $S_i=\dfrac{E(R_T)-R_f}{\sigma_i}=\dfrac{15\%-5\%}{25\%}=0.4$。

(2)无风险资产标准差为0，且与风险资产协方差为0。因此，风险资产比例＝10%/25%＝40%；无风险资产比例＝1－40%＝60%；投资组合＝60%×5%＋40%×15%＝9%。

(3)预期收益率＝40%×5%＋60%×15%＝11%，标准差＝60%×25%＝15%。

(4)设投资于无风险资产比例为w，则：5%×w＋15%×(1－w)＝19%。

(5)应借入无风险证券：0.4×1 000＝400(万元)。

2. (1)选A银行。

最后可以得到50 000/6.138 4＝8 145.45(美元)。

(2)选A银行。

最后可以得到1 000×6.080 2＝6 080.2(元)。

(3)不存在。

因为银行的卖出价均高于买入价,因此不存在套利机会。

四、简答题

1. 托宾税指的是对短期投机性资金征收全球统一的税率,以降低短期外汇投机行为。短期的投机性资金是逐利的,在全球金融市场上往收益高的国家大举流动,对其征收交易税,可以增加投机者的成本,从而抑制短期投机性资本流动,降低本国汇率波动性。

利:(1)抑制投机,稳定汇率。征收托宾税可以抑制短期投机性资本流动,稳定本国汇率,使本国可以采取更为灵活的利率政策来调节国内经济,而不必担心短期投机性资金的影响。

(2)增加税收。国际资金流量巨大,如果征收托宾税,将是一笔极大的财政收入,可将其用于国内经济和社会福利。

弊:(1)托宾税对投机性资金惩罚的同时,也限制了投资性资金向本国流动,不利于本国投资增加,金融市场的发展。

(2)托宾税征收的税率低,不能有效地限制投机性资金,如果国内的投资收益远远高于国际金融市场,投机性资金还是会大举向国内涌入。

(3)托宾税只能暂时地将国内经济和国外隔绝开来,使本国采取灵活的货币政策关注国内经济,但是托宾税不是长久之计。

(4)投机性资金的涌动导致本国汇率波动剧烈,限制投机性资金的根本方法在于增强国内经济实力,增加市场对国内经济的信心,如果国内经济动荡,套利空间巨大,单纯依靠托宾税也无法限制投机性资金的入侵。

2. 风险分散化投资指的是在构建投资组合时,尽可能地购买多个不同种类、不同行业的资产,"不要将鸡蛋放在一个篮子里",从而使各个资产的非系统性风险相互抵消,最终完全分散掉,而系统风险不能分散掉。

系统风险,也称市场风险或不可分散风险,是指由于某种因素的影响和变化,导致市场上所有资产价格的下跌,并且用技术手段难以消除、足以引起多个市场主体发生连锁反应而陷入经营困境并使投资人利益受到重大损害的风险。系统风险的诱因发生在市场外部,市场本身无法控制它,其带来的影响面一般都比较大且不可以消除。

非系统风险,又称可分散风险,主要由市场主体的市场行为造成,其影响面往往只涉及单个市场资产或单个市场主体,通常投资人可以运用风险管理技术加以规避或部分消除。由组合理论可知,在进行多元化投资,即投资于多种相关性不高或者呈负相关的资产时,非系统风险可以完全消除,整个组合所面临的风险只有系统风险。

根据马科维兹的证券组合理论,当证券种类 N 趋向于无穷时,证券组合的非系统性风险趋于零,只剩下系统性风险。

实现风险分散化的方式有:(1)如果投资者的资金量很大,例如基金,可以购买国内市场上所有股票、债券等,甚至是国际市场上的股票、债券,来最大化投资组合的证券种类,将国内市场上甚至是国际市场上的非系统性风险完全分散掉,实现投资风险分散化。

(2)如果投资者的资金量较小,不能实现购买市场上所有证券以最大化证券种类,那么投资者可以购买不同种类的基金以实现投资风险分散化，因为有的基金跟踪指数，只有系统性风险；有的基金投资于某一行业；有的基金仅投资于股票，有的投资于债券。投资者可以通过购买不同种类基金的份额，实现投资风险分散化。

五、论述题

1. 货币政策的中介目标分为基础货币供给即数量型目标和利率即价格型目标。

(1)基础货币供给。当国内经济衰退时，中央银行通过选择性政策工具(利率上限、贷款上限、限制性贷款等)和一般性政策工具(存款准备金、公开市场操作、再贴现)增加基础货币供给，然后通过货币乘数的作用，增加总的货币供给总量；当国内经济过热时，中央银行进行反向操作，降低基础货币供给量，从而降低总的货币供给增加速度或数量。所以中央银行通过控制中介目标——基础货币供给，来增加或降低货币供给总量，对本国经济进行调节。

(2)利率。当国内经济衰退时，中央银行降低利率，资金成本下降，商业银行贷款增加，国内投资增加，导致总支出增加、消费增加；当国内经济过热时，中央银行提高利率，使得资金成本增加、商业银行贷款减少、国内投资降低、总支出降低、消费降低。中央银行通过调整利率，影响国内投资，从而影响总支出和消费。

数量型目标需要本国中央银行调控基础货币的政策行之有效，中央银行通过改变基础货币而影响货币供给总量时，能够迅速有效地改变货币供给总量，从而调节国内经济。所以，一方面，数量型政策需要一般性政策工具和选择性政策工具能够迅速有效地影响基础货币，如果政策工具对基础货币影响缓慢，甚至没有影响，那么数量型目标将失效；另一方面，数量型政策需要基础货币能够迅速有效地影响货币供给总量，如果基础货币发生改变，但是对货币供给总量影响有限，比如本国的货币乘数较小，或者货币供给内生性较强，都会导致基础货币对货币供给总量的影响有限，从而导致数量型目标失效。目前，我国数量型目标的有效性确实有所下降，其主要原因是我国的货币内生性增强，随着信用卡、借贷宝等新型支付工具、支付方式的出现，以及非存款性金融机构的创新，大量金融工具成为货币的替代物，我国的货币内生性增强，降低了基础货币对于货币供给总量的影响程度。

利率目标需要本国有完善的利率决定机制，利率能够根据宏观经济状况灵活调整，同时利率对于宏观经济的影响巨大，那么将利率作为货币政策中介目标才能有效地调控经济。如果利率对于宏观经济的影响有限，如弗里德曼的货币政策理论，如果利率对于货币的替代程度很低，利率改变不能迅速有效地影响宏观经济，那么将利率作为中介目标将失效。目前在我国，利率能够比较有效地影响贷款量，从而影响投资、国内支出和消费水平。但是我国的利率决定机制还不完善，利率还不能完全由市场上的资金供求决定，所以将利率作为货币政策中介目标还不是最佳时机。

2. 股东和管理者之间的代理成本。其来源于委托代理关系。股东是公司的所有者，他们委托管理者代为管理公司并签订委托代理合同，股东为管理者支付报酬，管理者以股东财富最大化为目标管理公司事务。但是委托代理合同不可能是完备的，涉及公司可能发生的事务的方方面面，所以管理者拥有“剩余控制权”。对于未在委托合同中涉及的事务，管理者拥有一定程度的自由裁量权，因此，管理者可能不一定按照股东希望的那样，以股东利益最大化行事。具体表现有：管理者消极懈怠，回避学习，滥用反收购策略，垂涎自由现金流等。

因此，股东为了降低代理冲突，需要花费激励成本、剩余成本和监督成本等来约束管理者行为，从而产生了管理者和股东之间的代理成本。

股东和债权人之间的代理成本。当公司需要资金时，公司向债权人融资，双方约定资金的用途、偿还方式、使用期限等，但是资金出借给公司后，公司不一定按照债权人期望的那样行事，例如，股东可能投资于高风险、高收益的项目，这对于股东来说是有利的，因为一旦项目成功，会给股东带来巨大收益；但是对于债权人来说却是不利的，因为项目失败，如果导致公司破产清算，债务资金可能无法全部清偿，而项目成功，债权人也不能获得高额收益带来的任何好处，只能收到最初约定的利息和本金。所以，债权人为了规避股东不按债务合同行事，损害自身利益，可能会提高融资成本，或者让公司签订一些合同，规定资金用途，限制公司再借资金，资金清偿顺序等内容，这些行为都导致公司融资成本增加。

根据代理成本理论，一方面，债务融资降低了股东和管理者之间的代理成本，因为债务融资增加，公司的杠杆水平提高，管理者有还本付息的压力，所以会积极行事，努力寻求高收益、低风险的项目，增加公司现金流和偿债能力，所以管理者和股东之间的代理冲突减小。另一方面，债务融资增加了股东和债权人之间的代理冲突，如前所述，债务融资增加了公司的杠杆水平，增大了公司的破产风险，所以股东会寻求高风险、高收益的项目，以期项目成功给自身带来巨大收益，而这严重损害了债权人的利益，所以股东和债权人之间的代理成本增加。

2016年复旦大学431金融硕士真题参考答案

一、名词解释

1. 特别提款权简称SDR,是一种记账单位,又是IMF除普通提款权外分配给成员国的一种使用可兑换货币的权利。目前包含的货币有:美元、日元、欧元、英镑、人民币。特别提款权以美元计价。

$$\text{SDR 价值}=1\times\omega_1+\frac{\text{美元}}{\text{欧元}}\times\omega_2+\frac{\text{美元}}{\text{日元}}\times\omega_3+\frac{\text{美元}}{\text{英镑}}\times\omega_4+\frac{\text{美元}}{\text{人民币}}\times\omega_5$$

其中 ω_i 表示各国贸易占五国贸易总量的比重。

SDR具有三个特征:价值稳定;持有和使用仅限于政府之间;不是一种完全意义上的世界货币(无流通手段职能)。我国人民币于2016年10月1日加入SDR,占比10.92%。

2. 货币中性与货币非中性相对,主要焦点在于货币供应量的变换对一般物价水平和实际利率及产出水平的影响差异。货币中性认为货币供给只反映在一般物价水平上,例如,货币供给的增加只引起一般物价总水平的上升。古典学派和新古典学派认为货币中性,古典学派主要通过现金交易数量说 $MV=PT$,现金余额数量说 $M=KPY$ 表达货币是遮在实体经济上的"面纱";新古典学派认为货币中性主要基于两个假设:(1)理性预期和市场出清;(2)政府的货币政策无效。

3. 抵押贷款和质押贷款是贷款的两种方式。抵押就是债务人或第三人不转移法律规定的可做抵押的财产转移的占用,将该财产作为债权的担保,当债务人不履行债务时,债权人有权依法就抵押物卖得价金优先受偿。质押就是债务人或第三人将其动产移交债权人占有,将该动产作为债权的担保,当债务人不履行债务时,债权人有权依法就该动产卖得价金优先受偿。抵押贷款和质押贷款的主要区别在于:(1)财产的所有权是否转移;(2)生效期不同;(3)抵押物是动产和不动产,质押物是动产和权利。

4. 资本配置线是用来描述引入无风险借贷后,将一定量的资本在某一特定的风险资产组合 m 与无风险资产之间分配,从而得到所有可能的新组合的预期收益与风险之间的关系。CAL 的函数表达式及对应的图形(图1)为:

$$\bar{r}_p=r_f+\frac{\bar{r}_m-r_f}{\sigma_m}\sigma_p$$

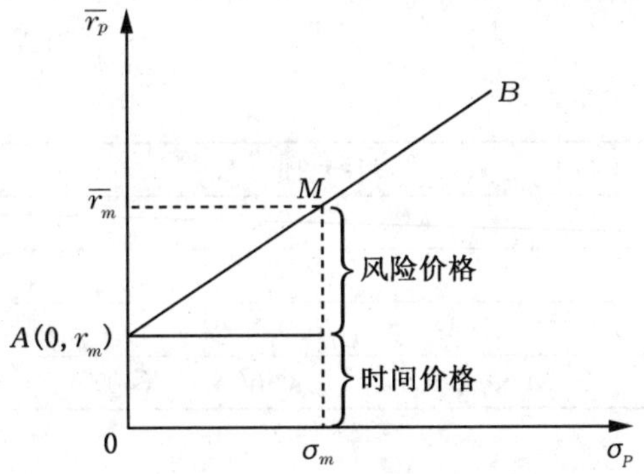

图 1　资本配置线

如图 1 所示，对于由风险资产组合 m 和无风险资产构成的新组合 P，其所对应的资本配置线是从无风险资产的对应点 A 出发，经过风险资产组合对应点 M 的一条直线，其斜率为：

$$s=\frac{\overline{r}_m-r_f}{\sigma_m}$$

它反映了单位风险所要求的预期回报率。

5. 内含报酬率简称 IRR，是指使目标项目净现值为 0 的贴现率，这也是资本预算的方法之一。

$$NPV=-CF_0+\frac{CF_1}{(1+IRR)}+\frac{CF_2}{(1+IRR)^2}+\cdots+\frac{CF_n}{(1+IRR)^n}=0$$

设投资者的要求回报率为 r，在资本预算时根据内含报酬率，当 $r>IRR$ 时，拒绝该项目；当 $r<IRR$ 时，接受该项目。

IRR 的优点有：与 NPV 法则密切相关，常产生一致的决策；公司财务经理更关注 IRR。缺点有：多解或无解问题；互斥项目投资时常导致错误的决策；无法区分投融资；内含假设不稳定。

二、选择题

1. B

根据蒙代尔的最优指派原则，货币政策用于外部平衡，财政政策用于内部均衡。当一国内部出现通货膨胀，应该采取紧缩的财政政策；外部国际收支顺差，应采取扩张的货币政策。

金程点评

题中内外情形与我国情形符合，考生在备考时应注意关注时事热点，联系实际。

2. C

胡庆康主编《现代货币银行学教程(第五版)》第 313 页，关于商业银行准备金变化主要受央行操作和居民持通货数量变化影响。其中外国在央行存款增加、财政部在央行存款增加、其他负债增加使得商业银行的准备金减少，而流通中的货币减少则反映为商业银行体系的准备金增加。

3. D

	亏 损	盈 利
欧式看涨期权空头	$\text{Max}(S_t-X,0)$	C
欧式看涨期权多头	C	$\text{Max}(S_t-X,0)$
欧式看跌期权多头	P	$\text{Max}(X-S_t,0)$
欧式看跌期权空头	$\text{Max}(X-S_t,0)=\text{Min}(S_t-X,0)$	P

4. D

市盈率$=\frac{P}{E}=\frac{DIV_1/(r-g)}{NI/N}$，A选项，股利分配越高，$P$越高，市盈率越高。B选项，成长型公司一般具有较高的市盈率。C选项，名义利率越高，投资者的必要收益率就相应越高，那么，市盈率应该更低。要求回报率越高，股票价格P越低，则市盈率越低，故D选项错误。

5. A

到期收益率是购买债券后一直持有到期的收益率，是能够使未来的现金流流入现值等于购买价格的收益率，即内含报酬率。则A选项正确；B选项错在未说明持有债券至到期。

三、计算题

1. (1)当汇率$e=6.5$时，每台可得利润50美元，

则每台电脑当前售价为人民币$(100+50)\times6.5=975$(元)。

当30天后的汇率$e=6$时，公司利润为$\pi=975-100\times6=375$(元)；

当30天后的汇率$e=7$时，公司利润为$\pi=975-100\times7=275$(元)。

(2)签订远期合约的公司利润为：$\pi=975-100\times6.7=305$(元)，

则单位利润带来的效用$U_1=\sqrt{\pi}=\sqrt{305}$。

不签订远期合约的公司利润为：$\pi=975-(100\times6\times50\%+100\times7\times50\%)=325$(元)，

则单位利润带来的效用$U_2=\sqrt{\pi}=\sqrt{325}$。

因为$U_1<U_2$，所以不签这份协议。

2. (1)二叉树图为：

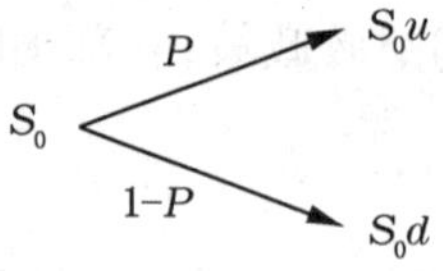

上涨收益率$=\frac{12-10}{12}=20\%$，下跌收益率$=\frac{9-10}{10}=-10\%$，

则$20\%P_0+(-10\%)(1-P_0)=r\times\frac{3}{12}$，其中，$P_0$表示上涨概率，$r$为无风险利率。

又因为看涨期权价值为 0.8 元，则 $C=(2P_0+0)e^{-r\times\frac{3}{12}}=0.8$，
则股票风险中性概率 $P_0=0.41$，无风险利率 $r=9.1\%$。

(2) $P=[0+2\times(1-P_0)]e^{-r\times\frac{3}{12}}=1.15$(元)，
因此，欧式看跌期权价值为 1.15 元。

(3) $F=S_0\times e^{-rt}=10\times e^{-9.1\%\times\frac{3}{12}}=9.775$(元)，
则以该股票为标的远期协议的理论远期价格为 9.775 元。

四、简答题

1. 美联储加息属于紧缩性政策，其对于我国宏观经济的影响，下面利用两国的 $IS-LM-BP$ 模型进行分析。

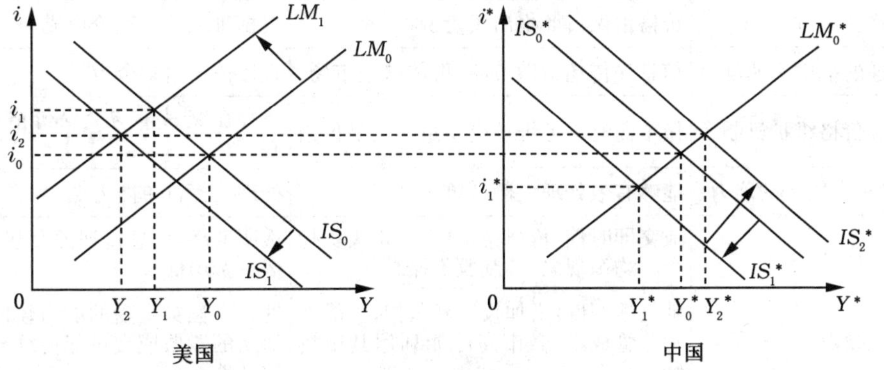

美联储加息对中国的影响主要通过收入机制和利率机制，传导过程如下：

美联储加息，实施紧缩货币政策→LM_0 左移至 LM_1，美国国民收入 Y_0 下降至 Y_1；

收入机制：美国 $Y\downarrow$→中国出口↓→IS_0^* 左移至 IS_1^*；

利率机制：此时中国利率 $i_1^*<$美国利率 i_1，中国资本流出，直标法下汇率 $e\uparrow$，美国进口增加，出口减少→IS_0 左移至 IS_1→中国出口增加，IS_1^* 左移至 IS_2^*。

因此，根据上述分析，结合利率的宏观作用，美联储加息导致中国利率升高、国民收入增加。对中国宏观经济的影响具体主要体现在四个方面：

(1)对于投资、储蓄及国民收入影响：美联储加息使得我国利率从 i_0 上升至 i_2，因此居民储蓄增加、投资减少，国民收入增加由 Y_0^* 上升至 Y_2^*。

(2)对通货膨胀影响："国际热钱"流出，人民币兑换成美元，则市场上人民币减少，有通货紧缩倾向。

(3)对国民经济结构影响：汇率 e 的升高，人民币贬值促进出口，引起以劳动密集型企业为主的外延式经济增长，不利于产业结构调整，不利于促进以高新技术主导的内涵式经济增长。

(4)对国际收支及外汇储备：人民币贬值导致我国出口增加，国际收支顺差进一步加大，出口企业获得外汇以后向央行兑换本币，导致央行外汇储备不断增加。

2. 做市商报价驱动机制和指令驱动机制是证券交易机制的两种方式。

(1)做市商报价驱动机制是指证券成交价格的形成由做市商决定,且投资者无论买进或卖出证券都直接与做市商进行交易,与其他投资者无关。做市商的利润:主要通过买卖报价的适当差额来补偿所提供服务的成本费用,并实现一定的利润。做市商具有维护市场流动性和满足投资者需要的职责。优点在于能够处理大额订单并保持市场的稳定性,缺点是不透明,增加运营成本,且做市商可利用其特权。

(2)指令驱动机制是指双方直接进行交易,或将委托交给各自的代理商,由代理商将投资者的委托呈交给市场,在市场的交易中心以买卖双向价格为基准进行撮合,按照一定的规则直接匹配撮合,完成交易。指令驱动交易机制的特点是证券价格的形成由买卖双方直接决定,投资者买卖证券的对象是其他投资者。缺点是处理大额买卖盘的能力低等。

(3)做市商报价驱动机制和指令驱动机制是证券交易机制,两者比较分析如下表所示。

比较项目	做市商报价驱动机制	指令驱动机制
价格形成方式	价格由做市商报出买卖价格	根据供求关系竞价形成
信息传递的范围和速度	信息先传递给做市商,再传递至市场	直接传递给整个市场
交易量和价格维护机制	做市商有义务维护交易量与交易价格	不存在交易量与交易价格的维护机制
处理大额买卖指令的能力	能够有效处理大额订单	处理大额订单能力低
优点	成交即时性,价格稳定性,矫正买卖指令不均衡现象,抑制股价操纵	透明度高,信息传递速度快、范围广,运行费用低
缺点	缺乏透明度,增加投资者负担,可能增加监管成本,做市商可能利用其市场特权	处理大额买卖盘的能力较低,某些不活跃的股票成交可能持续萎靡,价格波动性

五、论述题

1.(1)国际储备货币分散化又称储备货币多元化,指国际储备货币由单一货币转变为多种货币的状况和趋势。金本位制下的国际储备货币为黄金;布雷顿森林体系以美元为国际储备货币;牙买加体系建立后,国际储备货币包含美元、日元、欧元、英镑,人民币于 2016 年 10 月 1 日加入 SDR,成为国际储备货币之一,体现了国际储备货币的分散化。

(2)储备货币多元化的主要原因有:

金本位制→布雷顿森林体系→牙买加体系→美元本位制(美元霸权)

①作为世界货币需具有三个职能:计价功能、支付结算功能、保值增值功能。从国际货币体系变化原因来看,根据特里芬难题,与黄金挂钩的美元发行很难跟上世界贸易的发展,因此币值相对稳定的日元、欧元、英镑逐渐成为世界储备货币。

②国际贸易的发展。第二次世界大战后,日本、德国、英国等国家国际贸易迅速发展,占全球贸易比重逐渐增加,为了便于交易减少交易费用及汇率风险以促进国际贸易发展,越来越多的国家将美元、日元、英镑、欧元作为国际储备货币。

③国际储备货币具有享有铸币税、不受三元悖论影响和国际收支调节的不对称性等优点,因此在布雷顿森林体系瓦解后,日本、德国、英国、中国积极推进其货币实现货币国际化,

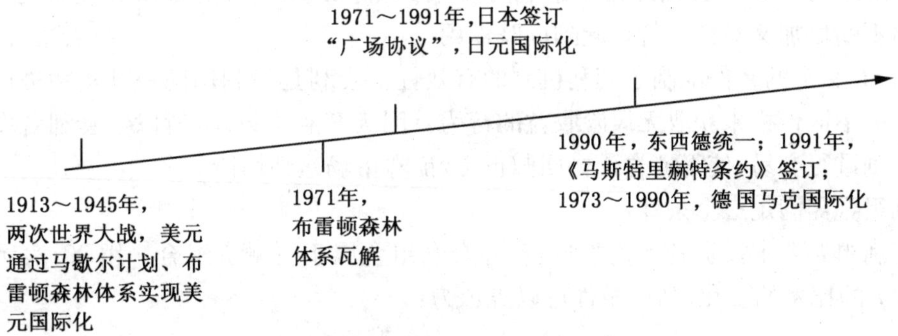

目前，美元是国际本位货币，欧元、日元是国际化的货币，人民币是国际化中的货币。

美元作为国际本位制，渐渐丧失其作为“锚货币”的地位。20世纪70年代以来，美元经历三次“美元危机”，美国经济饱受贸易赤字和财政赤字的影响，美元币值的稳定受到质疑。同时，美国为服务其全球化战略及发展需要，未能有效控制美元的发行量，美元本位制的后果的鲜明案例即为2008年的金融危机，对全球经济产生巨大冲击。因此，人民币需实现国际化，成为国际化货币，改革国际货币体系。

(3)人民币成为国际货币对当前国际储备货币的格局产生一定的影响，但并未从根本上改变美元作为国际储备货币的主导地位。

①进一步分散国际储备货币，加深国际储备回避多元化趋势。在国际贸易中，中国作为世界第一大出口国、第二大进口国，人民币成为国际货币则可在国际贸易支付结算中直接使用，减少了美元作为中间兑换货币的步骤，进一步分散国际储备货币。储备货币包括美元、日元、欧元、英镑、人民币。

②特别提款权SDR将在国际支付结算中发挥进一步的作用。SDR具有价值稳定等特点，在支付结算以及平衡国际收支中可直接在IMF的账号中借方和贷方记录，加入了人民币的SDR将被更多地充当国际储备货币角色。

③如图所示：

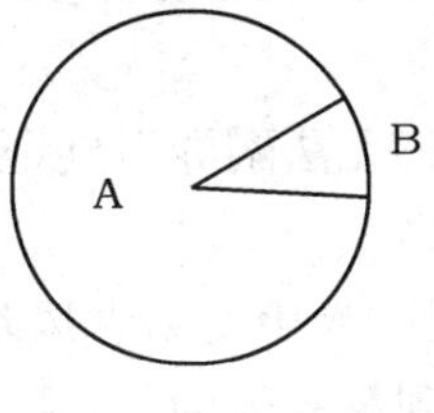

人民币国际化是指在各国外汇储备中包含人民币，而美元本位制意味着美元是国际支付结算中的主要货币。如图所示，若圆形表示国际贸易支付结算总额，A表示美元在国际支付结算中所占比重，B表示SDR所占的比例，可见SDR在国际支付结算中所占比例很小，同时人民币在SDR中比重只占10.92%，因此人民币国际化并未从根本上改变美元作为国际储备货币的主导地位。

2.(1)融券是指投资者预期未来证券价格下跌，因此向证券公司借入证券以卖出，等证券价格下跌后，再以较低的价格买入，到期将规定数量、种类的证券及利息返还证券公司。

我国A股的持续下跌一方面加剧了做空投资者的融券交易，另一方面融券交易使得市场上证券供给不断增加又对证券价格起到助跌作用。

(2)融券交易的暂停限制了套利机制的有效性。套利是指利用同一种实物资产或证券在市场上的不同价格来获取无风险收益的行为。因为套利无风险，所以当套利者发现套利机会时立刻进行交易，使得证券价格回归正常，证券市场达到均衡。

套利组合需满足三个条件：

①套利组合要求投资者不追加投资，即套利组合属于自融资组合。用 X_i 表示投资者持有证券 i 的比例的变化，则该条件可以表示为：

$$X_1+X_2+X_3+\cdots+X_n=1$$

②套利组合对任何因素的敏感度为零，即套利组合没有因素风险。用 b_i 表示证券 i 对某个因素的敏感度，则该条件可以表示为：

$$b_1X_1+b_2X_2+b_3X_3+\cdots+b_nX_n=0$$

③套利组合的预期收益率应大于零，用 r_i 表示证券 i 的收益率，则该条件可以表示为：

$$X_1r_1+X_2r_2+X_3r_3+\cdots+X_nr_n>0$$

如下图所示的套利过程，当证券价格偏离正确价格时，投资者可以通过套利获取无风险收益。

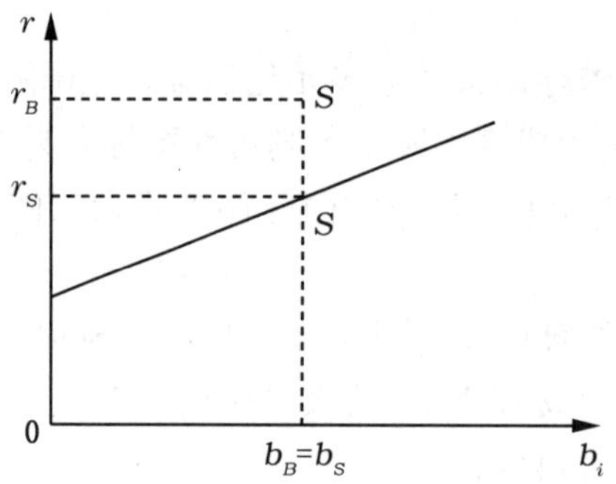

$$\begin{cases} X_B+X_S=0 \\ X_Bb_B+X_Sb_S=0 \\ X_Br_B+X_Sr_S>0 \end{cases}$$
$$\Rightarrow X_B>0$$

因此根据套利原则，构造投资组合，买进证券B卖出证券S，则B的需求增加，根据供求关系，B的价格上升，收益率下降。

但如果限制融券交易，则套利者将无法融券得到证券S以售出，因此套利机制受到一定的限制。

(3)套利机制主要受替代证券寻找、噪声交易者风险的影响。有效市场理论认为套利可以消除非理性，但行为金融学认为套利是有限的，并提出有限套利模型，该模型指出套利是有限的，且是有风险的。

①套利是有限的。如上图证券B、S的套利过程所示，风险相同但收益率不同的投资组合难以构建，一方面寻找证券B难度大，另一方面融券的限制也使得证券S难以获得，因此套利机制受到影响。

②套利有风险。套利本身并无风险，但是过程中会有噪声交易者风险，噪声交易者的行为会使短期内价格恢复均衡前进一步偏离资产的真实价值。这是由噪声交易者给短期套利者带来的风险，因此套利机制受到影响。

2016年上海财经大学431金融硕士真题参考答案

一、选择题

1. B

货币中性是指名义货币存量的改变不会影响消费、产出、投资等实际变量，选项中只有物价水平是名义变量，故选B。

2. C

从资金来源看，投资银行的资金来源是证券承销，而商业银行的资金来源是存款。从融资的方式来看，投资银行进行的是直接融资，并侧重长期融资；而商业银行进行的是间接融资，并侧重短期融资。从利润来源看，投资银行是靠收取客户支付的佣金；而商业银行靠的是存贷款之间的利率差。投资银行和商业银行的监管机构在不同国家有所不同，但随着混业经营的出现，由一家监管机构对所有金融机构的全部金融业务进行全面监管是未来的趋势，所以相对而言监管机构不同不是它们的主要区别。

3. C

可贷资金理论认为，利率不是由储蓄与投资所决定的，而是由借贷资金的供给与需求的均衡点所决定的。利率是使用借贷资金的代价，影响借贷资金供求水平的因素就是影响利率变动的因素。

4. D

货币政策时滞是指政策从制定到获得主要的或全部的效果所必须经历的一段时间，是影响货币政策效应的重要因素。

5. D

从货币政策工具、收入来源、组织形式看，欧洲中央银行要比美联储更具有独立性。

6. B

恒久收入是弗里德曼的货币需求理论中的关键因素。

7. C

存款保险是指存款类金融机构按照所吸收存款的一定比例，向特定机构缴纳一定保险金，当其发生支付危机时，由存款保险机构通过资金援助、赔偿保险金等方式来维护金融体系稳定，避免因恐慌情绪导致其他金融机构因为被挤兑而出现流动性短缺。

8. D

P2P就是连接借款人和投资人的一个互联网平台，最大的优点在于可大大降低交易成本，提高效率。

9. D

对冲基金一般都是私募基金。

10. D

易错点在于人民币，人民币要到 2016 年 10 月 1 日才生效，故选 D。（备注：此份试卷是在 2015 年 12 月开考。）

11. A

在国际货币市场上经常交易的短期金融工具是国库券。

12. A

在开放经济下，紧缩货币政策会使 *LM* 曲线左移，导致均衡收入下降，均衡利率上升，当一国利率提高会导致外国投资增加，即流入外汇资本增加，对本币需求上升，本币升值汇率下降(采用直接标价法)。开放政策下的 *IS* 曲线受汇率的影响，当本币升值，*IS* 曲线会向左移动，原因是本币升值使得本国出口的商品缺乏竞争力，故而出口减少、需求减少。

13. D

短期债务比率常用来作为衡量一国外债期限结构是否合理的指标。

14. B

在除权日当天，股价基准价＝前一交易日收盘价/(1＋每股送转股数)，即$\frac{12}{1+0.2}=10$(元)。

15. C

$\beta>1$，说明该单项资产的风险收益率高于市场组合平均风险收益率，则该单项资产的风险大于整个市场投资组合的风险。资本密集型行业的风险往往大于市场组合的风险。

16. D

$w_A=10\%/(10\%+20\%)\times30\%=0.1$，

$w_B=20\%/(10\%+20\%)\times50\%=1/3$，

该组合的标准差$=\sqrt{0.1\times0.1+1/3\times(1/3)+0.1\times1/3\times0.9}=38.9\%$。

17. C

考察夏普公式：Sharpe Ratio$=\frac{E(R_p)-R_f}{\sigma_p}$。

18. A

CAPM 模型预测的 IBM 的回报率＝3.5%＋1.25×(10.5%－3.5%)＝12.25%，市场预期 IBM 的回报率是 12.25%，高于个人认为的回报率 12%，市场的估值偏高。

19. A

第 20 年年初本金$=\frac{6\ 997.5}{0.5\%}-\frac{6\ 997.5}{0.5\%\times(1+0.5\%)^{12\times11}}=674\ 976.04$。

支付利息＝本金×利率＝3 374.88。

20. D

内部收益率并不总是有效，如多解和无解问题、与净现值指标的冲突问题等。

21. D

A 项没有现金流入，B 项是沉没成本，C 项是筹资的现金流不能计入资本预算。

22. A

理性预期的总供给曲线是垂直的，货币增长率提高只会提高通货膨胀率，不会影响总产出和就业水平。

23. B

央行可直接动用外汇储备干预人民币汇率，所以外汇储备能够直接影响汇率水平。

24. B

由 *CAPM* 模型计算 $R_s=14.6\%$，比 17%小，实际收益率大于理论收益率，说明股价被低估，故公布的是 A 的坏消息。

25. B

由市场模型可知：$\text{Cov}(A,B)=\text{Cov}(1.2\sigma_I,0.8\sigma_I)=1.2\times0.8\times\sigma_I^2=0.24$。

26. A

根据债券定价原理：$P=100\times6\%\times(P/A,7\%,10)+\dfrac{100}{(1+7\%)^{10}}=92.98$。

27. C

看跌期权的价格与执行价格正相关，看涨期权的价格与执行价格负相关，故选 C。

28. D

由 *CAPM* 模型得，$r_X=7\%+1.3\times(15\%-7\%)=17.4\%$，小于 21%，故理论收益率小于实际收益率，股价被高估，应该卖出。

29. D

$$WACC=\frac{1}{3}\times8\%\times(1-35\%)+\frac{2}{3}\times18\%=13.73\%,$$

$$V_L=\frac{800}{13.73\%-5\%}=9\ 163.80(\text{万}),$$

故税盾$=9\ 163.80\times\dfrac{1}{3}\times35\%=1\ 069.11$(万)，与 D 项最为接近。

30. A

按照一价定律，A、C 一年后的价值折现应该相等，证券 C 的价值等于 180 美元，可知一年后 100 美元的现金流的现值为 80 美元，故选 A。

二、计算与分析

1. (1)货币乘数$=\dfrac{1+k}{r+e+t\times r_t+k}=\dfrac{1+20\%}{10\%+18\%+40\%\times5\%+20\%}=2.4$；

(2)$M1=D+C=500+\dfrac{500}{20\%}=3\ 000$(亿元)。

2. 当政府追加投资时，*IS* 曲线向右上方移动，利率上升，国民收入上升，而由于利率上升，政府投资产生了挤出效应使得投资减少。图形如下：

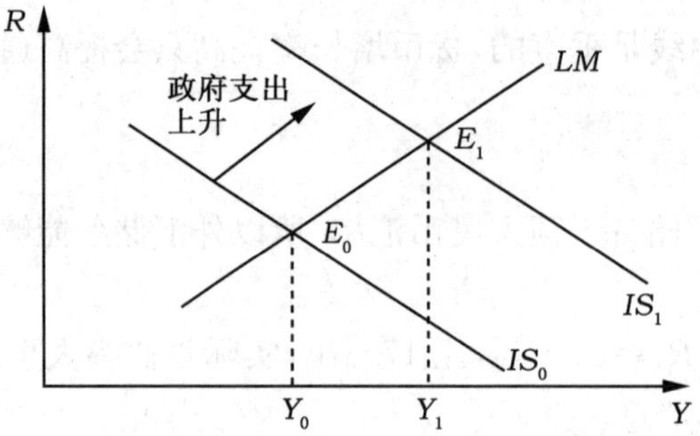

根据 $AD-AS$ 模型，当政府追加投资 G 时，AD 线向右上方移动，使得物价上升、收入上升，而 $w=\dfrac{W}{P}$，名义货币工资 W 是刚性的，P 上升了，所以实际工资下降。图形如下：

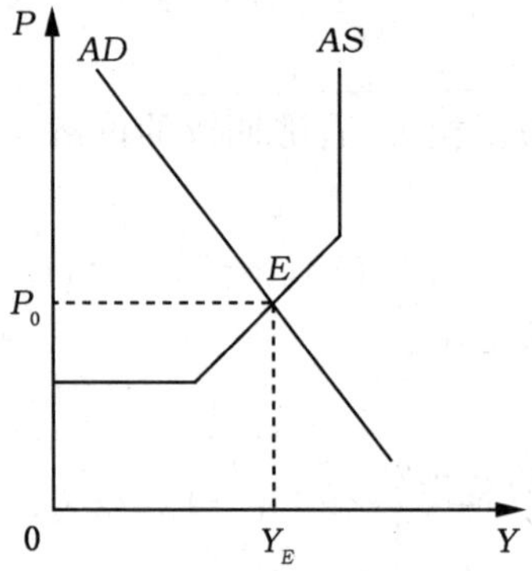

3. 首先转换汇率表示法：

2012 年 5 月 1 日 A 银行的外汇行情：

即期汇率：$1=€ 0.927 50－0.935 00(0.923/4=0.92+0.01×3/4=0.927 50，下同)

1 个月远期差价：0.881 25－0.896 25

2 个月远期差价：0.860 00－0.873 75

5 个月远期差价：0.858 75－0.860 00

2012 年 8 月 1 日 A 银行外汇行情：

即期汇率：$1=€ 0.84－0.85

1 个月远期差价：0.835－0.847 5(其中 C 是 CENTIMES 的缩写，代表 0.01，discount 代表贴水，下同)

2 个月远期差价：0.832 5－0.845

5 个月远期差价：0.83－0.842 5

所以德国出口商应该在 2012 年 8 月 1 日买入 500 万美元的 2 月期限的远期外汇，并卖出 500 万美元 5 月期限的远期外汇。

最终本币收益＝500×0.83＋500×0.858 75－500×0.845＝421.875(万欧元)

4.(1)根据公式有：

$$f_{12}=\frac{(1+r_2)^2}{1+r_1}-1=4.01\%$$

$$f_{23}=\frac{(1+r_3)^3}{(1+r_2)^2}-1=5.11\%$$

$$f_{34}=\frac{(1+r_4)^4}{(1+r_3)^3}-1=5.72\%$$

$$f_{45}=\frac{(1+r_5)^5}{(1+r_4)^4}-1=7.24\%$$

(2)由预期理论可知，短期利率取决于未来短期利率预期的平均值，因此可知短期利率将不断上行，对应的投资策略为买短期债券、卖长期债券，当利率上升时，长期债券价格下降的幅度大于短期债券。

5.(1)A期望现金值$=7\ 000\times0.1+0\times0.1=700$(万元)，$NPV_A=-800+700=-100$(万元)；

B期望现金值$=3\ 000\times0.4+100\times0.6=1\ 260$(万元)，$NPV_B=-800+1\ 260=460$(万元)。

(2)从债权人的角度，应该选择B项目，因为债权人最关心的是自己贷出的贷款到期能否偿付，所以要选择净现值大且风险小的项目，故选B。

从股东的角度看，应该选择A项目，虽然该项目的期望净现值为负。但是若出现有利情况，将获得6 200万元的净现值，偿还4 000万元债务后，还有2 200万元归属于股东；若出现不利情况，则对于股东来说没有任何损失，只是债权人又增加了800万元的损失。如果选择B项目，两种情况下净现值都小于4 000万元，而公司仍然处于财务危机之中，股东没有好处，所以他们会选择A项目。

6.(1)$E=\frac{12}{10}=1.2$(元/股)

$$\frac{P}{E}=\frac{25}{1.2}=20.83$$

$S=\frac{180}{10}=18$(元/股)

$$\frac{P}{S}=\frac{25}{18}=1.39$$

(2)$P=\frac{20\times300\times10\%}{10}=60$(元)

(3)$S=\frac{10\times20.83\times2.5}{1.39}=374.64$(亿元)，$\sqrt[4]{374.64/180}-1=20.11\%$

三、论述分析题

1.(1)人民币实现国际化需要具备一定的条件，譬如金融自由化和发达的国内金融市场、发展人民币离岸市场以及货币的可兑换性等。就货币的可兑换性而言，人民币还远不是其外国持有者的“便利”货币。尽管人民币在经常项目下可兑换，但资本项目的很多方面仍然受到管制,主要是对证券、资本和短期资本流动的管制。人民币使用限制主要源自当前中国对资本项目交易的管制。所以一旦放开资本项目的管制,实现资本项目下人民币的可自由兑换性,那么必定会促进人民币的国际化。但是对于中国这样一个发展中国家,金融体系不够完善、银行体系比较脆弱,放开资本项目的管制即实现资本项目下的人民币可自由兑换,对于人民币国际化来说,除了正面的影响外,当然也会带来一些负面的影响。

正面影响有:

①有利于国内资本市场与国际资本市场接轨,由于面对外来激烈的竞争,迫使国内不断提升竞争力。

②有利于吸引外资,弥补“双缺口”。

③有利于增加国际金融市场的流动性。

④有利于资本全球范围内实现最优配置。特别是对于发展中国家而言,开放资本项目还有两点益处:一方面,能够为他们注入更多的资金,解决经济发展中面临的“双缺口”,即投资和储蓄不足;另一方面,发达国家通过技术溢出效应,将先进的管理知识和发达的技术溢出给发展中国家,提升发展中国家管理技术水平,并且发达国家进入发展中国家带来的强烈竞争将进一步推动发展中国家产业结构升级。

⑤资本账户开放可以促进资本在国际间自由流动,发挥各国的资源互补优势,使我国充分利用外资来发展本国经济。

所以,资本项目下的人民币可自由兑换对于人民币国际化来说是非常关键的一步,可以促进人民币在国际社会的流通,增加国际影响力,加速人民币国际化的进程。

负面影响有:

①国际资本流动可能导致人民币汇率的不稳定,从而阻碍经济发展。如果国内外资产价格存在明显的差异,资本项目开放后资本将会出现大规模流动。而迅速增加的资本流动很可能引起实际汇率的短期剧烈调整,并对国内出口乃至整个实际经济部门产生不利影响。

②货币政策将失去独立性,宏观经济政策调整难度加大。克鲁格曼的三元结构理论认为在资本自由流动的情况下,一国很难采取独立的货币政策。

③加大了我国银行业的脆弱性。在资本项目开放的情况下,借款人可以到外资银行进行借款,而且由于外资银行一般拥有雄厚的资金,贷款利率一般较低,同时外资银行好的服务质量也会吸引更多的客户,这样可能会降低我国国内银行的市场份额。

④助长股票和房地产市场的经济泡沫,扰乱实体经济秩序。

所以,资本项目下的人民币可自由兑换之后,很容易引发我国银行业和整个金融体系的动荡,增加人民币汇率的不稳定性,对人民币国际化带来不利影响。同时也会引发政府和央行的担忧,减缓人民币国际化的脚步。不过相信只要央行操作恰当,选择时机正确,资本项目下的人民币可自由兑换是未来的发展趋势,对人民币国际化来说是利大于弊,总体来说还是能够促进人民币国际化的进程。

(2)降低存款利率也称为降息,降低存款准备金率也称为降准。二者都是扩张性的货币政策,向市场提供流动性,但是降准可以通过商业银行进行信用创造,所以它的效果要比降息大得多。下面我们分别介绍此次降息和降准的目的与依据。

降低存款基准利率的主要原因是当前中国经济增速下行,GDP 增长率未达预期,面临的经济形势较为严峻。对于实体经济而言,企业融资成本过高,降低企业融资成本、促进实体经济发展迫在眉睫。而降息有助于引导利率下行,进一步解决中小型企业融资难、融资贵的问题。

降低存款准备金率的主要原因是外汇占款是我国基础货币的重要来源,而2016年来我国的外汇储备持续下降,相应的外汇占款也在减少,导致我国的基础货币量减少,面临流动性不足。降准是效果很大的一项扩张性货币政策,不仅解决了市场流动性缺乏的问题,也缓解了银行资金紧张的供求状态。而此次"双降"也就是降息和降准配合使用会使央行稳定市场预期的意愿更好地发挥出来。除去其本身的作用外,还对市场发出了强烈的信号,对稳定市场有很大的好处。

(3)降低存款准备金率以后,商业银行可以通过货币创造成倍地扩张货币供应量。人民币供给增多,当供给大于需求时,人民币趋于贬值。为了稳定汇率,央行会在外汇市场卖出外汇以稳定汇率,此时外汇储备减少。当一国外汇储备非常多的时候,比如我国现在的3万多亿美元的外汇,就会给市场传递一个信号,即市场预期央行有能力稳定汇率,此时市场会产生蜜月效应,自发稳定汇率。反之,当外汇储备较低时,市场会产生央行没有维持稳定汇率的能力,此时市场产生离婚效应,造成汇率的变动。

2. 资本结构是指企业各种长期资本来源的构成和比例关系。在通常情况下,企业的资本由长期债务资本和权益资本构成,资本结构指的就是长期债务资本和权益资本各占多大比例,与之相关的理论有如下几种:

(1)无税MM理论。在一系列假设条件下,得出了关于财务杠杆与资本成本和企业价值关系的两个命题。

命题Ⅰ是任何企业的市场价值与其资本结构无关,不管有无负债,企业的价值均等于预期息税前收益除以适用其风险等级的报酬率。命题Ⅱ则为企业股本成本模型,表示负债企业的股本成本等于同一风险等级中某一无负债企业的股本成本加上根据无负债企业的股本成本和负债成本之差以及负债比率确定的风险报酬。

(2)有税MM理论。负债会因为税盾效应而增加企业的价值,企业的负债率越高越好。有税MM模型给出了两个命题。

命题Ⅰ为企业价值模型。该模型表示,负债企业的价值等于同一风险等级中某一无负债企业的价值加上税盾效应的价值。命题Ⅱ为企业权益资本成本模型。由于权益资本的风险随财务杠杆而增大,因此,期望收益率与财务杠杆之间存在正相关关系,即负债企业的权益资本成本等于相同风险等级的无负债企业的权益资本成本加上一笔风险报酬。

(3)权衡理论。就是强调在平衡债务利息的抵税收益与财务困境成本的基础上,实现企业价值最大化时的最佳资本结构。此时所确定的债务比率是债务抵税收益的边际价值等于增加的财务困境成本的现值。

根据权衡理论,有负债企业的总价值等于无负债企业价值加上债务抵税收益的现值,再减去财务困境成本的现值:

$$V_L = V_U + PV(\text{利息抵税}) - PV(\text{财务困境成本})$$

(4)优序融资理论。它的主要内容是当企业存在融资需求时,首先是选择内源融资,其次会选择债务融资,最后选择股权融资。选择优序融资理论的理由有两点:

①信息不对称下行为信号传递。信息不对称是指企业内部管理层通常要比外部投资者拥有更多更准的关于企业的信息。在这种情况下，企业管理层的许多决策不仅具有财务上的意义，而且向市场和外部投资者传递着信号。外部投资者只能通过管理层的这些决策所传递出的信息了解企业对未来收益的预期和投资风险，间接地评价企业价值。

②信息不对称下筹资方式传递的信号。在信息不对称的条件下，如果外部投资者掌握的关于企业资产价值的信息比企业管理层掌握的少，那么企业权益的市场价值就可能被错误地定价。当企业股票价值被低估时，管理层将避免增发新股，而采取其他的融资方式筹集资金，如内部融资或发行债券；而在企业股票价值被高估的情况下，管理层将尽量通过增发新股为新项目融资，让新的股东分担投资风险。

(5)信号理论。信号理论研究的是当企业管理者和市场投资者间产生信息不对称的情况下，投资者只能从公开的信息中去获取有用信息，比较被动。而显然企业的管理者比股票持有者更了解企业，所以公司的融资方式会传递信号，企业举债对股东来说是正面消息，提高股价，而企业增加股权融资，容易传递股票高估的信息，降低公司价值。

我国上市公司大多偏好股权融资，有以下几点原因：

(1)我国上市公司盈利能力不高，内源融资能力有限，国内债券市场不发达，发公司债的要求很高。银行借款，能借的钱也非常有限，不能满足上市公司的需求。

(2)公司上市之后，由于监管不严格，很多企业不发股利，没有很高的利润，依然能保持很高的股价。从投资者角度来看，中国的投资者以小散户居多，并且都非常爱好风险，使得市盈率普遍高于国外，进而股权融资的成本比较低。

(3)由于监管等多方面原因，公司上市前，会计师事务所和律师事务所会帮忙做假账，千方百计帮忙上市，一旦上市，企业情况一落千丈。并且中国的退市机制不够完善，企业不会面临退市的压力，使得企业进入门槛低，没有退出的压力。

(4)政府当初基于给国有企业融资便利设立股票市场，并在股票发行和监管方面给予了一定的政策照顾。但对于需要承担财务风险的债券发行则严格控制，再加上股票市场的日益发展完善，对股票的依赖性也日渐增加，所以导致我国债券市场没有发展起来，明显落后于股票市场。这样就不能满足我国公司企业的融资需求。所以我国企业都偏向于在股票市场进行融资，形成了对股权融资的偏好。

2016年清华大学431金融硕士真题参考答案

一、选择题

1. A

本题考查简单的国际收支概念。国际收支是指一国在一定时期内全部对外经济往来的系统的货币记录，所以选A。

2. A

贸易收支项目是经常账户中最重要的内容。

3. A

本题考查知识点属于国际收支平衡表的基本内容。根据《国际收支手册》第五版规定中的相关概念，投资收入（比如股本收入、债务收入）是计入经常账户下的收入项目。

4. D

周期性不平衡指的是由于经济周期变化而造成的国际收支不平衡。

5. B

收入性不平衡是指由于一个国家的国民收入相对快速增长而导致进口需求的增长超过出口需求的增长所引起的国际收支不平衡。

6. D

国际收支平衡表中借方总额与贷方总额一定相等。

7. C

信用证属于商业银行的中间业务。

8. A

外汇、黄金储备属于商业银行的资产。

9. B

中央银行的独立性主要体现在与政府的关系上。

10. B

效用函数中的A表示方差每增加1个单位，投资者效用相应减少A个单位。

11. A

投资组合的期望收益＝0.6×(10%＋6%)＋0.4×6%＝12%；

投资组合的标准差＝0.6×14%＝8.4%；

投资组合的夏普比率＝(12%－6%)/8.4%＝0.71。

12. D

根据*CAPM*模型，X的期望收益率＝8%＋1.25×(15%－8%)＝16.75%，

$\alpha=17\%-16.75\%=0.25\%$，

由此可知 X 被低估，其阿尔法值为 0.25%。

13. D

零贝塔证券的期望收益率等于无风险收益率。

14. C

股票价格“随机漫步”指的是股票价格无法预测，未来价格变化与以往价格变化无关。

15. D

若市场迅速地根据新的信息做出调整，那么技术性分析则无法获利。研究经济环境能够预测未来市场的走向是基本面分析的假设。

16. B

A 选项：发行债券对公司所有者权益没有影响。

C、D 选项：资本公积转增资本、提取法定盈余公积均不会对公司所有者权益产生影响。

17. C

因为公司有投资正 *NPV* 项目的实物期权，会反映在市场价值中，而实体资产价值一般指公司固定资产、流动资产的现值，未包含实物期权。所以市场价值大于实体资产价值。

18. B

由于财务杠杆为 3，*EBIT* 增加 10%，*EPS* 增加 30%。

19. C

发行新股后公司股权价值 $=20\times203+25\times53=5\ 385$(元)，

此时公司股价 $=5\ 385/(203+53)=21$(元)。

20. A

$OCF=EBIT+$折旧$-$税$=(600-400-20)\times(1-33\%)+20=140.6$(万元)。

21. C

流动比率＝流动资产/流动负债

速动比率＝(流动资产－存货)/流动负债

若企业存货增加，则仅流动比率发生变化，速动比率并不会发生相应变化，因此选择 C 项。

22. B

净营运资本＝流动资产－流动负债，因此，净营运资本变动额 $=(410-250)-(380-210)=-10$(万元)，因此选择 B 项。

23. D

根据经营性现金流的计算公式：$OCF=EBIT+$折旧$-$税，可知设备折旧费用的增加会引起经营性现金流的增加。

24. A

题中公司普通股、优先股和债券的市场价值分别为 344 万元、136 万元和 51 万元，代入 *WACC* 的公式可知答案为 A 选项。

25. B

$V_L=V_U+T_c\times B=42\times80\ 000+1\ 000\ 000\times34\%=3\ 700\ 000$(元)，$V_L=B+S=$

1 000 000＋S＝3 700 000(元)，由此可知 S＝2 700 000(元)。

因此股权价值为270万元。

26. D

重组后原抵押债券持有者应当获得全部补偿，即150万元。

27. A

重组后共发行200万元，其中150万元赔付给原抵押债券持有者，则原无抵押债券持有者能够获得剩余50万元有价证券。

28. C

通过利率互换，企业可以在不改变资本结构的前提下，其资产和负债的利率风险价格敏感度相同。

29. B

此题考查的是债券价格对于利率的敏感性，根据债券定价公式易知高息票债券的久期最短，因此当利率变化时，高息票债券的价格百分比变动最小。

30. A

根据 Black-Scholes 期权定价模型：

$$C = S \times N(d_1) - X \times e^{-r \times T} \times N(d_2)$$

$$= 40 \times 0.718\,891 - 45 \times e^{-0.15 \times \frac{9}{12}} \times 0.641\,713 = 2.95(\text{元})$$

二、计算题

1. (1)据题意：$\mathrm{Cov}(r_S, r_B) = \rho_{SB} \times \sigma_S \times \sigma_B = 0.1 \times 30\% \times 15\% = 0.004\,5$，最小方差组合的风险资产权重由下式给出：

$$W_{\min}(S) = \frac{\sigma_B^2 - \mathrm{Cov}(r_S, r_B)}{\sigma_S^2 + \sigma_B^2 - 2\mathrm{Cov}(r_S, r_B)} = \frac{0.15^2 - 0.004\,5}{0.3^2 + 0.15^2 - 2 \times 0.004\,5} = 0.173\,9$$

$$W_{\min}(B) = 1 - 0.173\,9 = 0.826\,1$$

最小方差风险资产组合的期望均值和标准差分别为：

$$E(r_{\min}) = 0.173\,9 \times 20\% + 0.826\,1 \times 12\% = 13.39\%$$

$$\sqrt{\sigma_{\min}^2} = \sqrt{W_S^2 \sigma_S^2 + W_B^2 \sigma_B^2 + 2W_S W_B \mathrm{Cov}(r_S, r_B)}$$

$$= \sqrt{0.173\,9^2 \times 0.3^2 + 0.826\,1^2 \times 0.15^2 + 2 \times 0.173\,9 \times 0.826\,1 \times 0.004\,5}$$

$$= 13.92\%$$

(2)据题意：$\mathrm{Cov}(r_S, r_B) = \rho_{SB} \times \sigma_S \times \sigma_B = 0.1 \times 30\% \times 15\% = 0.004\,5$，投资于股票 S 上的比例如下：

$$W(S) = \frac{\sigma_B^2 [E(r_s) - r_f] - [E(r_B) - r_f]\mathrm{Cov}(r_S, r_B)}{\sigma_B^2 [E(r_s) - r_f] + [E(r_B) - r_f]\sigma_S^2 - [E(r_s) - r_f + E(r_B) - r_f]\mathrm{Cov}(r_S, r_B)}$$

$$= \frac{0.022\,5 \times (0.2 - 0.08) - (0.12 - 0.08) \times 0.0045}{(0.2 - 0.08) \times 0.022\,5 + (0.12 - 0.08) \times 0.09 - (0.2 - 0.08 + 0.12 - 0.08) \times 0.004\,5}$$

$$= 0.451\,6$$

$$W_B = 1 - 0.451\,6 = 0.548\,4$$

那么 $E(r_p)=0.4516\times20\%+0.5484\times12\%=15.61\%$

$$\sigma_p=\sqrt{0.4516^2\times0.09+0.5484^2\times0.0225+2\times0.4516\times0.5484\times0.0045}=16.54\%$$

那么夏普比率为：

$$S=\frac{E(r_p)-r_f}{\sigma_p}=\frac{15.61-8}{16.54}=0.4601$$

2. A. 已知筹集 3 000 万元资金需要卖出公司 2/3 的股权，因此可知目前公司的市场价值为 4 500 万元。由于已通过债券融资 2 000 万元，剩余 1 000 万元则需要出售 2.22%(=1 000/4 500)的公司股权。

B. 假设债务融资的最低额度为 X，则有：

$(3\,000-X)/4\,500<50\%$

由此可知 $X>750$。

因此债务融资的最低额度应为 750 万元才能保持公司控制权。

3. (1)假设 1973～2003 年英国的年通胀率为 π，美国的年通胀率为 π^*，求得 $\pi=7\%$，$\pi^*=4.86\%$。

两国通货膨胀率之差为 2.14%，理论上英镑应该对美元贬值，实际上英镑平均每年贬值 1.09%。

(2) $e_{30}=e_0\times[(1+\pi)/(1+\pi^*)]^{30}=0.4304\times7.6981/4.161=0.7963$

根据 1973 年 1 美元=0.430 4 英镑的是均衡汇率，2013 年的均衡汇率为 1 美元=0.796 3 英镑。

4. A. 由于附带了卖出期权，并且行权期为 $t=1$，则含权债券价格的二叉树中的 P_{11} 因为行权，价格是 0.83，P_{12} 由于放弃行权，价格依旧为 0.841 8。已知 $t=0$ 期，利率水平为 0.1，则零时刻含权债券的价格为：

$P_0=[(P_{11}+P_{12})/2]/(1+r)=[(0.83+0.8418)/2]/(1+0.1)=0.7599$

B. 在 $t=1$ 期，由于期权可能行权，导致行权后的 P_{11} 这个节点变成折现现金流。

假设 $P_{11}=0.83$，则：

$P_{21}=0.83\times(1+0.11)=0.9213$

$P_{22}=0.83\times(1+0.09)=0.9047$

$P_{31}=0.9213\times(1+0.12)=1.0319$

$P_{32}=0.9213\times(1+0.1)=1.0134$

$P_{33}=0.9047\times(1+0.1)=0.9952$

$P_{34}=0.9047\times(1+0.08)=0.9771$

在 $t=1$ 时刻放弃行权的节点 $P_{12}=0.8418$ 出发，P_{23} 和 P_{24} 不变，依旧分别为 0.909 1 和 0.925 9，在 $t=3$ 时刻，由于贴现债券到期，由此分支衍生出来的期末价格均为 1(假定次贴现债券面值为 1)。下面是归纳好的含权债券价格的二叉树。

由于 $t=3$ 时最终价格所占概率均为 1/8，所以可以求得债券价格的期望值为 1.002 2，即 $P_3=1.0022$，由此可知到期收益率 r 使得等式 $0.7599=1.0022/(1+r)^3$ 成立，求得 $r=9.58\%$。

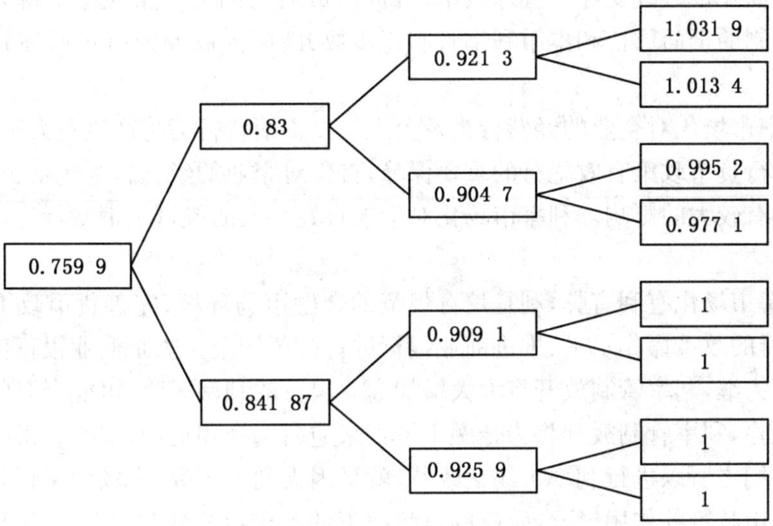

三、论述题

1. 放开利率管制，把利率的决定权交给市场，这是利率市场化的本质。由市场的主体决定利率的过程。在利率市场化的条件下，如果市场竞争充分，则任何单一的经济体都不可能成为利率的单方面制定者，而只能是利率的接受者，利率市场化的内容至少包括以下几个方面：

第一，金融交易主体享有利率决定权。金融活动是资金盈余部门和赤字部门之间的资金交易活动。金融交易主体应该有权对其交易的资金规模、价格、偿还期限、担保方式等具体条款进行反复权衡和选择。

第二，利率的数量结构、风险结构和期限结构应该由市场自发选择。金融交易的双方应该有权就某一项交易的具体数量、规格、期限、风险及其具体利率水平达成协议，从而为整个金融市场合成一个具有代表性的利率数量结构、期限结构和风险结构。

第三，同业拆借利率或短期国债利率将成为市场利率的基本指针。根据发达国家的经验，它们的市场交易量大、信息披露充分，从而也是最具有代表性的市场利率，将成为制定其他一切利率水平的基本标准，也是衡量市场利率水平涨跌的基本依据。

第四，政府（或中央银行）享有间接影响金融资产利率的权力。利率市场化并不是主张放弃政府对金融的宏观调控，而是其调控是依靠间接手段，如通过公开市场操作影响资金供求价格格局，从而间接影响利率水平。

利率市场化的影响有以下几个方面：

首先，对银行经营产生的影响，商业银行作为金融市场最重要的参与者，成为形成市场交易的重要因素，因此，利率市场化对银行业务动作本身的压力更为明显。一方面，市场风险度大大增加，另一方面对银行主业务造成巨大压力。银行经营过程中利率风险进一步扩大。利率市场化将逐步改变中央银行公布利率严格管制的格局，松动的利率管制和变化频繁的市场情况将导致国内商业银行占主导地位的利率差收入业务受到巨大冲击。利率市场化将迫使国内商业银行改变经营管理策略,对资产负债比例管理重视程度将大大提高。随着外币利率管制的全面放松和本币利率管制逐步放开,国内商业银行正面临着传统业务的重大转变。

其次,利率市场化对企业的经营行为及个人的投资消费行为将产生重大影响,利率市场化作为中央银行货币政策有效施行的重要保障,首先对企业的经营行为包括企业融资行为、投资行为等具有较大的影响。利率市场化对于老百姓个人的投资及消费行为也有着重要的影响。

最后,利率市场化有利有弊,利是培育规范的金融市场环境、完善货币政策的微观传导机制、提高央行的政策操作水平、推进商业银行进行改革转型。弊是商业银行传统的存贷利差模式将难以为继,利率管制放开将大大增加商业银行的利率风险,可能会对整个金融体系造成一定的风险,利率管制放开将为金融市场带来逆向选择和道德风险,使得潜在信用风险逐步增加。我们之所以进行利率市场化改革,就是因为利大于弊,市场利率化改革对中央银行充分发挥货币政策的作用、配合政府的财政政策的实施以稳定经济增长有着举足轻重的作用。

2. 特别提款权(SDR)是IMF在1969年创立的一种补充性国际储备资产,它也可以在IMF的机制内充当支付手段和记账单位。其价值由一篮子货币所决定,目前权重为美元41.9%、欧元37.4%、英镑11.3%、日元9.4%。SDR可以兑换成上述4种货币。根据IMF的数据,截至2015年3月17日,被创造并分配给成员国的SDR额度达到2 040亿元,相当于2 800亿美元。

人民币加入SDR有利有弊,首先谈弊端,SDR给中国带来的直接经济利益有限。SDR相当于国际货币基金组织分配给其成员国的一种信贷额度。成员国可以用分配得到的SDR进行国际贸易支付或者其他国际清算业务。从这个角度看,SDR带给成员国的直接经济意义是一种"便宜的融资",因为成员国分配得到的SDR没有利息;SDR的净负债(例如成员国使用了SDR,自己留下的SDR头寸便小于其分配额,出现净负债)只需要支付很低的利息,该利息由IMF决定。

对于已经可以在国际资本市场轻松融资的国家来说,SDR的经济意义就仅仅是两种融资的利息差;只有对那些不能轻松获得国际资本市场融资的国家来说,SDR才具有解燃眉之急的意义。而当前的中国,显然不属于后者。此外,由于SDR自身的其他问题,SDR的发展并不顺利,分配也不合理。而IMF无法对最需要SDR的国家定向增发SDR,这使得SDR能够提供的"融资额度"也十分有限。

SDR还担负着储备货币的角色。既然是储备货币,那么汇率稳定和价值稳定便是最基本的要求,否则央行为什么还要用SDR当储备呢?然而,SDR在这两方面的表现并没有理想中那样出色。尽管SDR还是起到了部分降低汇率波动的风险,特别是SDR和一篮子货币挂钩,将汇率风险分担到成分货币中,但是各国央行并未从这部分降低的风险中获得明显的好处。相反,SDR的流动性不足和缺乏私人部门金融市场反而成了制约其成为储备货币的重要原因。在美元没有太大汇率风险的时候,各国央行显然更偏向于以美元而不是SDR做储备,因为美元的流动性远远高于SDR。所以,SDR作为储备货币给各国央行并未带来特别大的经济意义,对中国也是如此。

当然人民币加入 SDR 也有很多好处:首先以此为契机推动人民币国际化。我国央行行长周小川表示,加入 SDR 有以下一些目的,中国可以成为很多国际商品定价国,中国可以在国际资本市场以更低的成本借贷,人民币可以被更多的国家需求等。这些目的是经济层面的目的,但是上文论述过 SDR 带来的这种经济利益对中国来说是有限的。其实,并不是人民币一定要加入 SDR 才能实现上述目的,人民币国际化和资本账户开放一样可以实现这些目的,而加入 SDR 只是人民币国际化的各种努力中的一种。

如果人民币成为国际化货币以及我国资本账户开放,我国自然有在国际市场上扮演定价国的资格;我国企业对外投资的融资成本一样会降低;国际资本也自然会大量流入我国。人民币加入 SDR,只能说加速了人民币国际化的进程,在我国很多内在的保障人民币国际化的条件还不成熟的时候,可以让国际社会先承认人民币正在国际化的事实。

为了推动人民币国际化,我国还需要配套相关的金融市场改革措施。例如最明显的一项改革就是人民币汇率市场化改革。如果人民币在国际市场上的定价不是市场完成的,那么人民币不会成为全球其他国家普遍接受的储备货币。而要让人民币汇率市场化,前提就是人民币利率市场化,否则如果人民币的价格都不是由市场决定的,其相对于其他货币的价格无法做到由市场决定。而人民币利率市场化,还必须要配合全方位更深入的金融市场改革,并非央行取消人民币存款利率上限就等于利率市场化。此外,我们要区分名义汇率市场化和实际汇率市场化的区别,因为后者才是真正的市场化,对人民币自主政策的制定才有帮助。由此可见,我国推动国际资本账户开放和人民币国际化是一个系统性工程。但是我们也要明白“拔苗助长”的风险和危害。

其次是获得认可,提高人民币声望。中国已经成为全球第二大经济体,迫切希望通过加入 SDR 提升自己在 IMF 和全球经济格局中的声望。人民币和中国经济实力获得认可,是一种政治上的诉求。这种诉求是否需要通过 IMF 来满足未尝可知,因为 IMF 自身也存在体制上的问题。我国倡导建设亚投行从某种意义上讲也包含了我国对 IMF 的失望。

IMF 创造 SDR,希望部分取代美元成为全球主要的储备货币。然而,SDR 自身设计的缺陷以及 IMF 成员国利益诉求的不一致,严重阻碍了 SDR 的发展。到目前为止,SDR 在全球储备中所占份额不足 4%。SDR 给成员国带来的经济利益有限,尤其是受到分配不合理的影响,许多成员国并没有从 SDR 中获得什么好处。而人民币加入 SDR 储备货币的篮子,更主要的意义是配合人民币国际化进程,提升人民币在国际市场中的地位和比重。当人民币真正从 RMB 变成 CNY 的时候,我国在国际经济和金融市场的诸多诉求自然能够得到满足。

2016年对外经贸大学431金融硕士真题参考答案

一、单项选择题

1. D

支付手段是指货币充当用来清偿债务或支付赋税、租金、工资等的职能。支付手段一方面使商品交换出现赊购、赊销，这有利于商品经济的发展，但另一方面又在形式上加深了经济危机的可能性。相对于价值尺度和流通手段而言，支付手段虽不是货币的基本职能，但随着商品货币经济的发展，货币在人们经济生活中所起的作用越来越广泛，货币执行支付手段的职能也越来越普遍。

流通手段是指货币在商品流通过程中起媒介作用时所发挥的职能。①必须使用现实的货币，一手交钱，一手交货。货币需求：流通中需要多少货币取决于3个要素，即价格(P)、待出售的商品数量(Q)、货币流通速度(V)，在金属货币制下：$M=PQ/V$；在信用货币制度下：$PQ\equiv MV$。②作为流通手段的货币在交换中转瞬即逝。人们注意的是货币的购买力，只要有购买力，符号票券也能作货币。纸币、信用货币因此而产生。

2. C

《巴塞尔协议Ⅲ》中提到了建立流动性风险监管标准，增强银行体系维护流动性的能力。目前我国对于银行业流动性比率的监管，已经存在一些较为明确的指标要求，如要求存贷比不能超过75%、流动性比例大于25%、核心负债依存度大于60%、流动性缺口率大于-10%，以及限制了最大十户存款占比和最大十户同业拆入占比、超额存款准备金制度等，这些指标对于监控银行业的流动性起到了较好的作用。《巴塞尔协议Ⅰ》把信用风险纳入了风险管理框架，《巴塞尔协议Ⅱ》把市场风险和操作风险纳入风险管理范围。

3. A

收益率曲线是反映风险相同但期限不同的债券到期收益率或利率与期限关系的曲线。

4. D

选项A，公开市场业务是运用国债、政策性金融债券等作为交易品种，主要包括回购交易、现券交易和发行中央银行票据，调剂金融机构的信贷资金需求。其特点：传递过程的直接性、主动性，可以进行微调，可以进行频繁操作。

选项B，窗口指导是指根据行情物价走势和金融市场动向规定商业银行每季度的贷款增减额，并要求其执行，属于温和的、非强制的货币政策工具。

选项C，再贴现政策是商业银行等金融机构将贴现业务获得的票据卖给中央银行的行为。其特点：作用较为温和；对市场利率有强烈的告示作用；具有结构调节效应，缺乏主动性；利率高低有限度。

选项 D，存款准备金是通过调整存款准备金率，影响货币乘数，从而间接调控货币供应量，因此即使法定准备金率调整很小，也会引起货币供应量的巨大波动。

5. B

资本与金融账户是国际收支平衡表中的内容，资本和金融账户是由资本账户和金融账户组成的。资本账户主要是记录资本输出和资本输入情况，并加以总结对比分析，包括资本转移和非生产、非金融资产的收买或放弃等。金融账户包括涉及经济体对外资产和负债所有权变更的所有交易，按功能分为直接投资、证券投资、其他投资和储备投资。投资收益属于经常账户的内容。

6. A

自然失业率是指充分就业下的失业率。它是一个不会造成通货膨胀的失业率。从整个经济看，任何时候都会有一些正在寻找工作的人，经济学家把在这种情况下的失业称为自然失业率，所以，经济学家对自然失业率的定义，有时被称作充分就业状态下的失业率，有时也被称作无加速通货膨胀下的失业率。

7. C

证券市场线简称为 SML，可以反映投资组合报酬率与系统风险程度 β 系数之间的关系以及市场上所有风险性资产的均衡期望收益率与风险之间的关系。价格被低估处于证券市场线上方，价格被高估处于证券市场线下方。

8. D

管理权与所有权分离的优点：易于转让、有限责任、永续经营。

9. A

沉没成本是指已经发生的成本。由于沉没成本是在过去发生的，它不因接受或摒弃某个项目的决策而改变。影响增量现金流的有机会成本、成本分摊、相关成本、重置成本。

10. A

内部收益率，是资金流入现值总额与资金流出现值总额相等、净现值等于零时的折现率。如果折现率小于内部收益率，那么净现值大于 0，项目可以接受；如果折现率大于内部收益率，那么净现值小于 0，项目不可以接受。

X 项目的折现率为 8%，低于 *IRR*，所以可行；Y 项目的折现率为 10%，大于 *IRR*，所以不接受；Z 项目的折现率是 11%，大于 *IRR*，所以不接受。

二、判断题

1. ×

安全性、流动性、盈利性是商业银行的经营管理原则，发放贷款应该遵循 6C 原则。

2. √

流通中的通货是央行的负债，同时其也属于 M1 的统计范畴。

3. ×

票据发行便利是指银行同客户签订一项具有法律约束力的承诺，期限一般为 5～7 年，银行保证客户以自己的名义发行短期票据，银行则负责包销或提供没有销售出部分的等额贷款。

4. √

借贷双方直接发生债权债务关系就是直接融资。

5. ×

弗里德曼的货币需求理论中，影响人们货币需求的收入指的是永久性收入。

6. ×

商业银行负债业务的创新是为了吸收更多存款，打破有关法规限制。

7. √

费雪方程式的简要表述形式为：$i=r+h$。

8. ×

"布雷顿森林体系"的主要内容包括以下几点：第一，美元与黄金挂钩。第二，其他国家货币与美元挂钩。第三，实行可调整的固定汇率。《国际货币基金协定》规定，各国货币对美元的汇率，只能在法定汇率上下各1%的幅度内波动。若市场汇率超过法定汇率1%的波动幅度，各国政府有义务在外汇市场上进行干预，以维持汇率的稳定。若会员国法定汇率的变动超过10%，就必须得到国际货币基金组织的批准。1971年12月，这种即期汇率变动的幅度扩大为上下2.25%的范围，决定"平价"的标准由黄金改为特别提款权。布雷顿森林体系的这种汇率制度被称为"可调整的盯住汇率制度"。

9. √

在最低资本金比率方面，草案规定，商业银行的普通股最低要求将从目前的2%提升至4.5%，也就是所谓的核心一级资本比率，另外还需要建立2.5%的资本留存缓冲和0至2.5%的"逆周期资本缓冲"。此外，商业银行更宽泛的一级资本充足率下限则将从现行的4%上调至6%。

10. √

多因素模型可以用来测度和管理许多经济领域的风险，如经济周期风险、利率风险、通货膨胀风险、能源价格风险等。

11. √

负债越大，财务困境成本越大，经营项目的不确定性越大，破产概率越大。

12. ×

公司应该合理分配现金，持有现金太多会影响投资收益，只需保持恰当的流动性就可以。

13. √

优先股是相对于普通股而言的，主要是在利润分红及剩余财产分配的权利方面，优先于普通股。优先股股东没有选举权及被选举权，一般来说，对公司的经营没有参与权，优先股股东不能退股，只能通过优先股的赎回条款被公司赎回，但是能稳定分红的股份。

14. ×

系统性风险不能被分散。

15. √

总资产不变时，财务杠杆增加，使得权益减少，所以 *ROE* 增加。

三、名词解释

1. 布雷顿森林体系是指第二次世界大战后以美元为中心的国际货币体系协定。布雷顿森林体系是该协定对各国对货币的兑换、国际收支的调节、国际储备资产的构成等问题共同做出的安排所确定的规则、采取的措施及相应的组织机构形式的总和。

布雷顿森林体系成立了国际货币基金组织（IMF）和世界银行（World Bank），确立了美元与黄金挂钩，成员国货币和美元挂钩的可调整的固定汇率制度；取消经常账户交易的外汇管制。

布雷顿森林体系结束了混乱的国际金融秩序，为国际贸易的扩大和世界经济增长创造了有利的外部条件。美元作为储备货币和国际清偿手段，弥补了黄金的不足，提高了全球的购买力，促进了国际贸易和跨国投资。

2. 流动性陷阱是凯恩斯提出的一种假说，指当一定时期的利率水平降到不能再低时，人们就会产生利率上升而债券价格下降的预期，货币需求弹性就会变得无限大，即无论增加多少货币，都会被人们储存起来。发生流动性陷阱时，再宽松的货币政策也无法改变市场利率，使得货币政策失效。

根据凯恩斯的理论，人们对货币的需求由交易需求和投机需求组成。在流动性陷阱下，人们在低利率水平时仍愿意选择储蓄，而不愿投资和消费。此时，仅靠增加货币供应量就无法影响利率。如果当利率为零时，即便中央银行增加多少货币供应量，利率也不能降为负数，由此就必然出现流动性陷阱。

3. 三元悖论也称三难选择，它是由美国经济学家保罗·克鲁格曼就开放经济下的政策选择问题所提出的，其含义是：本国货币政策的独立性、汇率的稳定性、资本的完全流动性不能同时实现，最多只能同时满足两个目标，而放弃另外一个目标。根据蒙代尔的三元悖论，一国的经济目标有三种，即各国货币政策的独立性、汇率的稳定性、资本的完全流动性。这三者，一国只能三选二，而不可能三者兼得。

根据三元悖论，在资本流动性、货币政策的有效性和汇率制度三者之间只能进行以下三种选择：①保持本国货币政策的独立性和资本的完全流动性，必须牺牲汇率的稳定性，实行浮动汇率制；②保持本国货币政策的独立性和汇率稳定，必须牺牲资本的完全流动性，实行资本管制；③维持资本的完全流动性和汇率的稳定性，必须放弃本国货币政策的独立性。

4. 套利是指投资者或借贷者同时利用两地利息率的差价和货币汇率的差价，流动资本以赚取利润。套利分为抵补套利和非抵补套利两种。

非抵补套利是指套利者仅仅利用两种不同货币所带有的不同利息的差价，而将利息率较低的货币转换成利息率较高的货币以赚取利润，在买或卖某种即期通货时，没有同时卖或买该种远期通货，承担了汇率变动的风险。抵补套利是指把资金调往高利率货币国家或地区的同时，在外汇市场上卖出远期高利率货币，即在进行套利的同时做掉期交易，以避免汇率风险。实际上这就是套期保值，一般的套利保值交易多为抵补套利。

5. 净资产收益率又称股东权益报酬率和权益报酬率，是衡量上市公司盈利能力的重要指标，是指利润额与平均股东权益的比值。该指标越高，说明投资带来的收益越高；净资产收益率越低，说明企业所有者权益的获利能力越弱。该指标体现了自有资本获得净收益的能力。

净资产收益率(*ROE*)=净利润/净资产=销售利润率×资产周转率×权益乘数(财务杠杆)

一般来说,负债增加会导致净资产收益率的上升。企业适当地运用财务杠杆可以提高资金的使用效率,借入的资金过多会增大企业的财务风险,但一般可以提高盈利,借入的资金过少会降低资金的使用效率。净资产收益率是衡量股东资金使用效率的重要财务指标。

四、计算题

1.(1)2015 年,1 元人民币=1/6.349 5 美元=0.16 美元

1 元人民币=1/6.977 1 欧元=0.14 欧元

2008 年,1 元人民币=1/6.827 0 美元=0.15 美元

1 元人民币=1/8.929 7 欧元=0.11 欧元

(0.16-0.15)/0.15=6.67%,(0.14-0.11)/0.11=27.27%

人民币兑美元升值 6.67%,人民币兑欧元升值 27.27%。

(2)2008 年,1 美元=6.827 0 元人民币,1 欧元=8.929 7 元人民币

1 欧元=8.929 7/6.827 0=1.31 美元

2015 年,1 美元=6.349 5 元人民币,1 欧元=6.977 1 元人民币

1 欧元=6.977 1/6.349 5=1.1 美元

(1.1-1.31)/1.31=-16.03%,欧元相对美元贬值了。

2.(1)根据资本资产定价模型,该股票的期望收益率=6%+β×5%=14%,可计算出 β 值为 1.6。

(2)该股票每年每股支付的红利=该股票市场价格×预期收益率=50×14%=7(元)。

(3)根据 β 的计算公式,该证券与市场组合的协方差加倍,则 β 值加倍,把加倍后的 β 代入上式可得,该股票的收益率为 22%。

按照永续年金和股票定价的公式,股票价格=永续支付股利的现值=红利÷收益率,分别代入 β 变化前的价格和收益率,以及价格变化后的收益率,即 7÷22%=31.82(元),可算出股票价格变为 31.82 元。

五、简答题

1.(1)1960 年,美国经济学家罗伯特·特里芬在其《黄金与美元危机——自由兑换的未来》一书中提出的布雷顿森林体系存在着自身无法克服的内在矛盾:"由于美元与黄金挂钩,而其他国家的货币与美元挂钩,美元虽然因此而取得了国际核心货币的地位,但是各国为了发展国际贸易,必须用美元作为结算与储备货币,这样就会导致流出美国的货币在海外不断沉淀,对美国来说就会发生长期贸易逆差;而美元作为国际货币核心的前提是必须保持美元币值稳定与坚挺,这又要求美国必须是一个长期贸易顺差国。这两个要求互相矛盾,因此是一个悖论。"这一内在矛盾在国际经济学界称为"特里芬难题",正是这个"难题"决定了布雷顿森林体系的不稳定性和垮台的必然性。

(2)"特里芬难题"指出了布雷顿森林体系的内在不稳定性及危机发生的必然性,该货币体系的根本缺陷在于美元的双重身份和双挂钩原则,由此导致的体系危机是美元可兑换的

危机，或人们对美元可兑换的信心危机。正是由于上述问题和缺陷，导致该货币体系基础的不稳定性，当该货币体系的重要支柱——美元出现危机时，必然带来这一货币体系危机的相应出现。

(3)“特里芬难题”告诫我们：依靠主权国家货币来充当国际清偿能力的货币体系必然会陷入“特里芬难题”而走向崩溃。不论这种货币能否兑换黄金，不论是哪一国货币，不论是一国货币还是几国货币，也不论是以一国货币为主还是平均的几国货币，其实质道理是一样的，因而其结果也会一样。“特里芬难题”揭示的意义正在于此。这对于我们分析未来国际货币体系的发展无疑有着重要的启示作用。

2. 凯恩斯主义和货币主义的货币需求理论是西方两大主流理论，它们在理论内容和政策主张上差异很大，主要区别如下：

(1)基本假设不同。主要有以下几点：

①资产划分方面：凯恩斯将货币以外的其他资产划为一类即债券，他认为货币以外的其他资产的回报率是一起变动的；弗里德曼将货币的替代资产分为股票、债券、商品很多种。

②货币的预期回报率：凯恩斯假定货币的预期回报率不变(为零)，而弗里德曼认为货币的预期回报率是变化的。

③收入的性质：凯恩斯认为收入是短期资产，而弗里德曼假定收入是长期资产(永久性收入)。

④凯恩斯认为人们的心理变化无理性即未来是不确定的，但弗里德曼认为未来是可以预测的。

(2)基本分析不同。凯恩斯对货币的需求采用了动机分析—交易动机、预防动机和投机动机，而弗里德曼则摒弃了这种动机分析，而是笼统地认为影响其他资产需求的因素也必定会影响货币的需求。

(3)基本内容不同。主要有以下几点：

①凯恩斯认为货币需求对利率敏感，即货币需求与利率水平负相关，但弗里德曼认为货币需求对利率不敏感——利率变化时，货币的预期回报率和其他资产的回报率一起变动，二者的变动相抵消，最终其他资产相对货币的预期回报率基本不变，于是货币需求对利率就不敏感了，进而永久性收入是货币需求的主要决定因素。

②凯恩斯认为货币需求是不稳定的，因为决定货币需求的收入是变动的且货币需求对利率敏感。

但弗里德曼认为货币需求是稳定的。经①分析可知，永久性收入是决定货币需求的主要因素，但永久性收入在短期内变动很小，于是货币需求在短期内是稳定的。

③基于②的不同：凯恩斯认为货币流通速度是不稳定的、不可预测的，但弗里德曼认为货币流通速度是可以预测的。

(4)基本政策主张不同。凯恩斯强调货币对利率和投资的影响，因此主张相机抉择政策，但弗里德曼强调货币供应量对物价水平和名义收入的影响，因此主张单一货币增长率规则的货币政策。

3. (1)利率风险结构是指相同期限的金融工具不同利率水平之间的关系，它反映了这种金融工具所承担的信用风险的大小对其收益率的影响。一般而言，利率和风险呈正比例关系,即风险越大,利率越高。

(2)利率的风险结构的决定因素主要有以下三个:

①违约风险。违约风险是指由于债券发行者的收入会随经营状况而改变,因此债券本息的偿付能力不同,这就给债券本息能否及时偿还带来了不确定性。违约风险低的债券利率也低,违约风险高的债券利率也高。如政府债券的违约风险低,因而利率也低。

②流动性风险。流动性风险是指因资产变现速度慢而可能遭受的损失。债券的流动性越强,变现越容易,利率则越低;反之,流动性越弱,利率则越高。

③税收风险。西方国家地方政府债券的违约风险高于中央政府债券,流动性也比较差,但地方政府债券的利率却是比较低的,这其中的原因是二者的税收待遇不同。地方政府债券的利息一般是免缴所得税的。投资于中央政府债券就可能遭受税收风险。税率越高的债券,其税前利率也越高。

4.(1)系统性风险是指由于全局性的共同因素所引起的投资收益的可能变动,这种因素以同样的方式对所有证券的收益产生影响。系统性风险主要是由政治、经济及社会环境等宏观因素造成的,包括政策风险、利率风险、购买力风险和市场风险等。系统性风险的特点是:对整个股票市场或绝大多数股票普遍产生不利影响。系统性风险造成的后果带有普遍性,其主要特征是几乎所有的股票均下跌,投资者往往要遭受很大的损失。正是由于这种风险不能通过分散投资相互抵消或者消除,因此又称为不可分散风险。

(2)非系统性风险又称非市场风险或可分散风险,是指只对某个行业或个别公司的证券产生影响的风险,它通常是由某一特殊的因素引起,与整个证券市场的价格不存在系统、全面的联系,而只对个别或少数证券的收益产生影响。非系统性风险是发生于个别公司的特有事件造成的风险,主要特征有:

①它是由特殊因素引起的,如企业的管理问题、上市公司的劳资问题等。

②它只影响某些股票的收益。它是某一企业或行业特有的那部分风险。如房地产业投票,遇到房地产业不景气时就会出现下跌。

③它可通过分散投资来加以消除。由于非系统性风险属于个别风险,是由个别人、个别企业或个别行业等可控因素带来的,因此,股民可通过投资的多样化来化解非系统性风险。

5. 公司金融可以看作对以下三个问题的研究:

(1)公司应该投资于什么样的长期资产?我们通常用资本预算来描述长期资产的投资和管理过程,即企业如何为了将来更好地发展和获得更大的报酬而做出资本支出计划。

(2)公司如何筹集资金?这一问题涉及资本结构问题,即企业各种资本的价值如何构成及其比例,尤其是公司短期及长期负债与所有者权益的比例。

(3)公司如何管理短期经营活动产生的现金流?因为经营活动产生的现金流入和现金流出在时间上不匹配;其次,经营活动产生的现金流的数量和时间都具有不确定性。所以财务经理必须致力于管理现金流的这些缺口。从资产负债表的角度看,现金流量的短期管理与净营运资本有关。净营运资本是指流动资产与流动负债之差。从财务管理的角度看,短期现金流量的问题是由于现金流入量和现金流出量之间的不匹配所引起的,属于短期债务问题。

六、论述题

1.(1)稳健的货币政策，是指根据经济变化的征兆来调整政策取向。当经济出现衰退迹象时，货币政策偏向扩张；当经济出现过热时，货币政策偏向紧缩。最终反映到物价上，就是保持物价的基本稳定。

在我国货币政策管理中，中央银行是以比较平稳的货币供应量增长来实现稳健的货币政策操作的。从一般货币理论看，对货币供应量的增长有两种不同的操控手段：恒定与权变。前者认为，只要货币供应量保持固定增长率，公众就会做出合理预期，从而使物价收敛于稳定。后者认为，货币供应量应随经济的变动，由央行随时调节。前者的缺点是过于僵硬，在现实中几乎无法运行；后者则因政策制定者预测的主观性与公众对未来预期的不确定性的冲突而受到挑战。因此，不少国家采用预先公布货币供应量增长区间的方式进行调控。在我国，也有人认为控制货币供应量不是好的货币控制手段，应以利率作为调控的中间目标。其实，我国的利率还处于管制阶段，企业还处于对利率不敏感时期。在这种条件下，央行放弃对货币供应量的调控，转而用调整利率的方式来影响经济，实际上是不可能的。

(2)在2015年第三季度中国货币政策执行报告中提到，我国央行将主动适应经济发展新常态，继续实施稳健的货币政策，保持松紧适度，适时预调微调，既要防止结构调整过程中出现总需求的惯性下滑，同时又不能过度放水、妨碍市场的有效出清，为经济结构调整与转型升级营造中性适度的货币金融环境。在2014年第三季度以来，中国经济运行总体平稳，结构调整积极推进，新产业、新业态、新动力加快孕育。就业基本稳定，消费对经济增长的贡献继续提升，第三产业比重进一步提高，出口降幅收窄，消费价格温和上涨。但总体看经济结构性矛盾仍较为突出，内生增长动力尚待增强。第三季度国内生产总值(GDP)同比增长6.9%，居民消费价格(CPI)同比上涨1.7%。

当今世界经济总体仍较为疲弱且呈分化态势，不确定因素较多，贸易增速较低，金融市场震荡加剧。在全球性调整的大背景下，中国经济步入新常态，经济周期性和结构性问题相互叠加，但主要是结构性矛盾和转变发展方式的问题，短期内经济仍有下行压力，但结构调整和改革将为中长期经济增长注入新的动力，国民经济有望实现更高质量和更可持续的发展。要在结构调整、经济转型和改革上进一步取得突破，把顶层设计和基层创新结合起来，加快培育和强化新的经济增长点，拓展金融资源有效配置的领域和空间。

下一阶段，中国人民银行将主动适应经济发展新常态，继续实施稳健的货币政策，保持政策的连续性和稳定性，保持松紧适度，适时预调微调，既要防止结构调整过程中出现总需求的惯性下滑，同时又不能过度放水、妨碍市场的有效出清，为经济结构调整与转型升级营造中性适度的货币金融环境。综合运用数量、价格等多种货币政策工具，加强和改善宏观审慎管理，优化政策组合，保持适度流动性，实现货币信贷及社会融资规模合理增长。坚持金融服务实体经济的本质要求，盘活存量，优化增量，改善融资结构和信贷结构。多措并举，标本兼治，着力降低社会融资成本。同时，更加注重改革创新，寓改革于调控之中，把货币政策调控与深化改革紧密结合起来，更充分地发挥市场在资源配置中的决定性作用。针对金融深化和创新发展，进一步完善调控模式，加强预期引导，强化价格型调节和传导机制，疏通货币政策向实体经济的传导渠道，提高金融运行效率和服务实体经济的能力。采取综合措施维护金融稳定，守住不发生系统性、区域性金融风险的底线。

2.(1)资产管理理论又称流动性管理理论，是最传统的商业银行管理理论。早期商业银行家认为银行的负债主要取决于客户的存款，银行对此没有决定权，是被动的。而商业银行可以主动安排自己的资金运用，合理安排资产结构，通过资产业务获得尽量高的利润，并保证资产的流动性和安全性。银行管理关键在资产管理，在既定负债所决定的资产规模前提下，实现资产结构的最优化。

根据资产管理理论的分类，主要可以分为三个发展阶段：

①商业贷款理论。又叫真实票据理论，该理论认为，银行的资金来源于客户的存款，而这些存款是要经常提取的。银行只能将资金短期使用，而不能发放长期贷款或进行长期投资。其次，只有商业贷款才能满足银行的既能保持安全性，又有收益，并具有短期贷款性质的要求。

②可转换理论。可转换理论认为，银行的贷款不能仅依赖于短期和自偿性。只要银行的资产能在存款人提现时随时转换为现金，维持银行的流动性，就是安全的，这样的资产不管是短期还是长期，不管是否有自偿性，都可以持有。

③预期收入理论。预期收入理论认为：商业银行的贷款，应当根据借款人的预期收入或现金而制订的还款计划为基础。只要借款人的预期收入有保证，即使它是长期贷款，或是不能很快转换的资产，也不会给银行带来流动性问题。

(2)三种资产管理理论，分别反映了商业银行在不同发展阶段经营管理的特点，不论商业银行以什么样的经营理论为指导，短期放款仍然是商业银行的重要资产业务，三种理论都反映了商业银行资产业务不断完善和发展的演进过程，都为银行的资产管理提供了新的思路，推动了资产业务的不断拓展。

3. 公司在制定股利政策时，必须充分考虑股利政策的各种影响因素，从保护股东、公司本身和债权人的利益出发，才能使公司的收益分配合理化。

(1)各种限制条件。一是法律法规限制。为维护有关各方的利益，各国的法律法规对公司的利润分配顺序、留存盈利、资本的充足性、债务偿付、现金积累等方面都有规范，股利政策必须符合这些法律规范。二是契约限制。公司在借入长期债务时，债务合同对公司发放现金股利通常都有一定的限制，股利政策必须满足这类契约的限制。三是现金充裕性限制。公司发放现金股利必须有足够的现金，能满足公司正常的经营活动对现金的需求；否则，其发放现金股利的数额必然受到限制。

(2)宏观经济环境。经济的发展具有周期性，公司在制定股利政策时同样受到宏观经济环境的影响。比如，我国上市公司在形式上表现为由前几年的大比例送配股，到近年来现金股利的逐年增加。

(3)通货膨胀。当发生通货膨胀时，折旧储备的资金往往不能满足重置资产的需要，公司为了维持其原有生产能力，需要从留存利润中予以补足，可能导致股利支付水平的下降。

(4)市场的成熟程度。实证研究结果显示，在比较成熟的资本市场中，现金股利是最重要的一种股利形式，股票股利则呈下降趋势。我国因尚系新兴的资本市场，与成熟的市场相比，股票股利成为一种重要的股利形式。

(5)投资机会。公司股利政策在较大程度上要受到投资机会的制约。一般来说，若公司的投资机会多，对资金的需求量大，往往会采取低股利、高留存利润的政策；反之，若投资机会少，资金需求量小，就可能采取高股利政策。另外，受公司投资项目加快或延缓的可能性大小影响，如果这种可能性较大，股利政策就有较大的灵活性。比如，有的企业有意多派发股利来影响股价的上涨，使已经发行的可转换债券尽早实现转换，达到调整资本结构的目的。

(6)偿债能力。大量的现金股利的支出必然影响公司的偿债能力。公司在确定股利分配数量时，一定要考虑现金股利分配对公司偿债能力的影响，保证在现金股利分配后，公司仍能保持较强的偿债能力，以维护公司的信誉和借贷能力。

(7)变现能力。如果一个公司的资产有较强的变现能力，现金的来源较充裕，其支付现金股利的能力就强。而高速成长中的、盈利性较好的企业，如其大部资金投在固定资产和永久性营运资金上，它们通常不愿意支付较多的现金股利而影响公司的长期发展战略。

(8)资本成本。公司在确定股利政策时，应全面考虑各条筹资渠道资金来源的数量大小和成本高低，使股利政策与公司合理的资本结构、资本成本相适应。

(9)投资者结构或股东对股利分配的态度，公司每个投资者投资目的和对公司股利分配的态度不完全一致，有的是公司的永久性股东，关注公司长期稳定发展，不太注重现期收益，他们希望公司暂时少分股利以进一步增强公司长期发展能力；有的股东投资目的在于获取高额股利，十分偏爱定期支付高股息的政策；而另一部分投资者偏爱投机，投资目的在于短期持股期间股价大幅度波动，通过炒股获取价差。股利政策必须兼顾这三类投资者对股利的不同态度，以平衡公司和各类股东的关系。如偏重现期收益的股东比重较大，公司就需用多发放股利的方法来缓解股东和管理当局的矛盾。

另外，各因素起作用的程度对不同的投资者是不同的，公司在确定自己的股利政策时，还应考虑股东的特点。公司确定股利政策要考虑许多因素，由于这些因素不可能完全用定量方法来测定，因此决定股利政策主要依靠定性判断。

2016年中山大学431金融硕士真题参考答案

一、单项选择题

1. C

三元悖论，也称汇率制度选择中"不可实现的三位一体"，即在资本自由流动、汇率稳定和保持货币政策独立性三个目标中，一国只能同时实现两个目标而不得不放弃第三者。

2. D

布雷顿森林体系的主要内容有：①建立一个永久性的国际金融机构，即国际货币基金，旨在促进国际货币合作；②规定以美元作为最主要的国际储备货币，实行美元黄金本位制；③实行可调整的固定汇率制度；④IMF向国际收支逆差国提供短期资金融通，以协助其解决国际收支困难；⑤废除外汇管制。

3. B

间接标价法是指以一定单位的本国货币为标准，折算成若干数额的外国货币来表示汇率的方法。在间接标价法下，以外国货币间接表示本国货币的价格。本题中，在美国外汇市场，即美元为本币，1美元=6.35元人民币，用6.35单位外币表示1单位本币，即为间接标价法。

4. D

国际收支状况是影响汇率变化的一个直接也是最主要的因素。当一国国际收支顺差时，可以说是外汇的供应大于需求，该国货币有升值趋势；当一国国际收支逆差时，外汇的供应小于需求，该国货币趋于贬值，货币当局为了维持本国货币币值的稳定，在外汇市场上卖出外汇，则外汇储备减少，本国货币收缩。

5. D

期权按买者执行期权的时限划分为美式期权和欧式期权。欧式期权的买者只能在期权到期日执行。而美式期权允许买者在期权到期前的任何时间执行期权。

6. A

存续期缺口是银行资产持续期与负债持续期和负债资产现值比乘积的差额。下面的公式表明了银行净值变动、存续期缺口与利率变动三者之间的关系：

$$\frac{\Delta NW}{P_A}=\frac{\Delta i}{1+i}\cdot D_{Gap}$$

其中，ΔNW 为银行净值变动额。由题意知，利率上升时，银行净值将下降，故存续期缺口为正。

7. D

离岸市场是经营境外货币存储与贷放业务的市场，是新型的国际金融中心。所有离岸结合成整体，就是欧洲货币市场。欧洲货币市场是境外货币的交易市场，它的形成突出地体现了资金信贷交易的国际化已经突破了传统的模式。

8. B

商业银行的全部资金来源包括自有资金和负债两部分。与一般工商企业不同的是，商业银行的自有资金在其全部资金来源中只占很小的比例。负债业务是商业银行最主要的资金来源，是商业银行经营活动的基础。商业银行的负债包括存款和其他负债。

9. A

派生存款是指由商业银行发放贷款、办理贴现或投资等业务活动引申出来的存款，又称为衍生存款。派生存款在原始存款基础上产生。原始存款是指商业银行接受的客户现金和中央银行对商业银行的再贷款，是商业银行从事资产业务的基础。派生存款的产生过程，就是商业银行吸收存款、发放贷款、形成新的存款额，这一过程循环不断地在各家商业银行存款客户之间转移，最终使银行体系的存款总量增加的过程。因此，商业银行创造派生存款的实质，是以非现金形式为社会提供货币供应量。

10. A

货币政策的中介目标（中间目标）是指中央银行为了实现货币政策最终目标而设置的可供观测和调整的指标，中央银行在货币政策实施的过程中可据以衡量对最终目标所产生的初步影响。一般货币政策的中介目标满足可测性、可控性和相关性特征，主要的货币政策中介目标是利率和货币供应量。货币政策的中间目标包括操作目标和效果指标，操作目标包括超额准备金和基础货币；效果指标包括利率和货币供应量。B、C、D三项属于货币政策的最终目标。

11. D

存款准备金政策是威力较大的政策工具，法定准备金的调整一般会产生很大的影响：①对货币乘数的影响。根据信用创造原理，准备率越高，银行存款创造信用的规模就越小，存款准备金所能支持的派生存款数量就越小。②对超额准备金的影响。表现为决定超额准备金的多少，影响商业银行创造信用的基础。由于法定准备金变动可产生强大的冲击力，所以这一政策工具一般只在少数场合下使用，它只能作为信用调节“武器库”中一件威力巨大但不能经常使用的“武器”。

12. C

由于国家之间的货币以黄金表示的价格是固定的，而且黄金能够自由兑换和进出口，那么国际间的黄金套汇交易将使汇率的波动保持在由黄金平价和黄金运输费用决定的黄金输送点以内。

13. B

根据有效市场理论，半强有效市场是指所有的公开信息都已经反映在证券价格中。这些公开信息包括证券价格、成交量、会计资料、竞争公司的经营情况、整个国民经济资料以及与公司价值有关的所有公开信息等。半强式效率市场意味着根据所有公开信息进行的分析，包括技术分析和基础分析都无法击败市场，即取得经济利润。

14. D

因为多种资产的收益率之间可能存在不同的相关关系：可能是正相关，可能是负相关，也可能是不相关。正相关关系越强，相关系数越高，通过分散化投资降低风险的程度就越低；负相关关系越强，相关系数越高，通过分散化投资降低风险的程度就越高。

15. B

空头套期保值也称卖出套期保值，即通过进入远期或期货市场的空头对现货市场进行套期保值。很显然，担心价格下跌的投资者会运用空头套期保值的策略，这类投资者包括持有现货资产多头的投资者，其主要目的是锁定未来卖出价格。

16. D

固定资产周转率＝销售收入/(平均固定资产－累计折旧)＝100 000 000/(200 000 000－5 000 000)≈6.67。

17. A

如果有多个互斥方案，它们的投资额都相同，且净现值均大于0，那么净现值最大的投资方案为最优方案，由此可知，对于投资额不同的互斥方案，不能用净现值法决策。

18. D

最佳资本结构的定义即综合资金成本最低、企业价值最大的资本结构。

19. B

项目A未来4年现金流的现值为：

$$NPV=-25\,000+\frac{15\,000}{1+10\%}+\frac{10\,000}{(1+10\%)^2}+\frac{7\,000}{(1+10\%)^3}+\frac{4\,988}{(1+10\%)^4}\approx 5\,566.898(\text{元})$$

项目B未来4年现金流的现值为：

$$NPV=-25\,000+\frac{5\,000}{(1+10\%)^2}+\frac{9\,730}{(1+10\%)^3}+\frac{28\,000}{(1+10\%)^4}\approx 5\,566.901(\text{元})$$

故项目B的NPV比项目A高。B、C两项，令$NPV=0$，可得，项目A的内部报酬率为3%，项目B的内部报酬率为17%，比项目A高。

20. C

由加权资本成本公式知：$WACC=0.6R_E+0.4R_D=13\%$，$\Delta R_D=3\%$，

则明年企业的$WACC=0.6R_E+0.4(R_D+3\%)=13\%+1.2\%=14.2\%$。

二、名词解释

1. 基础货币又称货币基数、强力货币、始初货币、高能货币，是指流通中的现金和银行的存款准备金的总和。基础货币是中央银行可直接控制的金融变量，也是银行体系的存款扩张和货币创造的基础，所以，中央银行可以通过操纵基础货币影响货币供应量，影响整个社会的经济活动。政府财政预算赤字是一种间接影响基础货币量的因素，政府预算赤字和基础货币的扩张并无必然的联系，关键在于政府弥补赤字的方式。

2. J曲线效应，是指由于掌握市场信息、扩大贸易品产量等都是需要时间的，在短期内，贬值并不能带来贸易收支的改善，反而可能导致其恶化的现象。马吉将贬值后的时间划分为三个阶段来具体分析J型曲线效应的存在原因。这三个阶段分别是货币合同阶段、传导阶段和数量调整阶段。在货币合同阶段，进出口数量和结构不会因贬值而改变，以本币表示

的贸易差额就取决于进出口合同规定的计价货币。在传导阶段，开始执行贬值后新签订的进出口合同。这部分新签订合同的进出口价格会因贬值进行调整，但进出口数量却由于进出口的供求粘性不会改变。到数量调整阶段，进出口的数量能够因贬值和价格变动而调整，这时贬值对贸易收支的正常效应开始得以发挥。

3. 特里芬难题，是指如果美国满足美元储备需求的增长，美元与黄金挂钩的制度不可避免地要崩溃；如果拒绝满足美元储备需求的增长，世界经济将陷入通货紧缩的“二律悖反”。随着世界经济的增长，各国中央银行对美元储备的需求也必然增长，如果美国满足美元储备需求的增长，其美元对外负债必然增加，然而黄金储备却增加不了，从而美元负债对黄金的比率必然提高，这会逐渐导致对美国保证美元兑换黄金的信心丧失。并且外国中央银行预期到美国的这种不可避免的崩溃，会不断要求美元兑换黄金，从而加速体制的崩溃。反之，如果要避免这种不可避免的崩溃，美国拒绝满足不断增长的美元需求，从而不出现国际收支逆差，那么世界经济会因缺少美元储备而陷入通货紧缩。

4. 系统风险又称不可分散风险，是指影响整个金融市场的风险因素所引起的，无法通过分散投资相互抵消或者削弱，从而给投资者带来损失的可能性。这些因素包括经济周期、宏观经济政策的变动等。系统性风险的诱因多发生在企业等经济实体外部，企业等经济实体作为市场参与者，能够发挥一定作用，但由于受多种因素的影响，本身又无法完全控制它，其带来的波动面一般都比较大，有时也表现出一定的周期性。

5. 到期收益率，是指市场对一份证券要求的利率。债券价格与债券本身承诺的到期收益率存在下列关系式：

$$P=\sum_{i=1}^{T}\frac{c}{(1+k)^{i}}+\frac{A}{(1+k)^{T}}$$

式中，P 为债券价格，c 为每期支付利息，A 为债券的面值，k 为债券的到期收益率。到期时间(期限)、债券的息票率、债券的可赎回条款、税收待遇、市场的流通性、违约风险、可转换性、可延期性的变化，都会改变债券的到期收益率水平，从而影响债券的价格。

三、计算题

1. (1)$D_A=400/1\ 000\times1.25+400/1\ 000\times7.0=3.3$(年)

$D_L=450/900\times1.0+450/900\times5.0=3.0$(年)

$D_{Gap}=D_A-\mu D_L=3.3-900/1\ 000\times3.0=0.6$(年)

(2)存续期缺口为正，净价值随着利率的下降而上升。

$$\frac{\Delta A}{A}=-D_A\frac{\Delta R}{1+R},\frac{\Delta L}{L}=-D_L\frac{\Delta R}{1+R}$$

$$\Delta K=\Delta A-\Delta L=-\frac{\Delta R}{1+R}(D_AA-D_LL)\approx-\Delta R(D_AA-D_LL)=9$$

(3)因为存续期缺口不为0，所以不能实现免疫。欲实现免疫，则需 $D_{Gap}=D_A-\mu D_L$ 或者使 D_A 下降到2.7，或者使 D_L 上升到3.67。

(4)新的资产负债表如下表所示：

资产负债表

资产(A)	美元(亿)	D(年)	负债	美元(亿)	D(年)
现金	200	0	CD1	300	1.0
BL	200	1.25	CD5	300	5.0
ML	200	7.0	净价值(K)	0	
总计	600		总计	600	

此时银行净价值将变为0。

$D_A=200/600\times1.25+200/600\times7.0=2.75$(年)

$D_L=300/600\times1.0+300/600\times5.0=3.0$(年)

$D_{Gap}=D_A-\mu D_L=2.15-600/600\times3.0=-0.25$(年)

如果没有存款保险,该银行将会面临资不抵债的风险。该银行应该补充筹备自有资金。

(5)资本金=贷款总额×8%=400×8%=3.2(亿元)

2.(1)将三地的汇率全部用间接标价法表示:

在纽约外汇市场上:1美元=5法郎;

在巴黎外汇市场上:1法郎=0.117 1英镑;

在伦敦外汇市场上:1英镑=1.72美元。

由于5×0.117 1×1.72=1.006 2≠1,所以存在套汇机会。

投资者可以在纽约外汇市场上用1单位美元购买5单位法郎,再在巴黎外汇市场上用5单位法郎购买0.585 5单位英镑,最后在伦敦外汇市场上用0.585 5单位英镑购买1.007单位美元。

(2)在纽约外汇市场上,投资者用1 000万美元购买5 000万法郎(1 000×5);在巴黎外汇市场上,投资者用5 000万法郎购买585.48万英镑(5 000×1/8.54);在伦敦外汇市场上,投资者用585.48万英镑购买1 007.025 6万美元(585.48×1.72),可以赚取70 256美元。

3.(1)一年后的期望现金流为:

(50 000+130 000)×0.5=90 000(美元)

两年后的期望现金流为:

(70 000+200 000)×0.5=135 000(美元)

投资者的期望收益率为:

$R_i=R_f+R_m=6\%+8\%=14\%$

投资者愿意支付的金额为:

$PV=90\ 000/1.14+135\ 000/1.14^2=182\ 825.48$(美元)

(2)该资产组合预期一年后的价格为:

$PV_1=135\ 000/1.14=118\ 421.05$(美元)

(3)此时,投资者的期望收益率为:

$R_t=R_f+R_m=6\%+12\%=18\%$

投资者愿意支付的金额为:

90 000/1.18+135 000/1.182=173 226.08(美元)

在其他条件不变的情况下，投资者要求的风险溢价越高，其所愿意支付购买投资组合的售价越低。

4.(1)A股票的预期收益率为：

$P_A=R_f+b_A\times(R_M-R_f)=5\%+0.9\times(12\%-5\%)=11.3\%$

(2)B股票的价值为：

$1.8\times(1+4\%)/(16.5\%-4\%)=14.976$(元)

因为B股票的价值14.976元小于当前每股市价15元，该股票价格被高估，所以不应该投资。

(3)投资组合的β系数为：$\beta=0.1\times0.9+0.3\times1.15+0.6\times1.7=1.455$

投资组合的预期收益率为：

$R=0.1\times11.3\%+0.3\times16.5\%+0.6\times23\%=19.88\%$

(4)A、B、D三种股票组合的预期收益率为：

$R=0.3\times11.3\%+0.5\times16.5\%+02\times10.2\%=13.68\%$

不考虑风险的大小，A、B、C组合的收益率更大，应该投资A、B、C组合。

四、分析论述题

1.(1)该学者的观念正确。

货币供应量、基础货币与货币乘数三者间的关系为：货币供应量=货币乘数×基础货币。当只有法定准备金一种漏出因素时，存款存量为$D=R/r_d$，其中r_d为法定活期存款准备比率，R是准备金额，这时的货币供给为D。当出现现金漏损(中央银行对商业银行的负债就有一部分转化为中央银行对通货持有者的负债)后，这时中央银行的基础货币H就包括商业银行准备金R和公众所持有的通货C，即$H=R+C$。银行系统活期存款就有$D_d=\frac{1}{r_d+r_i\cdot t+e+k}\cdot H$。根据定义有货币供应量$M_1=D+C$，由于$k$是公众持有现金的比例，则$C=k\times D$，所以$M_1=D+C=\frac{1+k}{r_d+r_i\cdot t+e+k}\cdot H$。其中，$\frac{1+k}{r_d+r_i\cdot t+e+k}$为货币乘数，用$m$表示，则$M_1=m\times H$，货币供应量$M_1$等于基础货币与货币乘数的乘积。

如果提高法定存款准备金率，商业银行需要上缴中央银行的存款准备金变多，可贷资金变少，因此货币供应量会减少。货币供应量的公式为：$M_1=D+C=\frac{1+k}{r_d+r_i\cdot t+e+k}\cdot H$，式中，$r_d$为法定存款准备金率。根据公式，如果提高法定存款准备金率，货币乘数必然减小，而基础货币的量较大，因此，货币乘数的些许变化，会导致货币供应量的较大波动。

(2)近几年，我国经济快速增长，国际收支的大幅顺差导致央行被动投放基础货币，货币信贷总量增长过快，这是造成我国流动性过剩的主要原因，央行采取了上调法定存款准备金率的货币政策，通过这几年经济形势的分析，可以归纳出央行此举的主要原因有以下三点：

①流动性过剩。我国国际收支顺差数额逐年快速增长，经常项目和资本项目长期双顺差是外汇储备大幅增长的主要原因，外汇储备持续快速增长，金融机构外汇占款迅速增加，

央行被动投入大量基础货币来维持币值稳定，不断增加的基础货币造成流动性过剩。为了保持货币信贷合理增长，保证金融宏观调控效果，央行必须回收多余的流动性。

②固定资产投资过热。近年来，我国固定投资快速增加，由之前的投资不足已经发展到现在的投资过热。

房地产投资过热不仅导致总体房价上涨过快，偏离了房地产本身发展的轨迹，而且导致整个经济体系中的资金脱实向虚。一旦房地产泡沫破灭，将会损害国民经济健康、稳定、持续的发展。

③信贷规模增速过快。我国新增贷款规模快速增加，如果不加强流动性管理，巩固宏观调控的效果，新增贷款的恶性增长随时都可能爆发。而且，中国银行、中国工商银行、中国建设银行通过海内外上市获得巨额融资，导致了资本金的增加，使商业银行的杠杆效应扩大，间接使银行的新增贷款成倍增加。因此，央行可以通过提高法定存款准备金率，对银行信贷发出明确的紧缩信号，来收紧金融体系的流动性，在一定程度上可以对冲过多投放的基础货币。

2006年以来，中国人民银行连续调高法定存款准备金率的效果如下：

①对回笼流动性的影响。在中国目前流动性大量过剩的前提下，提高法定存款准备金率很难对收缩流动性产生实质性的影响。造成我国流动性过剩的根本原因是经常账户和资本账户的长期双顺差，这是由我国当前的贸易政策、产业政策和外汇政策所决定的，这一现状在短期内难以改变。

②对固定资产投资过热的影响。调高法定存款准备金率对抑制房地产开发的恶性增长起到了有效作用。目前国内房地产行业对银行贷款的依存度较高，上调存款准备金率后，我国GDP增速放缓，投资增速也减慢，房地产行业涉及行业极广、资金高度密集、投资回收期较长，GDP和投资增速的放缓对收缩房地产行业有明显的效果。

③对信贷规模增速过快的影响。调高法定存款准备金率对抑制信贷规模增速过快起到了有效的作用。首先，存款准备金比例提高，商业银行信贷总量相对减少，贷款更加谨慎，导致房地产商等企业的资金来源收紧；其次，银行对个人消费信贷也会紧缩，会抑制个人对住房的需求，缓解房地产市场过热的现状。

2.(1)汇改以来，人民币相对美元持续稳定升值，而自金融危机爆发以来，人民币与美元汇率在一段时间内保持相对稳定，原因有如下几点：

①中国经济的持续高速发展。中国GDP的增速一直保持在7%左右，中国经济高速发展，奠定了人民币汇率持续上升的基础，促进了人民币的升值。

②国际收支顺差。当一国出现国际收支顺差时，外汇供给大于需求，造成本币升值。中国自加入世贸组织后，经常账户与资本和金融账户一直都是双顺差，国际收支长期顺差，导致人民币升值。

③通货膨胀条件下中国采取的货币政策。央行为稳定物价采取了一系列货币政策，遏制通货膨胀的过快发展。但不断调升的利息率加大了与外国之间的利差，刺激了游资的进入，迫使人民币进一步升值，使央行货币政策陷入了两难境地。

④中国外汇储备的增加。汇改以后，“强制外销，两头在外”的贸易政策、“进口替代、填平补齐”的产业政策以及“宽进严出”的外汇政策导致中国的外汇储备持续增长，这进一步加

强了外汇市场对人民币的信心，从而推动了人民币升值。

⑤来自资本主义国家的压力。中国持续的经常项目和资本项目双顺差给以美国为主的资本主义国家带来了巨大的压力。美国陷入次贷危机、欧洲各国经济发展不均衡、日本经济长期不景气，对比中国经济的持续高速发展，这些西方国家不断对中国施压，要求人民币升值，以求加大美元、欧元、日元等的贬值作用，缓解资本主义国家国内经济压力，使中国通过人民币升值来承担全球经济失衡的责任。

⑥心理预期。中国持续的经济增长与外汇储备的增加等加强了外汇市场对人民币的信心，诱发了外汇市场上游资的大规模运动。人们大量买进人民币赚取投机利益，增加了人民币的市场需求，推动了人民币升值。

(2)2005年7月21日，我国重启人民币汇率形成机制改革，实行以市场供求为基础的、有管理的浮动汇率体制。从我国货币政策主权的角度来看，采用有管理的浮动汇率制度能够保证我国货币政策的独立性。在金融危机发生时，货币当局可以采用灵活的货币政策来对付衰退。汇改所强调的以市场供求为基础的、有管理的浮动汇率体制有以下意义：

①加强和改善宏观调控。1978年改革开放尤其是加入世界贸易组织以来，我国抓住了积极承接国际产业转移的历史机遇，生产力得到极大促进，经济实力大幅提升。但经济运行中也开始出现国际收支顺差过大、外汇储备增长过快、流动性过剩、通胀和资产泡沫压力上升等问题。同时，跨境资本流动规模日益扩大，对货币政策的自主性和灵活性的挑战不断增大。在开放经济条件下独立的货币政策、汇率固定和资本自由流动三者不可能同时实现的情况下，有管理的浮动汇率有助于提高宏观调控的主动性，增强货币政策的有效性，改善宏观调控能力，抑制通货膨胀和资产泡沫，降低宏观经济运行风险。

②刚性的汇率制既缺乏应对危机的灵活性，也可能引发货币金融危机。国际经验表明，中型和大型经济体长期处于国际收支不平衡、长期盯住单一货币是难以持续的，容易遭受危机冲击。1994年墨西哥金融危机、1997年亚洲金融危机、1999年巴西金融危机、2001年阿根廷金融危机中，汇率僵化都是重要的因素之一。小国把货币与大国挂钩影响不大，而大国经济与全球经济相互影响作用大，固定的汇率易成为贸易摩擦和贸易保护主义的借口，客观上要求大国汇率政策应具有调节的灵活性。我国坚持并不断完善有管理的浮动汇率制度，因势利导，趋利避害，有利于维护自由贸易环境，实现互利共赢、长期合作和共同发展，有利于维护我国经济发展的战略机遇期和国际经贸环境。

③推进人民币汇率形成机制改革，是缓解对外贸易不平衡、扩大内需以及提升企业国际竞争力、提高对外开放水平的需要。近年来，我国经常项目和资本项目双顺差持续扩大，加剧了国际收支失衡。随着对外贸易顺差迅速扩大，贸易摩擦进一步加剧。适当调整人民币汇率水平，改革汇率形成机制，有利于贯彻以内需为主的经济可持续发展战略，优化资源配置；有利于增强货币政策的独立性，提高金融调控的主动性和有效性；有利于保持进出口基本平衡，改善贸易条件；有利于保持物价稳定，降低企业成本；有利于促使企业转变经营机制，增强自主创新能力，加快转变外贸增长方式，提高国际竞争力和抗风险能力；有利于优化利用外资结构，提高利用外资效果；有利于充分利用“两种资源”和“两个市场”，提高对外开放的水平。

(3)没有偏离初衷，在金融危机之时，人民币升值的趋势被贬值的压力中和，金融危机时经济不稳定，经济过热，为防止泡沫破裂给中国造成较大的影响，人民币应该适当贬值。但这只是特殊时刻的特殊措施，人民币从长期来看还是有升值趋势的。

认同当前的汇率政策，这种汇率政策对我国货币政策的影响有如下几点：

①货币政策的独立性受到制约。从货币政策的实施状况来看，开放经济对我国的制约主要表现在货币供应量的内生性加强，以及针对货币供应量的变化缺少良好的冲销政策两个方面。在开放经济条件下，中央银行除了能够在较大程度上控制再贷款、政策性贷款外，与对外活动相关的货币供应及其变动已不能完全为中央银行所控制，而只能取决于一国的经济增长状况、进出口状况和资本流动状况。

缺乏良好的冲销对策也是造成我国货币政策失效的另一个原因。影响货币供应量的是货币乘数和基础货币量。基础货币量又有四种投入方式：对商业银行再贷款、再贴现，财政借款，外汇占款和公开市场业务。在货币乘数不变的情况下，我国中央银行只能选择调整对商业银行的再贷款和公开市场业务来进行对冲操作。但是，再贷款和公开市场业务都有自身的局限性，在过去几年作为冲销的工具并不十分有效。

②货币政策的作用机制出现变化。开放经济对货币政策的作用机制的影响，主要体现在对货币政策的传导途径、货币政策工具和货币政策中介目标的影响上。

第一，传导途径发生了变化。从理论角度看，我国货币政策的传导途径通常有三种：利率管制途径、信贷途径和国际经济途径。这三种途径在整个政策传导中的作用效果大小，取决于开放经济的发展和对外经济开放程度的变迁。1994 年以后，国际传导途径的作用明显加大，传导途径的变化，不仅造成货币供应量的变化，而且使得货币政策的调控时滞缩短了。

第二，部分货币政策工具的效率有所减弱。在利率管制方面，由于利率政策对外资银行和国内银行业的调控是有差别的，而且往往是国内银行业受到相对较严的管理，外资金融机构所受的管理较松，因此一旦一国的开放程度加深，外资金融机构的业务量增大，利率管制的作用就会变得更小。在准备金制度方面，外资银行经营人民币业务之后，如果国内存款准备金的要求高，外资银行就会通过国际金融市场筹措资金来发放贷款，因此，外资银行的发展倾向于削弱准备金制度的有效性。同样，再贷款、再贴现政策也不太适合对外资银行的调控，这种“漏出”因素对货币政策有效性的制约在今后几年中会愈发显现出来。

③货币政策中介目标的有效性有所减弱。由于我国在统计货币供应量的时候，并没有计入国内金融机构的外汇存款以及外资金融机构存款，而且货币供应量还如前所述在数量上受到国际收支的影响，货币供应量作为中介目标将越来越不能适应开放经济的要求，因此，按照西方各国的发展经验，应当把我国的货币政策中介目标从总量性指标逐步转向价格性指标，如利率、汇率等，从而能够更好地反映货币政策的执行效果。

④货币政策效力的提高有待于汇率制度弹性的增大。我国货币政策效力的下降与现行汇率制度密切相关，于是面临着两种选择：一是坚持现行的盯住美元的固定汇率制度，放弃货币政策调节宏观经济的主导地位；二是坚持货币政策调节经济的主导地位，增大现行汇率制度弹性。前一种选择的主要优点是可以减少汇率波动，维护国内外公众对人民币的信心。问题是放弃货币政策调节宏观经济的主导地位，无更好的政策取而代之。财政政策虽然可以在一定程度上弥补固定汇率制度下货币政策效应的不足，但施展空间已十分有限，未必能长期使用。从发达国家经验来看，更为灵活和更广泛地被采用的也是货币政策而不是财政

政策。

3.(1)公司最优投资水平的决定。古典经济学认为,公司最优投资水平是使得投资限制指数最大的投资水平,可以利用现值指数指标和净现值指标。

①现值指数指标。现值指数是投资项目未来各期收益的现值与初始投资额之比。现值指数指标的决策准则是:当项目的现值指数大于1时,选取该项目;当项目的现值指数小于1时,放弃该项目;当有多个互斥项目并存时,在现值指数大于1的项目中选取现值指数最大的项目。

②现值指数指标和净现值指标的比较。现值指数指标与净现值指标所使用的数据相同,都是项目的初始投资额和投资收益的现值,但使用方法不同。现值指数度量投资收益现值与初始投资额的相对大小,而净现值是投资收益现值与初始投资额的差。在独立决策中,现值指数与净现值的决策效果完全等价。在互斥决策中,如果各备选项目的初始投资额相同,现值指数与净现值的决策结论也一致。但是,如果初始投资额不同,两者可能会给出不同的结论。

因为现值指数刻画的是投资收益的相对值,考虑的是项目投资使用资金的效率,因此,它特别适用于资本限量条件下的投资决策。

(2)无效率行为。

①消极懈怠。消极懈怠又称不作为或卸责。通常,管理者的消极懈怠表现在多个方面。比如,缺乏监督下属的热情,在选择低成本供应商或重新安排员工等事项上不作为,在本职工作上投入的精力太少,专注于一些与管理公司无关或无关紧要的活动。

②自我交易。当管理者获得剩余控制权之后,他们可能会通过各种各样的自我交易行为来为自己谋取私人利益。他们可能为自己量身打造一套激励制度,除获取很高的额外津贴或额外收益之外,还享受其他非现金性特权。

③投资不足。与选择高风险的项目相反,有时股东在企业濒临破产时会主动放弃净现值大于零的投资项目,该现象被称为投资不足。投资不足的根源是,项目的收益主要归债权人,项目的相当一部分成本却要由股东承担,并且股东分得的剩余收益不足以弥补投资成本。

④过度投资。过度投资是指接受对公司价值而言并非最优的投资机会,尤其是净现值小于零的项目,从而降低资金配置效率的一种低效率投资决策行为。

⑤滥用反收购策略。一旦公司被收购,损失最大的是管理者,管理者极有可能被猎手公司解雇,而股东可能因为新进入者拥有良好的销售渠道、超强无形资产、优良技术等而受益。因此,公司管理者为了保全其在公司中的长期地位,不惜滥用反收购策略来阻止对股东来说颇有吸引力的收购提议,会借助反收购市场进行反收购布防。

⑥垂涎自由现金流。公司管理者愿意保留充沛的自由现金流,主要基于以下原因:一是管理者可以避免因举债或发行新股而受到资本市场的审查和监督,还可以避免还本付息压力或支付红利的压力。二是追求管理绩效奖励。管理者的绩效往往与公司规模的扩大以及收益的增加挂钩,通过较少派发甚至不派发现金股利的做法,一方面能够增加公司股东权益,另一方面可借此增加公司的资产规模。

(3)主要原因。公司投资活动产生无效率行为的根本原因是委托代理问题。由于委托人与代理人之间的利益不完全一致,契约不完善和信息不对称使委托人无法完全约束和监督代理人的行为,因此代理人可能会为追求自身利益最大化而损害委托人的利益。

代理问题的两个主要表现是逆向选择和道德风险。逆向选择是指代理人利用其信息优势,在不同方案中做出不利于委托人的选择。道德风险是指在信息不对称的情况下,由于代理人的行为不可观察,并且代理人不用承担其行为的全部不良后果,因此代理人可能为了追求其私利而不惜牺牲委托人的利益。逆向选择源于签约前的信息不对称,道德风险则源于签约后的信息不对称。显然,任何一种情况的发生,都会给委托人造成损失。不论是代理人给委托人造成的损害,还是为防止代理问题的发生或减少代理问题造成的损害而采取的措施,都必然产生一定的成本,这些成本都是代理成本。

当债权人将资金借给企业之后,在一定程度上就失去了对资金的控制权(至少是直接控制权),只保留了相应的收益权。由于债权人与股东的利益不完全一致,他们之间的利益冲突在所难免。企业的经营控制权由代表股东利益的公司董事会和经理层掌握,当企业陷入财务危机时,股东可能会“损人利己”——为维护股东自身利益采取某些损害债权人利益的举措。

(4)治理方法。

①董事会监督。对大型公司来说,对管理者的监管可以委托公司董事会来执行,董事会制度是最常见的公司治理机制。董事会由公司股东选出,代表广大股东的利益,行使受托责任。如果董事会监督有效,那么,就能够有效减缓或减少代理问题。

②建立股票期权激励制度。根据股票期权激励合同,公司管理者的报酬至少包括两部分,即固定年薪(基础年薪)和按约定价格在未来购买一定数量公司股票的股票期权。有些公司的管理者还可以获得从超常利润(即高出行业平均利润以上部分)中按一定百分比提取的年度红利。

③大股东治理。如果一个或少数几个投资者拥有公司很大一部分甚至绝大部分股票,那么,这些大股东会非常愿意监督管理者的行为,以确保管理者的行为符合最大化股东财富的目标。采用大股东治理可以有效地解决“搭便车”问题。

④股票跨国上市。股票跨国上市主要包括多重挂牌上市和股票存托凭证。多重挂牌上市是指国内上市公司同时在某一外国股票市场挂牌上市或同时在数个外国股票市场挂牌上市。股票存托凭证是指公司运用股票存托凭证在外国存托凭证市场进行融资的一种融资方式,发行股票存托凭证也能够实现在海外证券交易所上市的目的。让公司在严格保护投资者利益的国外成熟股票市场上市,相当于“外购”或“引进”了一种先进的公司管理制度。

⑤债权人监督。若公司举债,那么,公司在获得资金的同时,引入了来自外部债权人的治理机制。债权人会对管理者的行为进行监督,主要表现在以下两个方面:第一,债权人会主动跟踪借款公司的资产、利润和现金流。债权人通过全过程监督来保全其债权;与此同时,也保护了股东的利益。第二,债权人要求债务人按时还本付息。与发放新股融资不同,还本付息具有硬约束特征。如果不能按照约定还本付息,举债公司可能会陷入财务困难甚至破产境地,因此,举债公司管理者为了保住饭碗,他们会尽心尽力地工作,想方设法提高公司的流动性,将自由现金流审慎地进行项目投资,而非恣意侵占。

⑥接管威胁。猎手公司可以通过敌意收购方式接管目标公司,以获得对方的技术、资

金、产品或实现多元化经营等。猎手公司将接管目标公司并予以重组，目标公司原管理层可能被弃用。因此，并购市场的接管威胁可以对公司管理者起到威慑作用，促使管理者用心经营，努力提高公司效率。

⑦订立累积投票制度。根据累积投票机制，在选举董事时，股东拥有与当选董事总人数相当的投票权，股东可以将这些投票权集中投向一名董事候选人，也可以分散投向多位董事候选人，最后按得票多寡决定董事候选人能否当选。累积投票机制可大大增强小股东用手投票的积极性，减轻控制权和剩余索取权错配程度。

2016 年南开大学 431 金融硕士真题参考答案

一、名词解释

1. 自由现金流(Free Cash Flow)，就是企业产生的、在满足了再投资需要之后剩余的现金流量，这部分现金流量是在不影响公司持续发展的前提下可供分配给企业资本供应者的最大现金额。简单地说，自由现金流是指企业经营活动产生的现金流量扣除资本性支出的差额。

2. 利率期限结构(Term Structure of Interest Rates)，是指在某一时点上，不同期限资金的收益率与到期期限之间的关系。利率的期限结构反映了不同期限的资金供求关系，揭示了市场利率的总体水平和变化方向，为投资者从事债券投资和政府有关部门加强债券管理提供可参考的依据。

3. 利率平价(Interest Rate Parity)，也称利息率平价，是指所有可自由兑换货币的预期回报率相等时外汇市场所达到的均衡条件。由凯恩斯和爱因齐格提出的远期汇率决定理论，他们认为均衡汇率是通过国际抛补套利所引起的外汇交易形成的。在两国利率存在差异的情况下，资金将从低利率国流向高利率国以谋取利润。

4. 货币乘数(Money Multiplier)，也称货币扩张系数或货币扩张乘数，是指在基础货币(高能货币)基础上货币供给量通过商业银行的创造存款货币功能产生派生存款的作用产生的信用扩张倍数，是货币供给扩张的倍数。

5. 核心资本也称一级资本和产权资本，是指权益资本和公开储备，它是银行资本的构成部分，至少要占资本总额的 50%，不得低于兑现金融资产总额的 4%。核心资本是商业银行资本中最稳定、质量最高的部分，银行可以永久性占用，可以长期用来吸收银行在经营管理过程中所产生的损失，是银行资本的核心，从而获得了“核心”资本的名称。

6. 市场组合(Market Portfolio)，是指由风险证券构成，并且其成员证券的投资比例与整个市场上风险证券的相对市值比例一致的证券组合。它是市场中所有风险资产的组合，每种风险资产在该组合资产的权重是这种风险资产的市值占所有风险资产市值的比重。

7. 存托凭证(ADR)，又称存券收据或存股证，是指在一国证券市场流通的代表外国公司有价证券的可转让凭证，属公司融资业务范畴的金融衍生工具。存托凭证是基于一般信托制度演变而成的作为一种在国际资本市场上蓬勃发展的投资工具，存托凭证是基于一般信托制度演变而成的。

8. 直接标价法(Direct Quotation)，又称应付标价法，是以一定单位的外国货币为标准来计算应付出多少单位本国货币。就相当于计算购买一定单位外币应付多少本币，所以叫应付标价法。在直接标价法下，外国货币作为基准货币，本国货币作为标价货币；标价货币数额随着外国货币或本国货币币值的变化而变化。

9. 财务杠杆(Financial Leverage),又称筹资杠杆或融资杠杆,是指由于固定债务利息和优先股股利的存在而导致普通股每股利润变动幅度大于息税前利润变动幅度的现象。财务杠杆系数=普通股每股收益变动率/息税前利润变动率。

10. 隐含波动率(Implied Volatility),是将市场上的期权或权证交易价格代入权证理论价格模型,反推出来的波动率数值。由于期权定价模型给出了期权价格与五个基本参数(标的股价、执行价格、利率、到期时间、波动率)之间的定量关系,只要将其中前4个基本参数及期权的实际市场价格作为已知量代入定价公式,就可以从中解出唯一的未知量,其大小就是隐含波动率。

二、简答题

1. 货币的时间价值:当期将货币进行投资的收益。折现率与投资者的风险偏好有关。例如,投资者厌恶风险,只作无风险投资(国债、存款),此时货币的时间价值就是存款或者国债的利息。

期权的时间价值:对期权卖方来说,反映了期权交易期限内的时间风险;对期权买方来说,反映了期权内涵价值的未来增值的可能性。也就是说,期权买方希望随着时间的延长,标的物价格波动可能使期权增值,因而愿意支付高于内涵价值的权利金;期权卖方由于要冒时间风险,也要求高于内涵价值的权利金。通常,期权的有效期越长,时间价值就越大。随着期权临近到期日,其时间价值逐渐变小;期权到期时,就不再具有时间价值。

2. 一般而言,当公司运行正常,发放股票股利将增加股东的现金收入,这是因为公司发放股票股利后其股价并不成比例下降,一般在发放少量股票股利(如2%～3%)后,大体不会引起股价的立即变化,可使股东得到股票价值相对上升的好处。发放现金股利将不可能得到比股利面值更大的现金收入。

另外,股票股利可使股东少缴个人所得税,因为按现行税法规定,现金股利应计入应纳个人所得税所得,股票股利不计入应纳个人所得税所得。将股票股利抛售换成现金资产时不缴纳个人所得税,仅仅缴纳股票交易过程的交易税,税率只有7.5‰,是个人所得税率的3/20,从而给股东带来节税效应。

(1)在董事会确定利润分配方案时,对现金股利进行账务处理,而对股票股利不进行账务处理,只在当期会计报表中披露。因为股票股利并不影响企业的资产、负债以及权益总额,也不改变负债权益比例,只是改变了权益结构。如采用与现金股利相同的处理方法,在董事会上提出利润分配方案时作负债处理,势必对公司的负债权益比例产生影响,从而有可能导致一些股东对企业财务状况产生一些误解。

(2)在股东大会批准的利润分配方案与董事会提请批准的利润分配方案存在差异时,对现金股利必然调整会计报表相关项目的年初数或上年数;股票股利在股东大会批准分配方案并实际发放,因为企业发放股票股利时增加了资本,按我国现行规定,企业增加资本必须报工商行政管理部门批准变更注册资本,一般情况下,应当是在股东大会正式批准股票股利分配方案后,才正式申请变更注册资本的注册登记。

(3)即使两者是在同一利润分配方案中提出并批准,现金股利是作为实现净利润当年的利润分配处理，在实现净利润当年分配表中反映；股票股利则是作为发放股票股利当年的利润分配处理，在实际发放股票股利当年的利润分配表中反映。

3. 托宾的Q理论：

$$M_s(\text{货币供应})\uparrow\rightarrow(\text{利率})\downarrow\rightarrow Q\text{ 值}\uparrow\rightarrow(\text{投资})\uparrow\rightarrow Y(\text{国民收入})\uparrow$$

其中，Q=真实市场价值/重置成本，如果Q值高，企业可以发行股票并得到相对于它们重新购买企业所费成本更高的价格，只需发行少量股票就可以买到更多的投资品，因而企业的投资将会上升。

4. 免疫策略是指构造这样一种投资组合，以至于任何由利率变化引起的资本损失（或利得）能被再投资的回报（或损失）所弥补。免疫之所以能够避免利率波动的影响，原因在于一只给定久期的附息债券可以精确地近似于一只久期相同的零息债券。

5. 投融资分离基本定理是指在投资组合中可以以无风险利率自由借贷的情况下投资人选择投资组合时都会选择无风险资产和风险投资组合的最优组合点，因为这一点相对于其他投资组合在风险上或是报酬上都具有优势。所以谁投资都会选择这一点。投资人对风险的态度，只会影响投入的资金数量，而不会影响最优组合点。此为分离定理。我们不需要知道投资者对风险和回报的偏好，就能够确定其风险资产的最优组合。

三、计算题

1. 7 000×98%×10÷360×15%=28.6(万元)

7 000×30÷360×15%=87.5(万元)

7 000×98%×10÷360×10%=19.1(万元)

7 000×30÷360×10%=58.3(万元)

策略合适，当采取折扣的机会成本≥不采取折扣机会成本时，策略失效。还可以采取书信催款或请收账公司帮忙的方式收回。

2. 设折现率为r。

方案A：每年利息为500×6%=30(万元)，加上保养费20万元，每年年底支出为50万元，除去节税效应，即支出35万元；折旧费500/5=100(万元)，折旧的节税为30万元，即每年净支出5万元，第三年年末支出380万元，除去节税效应，支出266万元。

总成本：$P_A=-\frac{5}{(1+r)}-\frac{5}{(1+r)^2}-\frac{5}{(1+r)^3}-\frac{266}{(1+r)^3}$

方案B：每年年初支出120万元，除去节税，为84万元。

总成本：$P_B=-84-\frac{84}{(1+r)}-\frac{84}{(1+r)^2}$

折现率应该是题目漏掉了，但是方法就是这样的。如果说题目故意不给折现率，那么就说明不用考虑货币的时间价值，跟静态回收期一样算，把r默认等于0就行了。一次折旧，P_B不变，折旧节税为350万元，$P_A=\frac{350-35}{(1+r)}-\frac{35}{(1+r)^2}-\frac{35}{(1+r)^3}-\frac{266}{(1+r)^3}$，同时由于利率下降，故第一种方式更好。

3. 买入看跌：45－42－7.8=－4.8；卖出看跌：6.5；总利润：6.5－4.8=1.7，设股价为

X，则当 $X<40$ 时，利润＝6.5＋(45－X)－(40－X)－7.8＝3.7。当 $X>45$ 时，利润＝－7.8＋6.5＝－1.3。当 $40\leqslant X\leqslant 45$ 时，利润＝－7.8＋(45－X)＋6.5＝43.7－X。

4. 期望收益率＝4％＋1.2×(10％－4％)＝11.2％

$$V=\frac{1\times(1+20\%)}{1+11.2\%}+\frac{1\times(1+20\%)}{(1+11.2\%)^2}+\frac{1\times(1+20\%)^2}{(1+11.2\%)^2}\times\frac{1+5\%}{11.2\%-5\%}=19.03$$

显然内在价值低于市价，投资者应卖出股票，买进看跌期权。

四、论述题

不一定，因为卖空股指期权与股指下跌没有必然的因果关系。只要大多数人认为股指会上涨就不会跟风抛售，就不会由于连锁反应引起暴跌。

(1)原因。

首先，从市场发展来看，市场化的金融资源供求机制要改革，这要从两方面进行：其一是供求形成市场价格。现在所有的由政府来决定的价格都要进行改革，如现在正在推进的利率、汇率市场化改革，还要继续推进。其二是要更多地引进市场主体，引进市场竞争。目前各个市场是分割的，不能形成有效的一体化的市场，没有达到提高效率的作用。因此，在这方面要推进，要打破隔阂，让资源配置更加有效。

其次，制度建设方面要推进，如对风险的防控要强化。赵锡军指出，市场化竞争加剧，价格成为竞争工具，就会出现优胜劣汰的情况。如果是普通的企业被淘汰可能对整个行业来讲影响不是很大。但是如果是金融市场上出现企业被淘汰，可能会引起金融市场的连锁反应，对市场形成很大影响。因此，如何建立风险控制体系，这是很重要的一项工作。

(2)影响。

①在这次市场大跌之后，暴露了我国资本市场的监管以及风险控制问题，让人民对政府的公信力以及官媒的信任度大打折扣，对社会产生较大的负面效应。

②在这次“股灾”后，会引起社会财富更加集中化，贫富差距继续扩大，阶级矛盾加剧，不利于社会稳定发展。

③消灭了一批中产，动摇了社会稳定的基石，说严重点就是减少了社会进步的动能，使得创新减少、失业增加。

④由于这次市场的动荡，国企改革、注册制、人民币国际化都会受到影响和延后，给中国经济的转型增加了不确定因素。

⑤对于金融市场而言，也带来了不确定性，银行、证券公司、基金公司以及民间机构等增加了违约风险，债务问题更加突出。

⑥实体经济将会更加艰难，融资渠道以及融资规模受到影响，资金成本更高，出现经济萧条也是有可能的。

⑦当然这也许是自由化市场一个必经的阶段，至少政府的及时出手缓解了以上危害的副作用，至少我们在这场战斗中，学会了很多、反思了很多、进步了很多。

2015年复旦大学431金融硕士真题参考答案

一、名词解释

1. 到期收益率(Yield To Maturity,YTM)是投资购买国债的内部收益率,即可以使投资购买国债获得的未来现金流量的现值等于债券当前市价的贴现率。它相当于投资者按照当前市场价格购买并且一直持有到期时可以获得的年平均收益率,其中隐含了每期的投资收入现金流均可以按照到期收益率进行再投资。到期收益率考虑了如下因素:购买价格、赎回价格、持有期限、票面利率以及利息支付间隔期的长短等。其计算公式为:

$$P=\frac{C_1}{(1+y)^1}+\frac{C_2}{(1+y)^2}+\cdots+\frac{C_n}{(1+y)^n}$$

2. 系统性风险(Systematic Risk),也称为市场风险(Market Risk),是指由整体政治、经济、社会等环境因素对证券价格所造成的影响。系统性风险包括政策风险、经济周期性波动风险、利率风险、购买力风险、汇率风险等。这种风险不能通过分散投资加以消除,因此又被称为不可分散风险。系统性风险的特点是:对整个股票市场或绝大多数股票普遍产生不利影响。系统性风险造成的后果带有普遍性。系统性风险可以用贝塔系数来衡量。

非系统性风险(Unsystematic Risk)是指各企业的经营状况会受其自身经营状况的影响,这些因素与其他企业没有什么关系。这种风险主要影响某一种证券产品,与市场的其他证券产品没有直接联系,投资者可以通过分散投资的方法来抵消非系统性风险。非系统性风险有经营风险、财务风险、违约风险。

3. 有效汇率(Effective Exchange Rate)是一种以某个变量为权重计算的加权平均汇率指数,是指报告期一国货币对各个样本国货币的汇率以选定的变量为权数计算出的与基期汇率之比的加权平均汇率之和。通常可以一国与样本国双边贸易额占该国对所有样本国全部对外贸易额比重为权数。有效汇率是一个非常重要的经济指标,以贸易比重为权数计算的有效汇率所反映的是一国货币汇率在国际贸易中的总体竞争力和总体波动幅度。有效汇率又可分为实际有效汇率和名义有效汇率,它们是根据购买力平价汇率决定理论派生出来的两个汇率监测指标。其计算公式为:

$$\text{A 国的有效汇率}=\sum_{t=1}^{N}\left(\text{A 国货币对 } i \text{ 国货币的汇率}\times\frac{\text{A 国对 } i \text{ 国贸易额}}{\text{A 国全部对外贸易额}}\right)$$

4. 格雷欣法则(Gresham's Law)是指在实行金银复本位制条件下的金银双本位制时,金银两种货币按法定比例流通,国家按照市场上的金银比价为金币和银币确定固定的兑换比率。国家官方金银比价与市场自发金银比价平行存在,而国家官方比价缺乏弹性,不能快速依照金银实际价值比进行调整。从而使实际价值高于名义价值的货币(即良币)被收藏、熔化而退出流通，实际价值低于名义价值的货币（即劣币）则充斥市场，即劣币驱逐良币。

5. 利息的税盾效应（Tax Shield），投资者从利息支付的税收抵扣中获得的收益称作利息税盾。由于债务成本（利息）在税前支付，所以利息具有税盾效应。利息税盾的计算公式为：

利息税盾＝企业所得税税率×利息费用

有公司税时的 MM 理论认为，存在公司税时，举债的优点是负债利息支付可以用于抵税，因此财务杠杆降低了公司税后的加权平均资金成本。公司的价值和资金成本随资本结构的变化而变化，有杠杆公司的价值会超过无杠杆公司的价值（即负债公司的价值会超过无负债公司的价值），负债越多，这个差异就越大，当负债达到 100%时，公司价值最大。

二、选择题

1. B

根据 *CAPM* 计算可得该证券的收益率为 16.8%，期望收益率为 18%，故该证券的价值被低估了。

2. A

货币市场上交易的是期限在一年以下的投资工具，因此其主要功能是进行短期资金融通。

3. B

国际收支平衡表的经常账户包括四个二级项目：货物、服务、收入和经常转移。有关直接投资、证券投资和其他投资的收入和支出以及储备资产的收入都属于收入项目下应记载的内容。

4. C

法定存款准备金是商业银行吸收的存款中必须交由中央银行的一部分，作为应对储户的提款需求的准备，因此具有稳定金融、防止流动性危机的作用。法定准备金作为货币政策工具是指中央银行通过调整商业银行缴存中央银行的存款准备金比例，以改变货币乘数，控制商业银行的信用创造能力，间接地控制货币供应量。因此法定存款准备金作为货币政策工具的历史要短于其作为稳定金融、防止流动性危机的政策工具。

5. B

流动比率＝流动资产/流动负债；速动比率＝速动资产/流动负债，其中，速动资产＝流动资产－存货－待摊费用。甲公司原先流动比率＝500/200＝2.5，速动比率＝200/200＝1.0。甲公司现决定用现金 100 万元偿还应付账款后，流动资产和速动资产同时减少 100 万元，流动负债也相应减少 100 万元。这时流动比率＝400/100＝4，速动比率＝100/100＝1.0。因此流动比率变大，速动比率不变。

三、计算题

1. (1)已知 $r_M=14\%$，$r_f=6\%$：

	股票A	股票B
α＝回归截距	1.0%	2.0%
信息比率＝$\alpha_p/\sigma(e_p)$	0.097 1	0.104 7
夏普测度＝$(r_p-r_f)/\sigma_p$	0.490 7	0.337 3
特雷诺测度＝$(r_p-r_f)/\beta_p$	8.833	10.500

(2)①如果这是投资者唯一持有的风险资产，那么夏普测度是适用的测度。既然股票A的夏普系数大，股票A是最佳选择；

②如果股票与市场指数基金相组合，那么对综合夏普测度的贡献由估值比率决定，股票B是最佳选择；

③如果股票是众多股票中的一种，那么特雷诺测度是适用的准则，并且股票B是最佳选择。

2.(1)根据*CAPM*：

收购公司：$r_s=5\%+1.5\times8\%=17\%$

根据有税MM命题Ⅱ：$17\%=r_o+3/7\times(1-30\%)\times(r_o-5\%)$

可得 $r_o=14.23\%$

目标公司：$r_s=14.23\%+1\times(1-30\%)\times(14.23\%-5\%)=20.69\%$

可知 $r_b=5\%$

$WACC=[5\%\times(1-30\%)+20.69\%]/2=12.10\%$

(2)根据有税MM命题Ⅰ：

$5\ 000\ 000\times(1-30\%)/14.23\%+D\times30\%=2\times D$

$D=S=14\ 468\ 191$(元)

(3)若100%收购股权，则出价不超过14 468 191元。

四、简答题

1. 期货市场是为期货交易提供场所的市场。期货交易(Futures Trading)是买卖双方约定在将来某个日期按成交时双方商定的条件交割一定数量某种商品的交易方式。

金融期货交易是发达国家金融创新的主要品种。将期货交易引入证券市场，不仅增加了交易的品种、提高了交易量，而且拓展了证券市场功能。

金融期货市场具有以下功能：

(1)风险规避。风险规避是金融期货的首要功能。投资者购买相关的金融期货合约，在金融期货市场上建立和现货市场相反的头寸，并根据市场的不同情况采取在期货合约到期前对冲平仓或到期履约交割的方式，实现其规避风险的目的。

从整个金融期货市场看，其风险规避功能之所以能够实现，主要有三个原因：其一是众多的实物金融商品持有者面临着不同的风险，可以通过达成对各自有利的交易来控制市场的总体风险。其二是金融商品的期货价格与现货价格一般成同方向的变动关系。投资者在金融期货市场建立了与金融现货市场相反的头寸之后，当金融商品的价格发生变动时，则必然存在一个市场获利，而在另一个市场受损，其盈亏可全部或部分抵消，从而达到规避风险的目的。其三是金融期货市场通过规范化的场内交易，集中了众多愿意承担风险而获利的投机者。他们通过频繁、迅速地买卖对冲，转移了实物金融商品持有者的价格风险，从而使金融期货市场的风险规避功能得以实现。

(2)价格发现。金融期货市场的价格发现功能，是指在一个公开、公平、高效、竞争的金融期货市场中，通过金融期货交易形成的金融期货价格，具有真实性、预期性、连续性和权威性的特点，能够比较真实地反映出未来商品价格变动的趋势。在金融期货市场上，各种金融期货合约都有着众多的买者和卖者。他们通过类似于拍卖的方式来确定交易价格。这种情况接近于完全竞争市场，能够在相当程度上反映出投资者对金融商品价格走势的预期和金融商品的供求状况。因此，某一金融期货合约的成交价格，可以综合地反映金融市场各种因素对合约标的商品的影响程度，有公开、透明的特征。

金融期货合约是一种远期合约，其所包含的远期成本和远期因素必然会通过期货价格反映出来。金融期货合约的买卖转手相当频繁，这样连续形成的价格能够连续不断地反映市场的供求情况及变化，对生产经营者、投资者以及投机者有很强的价格指导作用。

(3)优化资产配置、提高交易效率。金融期货是流动性的产品，流动性不强，会导致高昂的交易成本，这会妨碍投资和阻止资本的积累。金融衍生品首先能有效地降低交易成本，金融期货的多空双向交易制可以使投资者在金融工具价格涨跌时都可以参加交易，以避免资金在金融工具价格下跌时出现闲置。其次，金融期货可以方便投资者进行组合投资，从而提高交易的投资收益率。最后，金融期货还可以提高资金使用效率，方便进行现金流管理。由于期货交易的杠杆效应能极大地提高资金使用效率，使得投资者建立同样金额头寸的速度要比现货市场快得多。降低筹资的成本和扩大作为生产性投资可得到的资本额是金融期货交易得到迅速发展的一个重要原因。

2. 开放经济运行中的自动平衡机制主要是国际收支平衡的自动调节机制。国际收支平衡的自动调节是国内经济变量变动对国际收支的反作用过程。

(1)货币—价格机制。当一个国家的国际收支发生逆差时，意味着对外支出大于收入，货币外流，在其他条件既定的情况下，本国物价水平下降，由此导致本国出口商品相对便宜，进口商品相对昂贵，出口相对增加，进口相对减少，贸易差额因此得到改善。

国际收支逆差→货币外流增加，货币存量减少→国内一般物价水平下降→进口相对昂贵，出口相对便宜→贸易收支改善

货币—价格自动调节机制的另一种表现形式是汇率水平的变动对国际收支的影响。当国际收支逆差时，对外支出大于收入，外汇的需求大于外汇的供给，本国货币贬值，由此引起本国出口商品价格相对下降、进口商品价格相对上升，从而出口增加、进口减少，贸易收支改善。

国际收支逆差→货币外流增加，对外币需求增加→本国货币贬值→进口相对昂贵，出口相对便宜→贸易收支改善

(2)收入机制。当国际收支逆差时，对外支付增加，国民收入水平下降。国民收入下降引起社会总需求下降，进口需求下降，从而贸易收支得到改善。

国际收支逆差→对外支付增加→国民收入下降→社会总需求下降→进口需求下降→贸易收支改善

国民收入下降还能改善经常项目收支和资本项目收支。国民收入下降会使对外国劳务

和外国金融资产的需求都不同程度地下降,从而整个国际收支得以改善。

(3)利率机制。当国际收支发生逆差时,本国货币存量(供应量)相对减少,利率上升;而利率上升,表明本国金融资产的收益率上升,从而对本国金融资产的需求相对上升,对外国金融资产的需求相对减少,资金外流减少或资金内流增加,国际收支改善。

国际收支的自动调节存在一定的局限。首先,只有在纯粹的自由市场经济中,自动调节才能产生理论上所描述的作用。其次,典型的国际收支自动调节需要在金本位制下才能发挥作用。最后,在国际收支逆差时,国际收支的自动调节往往以紧缩国内经济为代价,这会造成国内的就业、产出下降,影响内部均衡的实现和经济发展。

五、论述题

1.(1)货币国际化是指一国货币能够跨越国界,在境外流通,成为国际上普遍认可的计价、结算及储备货币的过程。目前已国际化的货币有美元、欧元、日元等。

(2)一国货币的可自由兑换是指该国在对外经济交易中,所有性质的交易引发的对外支付,本国的交易主体可以用本币兑换其他任何国际货币。境外交易主体也可以将持有的该国货币向该国货币当局兑换为任何其他国际货币。货币可自由兑换是其实现国际化的基础条件,只有实际可自由兑换的货币才有可能成为国际货币。货币的兑换程度可以分为三个层次,即完全不可兑换、经常项目下可自由兑换、国际收支所有项目下可自由兑换。货币实现自由兑换的进程往往首先推行经常项目有条件兑换、经常项目下自由兑换、资本项目有条件兑换、资本项目自由兑换。

一般来说,货币国际化需要经过四个阶段。第一阶段:经常项目下的国际收支实施自由兑换,即政府不对私人部门因商品和服务贸易等的交易需要,而进行的本外币兑换进行限制,仅仅对私人部门的交易真实性进行检验。第二阶段:资本项目可兑换,即政府不对私人部门因投资和金融交易等的需要而进行的本外币兑换进行限制,迄今除比利时等屈指可数的小型开放经济体之外,绝大多数国家达成本币的资本项目可兑换和政府对资本流动有少量限制并不矛盾。第三阶段:政府推动本币的国际化,使其成为其他国家可接受的交易、投资、结算和储备货币,至今最主要的国际货币显然是美元和欧元。第四阶段:政府对并不发生跨国交易的、境内居民的本外币自由兑换也不进行限制,即充分的可兑换阶段。

(3)利率市场化是指金融机构在货币市场经营融资的利率水平。它是由市场供求来决定的,包括利率决定、利率传导、利率结构和利率管理的市场化。实际上,它就是将利率的决策权交给金融机构,由金融机构自己根据资金状况和对金融市场动向的判断来自主调节利率水平,最终形成以中央银行基准利率为基础、以货币市场利率为中介、由市场供求决定金融机构存贷款利率的市场利率体系和利率形成机制。

资本账户自由兑换通常是指一国允许其资本账户中的各种资本自由流动,即居民可以自由地进出国际金融市场进行投资和筹资,非居民也可以自由进出国内金融市场进行投资和筹资。资本账户自由化是发展中国家金融自由化中力度最大的开放措施。

利率市场化、资本账户自由兑换和人民币国际化是一个联动话题,资本账户自由兑换必然带来人民币国际化,而资本账户自由兑换和人民币国际化需要稳定的宏观经济作为支撑,作为宏观经济最重要指标之一的利率需要保持适中,同时需要形成市场化的调整机制以避免随资本账户自由兑换和人民币国际化而带来的投机力量和虚拟资产的冲击，在享受资本账户自由兑换和人民币国际化进程中带来的潜在利益的情况下，保持国内经济的稳定可持续发展。因此，为了将风险控制在最小范围，急需进一步推进利率市场化、汇率形成机制改革等各项金融改革。

利率市场化、资本账户自由兑换和人民币国际化三者是循序渐进、协调配合、相互促进的关系。

2.（1）菲利普斯曲线（Phillips Curve）是表明失业与通货膨胀存在一种交替关系的曲线。通货膨胀率高时，失业率低；通货膨胀率低时，失业率高，如下图所示。菲利普斯曲线由新西兰经济学家威廉·菲利普斯于 1958 年在《1861—1957 年英国失业和货币工资变动率之间的关系》一文中最先提出。此后，经济学家对此进行了大量的理论解释，尤其是萨缪尔森和索洛将原来表示失业率与货币工资率之间交替关系的菲利普斯曲线发展成为用来表示失业率与通货膨胀率之间交替关系的曲线。

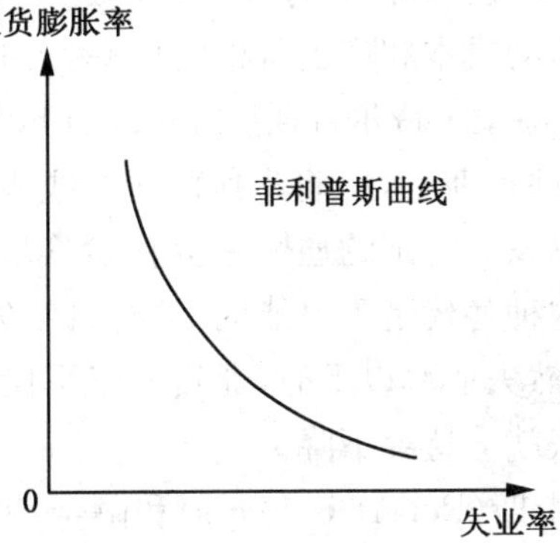

（2）菲利普斯曲线有三种常用的形式。

第一，“失业—工资”曲线。第一种菲利普斯曲线表明的是失业率与货币工资变化率之间的关系，可称为“失业—工资”菲利普斯曲线。这是由当时在英国从事研究的新西兰经济学家菲利普斯本人于 1958 年最早提出的。其表现形式是：在以失业率为横轴、货币工资变化率为纵轴的坐标图上，由右下方向左上方倾斜的、具有负斜率的一条曲线。它表明：失业率与货币工资变化率二者成反向的对应变动关系，即负相关关系。

第二，“失业—物价”曲线。第二种菲利普斯曲线表明的是失业率与物价上涨率之间的关系，可称为“失业—物价”菲利普斯曲线。这是由美国经济学家萨缪尔森和索洛于 1960 年提出的。萨缪尔森和索洛以物价上涨率代替了原菲利普斯曲线中的货币工资变化率。这种菲利普斯曲线的表现形式与上述第一种菲利普斯曲线相同，只不过纵轴改为物价上涨率。这条曲线表明：失业率与物价上涨率二者成反向的对应变动关系。在一轮短期的、典型的经济周期波动中，在经济波动的上升期，失业率下降，物价上涨率上升；在经济波动的回落期，失业率上升，物价上涨率下降。

第三，“产出—物价”曲线。第三种菲利普斯曲线表明的是经济增长率与物价上涨率之间的关系，可称为“产出—物价”菲利普斯曲线。这是后来许多经济学家所惯常使用的。这种菲利普斯曲线以经济增长率代替了第二种菲利普斯曲线中的失业率。这一代替是通过

“奥肯定律”实现的。美国经济学家奥肯于1962年提出,失业率与经济增长率具有反向的对应变动关系。这样,经济增长率与物价上涨率之间便呈现出同向的对应变动关系。这种菲利普斯曲线的表现形式是:在以现实经济增长率对潜在经济增长率的偏离为横轴、物价上涨率为纵轴的坐标图上,从左下方向右上方倾斜的、具有正斜率的一条曲线。这条曲线的走向与第一种、第二种菲利普斯曲线正好相反。这条曲线表明:现实经济增长率对潜在经济增长率的偏离与物价上涨率二者成同向的对应变动关系,即正相关关系。当现实经济增长率对潜在经济增长率的偏离上升时,物价上涨率也上升;当现实经济增长率对潜在经济增长率的偏离下降时,物价上涨率也下降。在一轮短期的、典型的经济周期波动中,在经济波动的上升期,随着需求的扩张,现实经济增长率对潜在经济增长率的偏离上升,物价上涨率随之上升;在经济波动的回落期,随着需求的收缩,现实经济增长率对潜在经济增长率的偏离下降,物价上涨率随之下降。

(3)考虑预期的菲利普斯曲线。随着理论和实际的发展,经济学家们发现标准的菲利普斯曲线忽略了对雇主和工人来说实际工资才是重要的这样一个事实。工人关心的是工资的实际购买力,雇主关注的是劳动成本和产出价格的比率。1967年和1968年,米尔顿·弗里德曼(Milton Friedman)和爱德蒙·费尔普斯(Edmund Phelps)认为名义工资变化必须用通货膨胀预期来纠正。在适应性预期下,短期菲利普斯曲线表明失业率和通胀率之间存在此消彼长的替代性,政府能够以高而稳定的通胀率为代价换取持久性的低失业率。不过加速主义原理告诉我们,长期中这种替代是不可能的,只有自然失业率才同一个稳定的通货膨胀率相联系。当失业率降到自然失业率以下时,通货膨胀不仅很高而且会持续上升;当失业率超过自然失业率时,通货膨胀就会持续下降。

1972年至1973年,以卢卡斯(Robert E. Lucas)和萨金特(Thomas J. Sargent)为代表的理性预期学派认为适应性预期的假定不合理,经济主体可能会根据经济形势的变化调整行动策略。他们采用的预期概念不是适应性预期,而是理性预期,即无论在短期还是长期内,预期的通货膨胀率与实际发生的通货膨胀率总是一致的。他们认为,失业率是一个围绕自然失业率水平上下波动的随机变量,通货膨胀与失业之间根本不存在有规律的相互替代关系,菲利普斯曲线无论在短期还是长期内都是一条从自然失业率出发的垂直线,如下图所示。

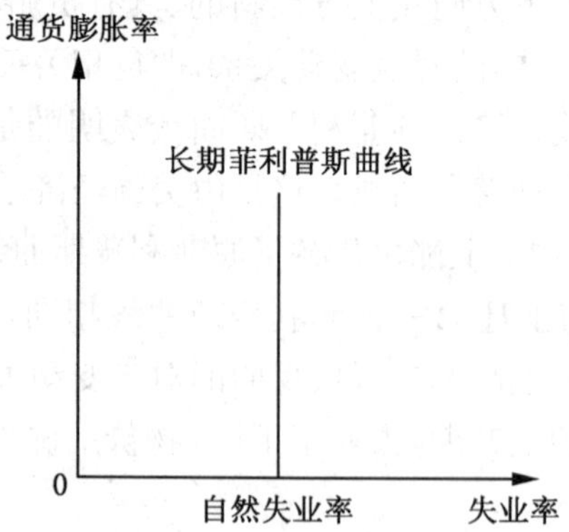

因此,以引起通货膨胀为代价的扩张性财政货币政策并不能降低失业率,在短期或长期中宏观经济政策均是无效的。

2015年上海财经大学431金融硕士真题参考答案

一、选择题

1. D

货币不一定需要通过国家发行。比如以前的黄金就不需要政府信用支持。

2. D

若将100元存入储蓄账户，会导致M1减少。又因为M1和储蓄账户都属于M2，所以总的来说，M2并没有发生变化。

3. B

SHIBOR不是由公开市场的一级交易商通过交易形成，而是信用等级较高的银行自主报出的人民币同业拆出利率计算确定的算术平均利率。

4. C

由费雪效应可知，名义利率＝实际利率＋通胀率。当通胀过高，通胀率高于名义利率时，实际利率为负，这就是我们常说的负利率。

5. A

古典理论是从产品市场的投资储蓄来考虑利率决定的，储蓄是资金的供给，投资是资金的需求，当投资等于储蓄，也就是资金的供给等于资金的需求，也就决定了资金的价格利率。

6. C

垃圾债券因为其风险较高，收益也很高，有时也称为High-Yield Bond，即高收益债券。

7. B

英国政府借入人民币之后，更加方便与中国的合作及贸易往来，借来的人民币不会弥补反而增大政府赤字，所以英国政府的目的更可能是以人民币作为外汇储备。

8. D

本题考查利率市场化的进程，目前中国存贷款利率上下限均已放开。最后一步存款利率上限是2015年10月取消的。所以本题考查时，还存在存款利率上限。

9. C

凯恩斯的三大交易动机，其中交易动机和预防动机分别被鲍莫尔和惠伦发展，所以本题选C。

10. B

当利率对货币需求的影响极大时，LM 的斜率趋近于0，LM 是水平线。此时 IS 线的移动效果会更好。所以本题选B。

11. D

本题考查 R_{WACC} 的有关计算。当公司没有任何负债时，$R_{WACC}=r_0=16\%$，杠杆水平提高以后，税后 $R_{WACC}=\frac{B}{S+B}\times r_B\times(1-r)+\frac{S}{S+B}\times r_s=15\%$。

12. C

发放完现金股利后，公司股价为 $P=\frac{6-0.7-2.5}{0.2}=14$(元)。

13. C

两只股票不是完全正相关，因此用这两只股票构建的资产组合的标准差小于两只股票各自的标准差。

14. C

本题主要考查现金流的贴现。公司预期的现金流出的现值为 $PV=\frac{1.2}{1+0.09}+\frac{0.8}{(1+0.09)^2}=1.774$，除以总股数 0.5 亿，可得股价应下跌约 3.548 元。

15. D

D 选项中由项目折旧带来的税收节省可减少现金流出，故 D 选项正确。

16. C

如果债券发行时到期收益率小于票面利率，我们说债券溢价发行；债券发行时到期收益率大于票面利率，我们说债券折价发行；债券发行时到期收益率等于票面利率，我们说债券平价发行。市场利率变高会减少溢价。

17. D

A 选项错误，题中净现值为 −393，小于 0，所以净现值的折现率大于内部收益率 8.7%，所以 B 选项也错误。根据盈利比率应该拒绝该项目，因为 PI 小于 1。

18. B

使用成本为机会成本，此题中是其他公司愿意购买此设备的出价 5 万元。

19. C

如果金融市场是有效的，则所有投资的净现值应该为 0。

20. B

公司的目标是使公司价值最大化，故其选择资本结构时应考虑使其价值达到最大。本题选 B。

21. C

利率平价成立时，换算回同种货币后的投资回报应相等。所以英国企业在美国或者在英国投资是一样的，故本题选 C。

22. C

本题考查自贸区的相关热点知识。在上海黄金国际板中，现阶段交易的参与者包含自贸区内开业的外资金融机构、国内金融机构和企业。

23. A

择期交易时，由客户选择交易时间，应该选择适用汇率，由于客户在 4 月 1 日前收入 500 万英镑，其进行的是 3 个月的择期交易，适用 1～3 月期的远期汇率，而银行应选择最有利于自身的3月期远期汇率。故本题选A。

24. B

利率高的货币远期有贬值趋势。即期英国利率高于美国利率，远期英镑相对于美元会有贬值倾向，所以本题选B。

25. B

国际收支平衡表中，采用的是复式记账原则。借方表示资金的使用或占有，记录的是资产的增加和负债的减少，同时进口需要使用资金，也是记录在借方。

26. C

除权价＝(10×15＋2×6)/(10＋2＋3)＝10.8(元)，权值＝15－10.8＝4.2(元)。此题中注意配股权价值和权值是两个不同的概念。

27. C

每张债券可以转换为股票的股数为可转债面值1 000元除以转换价格40元，即25股。

28. C

根据维持保证金率的定义，当自有资金占总财富的比率低于维持保证率时，主体必须补充保证金到初始保证金率的水平。可设价格为x时，达到维持保证金率的水平，则有$[4\,000-(20-x)\times 500]/500x=20\%$，可得$x=15$。故本题选C。

29. A

当市场处于牛市时，选择贝塔系数较高的证券或组合以获得更高的收益率。

30. B

本题考查市盈率的有关计算。根据*CAPM*模型算出合理的贴现率：

$$r=r_f+\beta(r_m-r_f)=4\%+1.2\times(8\%-4\%)=8.8\%$$

$$P=\frac{D}{r-g}=\frac{E\times 40\%\times(1+5\%)}{8.8\%-5\%}$$

$$\frac{P}{E}=\frac{E\times 40\%\times(1+5\%)}{E\times(8.8\%-5\%)}=11.05$$

二、计算与分析

1. (1)资产有：房屋建筑物，现金，其他资产，无形资产，净贷款，证券投资，出售的联邦基金。

资产总额＝41 554

核心资本充足率＝3 272/41 554＝7.87%

杠杆比率＝41 554/3 272＝12.7

(2)流动比率＝(2 660＋5 334＋110)/(12 816＋2 080＋5 939＋9 853)＝26.41%

资产负债率＝38 282/41 554＝92.13%

由以上数据可知，该银行的核心资本充足率为7.87%，超过了《巴塞尔协议》要求的4%标准，较为充足。但是流动比率较低，只有26.41%，流动性风险较高。同时资产负债率达到了92.13%，也是较高的数值，负债率较高，杠杆较大。

2. $M_A=0+\frac{60}{320}\times 5+\frac{200}{320}\times 30=19.69$

$M_b=\frac{160}{300}\times 1=0.533$

持续期缺口＝总资产持续期－资产负债率×负债持续期

$=19.69-0.533\times\frac{300}{320}=19.19$

当利率上升时，资产的价值和负债的价值都下降，但持续期缺口是正的，所以资产贬值的幅度比负债大，此时就会减少所有者权益，对银行不利。

3.(1)根据 *CAPM* 模型算出合理的贴现率 $r=r_f+\beta(r_m-r_f)=2\%+0.8\times(8\%-2\%)=6.8\%$

$P=\frac{D_1}{r-g}=\frac{(1-b)\times 2.5}{6.8\%-4.5\%}=25$，可得 $b=77\%$。

(2) $g=ROE\times b=4.5\%$，可得 $ROE=5.8\%$。

4. 根据 *CAPM* 模型可得：

$r=r_f+\beta(r_m-r_f)=4.4\%+1.2\times(12.4\%-4.4\%)=14\%$

$R_{WACC}=\frac{B}{S+B}\times r_B\times(1-t)+\frac{S}{S+B}\times r_s=\frac{1}{3}\times 7\%+\frac{2}{3}\times 14\%=11.7\%$

此项目的折现率为 11.7%＋2%＝13.7%。

此项目的净现值 $NPV=-2\,700+\frac{450}{13.7\%-4\%}=1\,939>0$，所以 P 公司应投资此项目。

5.(1)期初英国公司给银行 2 000 万英镑，银行给英国公司 3 000 万欧元。之后英国公司支付欧元的利息，银行支付英镑利息。到期末，英国公司返还欧元本金，银行返还英镑本金。

时间点	英国公司	银　行
期初	支付英镑本金 2 000 万 收入欧元本金 3 000 万	收入英镑本金 2 000 万 支付欧元本金 3 000 万
第一年末	收入英镑利息 140 万 支出欧元利息 210 万	支付英镑利息 140 万 收入欧元利息 210 万
第二年末	收到英镑本息共 2 140 万 支付欧元本息共 3 210 万	支付英镑本息共 2 140 万 收到欧元本息共 3 210 万

(2)英国公司每年欧元的现金流量表如下表：

单位：万

时间点	项目现金流	互换现金流	净现金流
0	−3 000 €	＋3 000 €	0 €
1	＋100 €	−210 €	−110 €
2	6 300 €	−3 210 €	3 090 €

(3)综上可知，互换不能规避英国公司所有的汇率风险，此时需要借助远期交易规避剩

余的风险，从英国公司的欧元现金流来看，其需要买入1年期远期的110万欧元和卖出2年期的3 090万欧元。

首先，1年期远期，银行卖出欧元的汇率为：

1.512 5+0.166 3=1.678 8

银行收入的英镑为：$\frac{110}{1.6788}=65.52$（万英镑）；也就是说，英国公司需要支付65.52万英镑。

其次，2年期远期，银行买入欧元的汇率为：

1.552 5+0.312 5=1.865

银行支付的英镑为：$\frac{3090}{1.865}=1656.84$（万英镑）；也就是说，英国公司能够收入1 656.84万英镑。综上所述，以英国公司的角度为例，通过互换和远期的英镑现金流如下表：

单位：万英镑

时间点	互换	远期	净现金流
期初	−2 000	0	−2 000
第一年末	+140	−65.52	+74.48
第二年末	+2 140	+1 656.84	+3 796.84

6. $P_A=P_B=1000$（息票率=市场利率）

$$PA'=1000\times8\%\times A_{10\%}^{5}+\frac{1000}{(1+10\%)^5}=924.18$$

$$PB'=1000\times8\%\times A_{10\%}^{10}+\frac{1000}{(1+10\%)^{10}}=877.11$$

B证券的波动比率更大，波动比率$=\frac{877.11-1000}{1000}=-12.289\%$。

三、论述分析题

1.（1）公开市场操作是指央行在证券市场上公开买卖各种政府债券以控制货币供应量及影响利率水平的行为。公开市场操作的特点是它在三大货币政策工具（即法定准备率、再贴现率和公开市场操作）中是唯一能够直接使银行储备发生变化的主动性工具，具有主动性和灵活性的特征。但也有其局限性，即中央银行只能在储备变化的方向上而不能在数量上准确地实现自己的目的。并且，通过公开市场业务影响银行储备需要时间，它不能立即生效，而是要通过银行体系共同的一系列买卖活动才能实现。公开市场业务发挥作用的先决条件是证券市场必须高度发达，并具有相当的深度、广度和弹性等特征。同时，中央银行必须拥有相当的库存证券。人民银行公开市场操作方式包括：回购交易、现券买断和发行中国人民银行票据。

再贴现政策是指中央银行通过直接调整或制定对合格票据的贴现利率，来干预和影响市场利率以及货币市场的供给和需求，从而调节市场货币供应量。贴现业务的主要优点是，它有利于中央银行发挥最后贷款者的作用，并且既能调节货币供给的总量，又能调节货币供给的结构。再贴现业务的主要缺点是再贴现业务的主动权在商业银行，而不在中央银行，这就限制了中央银行的主动性，再贴现率的调节作用有限。

SLF 和公开市场的主要区别有：

①公开市场是宽泛地在市场上量化宽松，调节利率，而 SLF 是针对商业银行，提供流动性。

②我国证券市场不发达，公开市场操作没有好的环境基础，因此央行很少使用。而银行是我国最重要的金融机构，SLF 提供流动性的效果明显，使用频繁。

下表是公开市场回购和 SLF 的区别：

政策	操作时间	操作标的期限	资金投放或回收方式	如何确定利率水平	额度	交易操作对手
回购	每周一、周三由一级交易商向央行申报正逆回购需求每周二、周四央行在公开市场常规操作。央行根据市场情况决定操作内容，有时候可能采取零操作。当日央行会公布操作内容	7 天、14 天、28 天、91 天期	逆回购或正回购	采用市场化利率招标方式	较小	央行对公开市场多个一级交易商
SLF	非常规操作，由金融机构主动发起，金融机构可根据自身流动性需求申请。操作内容不即时公开，每季度只公布一次前季度每月的余额	最长期限为 3 个月，目前以 1 至 3 个月期操作为主	主要以抵押贷款方式发放；必要时也可采取信用借款方式发放	利率水平根据货币调控需要、发放方式等由央行综合确定	较大	中央银行与金融机构“一对一”交易

SLF 和再贴现政策都是商业银行或者其他金融机构主动向央行借钱，往往与其他货币政策工具相互配合和补充，将进一步增强央行流动性管理的灵活性和主动性，丰富和完善货币政策操作框架。它们的主要区别有：

①SLF 主要功能是满足金融机构期限较长的大额流动性需求，而再贴现政策的主要作用是允许商业银行和其他金融机构对其短期的现金压力做出反应，对临时发生的准备金不足做适当调整。

②再贴现政策需要商业银行将商业票据进行再贴现，而 SLF 可以用其他优良的债券做抵押。

③再贴现政策的服务对象主要为地方中小金融机构，而 SLF 交易对手覆盖面更广，对象主要为政策性银行和全国性商业银行。

综上所述，央行创设 SLF 的原因，其能够在现有工具体系下，满足央行的结构性需求。央行可以通过操作 SLF 来满足金融机构期限较长的大额流动性需求，调控利率水平、引导市场利率等。

(2)从表中的数据可以看出，SLF 的余额与同业拆借利率关联性更强。同业拆借利率能够比较准确地反映市场资金流动性的情况，当同业拆借利率升高时，市场的流动性紧张，同业拆借利率有可能传导至其他利率，导致社会融资成本升高，不利于经济增长。所以当同业拆借利率较高时，央行会通过 SLF 向市场注入流动性，保证流动性稳定，表中的数据也有佐证，当同业拆借利率较高时，SLF 的余额也相对较高。

(3)存款准备金政策指的是中央银行在法律赋予的权利范围内，通过调整商业银行缴存中央银行的存款准备金比例。存款准备金率可以改变货币乘数，控制商业银行的信用创造能力，间接地控制社会货币供应量。该货币政策工具威力颇大。

SLF 和利率政策(降息)政策都是宽松型的货币政策，能对经济起到刺激性的作用。但是降息是直接下调基准利率从而直接改变市场利率，而 SLF 是商业银行向央行短期借款的一种形式，在利率走廊中，起着上限的作用，对市场利率起着一定的控制作用。并且，SLF 能在短时间内增强商业银行间市场流动性，提高商业银行的贷款能力。在货币政策的银行贷款传导途径中有着更加直接的影响，银行贷款又是中国货币政策传导的主要途径，SLF 对经济的影响也就更加直接。SLF 的自主权在金融机构，金融机构可以根据自身的流动性需求来选择是否要操作；而利率政策和存款准备金政策均是央行主导，金融机构缺乏自主性。

2.(1)混合所有制企业是指由公有资本(国有资本和集体资本)与非公有制资本(民营资本和外国资本)共同参股组建而成的新型企业形式。相比完全国有企业及完全私有企业，混合所有制经济更能够适应社会主义市场化经济，是更好的组织形式。

(2)就我国来说，国有企业在经济上做出了非常大的贡献，原因在于很多公共设施和大型项目，私有企业没有动力去做，也没有这么大的资金量和能力去做，比如铁路、公交、航空航天。在中华人民共和国成立初期，国有企业对推动经济发展有巨大的贡献。但是它的缺点也非常明显。由于企业是国有的，即企业归人民所有，而"人民"这个词太过宽泛，不能有确切的归属，造成了产权空心化，使国企的控制权最后掌握在管理人手中。而管理人的利益和国家的利益不尽相同，最后会造成严重的代理人问题。并且，多数国企有政府的隐性托底，管理人激励机制不完善，因此没有动力去寻找好的投资项目，对企业、对国家都是不利的。由于权力过大，甚至还会吞食民企的资源。比如在银行贷款方面，国企由于有政府的隐性托底，无论企业效率多么低下，银行都愿意借给他们。

而民营企业发展到现在，虽然有些年头了，但主体上，民营企业还是以小企业为主。小企业有融资难、用工荒、高成本、规模小、竞争力较弱的缺点。

而混合所有制企业中，国有资本通过控股、参股等形式，与其他性质的资本融合，引进多元化投资主体，有利于改善国有企业的产权结构，推动其在产权多元化基础上，逐步建立规范的现代企业制度和市场化的运作机制；有利于国有产权的流动、重组，优化资源配置，提高运营效率；有利于凝聚更多的资本，有效放大公有资本对其他资本的辐射功能，提高国有经济的控制力、影响力和带动力，体现公有制的主体地位。同时还改善了企业生产经营情况，增强市场竞争力，分离了企业所有权和经营权，提高了企业和资本的运作效率。

2015年华东师范大学431金融硕士真题参考答案

一、单项选择题

1. C

信用这个范畴是指借贷行为，这种经济行为的形式特征是以收回为条件的付出，或以归还为义务的取得，而且贷者之所以贷出，是因为有权取得利息，借者之所以借入，是因为承担了支付利息的义务。所以本题选择C，即信用是以偿还为条件的价值单方面转移。

2. D

希望通过利率来影响总供求的结构和趋向，则必须具备合理的利率结构，题干中既然提到了结构，本题自然要从利率的结构这个角度来回答。

3. B

“货币供给是外生变量”，其含义是货币供给这个变量并不是由经济因素，如收入、储蓄、投资、消费等因素决定的，而是由货币当局的货币政策决定的。如果说“货币供给是内生变量”，货币供给的变动，货币当局的操作起不了决定性的作用，起决定作用的是经济体系中的实际变量以及微观主体的经济行为等因素。由于金融创新，货币当局对于货币供给的控制能力在逐渐减弱，比如出现了比特币、Q币，都在某种程度上发挥了货币的功能，而中央银行对此类“币”没有影响控制能力。

4. D

此题为基本概念题。银行间隔夜拆借市场是指银行间短期的资金借贷市场。市场的参与者为商业银行以及其他各类金融机构。拆借的期限较短，有隔夜、7天、14天等，最长不超过1年。

5. C

中央银行“作为银行的银行”，其职能具体表现在三个方面：集中存款准备、最后贷款人、组织全国清算。

6. D

凯恩斯学派的货币传导理论用符号可表示为$M \to r \to I \to E \to Y$，在这个传导机制发挥作用的过程中，主要环节是利率：货币供应量的调整首先影响利率的升降，然后才使投资乃至总支出发生变化。提醒注意货币政策传导机制这个重要的知识点，包括凯恩斯的货币政策传导机制和弗里德曼的传导机制与它们之间的区别，以及其他传导理论。

7. A

“基准利率应是指在多种利率并存的条件下起决定作用的利率，即这种利率发生变动，其他利率也会相应变动。”

8. A

经常项目包括货物贸易、服务贸易、收益和经常转移四个子项，其中收益又包括职工报酬和投资收益，本题容易错选为资本项目或者金融项目，提醒大家注意。

9. B

“国际收支记录的是一个国家居民和非居民之间所有的经济交易。”C、D选项都不正确；国际收支的定义是“在一定时期内一个国家或地区与其他国家或地区之间进行的全部经济交易的系统记录。”时期对应的是流量，时点对应的是存量，故选B。

10. C

英国一直采用间接标价法，美国自1978年9月1日起才改用间接标价法。

11. D

企业筹资活动是指企业作为筹资主体，根据经营活动、投资活动和资本结构调整需要，通过一定的金融市场和筹资渠道，采用一定的筹资方式，经济有效的筹措和集中资本的活动。A、B、C选项均属于筹资活动，而固定资产的购买及处置均属于投资活动，故选D。

12. A

根据复利终值计算公式，三年后的本息和为 $10\ 000\times(1+8\%)^3=12\ 597.12$(元)。

13. A

先付年金是指在一定时期内，各期期初等额的系列收付款项，也称预付年金。

14. C

财务杠杆系数＝总杠杆系数/经营杠杆系数＝4.5/3＝1.5。

15. B

边际资金成本率是指企业追加筹资的资本成本率，即企业新增1元资本所需负担的成本。

16. C

因为是溢价发行债券，所以到期收益率必然小于12%。需要注意的一点是，债券的发行可以采用平价、折价和溢价发行，但是股票的发行却只能采用平价和溢价发行，而不能折价。故本题答案选C。

17. B

在证券投资中间，加入更多的证券，可以分散的是非系统性风险。系统性风险和非系统性风险的各种叫法大家也要注意。故本题答案选B。

18. D

总资产周转率衡量的是营运能力，其他三个选项衡量的全部都是企业的盈利能力。

19. D

项目的内部收益率也是项目的内含报酬率，根据内含报酬率的计算公式，显然与资本成本率没有关系。

20. B

根据我国法律规定，税后利润首先要弥补以前年度的亏损，其次是法定公积金、任意公积金，最后才是给股东分配股利。

二、名词解释

21. 基础货币，可以引出数倍于自身的可为流通服务的信用货币。把货币供给量与基础货币相比，其比值称为货币乘数。用 M_S 表示货币供给，B 表示基础货币，可列出下式：$M_S = m \times B$。式中，m 为货币乘数。

22. 欧债危机，全称为欧洲主权债务危机，是指自 2009 年以来在欧洲部分国家爆发的主权债务危机。欧债危机是美国次贷危机的延续和深化，其本质原因是政府的债务负担超过了自身的承受范围，而引起的违约风险。

23. 凡不需要运用自己的资金代理客户承办支付和委托事项，并据以收取手续费的业务，也称为无风险业务。最常见的是传统的汇兑业务、信用证、代收、代客买卖等业务。承兑业务也归入这一类。

24. P2P 网贷起源于英国，随后发展到美国、德国和其他国家。其典型的模式为：网络信贷公司提供平台，由借贷双方自由竞价，撮合成交。网贷平台为借贷双方提供信息流通交互、信息价值认定和其他促成交易完成的服务，不实质参与到借贷利益链条之中，借贷双方直接发生债权债务关系，网贷平台则依靠向借贷双方收取一定的手续费维持运营。

25. 资产证券化是对一种(金融)资产所有权和收益权进行分离的金融创新，其基本流程是：发起人把证券化资产出售给一家特设信用机构(SPV)，或者由 SPV 主动购买可以证券化的资产，然后将这些资产汇集成资产池，并以该资产池所产生的现金流量为支撑在金融市场上发行有价证券。

26. 兼并收购简称并购。兼并又称吸收合并，是指两家或者更多的独立企业合并组成一家企业，通常由一家占优势的企业吸收一家或者多家企业。收购是指一家企业用现金或者有价证券购买另一家企业的股票或者资产，以获得对该企业的全部资产或者某项资产的所有权，或对该企业的控制权。

三、简答题

27. 广义货币和狭义货币相对应，是货币供给的一种形式或口径，以 M2 来表示。由于历史原因，在不同国家，其统计口径和表示方法会有所不同。我国定义的广义货币＝流通中的现金＋活期存款＋储蓄存款＋其他存款＋证券公司客户保证金。(请注意我国货币层次的划分，准货币、广义货币等的名词解释。)

28. 作为现代货币主义的代表人物，弗里德曼基本上继承了传统货币数量论的观点，即非常看重货币数量与物价水平之间的因果联系。同时，他也接受了剑桥学派和凯恩斯以微观主体行为作为分析起点和把货币看作受到利率影响的一种资产的观点。

对于货币需求的决定问题，他提出的一个具有代表性的函数为：$M_d/P = f(y, w; r_m, r_b, r_e, 1/P \times dp/dt; u)$。式中，$M_d/P$ 为实际货币需求；y 为实际恒久性收入；w 为非人力财富占个人总财富的比率或得自财产的收入在总收入中所占的比率；r_m 为货币预期收益率；r_b 为固定收益的债券利率；r_e 为非固定收益的证券利率；$1/P \times dp/dt$ 为预期物价变动率；u 为反映主观偏好、风险及客观技术与制度等因素的综合变数。

恒久性收入是弗里德曼分析货币需求中所提出的概念，可以理解为预期未来收入的折现值,或预期的长期平均收入。货币需求与它正相关。强调恒久性收入对货币需求的重要作用是弗里德曼货币需求理论的一个特点。

弗里德曼把财富分为人力财富和非人力财富两类。他认为,对大多数财富持有者来说,他的主要资产是个人的能力。但人力财富很不容易转化为货币,如失业时人力财富就无法取得收入。所以,在总财富中人力财富所占的比例越大,处于谨慎动机的货币需求也就越大;而非人力财富所占的比例越大,则货币需求就相对越小。这样,非人力财富占个人总财富的比率与货币需求为负相关关系。

R_m,r_b,r_e 和 $1/P\times dp/dt$ 在其货币需求分析中都被称作机会成本变量,即能从这几个变量的相互关系中衡量出持有货币的潜在收益或损失。需要指出的是,在凯恩斯的货币需求分析中,货币是作为不生息资产看待的,如现金,持有它没有回报;而弗里德曼考察的货币是扩及 M2 等大口径的货币诸形态,其中有相当部分,如定期存款,却是有收益的。

物价变动率同时也就是保存实物的名义报酬率。物价向上的变动率越高,其他条件不变,货币需求量越小。把物价变动纳入货币需求函数,是通货膨胀的现实反映。在其他条件不变时,货币以外其他资产如债券、证券收益率越高,货币需求量也越小。

u 是一个代表多种因素的综合变数,因此可能从不同的方向上对货币需求产生影响。

29. 如果公众相信央行的承诺,则央行开始时所承诺的最优货币政策在公众形成预期后就不再是最优的了,此即货币政策的时间不一致性。公众自然会意识到这一点,从而提高通货膨胀预期,导致通货膨胀偏差的出现。要解决这种通货膨胀偏差,可以通过设法提高通货膨胀的边际成本来实现,这些方法主要包括以下几种:(1)引入中央银行的信誉;(2)允许中央银行的偏好不同于公众偏好;(3)对中央银行政策的灵活性强加限制。

30. 布雷顿森林货币体系是第二次世界大战后以美元为中心的国际货币体系,主要特点有:第一,根据各国货币法定金平价的对比,普遍与美元建立固定比例关系;第二,人为地规定汇率波动的幅度,汇率的波动是在基金组织的监督下,由各国干预外汇市场来调节;第三,许多国家不能实现货币的自由兑换,对外支付受到一定的限制;第四,国际储备资产是黄金、可兑换货币和特别提款权,其中黄金与美元并重;第五,不少国家实行外汇管制,采用贸易和支付的双边安排;第六,黄金的流动受到一定的限制,美国只同意外国政府在一定条件下用美元向美国兑换黄金,不允许外国居民用美元向美国兑换黄金。

布雷顿森林体系崩溃的内在原因是特里芬难题,特里芬难题是由美国耶鲁大学教授特里芬在1960年出版的《黄金与美元危机》中提出的一个观点。他解释为,由于美元与黄金挂钩,其他国家货币与美元挂钩,美元因而取得了国际核心货币的地位,但是各国为了发展国际贸易,必须用美元作为结算和储备货币,这样会导致流出美国的货币在海外不断沉淀,对美国来说又会发生长期贸易逆差;而美元作为国际货币核心的前提是必须能够保持美元币值稳定与坚挺,这又要求美国必须是一个长期贸易顺差国。这两个要求互相矛盾,即所谓的特里芬难题。

31. 杜邦分析法是一种综合分析法,它将公司的财务状况看作一个系统,内部各要素相互作用,它通过几个主要财务指标之间的关系,直观、明确地反映了公司的财务状况。

杜邦分析图如下图所示。

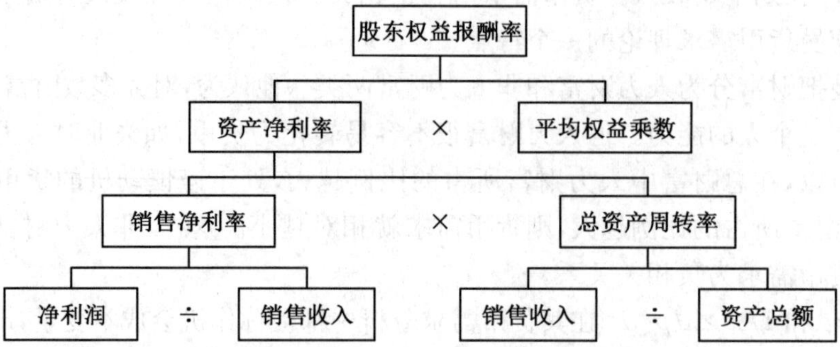

所有者权益报酬率是一个综合性极强、最具代表性的财务比率，是杜邦系统的核心，表示为总资产报酬率与权益乘数的乘积，总资产报酬率是销售利润率与总资产周转率的乘积，因此，可以从销售与资产管理两个方面来分析。对两个指标再进行细分，从杜邦分析图中可以看出，公司的获利能力涉及公司经营活动的方方面面。

32. 优先股筹资的优点主要有以下几点：

①优先股一般没有固定的到期日，不用偿付本金。发行优先股筹集资本，实际上相当于得到一笔无限期的长期贷款，公司不承担还本义务，也无须再做筹资计划。

②优先股的股利既有固定性，又有一定的灵活性。一般而言，优先股都采用固定股利，但对固定股利的支付并不构成公司的法定义务。如果公司财务状况不佳，可以暂时不支付优先股股利，即使如此，优先股持有者也不能像公司债权人那样迫使公司破产。

③保持普通股股东对公司的控制权。当公司既想向社会增加筹集股权资本，又想保持原有普通股股东的控制权时，利用优先股筹资尤为恰当。

④从法律上讲，优先股股本属于股权资本，发行优先股筹资能够增强公司的股权资本基础，提高公司的举债能力。

优先股筹资的缺点主要有以下几点：

①优先股的资本成本虽低于普通股，但一般高于债券。

②优先股筹资的制约因素较多。例如，为了保证优先股的固定股利，当企业盈利不多时，普通股就可能分不到股利。

③可能形成较重的财务负担。优先股要求支付固定股利，但不能在税前扣除，当盈利下降时，优先股的股利可能会成为公司一项较重的财务负担，有时不得不延期支付，从而影响公司的形象。

四、计算题

33. 资本成本率是指企业用资费用与有效筹资额之间的比率，通常用百分比来表示，用资费用是指企业在生产经营和对外投资活动中因使用资本而承付的费用，如向债权人支付的利息，向股东分配的股利等。筹资费用是指企业在筹集资本活动中为获得资本而付出的费用，如向银行支付的手续费，因发行股票、债券而支付的发行费用等，通常在筹资时一次性扣除。

本题中，筹资费用是 500×2%，此外有效筹资额（企业实际上能使用的资金）还应扣除补偿性余额 500×8%，用资费用为 500×2%。

$K=(500\times7\%)\times(1-33\%)\times100\%/(500-500\times8\%-500\times2\%)$

$=(500\times7\%)/[500\times(1-8\%-2\%)](1-33\%)\times100\%=5.21\%$

34. 放弃现金折扣的资本成本 $=\dfrac{CD}{1-CD}\times\dfrac{360}{N}=14.69\%$

注意，这里的 $N=60-10$，而非 60。

35. (1)每年折旧＝60/3＝20(万元)

每年营业净现金流量＝1 000×(700－500)×0.75＋200 000＝350 000＝35(万元)

静态回收期＝1＋25/35＝1.714(年)

(2)净现值＝－60＋35×(P/A,10%,3) ＝27.04(万元)

金程点评

由给出的解答可以看出，计算题部分非常基础，基本上可以在书上找到答案。其中 35 题的静态回收期的问题在 2011 年的计算题中曾经考过，所以这三题的 30 分是一定要全部拿到的，不能出差错。

五、论述题

36. 影响各国汇率变动的主要因素有以下几个方面：

①经常账户差额。经常项目收支差额是各国国际收支中最基本、最重要的差额，对汇率变动的影响力也最大。当一国对外收支经常项目处于顺差时，该国货币的汇率趋于上升；反之，其汇率趋于下降。

②通货膨胀的差异。若一国发生通货膨胀，而外国物价水平不变时，则该国货币购买力下降，其货币对外汇率就趋于下降；反之，则上涨。当两国均出现通货膨胀时，若国内的通货膨胀率高于国外的，则本币汇率趋于下降；反之，本币汇率则趋于上升。

③利率差异。一国利率水平提高，可增加资本流入，抑制资本外流，使该国货币的汇率上升；反之亦然。

④汇率预期。对汇率的心理预期正日益成为影响短期汇率变动的重要因素之一。如果交易者预期某国的通货膨胀率将比别国高，实际利率将低于别国，经常项目收支将出现逆差等，则交易者会预期到该国货币汇率将呈跌势，并将纷纷抛售该国货币及其所表示的金融资产，使其汇率下跌。

⑤外汇干预。政府对经济干预的方式很多，其中政府对汇率的短期干预具有更直接的效用。如中央银行直接在外汇市场上买进或卖出外汇，发表直接左右公众心理预期的声明等。各国还可以通过宏观经济政策的变化来影响汇率的变动。各国宏观经济政策对汇率的影响主要反映在各国财政政策和货币政策的“松”与“紧”的搭配上。

⑥经济增长率。汇率的变动，最终是经济增长率的较量。从长期看，当一国的经济增长率快于另一国家时，该国的汇率趋于上升；反之，则下跌。

37. 盘点美国三轮量化宽松政策。

全球金融危机爆发，量化宽松政策应运而生。

2008年雷曼兄弟倒闭，金融危机爆发，众多金融机构濒临倒闭。

2008年11月25日，美联储开始实施第一轮量化宽松政策，宣布将购买政府支持房利美、房地美和联邦住房贷款银行与房地产有关的直接债务，还将购买由两房、联邦政府国民抵押贷款协会所担保的抵押贷款支持证券。到2010年4月，第一轮量化宽松政策结束，总计购买政府支持企业债券及相关抵押贷款支持证券1.725万亿美元，并将联邦基金利率降至0.25%的历史低位。

美联储的第一轮量化宽松政策把华尔街的金融公司从破产边缘拯救了出来。虽然道琼斯工业指数在此后大幅上涨，但美国就业率没有得到根本改善。

两轮量化宽松政策后，美国经济复苏仍陷困局。

2010年11月4日，美联储宣布启动第二轮量化宽松政策。截至2011年6月量化计划结束，美联储从市场购入6 000亿美元中长期国债，并对资产负债表中到期债券回笼资金进行再投资。

进行第二轮量化宽松政策的原因在于上一轮政策未实现增加就业的目标，高失业率使美国政府面临较大的政治压力，同时也使依赖消费拉动的美国经济增长乏力。但是美国第二轮量化宽松政策结束后，效果并不理想，美国的失业问题仍然严峻，经济复苏依然脆弱，物价大涨。

美国就业市场持续疲弱，美联储再推量化宽松政策。

2012年9月14日，美联储麾下联邦公开市场委员会在结束为期两天的会议后宣布，0～0.25%超低利率的维持期限将延长到2015年中，并从15日开始推出进一步量化宽松政策，也就是第三轮量化宽松政策。

美联储宣布将每月向美国经济注入400亿美元，直到疲弱的就业市场持续好转。此外，美联储还承诺将超低利率进一步延长至2015年。

2014年11月30日，美国联邦储备委员会宣布今年(2014年)10月结束其长期资产购买计划，这意味着已实施两年多的美国第三轮量化宽松政策宣告结束。英国《金融时报》称，2012年9月，美联储实施这一政策，很快被冠以“永久量化宽松”。尽管量化宽松政策对市场的影响令人费解，但它对经济产生了预期的影响。2012年8月美国的失业率为8.1%，现已降至5.9%。

不过，报道称，六年来，新兴市场一直处在美联储宽松货币政策所营造的世界里。美联储宣布量化宽松(QE)政策结束，这既是一个分水岭，也代表着纵身跳入一个未知世界。

(1)为什么结束?

美国经济复苏，失业率降低。

自2012年9月以来，为刺激经济复苏和扩大就业，美联储决定实施每月规模为850亿美元的庞大债券购买计划，并维持几乎接近于零的超低利率政策水平。随着美国经济的逐步改善，从今年(2014年)1月份开始，美联储逐步缩减购买资产债券规模。政策实施当年8月美国的失业率为8.1%，而今年(2014年)9月美国失业率已降至5.9%。

9月30日，美联储在结束货币政策例会后发表声明说，9月以来的数据显示美国经济继续温和扩张，就业市场进一步改善，家庭开支温和增长，企业固定投资增加，但房地产市场复苏仍然缓慢。此外，美国通胀水平一直低于美联储2%的长期目标，但长期通胀预期保持稳定。

此外，新增就业今年(2014年)也保持强劲增长，在截至9月底的过去一年，美国非农部门月度平均新增就业岗位21.3万个，为1998年以来最强劲增长。美联储在声明中说，美国经济的潜力将有能力支持实现就业最大化和通胀目标。

美联储重申，在结束资产购买计划之后，仍有必要把联邦基金利率接近于零的水平保持相当一段时间。美联储强调，如果美国就业目标以及通胀目标的实现快于美联储预期，那么美联储启动加息的时间可能会早于现在的预期。

(2)有什么影响？

新兴经济体将受冲击。

美国QE3的彻底退出，这或许会在一定程度上导致新兴经济体的衰退，但不会触及新兴经济体的命脉。

毫无疑问，对于全球唯一的强式货币美元，美联储任何货币政策的转向，均会波及全球金融市场，这对于货币话语权较弱的新兴经济体尤甚。或许，正因为此，引来部分新兴经济体人士的担忧。

担忧的核心理由无非有三：其一，QE3的彻底终结，将进一步加剧国际资本从新兴经济体的撤离，因为，美国货币政策回归正常化，预示着美元将进入阶段性的升值区间，国际资本回撤美国或可赚取美元的升值收益，而这对于新兴经济体而言，或将意味着廉价资本时代的谢幕，这会对高负债，以及对外资高依存度的新兴经济体造成冲击。

其二，美国量化宽松政策的退出，或将引发全球金融市场的新一轮震荡，新兴市场经济有可能发生新的金融危机，特别是资产泡沫比较严重、外汇储备规模较小以及资本流动管制力度较弱的新兴经济体。

其三，由于在流动性充足期间，部分新兴经济体的改革不够充分，美国退出量化宽松导致大量的“热钱”外流时，新兴市场将会措手不及。同时，新兴市场国家货币的相对贬值，使得它们出现财政赤字进一步恶化的局面，或者增加那些以美元为货币单位债务的成本。

(3)中国会怎样？

出口将更具竞争力。

但是，QE3的彻底终结，美国货币政策回归正常化，对于全球最大的新兴经济体中国而言，却没有必要过度担忧，某种程度上，由其所产生的综合效应甚至是利大于弊。

这是因为，中国无论与印度、俄罗斯等金砖国家相比，还是与其他新兴经济体相比，一是拥有近4万亿美元的外汇储备，且资本项下尚未完全放开，故而即使“热钱”大规模流出，也不会对中国金融市场造成过大的冲击；二是对于有10多亿人口且经济规模已位居全球第二的中国，经济具有相当强的自循环功能，这是过度依赖能源和资源出口的俄罗斯等新兴经济体所不可比拟的。故而即使QE3彻底终结引发美元的阶段性上涨，人民币汇率的形成机制也不会由此过于被动。

如果更全面地看，美国货币政策回归正常化，对中国经济而言反而是利好。一方面，美元停止贬值，势必将大大减轻输入型的通胀压力。美元进一步进入升值区间，包括石油、铁矿石、农产品等国际大宗商品价格将会进一步下跌，对于资源进口依赖度较高的中国而言，大宗商品价格的下降，可以降低中国制造业的生产成本。另一方面，如果美元进一步进入升值区间，人民币相对贬值的话，反而会使中国出口商品在全球市场上更具竞争力，对振兴中国的外贸出口将会有一定的刺激作用，这也可以为中国经济结构的调整拓宽空间。

最后，对于美国 QE3 的彻底退出，这或许会在一定程度上导致新兴经济体的衰退，但不会触及新兴经济体的命脉。中国作为全球最大的新兴经济体，能够通过进一步深化改革夯实经济基础，并协同其他新兴经济体国家，共同迈进新一轮可持续增长之境。

据悉，美国联邦储备委员会前主席格林斯潘 29 日在纽约表示，与其他新兴经济体相比，中国的经济发展卓有成效，受美联储退出政策的影响有限。

2015年清华大学431金融硕士真题参考答案

一、选择题

1. C

本题考查系统性风险的定义，即指由整体政治、经济、社会、行业等环境因素对资产价格所造成的影响，不可分散，故选C。

2. B

国债期货价格在临近到期日时会趋近于现货价格，因此由于利率下降，所以现货价格上升，在到期日的价格回归中，国债期货价格也会升高。

3. A

由于公司的股票价格将下跌，因此A、B、C三个选项均在短期内无法转化为股票，在资金成本方面，三者的资金成本由低至高的顺序为：可转债、普通债、优先股。因此，发行可转债为公司的最优选择。

4. C

债券的价格波动率对久期最敏感。换言之，债券的久期越长，则价格波动率越大。针对久期而言，期限越长，久期越长；息票越高，久期越短。

5. C

资产负债率＝2 000/(2 000＋4 000)＝33.33％。

资产负债表中使用的均为账面价值。

6. A

资本预算指的是规划企业用于固定资产的资本支出，A选项仅涉及资本结构的变化，因此不属于资本预算。

7. B

$EAR=(1+8\%/4)^4-1=8.24\%$。

8. C

若100万元全部为税前利润，根据30％的公司税率，应当纳税30万元，那么税后收益为70万元。现在这100万元转化为经营支出，可知税后收益减少了70万元。

9. A

直接融资指的是不通过金融中介，资金供给方与资金需求方直接完成资金融通的行为。

10. D

逆向选择是指信息不对称所造成配置扭曲的现象。

11. C

中央银行的资产负债表如下表所示：

中央银行的资产	中央银行的负债
政府债券	
贷款	通货
贴现	财政存款
黄金	外国央行在本国央行存款
特别提款权	

12. A

根据$IS-LM$模型，在处于均衡情况下，央行实施扩张性货币政策，将会导致LM曲线向右移动，在这一过程中，产生了超额货币供给，进而使得利率下降。利率下降刺激了投资和出口的增加，从而提升了总需求。IS曲线不变，因此形成了新的均衡点，新的均衡点利率低于原均衡利率，产出高于原均衡产出。

13. B

资本自由流动下，扩张性财政政策导致IS曲线向右移动，均衡利率上升，外资流入，国际收支顺差，进而在经常账户局部均衡条件下，出现国际收支顺差。顺差会造成本币升值压力。为了维持固定汇率，央行会大量卖出本币、买入外币，LM曲线也向右移动，最终产出水平提高。

14. A

根据债券定价公式，债券的到期收益率必然要大于10%才会导致债券折价发行。

15. B

夏普比率＝(10%－2%)/40%＝0.2。

16. B

$\beta=\text{Cov}(r_a,r_m)\times\sigma_m\times\sigma_a/\sigma_m^2=0.5\times0.2\times0.8/0.2^2=2$。

17. A

$$WACC=2\,000/(2\,000+3\,000)\times15\%+3\,000/(2\,000+3\,000)\times5\%\times(1-40\%)=0.078$$

18. D

$P=(4\,400/1\,100)/10\%=40$。

19. D

$$FCFF=OCF-\text{净营运资本增加}-\text{净资本性支出}$$
$$=EBIT+\text{折旧}-\text{税}-\text{净营运资本增加}-\text{净资本性支出}$$
$$=100+20-100\times0.4-10=70$$

20. C

股票之间的相关系数越小，分散效应就越明显。

21. B

央行的三大货币政策是法定准备金制度、再贴现、公开市场业务。

22. B

考查有效市场假说，半强有效市场反映了除内幕以外的所有公开信息。

23. C

贝塔值指的是股票与市场组合之间的关联性。阿尔法值为正的股票表明该股票含有超额收益，这部分超额收益很快便会归零。

24. D

根据资本资产定价模型，当贝塔为1、阿尔法为0的预期收益就是市场的预期收益。

25. D

$R_i=8\%+1.25\times(15\%-8\%)=16.75\%$，

$\alpha=17\%-16.75\%=0.25\%$。

26. B

当通货膨胀率上升时，真实利率不变，名义利率与通货膨胀进行一对一的调整。

27. D

A、B、C选项均正确。考虑D选项，若一国产生严重通胀，会对经济产生十分严重的影响。

28. B

A、C选项都是增加支出的行为，D选项与中国支出没有关系，所以选B。

29. B

美国共同基金进入加拿大投资，会导致加拿大国内投资增加，净资本流入上升，相对地，净资本流出减少。

30. D

提高法定准备金率，货币乘数降低，货币供给减少。

二、计算题

1. (1)用远期合约来套期保值，即签订6个月后远期利率是1美元＝6.21元人民币的远期合约，则此次销售可确保获得的人民币收入为：3 000×6.21＝18 630(万元)。

(2)用即期美元和人民币工具来套利保值，指的是在即期以0.5%的利率借入美元，兑换成人民币后以4%的利率投资，6个月后将收到的3 000万元美元货款用来偿还贷款。

$X(1+0.5\%/2)=3\ 000$

$X=2\ 992.52$(万元)

具体做法为，公司在即期以1美元＝6.13元人民币的汇率借入2 992.52万美元，利率0.5%，兑换成18 344.14万元人民币后，投资于国内市场，取得4%的年化利率，6个月后将收到的3 000万美元货款用于偿还贷款，届时人民币存款到期：$18\ 344.14\times(1+0.04/2)=18\ 711.02$(万元)。

(3)购买6个月美元看跌期权，执行价1美元＝6.13元人民币，期权费为$3\ 000\times0.1=300$万元人民币，因此人民币未来收入值$=3\ 000\times6.21-300\times(1+4\%/2)=18\ 630.31$(万元)。

(4)综上所述，应当选取乙方案来进行套期保值，这样可使利益最大化。

2.(1)用无杠杆企业模型：

(0.7×5 000+0.3×2 000)/1.1=3 727.27(万元)

(2)用有杠杆企业模型：

1 000/1.05=952.38(万元)

股权价值+债权价值=$V_L=V_U$=3 727.27(万元)

由此可知，股权价值=3 727.27−952.38=2 774.89(万元)。

(3)最低的回报率为30%概率的2 000万元。

情况(1)：股权回报率=2 000/3 727.27−1=−46.34%；

情况(2)：股权回报率=(2 000−1 000)/2 774.89−1=−63.96%。

3.(1)$E(R)=100\times(2\%+1\times R_m)-100\times(-2\%+1\times R_m)=4$(万元)

(2)该投资组合不存在系统性风险，因为系统性风险已经被正负阿尔法组合对冲，但仍存在非系统性风险。

(3)$\sigma_i^2=1/10\times0.3^2+1/10\times0.3^2=0.018$

因此有$\sigma_i=\sqrt{0.018}=13.42\%$。

三、分析题

净现值法(*NPV*)，指的是将投资方案所产生的现金净流量以资金成本为贴现率折现之后与原始投资额现值的差额。净现值法按净现值大小来评价方案优劣，净现值大于零则方案可行，且净现值越大，方案越优，投资效益越好。

内部收益率法(*IRR*)，指的是用内部收益率来评价项目投资财务收益的方法。所谓内部收益率，就是资金流入现值总额与资金流出现值总额相等，净现值等于零时的折现率。

净现值法和内部收益率法都是对投资方案未来现金流量计算现值的方法，净现值法的优点是考虑了投资方案的最大报酬水平和资金时间价值的分析，缺点是*NPV*为绝对数，不能考虑投资获利的能力，不能用于比较投资总额不同的方案；内部收益率法的优点是考虑了投资方案的真实报酬率水平和资金时间价值，缺点是计算过程比较复杂烦琐，还有可能出现多个*IRR*。

四、时事题

1. 阿里巴巴到美国上市的好处有：

(1)美国支持A/B股，创始人能够以较少的股份控制公司，集团能够继续在创始人的带领下稳健发展，这是创始人非常看重的一个特点。

(2)美国的股票市场已经非常成熟，管理比较到位，阿里巴巴面对成熟的市场，能受到严格的监管，这对于集团的未来发展是很有好处的。

(3)美国市场对于科技股比较熟悉，已有谷歌、亚马逊等公司存在，对阿里巴巴的价值评估会比较合理。

(4)还可以获取更多的资金与国际资本市场上的关注度，有利于阿里巴巴打开海外市场。

但同时，赴美上市也会面临一些问题，美国虽然允许AB股双重股权的上市方式，但是对监管却尤为严格，阿里的管理层在信息披露、业绩增长方面面临巨大压力。其次，阿里旗下的重要业务淘宝有假货的历史遗留问题，很容易受到美国做空机构的攻击等，还有跨国监管，税收方面也会带来很多不便。

阿里 2012 年主动从香港退市的原因：首先是阿里巴巴创始人马云及其团队控股只有 31%，日本的软银集团控股 36%，雅虎控股 24%，香港的上市制度是同股同权，港交所不允许双重股权也就是 AB 股存在。很容易造成马云团队对公司的控制权旁落。而美国却能以双重股权的形式上市，保住了马云等人对公司的控制权。其次，阿里巴巴的战略开始放眼全球，在美国上市更容易推行全球化战略，成为跨国大型集团。

2. 量化宽松货币政策（Quantitative Easing Monetary Policy）诞生于 2001 年 3 月，当时日本经济持续低迷，银行信贷急剧萎缩，面对长期性的通货紧缩，日本的中央银行——日本银行（Bank of Japan）实施了首次的量化宽松货币政策，以谋求金融市场稳定。简而言之，量化宽松是指当短期利率接近或处于零时，中央银行通过向经济体系大量注入超过维持零利率所需资金，以刺激经济。为应对全球金融危机，美联储自 2008 年 11 月以来共推出了三轮量化宽松（QE）政策及一轮扭转操作（OT）政策，在有效阻止危机蔓延的同时，刺激了美国经济的复苏，就业率逐步降至 7%以下，且通胀较为温和。美联储于 2013 年 6 月首次提出考虑推出量化宽松（QE），2014 年 10 月 29 日，美联储货币政策会议宣布，将在 10 月末停止资产购买计划，意味着实施 6 年的量化宽松货币政策正式结束。

退出量化宽松可以采用的手段有很多，例如提高利率、停止购买商业票据、停止向金融系统注入流动性资金、发公告等，政策不再实行宽松和低利率的货币环境。那么退出量化宽松对美国经济又会产生什么影响呢?

量化宽松政策的结束是美联储基于对美国经济的综合判断做出的，量化宽松政策结束之后，由于还有加息时点的调节，因此，货币政策的调整总体不会影响美国经济的复苏进程，但是依然会对美国经济带来一些挑战。首先，从美联储自身来看，经过几轮量化宽松政策，美联储资产负债表急剧扩大。2008 年年初美联储资产负债表规模尚不足 1 万亿美元，但是到 2014 年 10 月底已经超过 4.5 万亿美元，短短几年增长超过 3.5 万亿美元；与此同时，美联储资产负债结构也发生了巨大的变化。因此，在量化宽松政策结束之后，下一步如何替美联储"瘦身"以回归至正常水平，成为美联储自身面临的一个挑战。

其次，从金融市场来看，量化宽松政策结束之后，未来美联储选择何时加息成为市场新的关注焦点，在这一新的加息预期形成过程中，市场随时可能出现动荡。目前市场较为一致的共识是，美联储或将在 2015 年年中选择加息，但是具体的加息时点仍是美联储依据美国经济情况而定，一切都存在未知。与此同时，伴随着加息和货币政策收紧预期，国际资本将会逐步回流美国，在推升美国金融资产价格的同时，也会增加金融市场的波动性。最后，从美国实体经济来看，量化宽松政策结束、未来加息预期将推动美元逐步走强，这会对美国出口贸易形成抑制，从而影响美国经济的复苏进程。

2015年中国人民大学431金融硕士真题参考答案

第一部分(金融学)

一、单项选择题

1. D

信用货币是由国家法律规定的,其本身价值低于货币价值,不是足值货币。

2. B

金币本位制下,各国政府以法律形式规定货币的含金量,两国货币含金量的对比即为绝对汇率基础的铸币平价,黄金可以自由输出或输入国境,其特点是:自由铸造、自由兑换、自由流通。

3. D

现阶段我国货币层次为:

M0=流通中的现金

M1=M0+活期存款

M2=M1+定期存款+储蓄存款+其他存款(不包括外币存款)

故选D。

4. A

美国经济学家马科维茨(Harry Markowitz)提出资产组合理论,使得投资风险的衡量可以数量化。

5. A

1994年,成立了国家开发银行、中国进出口银行和中国农业发展银行三家政策性银行。

6. D

金本位背景下,汇率波动的范围不超过铸币平价±输送黄金相关的费用。故选D。

7. A

弱有效市场,反映过去的价格和交易信息;半强型有效市场,反映包括历史价格和交易信息在内的所有公开发布的信息;强有效市场上,证券的价格反映了所有信息,包括内幕信息。故选A。

8. B

根据中国人民银行资产负债表规定。

9. C

商业银行资本包括核心资本和附属资本。核心资本包括实收资本或普通股、资本公积、盈余公积、未分配利润和少数股权。

10. C

欧洲美元是指储蓄在美国境外的银行而不受美国联邦储备系统监管的美元，主要是存放在美国以外的外国银行或美国银行在国外分支机构的美元。

11. A

德、法、中、日都属于典型的“银行主导型”国家。

12. B

人民币名义利率、通货膨胀率都高于美元，根据利率平价理论，长期来看，未来人民币会贬值。

13. C

泰勒规则论证，美联储联邦基金利率——货币政策的基本工具——的确定应取决于四个因素：一是当前的通货膨胀率；二是均衡实际利率；三是显示的通货膨胀率与目标通货膨胀率之差；四是现实的GDP产出与潜在的GDP产出之差。

14. C

中国人民银行对同行拆借交易进行监管，并对参与者提供指导和监督。

15. A

泰勒规则是美联储调整联邦基金利率的规则，不涉及内外均衡的内容。

16. D

隔夜回购是在证券交易所和银行间债券市场进行，属于场内交易。期货交易、期权交易是标准合约，基本是场内交易，只有掉期形式灵活多样，大部分时候在场外交易。

17. B

LIBOR不变，美国国债价格降低，即它们之间价格的差距是增大的。

18. D

资产收益率属于经营成果分析，是盈利指标。

资产使用率属于经营效率分析，是经营效率指标。

资本风险比率属于风险分析，是风险指标。

存贷比是监管指标或是考核指标。

19. C

货币幻觉，涉及的内容是通货膨胀，与汇率无关。

20. C

$(1+3\%)\times(1+r)=(1+5\%)^2$，解得 $r=7\%$。本题考查利率期限结构中预期理论的知识。

二、名词解释

1. 格雷欣法则(Gresham's Law)，是指在实行金银复本位制条件下的金银双本位制时，金银两种货币按法定比例流通，国家按照市场上的金银比价为金币和银币确定固定的兑换比率。国家官方金银比价与市场自发金银比价平行存在，而国家官方比价缺乏弹性，不能快速依照金银实际价值比进行调整。当市价比价和官方比价不一致时，会使实际价值高于名义价值的货币（即良币）被收藏、熔化而退出流通，实际价值低于名义价值的货币（即劣币）则充斥市场，即劣币驱逐良币。

2. 逆回购一般是指中央银行向一级交易商购买有价证券，并约定在未来特定日期将有价证券卖给一级交易商的交易行为。逆回购为央行向市场上投放流动性的操作，逆回购到期则为央行从市场收回流动性的操作。与之相对应的是正回购，它们是中央银行公开市场操作的重要手段之一。

3. 净利息收益率也称净息差，市场可用它对银行进行估值。它也可作为银行盈利能力的衡量指标。其表达公式为：

净利息差额＝有息资产利息收益率－有息负债利息支付率

银行业目前的主要业务还是存贷款业务，所以利息收入占绝对比重。但是随着我国利率市场化的改革，会导致银行在负债和资产业务两方面竞争加剧，导致成本压力上升，未来银行息差收窄将是一个不可逆转的趋势，银行盈利增长面临考验。所以现在银行业都在不同程度地开发表外业务和中间业务，以增加利润来源。

4. 金融抑制是指一国的金融体系不健全，金融市场机制未充分发挥作用，经济生活中存在过多的金融监管措施而受到压制的金融，反过来又阻碍着经济的成长和发展，主要表现有：

(1)金融产品单调，金融工具形式单一、规模不大。

(2)商业银行在金融活动中居于绝对的主导地位，非银行金融机构则极不发达。

(3)直接融资市场极其落后，金融市场不健全。

(4)金融贷款额度管理，金融资产价格严重扭曲，无法反映资源的相对稀缺性。

5. 五级贷款分类，是指商业银行按照借款人最终偿还贷款本金和利息的实际能力，确定贷款遭受损失的风险程度，将贷款质量分为正常、关注、次级、可疑和损失五类的一种贷款管理方法。

(1)正常类：借款人可以履行合同，能够按时足额偿还本息。

(2)关注类：借款人目前有能力偿还贷款本息，但是存在一些对偿还不利的因素。

(3)次级类：借款人的还款能力出现了明显的问题，依靠其正常经营收入已无法保证足额偿还本息。

(4)可疑类：借款人无法足额偿还本息，即使执行抵押或担保的合同约定，也肯定会造成一部分损失。

(5)损失类：采取所有可能的措施和必要的法律程序之后，本息仍然无法收回，或只能收回极少部分。这种贷款风险分类的特点是：根据所能获得的全部信息，当然包括贷款风险的信息，判断扣除风险损失后的贷款当前价值。

6. 宏观审慎的核心是为了维护金融体系的稳定，防止金融系统对经济体系的负外部溢出而采取的一种自上而下的监管模式。

与微观审慎不同，宏观审慎以防范金融危机为目的，关注金融系统风险的部分内生性特征而不仅仅只重视外生性风险。同时，宏观审慎关注“给定时点上风险跨机构之间的分布及整个系统中风险的跨时间分布”，即横向与时间两个维度。其中，横向维度关注因金融机构之间的相关性与同质性而产生的共同风险敞口问题，而共同风险敞口则被认为是危机时期大量金融机构相继破产的重要原因；时间维度方面则关注如何抑制金融体系内在的顺周期特征。

7. 铸币税是指货币铸造成本低于其面值而产生的差额。由于铸币权通常只有统治者拥有，因此它是一种特殊的税收收入，是政府的一个重要收入来源。可见铸币税并非通常意义上的税，它是一个特定的经济概念，指货币面值与创造货币所需成本之间的差额。

8. 金融脱媒是指随着直接融资的发展，资金的供给通过一些新的机构或新的手段绕开商业银行这个媒介体系，输送到需求单位，也称为资金的体外循环，实际上就是资金融通的去中介化，包括存款的去中介化和贷款的去中介化。

9. 凯恩斯的流动性偏好利率理论，由货币供求解释利率决定。他认为货币是一种最具有流动性的特殊资产，利息是人们放弃流动性取得的报酬，而不是储蓄的报酬。因此，利息是货币现象，利率决定于货币供求，由交易需求、预防需求和投机需求决定的流动性偏好，和由中央银行货币政策决定的货币供给量是利率决定的两大因素。

10.《格拉斯—斯蒂格尔法》于1933年通过，也称作《1933年银行法》，该法案是将商业银行与投资银行彻底分开，商业银行不准持有企业股票，禁止银行包销和经营公司证券，而只能购买由美联储批准的债券，保证商业银行避免证券业的风险。该法案令美国金融业形成了银行、证券分业经营的模式。

三、简答题

1. 托宾发展了一种货币政策通过影响股票价格而影响投资支出的理论。通常情况我们称为Q理论，这里的Q被定义为企业的市场价值除以其资本的重置成本。如果Q很高，那么企业的市场价值要高于资本的重置成本，新厂房和设备的资本要低于企业的市场价值。公司可发行股票，能在股票上得到一个比他们正在购买的设施和设备要高一些的价格。由于厂商可以发行较少的股票而买到较多的新投资品，投资支出便会增加。当Q较低时，结果正好相反。

传导的过程是：货币作为起点，直接或间接影响资产价格，资产价格的变动导致实际投资的变化，并最后影响实体经济和产出。资产价格主要是股票价格，影响实际投资的机制在于：股票价格是对现存资本存量价值的评估，是企业市场价值评价的依据，而企业的市场价值与资本的重置成本——按现行物价购买机器、设备进行新投资的成本相比较，将影响投资行为。这一过程可以表示为：

$$\text{货币政策工具} \to M \to P_E \to q \to I \to Y$$

其中，M为货币供给，P_E为股票价格，q为企业市场价值与资本重置成本之比，I为投资，Y为总收入。

2. 利率期限结构是指债券的到期收益率与到期期限之间的关系，相关理论主要有三个，分别是预期理论、市场分割理论、流动性偏好理论。

(1)预期理论。假设条件：投资者风险中性；所有市场参与者都有相同的预期，金融市场完全替代；期限不同的债券可以完全替代。结论：长期利率随着短期利率的预期变化而变化，随着短期利率的预期上升，长期利率会高于短期利率，但不能解释为什么通常长期利率会高于短期利率。

(2)市场分割理论。假设条件:短期和长期债券由各自的供给和需求决定,市场是完全分割的,不可相互替代。投资者对不同期限的债券有不同的偏好。结论:由于长期债券的期限较长,因此所面对的风险也大于短期债券的风险,所以长期债券的风险溢价理应高于短期债券,这就可以解释为什么长期债券的利率通常会高于短期债券,但不能解释不同期限债券市场的联动作用。

(3)流动性偏好理论。长期债券的收益率高于短期利率是因为短期债券的流动性要高于长期债券,易于变现,人们购买长期债券在一定程度上牺牲了流动性,所以要求得到补偿。由于投资者大多不太愿意购买长期债券,因此在利率设计上需要两年的利率要高于连买两个一年期的利率收益。这个理论也就很好地解释了长短期债券市场的价格联系以及为什么长期债券的利率通常高于短期债券。

综上所述,三个理论各有特点,但流动性偏好理论是比较全面的理论,能够全面解释收益率曲线的三个特征,具体的解释情况见下表:

	收益率曲线向上、向下或平缓	短期收益率曲线和长期收益率曲线具有相同的变动关系	大多数情况下收益率曲线是向上的
预期理论	能解释	能解释	不能解释
市场分割理论	能解释	不能解释	能解释
流动性偏好理论	能解释	能解释	能解释

四、论述题

(1)资金一直在金融体系里,没有流向实体,中小企业融资困难,金融体系没有很好地为实体经济服务。造成利率逆反的原因主要有:

第一,金融机构经营模式和企业融资模式发生变化。2003 年以来,社会融资总额中银行信贷的比重持续下降。与此同时,信托贷款、委托贷款、银行承兑汇票金额和比重明显上升。本质上,这些种类融资金额的增加,都是源于低利率下企业融资需求旺盛,而银行由于信贷额度和存贷比限制不能满足这些需求,进而多家金融机构联合创新规避管制来提供融资。

第二,在非信贷比重大幅上升、自发利率市场化蔓延的局面下,为抑制社会融资规模的过快膨胀,货币市场、债券市场以及信贷市场利率上升成为某种必然。由于信贷在社会融资规模中的比重下降,以贷款限额为手段的货币政策调控有效性大打折扣,要想控制包括其他形式的社会融资规模,必须发挥利率手段作用。

第三,房地产市场的波动是一个重要原因。房地产市场是中国最聚焦但也最难预测的市场。2013 年在经济增速下滑的情况下,商品房销售额、土地出让金额创历史纪录,二者的增速也都创出新高。房地产商在销售好、购地多的情况下,加大房地产开发,而地方政府在卖地多、收入增加的情况下,加大基建投资。二者在投资扩张中增加融资需求,提高了利率水平。

第四,软约束经济主体的融资需求也扮演了重要角色。软约束经济主体主要指国有企业和地方政府融资平台企业。所有者利益最大化不是这些主体的经营目标,它们会在不确定能否偿还的情况下继续借贷扩张,宁可亏损也不愿意出卖资产、压缩规模。

综上原因,造成了利率逆反现象的发生,要想有效避免,应该尽快推荐利率市场化。

(2)利率市场化其实质是把利率的决定权交给市场,由市场的主体自主决定利率的过程。在利率市场化条件下,如果市场竞争充分,则任何单一的经济主体都不可能成为利率的单方面制定者,而只能是利率的接受者。利率市场化的内容至少应该包括以下几个方面:

第一,金融交易主体享有利率决定权。金融活动是资金盈余部门和赤字部门之间的资金交易活动。金融交易主体应该有权对其交易的资金规模、价格、偿还期限、担保方式等具体条款进行反复权衡和选择。

第二,利率的数量结构、风险结构和期限结构应该由市场自发选择。金融交易的双方应该有权就某一项交易的具体数量、规格、期限、风险及其具体利率水平达成协议,从而为整个金融市场合成一个具有代表性的利率数量结构、期限结构和风险结构。

第三,同业拆借利率或短期国债利率将成为市场利率的基本指针。根据发达国家的经验,它们市场交易量大、信息披露充分从而也是最具有代表性的市场利率,将成为制定其他一切利率水平的基本标准,也是衡量市场利率水平涨跌的基本依据。

第四,政府(或中央银行)享有间接影响金融资产利率的权力。利率市场化并不是主张放弃政府对金融的宏观调控,而是其调控是依靠间接手段,如通过公开市场操作影响资金供求价格格局,从而间接影响利率水平。

综合来看,"利率逆反"现象是中央银行在社会融资渠道发生巨大变化的背景下,更多地发挥利率工具作用,调控货币总供求的结果,也是软约束的政府企业负债融资越积越重、房地产市场销售收入波动大的后果。自发的利率市场化是市场经过多轮博弈后的结果,政府或者央行在接收到这种市场反应后,要采取相应措施,即推进利率市场化,使利率由市场决定,赋予商业银行等金融机构更大的自主权。

(3)央行降息对利率市场化的影响有以下几点:

第一,首先说明此次降息为不对称降息,即贷款利率下降幅度大于存款利率下降幅度。目的是保证经济增长、降低实质利率以便降低市场融资成本,为实体经济输血。

第二,存款利率下降,但是却扩大了存款利率的上限浮动区间。存款利率上限浮动区间扩大,不仅可以给商业银行更大的自主权,还能在一定程度上保证存款人的利益。在当前的市场条件下,存款利率全面上浮会是未来的趋势,利率市场化又迈进了一步。

第三,将存贷款基准利率的期限档次合并。这一措施完全打破了国内利率体系的传统,是利率市场化的重要举措,不仅赋予了金融机构对于利率的定价权,还有助于引导制定利率市场化下的秩序和规则。

央行降息对宏观经济的影响有以下几点:

第一,主要目的是降低社会融资成本。预期未来通货膨胀率显著上升的可能性较低,如果不降低利率,企业融资困难,尤其是中小企业,会导致地下金融市场的形成,影响央行货币政策的实施效果。

第二,政策效果偏中性,按揭利率直接受益,但难以成为降低社会融资成本利器。尽管央行自称此次降息是货币政策的中性操作，但或多或少将改变市场预期。市场或央行货币政策出现重大转向，而且会要求进一步降息降准。如果央行的市场预期管理跟不上，可能会增加金融市场波动的风险。

第三，住房公积金利率将调整，在宣布降息和定向降准的同时，央行指出，其他各档次贷款及存款基准利率、个人住房公积金存贷款利率相应调整。

在利率市场化的情况下，货币政策与利率政策之间就有了因果关系，利率的调节必须依靠货币量的变化来实现。所以此次降息的利率政策调整，未来预期央行将采取宽松的货币政策。

第二部分(公司财务)

一、单项选择题

1. C

流动比率＝流动资金÷流动负债

变卖固定资产会造成流动资产增加、流动负债不变，因此，流动比率提高。

2. B

可持续增长率＝10%＝$\frac{ROE\times b}{1-ROE\times b}$，$b=1-20\%=0.8$，求得 $ROE=0.1136$。

ROE＝销售利润率×总资产周转率×权益乘数，其中，总资产利润率＝1/1.2，权益乘数＝(1＋2)/2，代入公式可得，销售利润率＝9%。

3. C

净营运资本＝流动资产－流动负债，应收账款减少，流动资产较少，净营运资本减少。故选 C。

4. D

$EBIT$＝收入－变动成本－固定成本＝销售数量×(价格－变动成本)－固定成本

固定成本降低，销售数量上升，理论上销量和变动成本的变化不知道，因此 $EBIT$ 的变化不确定，可增、可减、可不变。

5. A

企业投资业务税务，符合条件的军民企业之间的股息、红利等权益性收益免征企业所得税。所得股利不用交税，从题目条件看，因为没有给出具体的税率，也没有办法计算，所以选 A。

6. D

权衡理论说明了企业会有最优的资产结构。

7. E

投资回报取决于企业收益，厂商提供、客户买货、政府税收都与企业收益有关。

8. E

债券的面值一般小于赎回价格。但其中的差值随着时间而减小至零。因此，可赎回债券的赎回价格可能等于或者大于债券面值。

9. B

A 股价格波动,说明是受到了降准降息这个公开信息的影响。所以属于半强有效市场。

10. B

在同质预期的情况下,所有人都会选择风险资产组合,就是所有证券按照市场价值加权的组合。

二、判断题

1. √

资产负债率就是负债总额与资产总额的比例关系。

2. ×

夏普比率等于某段时间内的平均权益风险除以标准差。

3. √

企业价值乘数可以比较资本结构,不因其税收、资本结构、资本支出的不同而改变。

4. ×

因为内生增长不需要外部融资,所以企业的资金需求不会超过留存收益。

5. ×

股利平滑化的含义是:公司达到繁荣降低股利,公司进入萧条增加股利。

6. √

在杠杆收购中,若知道了负债的绝对水平,所以应该采取 *APV* 法;若企业有清偿时间表,则是知道了负债的绝对水平,所以采取 *APV* 法。

7. ×

增加负债能够带来税盾的好处,但权益资本风险会随财务杠杆增加而增加。

8. √

如果现金流有多次变号的情况,那么在资本预算的过程中就会求出多个收益率,所以不适合采用 *IRR* 法。

9. √

只要两种证券收益没有完全相关,组合多元化就会发生作用,所以只要相关系数小于1,两证券组合的标准差就小于它们各自标准差的加权平均数。

10. ×

折旧虽然不付现,但是会影响现金流的计算,所以在进行资本预算时需要考虑折旧。

三、分析与计算

1. (1)在确定优先股股息率时应当考虑以下三个因素:

①普通股的每股收益率。基于优先股在风险方面有股利支付和破产清偿时财产索取的优先优势,又不用参加公司的经营管理,优先股的股息率应当比普通股的每股收益率要低。

②企业债券的收益率。企业债券与优先股有很多相似之处,均不参与公司的经营管理,都从公司收取固定的收益。确定优先股股息率时以企业债券为参考是必要可行的。鉴于公

司债券在清偿、分配等顺序上都优先于优先股,优先股的股息率应当高于公司债券的收益率。

③国外优先股股息率。因为国外优先股的发展历史较早、规模较大,市场和法律的监管也比较完善,所以国外市场确定的优先股股息率有它的合理性,可作为辅助参考。

综上,优先股的股息率最高应当不超过普通股的每股收益率,最低不低于公司债券的收益率,还可以参照国外优先股股息率的情况。当然,一般来说,优先股的股息率与普通股的股息率一样应当由市场来决定,由市场实际利率、公司经营状况、证券市场环境等因素来确定。但优先股毕竟不同于普通股,其设置的初衷就是为了稀释市场波动给股价带来的影响。在实践中,发行公司可以考虑自身运行情况和其他因素,在法律规定的幅度内确定符合自己的股息率。

(2)中国银行此次境内外股息率不同的原因有以下三点:

①境内优先股的免税效应更为明显。境内优先股股息免税,投资者能获得全部的股息收益,实际收益率高于票面股息率。而由于各地税收政策不同,部分境外优先股股东获得的股息根据所在地的税法要求,要承担纳税义务,因此会对股息率提出更高的溢价要求。

②境外投资者对中国的银行了解程度远不如内地的投资者,中国的银行近几年在国际上并没有资本工具的发行,加上经济增速放缓等,与境外投资者需要一个长时间的沟通、了解过程。再加上利率环境也会随着利率市场化的推进而发生变化等,这些不确定性是导致境外优先股股息率高的重要原因。

③境外优先股的发行历史较早,相应的市场规模、法律监管都比较完善,同时投资者也都相对理性,为了吸引更多投资者等因素,也造成了境外的优先股股息率大于境内优先股股息率的情况。

2.(1)Y的无杠杆权益贝塔 $\beta=1.00\times\frac{20\text{亿}}{40\text{亿}}+1.25\times\frac{10\text{亿}}{40\text{亿}}+0.6\times\frac{10\text{亿}}{40\text{亿}}=0.9625$,公司权益价值 $S=20\times1$ 亿股$=20$(亿元),公司总市值$=20+10+10=40$(亿元),则公司的债务价值$=40-20=20$(亿元)。

$R_s=4\%+0.9625\times8\%=11.7\%$

(2)公司债券相当于对应国债收益率的信用利率为4%,国债收益率为4%,可得:$R_B=4\%+4\%=8\%$

$R_{WACC}=11.7\%\times0.5+8\%\times0.5\times(1-0.25)=8.85\%$

(3)公司用出售百货业务所得还债,即削减了10亿元的债务,负债减少,公司价值降低,变为30亿元,其中权益20亿元,债务10亿元。

公司债券信用利差减为2%,$R_B=2\%+4\%=6\%$

Y的无杠杆收益贝塔 $\beta=1.00\times\frac{20\text{亿}}{30\text{亿}}+1.25\times\frac{10\text{亿}}{30\text{亿}}=1.0833$

Y的无杠杆权益 $R_s=4\%+1.0833\times8\%=12.67\%$

$R_{WACC}=12.67\%\times\frac{2}{3}+6\%\times\frac{1}{3}\times(1-0.25)=9.95\%$

3.(1)2013年的固定资产净额,期初75 000万元,期末80 000万元,增加了5 000万元,

2013年的固定资产投资，还得考虑当年的2 000万元折旧。因此，2013年的固定资产投资总额＝80 000－75 000＋2 000＝7 000（万元）。

(2)净利润去向分为两部分：发放股利和留存收益增加。

2013年的权益增加额＝72 000－65 000＝7 000（万元）

2013年支付的股利＝净利润－权益增加＝15 000－7 000＝8 000（万元）

(3)$R_{S_A}=4\%+1.2\times 8\%=13.6\%$，同理可得$R_{S_B}=12\%$，$R_{S_C}=12.8\%$，$R_{S_D}=20\%$。

投资A项目，$NPV=-3\,000+\dfrac{600\times(1-25\%)}{13.6\%}=308.823\,5$万元$>0$

投资B项目，$NPV=-125$万元<0

投资C项目，$NPV=343.75$万元>0

投资D项目，$NPV=-500$万元<0

因此，2014年将选择A、C项目投资。

(4)2014年净利润＝15 000×（1＋10%）＝16 500（万元）

折旧＝2 000×（1＋10%）＝2 200（万元）

净营运资本增加＝（22 000－6 000）×10%＝1 600（万元）

2014年还有A、C两个净现值为正的项目，共需投资5 000万元。

16 500－5 000－1 600＋2 200＝12 100（万元）

因此，2014年可以支付股利12 100万元。

2015年对外经贸大学431金融硕士真题参考答案

一、单项选择题

1. B

传统的货币数量论包括现金交易数量说和现金余额数量说，$M=KPY$ 是现金余额数量说的公式。

2. D

汇率远期实际上是一种预约买卖外汇的行为，一般在场外进行。

3. B

中央银行的负债项目包括：①流通中货币；②各项存款，包括政府和公共机构存款、商业银行等金融机构存款；③其他负债，包括对国际金融机构的负债或中央银行发行债券。中国人民银行发行1 000亿元的现金，会使得流通中的货币增加1 000亿元，商业银行的存款准备金减少1 000亿元，因此，其资产负债表规模不变。

4. B

弗里德曼将货币定义为能使购买行为从售卖行为中分离出来的购买力的暂栖所。

5. A

可避免通货膨胀的国际间传导、可增强本国货币政策的自主性、可提高国际货币制度的稳定性。以上三条都是浮动汇率制的优点。而固定汇率制的优点是：①固定汇率制有助于稳定国际贸易与投资；②固定汇率制为一国宏观经济政策提供自律；③固定汇率制有助于促进国际合作；④固定汇率制下的投机行为一般带有稳定性特征，所以选A。

6. C

国际收支是在一定时期内一个国家或地区与其他国家或地区之间进行的全部经济交易的系统记录。它既包括用外汇收付的经济交易，也包括以实物、技术形式进行经济交易，记录的是一个国家的居民和非居民之间所有的经济交易，是一个流量的概念。

7. C

资本市场线是描述无风险资产与市场组合构成的组合的预期收益率与组合回报标准差之间关系的直线，不能为单个证券进行定价。

8. B

根据 $CAPM$，X公司股票的预期收益率为 $5\%+1.5\times(9\%-5\%)=11\%$，这与X公司股票的期望收益率相等，故X公司的股票是公平定价。

9. C

金融机构作为企业债权人，最关心的是企业能否还债，其分析企业财务报表的重点是偿债能力。

10. B

财务杠杆系数的计算公式为：$DFL=EBIT/(EBIT-I)$。代入数据得，$DFL=1.68$。

二、判断题

1. √

货币是中性还是非中性，主要看货币供给量的变化对一般价格水平和实际利率及产出水平的影响差异。如果货币供给变化只是影响一般价格水平，一定量的货币供应增加(减少)只引起一般价格水平的上升(下降)，那么货币就是中性的；如果货币供应量的变化，引起实际利率和产出水平等实际经济变量的调整和改变，那么货币就是非中性的。

2. ×

理财业务属于商业银行新型的中间业务。

3. ×

"流动性陷阱"假说是指当一定时期的利率水平降低到不能再低时，人们预期利率不会再下降了，此时，无论增加多少货币量，都会被人们储藏起来。

4. ×

中央银行票据是中央银行调节基础货币的一项货币政策工具，目的是减少商业银行可贷资金量。

5. √

当本国价格水平提高时，会使本国的商品失去价格优势，出口小于进口，即外国货币的需求量会大于本国货币的需求量，引起本国货币贬值。

6. ×

特里芬难题解释的是布雷顿森林体系崩溃的原因。

7. √

信贷配给是指在固定利率条件下，面对超额的资金需求，银行无法或不愿意提高利率，而采取一些非利率的贷款条件，使部分资金需求者退出银行借款市场，以消除超额需求而达到平衡。在没有政府限制的情况下，贷款人自愿将贷款利率确定在市场出清利率以下而造成的信贷配给被称作均衡信贷配给。因此，根据均衡信贷配给理论，银行贷款利率比市场利率更具有粘性，利率市场化后银行贷款利率会是一个低于均衡利率的值。

8. ×

"5级分类方法"将银行的贷款资产分为五类：正常、关注、次级、可疑、损失，后三类为不良贷款。

9. √

IPO低定价是发行股票常用的手段。投资者能以较低价格买入，获得的让利就相当于发行公司的发行费用了。

10. ×

折旧虽然不是付现费用，但是其具有抵税的作用，也可以影响现金流量，所以不能忽略。

11. √

若企业没有固定成本，则息税前利润=边际贡献，经营杠杆系数=基期边际贡献/基期边际贡献=1。

12. √

净现值法是最重要的传统资本预算方法，比 *IRR* 法的使用范围更广。当用 *NPV* 与 *IRR* 进行决策的结果不一致时，应选择 *NPV* 大的投资项目。

13. √

股票的市场价格是指股票在二级市场上的交易价格，它一般取决于股票的供求关系。公司权益的账面价值等于股票的账面价格乘以发行的股票数，公司权益的市场价值等于股票的市场价格乘以发行的股票数。公司股票的账面价值和市场价值往往不相等，所以，公司权益的账面价值和市场价值一般不相等。

14. ×

根据资本资产定价模型，贝塔值为零的股票期望收益率等于无风险利率。

15. ×

证券收益率方差的大小取决于因素的方差大小和误差项的方差大小。

三、名词解释

1. 监管套利是指金融机构在不违背监管资本规定的前提下，通过金融交易在不降低金融机构的业务规模和整体风险的同时降低监管资本要求。由于监管资本往往被视为一种监管税收，是金融机构的成本和负担，金融机构具有从事监管套利的动机。各种金融市场参与主体通过注册地转换、金融产品异地销售等途径，从监管要求较高的市场转移到监管要求较低的市场，从而全部或者部分地规避监管、谋取超额利益的行为。一般认为在经济满足以下两个条件时，便出现了监管套利机会，理性的市场主体会选择最优交易策略，从而实现自身效用的最大化：①一个经济目的可以通过多个交易策略来实现；②对于上述实质相同但形式不一的交易策略，监管制度存在着不同的对待方式。

2. 影子银行是指有部分银行功能，但是不受央行或其他金融监管部门监督管理或受监管较少的非银行金融机构。在我国，凡是涉及货币存贷款关系的和银行表外业务的金融机构，都属于影子银行。影子银行的特点是可以不受中央银行等其他监管机构的监督干预，可以自由充分地发挥资金的效用。但同时，影子银行由于缺少监管，使得风险大大增强。

3. 欧式期权是指只能在期权到期日当天向期权卖方买入或卖出一定数量的金融资产的期权。期权按照可行权日期可以分为美式期权与欧式期权。美式期权可以在到期日或到期日之前的任何时间执行，期权比较灵活，但期权费昂贵。欧式期权只能在到期日执行，时间上不具灵活性。

4. 绿鞋条款是指在承销合同中给予承销团成员按照发行价增购证券的选择权的一种条款。绿鞋选择权是为了满足过多的需求和超额的认购。它一般延续大约 30 天时间，包括增购不超过 15%的新发行证券。对承销团来说，绿鞋选择权是一种好处；而对于发行人来说，它则是一项成本。

5. 边际成本(Marginal Cost)指的是每一单位新增生产的产品(或者购买的产品)带来总成本的增量，或者是公司每增加一个单位量的资本而形成的追加资本的成本。通常资本成本率在一定范围内不会改变，而在保持该资本成本率的条件下可以筹集到的资金总限度称为保持现有资本结构下的筹资突破点，一旦筹资额超过突破点，即使维持现有的资本结构，其资本成本率也会增加。由于筹集新资本都按一定的数额批量进行，故其边际资本成本可以绘成一条有间断点（即筹资突破点）的曲线，若将该曲线和投资机会曲线置于同一图中，则可进行投资决策。内部收益率高于边际资本成本的投资项目应接受，反之则拒绝；两者相等时则是最优的资本预算。

四、计算题

1.（1）当期收益率＝年利息÷债券价格＝$\frac{100\times 8\%}{105}=7.62\%$

（2）持有期收益率＝$\frac{100\times 8\%+(117-105)/3}{105}=11.43\%$

（3）按单利计算的到期收益率＝[年利息＋（面值－购买价格）÷剩余年数]÷购买价格

$=[8\%\times 100+(100-105)\div 5]\div 105=6.67\%$

（4）由到期收益率的公式可以看出，到期收益率与发行价格呈负相关关系，发行价格越高，到期收益率越低。

2.（1）由公式$\beta=r_{i,m}\frac{\sigma_i}{\sigma_m}$容易得：

INTEL的贝塔值为：$0.7\times\frac{12}{5}=1.68$；

FORD的贝塔值为：$0.3\times\frac{14}{5}=0.84$；

XXX的贝塔值为：$0.6\times\frac{10}{5}=1.2$。

（2）由$E(r_i)=r_f+\beta_{im}[E(r_{im})-r_f]$可知：

INTEL的预期收益率为：$5\%+1.68\times(15\%-5\%)=21.8\%$；

FORD的预期收益率为：$5\%+0.84\times(15\%-5\%)=13.4\%$；

XXX的预期收益率为：$5\%+1.2\times(15\%-5\%)=17\%$。

图略。

（3）根据*CAPM*模型，在*SML*上方的股票是被低估的股票，在*SML*下方的股票是被高估的股票，故FORD被低估，INTEL和XXX被高估。图略。

五、简答题

1. 基础货币，又称高能货币，由流通中的现金C和银行体系的准备金总额R构成。基础货币M可以用公式表述为$M=C+R$。央行的政策工具有一般性政策工具和选择性政策工具，通常来说，央行使用公开市场操作、贴现政策和法定准备金率这三个传统的政策工具。其中，公开市场操作和贴现政策是直接控制基础货币的数量，法定准备金率是通过控制货币乘数来控制基础货币。

①公开市场操作，又称公开市场业务，是中央银行投放或者收缩基础货币，调节市场流

动性的主要货币政策工具，通过中央银行与指定交易商进行有价证券和外汇交易，实现货币政策调控目标。中央银行购买债券被称为公开市场购买，该行为会导致基础货币的增加。中央银行出售债券被称为公开市场出售，该行为会导致基础货币的减少。公开市场操作是央行比较好的政策工具，央行可以根据自己的意愿来选择投放或者收缩基础货币。但是它有一个限制条件，前提是有一个比较发达的债券二级市场。

②贴现政策是指货币当局通过变动自己对商业银行所持票据再贴现的再贴现率来影响贷款的数量和基础货币量的政策。贴现率提高，商业银行从中央银行借款的成本随之提高，商业银行会减少贷款数量，基础货币的投放也会减少；贴现率下降，商业银行从中央银行的借款成本降低，商业银行会扩大贷款数量，基础货币的投放也会增加。但是，如果同时存在更强劲的制约因素，如过高的利润预期或对经营前景毫无信心，这时贴现率的调节作用则是极为有限的。

③法定存款准备金率是法律规定的商业银行准备金与商业银行吸收存款的比率。法定存款准备金率的调整将直接影响商业银行等存款货币机构创造派生存款的能力，从而影响货币乘数。同时，法定存款准备金率的调整还直接影响商业银行等存款货币机构的准备金结构，当提高法定存款准备率时，商业银行的法定准备增加、超额准备减少，将降低商业银行的存款创造能力；反之则会提高商业银行的存款创造能力。

2. 成本推进型通货膨胀，又称成本通货膨胀或供给通货膨胀，是指在没有超额需求的情况下由于供给方面成本的提高所引起的一般价格水平持续和显著的上涨，通常是负面的供给冲击或工人要求提高工资水平而引起的。在封闭型经济中，标准的成本推进型通货膨胀是指劳动生产率在前期没有提高、价格总水平在前期没有上升的情况下，货币工资自发地、一次性地增长。这种增长可能来自错误的通货膨胀预期，也可能来自具有垄断力量的工会为改变收入分配格局所做的努力。一旦出现通货膨胀以后，工人为维持先前的实际工资水平而要求工资进一步上涨，从而出现“工资—物价螺旋上升”。除了工资成本变化外，引起供给曲线向上移动的原因还有原料价格上升、间接成本推动、利润推动。

成本推进型通货膨胀由于成本上升时的原因不同，可以分为三种类型：

①工资推进通货膨胀。在总需求不变的条件下，如果工资的提高引起产品单位成本增加，便会导致物价上涨；在物价上涨后，如果工人又要求提高工资，而再度使成本增加，便会导致物价再次上涨。这种循环被称为“工资—物价螺旋上升”。

②利润推进通货膨胀。寡头企业和垄断企业为保持利润水平不变，依靠其垄断市场的力量，运用价格上涨的手段来抵消成本的增加，或者为追求更大利润，以成本增加作为借口提高商品价格，从而导致价格总水平上升。

③进口和出口推动通货膨胀。进口推动通货膨胀是进口品价格上涨，特别是进口原材料价格上涨，引起的通货膨胀；出口推动通货膨胀是由于出口猛增，使国内市场产品不足，引起物价上涨和通货膨胀。

3. 股票回购是指上市公司利用现金等方式，从股票市场上购回本公司发行在外的一定数额的股票的行为。大多数情况下，公司将回购的股票作为“库藏股”保留，不再属于发行在外的股票，且不参与每股收益的计算和分配。库藏股日后可移作他用，如发行可转换债券、雇员福利计划等，或在需要资金时将其出售。

股票回购的主要方式有以下几点：

第一，公司像普通投资者一样按照公司股票当前市场价格购买自己的股票。在这种公开市场回购中，公司无须披露其购买身份，因此，股票卖方根本无法判断其股票是售给公司还是其他的投资者。

第二，要约回购。在这种情况下，公司向所有股东宣布将以某一价格回购一定数量的股票。实际上，如果要约价格足够高，股东打算卖出的股票数量会多于公司计划收购的股数。在极端情况下，所有流通在外的股票都接受要约。另一方面，如果股东并未收购足够的股份，那么要约可以撤销。与要约收购有关的一种方法就是荷兰式拍卖，这时公司并未对待售股票制定一个固定的价格。取而代之的是，公司组织一场拍卖，为股票竞价。公司将宣布其在多个不同的价格下愿意购回的股份数量，而股东则指出他们在不同价格下愿意卖出的股份数量。公司进而选择能够实现既定目标的最低价格。

第三，目标回购。在这种情况下，公司向特定股东回购一定数量的股票。公司之所以采用目标回购的方式，可能是出于以下原因：向个别大股东回购股票的价格通常低于要约回购价格，法律费用也较低。另外，回购大股东的股票还可以避免对管理层不利的收购兼并。

除此之外，根据不同的划分方法，还可以把股票回购归纳为以下几种：

第一，按照股票回购的地点不同，可分为场内公开收购和场外协议收购两种。

第二，按照筹资方式，可分为举债回购、现金回购和混合回购。

第三，按照回购价格的确定方式，可分为固定价格要约回购和荷兰式拍卖回购。

4. 从经济学的角度讲，套利是指人们利用同一资产在不同市场的定价不一致，通过资金的转移而实现无风险收益的行为。在套利定价理论中，套利机会被套利组合所描述。套利组合，是指满足下述三个条件的证券组合：一是不需要追加任何额外投资，即投资比例变化而总投资不变；二是组合的风险为零，既没有非系统风险也没有系统风险；三是当市场达到均衡时，组合的收益为零。

套利组合的特征表明，投资者如果能发现套利组合并持有它，那他就可以实现不需要追加投资又可获得收益的套利交易，即投资者是通过持有套利组合的方式进行套利的。所以套利定价理论认为，如果市场上不存在套利组合，那么市场就不存在套利机会。

5. 净现值法（NPV）指的是将投资方案所产生的现金净流量以资金成本为贴现率折现之后与原始投资额现值的差额。净现值法按净现值大小来评价方案优劣，净现值大于零，则方案可行，且净现值越大，方案越优，投资效益越好。

内部收益率法（IRR）指的是用内部收益率来评价项目投资财务收益的方法。所谓内部收益率，就是资金流入现值总额与资金流出现值总额相等，净现值等于零时的折现率。

净现值法和内部收益率法都是对投资方案未来现金流量计算现值的方法。净现值法的优点是考虑了投资方案的最大报酬水平和资金时间价值的分析，缺点是 NPV 为绝对数，不能考虑投资获利的能力，不能用于比较投资总额不同的方案；内部收益率法的优点是考虑了投资方案的真实报酬率水平和资金的时间价值，缺点是计算过程比较复杂烦琐，还有可能出现多个 IRR。

净现值法和内部收益率法的合理性比较：当对单一的项目进行决策时，净现值法与内部收益率法所得到的结论是一致的，采用二者中任意一个均可。内部收益率法存在缺陷。在应用于独立项目和互斥项目时都避免不了的两个问题是：

第一，在分析融资项目时，内部收益率法会出现悖反，即应接受内部收益率小于折现率的项目，拒绝内部收益率大于折现率的项目。

第二，"非常规现金流量"的多次改号会造成多个收益率。在互斥项目中应用内部收益率法可能存在的两个特殊问题是：首先，内部收益率法忽略了项目的规模，高内部收益率的项目可能"收益"的绝对值偏低。其次，内部收益率法忽略了现金流的时间序列问题。

所以，遇到单一项目时，两者效果等价，遇到互斥项目时，净现值法更为合理。

六、论述题

1.(1)购买力平价的基本思想是货币的价值在于其购买力，因此不同货币之间的兑换率取决于其购买力之比，也就是说，任何两种货币的汇率变动都应当反映两国物价水平的变化。绝对购买力平价的一般形式为：$e=\frac{P_d}{P_f}$，它意味着汇率取决于以不同货币衡量的两国一般物价水平之比，即不同货币的购买力之比。绝对购买力平价成立意味着，以两国物价水平之比表示的实际汇率$\frac{eP_d}{P_f}$等于1，相对购买力平价把汇率变动的幅度和物价变动的幅度联系起来，其公式为：$e_t=\frac{PI_{d,t}}{PI_{f,t}}\cdot e_0$。

(2)购买力平价反映了无套利情况下两国价格水平之间的关系，因此在商品市场上套利机制能够有效发挥作用的情况下，它具有合理成分。在两国商品篮子一致(篮子内的商品质量、结构相同)、两国配置资源的方式(包括制度)、市场结构以及收入分配方式等一致的情况下，它也能够在一定程度上以货币购买力的方式衡量两国居民的福利水平对比。它从货币的基本功能(具有购买力)出发来分析货币的交换问题，非常易于理解。它的表达形式也最为简单。

(3)购买力平价在分析中假定只存在经常账户交易，如果也存在着资本与金融账户交易，尤其是这一交易在短期内主导了汇率的变动时，现实中的汇率也很难通过商品套利机制使之满足购买力平价。并非所有商品和服务(其价格被包括在一国的物价水平当中)都可以跨境交易，现实中存在不可贸易品，如住宅、土地以及餐饮、理发和高尔夫等服务。购买力平价理论忽视了不可贸易品的存在及其对物价的影响。购买力平价理论基于两国所有商品同质与运输成本和贸易壁垒很低的假定，但现实中贸易成本和贸易壁垒对国际商品套利存在制约。购买力平价说把汇率的变动完全看成一种货币现象，购买力平价的成立意味着反映一国产品国际竞争力的实际汇率不发生变动，这是不符合现实的。从长期看，实际因素的变动会引起实际汇率以及相应的名义汇率的调整，从而使名义汇率与购买力平价产生长久性的偏离。主要的实际因素包括：生产率的变动、消费偏好的变动、自然资源的发现、各国自然禀赋和经济禀赋的不同、各国经济政策的不同、本国对外国资产的积累、垄断性的市场结构、对国际贸易管制的变动等。

2.(1)优先股是相对于普通股股票而言的。它是指优先于普通股股票分取公司收益和剩余资产的股票。优先股股票一般在票面上注明"优先股"字样。具体的优先条件必须由公司章程加以明确规定。

优先股股票的主要特征如下：

①优先按规定方式领取股息。公司在支付普通股股息之前必须先按事先约定的方法计算优先股股息，并支付给优先股股东。通常，优先股股票是按固定的股息率乘以优先股股票面额的方式计算股息，但也有一些优先股股票的股息率并不固定，而是定期随一定基准浮动。无面额的优先股股息通常以固定金额表示。

②优先按面额清偿。在公司破产或解散清算时，优先股有权在公司偿还债务后按照票面金额先于普通股从清算资金中得到补偿。

③限制参与经营决策。优先股股东一般没有投票权，从而不能参与公司的经营决策。只有在直接关系到优先股股东利益的表决时，才能行使表决权，或是在对优先股股息积欠达到一定数额后，可以投票选举一定人数的董事。

④一般不享有公司利润增长的收益。通常情况下，优先股股东只能按事先规定的方式领取股息，而不能因为公司利润增长而增加股息收入。

⑤优先股属于股权资本，发行优先股筹资能够增强公司的股权基础，提高公司的举债能力。

(2)商业银行发行优先股的动机与作用。

①资本提高的需要。2013 年 1 月 1 日，银监会正式实施《商业银行资本管理办法》，对资本金的定义和数量提出了新要求，商业银行面临资本金补充的压力。其中，优先股所在的一级非核心资本的补充压力最大。

②拓宽银行筹资渠道。长期以来，商业银行资本提升策略单一，资本工具相对匮乏，仅限于普通股、次级债、可转债三类。融资工具单一造成了银行资本结构的“扭曲”，一级核心资本和二级资本占比过高，而一级非核心资本长期处于空白状态。

③有利于缓解由于资产质量下滑造成的资本金压力。目前，银行风险不断释放，资本消耗或将提高。银行业正面临资产质量下滑的风险，使用优先股融资有利于缓解由于资产质量下滑造成的资本金压力；同时，通过提高非一级核心资本的占比，强化市场约束，降低银行风险承担水平。

④银行业股价低估，股票增发困难。目前，我国银行业整体估值水平较低。利用优先股融资，可缓解股市低迷下银行的资本压力；同时，利用优先股融资回购普通股，也可起到稳定股价的作用。

⑤保持普通股股东对公司的控制权。当公司既想向社会增加筹集股权资本，又想保持原有普通股股东的控制权时，利用优先股筹资最为恰当。

(3)银行选择在境外发行优先股的原因。

①优先股大多为私募发行，由机构投资者购买，而国内证券市场机构投资者培育不足。

②国内资本市场对优先股不熟悉。国外市场相对发达，资本补充手段较为多元化，而我国目前商业银行的资本构成较为单一。

③受银行估值的影响。银行估值一直很低，很重要的一个原因是，银行通过二级市场增发股票进行巨额融资，对其股价造成了负面影响。如果通过发行优先股来满足融资需求，对二级市场的股价冲击就会比较小。

3. 资本结构，是指企业各种资本的构成及其比例关系。资本结构是企业筹资决策的核心问题，企业应综合考虑有关影响因素，运用适当的方法确定最优资本结构，并在以后追加筹资中继续保持。

企业资本结构的选择会受到以下因素的影响：

(1)企业控制权。债务资本与权益资本不仅在收益分配上有区别，在控制权的安排上也是不一样的。对债务融资而言，如果经营者按期还本付息，则经营者拥有企业的日常控制权，所有者获得财产的终极控制权，当企业经营状况不佳、资不抵债时，债权人就可接手企业控制权，经营者和所有者丧失控制权。若想保持较高的企业控制权，则其资本结构更应依赖债务，以免企业控制权的分散，但同时也要注意避免破产，彻底丧失控制权。

(2)资产的类型。拥有高比例无形资产如研究和开发的公司应该持有低负债，主要拥有有形资产的公司应该持有较高负债，这是因为其财务困境成本远远小于研究和开发的公司。

(3)行业收入的不确定性。行业收入具有显著不确定性的公司应该主要依赖权益，这是因为有不确定行业收入的公司经历财务困境的可能性较高，即使其没有负债。

(4)税收环境。MM 理论认为，在考虑所得税的情况下，由于存在税额庇护利益，企业价值会随负债程度的提高而增加，股东也可获得更多好处。于是，负债越多，企业价值也会越大。所以，有高应税收入的公司应比低应税收入的公司更依赖债务。因为负债具有节税效果，可使公司合理避税。

(5)企业当前的杠杆水平。债务为公司带来了税收上的好处。然而，破产成本或更为普遍性的财务困境成本会在一定程度上抵消借债带来的好处。企业在进行资本结构的选择时，要考虑当前的负债率，若企业的负债率较低，可考虑利用杠杆。

(6)代理成本。代理理论认为，债权筹资有很强的激励作用，并将债务视为一种担保机制。这种机制能够促使经理多努力工作，少个人享受，并且做出更好的投资决策，从而降低由于两权分离而产生的代理成本；但是，负债筹资可能导致另一种代理成本，即企业接受债权人监督而产生的成本。均衡的企业所有权结构是由股权代理成本和债权代理成本之间的平衡关系来决定的。

(7)信号。根据优序融资理论，债务融资与股票融资相比，债务融资的硬性约束特点能向投资者传递积极的信号，有可能提高股价，促进企业价值增值；股票融资往往意味着企业筹资乏力、前景暗淡，使投资者对企业发展失去信心，从而低估企业的市场价值。内部融资与债务融资相比，内部融资预示着企业良好的成长趋势，能增强投资者的积极性，进而提高股票价格。所以，企业可能的融资顺序是：内部融资＞债务融资＞股票融资。

(8)企业规模。企业规模应与资产负债率正相关，主要原因是相对小企业而言，尤其是上市公司，会受到更多公众关注，因而大企业信息披露更透明，信息不对称程度低，加之一般来说大企业更重视自身的形象，受信赖程度高。因此，大企业更容易得到放贷人的信任，获得贷款。

2015年中央财经大学431金融硕士真题参考答案

一、单项选择题

1.D

金银复本位制是一种不稳定的“平行本位”货币制度，当金银铸币各按其自身所包含的价值并行流通时，市场上的商品就出现了金价和银价两种价格，容易引起价格混乱，给商品流通带来许多困难。

2.B

由于货币购买力是用价格反映的，价格越高，货币的购买力越低，二者之间呈反向关系，货币的购买力是价格的倒数，即物价指数的倒数。设初始物价指数为1，上升25%后为1.25，则购买力从1下降为1/1.25，下降了1－1/1.25＝20%。

3.B

信用是以还本利息为条件的价值单方面让渡，与“一手交钱，一手交货”的商品买卖具有本质区别。

4.D

凯恩斯的流动性偏好理论更加重视货币因素对利率决定的影响。凯恩斯认为，利率取决于货币供给数量的对比，货币供给量由货币当局决定，而货币需求取决于人们的流动性偏好。

5.D

中国传统喜欢用“厘”作单位，年息1厘是指年利率为1%，月息1厘是指月利率为1‰，日息1厘是指日利率为0.1‰。在民间，被经常使用的利率单位还有“分”，分为厘的10倍，如月息2分是指月利率为20‰。

6.B

短期票据单利计息，即100＝2 000×贴现率×0.5，贴现率＝10%。

7.A

利率衍生工具是以利率或利率载体为基本工具，包括远期利率协议、利率期货、利率期权、利率互换等，其中债券期货是以利率载体为基础工具的衍生工具。

8.D

传统意义上的商业银行专门指以存款为主要负债、以贷款为主要资产、以支付结算为主要中间业务，并直接参与存款货币创造的金融机构。随着经济社会的发展和金融业的创新，现代商业银行已成为全面经营货币信用商品和提供金融服务的特殊企业。

9.B

F＝200×e^(4%×0.5)＝204(元/克)。

10. B

3 200×e^4%＝3 300.59。

11. D

对于货币需求，弗里德曼最具概括性的论断是：由于恒久性收入的波动幅度比现期收入小得多，且货币流通速度也相对稳定，因而，货币需求也是比较稳定的。认为货币流动速度的稳定和货币需求对利率的不敏感，是弗里德曼的货币需求理论与凯恩斯的货币需求理论之间的主要差异。

12. B

一般来说，本币贬值，意味着可以提高本国商品的国际竞争力，能起到促进出口、抑制进口的作用；若本币升值，则有利于进口，不利于出口。

13. D

自主性交易是指企业和居民等机构单位由于自身的利益需要而独立进行的交易；调节性交易是指在自主性交易产生不平衡时所进行的用以平衡收支的弥补性交易。判断一国的收支是否失衡，主要是看其自主性交易是否平衡。

14. D

公司资产高于债权价值时，债权人可以收回所有本息。公司资产低于债权价值时，债权人只能收回公司资产。从卖权的角度看，相当于债权人拥有一个价值为 D_0 的无风险债权，并向公司股东出售了一个以公司资产为标的、行使价格为 D_0 的终值的卖权。

15. B

投资回收期是指收回全部初始投资所需要的时间，其计算公式如下：

$$\sum_{t=1}^{r} CF_t - CF_0 = 0$$

式中：t 为投资回收期；CF_t 为 t 时期的现金流；CF_0 为初始投资额。故：

回收期＝2＋(5 000－1 900－1 900)/2 500＝2.48。

16. C

运用股利增长模型可知，$r=DIV_1/P_0+g$，故 $r=2\times(1+6\%)/100+6\%=8.12\%$。

17. A

沉没成本是指已经使用且无法收回的成本。根据增量现金流原则，沉没成本不影响项目的现金流，因此不影响项目的投资决策。

18. B

剩余股利政策就是以首先满足公司资金需求为出发点的股利政策。2015 年股权资本的增加量为 500×40%＝200(万元)，即留存收益率为 200/300＝66.7%，故股利支付率为 33%。

19. C

资产运用能力是指企业对各项资产的运用效率，常用的反映资产运用能力的财务指标有以下几个：①存货周转率与存货周转天数；②应收账款周转率和应收账款周转天数；③资产周转率。C 选项，利息保障倍数是指企业生产经营所获得的息税前利润与利息费用的比率，它是长期偿债能力指标。

20. A

债券筹资的优点是债券筹资的成本远低于股权筹资，包括普通股和优先股。

二、判断题

1. ×

“劣币驱逐良币”的现象，即两种实际价值不同而法定价格相同的货币同时流通时，市场价格偏高的货币（良币）就会被市场价格偏低的货币（劣币）所排斥，在价值规律的作用下，良币退出流通，进入储藏，而劣币则充斥市场。

2. √

所有背书人都要对该商业票据承担连带责任，而任何一位背书人因受到追索而偿还了债务，他也同时拥有了向其前面的任一背书人进行追索的权利。

3. √

当资本边际效率大于官定利率时，投资者的边际收益大于零，投资者会增加投资，反之则相反。

4. ×

中间业务是商业银行最古老的服务型业务。早期主要集中于货币的鉴定、兑换、保管、汇兑等种类，现代发展为结算、代理、信托、理财、信息咨询等业务。

5. √

基础货币又称强力货币或高能货币，是指处于流通中由社会公众所持有的现金及银行体系准备金（包括法定存款准备金和超额准备金）的总和。

6. √

凯恩斯认为，人们持有货币除了满足交易需求和应付意外支出外，还有一个重要动机，即是为了保存价值或财富。凯恩斯把用于保存财富的资产分为货币和债券两大类，而人们对现存利率水平的估价就成为人们在货币和债券两种资产间进行选择的关键。

7. ×

公开市场业务是指中央银行在金融市场上公开买卖有价证券，以此来调节金融机构的准备金和基础货币，进而影响市场利率和货币量的政策行为。再贴现率是通过增减商业银行借款成本来调控基础货币的。

8. ×

货币需求界定为在一定的资源（如财富拥有额、收入、国民生产总值等）制约条件下，微观经济主体和宏观经济运行对执行交易媒介和资产职能的货币产生的总需求。

9. ×

再贴现政策存在一定的局限性：主动权并非只在中央银行，甚至市场的变化可能违背中央银行的政策意愿。因为商业银行是否申请再贴现或再贴现多少，取决于商业银行的行为，由商业银行自主判断和选择。

10. ×

影响利率的因素有很多，由货币的供求决定。虽然中央银行可以通过货币政策工具影响货币供给,但很难影响货币需求,利率不易控制。超额准备金一般包括借入准备金和非借入准备金。借入准备金是商业银行由于准备金不足而向拥有超额准备金的银行借入的货币资金。超额准备金中扣除借入准备金,即为非借入准备金,又称自由准备金。央行可以通过调整再贴现率、银行资本充足率控制超额准备金。

11. ×

广义外汇泛指以外币标价的金融资产,而B股是以人民币标明面值,以外币认购和买卖,在中国境内(上海、深圳)证券交易所上市交易的外资股。

12. ×

金融项目主要包括直接投资、证券投资和其他投资。本国在国外的直接投资、证券投资和其他投资的增加记入借方项目,外国在本国的直接投资、证券投资和其他投资的增加记入贷方项目。

13. √

顺差给本币带来升值压力,导致央行以外汇占款的形式被动投放基础货币,带来国内货币供应增长过快和通货膨胀的压力,对货币调控的自主性和有效性形成一定的制约。

14. ×

新股东加入会降低普通股的每股收益,从而可能引起股价的下跌。

15. √

在讨论加权平均资本成本时,总是假定企业已确定了目标资本结构,并且保持资本结构的稳定。

16. √

到期收益率是衡量债券投资收益的最常用的指标,是在投资者购买债券并持有到期的前提下,使未来各期利息收入、到期本金收入的现值之和等于债券购买价格的贴现率。

17. √

A的詹森指数为19%－[9%＋1.5×(15%－9%)]＝1%;B的詹森指数为15%－[9%＋1×(15%－9%)]＝0,因此,A在选股方面更加出色。

18. ×

利用*IRR*对互斥项目进行评估时,假设现金流的再投资收益率为*IRR*。

19. ×

有限合伙制企业中,一个或多个普通合伙人负责经营企业并承担无限责任,同时有一个或多个有限合伙人,他们并不参与企业的实际经营活动,仅以出资额为限对企业的债务承担有限责任。

20. ×

当企业利润增大,除享受既定比率的利息外,还可以与普通股共同参与利润分配的优先股,称为“参与优先股”。除了既定股息外,不再参与利润分配的优先股,称为“非参与优先股”。

三、计算题

1. (1)10%/12＝0.833%,6.625%/12＝0.552%;

住房抵押贷款还需偿还的金额为：12 286×$PVIF_{0.833\%,300}$=12 286×110.047 2=1 352 039.899 2(元)；

故新贷款要求每个月还款：1 352 039.899 2/$PVIF_{0.552\%,360}$=1 352 039.899 2/156.1741=8 657(元)。

(2)如果仍希望在25年后还清贷款，那么新贷款的月还款为：

1 352 039.899 2/$PVIF_{0.552\%,300}$=1 352 039.899 2/146.404 6=9 235(元)

(3)如果每个月继续偿还12 286元，并且在25年后还清贷款，则该笔现金流的现值为：

12 286×$PVIF_{0.552\%,300}$=12 286×146.404 6=1 798 726.915 6(元)

除了未偿还完的贷款，还能额外借的现金为：

1 798 726.915 6－1 352 039.899 2=446 687(元)

2.(1)100/70%=142.86，当融资规模不超过143万元时；

$WACC$=14%×30%+10%×70%×(1－30%)=9.1%

300/70%=428.57，当融资规模超过143万元、不超过429万元时：

$WACC$=14%×30%+12%×70%×(1－30%)=10.08%

180/30%=600，当融资规模超过429万元、不超过600万元时：

$WACC$=14%×30%+15%×70%×(1－30%)=11.55%

(180+200)/30%=1 266.67，当融资规模超过600万元、不超过1 266万元时：

$WACC$=16%×30%+15%×70%×(1－30%)=12.15%

当融资规模超过1 266万元时：

$WACC$=18%×30%+15%×70%×(1－30%)=12.75%

(2)按照IRR对上述独立项目进行选择，则最后投资A、B、E、D四个项目，所需资金为：

230+200+180+150=760(万元)

此时对外举债760×70%=532(万元)

发行股票融资760－532－180=48(万元)

3.(1)a方案：

EPS=(1－25%)×(100－200×6%)/(100+300/6)=0.44(元/股)

b方案：

EPS=(1－25%)×(100－200×6%－300×8%)/100=0.48(元/股)

c方案：

EPS=[(1－25%)×(100－200×6%)－300×9%]/100=0.39(元/股)

(2)a、b的无差异点：

(1－25%)×($EBIT$－200×6%)/(100+300/6)=(1－25%)×($EBIT$－200×6%)－(300×8%)/100，得$EBIT$=84(万元)

a、c的无差异点：

(1－25%)×($EBIT$－200×6%)/(100+300/6)=[(1－25%)×($EBIT$－200×6%)－300×9%]/100，得$EBIT$=120(万元)

四、名词解释

1. 存款货币是信用货币的一种主要形式，它体现为各单位、个人在银行账户上的存款。存款货币中的活期存款可以直接用于转账结算，发挥货币流通手段和支付手段的职能，因此，活期存款与现金一样，都是社会经济中的现实购买力，其流动性略次于现金。存款货币中的定期存款是一种潜在购买力，它只有转化为活期存款或被提取为现金后才成为现实的购买力，故又被称为“潜在货币”，其流动性明显要小于活期存款。存款货币既来源于现金的存入，也来源于银行贷款的派生机制。除流动性区别外，存款货币不同于现金货币的另一个特点是存款货币具有收益性，可依据数量、时间的不同而获得不同的利息收入。存款货币由银行经营和管理，是国家宏观调控管理的重要内容。

2. 商业银行的核心资本是指商业银行资本构成的主要部分，又称一级资本。根据《巴塞尔协议》的规定，核心资本由两部分构成：①实收资本，即已发行并完全缴足的普通股和永久性非累积的优先股；②公开储备，即通过保留盈余或其他盈余形成的储备，例如，股票发行溢价、保留利润、普通储备金和法定储备金的增值所创造和增加的储备等。我国国有商业银行的核心资本包括：①实收资本，即股本和财政拨入资金。后者为银行创办时财政拨入的创业资金和以后财政每年增拨的信贷资金。②资本公积，即资本盈余，指股票发行的溢价部分。③盈余公积，又称营业盈余，即每年从营业利润中积累起来的部分。④未分配利润，即当年利润缴税并扣除股息以后的多余部分。

3. 购买力平价是一种传统的，但在实际中不太成立的汇率决定理论。它认为货币如果在各国国内具有相等的购买力，那么这时的汇率就是均衡汇率。如果 2 美元和 1 英镑在各自的国内可以购买等量的货物，则 2 美元兑换 1 英镑便存在购买力平价。

购买力平价理论的思想基础是，如果一国的货物相对便宜，那么人们就会购买该国货币并在那里购买商品，购买力平价成立的前提是一价定律，即同一商品在不同国家的价格是相同的。此外，购买力平价成立还需要一些其他的条件：①经济的变动来自货币方面；②价格水平与货币供给量成正比；③国内相对价格结构比较稳定；④经济中如技术、消费倾向等实际因素不变，也不对经济结构产生实质影响。

购买力平价存在两种形式：①绝对购买力平价，即两国货币的兑换比率等于两国价格水平的比率；②相对购买力平价，指两国货币兑换比率的变动等于两国价格水平变动的比率。

4. 永续年金是指无限期的收入或支出相等金额的年金，也称永久年金。它是普通年金的一种特殊形式，永续年金期限趋于无限，没有终止时间，也没有终止值，只有现值。永续年金是指无限期支付的年金，即一系列没有到期日的现金流。如果满足以下条件：①每次支付金额相同且皆为 A；②支付周期(每次支付的时间间隔)相同(如年、季、月等)；③每段支付间隔的利率相同且皆为 i，根据周期不同，可以为年利率、月利率等，则永续年金的现值 PV 计算公式为：

a. 如果每个期间的期末支付，$PV=A/i$；

b. 如果每个期间的期初支付，$PV=(1+i)A/i$。

5. 修正的内部收益率($MIRR$)是为了使内部收益率指标能更好地用于投资决策，而引入修正的(或调整的)内部收益率指标。与普通内部收益率(IRR)相比，修正的内部收益率假设所有的投资收益均按照投资所要求的贴现率进行再投资，从而使其关于再投资收益率的假设变得更加合理，同时，*MIRR* 解决了有多个 *IRR* 同时存在的问题。但是，经过修正后的这一指标，仍然没有办法解决因为投资规模不同而产生的与 *NPV* 指标相矛盾的问题。

五、简答题

1. 利率发挥作用的基础性条件包括以下三点：

(1)独立决策的市场主体。利率要想发挥应有的作用，首先需要各个微观行为主体是能够独立决策、独立承担责任的市场行为主体，即所谓的理性经济人。

(2)市场化的利率决定机制。市场化的利率体系与利率决定机制，意味着资金供求状况能够对利率水平产生影响，利率变动也会反过来调节资金供求，此时，利率高低能够真实地反映资金的稀缺程度及其机会成本。

(3)合理的利率弹性。所谓利率弹性，就是其他经济变量对利率变化的敏感程度，通常用单位百分比的利率变化所导致的其他经济变量变化的百分比来表示。该比率越大，即某经济变量对利率越富有弹性，该经济变量就会对利率的变化越敏感。通过利率变动引导其朝着预期目标变化的意图也就更容易实现。反之，如果经济变量对利率缺乏弹性，对利率变动不敏感，利率变动对经济变量的影响就极其微弱，通过利率变动就很难达到预期的目标。

2. 互换是交易双方通过签订合约的形式在规定的时间调换货币或利率，或者货币与利率同时交换，达到规避管制、降低融资成本的目的。互换交易，主要是指对相同货币的债务和不同货币的债务通过金融中介进行调换的行为，其主要功能包括：

(1)保值功能，体现在应对汇率与利率风险方面。由于国际性企业的资产和负债以多种货币计价，货币互换可使与计价货币相关的汇率风险最小化，在防范利率风险方面，对于一种货币来说，无论是固定利率还是浮动利率，债权债务的持有者都面临着利率变化的风险，利率互换可以实现降低利率风险的目标。

(2)降低融资成本功能，有些投资者或融资者，由于其信用等级比较低，难以获得低利率成本的融资，通过货币互换和利率互换可以得到比直接融资成本更低的资金，节约了费用。

(3)财务结构调整功能，互换交易可以使国际性公司的资产与负债货币实现匹配，减少货币暴露，降低汇率波动造成的资产与负债不对称风险。

(4)规避管制功能，许多国家都实行外汇管制，在外汇管制比较严格的国家获得贷款、发行债券融资是比较困难的。货币汇出汇入成本比较高，通过货币互换，可以避开部分外汇管制，降低交易成本。

3. 国际货币制度又称国际货币体系，是支配各国货币关系的规则以及各国间进行各种交易支付所依据的一套安排和惯例。国际货币制度通常是由参与各国的政府磋商而定，一旦商定，各参与国都应自觉遵守。

国际货币制度一般包括三个方面的内容：

(1)确定国际储备资产，即使用何种货币作为国际支付货币，哪些资产可用作国际储备资产；

(2)安排汇率制度，即采用何种汇率制度，是固定汇率制还是浮动汇率制；

(3)选择国际收支的调节方式，即出现国际收支不平衡时，各国政府应采取什么方法进行弥补,各国之间的政策措施如何协调等。

理想的国际货币制度应该能够促进国际贸易和国际经济活动的发展,主要体现在国际货币秩序的稳定、能够提供足够的国际清偿能力并保持国际储备资产的信心、保证国际收支的失衡能够得到有效的调节。迄今为止,国际货币制度经历了从国际金本位制到布雷顿森林体系再到牙买加体系的演变过程。

4. 可转换债券是指由股份公司发行的,可以按一定条件转换为一定数量的公司普通股的债券,可转换债券的可转股性实质上是内嵌于债券或优先股的认股权证。

可转换债券作为筹资工具有以下优点:

(1)可转债具有低票面利率,从而可以在可转债的存续期内节约可观的利息支出。

(2)利用可转债的可转换性进行推迟的股权融货,一般来讲,可转债发行者发行可转债的真正目的不是发行公司债券,而是要发行公司股票,但是,由于种种原因,在公司需要资金的时候恰恰不宜进行股票筹资。

(3)对于外部投资者而言,一方面,可转债的债券性质使投资者避免了直接进行股权投资的高风险,得到了比股东更可靠的保护;另一方面,可转债的可转股性质使得投资者在公司取得成功时可与股东一起分享收益,具有股权投资获取高额剩余收益的潜力。

可转换债券作为筹资工具有以下缺点:

(1)与普通债券相比,虽然可转债的利息成本较低,但是发行人为此付出了代价——给予了投资者认股权证;

(2)与直接发行股票相比,虽然可转债的转股价格高于发行时的股价,但是发行人给予了投资者转股的选择权,相当于给投资者的投资提供了保险。

六、论述题

1. 传统货币政策工具主要包括法定存款准备金政策、再贴现政策和公开市场业务,这三大传统的政策工具有时也被称为“三大法宝”,主要用于调节货币总量。

(1)法定存款准备金政策通常被认为是货币政策最猛烈的工具之一,因为法定存款准备金率是通过决定或改变货币乘数来影响货币供给,即使法定存款准备金率调整的幅度很小,也会引起货币供应量的巨大波动。其优点主要在于作用力大、主动性强、见效快。

(2)再贴现政策是指中央银行对商业银行向中央银行申请再贴现所作的政策性规定,一般包括两方面的内容:①再贴现率的确定与调整;②申请再贴现资格的规定与调整,中央银行对再贴现资格条件的规定(包括对贴现票据的规定和对申请机构的规定)与调整,能够改变或引导资金流向,可以发挥抑制扶持作用,主要着眼于长期的结构调整。再贴现政策还是中央银行扮演“最后贷款人”角色的途径,在保持金融稳定方面发挥着重要的作用。但是,再贴现政策也存在一定的局限性:①主动权并非只在中央银行;②再贴现率的调节作用是有限度的;③与法定存款准备金率比较而言,再贴现率虽易于调整,但由于它是中央银行利率,随时调整会引起市场利率的大幅波动,加大利率风险,干扰市场机制;④中央银行通过再贴现充当最后贷款人,有可能加大金融机构的道德风险。

(3)公开市场业务是指中央银行在金融市场上公开买卖有价证券,以此来调节金融机构的准备金和基础货币,进而影响市场利率和货币量的政策行为。同前两种货币政策工具相比，公开市场业务具有明显的优越性：①主动性强；②灵活性强；③调控效果和缓，震动性小；④告示效应强，影响范围广。

近年来，中国人民银行采用有别于传统货币政策工具的策略，所使用的货币政策新工具主要包括公开市场短期流动性调节工具（SLO）、常设借贷便利（SLF）、中期借贷便利（MLF）以及抵押补充贷款（PSL）等。

（1）SLO是央行公开市场常规操作的补充，以7天期内短期回购为主。

（2）SLF是金融机构根据自身流动性需求提出申请，主要由央行以抵押贷款方式发放，期限为1～3个月。由于SLF特有的"按需配给"原则，意味着其利率将成为短期资金利率上限，通过配合央行公开市场逆回购及SLO等操作利率，构成了货币市场利率的运行"走廊"。

（3）MLF类似于SLF，期限为3个月，但临近到期可能会重新约定利率并展期。商业银行可通过质押利率债和信用债获取借贷便利工具的投放。

（4）PSL可被视为是有抵押的再贷款，是一个既能够大量投放基础货币，又能更好地调配基础货币数量和流向，从而影响中期资金价格的政策工具。

从金融市场情况看，近期信用紧缩情况依然突出，实体经济的融资需求仍然偏弱。在此背景下，货币政策新工具的使用可看作用定向"松信用"的方式，将中央政府的财务杠杆放大化。

但是这些货币政策新工具的使用可能未能达到推动信贷扩张，引导利率（特别是中长期无风险利率）下行的政策目的。原因可能在于，当贷款从央行投放到其他金融机构，贷款利率虽然实际上低于市场利率，但贷款与资金流动领域的其他部分投向划分较为明确，难以作用于整个资金市场。同时，抵押品价值下降，企业缺乏现金流等因素，也导致银行信贷扩张意愿受限。因此，尽管上述货币政策新工具的投放规模还将扩张，但在短期内，宏观经济面临的下行风险和企业的融资难，压力仍不易得到根本解决。

2.（1）汇率作为联系经济体内部和外部的重要变量，具有双重性质。一方面，它是用一种货币表示的另一种货币的价格，属于货币层面的一个变量，因此必然要受到各种货币层面因素的影响；另一方面，汇率又取决于实体经济的状况，要对实体经济层面因素的变化做出反应。因此，影响汇率变动的因素包括：

①汇率变动由外汇供给与需求的对比变动所引起，而外汇供求状况又取决于由国际贸易往来和资本流动所引起的债权债务关系。

②人们之所以需要外国货币，是因为外币在其发行国具有购买力，相应地，人们需要本币也是因为本币在本国具有购买力，因此两国货币汇率的决定基础应是两国货币所代表的购买力之比。

③外汇市场上交易者的心理预期对汇率变化有显著影响。

④套利性的短期资本流动会使高利率国家的货币在远期外汇市场上贴水，而低利率国家货币将在远期外汇市场上升水，并且升贴水率等于两国间的利率差。

（2）汇率是重要的价格指标，影响经济主体的行为，影响本国（及贸易伙伴）的国际竞争力水平，影响进出口、资本流出入和国际收支状况，影响一国的产出和就业，进而对整体的宏观经济状况都产生重要影响。

①本币贬值,意味着可以提高本国商品的国际竞争力,能起到促进出口、抑制进口的作用;若本币升值,则有利于进口,不利于出口。

②真实汇率体现了物价变动对汇率的影响,反过来,汇率也会影响一国的物价水平。汇率的变动导致物价总水平的波动,其后果就不仅限于进出口,而且将影响整体经济。

③由于长期资本的流动主要以利润和风险为转移,汇率的变动对长期资本流动的影响较小,短期资本流动则常常受到汇率的较大影响。

④汇率变动对金融资产的选择有重要影响,由于汇率的变动影响本外币资产的收益率,因此本币汇率升值,将促使投资者更加倾向于持有本币资产;相反,外币汇率的升值,则会导致投资者将本币资产转换为外币资产。

(3)人民币汇率如此持续走高的原因主要可归纳为以下几个方面:

①我国国民经济的飞速发展,国际地位的逐步提高,在经济快速增长的情况下,我国的经济实力和竞争力发生了巨大的变化,汇率作为经济发展的反映,必将根据中国经济在国际上地位的变化,以及国内经济自身发展周期做出适当调整。

②对外贸易高速增长,“热钱”流入,使得人民币需求增加,也会给人民币升值增加压力。同时,汇率与国际收支有着密切的联系,国际收支理论表明,当一国有较大的国际收支逆差时,对外汇的需求大于外汇的供给,本币对外贬值,反之则会造成本币升值,我国的巨额贸易顺差作用于人民币汇率,使之遵循国际收支理论产生上升趋势现象。

③我国持有的巨额外汇储备,根据“国际收支决定论”认为,一国的国际收支状况是影响汇率最直接的因素之一。当一国有较大的国际收支逆差时,对外汇的需求大于外汇的供给,本币对外贬值;反之则会造成本币升值。而我国目前经常项目和资本项目双顺差的状况,使国内的外汇储备节节上升,因此人民币面临着潜在的升值压力。

(4)人民币升值的积极影响包括以下几个方面:

①改善产业结构。人民币升值会导致劳动力和资源成本增加,从而使中国原本依靠廉价劳动力和资源获取利润的低端产业规模减小,使得这些资源从低端产业中流出,流向高端产业。在市场竞争机制下,高端产业产品通过购买先进设备,采用先进技术,提高产品档次,有利于我国产业结构从劳动密集型向资本密集型发展,改善我国在国际分工中的地位。

②促进国内资源节约。当人民币升值时,如果出口产品定价能够相应提高,国外原材料价格就会相对便宜,我国企业价格会在价格机制的作用下,购买更多国外原材料。那么我国出口同量资源能够换回更多的国外资源,节约了我国原本紧张的资源,有利于国内资源的可持续发展。同时,本币升值所带来的产业结构的转变也会在技术上降低对资源的浪费,从而使国内资源消耗减少。

③可减少与外国的贸易摩擦,当前美国政府极力促进人民币升值,人民币升值虽然不能解决中美贸易巨大的差额问题,但也会间接起到缓解与美国、日本等主要贸易伙伴国在低价反倾销上的贸易摩擦的作用。而对于一个国家而言,“强币”是经济实力的重要体现,人民币升值必将会大大增强人民币在国际社会中的接受度。

④有利于提高人民币购买力。人民币的汇率提升,使得同样数量的人民币能够换得更多外汇,意味着人民的财富增加。同时,人民币升值使得进口商品价格下降,人们能够花同样多的钱购买更多的进口商品。同时,人们出国深造、旅游、购物等费用也会下降,增加了人

们出国的机会，提高了人们的生活质量水平。对企业而言，人民币升值降低了进口原材料的费用，节约了企业成本，增强了企业竞争力。

⑤人民币升值，对抑制通货膨胀有利，国家的潜在GDP能力由自然资源、人力资源、资本、技术水平决定。当需求强劲，使国家的经济达到潜在GDP能力时，再有增量的需求就只能带动物价的上涨而不能再促进实际GDP的增长。因此，当总需求过于旺盛时，政府就应采取必要的措施给经济降温，从而降低通货的压力。因为GDP＝C＋I＋G＋X，如果人民币升值，则国内产品的国际竞争力将下降，从而净出口将减少，实际GDP将回到潜在GDP能力以下，国内通货的压力也将降低。

(5)人民币升值的消极影响包括以下几个方面：

①抑制出口，增加进口。我国经济的发展依赖于出口的不断上涨，而人民币升值必然会增加出口企业的生产成本和劳动力成本，降低出口产品在国际上的竞争力，势必导致出口行业的不景气，从而影响国内经济。同时，进口产品增多，不仅会使得贸易顺差转逆差，还会给国内企业带来强大的竞争力。

②外汇储备面临缩水，充足的外汇储备是我国综合实力的重要标志，有利于我国开展多种国际贸易活动。然而，人民币的升值必将使得大量储备的美元大幅缩水，国家也将会遭受巨大的外汇损失。

③人民币升值将导致中国产品出口价格大幅提高，中国产品将失去价格竞争力，对出口行业和外商投资造成影响，最终将使我国失业率上升。

④容易助长经济中的泡沫和投机行为，金融风险加大。出于资本逐利的本能，在人民币升值预期的作用下，国际游资大量流入，短期套利动机非常明显，将导致投机不可避免地盛行，扰乱了金融市场秩序。我国金融监管体系还不健全，有可能导致金融风险，同时我国居民在人民币升值的呼声下，也将资金大量投资于股市和房地产等行业进行投机活动，这助长了经济中的泡沫。

2015年中山大学431金融硕士真题参考答案

一、单项选择题

1. B

基础货币是央行的负债。商业银行向央行归还借款，央行的负债减少，基础货币也减少。

2. A

在凯恩斯主义经济理论中，把经济划分为家庭、企业、政府和国外部门。相应地，总需求分为四部分，即总需求(Y)＝消费(C)＋投资(I)＋政府购买(G)＋净出口(NX)。

3. B

货币发行的准备制度是指中央银行在货币发行时以某种金属或某几种形式的资产作为其发行货币的准备，从而使货币的发行量与发行准备的数量之间建立起联系和制约关系的制度。在现代信用货币制度下，中央银行发行货币的准备有两大类：现金准备，证券准备。而在金属货币制度下，货币发行则以法律规定的贵金属或银作为发行准备。

4. D

超额存款准备金是金融机构存放在中央银行、超出法定存款准备金的部分。

5. B

中央银行抛售债券，回收货币，基础货币减少，货币供给减少，意味着货币政策收紧。

6. D

目前外币不能在国内流通，并没有将其计入货币供给的范围，只将其视为影响本币供给的因素。所以计入 M3。

7. C

凯恩斯理论认为利率是决定货币需求的重要因素。

8. A

金平价是指金本位制下，货币的汇价应该等于货币的含金量之比，是决定汇率的基础。

9. C

经常账户反映一国与他国之间的实际资产的流动，包括货物、服务、收入和经常转移四个项目。资本账户包括资本转移和非生产、非金融资产的收买或出售。金融账户包括直接投资、证券投资(间接投资)和其他投资(包括国际信贷、预付款等)。购买国外的股票属于证券投资，应计入金融账户。

10. C

外汇掉期是指在同一个外汇市场上同时进行买卖期限不同而金额相等的外汇交易的行

为。套汇是指利用不同外汇市场的外汇差价，在某一外汇市场上买进某种货币，同时在另一外汇市场上卖出该种货币以赚取利润的行为，是套利的一种。外汇投机是指根据对市场的判断，把握机会，利用外汇市场出现的价差进行买卖，从中获取利润的交易行为。

11. C

布雷顿森林协议规定：国际货币基金组织会员国份额的25%以黄金或可兑换成黄金的货币缴纳，其余则以本国货币缴纳。

12. B

国际金本位制度是以黄金作为国际本位货币的制度，其特点是各国货币之间的汇率由各自的含金量比例决定，黄金可以在各国间自由输出输入，国际收支具有自动调节机制；浮动汇率制度是指汇率完全由市场的供求决定，政府不加任何干预的汇率制度；布雷顿森林货币体系是指第二次世界大战后以美元为中心的国际货币体系；混合本位制是指货币发行以部分商品和部分信用为基础，既可以是浮动汇率制，也可以是固定汇率制。

13. A

筹资风险是指企业因借入资金而产生的丧失偿债能力的可能性和企业利润（股东收益）的可变性。负债的偿还额是固定的，因此很容易由于经营不善而无法偿还，筹资风险较大。相对而言，股权的筹资风险较小。

14. D

在完全竞争市场中，要素价格等于最小平均成本、等于边际成本，而经济租金等于要素收入与其机会成本之差，即经济租金为零。

15. B

现金具有普遍的可接受性，是流通性最强的资产，但基本上没有盈利性。

16. C

根据MM第二定理有：8%＋(8%－5%)×(1－40%)＝9.8%。

17. C

贝塔是一种评估证券系统性风险的工具，用以度量一种证券或一个投资证券组合相对总体市场的波动性。系统性风险即市场风险，即指由整体政治、经济、社会等环境因素对证券价格所造成的影响。

18. C

如果在一个证券市场中，价格完全反映了所有可以获得的信息，那么称这样的市场为有效市场。根据有效市场假说理论，不能通过任何方法预测资产收益，资产收益是随机变化的。

19. B

流动性偏好理论认为，投资者在接受长期债券时就会要求对他接受的与债券的较长的偿还期限相联系的风险给予补偿，这便导致了流动性溢价的存在。在这里，流动性溢价便是远期利率和未来的预期即期利率之间的差额。

20. D

股票价格下跌，股票在到期日的价格低于执行价格的概率增加，看跌期权的价格将上升；股票在到期日的价格高于执行价格的概率降低，看涨期权的价格将下降。

二、名词解释

1. 流动性溢价理论是利率期限结构理论的一种，它认为长期债券的收益率高于短期利率是因为短期债券的流动性要高于长期债券，易于变现，人们购买长期债券在一定程度上牺牲了流动性，所以要求得到补偿。由于投资者大多不太愿意购买长期债券，因此在利率设计上需要两年的利率要高于连买两个一年期的利率收益。这个理论也就很好地解释了长短期债券市场的价格联系以及为什么长期债券的利率通常高于短期债券。

2. 货币中性是指在长期中，货币供应量的一次性、一定百分比的上升，将被价格水平相同比例的上升所抵消，从而使实际货币供应量和利率等其他所有经济变量保持不变。此时，货币只是一种面纱，货币经济类似于物物交易经济。这一观点从根本上否定了规则的货币政策对经济周期的调节作用，并认为只有对未被预期到的通货膨胀采取适当的货币政策才可以提高实际经济水平。

3. 在世界经济尤其是区域经济一体化发展的大背景下，货币一体化开始成为国际金融界的一个研究热点，并在部分国家和地区出现尝试性实践。根据区域内各国货币合作的程度，可将货币一体化分为三个层次：一是区域货币合作；二是区域货币同盟，这是区域货币合作形式的深入发展；三是通货区，它是货币一体化的一种高级表现形式。与其直接相关的最适度通货区理论，最早见于对固定汇率安排和浮动汇率安排的争论中，其内容主要是结合某种经济特征来判断汇率安排的优劣，并说明何种情况下实行固定汇率安排和货币同盟或货币一体化是最佳的。

4. 持续增长率是指公司在不改变财务杠杆（即不改变其发行在外的股票数量）的情况下，仅利用内部股权融资（主要指留存收益）所能达到的最高增长率。持续增长率可按以下公式计算：

$$持续增长率=\frac{留存比率\times ROE}{1-留存比率\times ROE}$$

式中，ROE＝销售利润率×总资产周转率×权益乘数。

5. 资本市场线是指投资者可以从资本市场上所获得的所有有效证券组合的点集合。投资者将在由无风险资产与风险资产共同构成的有效边界上选择符合自身风险偏好的资产组合。由于这一有效边界是一条直线，故所有投资者将选择同样的风险与收益替代关系。

三、计算题

1. (1)当利率发生变化时，由于资产和负债是由不同收益率、面值和到期的存贷款或各种证券组成的，对利率的敏感性不可能相等，必然存在一定差距，这个差距就称为资产负债缺口。缺口大，表明利率变动时市场价值变动也大，给银行经营带来较大的利率风险；反之，缺口小，则给银行带来的风险就小。利用缺口对利率风险进行度量就是所谓的资产负债缺口分析。市场利率上升将影响以浮动利率计算的资产和负债，而不会影响以固定利率计算的资产。根据题意，缺口＝利率敏感性资产－利率敏感性负债＝30－20＝10(亿元)；利润变化＝缺口×利率变动幅度＝10×5%＝0.5(亿元)。所以，银行的利润将增加0.5亿元。

(2)市场风险，也叫利率风险。这是一种因市场利率变动引起资产价格变动或银行业务使用的利率跟不上市场利率变化所带来的风险。可以降低利率风险的措施有：

①进行利率敏感性缺口管理。利率敏感性缺口管理就是在银行对利率预测的基础上，调整计划期内的利率敏感性缺口的正负和大小，以维持或提高利润水平。当预测利率将要上升时，银行应尽量减少负缺口，力争正缺口；当预测利率将要下降时，则设法把利率敏感性缺口调整为负值。利率敏感性缺口管理的关键是对缺口的调整，而调整的基础是对资产负债结构的利率敏感程度的分析，所以银行资产配置状况的利率敏感性程度分析是利率敏感性缺口管理的基础。

②进行持续期缺口管理。当市场利率变动时，不仅仅是各项利率敏感资产与负债的收益与支出会发生变化，利率不敏感的资产与负债的市场价值也会不断变化。持续期缺口管理就是银行通过调整资产负债的期限与结构，采取对银行净值有利的持续期缺口策略来规避银行资产与负债的总体利率风险。一般来说，当持续期缺口为正时，银行净值价值随着利率上升而下降，随利率下降而上升；当持续期缺口为负时，银行净值价值随市场利率升降而同方向变动；当持续期缺口为零时，银行净值价值免遭利率波动的影响。

③通过金融衍生工具套期保值。套期保值是指利用与浮动利率资产和负债相关的套期保值工具，如利率远期、利率期货、利率期权和利率互换等，对冲掉大部分由于利率变动而引起的利润变化，规避利率风险。随着金融工程技术的不断深化，金融衍生工具的创新与应用得到了极大的发展。利用金融衍生工具进行利率风险管理，在不改变银行资产负债表结构的同时，有效地改善了银行风险暴露头寸，补充了传统银行利率风险管理方法的不足，提升了商业银行管理利率风险的技术与灵活性。

2.(1)已知持有的资金是100万美元，美元对英镑的即期汇率是1.25，则可兑换的英镑是：100/1.25＝80(万英镑)。

(2)已知英国的存款利率是每年4%，一年以后，持有的英镑＝80×(1＋4%)＝83.2(万英镑)。

(3)已知美国的存款利率是每年6%，一年以后，100万美元存款＝100×(1＋6%)＝106(万美元)。

(4)根据无抛补的利率平价理论，投资于美元和投资于英镑的收益应该相同，否则会产生套利。所以，一年期的远期汇率＝106/83.2＝1.274(美元/英镑)，即一年期的远期汇率应该是1.274美元/英镑。

(5)美元的预期贬值率$=\left(\frac{1}{1.25}-\frac{1}{1.274}\right)\Big/\frac{1}{1.25}=1.88\%$，根据国际费雪效应公式，美元的预期贬值率约等于美元存款和英镑存款的利率差。

3.(1)每股收益＝净利润/发行在外的股票数＝0.3(元/股)。根据*CAPM*模型，股票的期望收益率为：$R_s=R_F+\beta\times(R_M-R_F)=10\%$，所以股票价格＝每股收益/期望收益率＝0.3/10%＝3(元)。

(2)公司负债B＝5 000万元，公司权益S＝5 000×3＝15 000(万元)。加权平均资本成本为：

$$WACC=\frac{S}{S+B}\times R_s+\frac{B}{S+B}\times R_B\times(1-t_c)=9\%$$

(3)设公司以价格 p 回购股票。调整资本结构后，股票的期望收益率＝4%＋1.3×(9%－4%)＝10.5%。债务总量为10 000万元，每年应付利息＝5 000×80%＋5 000×8.5%＝825（万元），此时平均债务成本 RB＝8.25%。公司的每股收益＝$\frac{(2\,400-825)\times(1-25\%)}{5\,000-5\,000/p}$，股票价格 $P=\frac{\text{每股收益}}{\text{期望收益率}}=\frac{9p}{4(p-1)}$，解得 P＝3.25。改变资本结构后，公司价值＝负债＋所有者权益＝5 000＋3.25×5 000＝21 250(万元)。

所以公司应该以每股3.25元的价格回购股票，资本结构改变后公司价值变大，故应该改变资本结构。

4.(1)风险资产组合的均值为：$E(r_p)=0.5E(r_A)+0.5E(r_B)=0.5(0.5+2.0)E(r_M)=10\%$。

风险资产组合的方差为：$\sigma_p^2=0.5^2\sigma_A^2+0.5^2\sigma_B^2+2\times0.5^2\sigma_{AB}^2=0.087\,5$。

(2)设甲在风险资产组合的投资比例为 w。

$U=w\times10\%+(1-w)\times5\%-2.5\times0.087\,5w^2=0.05+0.05w-0.218\,75w^2$，当 $w=0.114\,3$ 时，效用函数最大，即甲在风险资产组合上的最优的投资比例为0.114 3。

(3)总风险为：$0.087\,5w^2=11.431\times10^{-4}$；

非系统风险为：$w^2[0.5^2\sigma^2(e_A)+0.5^2\sigma^2(e_B)]=0.025w^2=3.27\times10^{-4}$；

系统风险＝总风险－非系统风险＝8.16×10^{-4}。

三、分析与论述题

1.(1)外汇市场干预是指货币当局在外汇市场上的任何外汇买卖，以影响本国货币的汇率的行为。外汇市场干预的途径主要有：

①中央银行在外汇市场上进行即期交易。

②中央银行通过远期交易对远期汇率进行交易，进而对即期汇率产生作用，从而达到中央银行预定的政策目的。例如，如果本币存在明显的升值压力，中央银行就可以卖出远期人民币来调节远期汇率，从而稳定即期汇率，阻止投机性外汇交易。

③中央银行通过掉期交易干预市场能够同时影响多个金融市场的运行。掉期交易是指中央银行在外汇市场上进行不同期限和不同方向的组合交易。

④中央银行可以通过外汇回购交易进行谨慎的市场微调。

(2)央行实施上述“非常规货币政策”有以下目的：

①调整经济结构。传统的三大货币政策都属于对货币总量的调节，以影响整个宏观经济。当经济领域中某一部分的货币供给不足时，用传统的货币政策不能起到理想的效果。针对特定领域的“非常规货币政策”能够减少货币政策对其他领域的影响，同时又起到调节该领域货币供给的作用，拉动特定领域的发展，对调节经济结构具有重要意义。

②刺激经济发展。在经济周期下行期间，经济增长压力增大，而当前信贷规模又增长过快。在这种情况下，传统的货币政策会进一步拉大通货膨胀，有可能对经济发展造成不利影响。因此，在不对货币总量开闸放水的条件下，央行可以针对某些领域开闸放水，以此拉动整个经济的增长，减少经济下行压力。

③政策性扶持。对农业、某些金融等领域的定向投入基础货币，是为这些领域注入新鲜

的血液，有利于拉动这些领域的发展，体现了政府对基础项目的大力扶持，有利于经济结构平衡发展。

(3)结构性货币政策相对传统的货币政策来说有一定的优势和局限性。结构性货币政策的优势有：

①能够更好地发挥危机救助的功能，当危机发生后，很可能受“流动性陷阱”的约束，总量型货币政策的操作空间及传导机制无法发挥作用。而央行可以凭借结构性货币政策向金融市场注入大量流动性，提高金融机构的资金可得性。这在恐慌情绪导致金融市场流动性迅速枯竭之际，对提振资本市场的信心、阻止系统性金融风险的蔓延均具有积极意义。

②能够引导信贷流向，如果商业银行出现“惜贷”的问题。总量型货币政策虽能改善商业银行的放贷能力，但却未必能够提振商业银行的放贷意愿。这时候传统货币政策传导机制遇到了梗阻，而结构性货币政策的要义是将央行的基础货币注入与商行的放贷行为更紧密地挂钩，以提升对经济发展中的重点和薄弱环节的金融支持，积极引导信贷资金流向。

然而，由于难以绕开信贷传导渠道，结构性货币政策在实施过程中也存在局限性：

①难以明晰最终目标。与传统的操作目标—中介目标—最终目标的货币政策传导途径不同，由于被赋予结构调整这一带有财政政策色彩的职能，结构性货币政策往往尽可能地诉诸从操作目标到最终目标的直接传导。结构性货币政策的最终目标却往往难以界定。货币政策的最终目标一般有四个，即充分就业、稳定物价、促进经济增长和国际收支平衡，但这四者都不是结构性货币政策实施的终极目的。如果硬要把结构调整作为结构性货币政策的最终目标，由于其概念太过宽泛，在实践中往往很难找到一个可以衡量和观测的指标。

②难以调节银行惜贷。在经济下行背景下，结构性货币政策虽可设计出激励银行放贷的机制，却难以化解银行不愿放贷背后的深层次矛盾。其根源在于，央行的宽松意愿与银行的风险管理出现背离。经济下行导致企业普遍不景气，信用风险更容易发酵暴露。此时银行若一味按照央行意愿行事，比如扩大向中小企业放贷，无疑可能加大其坏账反弹和资本充足率下降的风险。

③不能避免双重道德风险的问题。由于实施过程中的信息不对称，结构性货币政策难以有效规避银行和企业的套利行为。对银行而言，由于结构性货币政策往往在银行的负债端给予低成本的流动性(以激励其放贷)，银行在资产端便有了更多空间去实施套利。

2.(1)不能。在浮动汇率的情况下，BP 曲线是向右上方倾斜的直线，只有利率上升，吸引国际资本流入，以弥补收入上升带来的进口增加所造成的国际收支不平衡。要提高产出，当然是实施宽松的财政政策，在初始国内均衡时，IS 曲线与 LM 曲线相交于点 A，点 A 位于 BP 曲线上。实行宽松的财政政策，IS 曲线将右移，新的均衡点为点 B。点 B 位于 BP 曲线上方，相对于国际收支平衡的水平而言，产出偏低，利率偏高，所以带来了国际收支顺差，外汇市场外币需求小于供给，导致本币升值。观察 IS 曲线、BP 曲线的表达式可以发现，本币升值会使得自发出口减少，从而 BP 曲线、IS 曲线左移成为 BP' 曲线、IS'' 曲线。在 IS 曲线、BP 曲线左移的过程中，它们与 LM 曲线交于点 C，达到新的内外均衡，此时的利率和产出都比点 A 有所提高，本币有所升值，贸易赤字增加，故仅仅通过财政政策不能在提高整个国家的总产出 Y 的同时降低国家的贸易赤字水平。

(2)不能。要提高产出，必须实行宽松的货币政策。如图所示，在初始国内均衡时，IS

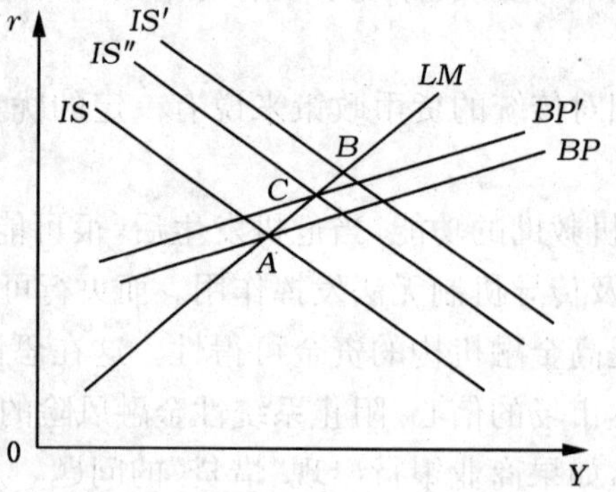

曲线与LM曲线相交于点A，点A位于BP曲线上。实行宽松的货币政策，LM曲线将右移，新的均衡点为点B。点B位于BP曲线下方，相对于国际收支平衡的水平而言，产出偏高，利率偏低，所以带来了国际收支逆差，外汇市场外币需求大于供给，导致本币贬值。观察IS曲线、BP曲线的表达式会发现，本币贬值会使得自发出口增加，从而BP曲线、IS曲线右移成为BP'曲线、IS'曲线。在IS曲线、BP曲线右移的过程中，它们与LM曲线交于点C，达到新的内外均衡，此时的产出比原先有所提高，本币有所贬值，贸易赤字增加，故仅仅通过货币政策不能在提高整个国家的总产出Y的同时降低国家的贸易赤字水平。

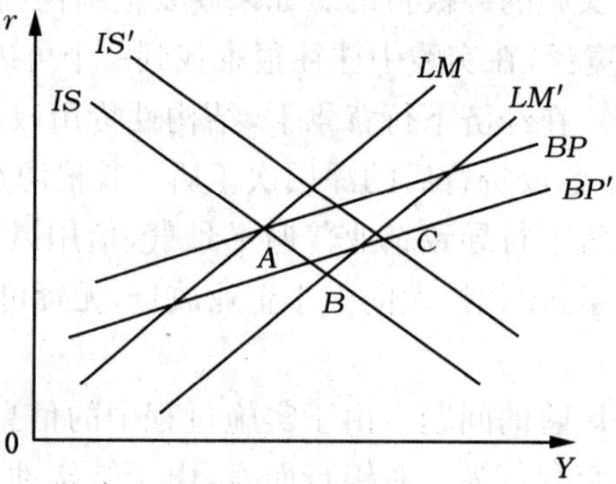

(3)不能。如图所示，固定汇率制下，资本完全不流动，BP为垂直线，即外部平衡仅仅由贸易余额决定。在初始国内均衡的条件下，利率和产出水平位于IS曲线、LM曲线的交点A上，A同时处于BP曲线上。若实行宽松的货币政策或财政政策，产出水平超过了能使国际收支平衡的水平，造成国际收支逆差。在此情况下，市场会产生自发调节。国际收支逆差导致外汇市场上的本币需求减少，外币需求增加，中央银行需要买入本币、卖出外币来维持固定汇率，这样就减少了货币供给，LM曲线左移到LM'，利率上升，产出下降，国际收支平衡，最终产出不变。所以只使用货币政策或者只使用财政政策不能达到降低贸易赤字水平同时提高国民总产出的目标。

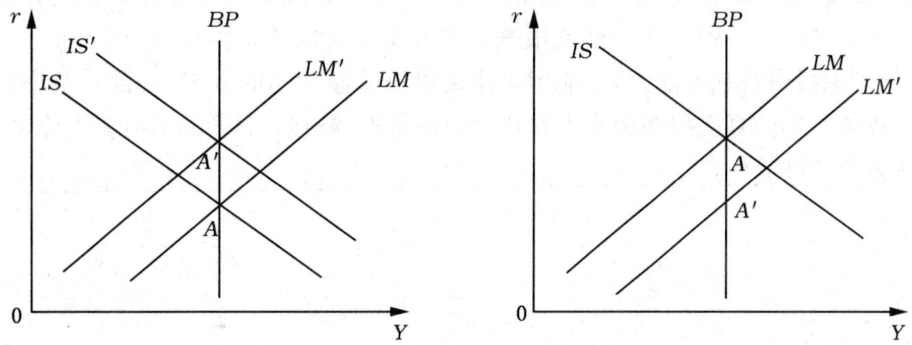

3. 净现值法(NPV)指的是将投资方案所产生的现金净流量以资金成本为贴现率折现之后与原始投资额现值的差额。净现值法按净现值大小来评价方案优劣,净现值大于零则方案可行,且净现值越大,方案越优,投资效益越好。

内部收益率法(IRR)指的是用内部收益率来评价项目投资财务收益的方法。所谓内部收益率,就是资金流入现值总额与资金流出现值总额相等,净现值等于零时的折现率。

首先,净现值是一个价值型指标,其经济含义是投资项目在整个寿命期内获得的超过最低期望收益水平的超额净收益现值总和。内部收益率是一个效率型指标,其经济含义的表述方式较多,常见的表述是投资项目寿命期内尚未收回投资余额的盈利率,反映了投资额的回收能力。净现值和内部收益率指标都隐含了投资项目的各年净现金流量全部用于再投资的假说。但净现值指标假设投资项目各年(各期)净现金流量(投资净收益)均按基准折现率再投资。而内部收益率则假设投资项目各年(各期)净现金流量(投资净收益)均按内部收益率再投资,将 IRR 的定义式进行简单的变换即可。

其次,净现值的再投资假设更合理。因为用内部收益率法计算的收益率可能只适合该特定项目,一般情况下投资项目各年投资净收益是很难按该项目的内部收益率再投资的,故内部收益率的再投资假设是不合理的。而必要报酬率在某种程度上衡量了整个资产的平均报酬率,公司可以较容易地将所得资金再投资于类似的项目,所以净现值指标按投资者期望达到的最低贴现率水平再投资的假设要更为合理。

最终可以选择其一,或者同时放弃两者,但不能同时采纳的两个项目称为互斥项目。一般情况下,净现值和内部收益率指标对投资方案的采纳与否的结论是一致的。但是,当对互斥方案组进行评价排序时,净现值和内部收益率指标可能产生不一致的结论(产生冲突)。对于互斥项目,两者得出评价结论不一致的原因有两种:(1)项目收回成本的速度不同。收回成本速度快的项目即使内部收益率比收回成本速度慢的项目高,但在必要报酬率较低时,由于收回成本速度慢的项目的现金流更靠后,此项目的靠后现金流的贴现值更大,它的 NPV 可能更大。(2)两个项目的现金流量不同。融资型现金流量是指一开始有一个正的现金流量,其后有负的现金流,即先借后还;投资型现金流量是指一开始有一个负的现金流,其后有正的现金流即先贷款后收款。对于 IRR 相同的两个不同现金流量的项目,必要报酬率高时,融资型现金流量的净现值为正,接受融资型现金流量项目;反之则接受投资型现金流量项目。

最后,净现值法和内部收益率法都是对投资方案未来现金流量计算现值的方法。净现值法的优点是考虑了投资方案的最大报酬水平和资金时间价值的分析,缺点是 NPV 为绝对数,不能考虑投资获利的能力,不能用于比较投资总额不同的方案;内部收益率法的优点是考虑了投资方案的真实报酬率水平和资金时间价值,缺点是计算过程比较复杂烦琐,还有可能出现多个 IRR。

2015年南开大学431金融硕士真题参考答案

一、名词解释

1. 基础货币(Monetary Base),也称货币基数、强力货币、初始货币,因其具有使货币供应总量成倍放大或收缩的能力,又被称为高能货币。它是中央银行发行的债务凭证,表现为商业银行的存款准备金(R)和公众持有的通货(C)。基础货币=法定准备金+超额准备金+银行系统的库存现金+社会公众手持现金。

2. 利率平价定理(Interest Rate Parity Theory)认为两个国家利率的差额相等于远期兑换率及现货兑换率之间的差额。利率平价理论可分为无抛补的利率平价和抛补的利率平价两种。

3. 抵押支持证券(Mortgage-Backed Security,MBS)是一种标准化的债务证券,它可以以较低的成本将高风险抵押贷款打包,并量化其违约风险,从而为这些抵押贷款提供一种新的融资来源。

4. 流动性陷阱(Liquidity Trap)是凯恩斯提出的一种假说,是指当一定时期的利率水平降低到不能再低时,人们就会产生利率上升而债券价格下降的预期,货币需求弹性就会变得无限大,即无论增加多少货币,都会被人们储存起来。发生流动性陷阱时,再宽松的货币政策也无法改变市场利率,使得货币政策失效。

根据凯恩斯的理论,人们对货币的需求由交易需求和投机需求组成。在流动性陷阱下,人们在低利率水平时仍愿意选择储蓄,而不愿投资和消费。此时,仅靠增加货币供应量就无法影响利率。如果当利率为零时,即便中央银行增加多少货币供应量,利率也不能降为负数,由此就必然出现流动性陷阱。

5. 有效久期(Effective Duration)是由弗兰克·法波齐提出的用于衡量久期的一种方法,是指在利率水平发生特定变化的情况下债券价格变动的百分比。它直接运用不同收益率变动为基础的债券价格进行计算,这些价格反映了隐含期权价值的变动。有效久期不需要考虑各期现金流的变化情况,不包含利率变化导致现金流发生变化的具体时间,而只考虑利率一定变化下的价格总体情况。因此,有效久期能够较准确地衡量具有隐含期权性质的金融工具的利率风险。

6. 利率敏感性管理。利率敏感性分析中的风险敞口是指一定时期内利率敏感性资产与利率敏感性负债的差额。银行通过对敏感性资产和敏感性负债的管理来控制管理风险。利率敏感性缺口管理就是在银行对利率预测的基础上,调整计划期内的利率敏感性缺口的正负和大小,以维持或提高利润水平。当预测利率将要上升时,银行应尽量减少负缺口,力争正缺口;当预测利率将要下降时,则设法把利率敏感性缺口调整为负值。利率敏感性缺口管理的关键是对缺口的调整，而调整的基础是对资产负债结构的利率敏感程度的分析，所以银行资产配置状况的利率敏感性程度分析是利率敏感性缺口管理的基础。

二、简答题

1. 货币学派主要以弗里德曼为代表，其货币需求理论的一个具有代表性的公式为：

$$\frac{M_d}{P}=f\left(y,r_b,r_e,\frac{1}{P}\cdot\frac{dP}{dt},w,r_m,u\right)$$

式中，M_d/P 为实际货币需求；y 为实际恒久性收入；w 为非人力财富占个人总财富的比率或得自财产的收入在总收入中所占的比率；r_m 为货币预期收益率；r_b 为固定收益的债券利率；r_e 为非固定收益的证券利率；$\frac{1}{P}\cdot\frac{dP}{dt}$ 为预期物价变动率；u 为反映主观偏好及客观技术与制度等因素的综合变数。

(1)恒久性收入是弗里德曼分析货币需求中所提出的概念，可以理解为预期未来收入的折现值，或预期的长期平均收入。货币需求与它正相关。强调恒久性收入对货币需求的重要作用是弗里德曼货币需求理论的一个特点。

(2)弗里德曼把财富分为人力财富和非人力财富两类。他认为，对大多数财富持有者来说，他的主要资产是个人的能力。但人力财富很不容易转化为货币，所以，在总财富中人力财富所占的比例越大，出于谨慎动机的货币需求也就越大；而非人力财富所占的比例越大，货币需求则相对越小。这样，非人力财富占个人总财富的比率与货币需求成负相关关系。

(3)r_m、r_b、r_e 和$\frac{1}{P}\cdot\frac{dP}{dt}$在其货币需求分析中被统称为机会成本变量，即能从这几个变量的相互关系中衡量出持有货币的潜在收益或损失。

(4)物价变动率同时也就是保存实物的名义报酬率。物价向上的变动率越高，其他条件不变，货币需求量越小。把物价变动纳入货币需求函数，是通货膨胀的现实反映。在其他条件不变时，货币以外其他资产如债券、证券收益率越高，货币需求量越小。u 是一个代表多种因素的综合变数，因此可能从不同的方向上对货币需求产生影响。

(5)u 是一个代表多种因素的综合变数，因此可能从不同的方向上对货币需求产生影响。

对于货币需求，它最具有概括性的论断是：在货币需求函数中起重要作用的只有恒久性收入。由于恒久性收入的波动幅度比现期收入的波动幅度小得多，因而货币需求函数相对稳定，这就意味着货币流通速度(恒久性收入除以货币存量)也是相对稳定的。认为货币流动速度稳定和货币需求对利率不敏感，是弗里德曼的货币需求理论与凯恩斯的货币需求理论之间的主要差异。

2. 1936 年，凯恩斯在《就业、利息和货币通论》中提出了他的货币需求理论——流动性偏好理论。所谓流动性偏好，是指人们宁愿持有流动性高但不能生利的货币，而不愿持有其他能生利但不易变现的资产这样一种心理倾向。这种流动性偏好实质上就是人们对货币的需求。凯恩斯的货币需求动机主要有三个，即交易动机、预防动机和投机动机。

(1)交易动机，是指为了日常交易而产生的持有货币的愿望。货币需求的交易动机又可分为个人交易动机与企业的营业动机。个人和企业为了满足日常支付和交易需要，必须持有一定量的货币。而持有的货币数量则要取决于个人收入与支出的间隔长短和企业销售收入与费用支出之间的时间间隔长短。一般来说，满足交易动机的货币需求的数量取决于收入水平，并与收入多少成正比，所以可将交易动机的货币需求看作收入的递增函数。

(2)预防动机，是指为应付紧急情况而产生的持有货币的愿望。凯恩斯认为，未来是不确定的，现实经济生活中经常有各种意外需要货币。为提防不虞之支出，或抓住未能预见的有利进货时机，人们必须在持有交易的货币之外，再保留一定的货币余额，这就是所谓的预防动机的货币需求。由于这部分货币主要也是作为流通手段和支付手段，受到收入水平的影响，所以预防动机的货币需求也是收入的递增函数。

(3)投机动机，是指人们根据对市场利率变化的预测，需要持有货币以便从中获利的动机。凯恩斯假设，人们只能在货币和债券这两种资产中选择持有财富的形式，由于债券价格与利率成反向变动，因而预期利率上升者将售出债券、持有货币，以便在债券价格下跌后，能以低价买进债券。而预期利率下降者则将减少持有货币、买入债券，以便在债券价格上升时高价卖出债券，从中获利。凯恩斯称这种与利率高低有关的货币需求为投机性货币需求，投机动机的货币需求是凯恩斯货币需求理论中最有特色的内容。所谓投机动机的货币需求，实际上是指人们对闲置货币余额的要求，而不是对交易媒介的需求。投机动机的货币需求与现实利率水平呈负相关，而与预期利率升降成正相关。现实利率水平高，或人们预期利率水平下降，则投机动机的货币需求减少；现实利率水平低，或人们预期利率水平上升，则投机动机的货币需求增加。

由于凯恩斯的货币需求表现为人们的流动性偏好，所以他以 L 表示流动性偏好，即货币需求函数。又由于交易动机和预防动机的货币需求都是收入的增函数，而投机动机货币需求是利率的递减函数。所以，可将总的货币需求 M 分解为两部分：满足交易动机和预防动机的货币需求 M_1 和满足投机动机的货币需求 M_2。若以 y 表示收入，i 表示利率，L_1 表示 M_1 与 y 的函数关系，L_2 表示 M_2 与 i 的函数关系，则凯恩斯的货币需求理论可用下列函数式来表示：$M=M_1+M_2=L_1(y)+L_2(i)=L(y,i)$。

凯恩斯货币需求理论的政策含义：凯恩斯的货币需求理论为其提出解决失业问题的政策措施提供了理论基础。凯恩斯的整个经济理论体系是将货币通过利率与投资、就业和国民收入等实际经济因素联系起来的。利率由货币的供给和需求共同决定，其中，货币供给量取决于中央银行，货币需求取决于人们心理上的流动性偏好。利率与投机性的货币需求呈反比例变化关系，而利率与投资呈反比。在偏好一定的条件下，中央银行通过改变货币供给量，就能影响利率，从而影响投资和产出水平。因此，当经济不景气时，中央银行通过采取扩张性的货币政策就能达到刺激经济发展、减少失业的目的。当然，这些影响都取决于人们的心理因素，特别是当经济严重衰退、人们的投资需求严重不足时，会出现投资对利率缺乏弹性，此时，利率变动不会影响投资。而当利率降到一定水平后，货币供给改变(增加)不会使利率降低，投机性货币需求变得无穷大时出现了流动性陷阱，此时，货币政策也是无效的。

3. 银行之所以需要保有一定规模的资本，与银行的资本充足性的要求有关。所谓银行的资本充足性，是指银行资本数量必须超过金融管理当局所规定的能够保障正常营业并足以维持充分信誉的最低限额；同时，银行现有资本或新增资本的构成，应该符合银行总体经营目标或所需资本的具体目的。随着金融竞争的日益激烈,商业银行的经营风险增大,自身拥有充足的资本和监管当局对银行资本充足性要求都具有十分重要的意义。

商业银行进行资本充足性管理主要有两方面的原因:(1)《巴塞尔协议》明确规定了商业银行的资本充足率要超过8%。因此,商业银行为了满足《巴塞尔协议》的要求,必须对自身的资本充足性进行管理。(2)商业银行因为自身风险控制的原因也需要对资本充足性进行管理。因为商业银行与普通工商企业不同,普通工商企业的杠杆率一般不会超过1倍,而商业银行的杠杆率都在8倍以上。当然这有银行业务的特殊原因,但是在这样高的杠杆率下控制风险就显得尤为重要。保持高的资本充足率能有效降低银行经营的风险。不过另一方面,高资本充足率也意味着银行经营成本的提高。银行是以盈利为目的的企业,控制成本也是其一项重要的事情,因此把资本充足率控制在有效并且适度的范围内对于银行经营来说至关重要。这也是银行进行资本充足性管理的原因。

4. 20世纪70年代末80年代初,金融管制逐渐放松,银行的业务范围越来越大,同业竞争加剧,这使银行在安排资金结构和保证获取盈利方面困难增加,客观上要求商业银行进行资产负债综合管理,由此产生了均衡管理的资产负债管理理论。由于金融机构的资产为各种放款及投资,而负债主要为各种存款、费用收入或投资人委托之资金。因此资产负债管理的目的,即在于使银行以有限的资金,在兼顾安全性、流动性、获利性及分散性的情况下,进行最适当的资产与负债的分配。

(1)该理论的主要特点有:

①综合性,即资产和负债管理并重;

②适应性,即根据经济环境的变化不断调整自己的经营行为,加强动态管理。

(2)该理论提出的基本经营原则有:

①总量平衡原则,即资产与负债规模相互对称、统一平衡;

②结构对称原则,即资产和负债的偿还期及利率结构对称;

③分散性原则,即资金分配运用应做到数量和种类分散。

(3)资产负债管理的主要技术方法。

①缺口管理法。此方法分为两种:一种是利率敏感性缺口管理方法。基本思路是:银行可以根据利率变动的趋势,通过扩大或缩小利率敏感性资产与利率敏感性负债之间缺口的幅度,来调整资产和负债的组合及规模,以达到盈利的最大化。另一种是持续期缺口管理方法。具体做法是:在任何一个既定时期,计算资产加权平均到期日减负债加权平均到期日的差额,即持续期缺口。如该缺口为正,说明资金运用过多;反之则说明资金运用不足,应根据外部环境进行调控。

②利差管理法,即控制利息收入和利息支出的差额,以便适应银行的经营目标。主要手段有:第一,增加利差,即控制利息收入和利息支出的差额,以便适应银行的经营目标;第二,创新金融衍生工具及交易方式,即运用金融期货交易、金融期权交易、利率互换等衍生工具,进行利差管理与资产的避险保值。

5. 股票估计主要分为绝对估值法和相对估值法。

(1)绝对估值法包括股利贴现模型、股权自由现金流贴现模型和超额收益率贴现模型,它们各自的适用条件如下:

①股利贴现模型(*DDM*)。该模型认为股票的内在价值等于预期未来股利的现值之和，基于对未来股利变动的不同预期，股利贴现模型可分为零增长模型、不变增长模型和多阶段增长模型，是一种收入资本化的定价方法。

②股权自由现金流贴现模型(*FCFE*)。该模型是指在不影响公司资本投资时可以自由分配给股东的资金，它等于 *FCFF* 减去所有对债权人的支付，*FCFE* 可以用来衡量公司支付股利的能力。股权自由现金流是公司在履行了各种财务上的义务后，如偿还债务、弥补资本性支出、增加非现金性营运资本，所剩下的现金流。公式为：*FCFE*＝净利润－(资本支出－折旧)－非现金性运营资本变化＋(发行的新债务－债务偿还)＝净利润－净资本支出－非现金性运营资本变化＋净债务发行。

③超额收益率贴现模型(经济附加值模型)。经济附加值指标等于公司税后净营业利润减去全部资本成本(股本成本与债务成本)后的净值。计算公式为：*EVA*＝*NOPAT*－资本成本。

(2)相对估值法包括市盈率(*PE*)、市净率(*PB*)、市销率(*PS*)、市盈率相对盈利增长比率(*PEG*)、企业价值倍数(*EV*/*EBITDA*)等估值指标。相对估值法并不估计内在价值，而是基于股价(市值)和公司的净利润、净资产等财务数据的比较，来计算一系列比率。在股票市场上，投资者必须先对股票的市场价格进行分析和评价，然后才能决定是否进行股票投资。

市净率法，注重资产负债表阶段。为了衡量每只股票现行价格的合理性，一般用每股净值的倍数(市净率)作为衡量指标。市净率＝每股现行市价/每股净资产，其中每股净资产＝(总资产－总负债)/普通股数。市净率越大，表示该股票市价偏离该股票拥有的每股净资产越大，市价相对偏高，其投资价值越低，反之亦然。投资者一般应该卖出市净率高的股票，买入市净率低的股票。同时，对各个时期的平均市净率进行比较可以判断现行股票市价处于较高还是较低的水平。

市盈率法，注重损益表阶段。市盈率＝每股市价/每股盈余，表示投资者为了获得每单位的盈余必须付出的代价。一般市盈率越低越好，市盈率高则表示股票价格已处于较高水平，此时对该股票投资，股价的上升空间不大。所以，市盈率越高，股票的投资价值越低。市盈率适合作为中长期投资的选股指标。

剩余收益估值法，注重现金流量表阶段。这是以净资产收益率为基础的股票估值方法。剩余收益＝(净资产收益率－股权资本成本)×净资产，股票价值＝净资产的账面价值＋剩余收益的现值。根据计算出来的股票价值与现行股价比较，判断股票是被高估还是低估，从而做出投资决策。

6. 资本资产定价模型(*CAPM*)是由美国学者夏普(William Sharpe)、林特尔(John Lintner)、特里诺(Jack Treynor)和莫辛(Jan Mossin)等人于1964年在资产组合理论和资本市场理论的基础上发展起来的，主要研究证券市场中资产的预期收益率与风险资产之间的关系，以及均衡价格是如何形成的，是现代金融市场价格理论的支柱，广泛应用于投资决策和公司理财领域。

套利定价理论(*APT*)是史蒂芬·罗斯在1976年提出的，套利定价理论的基础是因素模型。套利定价理论认为，套利行为是现代有效率市场(即市场，均衡价格)形成的一个决定因素。如果市场未达到均衡状态的话,市场上就会存在无风险套利机会,并且用多个因素来解释风险资产收益,根据无套利原则,得到风险资产均衡收益与多个因素之间存在(近似的)线性关系。

套利定价模型是资本资产定价模型的拓展,由套利定价理论给出的定价模型与资本资产定价模型一样,都是均衡状态下的模型。但两者仍有区别,主要表现在:(1)*APT* 认为达到均衡时,某种资产的收益取决于多种因素,而并非像 *CAPM* 假设只有一种市场组合因素;(2)*CAPM* 强调市场组合必须是一个有效组合,而 *APT* 并不特别强调市场组合的作用;(3)*APT* 仅假定投资者偏好较高收益,而没有对他们的风险类型做出严格的限制。

7. 债券回购是指债券交易的双方在进行债券交易的同时,以契约方式约定在将来某一日期以约定的价格(本金和按约定回购利率计算的利息),由债券的卖方(正回购方)向买方(逆回购方)再次购回该笔债券的交易行为。从交易发起人的角度出发,凡是抵押债券、借入资金的交易就称为进行债券正回购;凡是主动借出资金、获取债券质押的交易就称为进行债券逆回购。

(1)债券回购有开放式回购和封闭式回购。开放式回购即买断式回购,是相对于质押式回购的"封闭性"而言的。在开放式回购中,资金融出方在获得债券之后有权对债券行使处置权,只需要在回购到期时手中持有该债券以支付融资方的回购即可。封闭式回购又叫质押式回购,质押式回购是交易双方以债券为权利质押所进行的短期资金融通业务。在质押式回购交易中,资金融入方(正回购方)在将债券出质给资金融出方(逆回购方)融入资金的同时,双方约定在将来某一日期由正回购方向逆回购方返还本金和按约定回购利率计算的利息,逆回购方向正回购方返还原出质债券。质押式回购在交易过程中所有权不发生转移,该债券一般由第三方托管机构进行冻结托管,并在到期时予以解冻。

(2)债券回购,对于融资方、融券方和交易所是各取所需:融资方在短时间内获得大笔资金的使用权,又没有失去其债券;而资金的提供方,一般是金融机构或某些企业,通过大笔资金进行短期拆借获取利息;而交易所则从融资方赚取佣金和手续费。

三、论述题

1. 利率市场化其实质是把利率的决定权交给市场,由市场的主体自主决定利率的过程。在利率市场化条件下,如果市场竞争充分,则任何单一的经济主体都不可能成为利率的单方面制定者,而只能是利率的接受者。利率市场化的内容至少应该包括金融交易主体享有利率决定权,利率的数量结构、风险结构和期限结构应该由市场自发选择,同业拆借利率或短期国债利率将成为市场利率的基本指针,政府(或中央银行)享有间接影响金融资产利率的权力。

我国的利率市场化步骤大致是:

1996 年,全国金融工作会议明确指出,要按照利率市场化的要求逐步改革,我国的利率市场化改革正式拉开了序幕。

2004 年 10 月 29 日,中国人民银行放开金融机构存款利率下限和贷款利率上限(城乡信用社除外),只对存款利率管上限、贷款利率管下限。这标志着我国利率市场化的改革进入新的阶段。

2007年1月，中国货币市场基准利率SHIBOR开始正式投入运行。目前以其为基准的市场交易不断扩大，SHIBOR在货币市场的基准地位初步确立。

2013年，取消金融机构贷款利率0.7倍的下限，由金融机构根据商业原则自主确定贷款利率水平。取消票据贴现利率管制，改变贴现利率在再贴现利率基础上加点确定的方式，由金融机构自主确定。对农村信用社贷款利率不再设立上限。

2015年10月23日，中国人民银行宣布，自2015年10月24日起对商业银行和农村合作金融机构等不再设置存款利率浮动上限，并抓紧完善利率的市场化形成和调控机制，加强央行对利率体系的调控和监督指导，提高货币政策传导效率。持续20年的利率市场化接近尾声。

2016年6月21日，中国人民银行发布公告，其中提到继续实施稳健的货币政策，预计通胀温和上扬，将继续健全市场化的利率形成和传导机制，继续健全央行政策利率体系。

总的来说，对我国利率市场化改革的思路大致有以下三种：一是扩大利率的浮动范围，不分所有制和企业大小，将现有的上下限范围提高；二是放开贷款利率的同时管制住存款利率，然后再逐步过渡到放开存款利率；三是从开放国债市场、推动国债利率市场化和放开同业拆借市场利率以及大力发展和开放商业票据贴现市场等方面来分阶段和步骤实行利率市场化。

利率市场化对货币政策的传导是有利的，能够提高货币政策的效果。在利率未实现市场化之前，各商业银行对利益或者风险的衡量，不愿意把钱贷给中小企业。在中小企业有贷款需求的情况下，便会形成民间金融市场或者影子银行，中小企业只能到那里借款。这个市场上的资金游离于自己的体系，并没有受到央行的监管，但是又严重影响着社会经济的发展。同时央行的货币政策也会因为受到地下融资市场内资金的影响，导致货币政策的效果大打折扣。

但是当利率市场化以后，商业银行或者其他金融机构便会根据市场的供求关系来决定利率。那么对于中小企业来说，银行便会通过对风险的评估，灵活调整贷款利率，不再是原来"一刀切"的利率。那么惜贷现象也将不复存在，当中小企业能够在银行贷到资金，那么庞大的民间金融、地下金融市场也因为没有了中小企业的资金需求而逐渐萎靡。那时，整个货币市场的资金都在央行的监管下，央行更容易通过市场情况来调整货币政策，达到预定的政策目标。所以利率市场化有利于货币政策的传导，也有利于达成货币政策目标。在何种经济情况下，不论危机还是繁荣，央行的政策只有得到有效传导和实施才能有助于实体经济发展。利率市场化会进一步完善货币政策传导机制，提高央行货币政策执行的效率和效果。

2.(1)"沪港通"是指上海证券交易所和香港联合交易所允许两地投资者通过当地证券公司(或经纪商)买卖规定范围内的对方交易所上市的股票，是沪港股票市场交易互联互通机制。"沪港通"下的股票交易于2014年11月17日开始。

"沪港通"对我国资本市场有如下重大意义：

①加快了资本市场对外开放的进程，提升了中国资本市场在全球的影响力。"沪港通"实现了资本市场的对外开放和资本项目账户的对外开放。通过这种全新的合作机制，增强我国资本市场的综合实力。"沪港通"可以深化交流合作，扩大两地投资者的投资渠道，提升市场竞争力。

②有助于完善A股市场机制,加快中国股市改革步伐。内地股票市场与国际接轨的不仅是估值,而是制度、观念等各个领域的逐步全方位的接轨。随着境外资本入市大门的进一步打开,沪市蓝筹股的表现会有所好转。

③推动人民币国际化,扩大了人民币资产配置品种和范围。"沪港通"成为人民币国际化进程中的"催化剂",为离岸人民币提供了投资渠道,有利于人民币的国际化。

(2)人民币国际化是指人民币能够跨越国界,在境外流通,成为国际上普遍认可的计价、结算及储备货币的过程。人民币国际化的成功需要三个基本条件:

①经济的可持续发展。这一条件有赖于中国经济转型的成功,以本土消费市场的拓展、技术进步、产业升级和经济运行效率的提高为主要特征。

②具有健全的以保护产权为核心的市场经济基础性制度。这涉及政府职能的转变和相对独立的立法和司法程序。

③建立亚洲最重要的国际金融中心,也即本土拥有规模巨大,流动性、安全性和成长性兼具的现代化金融市场体系。

在创造这些基本条件的同时,渐进的人民币国际化仍可择机推进:

①通过海外销售渠道的建设和产品质量的提升,增强海外客户对中国产品的依赖性,同时辅以人民币贸易融资以推进出口产品的人民币计价与结算。

②快速提升金融服务业的国际化程度。一方面,加快金融服务业的对外开放,允许开设更多的外资银行子公司、外资背景的各类金融机构经营人民币业务,通过国内金融服务业市场的有序竞争提高市场效率和服务质量;另一方面,加快国内金融机构走出去,在亚洲地区的传统金融业领域抢占市场份额,提供高效、便利的国际化人民币业务。

③加快本土的人民币官方债券市场的发展,包括中国的国债市场和市政债券市场,以及外国政府和国际机构在中国的债券发行和交易,并增强其市场流动性。

推动国际资本账户开放和人民币国际化是一个系统性工程。我国正在实现人民币国际化的道路上不断努力着。人民币国际化在带来利益的同时也存在许多弊端。

人民币国际化带来的利益有以下几个方面:

①获得国际铸币税收益。铸币税是指发行者凭借发行货币的特权所获得的纸币发行面额与纸币发行成本之间的差额。在本国发行纸币,取之于本国,用之于本国。而发行世界货币则相当于从别国征收铸币税,由于纸币的发行成本很低,这种收益基本上是无成本的。

②减少我国在对外经济活动中的汇率风险。对外贸易的快速发展使外贸企业持有大量外币债权和债务。由于货币敞口风险较大,汇价波动会对企业的经营产生一定影响。人民币国际化后,对外贸易和投资可以使用本国货币进行计价和结算,企业所面临的汇率风险也将随之减小,这可以进一步促进中国对外贸易和投资的发展。同时,也会促进以人民币计价的债券以及我国金融市场的发展。

③提高我国的国际地位,增强中国对世界经济的影响力和话语权。人民币实现国际化后,人民币能在国际货币体系中占有一席之地,拥有世界货币的发行和调节权,可以改变目前处于被支配的地位,减少国际货币体制对中国的不利影响。

④进一步促进中国边境贸易的发展。人民币在边境贸易和旅游等经济活动中跨境流动,一定程度上缓解了双边交往中结算手段的不足,推动和扩大了双边经贸往来。另外,不

少周边国家是自然资源丰富、市场供应短缺的国家，与中国的情况形成鲜明对照。人民币流出境外，这有助于缓解中国自然资源短缺、市场供应过剩。

⑤人民币成为世界货币可以优化世界货币结构，改善国际货币储备体系，支持世界货币向多极化方向发展，使世界货币能更好地发挥国际储备资产的作用，消除“特里芬难题”所带来的国际清偿力不足的问题。

人民币国际化带来的弊端有以下几个方面：

①对中国经济金融稳定产生一定影响。当人民币国际化之后，资金跨境流动将更加自由。一旦本外币利差收益丰厚或升值贬值预期强烈，兑换和流动的规模将变得非常庞大。这种情况将明显加剧经济和金融市场的波动。

②增加我国宏观调控的难度，削弱了国家调控物价和 GDP 增速等经济目标的能力。人民币国际化后，国际金融市场上将流通数额巨大的人民币，这部分人民币的流动可能会削弱中央银行对国内人民币的控制能力，影响国内宏观调控政策实施的效果。

③加大了人民币现金管理和监测的难度。人民币国际化后，由于对境外人民币现金需求和流通的监测难度较大，将会加大中央银行对人民币现金管理的难度。伴随非法活动出现的不正常的人民币现金跨境流动，一方面会影响中国金融市场的稳定，另一方面也会增加反假币、反洗钱工作的困难。

2015年武汉大学431金融硕士真题参考答案

一、名词解释

1. 货币政策名义锚是指在实行货币政策之前，会制定一个相当于通货膨胀或是货币供给的名义变量，能够让货币政策都围绕着这个名义变量来实行，从而实现物价稳定的目标，让整体经济不会失去控制，这个名义变量就是名义锚。钉着这个锚，保证确立的名义变量在一个狭小的区间内活动，促使实际物价水平达到设定的通货膨胀预期。名义锚可以看作一套行为规范，央行必须长期关注的行为准则从而达到自己定下的目标。这会让货币政策不会因为短期的需要而使得整体经济失去方向，到处漂泊，有助于控制价格水平而实现物价稳定，类似于通货膨胀率或货币供应量的一个名义变量。名义锚通过锁定通货膨胀预期和限制时间不一致性问题，有助于促进物价稳定。时间不一致性问题是指着眼于短期目标的、自由放任的货币政策会导致长期的不良后果。

2. 国际储备是一国货币当局为弥补国际收支逆差和维持本国货币汇率稳定及应付紧急支付而持有的并为各国所普遍接受的资产。世界银行对储备下的定义是："国家货币当局占有的那些在国际收支出现逆差时可以直接或通过有保障的机制兑换成其他资产以稳定该国汇率的资产"。国际储备标志着一国的国际金融实力、在国际经济中的地位和参与国际经济活动的能力。它是一国金融实力和经济地位的标志；作为一种缓冲工具，它可使一国在国际收支发生困难时保持必要的国际支付能力，并将国际收支对国内经济造成的影响减少到一定的程度；它是干预外汇市场的实力筹码，维护一国货币信用的基础，一国向外借款和对外偿债能力的保证，赢得竞争利益的基础。一国持有比较充分的国际储备，政府就有力量使其货币高估或低估，争取国际竞争的优势。

3. 外汇缓冲政策是指运用官方储备的变动或向外借款，来对付国际收支临时性失衡的政策。一般做法是建立外汇平准基金，当国际收支失衡后，货币当局运用该基金在公开市场操作，买进或卖出外汇，消除超额的外汇供求。这种政策以外汇为缓冲体，故称外汇缓冲政策。运用外汇缓冲政策调节季节性、偶然性失衡和不正常资本流动造成的失衡是一种非常好的选择，它可以使外部失衡的影响止于外汇储备阶段，而不影响国内经济与金融。但对长期性失衡，该政策不但无益，反而有害，因此，不宜用于调节长期性失衡。

4. 代理问题是指由于代理人的目标与委托人的目标不一致，加上存在不确定性和信息不对称，代理人有可能偏离委托人目标而委托人难以观察和监督，从而出现代理人损害委托人利益的现象，又称为委托代理问题。其产生的直接原因是所有权和控制权的分离，本质原因在于信息的不对称。

5. 或有索取权是指债权或股权在年末伴随或依附于公司总价值的收益索取权。当公司的价值超过了承诺支付给债权人的数额时，股东将获得偿付约定数额债务以后的剩余价值，而债权人则获得了公司承诺支付的数额。当公司的价值少于承诺支付给债权人的数额时，股东将一无所获，而债权人则获得了公司的收益价值。

6. 非系统性风险又称非市场风险或可分散风险，是指只对某个行业或个别公司的证券产生影响的风险，它通常是由某一特殊因素引起的，与整个证券市场的价格不存在系统、全面的联系，而只对个别或少数证券的收益产生影响。非系统性风险的主要特征是：

①它是由特殊因素引起的，如企业的管理问题、上市公司的劳资问题等。

②它只影响某些股票的收益，它是某一企业或行业特有的那部分风险，如房地产业股票，遇到房地产业不景气时就会出现下跌。

③它可通过分散投资来加以消除。由于非系统性风险属于个别风险，是由个别人、个别企业或个别行业等可控因素带来的，因此，股民可通过投资的多样化来减少非系统性风险。

二、计算题

1.(1)若三年后卖出，该股票的理论价值＝100×4%×$PVIFA$(5%,3)＋120×$PVIF$(5%,3)＝114.55(元)。所以，该股票的投资价值＝114.55－100＝14.55(元)。

(2)若长期持有，该股票的理论价值＝100×4%/5%＝80(元)，所以，该股票的投资价值＝80－100＝－20(元)。

2. 由题干可知，为防止外汇风险，该美国公司卖出了欧元期货看涨期权，期权买方付出期权费买入欧元期货看涨期权。因此，当欧元升值，买方选择执行期权；当欧元贬值，则放弃行使期权。

(1)当1欧元＝0.410 0美元时，由于到期时汇率低于协议价格，欧元贬值，买方不执行期权。该公司的总收益为期权费＋货款，即500×0.02＋500×0.410 0＝215(万美元)。

(2)当1欧元＝0.430 0美元时，由于到期时汇率低于协议价格，买方不执行期权。该公司的总收益为期权费＋货款，即500×0.02＋500×0.430 0＝225(万美元)。

(3)当1欧元＝0.470 0美元时，由于到期时汇率高于协议价格，买方执行期权。该公司的总收益为期权费＋货款，即500×0.02＋500×0.450 0＝235(万美元)。

在没有期权时，公司的收益分别为205万美元、215万美元、235万美元。因此，三种情况下公司的损益分别为10万美元、10万美元、0美元。

3.(1)两个项目的盈利指数对比如下：

盈利指数可以表示为：盈利指数(PI)＝初始投资所带来的后续现金流量的现值/初始投资。

根据公式，项目A的盈利指数为：PI_A＝(800/1.1＋900/1.12＋700/1.13)/1 500＝1.33；项目B的盈利指数为：PI_B＝(700/1.1＋1 300/1.12＋1 900/1.13)/2 500＝1.26。

(2)根据盈利指数法则，该公司应该投资A，理由如下：

PI的投资法则为：对于独立项目，若PI大于1，可以接受；若PI小于1，则不能接受。对于互斥项目，应选择PI比较大的项目。本题中$PI_B<PI_A$，所以，根据盈利指数法则，应该选择项目A。

(3)根据盈利指数法选择，该选择不合理。

盈利指数法忽略了互斥项目规模上的差异,可以用增量分析法进行调整。把项目B的现金流量减去项目A的现金流量,可以得到现金流序列:(-1 000,-100,400,1 200)。该现金流序列的盈利指数 $PI=(-100/1.1+400/1.1^2+1\ 200/1.1^3)/1\ 000=1.14>1$,所以,考虑了项目规模后,应该选择项目B。

4. 根据 $CAPM$ 模型,资本资产定价模型的公式为:

$$E(r_i)=r_f+\beta_{im}[E(r_m)-r_f]$$

其中,$E(r_i)$为资产 i 的期望收益率,r_f 为无风险利率,β_{im} 为贝塔系数,$E(r_m)$为市场预期收益率。

该公司股票的期望收益率为:

$$E(r_i)=r_f+\beta_{im}[E(r_m)-r_f]=6\%+0.036/0.2^2\times7.5\%=12.75\%$$

公司的价值 V=债券市场价值+普通股股数×每股股价=4 000+500×20=14 000(万元)

加权平均资本成本的计算公式为:

$$r_{WACC}=\frac{S}{S+B}\times r_S+\frac{S}{S+B}\times r_B\times(1-T_C)$$

该公司的加权平均资本成本为=12.75%×10 000/14 000+8%×4 000/14 000×(1-35%)=10.59%。

三、简答题

1. 货币政策的中介目标是指中央银行为了实现货币政策最终目标而设置的可供观测和调整的指标,中央银行在货币政策实施的过程中可据以衡量对最终目标所产生的初步影响。

(1)货币政策中介目标体系变量的选取原则。对货币政策中介目标的选择是否正确以及选定后能否达到预期调节效果,关系到货币政策最终目标能否实现。通常认为中介目标的选取要符合如下一些标准:

①可控性。即是否易于为货币当局所控制。通常要求中介指标与所能适用的货币政策工具之间要有密切的、稳定的和统计数量上的联系。

②可测性。其含义包括两个方面:一是中央银行能够迅速获取有关中介指标的准确数据;二是有较明确的定义并便于观察、分析和监测。

③相关性。指的是只要能达到中介指标,中央银行在实现或接近实现货币政策目标方面不会遇到障碍和困难。也就是说,要求中介指标与货币政策的最终目标之间要有密切的、稳定的和统计数量上的联系。

④抗干扰性。货币政策在实施过程中常会受到许多外来因素或非政策因素的干扰。只有选取那些受干扰程度较低的中介指标,才能通过货币政策工具的操作达到最终目标。

⑤与经济体制、金融体制有较好的适应性。经济及金融环境不同,中央银行为实现既定的货币政策目标而采用的政策工具不同,选择作为中介指标的金融变量也必然有区别。

(2)货币政策中介目标体系变量的种类。根据以上几个条件,尤其是根据前三个条件所确定的中介指标一般有利率、货币供应量、超额准备金和基础货币等。根据这些指标对货币政策工具反应的先后和作用于最终目标的过程，又可分为两类：一类是近期指标，即中央银行对它的控制力较强，但离货币政策的最终目标较远；另一类是远期指标，即中央银行对它的控制力较弱，但离政策目标较近。

①利率指标。利率作为中介目标，其可控性、可测性和相关性均比较理想，但抗干扰性不理想，这是因为作为内生经济变量，利率的变动是顺循环的：繁荣时，利率因信贷需求增加而上升；萧条时，利率随信贷需求减少而下降。然而，作为政策变量，利率与总需求也应沿同一方向变动：繁荣时，为防止经济过热应提高利率；萧条时，为刺激经济复苏应降低利率。这样，货币政策和市场因素对利率的作用效果是叠加的，当利率发生变动时，中央银行往往很难判断这一变化多少是货币政策的作用效果，多少是市场因素作用的结果，对货币政策的松紧也就无从掌握。

②货币供应量。货币供应量作为中介目标，M0、M1、M2均满足可测性、可控性。而就抗干扰性来说，货币供应量的变动作为内生变量是顺循环的，而作为政策变量则是逆循环的，因此，政策性影响与非政策性影响不会相互混淆，抗干扰性也符合要求。问题在于相关性，以M1、M2二者而言，哪一个指标更能代表一定时期的社会总需求和购买力，从而表现出与最终目标有着更强的相关性，对此学者有不同的看法。

③超额准备金。超额准备金对商业银行的资产业务规模有直接决定作用。存款准备金率、公开市场业务和再贴现率等货币政策工具，都是通过影响超额准备金的水平而发挥作用的。但是，作为中介指标，超额准备金往往因其取决于商业银行的意愿和财务状况而不易为货币当局测度、控制。

④基础货币。基础货币是流通中的现金和商业银行的存款准备金的总和，它构成了货币供应量倍数伸缩的基础。与超额准备金不同，它可满足可测性和可控性的要求，数字一目了然，数量也易于调控。不少国家把它视为较理想的近期指标。

2. 银行资本充足性是指银行资本数量必须超过金融管理当局所规定的能够保障正常营业并足以维持充分信誉的最低限度。同时，银行现有资本或新增资本的构成，应该符合银行总体经营目标或新增资本的具体目的。

(1)资本充足性的内容。银行资本充足性有数量和结构两个层面的内容：

①资本数量的充足性。资本数量的充足性受银行经营规模和金融部门管理规定等因素影响。商业银行资本量的充足性同时包含资本适度的含义，保持过多的资本是没有必要的。

②资本结构的合理性。资本结构的合理性是指普通股、优先股、留存基金、债务资本等应在资本总额中占有合理的比重。

(2)资本充足率。资本充足率是指资本总额与加权风险资产总额的比例。资本充足率反映商业银行在存款人和债权人的资产遭到损失之前，该银行能以自有资本承担损失的程度。比率中的风险资产是指不包括商业银行第一、第二级准备金在内的资产。只有这些资产才有必要考虑其保障程度。这一指标将资本给予保障的资产排除在外，较多地体现了资本的“抵御资产意外损失”的功能。资本充足率能够反映银行的资本充足性，因此，对于资本充足率的约束也是对资本充足性的约束。

(3)“资本充足性协议”对资本充足性的约束体现在以下几个方面：

①确定了资本的构成，即商业银行的资本分为核心资本、附属资本和资本扣除项三大

类；

②根据资产的风险大小，大致地确定资产风险权重；

③设定一些转换系数，将表外授信业务纳入资本监管的范围；

④规定商业银行的资本充足率不得低于8%，其中核心资本对风险资产之比不得低于4%。

(4)资本充足性约束对商业银行的影响主要有以下几个方面：

①通过强化内部约束，提高资产质量，加大不良资产的处置力度，改善经营状况，增强自我积累能力，提高贷款损失准备，从内部补充资本。银行发生亏损后，其资本金可以对银行的存款人提供保护，减少存款人的损失，起到缓冲垫的作用。

②通过敦促股东增加资本，引进战略投资者，发行长期次级债、可转债，符合条件的商业银行还可发行股票等工具，从外部渠道补充资本。通过政府有关部门、监管机构和商业银行的共同努力，绝大多数商业银行都将在规定的时间达到8%的资本充足率要求，届时银行体系抵御风险的能力将得到明显提高。

③银行主要用其自有资本金来购置房屋、设施，形成固定资产，用来注册资本、组织运营。这是银行经营的前提和基础。

④金融管理当局通过规定法定最低资本比率，来进行风险约束和控制银行资产的随意扩张，维护公众对银行的信心。

3. 货币论的出现同20世纪60年代在美国兴起的货币主义学说有关，它从货币的角度而不是从商品的角度，考察国际收支失衡的原因并提出相应的调节主张。

(1)国际收支失衡的原因。货币分析理论认为，国际收支失衡的根本原因在于国内货币需求与货币供给失衡，所以国际收支在本质上也是一个货币问题。当人们对货币的需求增加，或者货币当局限制国内信贷，造成货币需求大于货币供给时，这部分超额货币需求将通过外国货币的流入得到满足，从而引起国际收支顺差。反之，当一国居民的货币需求减少，或者货币当局因政策需要而放松国内信贷，造成货币需求小于货币供给时，超额货币供给必然流向国外，导致国际收支逆差。

(2)国际收支失衡的调节方法。货币供给是国际收支调节的最终力量和根本力量。

①可供选择的国际收支调节方法大致有以下四种：

第一，增加或减少国际储备。这种方法直接有效，简便易行。但国际储备数量的增加或减少有其内在规律，长期的大规模增减不完全取决于政策意图，所以只适合调节周期性、小幅度的国际收支失衡。

第二，调整国内价格。价格调整可以改变居民手持的现金余额，使他们调整进出口及资产结构，通过自主性交易调节国际收支差额。货币供给变动造成物价、名义现金余额变动。由此引发的资产和财富在本币与外币间的重新分布是该方法发挥作用的根本。当然，价格调整能否生效，在相当程度上也受制于本国贸易品结构，以及是否满足MLR条件等其他因素。由于存在J曲线效应，所以该方法比较适合中长期国际收支失衡的调整。

第三，调整汇率。汇率变动与调整价格的作用机制在本质上是一致的，只是无须改变贸易商品的国内价格水平及国内经济结构，从而在调整国际收支失衡时保证国内经济免受冲击。另外，调整汇率改变贸易品相对价格较国内价格调整见效更快，所以适合中短期国际收支失衡调节。

第四，实行外汇管制。如果上述三种方法无法实现，或者实现代价太大、时间太长，那么可以对贸易、资本流动实施直接控制，在扩大本国收入的同时抑制居民的对外支出。这种方法虽然立竿见影，但必须受到本国国际储备数量和国际社会的制约，不能作为主要的国际收支调节方法。

②货币分析理论的国际收支调节机制可以概括如下：

第一，国际收支顺差时，货币供给增加→出现超额货币供给→真实货币余额大于意愿持有货币余额→增加消费品和资本品开支→进口增加、出口减少，资本输出增加、输入减少→经常项目和资本项目收支都恶化→国际收支恶化；

第二，国际收支逆差时，货币供给减少→出现超额货币需求→真实货币余额小于意愿持有货币余额→减少消费品和资本品开支→进口减少、出口增加，资本输出减少、输入增加→经常项目和资本项目收支都改善→国际收支改善。

4. 根据对价格弹性的假定不同，货币分析法可分为弹性价格货币分析法与粘性价格货币分析法。

(1)弹性价格货币分析法。汇率的弹性价格货币分析法可简称为汇率的货币模型。在这一模型中，由于本外币资产(例如债券)是完全可替代的，因此这两种资产市场是统一的市场。根据一般均衡原理，只要本国货币市场和外国货币市场都保持平衡，资产市场就必然平衡。因此，货币模型把重点放在分析货币市场上货币供求的变动对汇率的影响上。

弹性价格货币分析法建立在三个假定基础上：①垂直的总供给曲线；②货币需求是国民收入和利率的稳定函数；③购买力平价成立。该方法的核心思想是汇率可以自由调整以反映各种因素对汇率水平决定的影响。特别需要指出的是，此处的货币供给是政府可以控制的外生变量，利率与实际国民收入(也就是实际产出水平)都与货币供给无关，货币供给变动带来的货币市场不均衡，完全由价格的弹性变动来调整，不会影响利率和产出。弹性价格货币分析法的基本模型为：

$$e=(m_d^s-m_f^s)-\alpha(y_d-y_f)+\beta(i_d-i_f)$$

其中，第一项表示本国和外国货币供给水平的差额，第二项表示本国和外国实际国民收入水平的差额，第三项表示本国和外国利率的差额。从中可以看出，本国与外国之间的实际国民收入水平、利率水平以及货币供给水平通过影响各自的物价水平，最终决定了汇率水平。这样，弹性货币分析法就将货币市场上的一系列因素引进了汇率水平的决定中。

引进预期后的货币模型为：

$$e_t=\frac{Z_t+\beta E_t e_{t+1}}{1+\beta}$$

即期汇率水平是即期的经济基本面状况以及对下一期预期的汇率水平的函数，所以对下一期汇率水平的预期直接影响到即期汇率水平的形成。

(2)粘性价格货币分析法。汇率的粘性价格货币分析法简称为超调模型。与货币模型相比，这一模型的最大特点在于：它认为商品市场与资产市场的调整速度是不同的，商品市场上的价格水平具有粘性的特点，市场价格的调整速度较慢，过程较长，呈粘性状态，称为粘性价格，使得购买力平价在短期内不能成立，经济存在着由短期平衡向长期平衡过渡的过程。这里所说的短期平衡，是指价格还来不及发生变动时的经济平衡。由于在一段时期后价格开始调整，当商品市场的价格调整到位后，汇率则从初始均衡水平变化到新的均衡水平。由此，长期购买力平价成立。所以长期平衡就是价格充分调整后的经济平衡。可以看出，货币模型中所得出的结论实际上是超调模型中长期平衡的情况。

汇率的粘性价格货币分析法在假定基础上与货币模型存在以下两个方面的不同：

①购买力平价在短期内不成立。作为资产价格，汇率的调整是迅速的，而商品价格的调整是滞后的，这样在短期内就不能满足购买力平价的要求。在长期中，价格水平可以充分调整，购买力平价则可以较好成立。

②总供给曲线在短期内不是垂直的。在引起汇率变动的冲击发生的刹那，总供给不会变动，但稍后，在短期内总供给可以对需求的增加做出反应，使产出超过充分就业的水平。

(3)相同点主要有以下四个方面：

①本币资产和外币资产可完全替代(即投资者风险中立)，因此，非套补的利率平价(UIP)成立。

②货币需求是国民收入和利率的稳定函数。

③购买力平价理论是在长期中成立的。

④两者都强调货币市场均衡在汇率决定中的作用，同属汇率的货币论。

(4)不同点主要有以下三个方面：

①对短期内货币购买力平价是否成立的看法不同。

第一，超调模型认为购买力平价在短期内不成立。作为资产价格，汇率的调整是迅速的，而商品价格的调整是滞后的，这样在短期内就不能满足购买力平价的要求。

第二，货币模型认为购买力平价在短期内成立。汇率可以自由调整以反映各种因素对汇率水平决定的影响，因而购买力平价理论在短期内也是成立的。

②对短期内总供给曲线是否垂直的看法不同。

第一，超调模型认为总供给曲线在短期内不是垂直的。在引起汇率变动的冲击发生的刹那，总供给不会变动，但在短期内总供给可以对需求的增加做出反应，使产出超过充分就业的水平。

第二，货币模型认为总供给曲线总是垂直的。

③对商品市场价格调整速度的看法不同。超调模型认为商品市场与资产市场的调整速度是不同的，商品市场上的价格水平具有粘性的特点。货币模型认为价格是弹性的。

5.(1)蒙代尔—弗莱明模型的含义。蒙代尔—弗莱明模型将封闭经济的宏观分析工具 $IS-LM$ 模型扩展到开放经济下，并按照资本国际流动性的不同，对固定汇率制与浮动汇率制下财政政策和货币政策的作用机制、政策效力进行了分析研究，是以货币金融角度为主对开放经济进行宏观分析的基本分析框架。在西方的文献中，蒙代尔—弗莱明模型被称为开放经济下进行宏观分析的工作母机，对国际金融学的发展有很大影响。

蒙代尔—弗莱明模型分析对象是一个小型开放经济国家。分析的前提是：总供给曲线是水平的；即使在长期里，购买力平价也不存在，汇率完全依据国际收支状况进行调整；不存在汇率将发生变动的预期，投资者风险中立。

两国情况下的蒙代尔—弗莱明模型是用来分析国际传导的基本框架：①在开放条件下，

当一国国民收入增加时，它通过边际进口倾向，带来本国进口的上升，相应地则有其他国家出口的增加。因此，外国经常账户是本国国民收入的增函数。换一个角度说，各国经常账户的状况均不能忽略外国国民收入这一变量。②在资金完全流动、不存在汇率变动预期的条件下，两国的利率水平分别取决于本国的货币均衡状态；但不同的利率水平会引起套利行为并使不同的利率水平趋于同一的、无套利的稳定状态。这就是说，各国都可以通过国内的经济政策影响这一共同利率。换言之，在两国模型中的"世界"利率水平是由两国共同确定的。因此，当一国经济面临突然冲击时，这一冲击在开放经济之间可以通过收入机制、利率机制进行传导。

(2)开放经济条件下财政政策和货币政策的作用效果。增添对外的资本流动有三种情况：①对资本流动实施完全管制，从而实际没有资本流动，这种情况同只考虑进出口的模型一样；②有限的资本流动；③完全的资本流动。蒙代尔—弗莱明模型是设定汇率浮动的完全资本流动的模型。

因此，在浮动汇率制下，资金完全流动时，①财政政策：扩张性财政政策会造成本币升值，对收入、利率均不能产生影响；也就是说，此时的财政政策是完全无效的。②货币政策：货币扩张会使收入上升，本币贬值，对利率则无影响，可见，此时的货币政策是非常有效的。

(3)蒙代尔—莱明模型下的 $IS-LM-BP$。在国际经济联系中，资本可以完全自由流动的模型。资本可以完全自由流动包含着这样的条件，即该经济体的利率是与国际利率水平接轨的：与国际利率水平稍许有些偏离，都会引起短期资本的迅速流动，并使之复归于国际水平。当存在着资本无障碍地流动，任何经常项目的顺差和逆差均可由资本项目来平衡，从而 BP 曲线永远处于水平状态，并与 IS 曲线和 LM 曲线的交点相交，见下图。

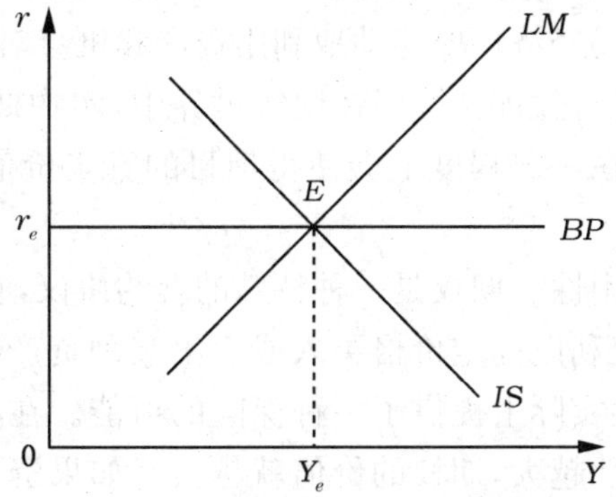

6. 实物期权是以期权概念定义的现实选择权，是与金融期权相对应的概念。实物期权方法为企业管理者提供了如何在不确定性环境下进行战略投资决策的思路，它的一般形式包括放弃期权、扩展期权、收缩期权、选择期权、转换期权、混合期权、可变成交价期权等。

(1)NPV 分析方法低估项目真实价值的原因。NPV 法是对项目产生的 N 期现金流进行折现，投资项目的净现值的计算公式为：

$$-C_0+\frac{C_1}{(1+r)}+\frac{C_2}{(1+r)^2}+\cdots+\frac{C_N}{(1+r)^N}=-C_0+\sum_{i=1}^{N}\frac{C_i}{(1+r)^i}$$

其中，C_0 为初始现金流，由于它代表了一笔投资，即现金流出，因而是负值。因为考虑了项目所有资金的时间价值,对项目产生的所有现金流进行贴现,为项目投资决策提供了依据。相对于非贴现的静态财务分析法而言,*NPV* 法具有科学性和合理性。但事实上,由于 *NPV* 方法总是假定一种预先确定的方式而不管实际情况如何,其有效性也存在一定问题。

①*NPV* 法认为项目投资是可逆的。理论上,当市场投资环境改变时,投资者可以随时根据实际情况变化投资决策,撤回投资,而且在计算净现值的时候可以不将撤回投资的损失考虑进去。但事实上,当企业改变投资策略而放弃某项投资项目时,其之前在本项目的投资均视为沉没成本无法收回。因此,实物投资也有不可逆性,固定资产的专用性及政府管制等会导致资产的变现价值低于购买价值。

②*NPV* 法认为项目投资决策不能延迟,且是一次性完成的。在 *NPV* 法中假定当外部经济条件和项目内部条件发生变化时,所使用的决策方案不发生改变。*NPV* 法没有把投资者在外界经济环境发生变化的情况下对投资项目所做的调整考虑在内,然而在实际投资决策过程中,投资者具有延迟投资的权利。当项目的预期收益发生不利于投资者的变化时,投资者可以选择终止投资或延迟投资直至不良因素消失。此外,企业无须采取刚性的实施或放弃策略,可以充分运用管理柔性分阶段投资于项目中,并选择在投资前景良好时实施该项目。

③*NPV* 法认为项目的现金流是在一个可预计的范围内发生的。投资者在确定风险报酬率时通常会运用 *CAPM* 模型或加权平均资本成本,以计算未来现金流量的现值。当投资者认为未来面临的风险较高时,会采用较高的折现率来对冲和规避风险,从而导致项目的价值减少,财务估价与市场价值不一致。这与现代投资理论中认为的高风险高收益的观点相违背。

综上所述,*NPV* 法假定企业在投资决策中,只是根据项目的净现值被动地接受和拒绝某项目,而不能针对具体市场经济环境能动地利用资产和机会对投资项目随时做出调整,也不能对投资项目的未来做出有效评估。但在现实世界中,实物期权的存在使得企业经营者拥有了调整权,这种调整权在一定程度上会使得项目的真实价值大于 *NPV* 法估计出来的价值。

(2)实物期权方法的适用性。期权是一种特殊的合约协议,它规定持有者在给定日期或该日期之前的任何时间有权利以固定价格买入或卖出某种资产。期权只有权利没有义务,这种权利和义务的不对称性实际上提供了一种保险的可能。在存在不确定性的条件下,期权是有价值的,而且不确定性越大,期权的价值就越大。如果资产含有期权,那么资产的风险越大,其价值可能也越大。因此,如果一个投资项目的现金流是完全确定的、没有任何风险,那么实物期权方法也就不再具有价值了。

7. MM 定理是经济学家莫迪利安尼与米勒共同提出的公司资本成本定理,该定理以他们的名字命名为"莫迪利安尼—米勒定理",简称 MM 定理。该定理提出了在不确定条件下分析资本结构和资本成本之间关系的新见解,并在此基础上发展了投资决策理论。

(1)基本假设。MM 定理假定公司只用债券和普通股筹资,并且负债是永久性负债。具体包括以下假设:

①公司的经营风险是可以计量的,经营风险相同的公司可以被看作同类公司。

②所有现在和未来的投资者都能够对公司的利息和税前利润做出理性的评估,即投资

者对公司未来的经营利润和取得经营利润的风险有相同的预期。

③公司发行的两种证券即股票和债券都在完全的资本市场上交易，即公司股票和债券的交易没有佣金或交易费用，而且投资者能够取得与公司债券相同利率水平的借款。

④公司负债是无破产风险的。无论公司的负债比重有多大，这一假设都成立。

⑤所有的现金流都是永续年金。也就是说，公司的利息和税前利润在预期满意的基础上保持零增长，因而公司债券也是永续年金。

(2)主要内容。在不考虑公司所得税的条件下，MM定理有两个基本命题：

①命题一：公司的价值取决于未来经营活动净收益的资本化程度，资本化率与公司的风险相一致。这一命题有两个直接推论：一是公司的平均资本成本与公司资本结构无关；二是公司的平均资本成本等于与之风险相同的零举债公司的资本化率。

②命题二：举债经营公司的权益资本成本等于零举债经营公司的权益资本成本加上风险报酬率。风险报酬率的多少取决于公司举债经营的程度。命题二表明，随着公司负债的增加，公司的权益资本成本也将提高。

8. 财务困境成本，早期研究中称为破产成本，是指从破产清算或债务重组中产生的成本。它可以分为三个部分：财务困境企业承担的成本、债权人承担的成本、企业和债权人以外的利益当事人的利益损失。财务困境成本也可能产生一定的利益，包括企业内部的改进和外部的财富转移。

(1)财务困境的原因。

①外部原因：国家宏观经济环境的变化、行业不景气、市场竞争激烈、会计准则的变更、国家政策等客观原因会在一定程度上影响企业的业绩。此外，一些信贷政策也会导致企业财务困境的发生。

②内部原因：一是不合理的公司治理结构；二是企业经营管理因素的影响；三是大量举债，偿债风险过高；四是丧失核心竞争能力的多元化投资；五是巨额对外担保给公司带来了巨大的潜在威胁。

(2)财务困境的成本。

①财务困境的直接成本。财务困境的直接成本一般是指破产成本，按其性质不同又可以分为两种：一是公司破产时为所需经历的各项法律程序及其他有关工作支付的费用，如在破产纠纷中所导致的律师费、法庭收费和行政开支等。这种费用与破产公司的资产总额相比，通常是很低的。二是公司破产而引发的无形资产损失，如公司的技术优势、发展机会、人力资源等。这些无形资产是与公司的生存相联系的，公司一旦破产，这些无形资产也将随之丧失，这部分成本对某些高科技公司是相当大的。

②财务困境的间接成本。财务困境的间接成本主要包括两种：一是公司处于财务困境但尚未破产时在经营管理方面遇到的各种困难和麻烦，比如融资困难等。二是公司处于财务困境时，由于债权人与债务人的利益各不相同，他们之间在投资方向选择上的矛盾与斗争通常会偏离正常的投资决策行为，从而造成公司价值的降低。间接成本主要包括风险转移、放弃投资和资本转移等。

(3)降低债务成本的相关合约条款。为减少债务融资的代理成本而订立的合约条款被称为保护性条款。保护性条款作为股东和债权人之间贷款契约的一部分，是对债权人权益进行有效保护的一种特殊条款，是对企业的一种刚性约束。

保护性条款可以分为消极条款和积极条款两类。

①积极条款是保护性条款中规定了公司所同意采取的行动或必须遵守的条件的协议。一些典型的积极条款如下：公司同意将其营运资本维持在某一最低水平；公司必须定期提供财务报表给债权人。

②消极条款是保护性条款中限制或阻止公司可能采取行动的协议。一些典型的消极条款如下：限制公司的股利支付额；公司不能将其任一部分资产抵押给其他债权人；公司不能兼并其他企业；未经债权人同意，公司不能出售或出租主要资产；公司不可发行其他长期负债。

四、论述题

非常规货币政策是与常规货币政策相对应的概念，非常规货币政策包括信用控制、流动性比率、利率限制、特种贷款、窗口指导、道义劝告，它打破了以调控利率为特征的传统货币政策框架，主要是解决零利率条件下，央行如何通过宽松的货币政策使经济体尽快摆脱萧条，恢复正常经济增长水平的问题。

(1)流动性陷阱理论。流动性陷阱是凯恩斯提出的一种假说，该理论认为货币供给是由货币当局决定的外生变量，货币需求曲线是一条由上而下、由左到右的曲线，越往右，越平行于横轴。当一定时期利率水平降低到不能再低的时候，如下图所示，当货币供给从 M1 增加到了 M2，利率从 r_1 到了 r_0，此时人们认为利率已经最低了，会产生利率上升而债券价格下降的预期，普遍以货币的形式持有全部财产。由下图可以看出，此时货币需求的弹性变得无穷大，即无论增加多少货币，都会被人们储藏起来。当发生流动性陷阱时，只通过运用增加货币供给的货币政策来降低利率的做法是无效的。

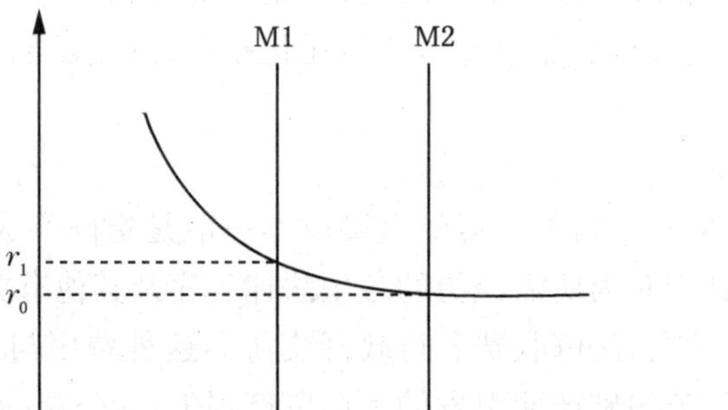

(2)对发达国家央行实施的非常规货币政策的理论依据的解释。一般在经济萧条的情况下，只需要实施常规货币政策进行宏观经济调控就能够使经济恢复。通常来说，常规货币政策是通过再贴现政策、法定存款准备金政策和公开市场操作进行数量性调控来达到预定目标的。但是，当出现流动性陷阱时，常规的货币政策就失去了其宏观调控的有效性。因此，实施非常规货币政策便成为这个经济状况下的权宜之计。

例如，当经济体处于经济危机中时，经济处于衰退时期，金融系统面临巨大压力，此时市场缺乏流动性，中央银行一般采取降息的常规货币政策手段，以增加市场上的货币供应量，从而增强市场的流动性。但在金融危机逐渐加剧的过程中，传统货币政策的作用很可能会渐渐削弱。银行等金融机构在金融危机中受到重创，银行体系功能下降，货币政策传导机制被破坏，货币供应量急剧紧缩，加剧了资金的紧张状况，从而进一步加剧金融危机。同时，央行的操作目标是短期利率，降低短期利率将引发一系列资产替代行为，导致中长期利率和证券收益率的普遍下降，从而可能会引发常规货币政策失效。在这种情况下，中央银行再采取常规货币政策已失去效果，非常规货币政策便成为央行进行危机救助的主要工具。

常规货币政策是货币当局通过利率的升降来传递其政策调整方向，并通过调节市场的流动性来影响一国宏观经济走向的一般手段，而非常规货币政策是在危机持续发酵和流动性陷阱状态下的一种无奈之举，即当金融市场和实体经济遭到严重冲击，央行即使采取零利率政策都不能促进经济复苏时，常规货币政策的操作空间及传导机制会受到“流动性陷阱”的约束而无法发挥作用，央行就不得不寻求非常规货币政策来应对。

(3)非常规货币政策的优劣。

①非常规货币政策的优点。单纯就实施以来各金融市场和实体经济的表现来看，非常规货币政策在相当程度上发挥了应有的积极作用，主要有以下几个方面：

第一，及时拯救了一些濒临破产的金融机构和企业，有效地防范了系统性金融风险的发生。

第二，向金融市场注入大量的流动性和资金，提高了信贷的可得性。

第三，有效降低金融体系快速去杠杆化过程中的通缩压力，物价降幅逐步趋缓。

第四，通过证券购买、扩大可接受抵押品范围等方式直接或间接支持金融市场回暖，信贷市场紧缩状况有所缓解，市场信心提升。

②非常规货币政策的缺点，主要有以下几个方面：

第一，央行的独立性受到严重威胁。央行过多地承担政府救助职责，很大程度上制约了其制定和实施货币政策的独立性。非常规货币政策工具不仅购买私人部门发行的证券，而且更多地购买长期国债，导致了财政货币化。其后果是一方面直接干预了市场定价机制，导致市场价格水平和成交量不能反映真实的资金需求和风险承受水平；另一方面，加大了财政赤字与货币增长之间的关联度，容易形成货币政策被财政政策绑架的格局。

第二，增大了整体流动性的不确定性。由于商业银行信贷资产证券化派生了大量金融衍生产品，影子银行体系已成为全球“广义流动性”的创造者，助长全球资本流动性过剩的局面。如果大量流动性始终充斥市场，将会为未来的通货膨胀埋下隐患。

第三，可能引发全球央行体系的系统性风险。在金融危机蔓延过程中，各国政府和央行担心大型金融机构倒闭可能会产生多米诺骨牌效应，不得已向这些机构提供直接援助。不过提供援助的规模越大、持续时间越久，机构过度依赖救助继而产生道德风险的可能性就越大。另外，在应对金融危机的过程中，主要经济体央行具有政策出台时间的一致性、政策措施趋同性等特征，这也使主要经济体央行的货币政策互相牵制，对本国货币政策的走向难以把握，增大了各国央行决策中的道德风险和全球央行体系的系统性风险。

第四，非常规货币政策有可能进一步恶化相关贸易体的经济形势。非常规货币政策的最直接表现之一便是使本国货币大幅贬值，有利于本国的出口行业，但是相反也导致相关经济体的货币升值。尤其对于那些处于金融危机漩涡中的出口导向型新兴经济体而言，主要经济体的非常规货币政策有可能引发贸易摩擦，并传导通货膨胀。

四、2011～2014 年真题选编
参考答案

2014 年复旦大学 431 金融硕士真题参考答案

一、名词解释

1. IPO 折价是指股票首次公开发行的价格常常要低于交易第一天的市场收盘价，也即 IPO 的短期低估。这普遍存在于世界各国的股票市场中，并且 IPO 折价现象在证券市场不发达的发展中国家更为严重。

2. 消极投资策略是指投资者认为市场是有效的，那么意味着任何一种证券的价格都不可能持续地被低估或高估，从而都能带来正常的投资收益率。所以，他们倾向于中长线投资，即在买入证券之后，在相当长一段时间内持有该证券，以期降低交易成本并获取正常的投资收益率。这就是消极的投资策略，又称指数化投资策略。

3. 金融深化是指政府放弃对金融市场和金融体系的过度干预，放松对利率和汇率的严格管制，使利率和汇率为反映资金供求和外汇供求对比变化的信号，从而有利于增加储蓄和投资，促进经济增长。

4. 杠杆收购(Leveraged Buy-Out，LBO)是指公司或个体利用收购目标的资产作为债务抵押，收购另一家公司的策略。交易过程中，收购方的现金开支降低到最低程度。换句话说，杠杆收购是一种获取或控制其他公司的方法。杠杆收购的突出特点是，收购方为了进行收购，大规模融资借贷去支付(大部分的)交易费用。通常为总购价的 70%或全部。同时，收购方以目标公司资产及未来收益作为借贷抵押。借贷利息将通过被收购公司的未来现金流来支付。

5. 熊猫债券是外国债券的一种。所谓外国债券，是指外国借款人(政府、私人公司或国际金融机构)所在国与发行市场所在国具有不同的国籍并以发行市场所在国的货币为面值货币发行的债券。熊猫债券就是境外机构在中国发行的以人民币计价的债券。

金程点评

外国债券和欧洲债券的主要区别是发行债券的计价货币不同。

外国债券是以发行市场所在国的货币为面值货币发行的债券。比如，美国在中国发行债券，以人民币为计价货币，就被称为外国债券。

欧洲债券是以发行人和发行地国家之外的第三国货币为面值货币发行的债券。比如美国在中国发行债券，以英镑为计价货币，所发行的债券就被称为欧洲债券。

二、选择题

1. C

根据久期的计算公式：$D=\frac{\sum_{t=1}^{T} PV(c_t)\times t}{B}$，久期有以下六条法则：

(1)零息票债券的久期等于它的到期时间。

(2)到期时间不变时，债券的久期随息票利率的降低而延长。

(3)当息票利率不变时，债券的久期通常随债券到期时间的增长而增长。债券无论是以面值还是以面值的溢价出售，久期总是随到期时间的增长而增长。

(4)在其他因素都不变，债券的到期收益率较低时，息票债券的久期较长。

(5)无限期限债券的久期为$\frac{1+y}{y}$。

(6)稳定年金的久期一期的年金收益率：$\frac{1+y}{y[(1+y)^T-1]}$。式中，T 为支付的次数；y 是每个支付的年金收益率。

2. D

附加赎回条款的优先股是可赎回优先股，所以该类别的优先股是可赎回的，故 D 错误。

3. D

偿债率又叫外债清偿率，即每年还本付息总额与年商品和劳务出口收入之比，因此该题选 D。

4. D

根据 M2 的口径，M2＝M1＋商业银行的定期存款和储蓄存款(潜在购买力)，商业票据不属于 M2。

5. A

资本利得税为 0，根据追随者效应理论中除息日股价行为测试法：

$$P_B(\text{除息日前股票价格})=P_A(\text{除息日后股票价格})+D(1-\tau_p)$$

代入公式，得 $P_A=39.2$(元)。

三、计算题

1. 久期：$D=\frac{\sum_{t=1}^{T}\frac{c_t}{(1+y)^t}\times t}{P}=\sum_{t=1}^{T}\left[\frac{c_t/(1+y)^t}{P}\times t\right]=\sum_{t=1}^{T}\left[\frac{PV(c_t)}{P}\times t\right]$。

代入数据计算债券价格：$P=100$，$c_1=c_2=6$，$c_3=106$，$y=0.06$，$T=3$。

经计算得：$D=2.8$。

修正久期：$D^*=\frac{D}{1+y}$，所以 $D^*=\frac{2.8}{1.06}=2.6$。

凸性：即将债券价格公式对期望收益率泰勒展开取前两项：

$$\frac{dp}{p}=-MD\times dy+\frac{1}{2}\times C\times (dy)^2$$

$$C=\frac{1}{P}\frac{\partial^2 P}{\partial y^2}=\frac{1}{100}\times\left(\frac{6\times 2}{1.06^3}+\frac{6\times 2\times 3}{1.06^4}+\frac{106\times 3\times 4}{1.06^5}\right)=9.89$$

所以根据久期法则有，债券收益率每下降 1%，债券价格的变化为 $-D^{*}\times\Delta y=-2.67\times-(0.01)=0.0267$。

根据久期—凸性法则，债券收益率每下降 1%，债券价格的变化为 $-D^{*}\times\Delta y+\frac{1}{2}C(\Delta y)^{2}=0.0272$。

2. 根据二叉树模型

$1+$上涨幅度$=u=e^{\sigma\sqrt{\Delta t}}=e^{15\%\times\sqrt{1}}=1.16$

$1+$下跌幅度$=d=\frac{1}{u}=0.86$

有了 u 和 d 之后可以画出二叉树：

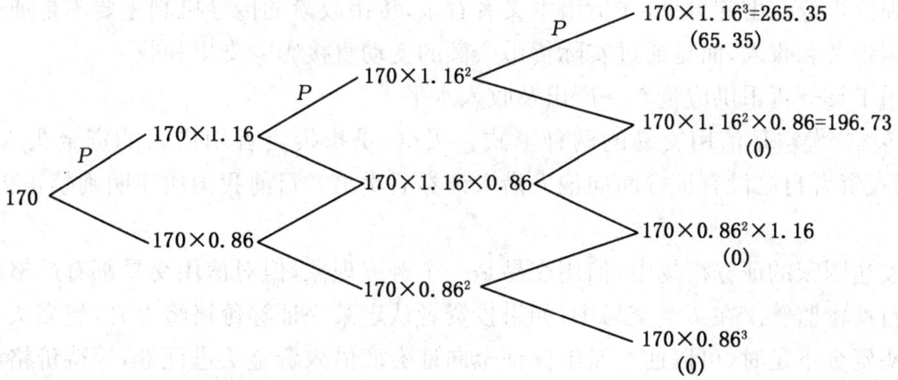

令股票上涨的概率为 p，

$Se^{r\Delta t}=pSu+(1-p)Sd$

得：$p=\frac{e^{rt}-d}{u-d}=\frac{e^{12\%\times1}-0.86}{1.16-0.86}=\frac{0.2675}{0.3}=0.89$

$C=P^{3}\times65.35\times e^{-rt}=0.89^{3}\times65.35\times e^{-0.12\times3}=32.142$

四、简答题

1. 凯恩斯认为，资产组合模式由货币资产和证券资产组成，资产结构的调整只能通过流动性偏好或货币需求利率弹性途径和投资支出利率弹性途径。如果货币供给量增加，由于货币资产与证券资产之间的替代效应的作用，结果是证券价格上升、利率下降，刺激投资支出，通过投资乘数作用，生产规模扩大，国民收入增加。在资源尚未被充分利用的情况下，货币供给量的增加则会导致实际国民收入的同比例增加和就业水平的提高；在接近充分就业时，货币供给量的增加仍可以增加实际国民收入和提高就业水平，但同时也会引起一般物价水平的一定程度的上涨，其涨幅小于货币供给量的增加幅度；在充分就业的情况下，货币供给量的增加只会引起一般物价水平和名义国民收入的同比例上涨，不会再增加任何实际国民收入。但是，凯恩斯认为，这一传导机制可能存在两种障碍，使得货币供给量与国民收入之间的作用链可能有发生脱节现象。一是货币市场上的“流动性陷阱”问题；二是投资利率弹性低下。这一作用路径为：

货币工具→M(货币供应量)↑→r(利率)↓→I(投资)↑→Y(总收入)↑

与凯恩斯学派不同,货币学派认为利率在货币政策传导机制中不起重要作用,而更强调货币供应量在整个传导机制中的直接效果。货币主义者的传导机制主要是资产组合效应。货币主义者认为资产的范围不应局限在货币等少数金融资产上,还应包括其他形式的资产,如厂房、设备,甚至包括耐用消费品、人力资本等。当货币供应量增加时,其边际收益下降,因此资产持有者会把货币转为其他资产。这与凯恩斯学派的分析一样,但货币主义者强调的是这种资产组合的调整包括实物资产在内,直到各项资产的利率相等,而不仅仅是金融资产的利率。当货币供应量增加时,投资者除购买金融资产,使其价格上升、利率降低外,还可以将闲置的资金用于购买各种消费品和资本品,促使其价格上升、生产扩张,从而产出和收入水平上升。因此,货币主义者认为货币在金融领域内的替代程度是很低的,因而货币需求的利率弹性很低。由此可见,在货币主义者看来,货币政策的传导机制主要不是通过利率间接地影响投资和收入,而是通过实际货币余额的变动直接影响支出和收入。

货币工具→货币供应量↑→产出及收入水平↑

2. 买空、卖空是信用交易的两种形式。买空,是指投资者用借入的资金买入证券;卖空,是指投资者自己没有证券而向他人借入证券后卖出。目前我国法律明确禁止买空、卖空行为。

在发达国家的证券市场中,信用交易是一个普遍现象,但对信用交易都有严格的法律规定并进行严密监管。在买空交易中,如果投资者认定某一证券价格将上升,想多买一些该证券但手头资金不足时,可以通过缴纳保证金向证券商借入资金买进证券,等待价格涨到一定程度时再卖出以获取价差。由于这一交易方式投资人以借入资金买进证券,而且要作为抵押物放在经纪人手中,投资人手里既无足够的资金,也不持有证券,所以称为买空交易。在卖空交易中,当投资人认定某种证券价格将下跌时,可以通过缴纳一部分保证金向证券商借入证券卖出,等价格跌到一定程度后再买回同样证券交还借出者,以谋取价差。由于这一交易方式投资人手里没有真正的证券,交易过程是先卖出、后买回,因此称为卖空。

一般情况下认为融券卖空有更高的风险,因为如果卖空股票后该股大涨时又无法平仓的话,损失是无上限的。但卖空可以给投资者带来资金用于继续买入其他证券,所以卖空可以提高投资组合的分散度。另外,股价高估的情况比低估更加普遍,股票价格对于好坏消息的反应也不对称,所以有时对于买空与卖空的风险对比难以评估。

五、论述题

1. 行为金融理论是在对现代金融理论(尤其是在对 EMH 和 CAPM)的挑战和质疑的背景下形成的。现代金融理论是建立在资本资产定价模型(CAPM)和有效市场假说(EMH)两大基石上的。这些经典理论承袭经济学的分析方法与技术,其模型与范式局限在“理性”的分析框架中,忽视了对投资者实际决策行为的分析。随着金融市场上各种异常现象的累积,模型和实际的背离使得现代金融理论的理性分析范式陷入了尴尬境地。在此基础上,20 世纪 80 年代行为金融理论悄然兴起,并开始动摇了 CAPM 和 EMH 的权威地位。

行为金融学对决策者最基本的假设是:(1)决策者的偏好倾向于多样化并且可变,这种偏好仅仅在决策过程中才形成;(2)决策者是应变性的,他们根据决策的性质和决策环境的不同选择过程或技术；(3)决策者追求满意方案而非最优方案。可以简单概括为投资人的行为是非理性的(经常犯认知性错误)，他们所追求的目标为他所认为的最佳方案。理性投资人不能满足具有非理性的资产需求，这意味着资产的价格由理性投资者与非理性投资者共同决定。行为金融学理论目前研究的内容可归纳为三个层次：(1)个体的有限理性特征、群体行为和非完全市场；(2)金融市场的异常现象(无法用经典金融理论解释的现象)；(3)投资者的盈利策略。

有效市场理论(EMH)是现代金融理论的重要基石，无论是来自学术界的理论还是来自事务界的大量事实，均对该理论给予了有力的支持。该理论是由三个逐渐弱化的假设组成：第一，假设投资者是理性的，因此投资者可以理性地评估资产价值；第二，即使有些投资者不是理性的，但由于他们的交易随机产生，交易相互抵消，不至于影响资产价格；第三，即使投资者的非理性行为并非随机而是具有相关性，他们在市场中将遇到理性的套期保值者，后者将消除前者对价格的影响。EMH 理论推导逻辑性十分强。当人们理性时，市场是有效的；当有些投资者不理性时，交易随机产生，对市场不会产生系统的价格偏差；而非理性交易者，以非基本价值的价格进行交易，在市场也不会有生存的空间。EMH 理论的三条假设可以概括为理性人假设。理性人的定义包括两层含义：一是投资者在决策时都以效用最大化为目标；二是投资者能够对各种信息做出正确的加工处理，从而对市场做出无偏估计。该理论认为价格反映了所有当前可知的信息，那么价格变动一定反映了新的信息。因此人们可以通过考察在事件发生的一段时期内的价格变化来测度事件的重要性。目前比较成熟的组合投资模型，包括现代资产投资理论(MPT)、资本资产定价模型(CAPM)、套利定价模型(APT)、期权定价模型等，均与该理论是一脉相承的。

然而这一理论越来越受到强有力的挑战。一是理论的验证受到了质疑。因为有效市场理论的检验必须和某个关于预期收益的资产定价模型联合起来，然而资产定价理论被确信是无法得到检验的，这就等于一个等式确定两个变量，显然无法得到一个确切的解答。二是 EMH 模型的理性人假设，只是把投资者的决策行为看作简单地追求效用最大化，而没有考虑到投资者决策过程中心理情绪的变化、时间的压力等诸多因素的影响。三是近年来的大量实证研究发现了越来越多与 EMH 理论相悖的现象。

行为金融理论提供了一个用更现实的行为假设来代替主观预期效用理论的决策模型。通过借用心理学、社会学的理论使金融理论的人文学科特色得以恢复，也使理论更接近投资者的投资决策是一个心理过程的这一实际。它确定了市场参与者的心理因素在决策、行为以及定价中的作用和地位，否定了传统理论关于理性投资者的简单假设。BF 理论的三个层次的研究和经典金融理论的研究形成鲜明的对比：包括有限理性特征与理性人假设对比；群众行为与随机交易对比；非完全市场假设与完全市场假设对比；金融市场的异常现象与有效市场假设的对比；投资者的盈利策略与无套利原则形成对比。行为金融理论相对于经典金融理论的这些鲜明的特征更加与实际市场相符，无论在理论还是实践上都有着创新性的突破。

2. 对于一国来说，确定合理的经常账户余额的标准最主要有两条：第一，这一余额应符合经济理性(Economic Rationality)；第二，这一余额应具有可维持性(Sustainability)。

(1)经济理性。经常账户可以表示为一国国内储蓄与投资之间的差额。假定一国可以按世界利率无限制地借款或贷款，那么存在着收益率高于这一利率的投资机会而国内储蓄又不能满足时，符合理性的行为就是在国际金融市场上借款以使本国投资大于国内储蓄，该国出现经常账户赤字。

储蓄是利率的增函数，投资是利率的减函数。对于不同的世界利率水平，投资与储蓄之间会出现不同的缺口，一国应确定相应的经常账户余额。

从全球角度看，一国的经常账户赤字就是其他国家的经常账户盈余，经常账户的余额反映了各国投资与储蓄之间的不同差额，实际上是投资与储蓄在全球范围内配置的优化。可见，确定一国经常账户余额的基础是其国内的储蓄、投资与其他国家之间存在的差异，而各国储蓄(也就是消费)与投资之间存在的差异分别是由各国不同的时间偏好与资本生产率决定的。

①时间偏好的差异。如果一国即期消费偏好较强，它的市场利率就会相对偏高。当资金不能在各国间自由流动时，不同国家对消费的不同时间偏好会形成不同的国内利率。当经济开放时，资金会从偏好将来消费的国家流入偏好即期消费的国家，全球范围内的资金借贷形成了统一的世界利率。当各国的时间偏好存在差异时，偏好即期消费的国家在当期应追求经常账户的余额为赤字，而偏好将来消费的国家在当期应追求的经常账户余额为盈余。

②资本边际生产率的差异。根据麦克杜格尔模型，当各国资本边际生产率存在差异时，资本应从收益率较低的国家流向收益率较高的国家，直至各国的资本边际生产率相同时为止。

可见，当各国的资本边际生产率存在差异时，资本边际生产率较高的国家应追求的经常账户余额为赤字，而资本边际生产率较低的国家应追求的经常账户余额为盈余。

以上分析了不同的时间偏好与资本边际生产率这两个确定经常账户余额时所要考虑的主要因素。需要指出的是：

第一，上述分析均以资金可完全流动为前提，而这在现实生活中是很难满足的。许多国家，尤其是发展阶段较低的国家，很难在国际资金市场上获得必要的资金流入。所以，理论上资金流入的合理数量与实际发生数量之间可能存在相当大的差距，这会影响到经常账户余额的确定。

第二，上述分析中存在一个假定，即投资收益率高于利率时就可以借入资金。但在发生外在冲击等很多意外情况下，原有的利率及投资收益率会发生变化，这便产生了清偿风险等问题。因此，资金流入一般应限制在一定范围之内，必须要考虑经常账户的可维持性问题。

(2)可维持性。可维持性问题一般存在于经常账户余额为赤字的情况。经常账户余额为赤字时，必须考虑可维持性问题的原因是，资金流入形成的债务必须在将来某一时期偿还，也就是经济面临着跨时期的预算约束。

从两期的跨期预算约束，我们可知：$CA_1+CA_2=0$。

上述结论可以推广到多期，就 t 期来说，一定有 $CA_1+CA_2+CA_3+\cdots+CA_t=0$。

从分析中可以知道，一国存在的跨时期预算约束要求一定时期内的经常账户赤字必须通过以后的经常账户盈余加以弥补。因此，在利用国外的资金弥补本国储蓄不足时，必须考虑到今后能否实现相应的经常账户盈余来偿还债务，否则一国的经常账户赤字就是不可维持的。

在实际分析中，有助于判断可维持性的两种方法是：

第一，分析资金流入的具体情况。例如，要分析资金流入的性质，判断吸引资金流入的本国比较高的投资收益率是实际存在的还是人为造成的。一些国家由政府出面，用虚假的高回报率承诺吸引外资流入，显然这样形成的经常账户余额的可维持性是很有问题的。再如，要分析资金流入的结构，一般而言，长期资金比较稳定，而短期资金则反复性较大。

第二，分析债务比率指标。通过对各国利用外债的经验教训的总结，国际上形成了衡量外债规模的完整的指标体系，并且对这些指标的合理范围有着比较一致的意见，这一成果同样可用于经常账户可维持性的分析。

经济理性与可维持性是从一国角度确定其外部均衡的主要标准。从国际上看，还应考虑经常账户余额的国际一致性，即各国的经常账户的赤字与盈余应大体协调。

最后需要指出的是，确定一国的外部均衡目标是一个比较复杂的问题，除了我们已经分析的因素外，还有许多其他问题影响到经常账户余额的确定。并且，外部均衡是一个动态概念，它是随着实际条件的变化而不断发展的。在这里，我们的主要任务是掌握确定外部均衡目标的基本思想。

根据国家统计局的数据，我们看到在2012年之前，我国一直保持双顺差，即经常项目顺差以及资本和金融项目顺差，经常项目和资本项目的双顺差体现了改革开放以来我国贸易竞争力和对外资吸引力的增强，但是从目前来看，作为一个发展中的大国，偏离中性的外资和外贸政策，如出口退税政策、关税政策、外资优惠政策、内外资差别所得税政策等造成大量优质要素资源流向外资和对外经济部门，产生了经济对外需和外资经济的过度依赖问题，粗放式外向型经济增长模式的弊端彰显。在资本项目管制方面，我国"宽进严出"的不对称管制结构以及对汇兑的限制使得外汇需求受到了压抑，助长了国际收支的失衡。

根据国际收支的结构，我国经常项目收支顺差的主要来源为商品和服务项目，货物收支为顺差，服务收支为逆差，这表明我国经济发展水平相对较低，主要依靠实际货物的出口来获取顺差。而在储备资产以外的资本和金融账户中，顺差的主要来源是外国对我国的直接投资，这反映了我国吸引从事直接生产的政策和对外国进入本国金融市场的管制状况。

根据统计数据，我们可以看到，未来的趋势为，经常账户继续保持顺差，而资本和金融账户顺差程度减少甚至产生逆差。

从国际收支表中可以看出，2012全年储备资产增量大幅减少。外汇储备的暂缓是一个明显的变化，表示资本流出将成为未来的长期趋势，经常性项目将成为人民币汇率的唯一支持。

国际收支账户从"双顺差"格局转为"经常项目顺差、资本和金融项目逆差"格局，这一增一减意味着国际收支总体将趋于平衡，而这必将对央行货币创造机制和货币政策产生深远影响。

金程点评

本题在考查国际收支相关理论的同时也考查了考生对于经济实际状况的把握，重要的是我国的国际收支状况从"双顺差"到"经常项目顺差，资本和金融账户逆差"的格局原因和趋势是什么。该部分内容在我们各所学校的参考书目中并没有介绍，需要考生知道一定的时事信息。

2014 年上海财经大学 431 金融硕士真题参考答案

一、选择题

1. B

流通职能不需要足值货币，纸币发行是建立在流通手段的职能上，在戴国强著《货币金融学》第一章。

2. C

净资产收益率＝销售净利率×资产周转率×权益乘数，其中，权益乘数＝1/(1－资产负债率)，分析可知①②③均正确。

3. A

在考虑税收时，由于股票回购是不需要纳税的，而现金股利需要纳税，所以前者更优。

4. C

因为储蓄存款属于 M2，当用储蓄存款进行消费，会导致 M1 上升。同时 M1 也是属于 M2 的范围，所以总体来说 M2 是不变的。故选 C。

5. B

派发股票股利不会影响公司总价值，所以公司的总价值为 10 000×5＝50 000(元)。

6. A

组合的 β 值等于组合内各证券贝塔的加权平均，$\beta=\frac{400}{400+800}\times 1.2+\frac{800}{400+800}\times(-0.3)=0.2$。

7. A

利率上升，储蓄的收益更大，就有更多的储蓄的需求。而消费者总收入是固定的，消费只能下降。

8. D

$$EFL=\frac{EBIT}{EBIT-I-\text{优先股利息}/(1-\text{税率})}=\frac{32}{32-200\times 40\%\times 12\%-1.44/60\%}=1.6$$。

9. B

固定给付计划，每期都需要按固定的数额给付，不随投资收益或者外部状况的变化而变化，所以，风险都由发起人承担。

10. A

$\frac{10\ 000+10\ 000\times 70\%}{50\%}=34\ 000$(元)。

11. A

本题考查经济订货批量模型的有关计算，$EOQ=\sqrt{\frac{2FS}{C}}=\sqrt{\frac{2\times200\times125}{20}}=50$，最佳采购次数为200/50，即4次。

12. A

$$P=\frac{6}{7\%}-\frac{6}{7\%\times(1+7\%)^{10}}+\frac{100}{(1+7\%)^{10}}=92.98。$$

13. A

融资租赁的最大优点就是节约资金，承租人可以利用较少的资金获得设备的使用，相对直接购买来说，减小了资金压力。

14. D

结算、租赁和代理都是中间业务，只有承诺才是表外业务。本题考查了中间业务和表外业务的子项目区别，大家一定要熟记于心。

15. B

在2015年“方案”公布后，自贸区内可以实现企业法人的人民币自由兑换。

16. A

投资机会较大的高增长企业更倾向于进行股权融资，该类型公司的债务权益比相对较低。

17. D

$$应收账款周转率=\frac{销售收入}{应收账款平均余额}=\frac{365}{应收账款周转天数},$$

$$销售收入=\frac{365\times应收账款平均余额}{应收账款周转天数}=\frac{365\times620}{20.5}=11\ 039(万元),$$

$$总资产周转率=\frac{销售收入总额}{平均资产总额}=\frac{11\ 039}{4\ 800}=2.3。$$

18. C

本题具有一定的误导性，银行的最低总资本充足率还是8%，不过系统重要性银行的最低总资本充足率要求为11.5%。

19. A

信托公司统一由银监会监管，相关的法律法规有信托行业的一法三规：一法为《信托法》；三规为《信托公司管理办法》《信托公司净资本管理办法》《信托公司集合资金信托计划管理办法》。

20. C

投资回收期法能测度项目的流动性，故选C。

21. B

因为货币贬值，所以本国进口更加昂贵，提高部件的国产化率能够节约成本。

22. A

股价在期权到期时价格为75元，大于期权执行价格65元，所以欧式看涨期权的买方会行权，净利润为100×(75－65)－200＝800(元)。

23. D

一般对冲基金、律师事务所等都是合伙制居多。

24. B

本题考查 SDR 的定义，SDR 是 IMF 创造的纸面资产，只能在会员国政府之间或者会员国和 IMF 之间使用。

25. A

因为是商品黄金，所以应该记录在经常项目上。如果是货币性黄金，则记录在储备资产项目。

26. A

收入间隔越长，一次性获得的资金就越多，而平均的货币需求是一次性获得资金的一半，所以货币需求与收入间隔也是正向的(可以用鲍莫尔模型来理解)。

27. A

企业的经营与所在行业其他企业的经营相似，应该尽量采用行业的贝塔系数，以降低估计误差。若采用行业中业绩较好或较差的企业的贝塔系数，会增加估计误差。

28. D

金币本位制下，货币的含金量之比就是铸币平价，是汇率的决定基础。

29. D

本题考查准货币的定义，其是 M2 和 M1 之差。

30. C

市场组合的贝塔值等于 1，防御型证券的贝塔系数小于 1。

二、计算与分析题

1. 净收益＝收益－预期损失＝1－150×0.3%×50%＝0.775(万元)

经济成本＝150×5%＝7.5(万元)

风险调整系数＝净收益/经济成本＝10.33%

2. (1)由于补偿性余额＝1 000×10%＝100(万元)。由于法定存款准备金率为 10%，故银行需要缴纳的准备金＝100×10%＝10(万元)。

(2)由题意可知：该笔贷款的收益＝1 000×(12%＋2%＋0.125%)＝141.25(万元)，而资金流出 910 万元，故 ROA＝141.25/910＝15.52%。

3. (1)第一年：净利息收入＝10 000×(10%－6%)＝400

第二年：净利息收入＝10 000×(10%－7%)＝300

(2) $$P=\sum_{t=1}^{5}\frac{10\,000\times 10\%}{(1+11\%)^t}+\frac{10\,000}{(1+11\%)^5}=9\,905.11$$

$E=A-D=9\,905.11+1\,000-10\,000=905.11$

(3)面临着价格风险和在投资风险、期限不对称等风险。当利率升高时，债券和存单的价格都会降低。但债券的久期比存单大，价格下降幅度比存单大，因此会对银行带来损失。而当利率降低时，将债券中所获得的利息进行再投资时，无法获得与该债券 10%相当的收益，因此，当利率降低时，也面临着收益减少的风险。另外，银行的债券是三年期的，而存单是一年期的，资产方和负债方的期限结构不合理，是短期套长期的行为，容易造成流动性的风险。

4. $NPV_A=-15\ 000+5\ 000\times A_{10\%}^{3}=27\ 434$

$NPV_B=-10\ 000+6\ 000\times A_{10\%}^{2}=20\ 413$

$EAC_A=\dfrac{NPV_A}{A_{10\%}^{3}}=11\ 031$

$EAC_B=\dfrac{NPV_B}{A_{10\%}^{3}}=11\ 762$

故公司应该选择购买机器A。

5. 此题考查MM定理。

$R_S=R_0+\dfrac{B}{S}(R_0-R_B)(1-T_C)=12.6\%$

$R_0=12.41\%$

$R'_S=R_0+\dfrac{B'}{S'}(R_0-R_B)(1-T_C)=13.07\%$

$R_{WACC}=\dfrac{B'}{B'+S'}R_B(1-T_C)+\dfrac{S'}{B'+S'}R'_S=11.42\%$

6. (1)由题意知：

$(1+r_1)(1+f_{1,2})=(1+r_2)^2$

$f_{1,2}=12.01\%$

$(1+r_2)^2(1+f_{2,3})=(1+r_3)^3$

$f_{2,3}=14.03\%$

(2)由题意知：

$r'_1=f_{1,2}=12.01\%$

$(1+r_1)(1+f_{1,3})^2=(1+r_3)^3$

$r'_2=f_{1,3}=13.01\%$

(3)由题意知：

$P_0=\dfrac{1\ 000}{(1+12\%)^3}=711.78$

$P_1=\dfrac{1\ 000}{(1+r'_2)^2}=783$

投资下一年的收益率$=(P_1-P_0)/P_0=10.01\%$

三、论述题

1. (1)货币乘数是M1与基础货币的比值，基础货币 $B=C+R$（机构准备金+法定准备金）。详情如下表：

时间	存款机构准备金	流通中的现金	法定存款准备金	基础货币 B	M1	货币乘数 m
2006年	430	7 498	412	8 340	13 665	1.64
2007年	431	7 603	413	8 447	13 743	1.63
2008年	8 202	8 163	529	16 894	16 049	0.95
2009年	11 387	8 641	635	20 663	16 958	0.82
2010年	10 920	9 191	707	20 818	18 367	0.88
2011年	15 971	10 019	949	26 938	21 612	0.80
2012年	15 690	10 908	1 102	27 700	24 472	0.88

由表中数据可知，货币乘数基本是逐渐下降的，且在2008年次贷危机后，货币乘数一直是小于1。

(2)货币乘数是货币供应量对基础货币的倍数。

货币乘数的计算公式是：$m=\frac{1+k}{r_d+t\times r_t+e+k}$。其中$r_d$、$e$、$r_t$、$t$、$k$分别代表法定准备金率、超额准备金率、定期存款准备金率、定期存款与活期存款的比率和现金在存款中的比率。所以货币乘数的大小由以下几个因素决定：

①法定准备金率。定期存款与活期存款的法定准备金率均由中央银行直接决定。通常，法定准备金率越高，货币乘数越小；反之，货币乘数越大。

②超额准备金率。商业银行保有的超过法定准备金的准备金与存款总额之比，称为超额准备金率。显而易见，超额准备金的存在相应减少了银行创造派生存款的能力，因此，超额准备金率与货币乘数之间也呈反方向变动关系，超额准备金率越高，货币乘数越小；反之，货币乘数就越大。

③现金比率。现金比率是指流通中的现金与商业银行活期存款的比率。现金比率的高低与货币需求的大小正相关。因此，凡影响货币需求的因素，都可以影响现金比率。例如，银行存款利息率下降，导致生息资产收益减少，人们就会减少在银行的存款而宁愿多持有现金，这样就加大了现金比率。现金比率与货币乘数负相关，现金比率越高，说明现金退出存款货币的扩张过程而流入日常流通的量越多，因而直接减少了银行的可贷资金量，制约了存款派生能力，货币乘数就越小。

④定期存款与活期存款间的比率。由于定期存款的派生能力低于活期存款，各国中央银行都针对商业银行存款的不同种类规定不同的法定准备金率，通常定期存款的法定准备金率要比活期存款的低。这样即便在法定准备金率不变的情况下，定期存款与活期存款间的比率改变也会引起实际的平均法定存款准备金率改变，最终影响货币乘数的大小。一般来说，在其他因素不变的情况下，定期存款对活期存款比率上升，货币乘数就会变大；反之，货币乘数会变小。

综上所述，表中数据也支持以上观点，货币乘数的大小可由法定存款准备金率、超额准备金率、现金比率及定期存款与活期存款间的比率等因素决定。而影响我国货币乘数的因素除了上述四个因素之外，还有财政性存款和信贷计划管理两个特殊因素。

(3)内生变量是在经济体系内部由纯粹经济因素影响而自行变化的变量，通常不被政策因素所左右，如市场经济中的价格、利率、汇率等变量。外生变量是在经济机制中受外部因素主要是政策因素影响，而非经济体系内部因素所决定的变量。货币乘数是内生还是外生，涉及一个重要的问题，就是中央银行能不能通过货币政策的实施来影响货币乘数的大小。其实很难简单地说货币乘数是一个内生变量还是外生变量，因为货币乘数既具有内生性，同时也具有外生性。

货币乘数中有外生的部分也有内生的部分。c，e，t 都是内生变量，央行无法直接调控，只有法定准备金率是外生的，央行可以直接控制。从中可以看出货币乘数具有部分内生性。这对货币政策的有效性造成了很大的挑战，使得政策无效。比如央行提高法定准备金率，政策效果很有可能被商业银行自主地减少超额准备金率而抵消政策的效果。

(4)量化宽松主要是指中央银行在实行零利率或近似零利率政策后，通过购买国债等中长期债券，增加基础货币供给，向市场注入大量流动性资金的干预方式，以鼓励开支和借贷，也被简化地形容为间接增印钞票。当银行和金融机构的有价证券被央行收购时，新发行的钱币便被成功地投入到私有银行体系。量化宽松政策所涉及的政府债券，不仅金额庞大，而且周期也较长。一般来说，只有在利率等常规工具不再有效的情况下，货币当局才会采取这种极端做法。

美国退出量化宽松需要兼顾美国经济复苏的目标与全球经济的稳定。从表中数据看，美国应该退出量化宽松，由第一问可知，货币乘数不断下降，导致量化宽松造成的通胀不明显，一旦货币乘数回升，货币供应量会大幅增加，造成通胀，所以美国此时应该退出QE或者降低QE规模。

2.(1)企业融资的方式分为货币市场和资本市场的融资方式。货币市场是指融资期限在一年以下的短期资金市场；货币市场的融资方式有可转让存款证、商业票据、银行承兑票据、贴现等。资本市场是指期限在一年及一年以上的长期金融市场。资本市场的融资方式有股权融资、公司债券、银行借款。资本市场三种融资方式各自的优缺点如下表：

融资方式	资金成本	借款规模	控制权	融资风险	灵活性
股权融资	大	大	稀释	大	不灵活
公司债券	中	大	不稀释	大	不灵活
银行借款	小	中	不稀释	中	灵活

(2)在当前情况下，央行的基准利率机制改革，即贷款基础利率的集中报价和发布机制是在报价行自主报出本行贷款基础利率的基础上，指定发布人对报价进行加权平均计算，形成报价行的贷款基础利率报价平均利率，有助于降低企业的融资成本，增加其对资金的可获得性。

(3)央行贷款利率发布机制改革之前，大企业可以上市，并且信用好，披露完善，国企还有政府的隐形托底，因此它们的融资选择非常多，而且借款的成本也很低。而小企业无法上市，银行借款非常困难，即使能从银行得到资金，得到的资金量也非常有限，无法满足总体的需求，形成了中小企业融资难的困境。传统模式下由于融资渠道狭窄、利率成本固定，企业融资相对简单。利率市场化条件下,供中小企业选择的融资渠道增多,风险增大,制订适当的融资计划难度加大,这就要求企业及时了解市场变化。学会灵活使用各种融资工具,降低自身风险,满足企业融资需求。利率市场化改善了中小企业的融资环境,在央行发布利率机制改革之前商业银行没有自主定价权,商业银行会尽量将贷款投放到风险较低的大企业,而中小企业则较难获得银行信贷资金的支持。利率市场化使银行具有自主定价权,银行可以提高利率来覆盖中小企业较高的风险,银行的风险和收益相匹配,增加了银行对中小企业贷款的积极性。

同时,银行竞争加剧也使中小企业获得银行信贷资金的可能性增加。利率市场化有利于降低中小企业的融资成本。在我国,由于长期的利率管制,利率市场事实上是分割的,大企业可以获得体制内低廉的资金资源,而中小企业要通过民间借贷的方式获得更多的资金。利率市场化一方面会引起银行贷款利率的上升,同时也会使中小企业获得银行贷款资金的可能性增加;另一方面会降低民间借贷资金需求进而促使其降低利率水平。从总体上看,利率市场化会引导资金更有效合理地流向实体经济,实质上有利于降低中小企业融资成本。

2014年华东师范大学431金融硕士真题参考答案

一、单项选择题

1. A

M0是指流通中的现金，即银行体系外流通的现金。

2. C

信用分配的主要特点是它的有偿性，它是以还本付息为前提的信用行为，其不涉及资金所有权的转移，而只是资金使用权的暂时让渡。而一般来说，财政分配具有无偿性特征。

3. D

可转让定期存单是近30年出现的新的存款方式，1961年由美国纽约花旗银行首先发行。

4. B

证券发行与承销业务是投资银行最本源、最基础的业务活动，是投资银行为公司或政府机构等融资的主要手段之一。证券经纪与交易同样是投资银行最本源、最基础的业务活动。

5. D

金融工具具有期限性、流动性、风险性和收益性特点。其中，风险性主要来源于信用风险和市场风险，市场风险是由金融市场上金融工具交易价格的波动而给金融工具的持有者带来损失的可能性。

6. A

世界银行由国际复兴开发银行、国际开发协会、国际金融公司、多边投资担保机构和解决投资争端国际中心五个成员机构组成，不包括A选项的国际清算银行。

7. C

商业银行的本源业务是存贷款业务。

8. B

现阶段我国内地的IPO审核采用核准制：对发行人实行强制性信息披露，监管部门对发行人披露的信息进行合规性审查。

9. C

保险深度是指某地保费收入占该地国内生产总值(GDP)之比，反映了该地保险业在整个国民经济中的地位。A选项保费也称保险费，是投保人为取得保险保障，按保险合同约定向保险人支付的费用；B选项偿付能力是保险人可以偿还债务的能力。公司的资产必须大于负债，认可资产总值与负债之间的差额就是保单所有人盈余。D保险密度是指按当地人口计算的人均保险费额。

10. A

英国和美国采用的是间接标价法,B、C、D 选项中的其他国家采用的都是直接标价法。

11. B

弗里德曼是货币学派的代表人物。

12. D

菲利普斯曲线是表明失业与通货膨胀存在一种交替关系的曲线,通货膨胀率高时,失业率低;通货膨胀率低时,失业率高,即短期内,通货膨胀与失业率之间存在负相关关系。

13. A

非流动性资产是指不能在 1 年或者超过 1 年的一个营业周期内变现或者耗用的资产。非流动资产一般包括:可供出售金融资产、持有至到期投资、长期应收款、长期股权投资、投资性房地产、固定资产、在建工程、累计折旧、工程物资、固定资产清理、无形资产、开发支出、商誉、长期待摊费用、递延所得税资产等。A 选项应收股利属于流动资产。

14. C

$WACC=(E/V)\times R_e+(D/V)\times R_d\times(1-T_c)$,

代入数值可得:

$WACC=(2\,000/5\,000)\times 15\%+(3\,000/5\,000)\times 8\%\times(1-25\%)=9.6\%$。

15. D

有效年利率为:$\left(1+\frac{12\%}{4}\right)^4-1=12.55\%$。

16. B

企业缴纳所得税后形成的净利润,除国家另有规定外,按照下列顺序分配:弥补企业以前年度亏损,提取法定公积金,提取任意公积金,向投资者分配利润。

17. C

5C 分析法就是通过 5C 系统来分析顾客或客户的信用标准,5C 系统是评估顾客或客户信用品质的五个方面:品德(Character)、能力(Capacity)、资本(Capital)、抵押(Collateral)和条件(Condition)。

18. C

我国目前发行股票时允许平价发行和溢价发行,不允许折价发行。

19. A

由$(P/A,FIRR,n)=K/R$ 可得,$(P/A,FIRR,2)=2\,000/1\,500=1.33$。

由$(P/A,30\%,2)=1.36$,$(P/A,35\%,2)=1.289$ 可知,所求的内部收益率在 30%和 35%之间,故选 A。

20. A

筹资活动现金流量=权益净变动+债务净变动+股利、利润和利息支付,因此选 A。

二、名词解释

21. 欧洲货币市场,又称离岸金融市场,是指某一国家或地区专门为非居民之间以银行为中介在货币发行国以外进行该种货币的交易的市场。离岸金融市场独立于所在国的货币与金融制度，不受所在国金融法规管辖。市场的特点有：经营自由，一般不受所在国管辖。资金来自世界各地，金额大，可满足各种借贷需要。利率较之国内，存款利率一般相对较高，而贷款利率相对较低。借贷条件少，资金使用不受限制。

22.《巴塞尔协议》是巴塞尔委员会为了防止银行业出现大规模危机，于 1988 年正式通过了《巴塞尔条例和监管委员会关于统一国际银行资本衡量和资本标准的协议》，其主要内容有：

(1)资本的组成。银行资本组成应该分为核心资本和附属资本两部分。附属资本包括未公开的储备、重估储备、普通保证金和呆账保证金、带有债务性质的资本工具等。核心资本由银行股本和税后保留利润提取的公开储备组成。两部分应保持一定比例，即核心占总的一半以上。

(2)标准化比率目标。国际大银行的资本对加权风险资产的目标比率应为 8%。其中核心资本比率应不低于 4%。公式为：

资本充足率=(资本－扣除项)/(风险加权资产＋12.5 倍的市场风险资本)

核心资本充足率=(核心资本－核心资本扣除项)/(风险加权资产＋12.5 倍的市场风险资本)

(3)风险加权的计算。要评估银行资本是否充足，可以根据其广泛的相对风险，将资本与资产负债表上不同种类资产以及表外项目进行加权，制定风险加权比率。

23. 盯住浮动是指一国货币与某一国或者某几个国家的货币之间的汇率可以经常性做小幅度的调整的固定汇率制度。这一制度使得本国与经常发生贸易交往的国家之间的汇率基本稳定，从而大大减少了在国际贸易与债权债务核实方面的汇率风险。同时，本币与其他国家货币之间的比价又可以经常性地做小幅度的调整，从而体现外汇市场的供求关系。该制度要求货币当局维持本币与一种或几种货币之间的比价关系。而该汇率又可以经常性小幅度地进行调整。通常汇率变化在 1%以内。

24. 影子银行是指有部分银行功能，但是不受央行或其他金融监管部门监督管理或受监管较少的非银行金融机构。在我国，凡是涉及货币存贷款关系的和银行表外业务的金融机构，都属于影子银行。影子银行的特点是可以不受中央银行等其他监管机构的监督干预，可以自由充分地发挥资金的效用。但同时，影子银行由于缺少监管，使得风险大大增强。

25. 经营性负债主要是指企业因经营活动而发生的负债，包括应付账款、预收账款、应付税费、应付薪酬等。而经营性长期负债主要是指其中的长期应付款项，包括长期应付账款，它指的是期限较长的应付款项；除了长期借款和应付债券以外的多种长期应付款，如引入设备、租入固定资产等。

26. 浮差是指企业银行存款和现金账面余额之间的差额，分为现金回收浮差和现金支付浮差。现金回收浮差是指企业收到支票时账面余额即上升，但是银行存款却还暂时未上升。类似地，现金支付浮差是指企业开出支票时账面余额即下降，但是银行存款却未同时下降。企业可以因现金支付浮差而获益，但却会因现金回收浮差而受损。故企业需要对浮差进行管理，尽可能缩短现金回收浮差的时间而延长现金支付浮差的时间，即实现早收晚支。

三、简答题

27. 公开市场业务是指中央银行在金融市场通过买进和卖出有价证券，吞吐基础货币，调节货币供应量以及影响利率的行为。当央行认为需要增加货币供应量或降低利率，则买入有价证券，如果央行认为需要减少货币供应量或提高利率，则卖出有价证券。

相较于调整再贴现率和调整法定准备金率，公开市场业务具有以下特点：(1)政府具有主动性。政府可以根据形势随时决定是否需要调整，且政府买入卖出证券的目的不在于盈利，仅为调节货币供应量，故可以以比市场价低的价格卖出证券，以比市场价高的价格买入证券，易于完成操作。(2)灵活性高。政府可以根据金融市场变化，对货币政策进行经常性、持续性的调整，且可以随时调整购买或卖出证券的数量，或一旦经济形势发生变化，可以随时采取反向的操作。(3)调节力度缓和。

28. 根据货币供应量的公式：$M_s = m \times B$，可以得到基础货币与货币供应量之间存在一个正相关关系，即基础货币增加，货币供应量增加；基础货币减少，货币供应量也随之减少。m 即为货币乘数。有货币乘数的公式：$m = M_s/B = (D+C)/(R+C) = (1+k)/(r_r + r_e + tr_t + k)$，可以看到，货币乘数与活期存款准备金率 r_r、超额准备金率 r_e、定期存款与活期存款的比值 t、定期存款准备金率 r_t、通货比率(现金漏损率)k 均相关。

(1)k：我们对 k 求偏导，可以得到分母大于 0，而分子中各比率均小于 1，故分子小于 0。可得 m 与 k 成负相关关系，即现金漏损率越高，货币乘数越小，在基础货币不变的情况下，货币供应量越小；反之，k 越小，m 越大，B 不变则 M_s 越大。

(2)r_r、r_t：由于 r_r、r_t 均由央行决定，从公式中也可以看到 r_r 和 r_t 均位于分母，与 m 成反相关关系，即 r_r、r_t 越大，m 越大。在 B 不变的情况下，M_s 越大；反之亦然。

(3)t：t 是定期存款与活期存款的比率，因定期存款不具有直接支付的能力，流动性有限，所以当 t 变大时，定期存款比率变大，相当于减少了可用于直接支付的流动性高的货币，相当于减少了 M_s，故其与 m 成反相关关系。

(4)r_e：r_e 是银行为了应对可能到来的流动性需求，而在法定准备金之外将一部分现金作为准备金留存。通常 r_e 与银行运营的状况有关。这部分准备金的机会成本即市场上的贷款利率。这部分资金的保留也相应地减少了市场上的 M_s。

29. 凯恩斯的流动性陷阱是基于流动性偏好理论而得出的。人们都偏好货币的流动性，即金融资产的变现能力，偏好持有流动性强的资产。而利率是人们在一定时期内放弃这种流动性的报酬。而流动性陷阱如图 1 所示，以货币供应量为横轴，利率水平为纵轴，利率与货币供给呈负相关关系。当货币供给增加时，M_s 直线向右移动。其与货币需求曲线的交点纵坐标，即利率下降；反之，货币供给减少，利率上升。但是当利率低到不能再低时，人们会产生利率上升的预期，从而货币需求弹性趋于无穷大，货币需求曲线趋于平行于横轴，此时，当局即使增发再多的货币，也会被人们储存起来，而无法影响利率。这就是凯恩斯的流动性陷阱。

30. 国际储备也称官方储备或自由储备，是一国政府持有的、可以随时用来平衡国际收支差额、对外进行国际支付、干预外汇市场的国际间可以接受的资产总额。国际储备具有以下几个特征：①可得性，即能够随时、方便地被政府得到；②流动性，即变成现金的能力；③普遍接受性，即能够在外汇市场或政府间清算国际收支差额时被普遍接受；④稳定性，即储备资产的购买力不会在短时间内有剧烈波动，不便于国际清算。

国际储备由自由储备和借入储备构成。自由储备包括一国的货币用黄金、外汇储备、在

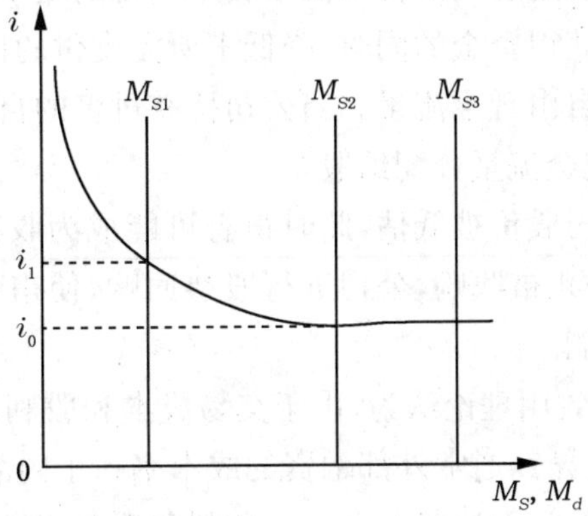

图 1

国际货币基金组织的储备地位以及SDR余额；借入储备资产包括备用信贷、互惠信贷和支付协议、本国商业银行的对外短期可兑换货币资产等。

国际储备管理包含国际储备的需求管理和币种管理。需求管理是指国际储备的数量管理，通常政府需要综合考虑多种因素：

(1)本国的进出口规模，一般进出口规模越大，所需要持有的国际储备数量就越大。但是由于国际资本流动的增强，进出口规模对国际储备的影响日益减弱。

(2)国际收支调节机制与政策效率，国际收支调节的效率越高，则所需要持有的国际储备就越低。

(3)进出口贸易差额的波动幅度，一般而言，波动幅度越大，需要的国际储备就越多。

(4)汇率制度，一般实行浮动汇率制度的国家，由于政府无须为了维持汇率稳定而买入卖出外汇，故其国际储备持有量一般较实行固定汇率制度的国家低。

(5)持有国际储备的机会成本，持有国际储备的相对机会成本越高，持有量越低。

(6)金融市场发育程度，发达的金融市场能够提供较多的诱导性储备，对利率汇率等有较敏感的作用，故可以让政府减少国际储备的持有量。

(7)国际货币合作状况。如果一国货币当局和外国货币当局以及国际货币金融机构有良好的合作，则当发生国际收支逆差时，外国货币当局可以协同干预市场，减轻本国压力，故持有国际储备可减少。

(8)国际资金流动状况，国际资金流动一方面可以给货币当局提供新的资金来源，但另一方面却会对本国外汇市场造成冲击，故其具有双向性。

国际储备的币种管理则要遵循稳定性、盈利性和国际往来的方便性。

31. 公司进行股票回购是指公司通过出资或债券及其他金融资产购回发行在外的股票，使这部分股票留存或注销的行为。通常可以通过公开市场回购、协议回购、邀约回购或转换回购。通常公司回购股票的动机包含以下四项：

(1)传递公司价值被低估的信息。因为公司的管理层与投资者之间存在信息的不对称，通常当股市低迷时，容易导致公司的股票价值被低估。而公司则通过回购股票的方式传递股价被低估的信息以提高股价。通常公司发布股票回购说明股价即会上升。

(2)为股东避税。通常现金股利的税率高于资本利得的税率。出于为股东避税的考虑，公司通过股票回购，使股东获得资金的同时，降低了所需支付的税，增加了股东的财富。

(3)减少公司所持有的自由现金流量。当公司持有过多的自由现金流量时，则可以通过股票回购的方式将这部分现金流量分配给股东。

(4)防止被收购。当公司股价被低估，此时很有可能成为收购的目标，则会产生对现有股东控制权的威胁。为了防止被收购，公司进行股票回购，使市场上流通的股数减少，同时提高股价，减少被收购的可能。

32. 公司并购财务协同效用理论认为，由于交易成本和股利的税收因素，公司内部融资和外部融资存在成本上的差异。通常外部融资的成本率高于内部融资的成本率。通过并购形成的混合经营公司，各个部门无法留存多余的盈利和现金流量，公司会根据各个部门的未来收益前景进行资本的重新分配。这样可以有效克服外部融资存在的各种融资制约，又能降低融资成本，使公司价值提高。

四、计算题

33. $NPV(Q_F)=\sum_{t=1}^{N}\frac{OCF}{(1+r)^t}-CF_0+\frac{CF_N}{(1+r)^N}=0$，

故：$OCF\times3.9927-10+5\times0.6806=0$，得 $OCF=24.19$(万元)。

又 $OCF=[Q(P-VC)-D-FC](1-t)+D$，

所以 $Q=\dfrac{\dfrac{OCF-D}{1-t}+FC+D}{P-VC}=300$(件)。

其中，$D=\frac{100-5}{5}=19$(万元)，$FC=23-19=4$(万元)。

34. 由题意知，令 $A=4\ 000, P=500, C=4$。

首先，计算没有数量折扣时的经济订货批量：

$$Q^*=\sqrt{\frac{2AP}{C}}=\sqrt{\frac{2\times4\ 000\times500}{4}}=1\ 000$$

此时的总成本为：$T_1=\frac{4\ 000}{1\ 000}\times500+100\times4\ 000+\frac{1}{2}\times4\times1\ 000=404\ 000$(元)。

其次，如果接受折扣，即订货批量为 1 200 件时，每件价格为 99 元，总成本为：

$$T_2=\frac{4\ 000}{1\ 200}\times500+99\times4\ 000+\frac{1}{2}\times4\times1\ 200\approx400\ 067(\text{元})$$

由于 $T_2<T_1$，因此宝来公司采购的经济批量为 1 200 件。

35. $NPV_{甲}=-500+\frac{200}{1+10\%}+\frac{200}{(1+10\%)^2}+\frac{400}{(1+10\%)^3}=147.63$(万元)

$NPV_{乙}=-700+\frac{300}{1+10\%}+\frac{300}{(1+10\%)^2}+\frac{200}{(1+10\%)^3}+\frac{300}{(1+10\%)^4}=175.83$(万元)

因为 $NPV_{甲}<NPV_{乙}$，故乙项目更优。

五、论述题

36. 国际货币体系又称国际货币制度，是支配各国货币关系的规则和国际间进行各种交易支付所依据的一套安排和惯例。一般由参与的各国政府协商确定，包含三方面内容：(1)国际储备资产的确定。即以何种货币作为国际间的支付货币、用作国际间清算，并成为国际间所广泛接受的国际储备资产。(2)汇率制度安排。即采用何种汇率制度，如固定汇率制度、浮动汇率制度，还是有管理的浮动汇率制度等。(3)国际收支调节方式，即当出现国际收支的不平衡时，各国政府该以何种手段进行弥补。

理性的国际货币体系应该保证国际货币秩序稳定、能够提供足够的国际清偿力、保持国际储备资产的币值稳定、保证国际收支调节有效。目前，国际货币体系经历了国际金本位制、布雷顿森林体系、牙买加体系。

(1)国际金本位制。这是国际间最早出现的国际货币体系。由于早期西方各国均采取金币本位制，从而使这一国际货币体系自动形成。其主要特征是：黄金作为国际储备货币，可以自由铸造、自由融化、自由兑换、自由输出入。各国货币间的比价由其含金量比率决定。汇率的波动则自动维持在主币平价和黄金运输费用所决定的黄金输送点内。从而这一制度内的汇率制度是严格的固定汇率制度，国际收支可以自动调节。

国际金本位制的优势在于其固定汇率制度可以带来稳定的价格水平和汇率水平，促进国际间经济的增长。但其本身也有缺陷：由于世界黄金产量的限制，黄金的数量逐渐无法跟上经济的增长，制约了经济发展。国际金本位制度下的价格主币流动机制虽然能够平衡国际收支，但却不利于国内经济稳定。而黄金价格随着国际金产量的供求而波动变化，常会造成价格水平的波动。

(2)布雷顿森林体系。布雷顿森林体系包含如下内容：①建立一个国际性的货币基金组织，即国际货币基金组织(IMF)，旨在促进国际间合作；②建立以美元为中心的储备货币，实施各国货币与美元挂钩、美元与黄金挂钩，从而间接实现了货币与黄金挂钩的体系；③IMF向国际收支逆差国实施资金融通；④各国实行可调整的固定汇率制度；⑤废除外汇管制。

布雷顿森林体系消除了各个货币集团互相对立，进行外汇倾销、货币战、汇率战的局面，稳定了国际金融局势。但是由于该体系是建立在以美元作为国际储备货币的基础上，从而在根本上存在问题，即特里芬难题：由于各国货币与美元挂钩，因此美元作为国际储备核心，导致美元不断流出在海外沉积，其发行国即美国必将处于长期逆差。而美元作为国际货币核心前提是美元必须保持稳定与坚挺，这就要求美国必须长期处于顺差。两者相互矛盾，从而导致了布雷顿森林体系的崩溃。

(3)牙买加体系。牙买加体系的内容包括：①浮动汇率合法化；②黄金非货币化；③提高SDR在国际储备中的地位；④扩大成员国基金份额；⑤IMF扩大向发展中国家提供资金融通。

牙买加体系的特点就是分散化、多元化。①多元化的国际储备体系：SDR作为国际储备的资产地位在上升，美元依旧作为主要的国际储备货币。同时多个国家或地区的货币，如欧元也逐渐作为国际储备货币。黄金作为国际储备的地位在逐渐下降，但仍可作为二级资产。②多元化的汇率制度安排，各国可以自由决定本国的汇率制度，在固定汇率制度和浮动汇率制度之间,还有多种弹性汇率制度安排,如盯住浮动、滑动平价等。

37. 互联网金融目前还暂未有一个定义,普遍意义上认为,互联网公司涉足金融领域,在网上开展金融业务,成为互联网金融。目前,多家互联网公司已经涉足金融行业,如阿里巴巴集团、腾讯等。

互联网金融有以下几个特征:

(1)引致性。互联网企业进入金融领域的初衷并非通过金融业务获取利润,而是在电子商务发展到一定程度,自然而然地涉足金融领域。以第三方支付为例,买家一般不愿意在收到货物之前支付款项到卖家手中,而卖家则同样不愿意在收到买家的货款前发货,这是双方必然存在的不信任因素所导致的。而有时由于买卖双方的银行账户属于不同银行,有划款失败的可能性。这就使得第三方支付平台的发展显得尤为重要,而这就回到了电商的初衷,即更好地为顾客服务。

(2)方便性。互联网金融业务使得投资者不需要前往营业厅或实体交易场所,而仅仅需要一个终端设备,如手机或电脑,就可以方便地随时完成转账投资等事宜。

(3)广泛性。互联网金融正悄悄借助互联网企业积累的庞大用户群体,向更广大的人群扩散。以往的金融业务都较为集中在中高阶层的人士中,而互联网金融则将金融业务的门槛大大降低。以余额宝为例,零存零取,即存即算收益的方式刚好满足了普通民众对于金融业务的需求。

交易成本和交易时的信息不对称是金融中介机构的存在理由,而互联网金融的存在则将这一传统的机构打破。

(1)互联网金融大大降低了交易成本。以往商业银行在进行金融服务的过程中,往往存在巨大的交易成本。而互联网金融则不像实体金融中介机构,不需要固定营业点以及大量人手进行信息的整理等工作,而仅需要服务器、少量的人手即可完成资金的流转。相较于传统金融行业大大降低了成本。

(2)降低了信息不对称。首先,交易双方可以在网络平台上互相交换实时信息,无须通过其他中介机构。其次,通过搜索引擎可以筛选大量信息,得到自己需要的切实有用的信息。而交易过后所留下的交易痕迹则可以更好地反映出过去交易的情况,降低了资金融通双方的道德风险。

由于互联网金融大大降低交易成本、减少信息不对称,以及可以通过实时的软件更新来满足客户的需求,这些特点使得互联网金融从长期来看将大大威胁商业银行业务。

而在现实业务方面,互联网金融则也会对商业银行有所冲击:

(1)支付业务。支付业务是商业银行本源业务之一。银行通过吸收存款获得资金,从而进行支付活动。而如今互联网金融则更好地将这一业务发展起来。由于互联网金融得天独厚的优势,客户可以随时方便地通过第三方支付来完成所需要操作的业务。此外,第三方支付业务往往无须手续费,据此,第三方支付业务在网上充当了商业银行的角色。

(2)小额信贷。小额信贷虽然不被商业银行所重视,但是随着利率市场化的进程,存贷款利率的利差逐步缩小,而小额信贷以其高收益的特点往往形成了不可忽视的重要利润来源。目前,互联网金融公司借助其强大的平台和技术优势,以及积累起来的群体,使得这部分业务也逐渐成为互联网金融的阵地。

(3)中间业务。银行的中间业务目前也正在越来越被重视。由于央行降息以及贴现率的下调,商业银行通过资产业务所获得的利润正逐步减少,而中间业务以其巨额收益也正在被商业银行所重视。以往银行可以借助其网点多、覆盖广的特点推广中间业务,但是由于互联网金融的先天优势,使得商业银行在面对互联网公司时这些优势被大大弱化。而商业银行的中间业务在这方面也倍受打击,如支付宝和天弘基金共同推出的余额宝,即是互联网公司设计基金代销的典型。而诸如代收水电费、充话费等业务也可以通过互联网公司的终端更方便地实现。

2014年清华大学431金融硕士真题参考答案

一、选择题

1. A

信用中介职能是商业银行最基本、最能反映其经营活动特征的职能。

2. D

在商业银行的资产负债表上，商业银行贷款属于资产项，存款及其他负债属于负债项。

3. D

根据我国对货币层次的定义，可知：

M0＝流通中的现金；

M1＝M0＋企业活期存款＋机关、团体、部队存款＋农村存款＋个人持有的信用卡存款；

M2＝M1＋城乡居民储蓄存款＋企业存款中具有定期性质的存款＋信托类存款＋其他存款。

4. C

央行作为银行的银行，这一职能将央行放在了核心的位置上，在这个位置上，央行是作为银行的管理者和监督者而存在，而央行的唯一对手方是各类银行，而不是任何企业或个人。当央行作为银行的银行时，一切银行也因此从于央行。

5. A

根据法定比价和市场比价，可知金币为良币，银币为劣币，因此这时充斥市场的将是银币。

6. B

商业银行利用资本金来应对非预期损失。在应对预期损失时，一是提取损失准备金，二是冲减利润。在应对灾难性损失（如地震、火灾）时，购买商业保险。在应对灾难性损失（衍生产品交易等过度投机行为）时，严格限制高风险业务或行为。

7. B

一年后总支付的价值＝0.008 6×750 000 000＋750 000 000×0.012/100×(1＋6%)＝6 545 400（美元）。

8. B

根据克鲁格曼的三元悖论，一国货币当局无法同时实现维持固定汇率制，保证国际资本自由流动和货币政策独立性三个目标。

9. D

A选项，若折现率小于内部收益率，则项目的净现值应当为正。

B选项，若净现值为负，该项目应该被拒绝。

C选项，仅根据利润率大小，无法确定应该接受或拒绝项目。

10. D

本题考查基本概念。公司管理人员的义务就是增大股东的权益。

11. B

本题考查年金价值的计算：$F=A[(F/A,i,n+1)-1]=10\,000\times[F/A(0.06,4)-1]=33\,746.16$（元）。

12. D

本题考查费雪方程式：$I=(1+R)/(1+\pi)-1=3.62\%$。

13. C

随着资产组合内证券数量的增加，资产组合的非系统性风险会逐步降低至接近0，而最终凸显的是不可消除的系统性风险。

14. B

由于 $LCF=$（收入－付现－利息）$\times(1-T)-$利息$\times(1-T)=UCF-(1-T)\times I$，$UCF=EBIT\times(1-T)$。

因此可以看出，公司分红比例的改变并不影响无杠杆现金流的大小。

15. C

应收账款的增加会导致公司原有现金流收入的被迫延后，因此选C项。

16. D

本题考查基本概念，连续复利的实际收益是最高的。

17. D

本题考查基本概念，贝塔值为1、超额收益为0的资产组合的预期收益率与市场组合的预期收益率相等。

18. D

不论投资组合中两项资产之间的相关系数如何，只要投资比例不变，各项资产的期望收益率不变，则该投资组合的期望收益率就不变，因此选项D不正确。

19. D

投资组合	预期收益率(%)	标准差(%)	$U=E(r)-0.005\times 4\sigma^2$
1	12	30	0.118 2
2	15	50	0.145 0
3	21	16	0.209 5
4	24	21	0.239 1

由于投资组合4的效用最大，故选D。

20. A

股票基金的风险回报率＝风险溢价/标准差＝10%/14%＝0.71。

21. A

六个月远期利率＝$(1+5\%/2)^2/(1+4\%/2)-1=3.0\%$。

因此，隐含的六个月远期利率为3.0%，故应选A项。

22. B

看涨期权可以依附于债券，譬如可转换债券。

23. A

SML 描述的是证券β与预期收益率之间的关系。

24. B

本题考查与市场有效假说相关的基本概念。

A选项，弱式有效市场的股票价格反映了全部的历史价格信息。

C选项，强式有效市场的股票价格反映了包括内幕信息在内的全部相关信息。

D选项，股票价格随机游走，不可预测。

25. C

央行实行宽松的货币政策，导致货币供应量上升，利率下降，债券价格上升。

26. D

通货膨胀是纸币流通条件下特有的一种社会经济现象，指的是由货币供应量过多引起货币贬值、物价持续而普遍上涨的一种货币现象。

27. A

根据《中国人民银行法》第三条，货币政策目标是保持货币币值的稳定，并以此促进经济增长。

28. D

央行一般性政策工具有：准备金率、公开市场和再贴现/再贷款。

央行选择性政策工具有：间接信用工具(优惠利率、政策保证金比例、消费信用管制、预缴进口保证金制度、房地产信贷管制)，直接信用工具(贷款上限、存款利率上限、道义劝导)。

29. C

短期国际资本流动形式包括：贸易资本流动，银行资本流动，保值性资本流动，投机性资本流动。

30. C

其中A、B、D三个选项均为负面影响，但本币升值压力是中性影响。

二、计算题

1. (1)根据购买力平价，以美元为本币，则有：

$E=P_d/P_f=105/102=1.03$

即根据购买力平价，1加元＝1.03美元。

但根据所给条件，现实中1加元＝0.95美元，即：不支持购买力平价，加元被低估。

(2)根据国际费雪效应，以美元为本币，则有：

远期汇率＝即期汇率×$[(1+i_d)/(1+i_f)]=0.95\times(1.05/1.03)=0.97$

因此，一年后1加元＝0.97美元。

(3)根据相对购买力平价计算公式：

有 $e_0=0.95, t=4, \pi_d=3\%, \pi_f=2\%$，

则有 $e_1=e_0\times(1+\pi_d-\pi_f)^4=0.99$，

因此，4年后1加元＝0.99美元。

2.(1)根据题意，要求：

$E(rc)=W_p\times E(R_p)+W_f\times r_f=8\%$

$E(rc)=W_p\times 11\%+(1-W_p)\times 5\%=8\%$

$W_p=0.5$

所以委托人应当将50%的投资预算投资于风险资产组合中。

(2) $\sigma_c=W_p\times\sigma_p=0.5\times 15\%=7.5\%$

所以她的投资回报率的标准差为7.5%。

(3)由于另一委托人要求标准差不得大于12%，则可知风险资产组合所占比例最大 $y=12\%/15\%=0.8$，因此该委托人能够投资于风险资产组合的最大比重为0.8。

则有 $E(R)=0.8\times 11\%=0.2\times 5\%=9.8\%$，

所以他能得到的最大预期回报为9.8%。

3.(1)无杠杆自由现金流 $=EBIT\times(1-T)=4\times(1-25\%)=3$(亿美元)

(2)根据 APV 法，有：

$APV=NPV+NPVF=EBIT\times(1-T)/Re+T\times D-$初始投资$=3/0.1+0.25\times 8-20=12$(亿美元)

所以该项目的净现值为12亿美元。

三、论述题

1. 股票发行抑价又称IPO抑价，指的是股票首次公开发行定价明显低于上市初始的市场价格。当IPO抑价发生时，由于发行方以低于股票自身价值的价格进行销售，现有股东可能会遭受损失，而新股东则能够从他们购买的股份中获取更高的报酬率。

目前，学术界关于IPO抑价现象的理论解释主要分为以下几种：(1)赢者诅咒假说。由于在证券市场中信息是不对称的，投资者分为掌握信息和未掌握信息两类，掌握信息的投资者往往能够利用其信息优势买到具有投资价值的股票，未掌握信息的投资者只能根据其他主题的行为做出判断，最终购买到的股票将是掌握信息的投资者所规避的股票。当未掌握信息的投资者意识到这一"赢者诅咒"时，就会退出市场。为了吸引这些未掌握信息的投资者，股票发行人不得不降低新股发行价来弥补未掌握信息的投资者所承担的风险。(2)投资银行买房垄断假说。由于股票发行人在发行股票时倾向于将新股定价权交给具备信息优势的投资银行，而投资银行会倾向于将新股发行价定得偏低，这主要是因为：①可以降低投资银行承销/包销该股票的风险，有利于新股的成功发行；②折价发行给投资者提供了一个超额收益率，这有利于与投资者建立起良好的关系。

2. 资产证券化一般指的是将缺乏流动性，但具有可预期收入的资产，通过一定的结构安排，对资产的风险与收益要素进行分离与重组，进而转换成为在金融市场上可以出售和流通的证券的融资方式。

广义的资产证券化是指某一资产或资产组合采取证券资产这一价值形态的资产运营方式,它包括四类:①实体资产证券化,即实体资产向证券资产的转换,是以实物资产和无形资产为基础发行证券并上市的过程。②信贷资产证券化是指把欠流动性但有未来现金流的信贷资产(如银行的贷款、企业的应收账款等)经过重组形成资产池,并以此为基础发行证券。③证券资产证券化是证券资产的再证券化过程,就是将证券或证券组合作为基础资产,再以其产生的现金流或与现金流相关的变量为基础发行证券。④现金资产证券化是指现金的持有者通过投资将现金转化成证券的过程。

狭义的资产证券化是指信贷资产证券化。所谓信贷资产证券化,是指银行作为发起机构,将信贷资产打包给受托机构,以资产支持证券的形式向投资机构发行受益证券的融资活动。信贷资产证券化,也就是狭义的资产证券化。根据产生现金流的证券化资产的类型不同,资产证券化可分为住房抵押贷款证券化(Mortgage-Backed Securitization,MBS)和资产支撑证券化(Asset-Backed Securitization,ABS)两大类。其区别在于前者的基础资产是住房抵押贷款,而后者的基础资产是除住房抵押贷款以外的其他资产。

资产证券化的目的在于将缺乏流动性的资产提前变现,解决流动性风险。由于银行有短存长贷的矛盾,资产管理公司有回收不良资产的压力,因此,目前在我国,资产证券化得到了银行和资产管理公司的青睐,中国建设银行、中国工商银行、国家开发银行、信达资产管理公司、华融资产管理公司等都在进行资产证券化的筹划工作。

对商业银行的影响体现在:①有助于商业银行盘活信贷存量,释放信贷空间,提高资金的配置使用效率;②有助于商业银行降低风险资产规模,目前我国金融体系中银行贷款所占比重过高,通过信贷资产证券化,可以将一部分贷款转化为证券的形式,分散了银行体系的信贷风险;③有助于优化银行的资产结构和期限配比结构;④有助于增强对实体经济的支持力度,充分发挥商业银行在国民经济中的杠杆作用;⑤有助于商业银行建立全新的盈利模式,信贷资产证券化实施之后,商业银行由资金的提供者变成了资产管理中介和融资顾问中介,盈利方式也由贷款利息收入变成了提供担保或发行服务的手续费、管理费用等中间业务收入,对推进商业银行加快经营转型具有重要意义。

3. 凯恩斯提出了构成货币需求的三种动机:交易动机、预防动机和投机动机。交易动机指的是为了日常而产生的持有货币的愿望。预防动机也称为谨慎动机,是指为应付紧急情况而产生的持有货币的愿望。投机动机是指人们根据对市场利率变化的预测,需要持有货币以便从中获利的动机。在正常情况下,为满足交易动机和预防动机所需要的货币量,主要取决于经济形势和货币收入水平,基本上不受其他因素的影响。用于满足投机动机的货币需求,随利率的变化而变化,两者之间的关系可以用一条连续曲线来表示。

凯恩斯以 M_1 代表为满足交易动机和预防动机而持有的现金额,M_2 为满足投机动机而持有的现金额。与这两部分现金额相对应的是两个流动性偏好函数 L_1 和 L_2,L_1 主要取决于收入水平,L_2 主要取决于当前利率水平与当前预期状况的关系。从总体上说,凯恩斯认为货币需求函数是 $M=M_1+M_2=L_1(y)+L_2(r)$。

凯恩斯认为,如果 M 的改变是由于政府印发纸币用于财政支出而增加,新发的货币必然成为某些人的收入,但新的收入水平不会增加到这样一种程度,使 M 的增加全部吸收在 M_1 之中,多余的货币要寻找出路,购买证券或其他资产,于是利率降低,使得 M_2 加大,同时因为利率降低，刺激 Y 上升，M_1 也增大，直至最后所有新的货币，不是被吸收在 M_2 中，就是在 M_1 中。

所以货币需求由与收入 Y 正相关的交易性需求和与利率 r 相关的投机性需求所决定。当收入水平下降时，货币需求降低，在货币供给不变的情况下，利率也会随之降低。一般情况下，央行会使用紧缩的货币政策来防止收入减少对利率的这种影响。

2014年对外经贸大学431金融硕士真题参考答案

一、单项选择题

1. D

期权合约是买卖双方签订的一种协议，该协议赋予期权购买者在未来某一时刻以事先约定的价格购买（或出售）某一资产的权利。投资者只有权力，没有义务，所以投资者也可以选择放弃。

2. C

到期收益率是使债务工具所有未来回报的现值与其今天的价值相等的利率，反映的是一项金融资产内含的报酬率，是衡量利率最精确的指标。

3. D

商业银行从事的表外业务，按照通行的会计准则不列入资产负债表内，不影响其资产负债总额，但能影响银行当期损益，改变银行资产报酬率的经营活动，所以在一定条件下可以转化为资产负债表内的业务。

4. A

凯恩斯学派的传导机制可以简单地描述为：通过货币供给 M_s 的增减影响利率 r 的增减，利率的变化则通过资本边际效率使投资发生变化，进而影响社会总收入 Y。以扩张性的货币政策为例，凯恩斯的货币政策传导路径表示为：$M_s \uparrow \rightarrow r \downarrow \rightarrow I \uparrow \rightarrow Y \uparrow$。所以其关键指标是利率。

5. C

利润推进型通货膨胀的前提条件是存在着物品和服务销售的不完全竞争市场，卖方有可能操纵价格，以赚取垄断利润，这就会增大一般部门的成本开支。

6. B

系统性风险是由于全局性的共同因素引起的投资收益的可能变动，这种因素以同样的方式对所有证券的收益产生影响，无法通过分散投资消除。

7. C

金融中介机构可以在一定程度上降低信息不对称，但不可能完全消除信息不对称。

8. C

注意，题目条件是弹性价格模型，不是利率平价理论，需用弹性价格模型的观点进行分析，外国利率水平相对于本国增加，本币也会同比例升值。

9. D

根据马科维茨的描述，落在有效边界上的资产组合当期望收益率相等时，标准差一定是最小的，当标准差相等时，期望收益率一定是最大的。且期望收益率与标准差是正相关关系，Z 组合的期望收益率低于 W 组合，标准差却大于 W 组合，所以不会落在有效边界上。

10. A

净现值法和内部收益率法都考虑了货币的时间价值，将项目投资的现金流量按必要报酬率折算到现值。回收期法和会计收益率法是计算项目投产后在正常生产经营条件下的收益额和计提的折旧额、无形资产摊销额用来收回项目总投资所需的时间和收益，没有考虑货币的时间价值。

二、判断题

1. √

逆回购为央行向市场上投放流动性的操作，逆回购到期则为央行从市场收回流动性的操作。国庆期间，货币需求量较大，中央银行需要投放流动性较强的货币来满足市场的需求。

2. √

违约风险债券高于无风险债券的利率差被称为违约风险溢价，也称违约升水，是债券违约时对投资者的风险补偿。

3. √

商业银行扩张信用、创造派生存款的约束机制，要受到缴存中央银行存款准备金的限制，要受到提取现金数量的限制，要受到存款中活期存款与定期存款比例的限制。其原理在于商业银行能否将存款全部用于发放贷款。

4. ×

根据汇率平价理论可知，当本国价格水平提高时，会使本国的商品失去价格优势，使进口大于出口，对外汇的需求增加，造成本国货币贬值。

5. √

如果弱有效市场假说成立，则投资者将无法从已有的历史信息中判断股票价格的走势，无法在股市中获得超额收益。

6. ×

啄食优序理论认为内部融资优于外部债权融资，外部债权融资优于外部股权融资。从本质上说，该理论认为存在一个可以使公司价值最大化的最优资本结构。但是最优资本结构的确定还需要在某些假设条件下才能成立。

7. ×

市账率是市值与账面价值的比率，比率越小，表示该股票越便宜。成长型股票一般市值大于账面价值，所以市账率大于 1。

8. ×

《麦克法登法案》颁布于 1927 年，是规范银行地理限制的法案，而不是规范银行经营范围的法案。

9. √

当预期通货膨胀问题能够在近期内明显缓解时，预期未来通胀率将显著下降，根据费雪效应,名义利率等于实际利率加上预期通货膨胀率,在近期内,实际利率不显著变化时,预期短期名义利率将下降,根据预期理论,长期利率会低于短期利率。

10. ×

"中央银行是政府的银行"的含义是指中央银行代表国家政府贯彻执行财政金融政策,代理国库收支以及代表国家参与国际金融活动等。

三、名词解释

1. 资本结构是指企业各种资本的构成及其比例关系。资本结构是企业筹资决策的核心问题,企业应综合考虑有关影响因素,运用适当的方法确定最优资本结构,并在以后追加筹资中继续保持。广义的资本结构是指企业全部资本的构成及其比例关系。企业一定时期的资本可分为债务资本和股权资本,也可分为短期资本和长期资本。狭义的资本结构是指企业各种长期资本的构成及其比例关系,尤其是指长期债务资本与(长期)股权资本之间的构成及其比例关系。最佳资本结构便是使股东财富最大或股价最大的资本结构,亦即使公司资金成本最小的资本结构。合理的融资结构可以降低融资成本,发挥财务杠杆的调节作用,使企业获得更大的自有资金收益率。

2. 代理问题(Agency Problem)是指由于代理人的目标与委托人的目标不一致,加上存在不确定性和信息不对称,代理人有可能偏离委托人目标而委托人难以观察和监督,从而出现代理人损害委托人利益的现象。代理人和委托人在利益上存在潜在的冲突。而其直接原因则是所有权和控制权的分离,究其本质原因在于信息的不对称。

(1)从委托人方面来看。

第一,股东或者因为缺乏有关的知识和经验或时间来监控经营者。

第二,对于众多中小股东来说,由股东监控带来的经营业绩改善是一种公共物品。

对致力于公司监控的任何一个股东来说,他要独自承担监控经营者所带来的成本,如收集信息、说服其他股东、重组企业所花费的成本,而监控公司所带来的收益却由全部股东享受,监控者只按他所持有的股票份额享受收益。这对于他本人来说得不偿失,因此股东们都想坐享其成,免费"搭便车"。

在这种情况下,即使加强监控有利于公司绩效和总剩余的增加,即社会收益大于社会成本,但只要每个股东在进行私人决策的时候,发现其行为的私人收益小于私人成本,他就不会有动力实施这种行为。

(2)从代理人方面来看。

第一,代理人有着不同于委托人的利益和目标,所以他们的效用和委托人的效用不同。

第二,代理人对自己所做出的努力拥有私人信息,代理人会不惜损害委托人的利益来谋求自身利益的最大化,即产生机会主义行为。

因此,现代公司所有权与控制权的分离,股东与经理人员之间委托—代理关系的产生,会造成一种危险:公司经理可能以损害股东利益为代价而追求个人目标。经理们可能会给他们自己支付过多的报酬,享受更高的在职消费,可能实施没有收益但可以增强自身权力的投资,还可能寻求使自己地位牢固的目标,他们会不愿意解雇不再有生产能力的工人,或者他们相信自己是管理公司最合适的人选,而事实可能并非如此。

3. 美国联邦基金利率(Federal Funds Rate)是指美国同业拆借市场的利率,其最主要的是隔夜拆借利率。这种利率的变动能够敏感地反映银行之间资金的余缺,美联储瞄准并调节同业拆借利率就能直接影响商业银行的资金成本,并且将同业拆借市场的资金余缺传递给工商企业,进而影响消费、投资和国民经济。尽管对联邦基金利率和再贴现率的调节都是由美联储宣布的,但是,其方式则有行政规定和市场作用之分,其调控效果也有高低快捷等差别,这也许正是联邦基金利率逐渐取代再贴现率、发挥调节作用的一个重要原因所在。

联邦基金利率是金融市场的重要基准,而该利率是通过两家银行之间的谈判而议定的。联邦公开市场委员会的成员每年都会举行八次(约每七个星期)进行例会议定联邦基金目标利率。委员会也会举行特别会议实施目标利率的变化,联储局利用公开市场操作去影响美国经济的货币供应量以使联邦基金有效率遵循联邦基金目标利率。而此利率将使实际国内生产总值增长速度与长期货币供应及预期通货膨胀率保持稳定的关系。

4. 敏感性分析是投资项目的经济评价中常用的一种研究不确定性的方法。它在确定性分析的基础上,进一步分析不确定性因素对投资项目的最终经济效果指标的影响及影响程度。

敏感性分析是指从定量分析的角度研究有关因素发生某种变化对某一个或一组关键指标影响程度的一种不确定分析技术。其实质是通过逐一改变相关变量数值的方法来解释关键指标受这些因素变动影响大小的规律。

敏感性因素一般可选择主要参数(如销售收入、经营成本、生产能力、初始投资、寿命期、建设期、达产期等)进行分析。若某参数的小幅度变化能导致经济效果指标的较大变化,则称此参数为敏感性因素,反之则称其为非敏感性因素。

5. 费雪效应是由著名的经济学家欧文·费雪第一个揭示了通货膨胀率预期与利率之间关系的一个发现,它指出当通货膨胀率预期上升时,利率也将上升。

名义利率=实际利率+通货膨胀率。在某种经济制度下,实际利率往往是不变的,因为它代表的是你的实际购买力。于是,当通货膨胀率变化时,为了求得公式的平衡,名义利率也就是公布在银行的利率表上的利率会随之而变化。名义利率的上升幅度和通货膨胀率完全相等,这个结论就称为费雪效应或者费雪假设。

四、计算题

1. (1)现金比率 $c=C/D=3\,200/10\,000=0.32$

超额准备金率 $e=ER/D=600/10\,000=0.06$

法定准备金 $RR=D\times r=10\,000\times 0.2=2\,000$

货币乘数 $m=(C+D)/(C+RR+ER)=2.28$,或者 $m=(1+c)/(c+r+e)$

(2)由(1)知法定准备金 $RR=2\,000$,准备金 $R=RR+ER=2\,600$,

基础货币 $MB=C+R=5\,800$,或者 $MB=(C+D)/m=13\,200/2.28=5\,800$

(3)需假设准备金不变,则此时新的货币乘数 $m^*=(1+c)/(r+e+c)=2.75$,

新 $M=m^*\times MB=2.75\times 5\,800=15\,950$

2. 按照利率期限结构理论,第 n 年的利率要在前 $n-1$ 年的利率算数平均值的基础上加上对应的流动性补偿。

(1)$i_2=(5\%+6\%)/2+0.25\%=5.75\%$

$i_3=(5\%+6\%+7\%)/3+0.5\%=6.5\%$

$i_4=(5\%+6\%+7\%+7\%)/4+0.75\%=7.0\%$

$i_5=(5\%+6\%+7\%+7\%+7\%)/5+1\%=7.4\%$

(2)横轴是年限,纵轴是利率,将上述几个点组合起来即为收益曲线图,图略。

五、简答题

1. 正面效应:

(1)表明公司资金充裕,增加投资者信心;

(2)吸引偏好当期的投资者。

负面效应:

(1)过多的股利支付给投资者传递不良信号:公司缺乏好的投资机会;

(2)支付股利的下一期限难支付股利,会给投资者不良预期。

2. 经营风险又称营业风险,是指在企业的生产经营过程中,供、产、销各个环节不确定性因素的影响所导致企业资金运动的迟滞,产生企业价值的变动。另有一种说法是,企业由于战略选择、产品价格、销售手段等经营决策引起的未来收益不确定性,特别是企业利用经营杠杆而导致息税前利润变动形成的风险叫作经营风险。经营杠杆本身并不是资产报酬不确定的根源,只是资产报酬波动的表现。但是,经营杠杆放大了市场和生产等因素的变化对利润波动的影响,经营杠杆系数越高,表面资产报酬等利润波动程度越大,经营风险也就越大。

财务风险是指企业在各项财务活动中由于各种难以预料和无法控制的因素,使企业在一定时期、一定范围内所获取的最终财务成果与预期的经营目标发生偏差,从而形成的使企业蒙受经济损失或更大收益的可能性。企业的财务活动贯穿于生产经营的整个过程中,筹措资金、长短期投资、分配利润等都可能产生风险。如果企业经营状况良好,使得企业投资收益率大于负债利息率,则获得财务杠杆正效应,如果企业经营状况不佳,使得企业投资收益率小于负债利息率,则获得财务杠杆负效应,甚至导致企业破产,这种不确定性就是企业运用负债所承担的财务风险,企业财务风险的大小主要取决于财务杠杆系数的高低,一般情况下,财务杠杆系数越大,主权资本收益率对于息税前利润率的弹性就越大,如果息税前利润率上升,则主权资本收益率会以更快的速度上升;如果息税前利润率下降,那么风险存在的实质是由于负债经营从而使得负债所负担的那一部分经营风险转嫁给了权益资本。

与经营杠杆作用的表示方式类似,财务杠杆作用的大小通常用财务杠杆系数表示。财务杠杆系数越大,表明财务杠杆作用越大,财务风险也就越大;财务杠杆系数越小,表明财务杠杆作用越小,财务风险也就越小。财务风险和权益资本成本二者之间并无必然联系。

六、论述题

1. 决定和影响利率的主要因素有:

(1)平均利润率。利息是利润的一部分。因此,利率高低首先由利润率高低决定,但决定利率高低的利润率不是单个企业的利润率,而是一定时期内一国的平均利润率。

(2)借贷资本的供求关系。在某一具体时期的具体市场中利率则需由借贷资本市场上借贷资本的供求双方协商确定。通常情况下,借贷资本供大于求时,利率就会下降;借贷资本的需求大于供给时,利率就会上升。

(3)中央银行的货币政策。中央银行若实行扩张的货币政策,利率就会下降;反之,利率就会上升。

(4)国际利率水平。国际金融市场上利率的下降会降低国内利率水平或抑制国内利率上升的速度。

(5)预期通货膨胀和通货紧缩。通货膨胀会导致利率上升,通货紧缩会导致利率下降。

(6)汇率。外汇汇率上升、本币贬值时,外汇的预期回报率下降,国内居民对外汇的需求就会下降,对本币的需求就会增加,从而使得国内利率水平上升。

2.(1)泰勒规则(Taylor Rule)是常用的简单货币政策规则之一,由斯坦福大学的约翰·泰勒于 1993 年根据美国货币政策的实际经验而确定的一种短期利率调整的规则。泰勒认为,保持实际短期利率稳定和中性政策立场,当产出缺口为正(负)和通胀缺口超过(低于)目标值时,应提高(降低)名义利率。

(2)泰勒规则分析。假定 N 是通货膨胀率,N^* 是通货膨胀的目标,i 是名义利率,i^* 是名义目标利率。从中期来看,i 与 N 是联系在一起的,如果真实利率给定,那么名义利率和通货膨胀在中期是 one for one 的对应关系。假定 U 是失业率,U^* 是自然失业率。

$$i=i^*+a(N-N^*)-b(U-U^*)$$

泰勒认为,中央银行应该遵循以下的规则:a 和 b 是正的系数。

上式的含义为:

首先,如果通货膨胀等于目标通货膨胀($N=N^*$),失业率等于自然率($U=U^*$),那么中央银行应该将名义利率 i 设为它的目标值 i。这样经济将保持稳定。

其次,如果通货膨胀高于目标值($N>N^*$),那么中央银行应该将名义利率设定为高过 i。更高的通货膨胀率将导致失业增加,失业增加将反过来导致通货膨胀下降。

系数 a 表示央行对失业和通货膨胀关心程度的不同。a 越高,中央银行面对通货膨胀就会增加越高的利率,通货膨胀下降速度将更快,经济放慢的速度也会变快。

泰勒指出,在任何情况下,a 都应该大于 1。因为影响支出的是真实利率,而不是名义利率。当通货膨胀增加时,央行如果想压缩消费的话,就必须增加真实利率。换言之,央行增加名义利率的幅度应该大于通货膨胀的幅度。

最后,如果失业率高于自然率($U>U^*$),央行应该降低名义利率。名义利率下降将导致失业率下降。系数 b 反映央行对失业与通货膨胀之间关心程度的不同。b 越高,央行就越会偏离通货膨胀目标来保证失业率在自然率附近。

泰勒认为没有必要刻板地遵守这个规则。当发生严重的外来冲击时,货币政策不必拘泥于这个公式。但是,他强调这个规则提供了一个货币政策的思路:选择一个通货膨胀目标,不仅考虑到当前的通货膨胀,而且也考虑失业的情况。研究发现,美国和德国的中央银行在制定货币政策时,并不考虑泰勒规则。但是这个规则很好地描述了它们在过去 15~20 年间的行为。

2014年中央财经大学431金融硕士真题参考答案

一、单项选择题

1. A

马克思从历史和逻辑统一的角度，对典型的货币——金币的职能按照先后顺序排列为价值尺度、流通手段、贮藏手段、支付手段和世界货币五个。

2. D

国家信用是指政府作为一方的借贷活动，即政府作为债权人或者债务人的信用活动，在现代社会，政府信用主要包括中央政府债券、地方政府债券和政府担保债券三种形式。

3. B

在凯恩斯主义出现以前，传统经济学中的利率理论，现在人们称之为实际利率理论。这种理论强调非货币的实际因素在利率决定中的作用，它们所注意的实际因素是生产率和节约。生产率用边际投资倾向表示，节约用边际储蓄倾向表示。

4. C

2013年7月19日，央行决定从7月20日开始取消金融机构贷款利率0.7倍的下限，由金融机构自主确定贷款利率水平，但个人住房贷款利率浮动区间暂不调整。

5. B

根据货币乘数理论，货币乘数的理论值$m=(1+k)/(k+r)$，其中，提现率$k=50\ 000\div 700\ 000=0.07$，存款准备金率$r=200\ 000\div 700\ 000=0.29$，代入数值解得$m=(1+0.07)\div(0.07+0.29)=3$。

6. B

资本市场有效性假说是20世纪60年代被正式提出的，尤金·法玛在1965年针对美国股市的研究表明，股票价格基本遵循随机游走的规律，基于历史股价的技术分析策略不能获得超额利润。

7. D

资产负值综合管理理论的基本思想是将资产和负债两个方面加以对照并作对应分析，通过调整资产和负债双方达到合理搭配。利率敏感性分析中的风险敞口是指一定时期内利率敏感性资产与利率敏感性负债的差额。银行通过对敏感性资产和敏感性负债的管理来控制管理风险。

8. A

单一制中央银行是指国家单独建立中央银行机构，使之全面、纯粹地行使中央银行的制度，包括一元式中央银行制度和二元式中央级行制度。美国实行的是二元式中央银行制度。

9. B

A 选项,存款扩张倍数的影响因素包括法定存款准备金率、提现率和超额准备金率等因素,货币乘数影响因素包括通货—存款比率和准备—存款比率;C 选项,存款扩张倍数是从商业银行角度进行的分析,货币乘数是从中央银行的角度进行的分析;D 选项,中央银行也关注存款扩张倍数。

10. C

一般认为出现通货膨胀以后社会经济会出现以下四种效应:强制储蓄效应;收入分配效应;资产结构调整效应;恶性通货膨胀下的危机效应。

11. C

特别提款权是国际货币基金组织分配给成员国的在原有的一般提款权以外的一种资金使用权利。它具有以下特点:①它是一种以黄金保值的记账单位,不能直接用于国际贸易支付和结算,也不能直接兑换成黄金;②它属于国有资产,只能由成员国货币当局持有,并且只能在成员国货币当局和国际货币基金组织、国际清算银行之间使用;③它与普通提款权不同,是无附带条件的流动资金。特别提款权是根据各成员国在国际货币基金组织中分到的配额比例进行分配的。

12. D

根据弗里德曼的货币需求理论,预期的通货膨胀率越高,持币带来的通货贬值损失就越大,对货币的需求就越少。

13. C

由相对购买力平价理论可知,$e_1/e_0=P_b/P_a$,其中,e_1 是未来汇率,e_0 是即期汇率,P_b 是墨西哥的商品价格,P_a 是美国的商品价格,代入数值解得 $e_1=5$ 比索/美元,由此可知未来比索的名义水平升值。

14. A

我国上市公司的除息日通常是在登记日的下一个交易日。由于在除息日之前的股票价格中包含了本次派发的股利,而自除息日起的股票价格中则不包含本次派发的股利,所以除息日的股票价格与股利登记日的股票价格相比较低。

15. B

该优先股的发行成本是 $120\times10\%=12$(元),优先股的股利 $D=100\times8\%=8$(元),所以优先股的融资成本 $R=D/P=8\div(120-12)=7.41\%$。

16. C

债务性融资有固定的偿还时间,而权益性融资则没有固定的偿还日期。公司进行债务融资有可能造成公司的财务失败,而权益资本融资则不会增加财务失败的可能。

17. B

营业杠杆定义为息税前收益的相对变动与销售额相对变动之比,也就是息税前收益对销售额的弹性,一般用营业杠杆系数 DOL 来衡量。用公式表示如下:$DOL=$息税前收益变化率/销售收入变化率$=(P-V)\times Q/[(P-V)\times Q-F]$,其中,$P$ 为销售价格,Q 为销售量,V 为变动成本,F 为固定成本。所以,降低固定成本会使经营杠杆系数降低,从而降低企业的经营风险。

18. C

增加的经营性流动资产扣除税盾的影响＝5 000－2 000×25%＝4 500(元)，所以初始现金流量为30 000＋4 500＝34 500(元)。

19. D

由资本资产定价模型可知，该股票的期望收益率 $E=10\%+(15\%-10\%)\times 0.5=12.5\%$。

20. A

F公司的价值＝(息税前收益－税额)/资本成本＝(10 000－10 000×35%)÷16%＝40 625(元)，M公司的负债＝40 625÷2＝20 312.5(元)。根据有税条件下的MM定理：M公司的价值＝F公司价值＋利息税盾＝40 625＋20 312.5×35%＝47 734(元)。

二、判断题

1. √

面纱论认为，货币对于实际经济过程来说，它的变动除了对价格产生影响外，并不会引起诸如储蓄、投资、经济增长等实际经济部门的变动，即货币是中性的。理性预期学派认为，要保持经济稳定，就应该听任市场经济的自动调节，反对任何形式的国家干预，货币供给量的变化只影响一般价格水平，不影响实际产出水平，因而货币是中性的。

2. √

政策性金融债券是我国政策性银行(国家开发银行、中国农业发展银行、中国进出口银行)为筹集信贷资金，经国务院批准由中国人民银行用计划派购的方式，向邮政储汇局、国有商业银行、区域性商业银行、城市商业银行(城市合作银行)、农村信用社等金融机构发行的金融债券。

3. ×

本来以借贷为前提，源于产业利润的利息，逐渐被人们从借贷和生产活动中抽象出来，被赋予了与借贷、生产活动无关的特性，而是将利息直接与资本的所有权联系起来，认为利息是资本所有权的必然产物，人们也就可以凭借资本所有权而获得收益，这样，利息就成为收益的一般形态。

4. ×

由于资产价格等于该资产未来现金流或收益的贴现，在未来现金流或收益既定的情况下，用来代表贴现率的利率水平越低，该资产的价格也就越高，贴现率或者利率水平越高，资产价格也就越低，即利率变化与资产价格出现反向变化趋势。

5. ×

股票的Beta系数是衡量系统风险的重要指标，每一资产对风险充分分散的资产组合的总风险(系统风险)的贡献，可以用它的Beta系数来衡量。

6. √

1979年，考克斯、罗斯和卢宾斯坦提出了二项式定价模型，也称二叉树定价法，解决了欧式期权定价的问题。其优点在于比较直观简单，不需要太多数学知识就可以加以应用。

7. √

存款类金融机构，也称存款性货币银行，可以分为管理性、商业性和政策性三类。政策性存款类金融机构主要指政策性银行。政策性银行是指由政府发起或出资建立，按照国家宏观政策要求，在限定的业务领域从事银行业务的政策性金融机构。

8. ×

美国的硬币发行计入美联储资产负债表中的资产方。因为美联储是美国的中央银行，其资产负债表的科目含义与一般企业有所不同。核心区别是，央行用货币购买资产(比如国债)，实质效果是发行基础货币，而基础货币是货币发行机构的负债。

9. ×

2013年6月SHIBOR利率大幅上扬主要原因在于前期银行大量发行理财产品，导致资金在银行体系"空转"，没有实现资金对实体经济的"输血"功能。大量银行理财产品在6月集中兑付，银行流动性紧张，同时央行为了加以惩戒，并未向市场注入流动性，导致SHIBOR大幅上扬。

10. ×

美国的金融监管体系属于"伞式"监管模式。该模式是指对特定金融机构，由一家监管机构负责综合监管，其他监管机构按企业经营业务的种类开展具体监管。它是美国1999年《金融服务现代化法案》颁布后，在改进原有分业监管体制的基础上形成的监管模式。

11. √

汇率取决于两国货币购买力的相对关系，这是购买力平价理论的基本思想。该理论隐含了三个重要的前提条件：完全竞争、不存在生产率差异以及国内外购买篮子相同(各国计算价格指数包含的商品种类一致)，最后一个前提条件即为一价定律。购买力平价理论被广泛运用于对汇率水平的分析和政策研究，是货币主义汇率理论的基石。

12. ×

保罗·克鲁格曼的第一代货币危机的标准模型认为，一个国家的金融政策有三个基本目标：本国货币政策的独立性；汇率的稳定性；资本自由流动。而这三个目标是不可能同时实现的。这一模型针对的对象是采取固定汇率制的国家。

13. ×

当外国利率上升时，经济主体偏向于持有以外币标价的资产，国内货币需求下降。

14. ×

根据无税条件下的MM定理，不管财务和权益的组合如何变化，公司的加权平均成本是不变的。增加借债会使债权人要求的回报率增加，即债务融资成本增加。由于总成本不变，所以权益成本会减少，即股东要求的回报率减少。

15. √

固定资产在购入时作为投资活动流出的现金，反映在现金流量表的投资活动流出的现金项目下。每月计提折旧，不减少和增加现金流量。在计算投资项目现金流时，不需要考虑折旧。

16. √

相比月供来说，双周供由于还款次数增加，本金减少的速度加快，其利息支出更低，累计还款额更小。

17. ×

根据 $CAPM$ 模型可知，该股票的期望报酬率 r＝无风险利率＋β×风险溢价＝5%，所以该股票的当前价格应为 $P=(D+P_1)/(1+r)=(2+62)\div(1+5\%)=60.95$(元)，而市场价格为60元，所以该股票被低估了。

18. √

可转换债券兼有债券和股票的特征，它可以转换为债券发行公司的股票，其转换比率一般会在发行时确定；若转换，则公司的股价会下跌，产生稀释效应。

19. √

有效投资组合集合是指在同样风险条件下具有最高的期望收益，或在同样期望收益条件下具有最低风险程度的资产组合。市场组合是有效前沿和资本市场线的切点，即市场组合一定是落在有效前沿上，所以市场组合与有效投资组合之间的相关系数为1。

20. √

根据无税条件下的MM定理，负债公司权益资本成本＝无负债公司权益资本成本＋风险溢价。随着负债增加，风险增加，风险溢价随之增加，因此负债公司权益资本成本更高。

三、计算题

1. 在现金红利、送股、配股同时存在时，股票的除权参考价的计算公式为：

当日除权价＝(前一日收盘价－股息红利＋配股价×配股率)/(1＋配股率＋送股率)

每股现金红利＝4÷10＝0.4(元)

配股率＝2÷10＝0.2

送股率＝1÷10＝0.1

将数值代入公式计算可得：

除权价＝(20.35－0.4＋5.5×0.2)÷(1＋0.1＋0.2)＝16.19(元)

2. 由有税条件下的MM第一定理可知：

$$V_L=V_U+T_C\times D$$

$$V_U=\frac{EBIT\times(1-T_C)}{R_U}$$

其中，V_L 是负债时公司价值，V_U 是无负债时公司价值，T_C 是所得税，D 是公司负债总额，R_U 是无负债时的资本成本。代入数值可得：

$V_U=1\ 200\ 000\times(1-40\%)/12\%=6\ 000\ 000$(元)

$D=200\ 000/8\%=2\ 500\ 000$(元)

$V_L=6\ 000\ 000+2\ 500\ 000\times40\%=7\ 000\ 000$(元)，即公司总价值是7 000 000元。

3. ①在使用旧设备的情况下，运营成本的净现值为：

$NPV_1=A_1\times PVA(6\%,2)=-12\ 000\times1.833=-21\ 996$(元)

运营成本的等年值为：

$-21\ 996/PVIFA(6\%,2)=-21\ 996/1.883=-12\ 000$(元)

②在使用新设备的情况下，运营成本的净现值为：

$NPV_2=PV_0+A_2\times PVA(6\%,5)=-25\ 000+(-8\ 000)\times4.212=-58\ 696$(元)

运营成本的等年值为：

$-58\ 696/PVIFA(6\%,5)=-58\ 696/4.212=-13\ 935.42$(元)

因此，如果更换设备，每年需支付更高的成本，所以不需更换。

四、名词解释

1. 背书是指票据的收款人或持有人在转让票据时，在票据背面签名或书写文句的手续。背书时写明受票人姓名或受票单位名称的，称为记名背书；未写明受票人姓名或受票单位名称的，称为不记名背书。经过背书转让的票据，背书人负有担保票据签发者到期付款的责任，如果出票人到期不付款，则背书人必须承担偿付责任。经过背书，票据的所有权由背书人转给被背书人。一张票据可以多次背书、多次转让。背书有限定性背书、空白背书、特别背书、有限度的背书和有条件背书五种方式。

2. 窗口指导是指中央银行在其与商业银行的往来中，对商业银行的季度贷款额度附加规定，否则中央银行便削减甚至停止向商业银行提供再贷款。虽然窗口指导无法律效力，但中央银行的政策目的与商业银行的经营发展总体上是一致的，且商业银行对中央银行有依赖性，所以在实际中这种做法的作用还是很大的。但其要真正起作用，前提条件是中央银行必须在金融体系中拥有较高的地位、较强的威望和足够的控制信用活动的法律权利及手段。

3. 无抛补利率平价是指在资本具有充分国际流动性的条件下，投资者的套利行为使得国际金融市场上以不同货币计价的相似资产的收益率趋于一致，也就是套利资本的跨国流动保证了“一价定律”适用于国际金融市场。无抛补利率平价的含义是本国利率高于(低于)外国利率的差额等于本国货币的预期贬值(升值)幅度。

4. 扩张期权是指后续投资机会的权利，也称后续投资期权。当一期项目本身的净现值+后续扩张选择权的价值>0时，一期项目可行。一旦接受净现值为负的项目，公司往往就会提到“战略”价值。对项目损益的仔细考察发现，项目除了自身立即产生的现金流，还会带来基于后续项目的看涨期权。如果现在投资就会失去未来的选择权。

5. 融资租赁又称财务租赁或金融租赁，是由租赁公司按照承租企业的要求融资购买设备，并在契约或合同规定的较长期限内提供给承租企业使用的信用性业务，是一种不可撤销的、完全付清的中长期融资形式，是现代租赁的主要类型。通过融资租赁，承租企业以“融物”的形式达到了融资的目的。一般融资的对象是资金，而融资租赁集融资与融物于一体，实际上相当于一项与设备有关的贷款业务，是承租企业筹集长期借入资金的一种特殊方式。

五、简答题

1. 从货币职能的角度看，货币在经济中的积极作用有以下几点：

(1)克服了物物交换的困难，降低了商品交换的信息搜寻成本，提高了交换效率，促进了商品流通与市场的扩大。

(2)克服了价值衡量与交换比率确定等交易困难，为顺利实现商品交换提供了便利。

(3)可以通过支付冲抵部分交易金额，进而节约流通费用，还可以通过非现金结算加速资金周转。

(4)提供了最具流动性的价值贮藏和资产保存形式，在财富日益增长的过程中丰富了人们的贮藏手段和投资形式。

(5)通过在发挥支付手段时形成的活期存款和发挥资产职能所形成的定期存款等,可以促进社会资金的集中,使得金融体系能够有效利用社会资金,这是现代社会化大生产顺利进行最重要的前提条件。

货币具有集结各种生产要素从而启动社会生产的能力。马克思就曾用“货币第一推动力”来概括货币在资金周转和社会再生产运动中对经济发展的推动作用。

2. 金融市场最基本的功能是满足社会再生产过程中的投融资需求、促进资本的集中与转换等。具体来看,主要有以下四个方面的功能:

(1)资源配置与转化功能。金融市场通过收益率的差异和上下波动以及对有价证券的价格的影响,能够引导资金流向最需要的地方,从而有利于提高投资效益,实现资金的合理流动,完成社会资源的优化配置。

(2)价格发现功能。金融市场金融产品的价格是所有参与市场交易的经济主体对这些产品未来收益的期望的体现。

(3)风险分散和规避功能。金融市场上有多种融资形式可供选择,各种金融工具的自由买卖和灵活多样的金融交易活动,能有效地规避和分散风险。

(4)宏观调控传导功能。现代金融市场是中央银行实施宏观金融调控的场所。

3. 布雷顿森林体系是以美元为中心的国际货币制度,其主要内容是:①以美元作为最主要的国际储备货币,实行“双挂钩”的国际货币体系,即美元与黄金直接挂钩,其他国家的货币与美元挂钩;②实行固定汇率制。各国货币对美元的汇率一般只能在平价上下1%的幅度内浮动,各国政府有义务在外汇市场上进行干预,以维持外汇行市的稳定。布雷顿森林体系自身具有不可克服的缺陷,又被称为“特里芬悖论”。这一悖论是指美元若要满足国际储备的需求就会造成美国国际收支逆差,必然影响美元信用,引起美元危机;若要保持美国的国际收支平衡,稳定美元,则又会断绝国际储备的来源,引起国际清偿能力的不足。

4. 加权平均资本成本(*WACC*)是公司各种形式的个别资本(或称资本的各组成部分)的成本与该类资本在企业资本总额中所占的权重的乘积之和。在*WACC*方法中,分子是全权益融资下的税后现金流量*UCF*,分母是权益资本成本和负债资本成本的加权平均,债务的影响没有体现在分子中,而是体现在分母上,分母中的债务资本成本是税后的,反映了负债的节税效应。

*APV*即调整现值法,是一种绝对值估值方法,其原理为将未来的现金流进行折现。在*APV*方法中,分子为全权益融资下的税后现金流量*UCF*、分母为全权益情况下的折现率,在此基础上,加上负债连带效应的净现值。负债连带效应包括节税效应、发行成本、财务困境成本和利息补贴等。

*WACC*方法和*APV*方法分子都采用了*UCF*。但是*APV*方法采用了全权益资本成本折现得到无杠杆项目的价值,然后加上负债的节税现值,得到杠杆情况下的项目价值。*WACC*将*UCF*按照加权平均资本成本来贴现,而加权平均资本成本低于无负债情况下的权益资本成本,两者只有在满足资产负债率可变或资产负债率恒定时才能等同。在用于企业价值评估时的比较:①从时间范围来看,当债务水平可以预测时,适用于*APV*法;②当财务杠杆是不稳定的时候用*APV*法较好,当负债率是固定的时候,用*WACC*法较好。

六、论述题

1.(1)货币政策与财政政策进行协调配合的必要性。这两项政策在宏观经济运行中都具有较强的调节能力,但由于它们本身固有的特点,二者都有一定的局限性,无论是货币政策调节还是财政政策调节,仅靠某一项政策很难全面实现宏观经济的调控目标,没有双方的配合,单个政策的实施效果将会大大减弱,这就要求二者相互协调、密切配合,充分发挥它们的综合优势。

(2)协调配合模式。各国政府同时利用两大政策干预经济时,就会形成"松紧搭配",即松或紧的两大政策进行匹配运用。松紧搭配一般可以有四种组合:第一,"紧"货币、"松"财政;第二,"紧"财政、"松"货币;第三,财政、货币"双紧";第四,财政、货币"双松"。"一松一紧"主要是解决结构问题;单独使用"双松"或"双紧"主要为解决总量问题;在总量平衡的情况下,调整经济结构和政府与公众间的投资比例,一般采取货币政策和财务政策"一松一紧"的办法。例如:"紧"财政,使政府的支出和投资直接减少;"松"货币,使公众能够以较低的成本获得较多的资金,并使因增税而导致的收入减少得到补偿。其结果是调整了政府与私人企业的投资结构。

(3)现阶段我国政策配合的方式选择。我国现阶段实行的是积极的财政政策和适度宽松的货币政策。因为现阶段我国的国内生产总值增长较快,居民消费价格水平不断提高,国民收支状况继续改善,为了加快调整经济结构,提高就业,继续采取积极的财政政策,不如扩大政府的支出和投资。为了保持合理的社会融资规模,提高货币政策的有效性,更好地满足多样化投融资需求,我国实行适度宽松的货币政策,使公众能够以较低的成本获得较多的资金,并使因增税而导致的收入减少得到补偿。

2.(1)现行国际本位货币体系的缺陷。在布雷顿森林体系彻底瓦解后,取而代之的是牙买加体系,即现行的国际货币体系。但牙买加体系并非是理想的国际货币制度,它仍然存在着一些缺陷,其中较为突出的有三点:①以国家主权货币作为国际储备货币,发行国可以享受"铸币税"等多种好处,但却不承担稳定国际储备货币及其所致风险的责任;②以浮动汇率制为主体,汇率经常出现大起大落,变化不定,加大了外汇风险,在一定程度上抑制了国际贸易活动,但极易导致国际金融投机的猖獗,对发展中国家而言,这种负面影响更为突出;③目前的国际收支调节机制并不健全。各种调节渠道都有各自的局限性,全球性的国际收支失衡问题并没有得到根本的改善。因此,国际货币制度仍有待于进一步改革和完善。

(2)改革方案。国际货币体系改革的理想目标是创造一种与主权国家脱钩并能保持币值长期稳定的国际储备货币,从而避免主权信用货币作为储备货币的内在缺陷。SDR具有超主权储备货币的特征和潜力。同时它的扩大发行有利于基金组织克服在经费、话语权和代表权改革方面所面临的困难。SDR的使用范围需要拓宽,从而能真正满足各国对储备货币的要求。

①建立起SDR与其他货币之间的清算关系。改变当前SDR只能用于政府或国际组织之间国际结算的现状,使其能成为国际贸易和金融交易公认的支付手段。

②积极推动在国际贸易、大宗商品定价、投资和企业记账中使用SDR计价。不仅有利于加强SDR的作用,也能有效减少因使用主权准备货币计价而造成的资产价格波动和相关

风险。

③积极推动创立SDR计值的资产,增加其吸引力。基金组织正在研究SDR计值的有价证券,如果推行将是一个好的开端。

④进一步完善SDR的定值和发行方式。SDR定值的篮子货币范围应扩大到世界主要经济大国,也可将GDP作为权重考虑因素之一。此外,为进一步提升市场对其币值的信心,SDR的发行也可从人为计算币值向有实际资产支持的方式转变,可以考虑吸收各国现有的储备货币作为其发行准备。

此外,基金组织集中管理成员国储备,也将是推动SDR作为储备货币发挥更大作用的有力手段。基金组织可考虑按市场化模式形成开放式基金,将成员国以现有储备货币积累的储备集中管理,设定以SDR计值的基金单位,允许各投资者使用现有储备货币自由认购,需要时再赎回所需的储备货币,既推进了SDR计值资产的发展,也部分实现了对现有储备货币全球流动性的调控,甚至可以作为增加SDR发行、逐步替换现有储备货币的基础。

2014 年中山大学 431 金融硕士真题参考答案

一、单项选择题

1. A

缺口是利率敏感型资产与利率敏感型负债之差，将缺口乘以利率变动，可以立即得到利率变化对银行利润的影响。该银行的缺口为正 2 000 万美元，当利率上升 5 个百分点时，利润变动为 2 000×5％＝100(万美元)，即银行利润增加 100 万美元。

2. D

信用配给是指即使借款人愿意支付给定利率，甚至更高的利率，也拒绝向其发放贷款或者向借款人发放金额低于借款人的要求。抵押品是在借款人违约的情况下提供给贷款人作为补偿的财产，抵押品减少了贷款人在违约事件发生时的损失，从而减轻了逆向选择的后果；补偿余额便于银行监督借款人进而减少道德风险问题，有助于增加贷款被归还的可能性，故 A、B、C 选项都是信用风险管理工具。

3. A

根据货币数量论的交易方程式 $MV=PY$。由于经济体中的制度和技术特征只有在较长时间里才会对流通速度产生影响，所以在短期，货币流通速度 V 是稳定的。由于整个经济体的总产出 Y 总是维持在充分就业水平上，故在短期内可以认为 Y 是稳定的。当 V 和 Y 都是常量，物价水平变动的唯一原因就是货币数量的变动。

4. D

总产出的数量取决于单位产出所创造的利润。当单位产出的成本升高时，单位产出的利润会降低，从而每一物价水平所对应的总供给水平下降。当生产成本增加时，总供给曲线向左位移；而生产成本降低时，总供给曲线向右位移。导致短期总供给曲线位移的因素主要是能够影响生产成本的变量：①劳动力市场的供求状态；②通货膨胀预期；③工人增加实际工资的要求；④其他与工资无关且对生产成本有影响的因素(例如能源成本)。

5. A

在长期内，在给定的物价水平上的总供给为产出的自然率水平，因此，长期总供给曲线是穿过产出自然率的垂直线。

6. D

完全挤出是指政府增加支出对国民收入产生的扩张效应，完全被引起的私人支出的减少所产生的国民收入收缩抵消，从而导致总需求不变的情况。因此，总需求曲线不受影响。在完全挤出条件下，由于社会财富的总量是一定的，因此政府占用资金的增加会使私人的支出同等规模减少。

7. D

在资本完全自由流动的情况下,本国利率与世界利率相等。假设采取扩张的财政政策,则 *IS* 曲线向右移动,与 *LM* 曲线相交所决定的新的国内利率大于世界利率,导致资金迅速大量流入,本币有升值的倾向,央行为维持固定汇率在市场上收购外汇投放本币,本币供给增加,*LM* 曲线向右移动,直至国内利率回到世界利率水平,在此过程中,国民收入大幅度增加。因此,财政政策有效。

8. B

"不可能三角"定理的三个目标是指资本完全自由流动、固定汇率制和独立的货币政策。

9. A

国际清偿力是指一国为弥补国际收支逆差而融通资金的能力。它不仅包括货币当局所持有的各种国际储备,而且包括该国从外国政府或中央银行、国际金融组织和商业银行等筹借资金的能力。

10. C

马歇尔—勒纳条件说明,若外国对本国出口的需求价格弹性及本国对进口的需求价格弹性的总和大于1,本币贬值就能够改善本国国际收支状况。

11. C

本国货币贬值后,最初发生的情况往往正好相反,经常项目收支状况反而会比原先恶化,进口增加而出口减少,经过一段时间,贸易收入才会增加。因为这一运动过程的函数图像酷似字母"J",所以这一变化被称为"J 曲线效应"。

12. B

基础货币又称为高能货币,等于流通中的现金加上银行体系的准备金总额。货币当局投放基础货币的渠道主要有三个:①在公开市场上购买政府债券、向财政透支或直接贷款,变动对政府债权;②在外汇市场上买卖黄金、变动外汇储备;③对商业银行办理再贴现或发放再贷款,变动对金融机构债权。

13. C

公司的所有权和经营权分离带来的最大好处是所有者可以突破自身能力的限制,委托经营能力高的职业经理人代已经营,从而获得比自己经营的情况下更高的经济效益。但两权分离会产生高额的代理成本。

14. A

机会成本是指当把一定的经济资源用于生产某种产品时放弃的另一些产品生产上最大的收益。如果将该设备卖掉得到的收益为 50 000 元,即为使用该设备的机会成本。

15. C

项目的内部收益率是资金流入现值总额与资金流出现值总额相等。净现值为零的折现率。资本成本是项目获得预期收益应该投资的成本的现值。当内部收益率大于资本成本时,项目净现值为正,项目可行;当内部收益率等于资本成本时,项目净现值为零。

16. C

内部产生现金是指公司内部资金产生的现金流。利息属于外部筹资活动产生的现金流,折旧是一定时期内为弥补固定资产损耗而提取的费用,反映了固定资产在当期的价值转移,实际上并不产生现金流。

17. B

组合的期望收益率 $E=aE_A+(1-a)E_B=0.25\times20\%+0.75\times12\%=14\%$。

18. A

股票价格服从随机游走,即股票价格的走势是没有规律的,市场上存在各种影响股价波动的因素,股票价格的序列变化彼此是独立的。根据随机漫步理论,股价会围绕着内在价值上下波动,但这种波动是随机的,没有规律可循,投资者无法通过基础分析和技术分析等手段预测未来股价的走势。

19. B

特殊风险是指对某个行业或个别证券产生影响的风险,它通常由某一特殊因素引起,与整个证券市场的价格不存在系统的、全面的联系,而只对个别或少数证券的收益产生影响,也可以称为非系统性风险,可以通过投资组合中股票种类的增加来分散甚至消除非系统性风险。

20. D

因为公司内不同项目具有不同的投资风险,所以在项目评估时应采用不同的资本成本计算。若使用相同的资本成本,该资本成本会高于低风险项目的资本成本,低于高风险项目的资本成本。对于低风险的差项目,用较低的资本成本贴现时净现值都为负,那么用更高的资本成本贴现净现值也为负,应该拒绝。对于高风险的好项目,用较高的资本成本贴现时净现值为正,那么用较低的资本成本贴现时净现值也为正,应该接受。

21. A

市盈率是某种股票每股市价与每股盈利的比率,通常用来作为比较不同价格的股票是否被高估或者低估的指标。如果某只股票具有较高的市盈率,说明市场预测该公司未来的盈利增长较快。

二、名词解释

1. 银行在发放工商业贷款时所要求的一种特殊的抵押叫作补偿余额,即取得贷款的企业必须在其银行支票账户上保留某一最低规模的资金。补偿余额具有抵押功能,一旦企业违约,银行可用补偿余额来弥补部分贷款损失;补偿余额有助于银行进行监控,从而使道德风险降至最小。特别是,如果要求借款者使用其在该发放贷款的银行的支票账户,银行就可以观察企业的支付活动,得到大量有关借款者财务状况的信息。

2. 货币流通速度是指一年当中1单位货币用来购买经济体所生产的产品和服务的平均次数(即货币周转率)。费雪认为货币流通速度由人们的支付习惯、社会信用制度、运输与通信条件及人口密度等因素决定,不受货币数量影响,所以在短期内可将货币流通速度视为常数。

3. 金本位制就是以黄金为本位币的货币制度。在金本位制下,每单位的货币价值等同于若干重量的黄金(即货币含金量);在历史上,曾有过三种形式的金本位制:金币本位制、金块本位制、金汇兑本位制。其中,金币本位制是最典型的形式,就狭义来说,金本位制即指该种货币制度。其主要特点有:第一,金币可以自由铸造、自由熔化。这样可以自发调节流通中的货币量,从而保证商品流通的顺利进行和经济的平稳运行。第二,流通中的辅币和价值符号可以自由兑换金币。这样不仅保证了辅币与价值符号的稳定,不会导致通货膨胀,同时也节约了黄金。第三,黄金可以自由输入输出。在实现金本位制的国家之间,汇率是根据两国货币的含金量计算出来的(金平价)。这样汇率比较稳定,有利于国际贸易的顺利开展。

4. 货币互换是指交易双方互相交换不同币种、相同期限、等值资金债务的货币及利率的一种预约业务。交易双方在期初交换两种不同货币的本金后按预先规定的日期,进行利息和本金的分期互换。货币互换双方互换的是货币,他们之间的债务债权关系并没有改变。初次互换的汇率以协定的即期汇率计算。货币互换是为了降低筹资成本和防止汇率变动风险造成的损失。

5. 代理成本指的是股东和管理层利益冲突的成本,可分为直接的和间接的成本。直接的代理成本包括管理层受益但股东蒙受损失的公司支出和为了监督管理层行为需要的支出;间接的代理成本包括为了解决代理问题而产生的其他各项潜在费用。

6. 经济增加值是指从税后净营业利润中扣除包括股权和债务的全部投入资本成本后的所得。资本投入是有成本的,企业的盈利只有高于其资本成本时才能为股东创造价值。EVA 是一种全面评价企业经营者有效使用资本和为股东创造价值能力,体现了企业最终经营目标的经营业绩考核工具,也是企业价值管理体系的基础和核心。

三、计算题

1. (1)资产回报率 ROA=税后净利润/平均总资产,股权回报率 ROE=税后净利润/股东权益。由题中数据可得 $ROA=450\div(5\ 000+40\ 000)=0.01$。$ROE=450\div10\ 000=0.045$。

(2)银行的法定准备金为 $50\ 000\times10\%=5\ 000$(万美元),银行贷款规模为 $50\ 000+10\ 000-5\ 000=55\ 000$(万美元)。

(3)银行总资产为 $50\ 000+10\ 000=60\ 000$(万美元),当资产回报率不变时,银行税后净利润为 $60\ 000\times0.01=600$(万美元)。

(4)新的股权回报率 $ROE=600\div10\ 000=0.06$。

2. (1)由题中数据可知,远期汇率升水,所以美元 6 个月的远期汇率为 $1.350\ 0/20+50/70=1.355\ 0/90$。

(2)6 个月后外汇市场上欧元的买入价为 1.355 0,所以该出口企业届时需支付的欧元为 $10\ 000\ 000\div1.355\ 0=7\ 380\ 074$(欧元)。

(3)欧洲进口商要求改为美元计价,即 6 个月后该欧洲进口商需用欧元兑换美元,此时每台产品报价为 $15\ 000\times1.355\ 0=20\ 325$(美元)。

3. (1)会计盈亏平衡点为 Q,有 $40Q+10=100+20+30Q+25\times4$,可得 $Q=21$(万件)。

(2)设备每年的折旧额为 $100\times(1-5\%)\div5=19$(万元),投资有效期即四年内每年年末的净现金流量 CF=(经营现金流入-经营现金流出)×(1-税率)+折旧×税率=$(6\times40-6\times30-25)\times(1-25\%)+19\times25\%=31$(万元)。

第一年年初投入设备和运营资本,所以有效期内第一年的净现金流量为 $31-100-20=-89$(万元)。

第二年、第三年的净现金流量为 31 万元；

第四年年末设备可以变现，其净现金流量为 31＋10＝41(万元)。

(3)每年年末偿还的本金为：40÷4＝10(万元)。

第一年年末支付的利息为：40×10%＝4(万元)；第二年年末支付的利息为：(40－10－4)×10%＝2.6(万元)；第三年年末支付的利息为：(26－10－2.6)×10%＝1.34(万元)；第四年年末支付的利息为：(13.4－10－1.34)×10%＝0.206(万元)。

有效期内第一年的净现金流量为：(－89)－10－4＝－103(万元)。

第二年的净现金流量为：31－10－2.6＝20.4(万元)。

第三年的净现金流量为：31－10－1.34＝19.66(万元)。

第四年的净现金流量为：41－10－0.206＝30.794(万元)。

4.(1)资本市场线 CML 的方程为：$E(r_p)=r_f+\frac{E(r_m)-r_f}{\sigma_m}\sigma_p$。其中，$E(r_p)$和 σ_p 分别表示任一有效组合 P 的期望收益率和标准差 r_f 是无风险利率，$E(r_m)$和 σ_m 分别表示市场的期望收益率和标准差。

证券市场线 SML 的方程为：$E(r_i)=r_f+[E(r_m)-r_f]\beta_i$。其中，$E(r_i)$是任意证券或组合的期望收益率，$\beta_1$ 是任意证券或组合相对于市场的风险，$E(r_m)$是市场组合的期望收益率。

(2)如果将 SML 方程中的贝塔系数替换后，方程变为 $E(r_i)=r_f+\frac{E(r_m)-r_f}{\sigma_m}\rho_{im}\sigma_i$，将其与资本市场线方程 CML 比较可以发现：

相同点：第一，二者截距相同，均为无风险利率；第二，方程中风险溢价部分构造相似。

不同点：第一，风险溢价部分，SML 方程取的是市场期望收益率与无风险利率的绝对值，CML 方程没有取绝对值；第二，风险溢价部分的系数，SML 方程取的是任一证券组合与市场组合的相关系数与任一证券组合标准差的乘积，CML 方程取的是任一有效组合的标准差。

得出的结论有：SML 方程实质上是在 CML 方程的基础上乘上了一个相关系数，当这个相关系数等于 1 的条件下，两者是没有区别的。任一有效组合与市场组合的相关系数都为 1，即有效组合充分分散了非系统性风险。

四、分析与论述题

1.(1)我国央行近年来不断推动与其他货币当局的货币互换的主要原因是为经济提供流动性支持，完成双边贸易与投资中的结算安排，消除汇率风险，防止汇率变动风险给贸易双方造成的损失。在人民币尚未实现自由兑换的情况下，央行货币互换在一定程度上还可以推动人民币在境外实现计价、结算和储备的职能，提升人民币的国际接受程度。此外，央行货币互换可以为商业银行争取境外人民币资金来源和境外货币当局的人民币同业存款提供机遇。因此，央行货币互换对推动我国贸易发展和人民币国际化有积极作用。

(2)2005 年 7 月我国开始实行以市场供求为基础，参考一篮子货币进行调节的有管理的浮动汇率制度。人民币不再盯住单一美元，形成了更富弹性的汇率制度。在此阶段，新的汇率制度导致人民币在一定程度上的升值,其主要原因在于高额的贸易顺差以及外资对国内投资的增加带来的大量资金的涌入。由于人民币与美元挂钩,人民币相对于世界主要货币实际上也间接贬值,虽然这样增强了中国商品在国际市场上的价格优势,但也加剧了与主要进出口贸易国家之间的贸易摩擦,引发了人民币升值的压力。

(3)一国货币的国际化需要许多必备的条件,如经济规模、金融市场的发展程度及其实力、政治和军事实力、货币内在价值的稳定性和可预测性、外部交易网络的便利性等。从中长期来看,人民币国际化需要克服的障碍主要有以下几点:

①货币可兑换性与资本管制。人民币的可兑换进程,是一个渐进的、透明的并且稳步采取相关配套政策措施的缓慢过程,对于实现资本账户下的人民币可兑换,中国一直没有停止努力。十几年来,人民币资本项目下兑换有了很大进展。在现阶段,中国资本项目的一半左右仍然受到管制,一半左右的跨境资本交易对居民和非居民开放。

②金融体制改革与国内金融市场的发展。伴随着人民币境外流通的扩大,不仅需要建立通常的输出与回流渠道,而且也需要创造条件允许外国投资者购买人民币证券。按照货币国际化的经验,高度发达的本国国债市场是货币国际化的坚实基础。然而目前中国还没有实现利率和汇率的市场化。

③外汇市场发展的水平很低。中国外汇市场虽然在近年来有了很大的进展,但其规模和水平依然十分有限。外汇市场上的交易品种单一,操作不成熟,不利于提高人民币在国际市场上的影响力。

2.(1)计划投资支出的减少会使得总需求曲线向左下方移动,如下图所示 IS 曲线由 IS_1 向下移动到 IS_2。在货币市场 LM 没有变动的情况下,短期内总产出和利率均下降,均衡点由 1 变动到点 2,总产出由 Y_n 下降到 Y_n',均衡利率由 r 下降到 r'。

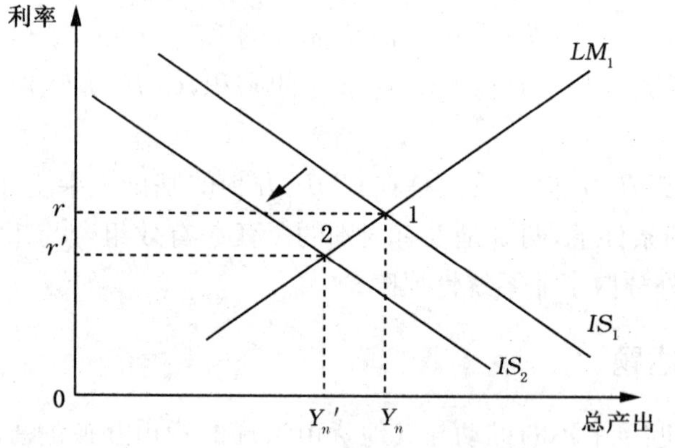

计划投资支出减少引起的变化

(2)从新平衡点(点 2)可以看出,利率水平和产出水平均低于自然率水平,如果央行在国际金融危机发生后没有采取主动的干预政策,那么下图中 LM 曲线没有发生移动,由于之前金融危机的影响,利率水平保持在低位,随着金融危机影响的减弱,投资者对经济复苏的信心开始回升,投资开始缓慢增加,进而产出水平逐渐增加,IS 线由 IS_2 右移至 IS_3,IS_3 和 IS_1 重合。长期来看,产出水平会一直增加到充分就业率水平,利率水平也会恢复到金融危机发生之前的高位。

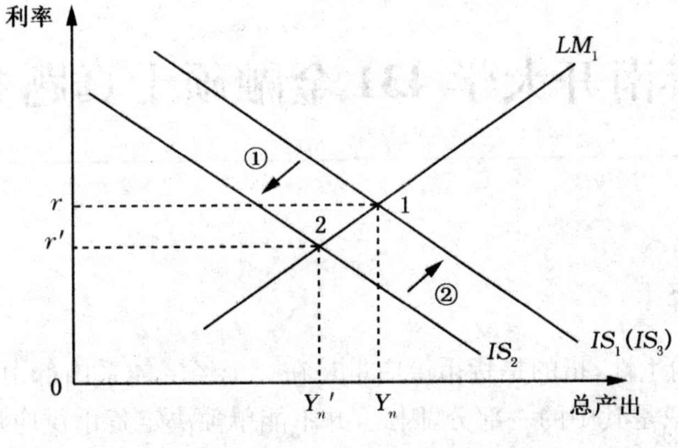

央行没有干预的情况下长期经济变化趋势

3.(1)题中的结论违反了 MM 定理。MM 理论认为:

①在不考虑公司所得税,且企业经营风险相同而只有资本结构不同时,公司的资本结构与公司的市场价值无关。当公司的债务比率由零增加到 100%时,企业的资本总成本及总价值不会发生任何变动,即企业价值与企业是否负债无关,不存在最佳资本结构问题。

②在考虑公司所得税的情况下,由于负债的利息是免税支出,可以降低综合资本成本,增加企业的价值。因此,公司只要通过财务杠杆利益的不断增加,而不断降低其资本成本,负债越多,杠杆作用越明显,公司价值越大。当债务资本在资本结构中趋近 100%时,才是最佳的资本结构,此时企业价值达到最大。

(2)题中结论与权衡理论不一致。权衡理论认为,由于债务利息的抵税收益,负债增加会增加企业的价值。随着债务比率的增加,财务困境成本的现值也增加。在初期阶段,债务抵税收益起主导作用;当债务抵税收益与财务困境成本相平衡,企业价值达到最大,此时的债务与权益比率即为最佳资本结构,超过这一点,财务困境的不利影响超过抵税收益,企业价值甚至可能加速下降。

(3)一致。①当企业用股票交换债券时与发行股票时的行为是相同的,都增加了资本中所有者权益的比重,选择股权融资;②当企业用债券交换股票与回购股票的行为是相同的,选择债权融资,增加了负债的比重。所以投资者在两种情况下的反应相同。

(4)股票的价格波动反映了公司价值的变化,而公司价值由权益价值和负债价值组成,所以公司的资本结构会影响公司价值。当公司资本结构发生改变时,会给投资者传递信号,投资者根据以往的经验或该公司的经营报表分析做出买入或卖出的决定。

2014年南开大学431金融硕士真题参考答案

一、名词解释

1. 货币供给内生性，指的是货币供应量是在一个经济体系内部由多种因素和主体共同决定的，中央银行只是其中的一部分，因此，并不能单独决定货币供应量；微观经济主体对现金的需求程度、经济周期状况、商业银行、财政和国际收支等因素均影响货币供应。

2. 非存款负债，是指商业银行主动通过金融市场或直接向中央银行融通资金。包括同业拆借、中央银行再贴现、回购协议、欧洲货币市场借款、发行中长期债券等类型可以通过时机选择、规模控制、结构确定等方式进行经营管理。

3. 加权平均资本成本，是指企业以各种资本在企业全部资本中所占的比重为权数，对各种长期资金的资本成本加权平均计算出来的资本总成本。加权平均资本成本可用来确定具有平均风险投资项目所要求的收益率。

4. 信用利差，是指用以向投资者补偿基础资产违约风险的、高于无风险利率的利差。信用利差等于贷款或证券收益减去相应的无风险证券的收益。信用利差期权分为看涨期权和看跌期权，允许到期时买方可以单方面选择支付或不支付依据相应条款而事先约定的利差。

5. 特里芬难题，“由于美元与黄金挂钩，而其他国家的货币与美元挂钩，美元虽然取得了国际核心货币的地位，但是各国为了发展国际贸易，必须用美元作为结算与储备货币，这样就会导致流出美国的货币在海外不断沉淀，对美国来说就会发生长期贸易逆差；而美元作为国际货币核心的前提是必须保持美元币值稳定与坚挺，这又要求美国必须是一个长期贸易顺差国。这两个要求互相矛盾，因此是一个悖论”。这一内在矛盾称为“特里芬难题”。

6. 证券市场线，简称SML，是资本资产定价模型（$CAPM$）的图示形式。它可以反映投资组合报酬率与系统风险程度β系数之间的关系以及市场上所有风险性资产的均衡期望收益率与风险之间的关系。

二、简答题

1. 古典学派关于实际因素决定利率的理论。

投资流量会因为利率的提高而减少，储蓄流量会因为利率的提高而增加，故投资是利率的减函数，储蓄是利率的增函数，而利率的变化取决于投资与储蓄的均衡。

投资不变时，储蓄增加使利率下降；储蓄不变时，投资增加利率也增加。

下图中I为投资，S为储蓄，r为利率。

2. 公开市场操作是指中央银行在金融市场上公开买卖有价证券，以此来调节市场货币

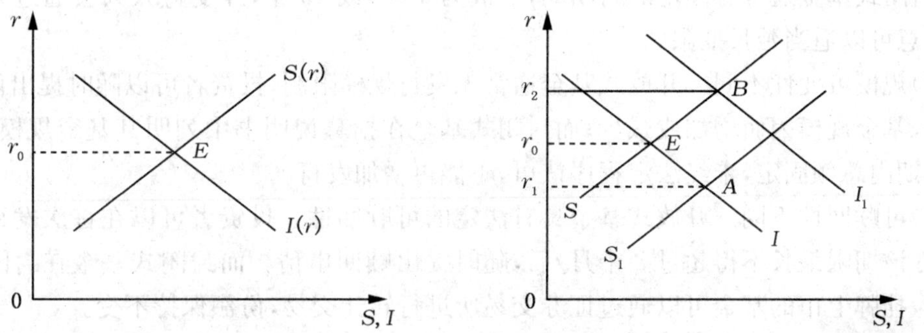

量的政策行为。

(1)传导。

央行购买有价证券→基础货币↑→货币供应量↑利率↓

央行出售有价证券→基础货币↓→货币供应量↓利率↑

(2)优缺点。

优点:能够完全控制交易的规模;灵活精确;容易对冲;可以立即执行。

缺点:隐蔽性强;透明度差。

3.(1)发行股票是筹集资本金股份制商业银行最基本的形式。增发新股,对股份制银行而言,根据业务需要增发新股也是筹集资金的重要途径,可以及时补充业务发展对资本金的需求。

(2)引进战略投资者,吸引外资和民间资本。

(3)发行可转换债券、发行次级债券或者出售商业票据等。

(4)央行行使最后贷款人的功能,商业银行可以向中央银行融资。

4. 市场的有效性是指市场上的价格能够同步地、完全地反映全部的可用信息。

有效市场假说的内容有:

(1)基本假设。

①理性:即假设所有投资者都是理性的。

②独立的理性偏差:即并不要求全部是理性的个人,只要相互抵消各种非理性。

③套利:即假设只有两种人,非理性的业余投资者与理性的专业投资者。因而如果专业投资者套利能够控制业余投资者的投机,市场依然有效。

(2)内容。

①弱式有效:证券的价格反映了过去的价格和交易信息。

②半强式有效:证券的价格反映了包括历史价格和交易信息在内的所有公开发布的信息。

③强式有效:证券的价格反映了所有公开的和不公开的信息。

(3)意义:由于信息立刻反映在价格里,投资者应该只能预期获得正常收益率。公司从他出售的证券中应该预期得到公允价值。

5. 开放式基金和封闭式基金的区别主要体现在以下几个方面:

(1)存续期限不同。开放式基金没有固定期,投资者可随时向基金管理人赎回基金单位;而封闭式基金通常有固定的封闭期,一般为10年或15年,经受益人大会通过并经主管机关同意可以适当延长期限。

(2)规模可变性不同。开放式基金通常无发行规模限制,投资者可以随时提出认购或赎回申请,基金规模因而增加或减少;而封闭式基金在招募说明书中列明其基金规模,发行后在存续期内总额固定,未经法定程序认可,不能再增加发行。

(3)可赎回性不同。开放式基金具有法定的可赎回性。投资者可以在首次发行结束一段时间(该期限最长不得超过3个月)后,随时提出赎回申请。而封闭式基金在封闭期间不能赎回,挂牌上市的基金可以通过证券交易所进行转让交易,份额保持不变。

(4)交易价格计算标准不同。封闭式基金的交易价格受市场供求关系影响,常出现溢价或折价交易现象,通常为折价交易,并不必然反映基金的净资产值;而开放式基金的申购价一般是基金单位净资产值加一定的购买费,赎回价是基金净资产值减去一定的赎回费,与市场供求情况的相关性不大。

(5)投资策略不同。为了应付投资者随时赎回兑现,开放式基金必须在投资组合上保留一部分现金和高流动性的金融商品;而封闭式基金的基金资本不会减少,有利于长期投资,基金资产的投资组合能在有效的预定计划内进行。

6. 人们常说股票市场是经济的"晴雨表",同时经济在一定程度上也会对股票市场造成影响。经济一般都会呈现周期性的画面,研究经济周期,对把握股票走势有重要作用。股票开户是进入股市的起点,而投资所需要了解的知识还有很多,下面就经济周期对股票价格影响做一个简单说明。

经济周期是一个连续不断的过程,表现为扩张和收缩的交替出现。某个时期产出、价格、利率、就业不断上升直至某个高峰(繁荣),之后可能是经济的衰退,产出、产品销售、利率、就业率开始下降,直至某个低谷(萧条)。萧条阶段的明显特征是需求严重不足,生产相对严重过剩,销售量下降,价格低落,企业盈利水平极低,生产萎缩,出现大量破产倒闭,失业率增大。

接下来则是经济重新复苏,进入一个新的经济周期。股票市场综合了人们对于经济形势的预期,这种预期较全面地反映了人们对经济发展过程中表现出的有关信息的切身感受。这种预期又必然反映到投资者的投资行为中,从而影响股票市场的价格。既然股价反映的是对经济形势的预期,因而其表现必定领先于经济的实际表现(除非预期出现偏差,经济形势本身才对股价产生纠错反应)。

当经济持续衰退至尾声即萧条时期,百业不振,投资者已远离股票市场,每日成交稀少。此时,那些有眼光而且在不停搜集和分析有关经济形势并做出合理判断的投资者已在默默吸纳股票,股价缓缓上升。当各种媒介开始传播萧条已去、经济日渐复苏时,股价实际上已经升至一定水平。而那些有识之士在综合分析经济形势的基础上,认为经济将不会再创热潮时,就悄然抛出股票,股价虽然还在上涨,但供需力量逐渐发生转变。当经济形势逐渐被更多的投资者所认识,供求趋于平衡直至供大于求时,股价便开始下跌。当经济形势的发展按照人们的预期走向衰退时,与上述相反的情况便会发生。

7. 银行业是我国金融业的主体,存款是银行业资金来源的主要组成部分。切实加强对存款人的保护,对于维护金融稳定、促进银行业健康发展十分重要。当前我国银行业经营状况良好，银行体系总体运行稳健，银行资本充足率等主要财务和监管指标总体健康，同时银行业监管质量和水平不断提高，银行抗风险能力大大增强。存款保险制度建立后，现有金融安全网的效能将得到提升。同时也将进一步改善金融治理，增强处置金融风险的能力。

存款保险制度的实施有利于我国中小银行的稳健发展。存款保险可以增强中小银行的信用，为大、中、小银行创造一个公平竞争的环境，推动各类银行业金融机构同等竞争和均衡发展。通过加强对存款人的保护，存款保险可以有效地稳定存款人的预期，进一步提升市场和公众对银行体系的信心，增强整个银行体系的稳健性。从各国经验看，建立存款保险制度是发展民营银行、中小银行的重要前提和条件。美国社区银行的健康发展，在很大程度上得益于美国存款保险制度的建立和完善，它使小银行具备了与大银行平等竞争的制度基础，维持了整个金融体系的多样性。

存款保险制度可以为全面深化改革创造更加有利的条件。目前，我国正在按照全面深化金融改革的要求，稳步推进利率、汇率和金融市场制度改革，存款保障制度的实施，可以使各项金融改革相互支撑、相互促进、相得益彰。

存款保险制度并不是万能的。从历史看，存款保险制度因危机而诞生，每次危机都强化了存款保险制度的功能与机制，从而减弱了危机的冲击，并带来信心和力量，但它并不能消灭或阻止危机的发生。因此，维护金融稳定从根本上要保持经济基本面的健康，同时完善金融治理，建立更加审慎的金融经营管理制度，促进经济与金融的良性互动。

8.(1)流通股比例低。有关实证研究表明，新股抑价与流通股比例成负相关关系。流通股在企业所有股票中所占比例越大，IPO抑价程度就越低，流通股比例主要从以下两个方面来影响新股上市抑价程度：一是流通股比例低，即投资者持股比例小，难以在公司股东大会上行使自己的权利，也难以获得企业内部的信息，因此在二级市场上承担更大的风险，故需要较高的发行抑价来补偿投资者的投资风险；二是如果流通股比例很小的话，容易引起市场的操纵行为发生。小股东的利益受到侵害，在客观上迫使中小投资者以投机为目的参与市场交易，增加了股票的抑价程度。

(2)新股发行存在体制缺陷。由于我国股票市场成立时间比较短，发展也不成熟，市场化程度不高，我国股市仍是一个弱式有效市场。自2001年3月起，新股发行取消沿用了十年的审批制，实施核准制。核准制对监管机构、券商、上市公司等的规范运作都提出了更高的要求，是我国股票发行制度的一次重大改革。与带有较强行政色彩的审批制相比，核准制的行政色彩要少一些，但是核准制在实质上仍是批准制的一种，仍然需要管理层又“核”又“准”，与先进的注册制还有很大的差距。体制缺陷造成了证券市场严重的供求矛盾，引起IPO严重抑价现象。

(3)投资者结构不合理，市场投机气氛较浓。机构投资者具有稳定市场的作用：一方面可以使得市场定价率更高、价格更趋合理；另一方面可以使得市场价格的波动频率更少、波幅更小。但在中国证券市场上，投资者结构以个人投资者为主、机构投资者为辅。

三、论述题

1.(1)广义货币供应量是一个经济学概念，与狭义货币相对应，是货币供给的一种形式或口径，以M2来表示，其计算方法是交易货币(M1，即社会流通货币总量加上活期存款)以及定期存款与储蓄存款。

狭义货币供应量是指流通中的现金(指单位库存现金和居民手持现金之和,其中“单位”指银行体系以外的企业、机关、团体、部队、学校等单位)加上单位在银行的可开支票进行支付的活期存款。

我国货币层次为:

M0=流通中的现金

M1=M0+活期存款

M2=M1+定期存款

M3=M2+金融资产

(2)货币供给外生性,也叫外生变量。

外生变量,又称为政策性变量,是指在经济机制中易受外部因素影响,由非经济因素所决定的变量。它是能够由政策决策人控制,并用作实现其政策目标的变量。同时还有内生变量,又叫非政策性变量。它是指在经济机制内部由纯粹的经济因素所决定的变量,不为政策所左右。

常见的货币供给外生论有:

①古典学派的货币供给外生论。古典经济学家实际上都认为货币供给是外生的,因为他们的货币是金币,黄金的生产与经济的运行没有直接的内在联系。

②凯恩斯学派的理论。凯恩斯也明确地认为货币供给是外生的,因为中央银行可以根据经济运行的状况自主地变动货币供给量,调节利率。没有中央银行的决策,流通中的货币供给量就不会增加。也就是说,经济运行的状况不会自发地影响流通中货币供给量的变动。

③货币主义的货币供应外生论。弗里德曼是倡导货币供给外生变量论的典型代表。他认为,货币供给过程中的三个主要因素——高能货币(H)、存款与准备金比率(D/R)和存款与通货比率(D/C),虽然分别决定于货币当局的行为、商业银行的行为和公众的行为,但其中,中央银行能够直接决定 H,而 H 对于 D/R 和 D/C 有决定性影响。也就是说,货币当局只要控制或变动 H,就必然能在影响 D/R 和 D/C 的同时决定货币供给量的变动。在这种情况下,货币供给无疑是外生变量。

2.(1)一般来说,期限越长,利率越高。这种现象说明人们考虑到违约的因素,由于风险溢价的存在,对当前短期利率的高估,以至于预期未来的即期利率会远远低于现在的水平。

(2)第一,资金外流。美联储近来一直以各种不同的口径向市场吹风:“量化宽松政策将逐步退出”。加上美国经济复苏数据的走强,美国对全世界资本的吸引力增强,造成新兴国家资金外流。中国也不例外,2013 年上半年,我国银行结售汇余额逐月下降(2 月份由于季节性因素除外),从 2012 年 12 月的 509 亿美元下降到 2013 年 5 月的 104 亿美元。

第二,国家外汇管理局 2013 年 5 月 5 日发布的《关于加强外汇资金流入管理有关问题的通知》在 6 月底实施,迫于外币纳入贷存比考核的压力,一些银行可能已经提前开始买入美元补充外汇头寸,以求达到监管标准,这是这一段时间美元买盘力量增大的主要原因,也在一定程度上加剧了银行间资金面紧张状况。同时,20 号文还强调了“对进出口企业货物贸易外汇收支的分类管理”,这实际上是监管层在严查虚假贸易,使得国际“热钱”流入大幅减少,5 月份以来外汇占款增长进一步大幅下降。

第三，2013年以来，随着杠杆率的不断放大，商业银行的人民币超额备付金在逐渐下降，3月末超额备付金率从去年年底的3.51%降至2.58%；第二季度，超储率继续下降，业内人士估计已经降到1.5%左右，银行体系流动性的边际承受力也因此大为下降。

第四，2013年6月底之前，银监会将针对8号文的落实情况展开检查，迫使银行将表外非标资产转移至表内同业资产，直接挤压同业拆借额度。

(3)金融与经济发展的关系可表达为：二者紧密联系、相互融合、相互作用。具体来说，经济发展对金融起决定作用，金融则居从属地位，不能凌驾于经济发展之上；金融在为经济发展服务的同时，对经济发展有巨大的推动作用，但也可能出现一些不良影响和副作用。

经济发展对金融的决定性作用集中表现在两个方面：一是金融商品经济发展过程中产生并伴随着商品经济的发展而发展；二是商品经济的不同发展阶段对金融的需求不同，由此决定了金融发展的结构、阶段和层次。

金融对经济的推动作用是通过金融运作的特点、金融的基本功能、金融机构的运作以及金融业自身的产值增长这四条途径来实现的。

在经济发展过程中，金融可能出现的不良影响表现在金融总量失控出现信用膨胀导致社会总供求失衡；因金融运作不善使风险加大，一旦风险失控将导致金融危机、引发经济危机；因信用过度膨胀而产生金融泡沫、膨胀虚拟资本、刺激过度投机、破坏经济发展。

正确认识金融与经济发展的关系，充分重视金融对经济发展的推动作用，积极防范金融对经济的不良影响。摆正金融在经济发展中的位置，使金融在促进经济发展过程中获得自身的健康成长，从而最大限度地为经济发展服务。

2014 年武汉大学 431 金融硕士真题参考答案

一、名词解释

1. 流动性偏好是指由于货币具有使用上的灵活性，人们宁肯以牺牲利息收入而储存不生息的货币来保持财富的心理倾向。人们如果以货币以外的其他形式来持有财富，会带来收益，例如，以债券形式持有，会有利息收入；以股票形式持有，会有股息或红利收入；以房产形式持有，会有租金收入；等等。与任何商品和有价证券相比，货币的流动性都是最高的。按照凯恩斯的观点，人们储存货币是出于三种动机：①交易动机，指个人和企业为了进行正常的交易活动而持有一部分货币的动机，出于交易动机的货币需求量主要决定于收入；②预防性动机，指为预防意外支出而持有一部分货币的动机，也是收入的函数；③投机动机，指人们为了抓住有利的购买有价证券的机会而持有一部分货币的动机，货币投机需求与利率变动有负向关系。

2. 菲利普斯曲线是由英国经济学家菲利普斯根据 1861～1957 年英国的失业率和货币工资变动率的经验统计资料提出来的，用以说明失业率和货币工资率之间交替变动关系的一条曲线。因为西方经济学家认为，货币工资率的提高是引起通货膨胀的原因，即货币工资率的增加超过劳动生产率的增加会引起物价上涨，从而导致通货膨胀。所以，菲利普斯曲线又成为当代经济学家用以表示失业率和通货膨胀率之间此消彼长、相互交替关系的曲线。其含义为：失业率高，通胀率就低；失业率低，通胀率就高，并认为二者间这种关系可为政府进行总需求管理提供一份可供选择的菜单，即通胀率或失业率太高时，可用提高失业率的紧缩政策或提高通胀率的扩张政策来降低通胀率或降低失业率，以免经济剧烈波动。菲利普斯曲线可用下图予以说明。

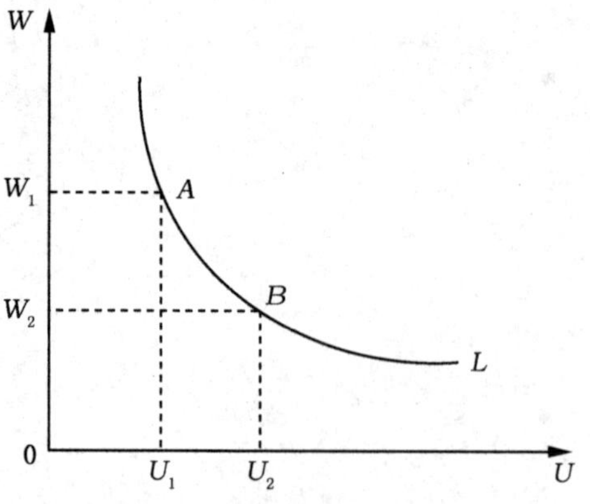

图中，W为货币工资变动率，U为社会的失业率，L为菲利普斯曲线。当失业率由U_2降到U_1时，货币工资增长率就由W_2上升到W_1，这表明失业率与货币工资变动率有着一种交替关系。也就是说，要实现充分就业就必然会出现较高的物价上涨率。由于货币工资变动率与物价上涨率有关，而通货膨胀又用物价上涨率来表示。所以，进一步引申，便可表示通货膨胀率与失业率之间的关系。

3. 资本盈余，即资本公积，是指发行普通股时，发行的实际价格高于股票票面价值的部分，即股票发行的溢价部分。资本盈余并非股票发行者的利润，而是普通股股东投资股本的一部分，因此应列入缴纳的股本总额中。由于股票的面值通常很低，实际价格不太可能低于票面价值，而且有的国家法律规定禁止股票的发行价格低于面值，因此，公司的资本盈余账户不会出现负值。

4. 股利的信息内涵效应是指股利政策的宣告导致股价随之变化的现象。股利信息内涵效应是根据信号传播论提出的概念，主要内容是：公司管理者与外部投资者之间存在着信息不对称，管理者占有更多的有关企业前景方面的内部信息。当管理者预计公司的发展前景良好、未来业绩有大幅度增长时，就会通过增加股利的方式将这一信息及时告诉股东和潜在的投资者；相反，如果预计公司的发展前景不太好、未来盈利将呈持续性不理想时，那么他们往往维持甚至降低现有股利水平，这等于向股东和潜在投资者发出了利差信号。因此，股利能够传递公司未来盈利能力的信息，从而股利对股票的价格有一定的影响。当公司支付的股利水平上升时，公司的股价会上升；当公司支付的股利水平下降时，公司的股价会下降。

股利信息内涵效应将会影响公司股利政策的制定，并提供给投资者一种廉价可靠的信息资源。我国目前证券市场中由于股市制度设计的偏离、公司支付机制的随意性及投资者投资理念的偏离等原因不能有效地发挥股利政策的信息内涵效应。

5. 管理浮动是指政府或一国货币当局为使市场汇率向有利于本国的方向浮动，避免汇率波动幅度过大影响对外贸易和本国国际收支，而对市场汇率的升降幅度进行公开或隐蔽的干预，这犹如伸出一只"肮脏"的手操纵外汇市场，因而也称"肮脏浮动"。它具有如下特点：①没有像金本位和布雷顿森林体系下的金平价；②汇率波动尽管没有公开界限但仍受到控制；③存在不同程度的政府干预，甚至国际社会的联合干预；④可以在一定程度上避免汇率一夜之间的大起大落，进而避免对经济造成的损失；⑤不存在全球统一的汇率管理模式，汇率的管理或干预比较困难。目前世界各主要工业国所实行的都是管理浮动汇率。政府在外汇市场上进行干预的方式主要包括：①通过动用本国外汇储备、国际互换货币信贷资金、特别提款权或发行外币债券与国库券所获的资金对外汇市场进行直接干预；②通过调整法定准备金率或贴现率、控制资本移动等对外汇市场进行间接干预。

6. 最优货币区是指那些通过商品和服务的贸易以及要素的流动，使得多国经济紧密联系的地区。如果各国之间的贸易和要素流动性很大，则实行固定汇率制或单一货币制度对各个成员国最有益处。基于最优货币区，蒙代尔提出了最优货币区理论，其核心内容是：在具备一定条件的区域内，各国放弃本国的货币，采取统一的区域货币，这样有利于安排汇率，以实现就业稳定和国际收支平衡的宏观经济目标。

二、计算题

1. 持续期也称久期，是固定收入金融工具现金流的加权平均时间，也可以理解为金融工具各期现金流抵补最初投入的加权平均时间。计算公式为金融工具各期现金流发生的相应时间乘以各期现金流现值与该金融工具总现值的比值，即：

$$D=\sum_{t=1}^{n}\frac{C_t\times t}{(1+r)^t}/\sum_{t=1}^{n}\frac{C_t}{(1+r)^t}$$

其中，D 为持续期，C_t 为各期现金流，t 为各期现金流发生的相应时间，r 为市场利率。

根据题干数据得：

$$\sum_{t=1}^{n}\frac{C_t\times t}{(1+r)^t}=\frac{70\times 1}{1+5\%}+\frac{50\times 2}{(1+5\%)^2}+\frac{60\times 3}{(1+5\%)^3}=312.86(\text{万元})$$

$$\sum_{t=1}^{n}\frac{C_t}{(1+r)^t}=\frac{70}{1+5\%}+\frac{50}{(1+5\%)^2}+\frac{60}{(1+5\%)^3}=163.85(\text{万元})$$

$$D=\sum_{t=1}^{n}\frac{C_t\times t}{(1+r)^t}/\sum_{t=1}^{n}\frac{C_t}{(1+r)^t}=1.91(\text{年})$$

即该金融工具的存续期为 1.91 年。

2.(1)投资者在未来两年会收到两笔现金流，一笔是一年后每股 0.7 元的股利，另一笔是两年后每股 40 元的清算股利，则当前股票的价格 $P=0.7/(1+15\%)+40/(1+15\%)^2=30.85$(元)。

(2)由(1)知，每股价格为 30.85 元，要使在接下来的两年里每年股利都相等，即转化为年金问题。年金现值为 30.85，期限为两年，每年股利为 C，则有$[C/(1+15\%)]+[C/(1+15)^2]=30.85$，得 $C=18.979$(元)。$18.979-0.7=18.279$(元)，一共有 1 000 股股票。

因此，第一年获得 700 元的股利，同时以 15%的利率借入 18 279 元，共获得 18 979 元，第二年获得 40 000 元的清算股利，40 000－18 979＝21 021(元)，第一年的借款在一年后的本利和＝18 279×(1＋15%)＝21 021(元)，因此，这 21 021 元正好用于偿还第一年的借款。

3.(1)某股票的期望收益为 20%，无风险资产的收益率是 4%，在均等投资于股票和风险资产的情况下，组合的期望收益等于股票的期望收益和无风险资产的收益率的加权平均值，用 R 表示组合的期望收益：$R=20\%\times 0.5+4\%\times 0.5=12\%$。

(2)组合中股票的权重为 a，则无风险资产的权重为 $1-a$，那么组合的期望收益率 $R=a\times 20\%+(1-a)\times 4\%=7.2\%$，则得 $a=0.2$。那么该组合的 $\beta=0.2\times 1.5+0\times 0.8=0.3$。

(3)组合中股票的权重为 b，则无风险资产的权重为 $1-b$，那么该组合的 $\beta=1.5\times b+0\times(1-b)=3$，则得 $b=2$。即组合中股票的比例是 2，无风险资产的比例是－1。设原有资本总量为 M，该组合是以无风险利率借入资本 M 再结合原有资本，一共 $2M$ 全部投资于该股票。

4.(1)如果标价中将买卖价格全部列出，并且远期汇率的点数也有两个，则无须考虑两种标价法的区别，只要按照下面的规则就可正确计算远期汇率：①若远期汇率的报价大数在前、小数在后，表示单位货币远期贴水。计算远期汇率时应用即期汇率减去远期点数；②若远期汇率的报价小数在前、大数在后，表示单位货币远期升水。由题意知，英镑远期贴水，远期汇率＝£/US＄＝1.765 1/62－80/50＝1.757 1/1.761 2。

(2)利用远期外汇交易进行套期保值：

①该投资者以6%的年利率借入10万美元，并按即期汇率将美元兑换成英镑，可兑换的英镑数为：(10/1.766 2)万英镑；

②将英镑投资于年利率为8%的债券，6个月后的本息和为：(10/1.766 2)×(1+8%×6/12)=5.89(万英镑)；

③将英镑兑换成美元：5.89×1.757 1=10.35(万美元)，偿还借款：10×(1+6%×6/12)=10.3(万美元)；

④利用远期外汇交易进行套期保值得到的收益为：10.35−10.3=0.05(万美元)。

三、简答题

1.(1)利率的期限结构。利率的期限结构就是利率与金融资产期限之间的关系，是在一个时点上因期限差异而产生的不同的利率组合。有关利率期限结构分析的主要理论有如下三个：预期理论、市场分割理论和流动性偏好理论。优秀的利率期限结构理论除了要回答为何收益率曲线在不同时间具有不同的形状，还要能够解释下面三种重要的经验事实：①事实1：具有不同到期期限的债券的利率随时间一起波动；②事实2：如果短期利率较低，那么收益率曲线往往向上倾斜；如果短期利率较高，那么收益率曲线往往向下倾斜，呈翻转形态；③事实3：收益率曲线几乎总是向上倾斜的。

(2)市场分割理论。

①市场分割理论的主要内容有以下几个方面：

第一，基本思想：不同期限证券的市场是完全独立的市场，而不同期限的利率水平是由各自供求的情况决定的，彼此之间互不影响。

第二，关键假定条件：到期期限不同的各种债券不能相互替代，因此，持有某到期期限债券的预期回报率对其他到期期限债券的需求没有影响。

第三，对经验事实的解释：分割市场理论能解释事实3。如果较多的投资者偏好期限较短的债券，收益率曲线向上倾斜；相反，如果更多的投资者是偏好长期债券的，那么收益率曲线将向下倾斜。由于在现实经济活动中，人们更偏好期限较短、风险较小的短期证券，使得短期证券的利率一般较低，收益率曲线通常是向上倾斜的。

②分割市场理论的不足体现在以下几个方面：

第一，无法解释事实1：由于该理论把不同到期期限的债券市场视为完全分割的，那么某到期期限债券的利率的波动就没有理由会影响到其他到期期限债券的利率。因此，该理论无法解释为何不同到期期限债券的利率往往会一起波动。

第二，无法解释事实2：由于该理论并不清楚短期利率水平的变化如何对短期与长期债券的供求产生影响，因此它无法解释为何短期利率较低时，收益率曲线往往是向上倾斜的，而短期利率较高时，收益率曲线往往是翻转的。

2. 政府的监管职能，是指政府作为全国的金融行政管理机关，为了维护全国金融体系的稳定，防止金融混乱对社会的经济发展造成不利影响，而对商业银行和其他金融机构以及全国金融市场的设置、业务活动和经济情况进行检查、监督、指导、管理和控制。政府进行金融监管，其主要原因如下：

(1)从金融机构业务经营活动的特性来看，金融机构不同于一般工商企业，它是经营货币商品的特殊企业，因此，从它一开始产生起，就具有极其广泛深刻的渗透性和扩散性功能，要求有一种标准的、严格的、持续性、全国性的统一监督和管理。同时，金融体系作为国民经济的神经中枢和社会经济的调节机构，具有影响国家最高利益和社会政治经济发展等特殊的公共性和全局性；金融机构又比一般的工商企业更具有风险性，金融机构的经营状况，直接关系到金融制度的稳定，金融制度的稳定又直接关系到社会政局和国民经济的稳定。出于对金融制度的安全性和社会政治经济稳定性的考虑，世界各国对金融机构实行不同程度的监督管理，这是由其业务经营活动的特殊性所决定的。

(2)从金融活动与一般经济活动之间的关系看，金融业是国民经济运行中的一个组成部分，其经营活动与国民经济其他部门的经营活动交织在一起，构成了一个有机整体。金融企业的经营活动与一般经济实体的经营活动在根本上的区别是，金融业以货币信用为经营活动的内容，而一般经济实体则以有特殊使用价值的商品和劳务为经营活动的内容。金融业者经营活动的失败会导致全社会资金供应者和资金运用者的失败，破坏整个社会的信用链条，以致动摇货币制度，造成社会经济的混乱；而一般工商业经营活动的失败，只能导致部分商品供求的失衡，造成局部的混乱。因此，必须从金融活动的特有规律出发，对金融业实行特殊的监督和管理。

(3)从金融体系内各金融机构相互之间的关系看，竞争是提高效率的有效手段之一，没有竞争就没有金融服务的高效率。各类金融机构一方面是在不同角度或同一角度的不同点上为社会提供服务，属于相互配合协作的关系；另一方面，它们又必然存在业务上的矛盾，这不仅表现在同类金融机构的竞争上，而且随着金融机构业务多样化的发展还表现在不同种类金融机构的竞争上。但是，竞争会带来金融动荡或产生垄断，对经济发展不利。为防止这样的结果出现，国家必须限制竞争，注意缓和大银行和小银行之间、商业银行和储蓄银行之间、一般商业银行和投资银行之间以及国际性银行和区域性银行之间的矛盾。为此，必须从这些方面出发对金融业实行监督管理。

(4)从银行信用活动对社会再生产过程中的作用看，银行信用是商品经济社会中最主要的信用方式。其基本作用有两个方面：①促进资源的合理分配，使国民经济全面发展；节约社会劳动，加速资金周转；集中社会闲置资金，推动社会化大生产的积极作用。②创造信用的能力，它可以使生产在一定时期内脱离社会需要，盲目扩大，掩盖商品供求矛盾；刺激国民经济个别部门过度发展，造成经济总体结构失衡；能够刺激投机行为和轻视风险的经营活动的消极作用。根据银行信用这两种不同作用同时并存的客观实际，政府可通过一定的方式和手段，鼓励银行信用积极作用的发挥，抑制和预防消极作用的发生和发展。

(5)从政府贯彻执行货币政策的需要来看，为了实现货币政策目标，政府除依靠三大传统政策手段外，还必须辅以其他强制或非强制的措施，例如金融监督和管理，这样才能使金融机构的经营活动更加符合政府的政策意图。原因在于：

首先，真实、及时、准确的信息数据是研究制定货币政策的前提条件。

其次，健全的金融微观运行机制是有效实施货币政策的基础，不建立健全金融监管体制就不可能建立健全金融微观运行机制，金融机构的经营行为缺乏必要的约束，金融秩序必然混乱，政府的货币政策就难以全面、有效地施行。

最后，近几年来，世界上多数国家的许多问题和教训证明，如果没有健全有效的金融监管制度,即使是制定了正确的货币政策,也不可能有效地实施,而且会危及经济发展和社会安定。

(6)从金融业务国际化的发展状况来看,金融业务的国际化,一方面促进了国际贸易的增长,有助于提高各国的生产力,使资源配置更加合理,提高资金使用效率;另一方面,也加剧了国际货币体系的动荡,在国际间传递通货膨胀造成借贷双方国家的经济动荡。因此,世界各国政府都十分重视与此相联系的金融监督和管理。

3. 贝塔是资产收益率与市场组合收益率的标准协方差,估算公司贝塔值的基本方法是利用 T 个观测值按照如下公式估计:

$$\beta=\frac{\mathrm{Cov}(R_{it},R_{Mt})}{\mathrm{Var}(R_{Mt})}(t=1,2,\cdots,T)$$

其中,R_{it} 是公司时间 t 的收益率,R_{Mt} 是时间 t 的市场收益率。

(1)估算贝塔值可能存在的问题。

①贝塔可能随时间的推移而发生变化。随着时间的推移,企业所从事的行业可能改变,产品系列的变化、技术的变迁或者市场的变化都有可能影响贝塔系数,若数据时间跨度太大,公司的贝塔值可能随时间的推移而发生变化。

②样本容量可能太小。样本容量是影响回归估计的精确度的一个重要指标。大样本的情况下,数据呈现良好的分布特征,近似正态分布,此时的估计量有更好的统计功能。在估算公司贝塔值时,所用的观测值过少并不能呈现良好的分布特征,会影响贝塔系数的准确性。

③贝塔受财务杠杆和经营风险变化的影响。公司常常要面临固定成本与变动成本之间的权衡。固定成本高而变动成本低的公司通常被称为拥有较高的经营杠杆;相反,固定成本低而变动成本高的公司的经营杠杆较低。经营杠杆放大了公司销售收入的周期性对贝塔值的影响。如果公司在其生产过程中用固定成本替代变动成本,那么在销售周期性既定的情况下,公司的贝塔值将会上升。财务杠杆则反映了企业对债务融资的依赖程度,杠杆企业是指资本结构中有负债的企业,杠杆企业无论其销售情况如何都要支付利息,所以财务杠杆与企业固定的财务费用有关。正如经营杠杆的上升会导致贝塔值的上升一样,财务杠杆的上升(比如负债的增加)也会使贝塔值上升。

(2)对公司贝塔值估算中存在的问题的相关解决办法。

①第一个和第二个问题可通过采用更加复杂的统计技术加以解决。增大样本容量,获取更丰富的数据,会使数据呈现更好的统计特性;同时改进方法,考虑时间、空间多个维度,有助于第一个问题的解决。

②根据财务风险和经营风险的变化对贝塔值作相应的调整,有助于解决第三个问题。

③注意同行业类似企业的平均贝塔估计值。

根据企业自身历史数据来估算企业贝塔系数是一种常用方法,也有人认为运用整个行业的贝塔系数可以更好地估算企业的贝塔系数。有时两者计算的结果差异很大。总的来说,可以遵循下列原则:如果认为企业的经营与所在行业其他企业的经营十分类似,用行业贝塔值降低估计误差。如果认为企业的经营与行业内其他企业的经营有着根本性差别,则应选择企业的贝塔值。

4.(1)含义。财务困境成本,早期研究中称为破产成本,是指从破产清算或债务重组中产生的成本。它可以分为三个部分:财务困境企业承担的成本、债权人承担的成本、企业和债权人以外的利益当事人的利益损失。财务困境成本也可能产生一定的利益,包括企业内部的改进和外部的财富转移。实证研究表明,财务困境成本对企业价值和资本结构具有重要的影响。

(2)种类。

①财务困境的直接成本。财务困境的直接成本一般是指破产成本,按其性质不同又可分为以下两种:

一种是公司破产时为所需经历的各项法律程序及其他有关工作支付的费用,如在破产纠纷中所导致的律师费、法庭收费和行政开支等。这种费用与破产公司的资产总额相比,通常是很低的。

另一种是公司破产而引发的无形资产损失,如公司的技术优势、发展机会、人力资源等。这些无形资产是与公司的生存相联系的,公司一旦破产,这些无形资产也随之丧失,这部分成本对某些高科技公司是相当大的。

②财务困境的间接成本。财务困境的间接成本主要包括以下两种:

一种是公司处于财务困境但尚未破产时在经营管理方面遇到的各种困难和麻烦,比如融资困难等;另一种是公司处于财务困境时,由于债权人与债务人的利益各不相同,他们之间在投资方向选择上的矛盾与斗争通常会偏离正常的投资决策行为,从而造成公司价值的降低。间接成本主要包括风险转移、放弃投资和资本转移等。

③代理成本。代理成本是指委托人基于委托代理关系所产生的各种成本的总称。现代企业中"所有权"和"控制权"的分离是产生代理问题和代理成本的根本原因。代理成本可划分为三个部分:

第一,委托人的监督成本,即委托人激励和监控代理人,企图使后者为前者的利益尽力的成本;

第二,代理人的担保成本,即代理人用于保证不采取损害委托人行为的成本,以及如果采用了那种行为,将给予赔偿的成本;

第三,剩余损失,它是委托人因代理人代行决策而产生的一种价值损失,等于代理人决策和委托人在假定具有与代理人相同信息和才能情况下自行采取效用最大化决策之间的差异。

显然,委托人的监督成本和代理人的担保成本是制定、实施和治理契约的实际成本,剩余损失是在契约最优但又不完全被遵守、执行时的机会成本。

当公司拥有债务时,在股东和债权人之间就产生了利益冲突。在公司出现财务困境时,利益冲突扩大,给公司增加了代理成本。

5.(1)优序融资理论。优序融资理论是有关融资方式选择的理论,它放宽MM理论完全信息的假定,以不对称信息理论为基础,并考虑交易成本的存在,认为权益融资会传递企业经营的负面信息,而且外部融资要多支付各种成本,因而企业融资一般会遵循内源融资、债务融资、权益融资这样的先后顺序。

内源融资主要来源于企业内部形成的现金流,它等于净利润加上折旧与股利的差额。

由于内源融资不需要与投资者签订契约，也无须支付各种费用，所受限制少，因而是首选的融资方式；其次是低风险债券，其信息不对称的成本可以忽略；再次是高风险债券；最后在不得已的情况下才发行股票。

(2)优序融资理论法则。

①优序融资理论法则1：采用内部融资。

与权益相比，公司债务仍具有相对小的风险，因为假如避免了财务困境，投资者能获取固定的收益。因此，优序融资理论意味着如果需要外部融资的话，公司应先于可转换债务发行前发行直接债务。

②优序融资理论法则2：先发行最稳健的证券。

(3)优序融资理论的推论。

①推论1：不存在财务杠杆的目标值。

与权衡理论相比，优序融资理论没有暗示财务杠杆的目标值，每个公司根据各自的资金需求来选择财务比率，财务杠杆的总额根据可利用的项目随机来决定。

②推论2：盈利的公司应用较少的债务。

盈利的公司由内部产生现金，即其外部融资的需求较少。盈利较好的公司有较多的现金流，产生较高的负债能力，这些公司会利用其负债能力来获取税盾和财务杠杆的其他好处。

③推论3：公司偏好闲置财务资源。

优序融资理论的基础是公司以合理的成本获取融资的难易程度。由于公司知道在将来的不同时期，它们必须为有利可图的项目筹措资金，于是在当前就积累现金，形成闲置财务资源，以便在项目出现时，不会被迫求助于资本市场。

6. 在1752年由英国经济学家休谟·大卫提出的金本位制度下的国际收支自动调节机制理论，它认为在国际金本位制度下，一个国家的国际收支可通过物价的涨落和黄金的输出输入自动恢复平衡。

(1)物价—现金流动机制的主要内容。在金本位条件下，当一国国际收支出现逆差时，意味着对外支付大于收入，黄金外流增加，导致货币供给下降，在其他条件既定的情况下，物价下降，该国出口商品价格也下降，出口增加，国际收支也因此得到改善。反之，当国际收支出现大量盈余时，意味着对外支付小于收入，黄金内流增加，导致货币供给增加，在其他条件既定的情况下，物价上升，该国出口商品价格也上升，出口则减少，国际收支顺差趋于消失。

(2)物价—现金流动机制发挥作用的前提条件。在现实中，休谟的物价—现金流动机制被高估了，这是因为该理论存在着一系列条件在现实中难以满足：

①贸易自由化和黄金在各国间的自由输出输入。这是该理论成立的前提。

②货币数量论成立。但是，它忽略了对黄金和商品内在价值的分析，在金币流通的情形下，黄金流动也不一定会引起物价变动，因为金属货币可以自发调节到必要的数量。

③汇率水平不变。汇率水平是国际收支自动调节机制和调节政策发挥作用的关键。

7. 汇率作为一国货币对外价格的表示形式，既要受经济因素的影响，又常常受政治和社会因素的影响。国际收支、相对通货膨胀率、相对利率、预期、财政赤字、国际储备等因素都会影响汇率变动。下面主要对国际收支、相对通货膨胀率、相对利率这三种因素进行分析。

(1)国际收支状况。国际收支是一国对外经济活动的综合反映,它对一国货币汇率的变动有着直接的影响。当一国国际收支顺差时,外汇供大于求,因而本国货币升值,外国货币贬值。与之相反,当一国国际收支逆差时,外汇供小于求,因而本国货币贬值,外国货币升值。但是,国际收支状况并非一定会影响到汇率,这主要看国际收支顺(逆)差的性质。短期的、临时性的、小规模的国际收支差额,可以轻易地被国际资金的流动、相对利率和通货膨胀率的变动、政府在外汇市场上的干预及其他因素所抵消。不过,长期的、巨额的国际收支逆差,一般必定会导致本国货币贬值。

(2)通货膨胀率的差异。货币对外价值的基础是对内价值。如果货币的对内价值持续降低,其对外价值也必然随之下降。通货膨胀是影响汇率变动的一个长期的、有规律性的因素。在一国发生通货膨胀的情况下,该国货币所代表的价值量就会减少,其实际购买力就下降,其对外比价也会下跌。一般来说,两国通货膨胀率是不一样的,通货膨胀率高的国家货币汇率下跌,通货膨胀率低的国家货币汇率上升。

(3)利率的差异。利率因素对汇率的影响是短期的。利率高低会影响一国金融资产的吸引力,一国利率的上升会使该国的金融资产对本国和外国的投资者来说更有吸引力,本币持有者不愿意将本币兑换为外币,外汇市场上本国货币供应相对减少,同时,外币持有者则愿意将外币兑换为本币以获取较高收益,外汇市场上本国货币的需求相对增加,这就使得外汇市场上本币的供需关系发生了变化,从而导致本币升值、汇率上升;反之亦然。

此外,还要注意以下两点:①利率的变化对资本在国际间流动的影响还要考虑汇率预期变动的因素,只有当外国利率和汇率的预期变动率之和大于本国利率时,资金投入外国才会有利可图。②在考察利率变动的影响时,也要注意比较外国利率的情况和本国通货膨胀率。如果本国利率上升,但其幅度不如外国利率的上升幅度,或其幅度不如国内通货膨胀率的上升,则不能导致本国货币升值。与国际收支、通货膨胀、总需求等因素不同,利率在很大程度上属于政策工具的范畴,具有被动性,因而它对短期汇率产生较大的影响,对长期汇率的影响则是十分有限的。

8.(1)一价定律。一价定律是在无贸易摩擦(比如运输成本和关税为零)和完全竞争(买卖双方无价格操纵)的情况下,若以同一种共同货币标价,则在不同市场上销售的相同商品拥有相同的销售价格。

导致以上结果的机理是:在完全竞争与无贸易摩擦的条件下,套利行为会使两个国家同类商品的价格趋同。一价定律的汇率含义为,若一价定律成立,则汇率必然等于该商品以两种货币表示的价格之比。

一价定律的成立基于自由贸易的严格假定,即商品与服务能在国家之间自由流动。这一定律的意义在于现实中自由贸易的条件在大多数情况下不能满足,因此,国际间就会产生商品套购,套购者根据贱买贵卖的原则,在低价国购买,运到高价国出售,从中获取无风险套购利润。

(2)购买力平价。

①购买力平价的思想。购买力平价的前提是一价定律成立。购买力平价的基本思想是货币的价值在于其购买力,因此不同货币之间的兑换率取决于其购买力之比;也就是说,任

何两种货币的汇率变动都应当反映两国物价水平的变化。

绝对购买力平价的一般形式为：

$$r=\frac{P_A}{P_B}$$

它意味着汇率取决于以不同货币衡量的两国一般物价水平之比，即不同货币的购买力之比。相对购买力平价把汇率变动的幅度和物价变动的幅度联系起来，其公式为：

$$r_1=r_0\times\frac{P_{A1}/P_{B1}}{P_{A0}/P_{B0}}$$

②购买力平价的合理之处。

第一，购买力平价反映了无套利情况下两国价格水平之间的关系，因此在商品市场上套利机制能够有效发挥作用的情况下，它具有合理成分。

第二，在两国商品篮子一致（篮子内的商品质量、结构相同）、两国配置资源的方式（包括制度）、市场结构以及收入分配方式等一致的情况下，它也能够在一定程度上以货币购买力的方式衡量两国居民的福利水平对比。

第三，它从货币的基本功能（具有购买力）出发来分析货币的交换问题，非常易于理解。

第四，它的表达形式也最为简单。

③购买力平价内容的不足。

第一，假定只存在经常账户交易，如果也存在着资本与金融账户交易，尤其是这一交易在短期内主导了汇率的变动时，现实中的汇率很难通过商品套利机制使之满足购买力平价。

第二，并非所有商品和服务（其价格被包括在一国的物价水平当中）都可以跨境交易，现实中存在不可贸易品，如住宅、土地以及餐饮、理发和高尔夫等服务。购买力平价理论忽视了不可贸易品的存在及其对物价的影响。

第三，购买力平价理论基于两国所有商品同质与运输成本和贸易壁垒很低的假定，但现实中贸易成本和贸易壁垒对国际商品套购存在制约。

第四，一价定律并不适用于所有商品，现实中存在着市场势力。购买力平价理论没有考虑垄断因素对两国价格所产生的歧视性影响。

第五，理论隐含假定衡量两国物价的商品篮子在商品质量、种类、结构权重上都一致，但这显然是不合理的。

四、论述题

(1)货币供给外生理论。货币供给外生理论认为货币供给弹性和替代弹性极小，无论货币需求多大，或经济中其他变量的刺激如何强烈，都不会影响货币供应量自行发生变化。货币供给的外生性是指货币供给这个变量并不是由经济因素，如收入、储蓄、投资、消费等因素所决定的，而是由货币当局的货币政策所决定的。

弗里德曼是倡言货币供给外生变量论的典型代表。弗里德曼认为：货币供给方程中的三个主要因素，即高能货币 H、存款—准备比 D/R 和存款—通货比 D/C，虽然分别决定于货币当局的行为、商业银行的行为和公众的行为，但其中，中央银行能够直接决定 H，而 H 对于 D/R 和 D/C 有决定性影响。也就是说，货币当局只要控制或变动 H，就必然能在影

响 D/R 和 D/C 的同时决定货币供给量的变动。在这种情况下,货币供给是外生变量。

(2)对货币供给外生论的质疑。反对弗里德曼货币供给外生变量论的人们,如后凯恩斯主义流派的代表人物托宾则认为,弗里德曼对于货币供给方程式的解释是不能成立的。对于货币供给与高能货币、D/C 和 D/R 这三方面的关系不应简单视之。这三个变量及其决定因素之一存在着交叉影响关系,特别是后两个变量,即 D/C 和 D/R,常常随经济环境的变化而变动,因而不应被当成货币供给方程式中的固定参数。

托宾等反对者指出,从实际经济运行资料看,D/C 并不是始终处于稳定的状态,而常常出现的是周期波动现象;至于 D/R 的变动,他们认为,商业银行行为的独立作用很明显。商业银行以安全、盈利和保持流动性为经营原则,因而盈利率与风险偏好程度以及与此相关的利率结构,是商业银行超额储备比率变动的重要决定因素。特别是在经济波动时期,D/R 的变动同高能货币之间往往具有明显的反向变动关系;第二次世界大战后非银行金融机构的兴起,打破了其与商业银行间的区别,从而使非银行金融机构也加入了商业银行货币信用创造的行列,这些都使中央银行的货币供应量成为一个内生性的变量。

当然,他们并不完全否认货币当局通过调节高能货币对货币供给的控制作用。内生性观点的支持者认为货币供应由经济运行本身决定,即货币供给是由货币需求决定的。对于货币供给的变动,货币当局的操作起不了决定性的作用,起决定作用的是经济体系中的实际变量以及微观主体的经济行为等因素。

(3)对两种观点的看法。货币供应的内(外)生性事关中央银行对货币供应能否完全控制住的问题。

在现代经济学中,主流货币理论主要是指主流凯恩斯主义和货币主义的货币理论。这种理论是建立在货币外生性的基础上的。货币供应的内生性是随货币供给新论的发展而逐步发展和完善起来的概念。

货币供给的内生性与外生性问题一直以来都是人们热议的话题,因为对于这两个理论不同的学者的研究角度不同,并且两种观点的坚持者都有各自的理论背景和研究框架。不过,他们在强调各自观点的同时,对于对方的观点也并没有完全否定。货币供给外生性的观点认为货币供给可由中央银行有效控制,其论据是经济体系中的全部货币都是从银行流出的,从本源上说,都是由中央银行资产负债业务决定的,只要控制住每年新增贷款的数量,就可以控制货币供应量,换句话说,中央银行可以决定基础货币的水平进而决定货币供应量。但是,货币供给外生论者强调央行可以有效控制货币供给,并不否认经济活动对货币供给会产生影响以及央行控制货币供给的艰巨性;货币供给内生性的观点认为货币供给不能由中央银行控制,而应当由经济活动水平、社会交易的商品价格总额决定。但是,内生论者强调中央银行难以控制货币供给,也并不否认中央银行的货币政策完全无效。事实上,两种观点的对立或差异,在于强调的重点和主次的不同。站在国民经济运行的高度考察货币供给的性质,将货币供给既视为内生变量,又视为外生变量,是完全合理的。

2013年复旦大学431金融硕士真题参考答案

一、名词解释

1. 汇率超调是由美国经济学家鲁迪格·多恩布什于20世纪70年代提出的，又称为汇率决定的粘性价格货币分析法。当一国增加货币供给，由于商品市场价格短期内存在粘性，金融市场价格(利率)反应迅速，造成该国货币贬值幅度大于长期均衡水平，形成汇率超调。从长期看，商品市场价格逐渐变化至长期均衡值，汇率也向长期均衡值靠拢。

其主要贡献有：①开创了汇率动态学的研究方向；②论证了浮动汇率制的一个重要缺点，资金自由流动形成汇率超调，汇率波动幅度很大。

2. Sharpe 指数即夏普指数，是用资产组合的长期平均超额收益除以这个时期收益的标准差。公式为 $S_i=\frac{R_i-R_f}{\sigma_i}$，它测度了对总波动性权衡的回报，反映了单位风险基金净值增长率超过无风险收益率的程度。如果夏普比率为正值，说明在衡量期内基金的平均净值增长率超过了无风险利率，在以同期银行存款利率作为无风险利率的情况下，说明投资基金比银行存款要好。夏普比率越大，说明基金单位风险所获得的风险回报越高；反之，则说明在衡量期内基金的平均净值增长率低于无风险利率，在以同期银行存款利率作为无风险利率的情况下，说明投资基金比银行存款要差，基金的投资表现不如从事国债回购。当夏普比率为负时，按大小排序没有意义。

夏普指数是把资本市场线作为评估标准，同时考虑了系统风险和非系统风险，因此，夏普指数能够反映基金经理分散和降低非系统风险的能力。夏普比率在计算上尽管非常简单，但在具体运用中仍需要对夏普比率的适用性加以注意：

(1)用标准差对收益进行风险调整，其隐含的假设就是所考察的组合构成了投资者投资的全部。因此只有考虑在众多的基金中选择购买某一只基金时，夏普比率才能够作为一项标准。

(2)夏普比率的有效性还依赖于可以以相同的无风险利率借贷的假设。

(3)夏普比率其大小本身没有意义，只有在与其他组合的比较中才有价值。

(4)夏普比率是线性的，但在有效前沿上，风险与收益之间的变换并不是线性的，因此，夏普指数在对标准差较大的基金的绩效衡量上存在偏误。

3. 在险价值又叫VAR，是指在正常的市场环境下，给定一定的置信水平 α，一项金融资产或证券组合在未来的 T 天内，预期的最大损失金额。在险价值已经成为风险管理的一种标准工具，根据投资主体的不同需要，可以自主地选取 α 和 T。在险价值的度量方法有协方差矩阵法、历史模拟法和蒙特卡罗模拟法。

VAR的基本特点有：

(1)计算VAR的公式仅在市场处于正常波动的状态下才有效，而无法准确度量极端情形时的风险。

(2)VAR是在某个综合框架下考虑了所有可能的市场风险来源后得到的一个概括性的风险度量值，而且在置信度和持有期给定的条件下，VAR值越大，说明组合面临的风险就越大。

(3)由于VAR可以用来比较分析由不同的市场风险因子引起的、不同资产组合之间的风险大小，所以VAR是一种具有可比性的风险度量指标。

(4)在市场处于正常波动的状态下，时间跨度越短，收益率就越接近于正态分布。此时，假定收益率服从正态分布计算的VAR比较准确、有效。

(5)置信度和持有期是影响VAR值的两个基本参数，对其的选择应该符合行业惯例。

4. 实物期权是指以实物资产为标的物的期权。实物期权的概念最初是由Stewart Myers(1977)所提出的，他指出一个投资方案其产生的现金流量所创造的利润，来自目前所拥有资产的使用，再加上一个对未来投资机会的选择。也就是说，企业可以取得一个权利，在未来以一定价格取得或出售一项实物资产或投资计划，所以实物资产的投资可以应用类似评估一般期权的方式来进行评估。同时又因为其标的物为实物资产，故将此性质的期权称为实物期权。在公司面临不确定性的市场环境下，实物期权的价值来源于公司战略决策的相应调整。实物期权的类型有扩张期权、收缩期权、延迟期权、放弃期权、转换期权等。

Black和Scholes的研究指出：金融期权是处理金融市场上交易金融资产的一类金融衍生工具，而实物期权是处理一些具有不确定性投资结果的非金融资产的一种投资决策工具。因此，实物期权是相对金融期权来说的，它与金融期权相似但并非相同。与金融期权相比，实物期权具有以下四个特性：(1)非交易性。实物期权与金融期权本质的区别在于非交易性。不仅作为实物期权标的物的实物资产一般不存在交易市场，而且实物期权本身也不太可能进行市场交易。(2)非独占性。许多实物期权不具备所有权的独占性，即它可能被多个竞争者共同拥有，因而是可以共享的。对于共享实物期权来说，其价值不仅取决于影响期权价值的一般参数，而且还与竞争者可能的策略选择有关系。(3)先占性。先占性是由非独占性所导致的，它是指抢先执行实物期权可获得的先发制人的效应，结果表现为取得战略主动权和实现实物期权的最大价值。(4)复合性。在大多数场合，各种实物期权存在着一定的相关性，这种相关性不仅表现在同一项目内部各子项目之间的前后相关，而且表现在多个投资项目之间的相互关联。实物期权也是关于价值评估和战略性决策的重要思想方法，是战略决策和金融分析相结合的框架模型。它是将现代金融领域中的金融期权定价理论应用于实物投资决策的分析方法和技术。

5. 资本结构的均衡理论又叫资本结构的权衡理论，产生于20世纪70年代。根据权衡理论，有负债企业的总价值等于无负债企业价值加上债务抵税收益的现值，再减去财务困境成本的现值，其公式为：

$$V_L = V_U + PV(\text{利息抵税}) - PV(\text{财务困境成本})$$

该理论认为由于债务利息的抵税收益，负债增加会增加企业的价值。随着债务比率的增加，财务困境成本的现值也增加，从而债务的增加也会降低企业价值。因此企业存在一个最优资本结构点，且资本结构最优点即为企业价值最大化点，其制约着企业进行无限的债务融资。企业最佳融资结构应当是在负债价值最大化和债务上升带来的财务危机成本及代理成本之间选择最适点。财务杠杆与企业价值的关系可以用下图表示。

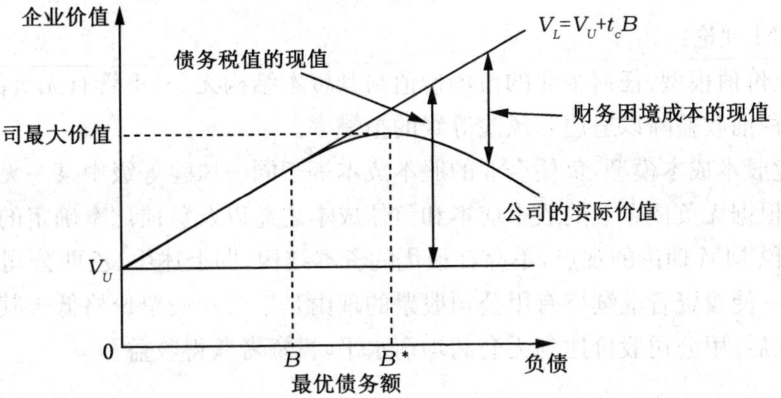

因此，这一理论有助于解释有关企业债务的难解之谜。而财务困境成本的存在有助于解释为什么有的企业负债水平很低却没有充分利用债务抵税收益；财务困境成本的大小和现金流的波动性有助于解释不同行业之间的企业杠杆水平的差异。

二、选择题

1. C、D

马科维茨组合的假设有以下几个方面：

(1)投资者期望获得最大收益，并且都是风险厌恶者。

(2)证券投资率是满足正态分布的随机变量，并且投资者的效用函数是二次函数。

(3)可以利用预期收益率来衡量投资者的效用大小，利用方差来衡量证券的风险。

(4)投资者建立证券组合的依据是：在既定的收益水平下使风险最小，或者在既定的风险水平下使收益最大。

(5)风险与收益相伴而生。投资者在选择收益最高的证券时，可能会面临最大的风险；投资者大多把资金分散在几种证券上，建立一个"证券组合"，以便降低风险。但是，通过分散化投资降低风险的同时，收益也可能被降低。

金程点评

关于马科维茨组合理论，考生应该注意的是不同的教材对于其假设的描述不尽相同，因此，考生严格按照招生单位制定参考书目中的描述进行选择，以上答案来自复旦大学的考试参考书目《现代货币银行学教程》(胡庆康)、《投资学》(刘红忠)。

2. C

在年化利率相等的情况下，连续复利的收益率最高。

3. C

根据税差理论，高股利意味着高税收，那么投资者更偏好于资本利得的部分。根据信号理论，高股利支付代表的是公司对于未来公司成长的信心，那么，高股利支付率对于投资者来说传递的是一种积极信号。

4. B

无税 MM 理论：

(1)企业价值模型：任何企业的市场价值与其资本结构无关，不管有无负债，企业的价值等于预期息税前收益除以适用其风险等级的报酬率。

(2)企业股本成本模型：负债企业的股本成本等于同一风险等级中某一无负债企业的股本成本加上根据无负债企业的股本成本和负债成本之差以及负债比率确定的风险报酬。

根据无税 MM 理论的观点，不存在最优的资本结构，即上述甲、乙两公司的价值应该是相等的。唯一使投资者继续持有甲公司股票的理由是甲公司股票价格低于其真实的内在价值，一段时间后，甲公司股价达到无套利均衡水平，投资者获得收益。

5. C

此题考查治理内外失衡政策组合选择的斯旺模型。针对实现内外均衡的政策搭配，斯旺主要使用支出转换政策(汇率政策)和支出调整政策(需求政策)的搭配，即侧重通过调整汇率来解决外部均衡，而调整国内支出以解决内部均衡。当出现逆差和通货膨胀时，政府应该采取措施使本币贬值，同时紧缩国内支出。

三、计算题

1. (1)根据 *CAPM*，

股票 X：$r_X = r_f + \beta_X(r_m - r_f) = 5\% + 0.8 \times (14\% - 5\%) = 12.2\%$

$\alpha_X = 14\% - 12.2\% = 1.8\%$

股票 Y：$r_Y = r_f + \beta_Y(r_m - r_f) = 5\% + 1.5 \times (14\% - 5\%) = 18.5\%$

$\alpha_Y = 17\% - 18.5\% = -1.5\%$

(2)①风险被充分分散时，特雷诺指数为：

$$T_X = \frac{R_x - R_f}{\beta_x} = \frac{14\% - 5\%}{0.8} = 11.25\%$$

$$T_Y = \frac{R_y - R_f}{\beta_y} = \frac{17\% - 5\%}{1.5} = 8\%$$

因此，在非系统风险被充分分散后，每单位系统风险 X 股票收益较多，那么，X 股票更适合加入一个系统风险被充分分散的投资组合。

②单一投资时，投资者承担系统与非系统风险，因此，选择夏普比率进行判断：

$$S_X = \frac{R_x - R_f}{\sigma_x} = \frac{14\% - 5\%}{0.36} = 25\%$$

$$S_Y = \frac{R_y - R_f}{\sigma_y} = \frac{17\% - 5\%}{0.25} = 48\%$$

因此，在存在系统风险和非系统风险时，每单位 Y 风险的收益较多，因此作为单一股票投资，应选择 Y 股票。

2.

销售量	70×10%=7万元
单价	20元
可变成本	10元
年固定成本	10万元
折旧	60÷2=30万元
税前利润	7×(20−10)−10−30=30万元
税收	30×20%=6万元
税后利润	24万元
现金流	24+30=54万元

(1)该项目的净现值为 $NPV=\frac{54}{1.1}+\frac{54}{1.1^2}-60=33.72$(万元)。

(2)令处于财务平衡点的销售量为 Q,单价为 P,可变成本为 VC,年固定成本为 FC,折旧为 D,营业税为 T,则有:

$$NPV=\sum_{t=1}^{N}\frac{OCF}{(1+r)^t}-CF_0=0$$

$$OCF=[Q(P-VC)-I-FC-D](1-t)+D$$

代入方程得:

$$Q=\frac{[10\times(1-20\%)-30\times20\%+60/(P/A,2,10\%)]}{(20-10)(1-20\%)}=4.57(\text{万件})$$

财务平衡点为4.57万件销量。

四、简答题

1. 金融市场有以下四种功能:

(1)聚敛功能。聚敛功能是指金融市场引导众多分散的小额资金汇聚成为可以投入社会再生产的资金集合功能。在这里,金融市场起着资金“蓄水池”的作用。

(2)配置功能。金融市场的配置功能表现在三个方面:

①资源的配置。金融市场通过将资源从低效率利用的部门转移到高效率的部门,从而使一个社会的经济资源能最有效地配置在效率最高或效用最大的用途上,实现稀缺资源的合理配置和有效利用。

②财富的再分配。政府、企业及个人通过持有金融资产的方式来持有的财富,在金融市场上的金融资产价格发生波动时,其持有数量也会发生变化。

③风险的再分配。在现代经济活动中,风险无时不在、无处不在。而不同的主体对风险的厌恶程度是不同的,利用各种金融工具,风险厌恶程度较高的人可以把风险转嫁给风险厌恶程度较低的人,从而实现风险的再分配。

(3)调节功能。调节功能是指金融市场对宏观经济的调节作用。

①金融市场具有直接调节作用。在金融市场中,只有符合市场需要、效益高的投资对象,才能获得投资者的青睐。而且,投资对象在获得资本后,只有保持较高的经济效益和较好的发展势头,才能继续生存并进一步扩张。否则,它的证券价格就会下跌,继续在金融市场上筹资就会面临困难,发展就会受到后续资本供应的抑制。

②金融市场的存在及发展为政府实施对宏观经济活动的间接调控创造了条件。货币政策属于调节宏观经济活动的重要宏观经济政策,其具体的调控工具有存款准备金、再贴现、公开市场操作等,这些政策的实施都以金融市场的存在、金融部门及企业成为金融市场的主体为前提。

(4)反映功能。金融市场历来被称为国民经济的"晴雨表"和"气象台",是公认的国民经济信号系统。这实际上就是金融市场反映功能的写照。金融市场的反映功能表现在如下几个方面:

①证券价格的涨跌在一个有效的市场中实际上是反映着其背后企业的经营管理情况及发展前景。所以,金融市场首先是反映微观经济运行状况的指示器。

②金融市场交易直接和间接地反映国家货币供应量的变动。货币的紧缩和放松均是通过金融市场进行的,货币政策实施时,金融市场会出现波动,表示紧缩和放松的程度。

③由于证券交易的需要,金融市场有大量专门人员长期从事商情研究和分析,并且他们每日与各类工商业直接接触,能了解企业的发展动态。

④金融市场有着广泛而及时地收集和传播信息的通信网络,整个世界金融市场已连成一体,四通八达,从而使人们可以及时了解世界经济发展变化情况。

2. 资本预算的基本方法包括"净现值法""获利指数法""回收期法""内含收益率法"等。

净现值法是指在无资本约束时,公司应该接受所有 NPV 大于零或等于零的项目,而拒绝所有 NPV 小于零的项目。

获利指数法是目标项目的现值与项目的期初投资之比。获利指数法是指在无资本约束时,公司应该接受所有"获利指数"大于或等于 1 的目标项目,拒绝"获利指数"小于 1 的目标项目。

回收期法又分为投资回收期法(静态回收期法)和贴现投资回收期法(动态回收期法)。投资回收期是指项目所产生的自由现金流可以收回目标项目期初投资的最短时间。"投资回收期法"的准则是:如果项目的投资回收期小于或等于投资者认可的、可以接受的最长投资回收期,则接受该项目;如果目标项目的投资回收期大于投资者认可的、可以接受的最长投资回收期,则拒绝该项目。贴现投资回收期法的准则和投资回收期法的准则类似,区别只是将投资回收期法中的投资回收期改为贴现回收期而已。

内含收益率是指使目标项目 NPV 等于零时的贴现率,是项目投资存续期内的年平均投资回报率。内含收益率法的准则是:当项目的内含报酬率大于或等于公司要求的最低投资收益回报率时,接受该项目;当项目的内含报酬率小于公司要求的最低投资收益回报率时,拒绝目标项目。

与其他方法相比,净现值法是最不易犯错的资本预算方法。

首先,投资回收期法与 NPV 法相比有如下缺点:①没有考虑现金流的贴现因素,因此,投资回收期法会相对高估项目价值;②忽略了回收期之后的收益情况,因为回收期法只关注何时能够将项目投入的成本回收，对于回收成本后项目的收益会被忽视；③可接受的投资回收期存在主观性，回收期本身就是一个非常主观的概念，因此整个回收期法都会“染上”主观的看法；④即使是贴现回收期法也并不能挑选出最优项目。

其次，获利指数法与 *NPV* 法相比有如下缺点：①无法直接反映投资项目的实际收益率，获利指数法得出的是一单位成本所得收益；②计算起来较复杂，口径也不一致。

最后，*IRR* 法与 *NPV* 法相比有如下缺点：①隐含的假设条件是在项目存续期内公司可以按内部报酬率再投资，因此可能高估项目价值，其假设不如 *NPV* 法的假设稳健；②*IRR* 法可能产生误判，有多解和无解的情况；③在利率期限结构下面对各期不同的利率无所适从；④*IRR* 法则的适用面不宽，只能用于投资项目，而不能用于融资项目；⑤*IRR* 法则在互斥方案的选择上并不可靠。

因此，*NPV* 法是一种较好的资本预算方法。

五、论述题

1. 我认为该观点是正确的。

有效市场假说(EMH)最初是由 Fama 在 1970 年提出的，并与理性人假设成为现代各个金融理论的基石。根据“有效市场假说”，市场是有效的，有关资产信息都会反映到资产价格上，因此，其价格与其基本价值相符，任何投资者都不可能在市场上获得超额利润。“有效市场假说”认为，当金融市场的资产价格充分反映所有信息，市场必定是有效率的，而当有新的信息出现时，金融产品的价格会快速高效调整。

根据对信息集大小的分类，效率市场假说又可以进一步分为以下三种：

(1)弱式有效。这是指当前证券价格已经充分反映了全部能从市场交易数据中获得的历史信息，这些信息包括过去的价格、成交量、未平仓合约等。因为当前市场价格已经反映了过去的交易信息，所以弱式有效市场意味着根据历史交易资料进行交易是无法获取经济利润的。这实际上等同于宣判技术分析无法击败市场。

(2)半强式有效。这是指所有的公开信息都已经反映在证券价格中。这些公开信息包括证券价格、成交量、会计资料、竞争公司的经营情况、整个国民经济资料以及与公司价值有关的所有公开信息等。半强式有效市场意味着根据所有公开信息进行的分析，包括技术分析和基础分析都无法击败市场，即取得经济利润。因为每天都有成千上万的证券分析师在根据公开信息进行分析，发现价值被低估和高估的证券，他们一旦发现机会，就会立即进行买卖，从而使证券价格迅速回到合理水平。

(3)强式有效。这是指所有信息都反映在股票价格中。这些信息不仅包括公开信息，还包括各种私人信息，即内幕消息。强式有效市场意味着所有分析都无法击败市场。因为只要有人得知了内幕消息，他就会立即行动，从而使证券价格迅速达到该内幕消息所反映的合理水平。这样，其他再获得该内幕消息的人就无法从中获利。

从 2008 年爆发的经济危机来看，经济总是处于膨胀—衰退循环中，从而使人们相信，金融危机规模正在放大，频率也在提高。由于我们坚持有效市场假说，暗含的假设前提——金融市场是有效的，仅仅依靠中央银行的货币政策就可以化解金融危机，所以希望通过中央银行的货币政策带来经济增长。但事与愿违的是，实行货币政策却导致信贷水平的不可持续性和突然紧缩，无法达到预期目标。在真实的经济世界里，金融市场是不完全的，中央银行的货币政策也应改弦易辙，不能简单依靠发行货币数量，而是应该加强信贷管理，避免出现债务问题。

按理说，中央银行原本是用来稳定金融系统的，但到头来却成为经济不稳定的源头。这是因为在金融危机中，中央银行能够稳定金融系统，尤其是大家都相信中央银行的钱取之不尽、用之不竭的说法。但是在没有发生危机之前，中央银行的存在就已催生了高风险的借贷行为，以及造成更多的贷款。建立中央银行是为了稳定信贷系统，但人们很快发现，中央银行的出现也鼓励了更大风险的借贷行为，从而加大了信贷系统的不稳定性。

由此可见，在有效市场理论主导下，大多数经济模型假设经济总是趋于均衡状态的强烈倾向，经济不会走向经济崩溃。如果有什么东西将经济推离均衡，经济内部会自动产生抵消它们的力量。这是因为它们建立在完全竞争的市场供求模型中。然而，在现实世界中，价格信息十分复杂，也是不对称的。在这样的世界里，中央银行的存在又成为市场不稳定的来源，市场只能扩大错误，不能抵消或纠正错误。

总的来说，有效市场理论认为，金融市场是有效率的，银行或中央银行无关紧要。然而，一旦有效市场失效，金融体系的内在机制不稳定，很容易造成破坏性的信贷膨胀——紧缩周期，此时中央银行的存在是十分必要的。正是由于金融市场的不完全，以及经济主体的机会主义行为，中央银行本身又成为市场不稳定的来源。从有效市场失效角度分析金融市场不完全、金融危机和中央银行政策之间的关系，关键在于降低交易成本和完善资本市场，同时还要重新定位中央银行的功能，应着眼于金融系统信贷过程中产生的债务管理，避免出现无法偿还的债务危机。只有这样，才能实现物价稳定和金融市场稳定。

2. 从国际收支弹性论来说，欧元危机的产生源于经济发展不平衡、劳动力流动性差、货币统一与经济政策协调之间的平衡关系。

国际收支调节的弹性论认为，当满足马歇尔—勒纳条件，即当出口的供给弹性和进口的供给弹性是无限的，而进出口的需求弹性之和大于1时，本币贬值可以改善一国的国际收支。国际收支调节的吸收论进一步认为，当存在闲置资源并且边际吸收倾向小于1时，贬值能够改善国际收支。另外，汇率的浮动将会通过相对价格机制调节国际收支，当一国出现贸易逆差时，货币贬值将会使本国出口品价格相对下降，并且降低本国的购买力，从而增加出口、减少进口，进而调节国际收支。

一般地，当一些国家从统一货币中获得的收益大于付出的成本时，这些国家就愿意采用统一货币。它们可以获得的收益有：首先，通货区内实行固定汇率可以避免汇率波动对贸易和物价的不利影响，有助于商品的流通和物价的稳定并且降低企业的成本；其次，实行以主导货币为中心的货币自由兑换，有利于多边贸易和多边支付的建立，有助于国际分工及投资机会和生产空间的扩大；最后，采用统一货币有助于加强各成员国之间在货币问题上的合作。它们付出的成本将是失去货币政策，放弃运作汇率工具和货币政策实现稳定国内产出和就业目标的一部分自主权，即经济稳定性损失。通常来说，一国与通货区内其他国家的经济一体化程度越高，该国加入通货区的收益越大、成本越小。

我认为当前欧元危机的形成有如下原因：首先，欧元不断升值受到投资者的追捧，因此长期以来，欧美国家举债成本相对低廉为本次危机埋下了隐患；其次，欧元区各国经济增长失衡，即欧元区各国的经济增长出现结构性问题，希腊等国都过度依赖某一两个产业的发展，因此其稳定性自然不够，欧债问题不断升级的根源在于欧元区各国经济增长不平衡；再次，欧元区治理结构缺陷，欧元区货币政策与财政政策不统一，各个国家手握的政策权利只有财政政策而没有货币政策，根据丁伯根原则，欧元区国家要解决内部平衡和外部问题两个问题则需要两种相互独立的政策工具，但此时欧元区国家已经缺失了货币政策工具，因此出现问题在某种程度上也是必然的；最后，欧洲央行保守的货币政策不利于危机后经济的复苏，相比于危机前的美国经济，欧元区经济总体上“稳定性有余，灵活性不足”。

2013年上海财经大学431金融硕士真题参考答案

一、选择题

1. B

注意区分流通手段和支付手段，可以简单理解为流通手段指的是交易的现收现付，支付手段是延期支付。

2. C

根据预期假说，长期的利率是由短期的利率决定的，那么短期利率的下降必然引起回报率曲线下降。

3. C

$$\frac{10\ 000}{1+\frac{5\%}{4}}=\frac{10\ 000}{1.012\ 5}\approx 9\ 875(\text{元})。$$

4. D

$$ROE=\frac{earning}{E}=\frac{550}{4\ 800\times\frac{1}{2.25}}=25.78\%$$，应收账款不影响当期利润与权益，此为干扰项。

5. C

甲(1)：财务杠杆会改变公司的资本结构，从而进一步改变公司向股东分配的权益，这句话是错的；

甲(2)：完美市场假设是资本结构不影响公司价值的必要条件，所以是正确的。

乙(1)：根据有税MM理论命题Ⅰ，该句话是正确的；

乙(2)：结构变化后若公司价值不能增加，说明该结构变化的项目 $NPV<0$，不会使股东受益，所以该句话是正确的。

丙(1)：财务风险不仅仅与财务杠杆系数有关，不能简单认为财务杠杆系数越大，财务风险越大；

丙(2)：根据最有资本结构的定义，该句话是对的。

6. D

票据发行便利是商业银行的表外业务，并不是商业银行的负债，更不能认为是商业银行的金融创新。

7. B

除息参考价$=\dfrac{11.05+0.5\times6.4-0.15}{1.5}=9.4$(元)。

8. C

有效汇率：是某种加权平均汇率，最常用的是以一国对某国的贸易在其全部对外贸易中的比重为权数。其公式为：

$$\text{A 国的有效汇率}=\sum_{i=1}^{N}\left(\text{A 国货币对 i 国货币的汇率}\times\frac{\text{A 国同 i 国的贸易值}}{\text{A 国的全部对外贸易值}}\right)$$

9. A

根据戈登模型，$P=\dfrac{D_1}{r-g}=\dfrac{2.12\times(1+10\%)}{14.2\%-10\%}=55.52$(元)。

10. C

绝对购买力平价的公式为：$P=e\times P^*$。含义是：不同国家的可贸易商品的物价水平以同一种货币计量时是相等的。那么根据实际利率的公式：$R=\dfrac{e\times P^*}{P}$，则可知 $R=1$。

11. D

马科维茨资产组合理论中的方差意义。

12. C

根据凯恩斯学派的货币需求理论，托宾的货币需求理论是对投机动机的发展。

13. B

$\dfrac{10\ 500\times60\%+11\ 000\times20\%+9\ 500\times20\%+800}{10\ 000}=1.12$，所以，半年期的收益率为 12%，那么投资者的预期年持有期收益率为 24%。

14. B

货币升值，会导致出口减少，进口增多。

15. C

3 000−(3 000×1%)=2 970，面值为 1 元，所以份数也是 2 970。

16. B

根据菲利普斯曲线，当预期通胀率与实际通胀率相等时，失业率处于自然失业率。

17. C

借入资金购买债券的行为称为融资，直接借入债券的行为称为融券。同时，考生应注意相关的知识点为卖空和买空的投机行为。

18. B

对外的军事支援算作政府的对外支付，应当计入该国国际收支平衡表的经常账户。

19. D

该央行的“扭曲操作”手段是买进票据、卖出国债，由于量不明确，不能确定货币的供给最终是增多还是减少，或是不变。但票据是短期金融资产，国债是长期金融资产，那么，买入短期金融资产使得短期利率下降，卖出长期金融资产使得长期利率上升，故本题选 D。

金程点评

自美国次贷危机之后，美联储采取了多种救市的货币政策，最重要的就是“量化宽松(QE)”以及“扭曲操作”，考生务必明白其理论根据、实践操作及其最终影响。

所谓扭曲操作，即卖出较短期限国债，买入较长期限国债，从而延长所持国债资产的整体期限，这样的操作将压低长期国债收益率。从收益率曲线来看，这样的操作相当于将曲线的较远端向下弯曲，这也是扭曲操作得名的原因。

20. D

根据现在的市场情况可知，如果马上成交(市价委托)，买方应以12.54元报出，卖方应以12.52元报出，才能立即成交。

21. A

$$0=0.6-0.4-0.1\times\frac{1+g}{g}\times0.55,$$

化简后，$0.55\times(1+\frac{1}{g})=0.2$，得 $g=0.38$。

22. B

M0＝流通中的现金。

M1＝C＋D，其中，C为流通中的现金即M0，D为活期存款，包括企业活期存款、机关团体存款及农村存款。

M2＝M1＋TD，TD为准货币，包括居民储蓄存款、企业定期存款、信托类存款和其他存款。

根据中国规定的货币供给层次，可知证券公司客户保证金属于M2。

23. C

直接标价法是用本币对单位的外币进行计价的方式，比如人民币兑美元的报价为1USD＝6.226 1CNY(2014年6月)。那么从“在直接标价法下，如果需要比原来多的本国货币才能兑换一定数量的外币”可知，本币贬值，汇率上升。

24. C

甲公司的固定成本高，可知甲公司有比乙公司更高的财务杠杆系数，即更高的财务风险，根据资本成本的风险溢价定价方法，甲公司的贴现率高于乙公司。

金程点评

关于财务杠杆原理的内容，在各大招生院校的大纲中并没有出现，但是已经不止一次地出现在上海财经大学431考试的试卷中，考生应当作为学习的补充知识点。

25. C

根据传统的货币数量论，现金交易数量说：$MV=PT$ 和现金余额数量说：$M=kPY$，可知，货币供应上升50%，物价水平相应上升。

26. A

$EAC=\frac{PV}{(P/A,10\%,4)}$，查表得$(P/A,10\%,4)=3.17$，那么，$EAC=\frac{1\ 200}{3.17}=378.67$（元）。

27. A

商业票据是商业信用的体现，那么商业票据到银行的贴现就表现为商业信用转变为银行信用。

28. D

根据当前收益率的计算公式：当前收益率$=\frac{年利息收入}{债券市场价格}=\frac{6\%\times 1\ 000}{1\ 100}=5.45\%$。

金程点评

在计算债券的过程中，考生应当区分各种收益率：到期收益率，持有期收益率，当前收益率等，本题的计算没有难度，重点在于考生对知识点的区分。

29. B

这是书上原话。存款准备金只是央行管理经济的一种手段，不能体现“银行的银行”的职能。

30. C

$\beta_{权益}=\left[1+\frac{D}{E}(1-t_c)\right]$，$\beta_{无杠杆企业}=\left(1+\frac{0.6\times 200}{800}\right)\beta_{无杠杆企业}$，计算得$\beta_{无杠杆企业}=1.043\ 5$。

二、计算与分析题

1.（1）贷款1的预期损失$=120\ 000\times 0.8\%\times 50\%=480$（元），

贷款2的预期损失$=60\ 000\times 5\%\times 20\%=600$（元），

可知第二笔贷款的预期损失比较大。

（2）根据题中的计算公式，减少预期损失可以通过减少风险暴露，降低违约概率，提高本金收回率。例如加强对信用贷款的审核、提高对贷款人的标准、要求债务人提供担保等。

2. 该方案的平均净收益$=(10\ 000+13\ 000+14\ 000+18\ 000+20\ 000)\div 5=15\ 000$（元），

该方案的平均投资额$=(100\ 000+60\ 000+30\ 000+10\ 000+4\ 000+0)/6=34\ 000$（元），

平均会计收益率=平均净收益/平均投资额$=15\ 000/34\ 000=44.12\%$。

3.（1）设A银行需要自备资本为x，B银行需要自备资本为y：

$\frac{x}{10\ 000\times 20\%}=8\%$，得$x=160$（万元）；

同理计算B银行资本成本为$\frac{y}{10\ 000\times 100\%}=8\%$，得$y=800$（万元）。

（2）设C银行最多能发放z，

$5\ 000\times 20\%+z\times 20\%=2\ 500$，得$z=7\ 500$（万元）。

4. 根据有税 MM 理论命题Ⅱ，得

$$R_s=R_0+\frac{D}{E}\times(R_0-R_B)\times(1-t_c)=12\%+\frac{0.45}{0.55}\times(12\%-8\%)\times0.75=14.45\%$$

新资本结构下的权益资本成本为：

$$R_{WACC}=\frac{E}{E+D}\times R_S+\frac{D}{E+D}\times R_D\times(1-t_c)=0.55\times14.45\%+0.45\times8\%\times0.75=10.6475\%$$

5.(1)公司的风险调整收益率为：

$R_s=R_0+\beta(R_M-R_0)=4\%+1.2(8\%-4\%)=8.8\%$

(2)对于这样的题目我们一般要画出现金流分析图，对股票的现金流进行分析：

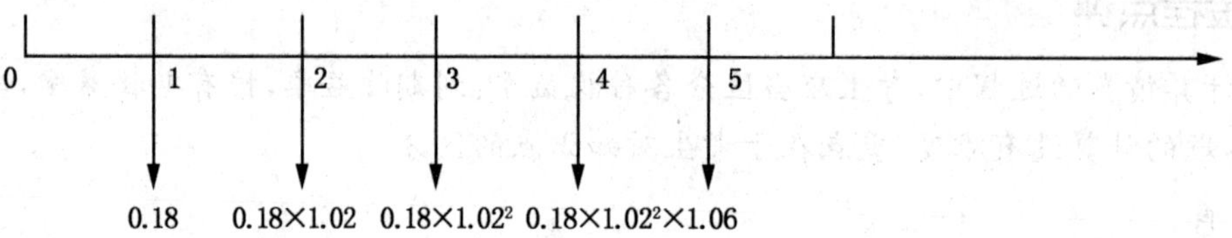

股票价值为：

$$P=\frac{0.18}{1+8.8\%}+\frac{0.18\times(1+2\%)}{(1+8.8\%)^2}+\frac{0.18\times(1+2\%)^2}{(1+8.8\%)^3}+\frac{0.18\times(1+2\%)^2\times(1+6\%)}{8.8\%-6\%}\times(P/F,r,3)$$

$=0.1654+0.1551+0.1454+5.505=5.97$(元)

(3)根据题意可知，该公司股票的理论价格为 5.97 元，小于市场价格 8.98 元，那么股票被高估，应该卖出。

6. 根据题意，A 国货币与 X 国货币为间接标价法，即用 X 国货币对 A 国货币计价，那么 A∶X=1.1，在直接标价法下，B 国货币对 X 国货币计价，则 X∶B=2.2，那么，由此可知，A 国货币与 B 国货币的汇率水平为：A∶B=1.1×2.2=2.42。

金程点评

关于汇率的直接标价法和间接标价法都较为简单，但是容易混淆，所以考生一定要非常熟练。另外，在绝大多数课本中都是以直接标价法来计算汇率的，该方法下的汇率与币值朝相反方向变动，考生需要明确。

三、论述分析题

1.(1)QE2 与 QE1 以及 QE3 最大的区别就在于，美联储在 QE2 中购买的是长期国债，而在 QE1 与 QE3 中购买的是资产支持证券。总的来说，资产支撑证券都是短期证券，而国债是长期证券，那么 QE2 不仅通过大量购买释放货币，而且通过提高远期金融资产的价格压低了长期利率。

(2)在 2008 年 6 月到 2012 年 6 月间，美联储针对当时的宏观经济情况施行了传统的货币政策和非传统的货币政策。

传统的货币政策：

①第一时间采取释放流动性的措施——降低贴现率并延长对银行的贷款期限。

②推行了一系列提供流动性和提振信贷市场的超常规举措，包括建立众多应急贷款便利工具、与全球14个央行创建或扩展货币互换协定等。

③作为银行监管人，美联储还通过为大型银行控股公司设立融资平台，引导这些银行控股公司进行压力测试。

非传统的货币政策：

美联储在金融危机不断加深、联邦基金利率达到实际下限的背景下，为促进经济复苏，使用了一系列非传统的货币政策工具，主要形式有管理美联储的资产负债表和与公众进行信息沟通。其中有关资产负债表的管理又涉及大规模资产购买(量化宽松)和扭曲操作。

原因：

执行这些货币政策的原因是，美国次贷危机之后，经济状况不佳，失业率高居不下，美联储为了促进经济发展，提振投资信心，采取了相应的货币政策，在传统货币政策表现不佳的时候，又相应地采取了非传统的货币政策。

对货币政策的影响：

从短期看，量化宽松通过国债、资产抵押证券等资产在央行和存款机构之间的换手压低债券收益率，降低企业融资成本，提升风险资产的价格，有利于提振投资活动和消费信心。从2009年第一次量化宽松以来，以美国股票市场为代表的风险类资产上升幅度明显，由于美国家庭资产中投资资产占比很高，股市等风险类资产价格上涨能够明显带动消费欲望。

但从中长期来看，银行体系内的流动性并没有充分参与流通，企业的去杠杆化行为导致失业率一直居高不下。量化宽松和美国国债规模的扩张带来货币贬值的预期，导致一部分流动性流入新兴经济体(如中国)，并在经济活跃程度较高的情况下进入流动环节，给此类经济体创造了输入性通胀的压力。

(3)尽管货币政策传导机制理论在不断发展，各种学派对货币政策的传导机制有不同看法，但归纳起来，货币政策影响经济变量主要是通过以下四种途径：

①利率传递途径。利率传导理论是最早被提出的货币政策传导理论，但从早期休谟的短期分析、费雪的过渡期理论、魏克赛尔的累积过程理论中所涉及的利率传导理论均未得到关注。直到凯恩斯的《就业、利息与货币通论》问世及$IS-LM$模型的建立才正式引起学术界对利率传导机制的研究。利率传导机制的基本途径可表示为：

货币供应量$M\uparrow$→实际利率水平$i\downarrow$→投资$I\uparrow$→总产出$Y\uparrow$

②信用传递途径。威廉斯提出的贷款人信用可能性学说是最早有关货币政策信用传导途径的理论，伯南克则在此理论基础上进一步提出了银行借贷渠道和资产负债渠道两种理论，并得出货币政策传递过程中即使利率没有发生变化也会通过信用途径来影响国民经济总量。信用传导机制的基本途径可表示为：

货币供应量$M\uparrow$→贷款供给$L\uparrow$→投资$I\uparrow$→总产出$Y\uparrow$

③非货币资产价格传递途径。托宾的Q理论与莫迪利亚尼的生命周期理论则提出了货币政策的非货币资产价格传递途径。资产价格传导理论强调资产相对价格与真实经济之

间的关系，其基本途径可表示为：

货币供应量 $M\uparrow\rightarrow$实际利率 $i\downarrow\rightarrow$资产(股票)价格 $P\uparrow\rightarrow$投资 $I\uparrow\rightarrow$总产出 $Y\uparrow$

④汇率传递途径。汇率是开放经济中一个极为敏感的宏观经济变量，因而它也引起了众多学者的研究，而关于货币政策的汇率传导机制的理论主要有购买力平价理论、利率平价理论和蒙代尔—弗莱明模型等。货币政策的汇率传导机制的基本途径可表示为：

货币供应量 $M\uparrow\rightarrow$实际利率 $i\downarrow\rightarrow$汇率 $E\downarrow\rightarrow$净出口 $NX\uparrow\rightarrow$总产出 $Y\uparrow$

(考生可以选择课本中常见的利率、汇率和货币供给量的三种途径。)

(4)对世界经济的影响有以下几个方面：

①量化宽松货币政策埋下全球通胀隐患；世界主要商品定价均以美元为基准，美联储实施量化宽松货币政策将导致美元大幅贬值，从而引发新一轮资源价格上涨，埋下全球通胀的隐患。

②量化宽松货币政策恶化相关贸易体的经济形势；美元贬值会增加美国出口商品的竞争力。

③美联储大举购买国债会降低美国国债收益率；债券价格和收益率是负相关的。美联储大举购买美国国债，将推升美国国债价格，降低其收益率，从而使相应持债国家的外汇资产存在非常大的贬值风险。

2.(1)根据题目我们可以知道，中海油收购尼克森全部股份的行为属于横向并购，那么横向并购的主要动因就是为了追求规模经济。

总的来说，并购的动因主要有四种：

①追求协同效应，表现为收入的增多，来自营销战略或市场垄断方面；成本的下降，来自横向并购的规模经济。

②寻求冗资的出路。

③突破行业壁垒，在本题中可以认为是突破了地域的壁垒。

④多元化，一般表现在纵向并购和混合并购中。

(2)并购产生的风险如下：

①企业并购实施前的决策风险。目标企业的选择和对自身能力的评估是一个科学、理智、严密、谨慎的分析过程，是企业实施并购决策的首要问题。如果对并购的目标企业选择和自身能力评估不当或失误，就会给企业发展带来不可估量的负面影响。在我国企业并购实践中，经常会出现一些企业忽略这一环节的隐性的风险而给自身的正常发展带来麻烦和困境的情况。概括而言，企业并购实施前的风险主要有：

第一，并购动机不明确而产生的风险。一些企业并购动机的产生，不是从企业发展的总目标出发，通过对企业所面临的外部环境和内部条件进行研究，在分析企业的优势和劣势的基础上，根据企业的发展战略需要形成的，而是受舆论宣传的影响，只是在概略地意识到并购可能带来的利益，或是因为看到竞争对手或其他企业实施了并购，就非理性地产生了进行并购的盲目冲动。这种不是从企业实际情况出发而产生的盲目并购冲动，从一开始就潜伏着导致企业并购失败的风险。

第二，盲目自信夸大自我并购能力而产生的风险。有的企业善于并购，有的企业不善于并购，可以说是基于提升和完善核心竞争力的要求，但并购本身也是一种能力。既然是一种能力，很少企业是生而知之的。从我国一些实例看，一些企业看到了竞争中历史企业的软弱地位，产生了低价买进大量资产的动机，但却没有充分估计到自身改造这种劣势企业的能力的不足，如资金能力、技术能力、管理能力等，从而做出错误的并购选择，陷入了低成本扩张的陷阱。

②企业并购实施过程中的操作风险。企业实施并购的主要目标是为了协同效应，具体包括管理协同、经营协同和财务协同。然而从实际情况来看，协同就如同鼓动，非常罕见。造成这种情况的主要原因是并购企业没有对企业实施并购过程中的风险加以识别和控制。这些风险主要包括：

第一，信息不对称风险。所谓信息不对称风险，指的是企业在并购过程中对收购方的了解与目标公司的股东和管理层相比可能存在严重的不对等问题给并购带来的不确定因素。由于信息不对称和道德风险的存在，被并购企业很容易为了获得更多利益而向并购方隐瞒对自身不利的信息，甚至杜撰有利的信息。企业作为一个多种生产要素、多种关系交织构成的综合系统，极具复杂性，并购方很难在相对短的时间内全面了解、逐一辨别真伪。一些并购活动因为事先对被并购对象的盈利状况、资产质量（例如有形资产的可用性、无形资产的真实性、债权的有效性）、或有事项等可能缺乏深入了解，没有发现隐瞒着的债务、诉讼纠纷、资产潜在问题等关键情况，而在实施后落入陷阱，难以自拔。

第二，资金财务风险。每一项并购活动背后几乎均有巨额的资金支持，企业很难完全利用自有资金来完成并购过程。企业并购后能否及时形成足够的现金流入以偿还借入资金以及满足并购后企业进行一系列的整合工作对资金的需求是至关重要的。具体来说，财务风险主要来自几个方面：筹资方式的不确定性、多样性，筹资成本的高增长性，外汇汇率的多变性等。因此，融资所带来的风险不容忽视。

③企业并购后整合过程中的“不协同”风险。企业并购的一大动因是股东财富最大化。为了实现这一目标，并购后的企业必须要实现经营、管理等诸多方面的协同，然而在企业并购后的整合过程中，未必一定达到这一初衷，导致并购未必取得真正的成功，存在巨大的风险。

第一，管理风险。并购之后管理人员、管理队伍能否得到合适配备，能否找到并采用得当的管理方法，管理手段能否具有一致性、协调性，管理水平能否因企业发展而提出更高的要求，这些都存在不确定性，都会造成管理风险。

第二，规模经济风险。并购方在完成并购后，不能采取有效的办法使人力、物力、财力达到互补，不能使各项资源真正有机结合，不能实现规模经济和经验的共享补充，而是低水平的重复建设。这种风险因素的存在必将导致并购的失败。

第三，企业文化风险。企业文化是在空间相对独立、时间相对漫长的环境下形成的特定群体一切生产活动、思维活动的本质特征的总和。并购双方能否达成企业文化的融合，形成共同的经营理念、团队精神、工作作风受到很多因素的影响，同样会带来风险。企业文化是否相近、能否融合，对并购成败的影响是极其深远的，特别是在跨国、跨地区的并购案中。

第四，经营风险。为了实现经济上的互补性，达到规模经营，谋求经营协同效应，并购后的企业还必须改善经营方式，甚至生产结构，加大产品研发力度，严格控制产品质量，调整资源配置，否则就会出现经营风险。

2013年华东师范大学431金融硕士真题参考答案

一、单项选择题

1. C

确定用什么货币材料是建立货币制度的首要步骤，货币金属是建立货币制度的基础。因此，一国货币制度的核心内容是规定货币币材。

2. B

当时国际货币制度为“金本位制”，因此黄金为主要国际储备资产。

3. B

商业行为是市场中最常见的行为，因此最多的是商业信用。

4. A

融资方直接面向投资方。

5. C

英国和美国长期以来采用间接标价法。

6. A

系统风险，又称市场风险或不可分散风险，是指由于某种因素的影响和变化，导致股市上所有股票价格的下跌，从而给股票持有人带来损失的可能性。系统风险的诱因发生在企业外部，上市公司本身无法控制它，其带来的影响面一般都比较大。因此B、C、D选项都是系统风险。

7. D

按照 *CAPM* 模型的公式，公司的 R（理论）$=0.07+1.3\times(0.15-0.07)=0.174$，$R$（理论）$>R$（期望收益率），因此，价格按照收益率进行贴现，所以理论价格＜实际价格，实际价格过高，因此卖出，因为它被高估了。

8. B

全能型商业银行起源于德国。

9. D

存款创造乘数$=1/(r_d+k+e+t\times r_t)$，因此，分子越大，整个创造乘数越小。

10. A

经常项目包括进出口、服务、收入、转移支付。利息收入属于资本收入。

11. A

商品市场和货币市场的均衡是最主要的平衡，但是货币政策的实施最终还是为了实现商品市场的实物市场均衡。

12. B

本币升值，按照购买力平价理论，外汇储备能够实现的本国产品的购买力下降。

13. A

权益净利率是一个综合性最强的财务分析指标，是杜邦分析体系的核心。

14. D

贝塔系数的定义。

15. C

$R_{WACC}=B\times R_b\times(1-t)/(B+S)+S\times R_s/(B+S)$，代入公式得到答案 C。

16. D

财务杠杆＝息税前利润/(息税前利润－利息)，经营杠杆＝(收入－变动成本)/(收入－变动成本－固定成本)，复合杠杆＝财务杠杆×经营杠杆，息税前利润＝净利润＋所得税＋财务费用。

17. D

资本成本是公司取得该项资本使用权付出的代价，因此 B 选项正确；因此，对应地，就是投资者投入资本的机会成本，也就是投资者投入资本所能要求的最低的投资回报，因此选项 A 和 C 正确。选项 D 不正确，应该是公司投资于资本项目所要求的最高报酬率。

18. A

主要考察的是账面价值和应纳税所得额之间的不同，3 年的折旧对应的累计折旧额为：(5－5×10％)×3/9＝1.5(万元)，因此，账面余额为 5－1.5＝3.5(万元)，和出售的价格为 2.5 万元之间的可抵扣所得额为(3.5－2.5)×25％＝0.25(万元)，因此，对于 2012 年现金流量的影响为 2.5＋0.25＝2.75(万元)。

19. C

公司送股只是所有者权益的内部变动，并不会影响未分配利润的转出，只有现金红利才影响公司的现金流出额为 1 元。

20. B

营运资金从会计的角度看是指流动资产与流动负债的净额，为可用来偿还支付义务的流动资产，减去支付义务的流动负债的差额。因此，A 选项正确。长期资本就是股东权益加上长期负债。

营运资金＝流动资产－流动负债

＝(总资产－非流动资产)－(总资产－所有者权益－长期负债)

＝(所有者权益＋长期负债)－非流动资产＝长期资本－长期资产

由资产＝负债＋所有者权益可得：长期资产＋短期资产＝长期负债＋短期负债＋所有者权益。

因此短期资产－短期负债＝长期负债＋所有者权益－长期资产，C 选项正确，长期负债＋所有者权益＝长期资本，因此短期资产－短期负债＝长期资本－长期资产，D 选项也正确。

二、名词解释

21. 铸币税，也称为货币税，指发行货币的组织或国家，在发行货币并吸纳等值黄金等财富后，货币贬值，使持币方财富减少，发行方财富增加的经济现象。这个财富增加方，通常是指政府。在信用货币制度下，国家以国家信用为保证，通过信用程序发行纸币，赋予纸币无限法偿的能力。由于纸币的制造成本很低廉，因此铸币税可以近似地认为就是纸币的。

22. 名义利率，是央行或其他提供资金借贷的机构所公布的未调整通货膨胀因素的利率，即利息(报酬)的货币额与本金的货币额的比率。即指包括补偿通货膨胀(包括通货紧缩)风险的利率。根据费雪效应，实际利率＝名义利率－通胀率，而名义利率＝实际利率＋通货膨胀率。而实际利率则是指通胀率不变，从而货币购买力不变时的利息率。它剔除了通货膨胀率的影响，是储户或投资者得到利息回报的真实利率。

23. 浮动汇率，指一国货币同他国货币的兑换比率没有上下限波动幅度，而由外汇市场的供求关系自行决定。浮动汇率按政府是否干预，分为自由浮动汇率和管理浮动汇率两种。

24. 欧洲货币，指的是由货币发行国境外的银行体系所创造的该种货币存贷款业务。狭义的欧洲货币指的是欧洲一国境外流动的该国货币资金；广义的欧洲货币指的是存放在该种货币发行国境外的既包括欧洲的也包括非欧洲国家银行中的各国货币。

25. 修正后内部报酬率，是指在用不同的利率计算支出和收入时所得的内部收益率。同时考虑投资成本(Finance Rate)和现金再投资收益率(Reinvestment Rate)。修正的内含报酬率是在一定的贴现率条件下，将投资项目未来的现金流入量按照预定的贴现率计算至最后一年的终值，而将投资项目的现金流出量(投资额)折算成现值，并使现金流入量的终值与投资项目的现金流出量达到价值平衡的贴现率。

26. 市盈率，指在一个考察期(通常为 12 个月的时间)内，股票的价格和每股收益的比率。投资者通常利用该比例值估量某股票的投资价值，或者用该指标在不同公司的股票之间进行比较。P/E 表示市盈率；Price per Share 表示每股的股价；Earnings per Share 表示每股收益，即股票的价格与该股上一年度每股税后利润之比(P/E)，该指标为衡量股票投资价值的一种动态指标。

三、简答题

27. 自 2005 年 7 月 21 日起，我国实行以市场供求为基础、参考一篮子货币进行调节、有管理的浮动汇率制度。

人民币汇率制度具体内容包括以下几个方面：

(1)人民币汇率的标价方法。人民币汇率一直采用直接标价法，一般以 100 外币单位为标准折算成相应数额的人民币来标价。即外币数额保持不动，汇率的变动通过人民币数额的增减表示出来。

(2)人民币汇率的形成。目前人民币汇率由中国人民银行根据上一日银行间外汇交易市场的人民币与美元交易的加权平均价，并参照国际外汇市场主要货币(美元、欧元、日元、英镑和港元)的变化，套算出主要货币的中间价作为基准汇率。中国人民银行每天公布人民币兑美元、欧元、日元、英镑、港元五种货币的基准汇率，各外汇银行以此基准汇率为依据，在中国人民银行规定的浮动幅度范围内决定自己的挂牌汇率并对外公布。

(3)人民币汇率的公布与挂牌。中国人民银行目前只公布人民币对美元、日元、港元、英镑和欧元的牌价，各外汇银行在此基础上有若干币种的增加。人民币汇率有买入价、卖出价和现钞价，买卖价差为0.5%。不分电汇、信汇和票汇都采用同一汇率，但交易时所收取的手续费不同。

28. 中央银行为代表国家管理金融的机构，是一国金融体系的核心。中央银行的三大职能包括：

(1)发行的银行。中央银行垄断一国银行券的发行，为全国唯一合法的现钞发行机构。除了发行银行券，央行还负有稳定货币和经济的职责。

(2)政府的银行。中央银行代表政府执行货币政策、为政府提供金融服务。其职能包括：①代理国库，经办政府财政预算收支，执行国库的出纳职能。②向政府提供信用，支持财政，解决政府对资金的临时需求。包括直接向政府贷款，购买政府公债，协助政府销售公债。③作为政府的金融代理人代办金融事务。如代表政府保存和管理黄金外汇储备，代表政府参加国际金融活动。

(3)银行的银行。中央银行向商业银行和其他金融机构提供金融服务。包括：①吸收保管存款准备金。商业银行的存款准备金放在重要银行，央行确保商业银行等存款机构的清偿能力。②充当最后贷款人，对商业银行提供信贷。当商业银行及其他金融机构出现资金短缺或周转不灵，可以向央行要求资金融通。③作为全国票据清算中心。

此外，央行还负有对商业银行和其他金融机构的监管职责，以及调节信用规模和调节经济的职责。

29. 国际储备(International Reserve)，是指各国政府为了弥补国际收支赤字，保持汇率稳定，以及应付其他紧急支付的需要而持有的国际间普遍接受的所有流动资产的总称。

国际储备资产一般必须同时具备三个条件：可获得性、流动性和普遍接受性。

国际储备的构成包括以下两种：自有储备即国际储备，主要包括一国的货币用黄金、外汇储备、在IMF的储备头寸和特别提款权。借入储备，备用信贷、互惠信贷和支付协议、该国商业银行的对外短期可兑换货币资产。

30. 均值—方差模型是由哈里·马科维茨提出的风险度量模型，把风险定义为期望收益率的波动率，首次将数理统计的方法应用到投资组合选择的研究中。

证券及其他风险资产的投资首先需要解决的是两个核心问题：即预期收益与风险。那么如何测定组合投资的风险与收益以及如何平衡这两项指标进行资产分配是市场投资者迫切需要解决的问题。正是在这样的背景下，20世纪50年代和60年代初，马科维茨理论应运而生。

该理论依据以下几个假设：(1)投资者在考虑每一次投资选择时，其依据是某一持仓时间内的证券收益的概率分布。(2)投资者是根据证券的期望收益率估测证券组合的风险。(3)投资者的决定仅仅是依据证券的风险和收益。(4)在一定的风险水平上，投资者期望收益最大；相对应的是在一定的收益水平上，投资者希望风险最小。

根据以上假设，马科维茨确立了证券组合预期收益、风险的计算方法和有效边界理论，建立了资产优化配置的均值—方差模型。

31. 鲍莫尔模型即平方根定律，将利率因素引入交易性货币需求分析而得出的货币需求理论模型，论证了交易性货币需求受利率影响的观点，从而修正了凯恩斯关于交易性货币需求对利率不敏感的观点。

鲍莫尔模型从存货理论出发,认为公司用于商品交易的现金余额不仅与公司的商品交易规模有关,而且与机会成本、市场利率有关。该模型属于现金余额的优化模型,对于公司关于现金余额的决策有一定的指导意义。该模型的分析思路如下:

公司期初的现金余额为 C,期末的现金余额为 0,期间平均现金余额为 $C/2$,机会成本为 K,年交易额为 T,每次买卖证券需要的费用(管理成本)为 F。

总成本由两个部分构成:机会成本和管理成本。机会成本为 $C/2\times K$,管理成本为 $T/C\times F$,总成本为 $(C/2\times K)+(T/C\times F)$。

为了使总成本达到最小,可以得到:平均现金持有规模为 $C/2$。

$$C^{*}=\sqrt{\frac{2TF}{K}}$$

32. 模型所用的现金流量是指自由现金流量(Free Cash Flow,FCF),即扣除税收、必要的资本性支出和营运资本增加后,能够支付给所有的清偿者的现金流量。

用贴现现金流量法评估目标企业价值的总体思路是:估计兼并后增加的现金流量和用于计算这些现金流量现值的折现率,然后计算出这些增加的现金流量的现值,这就是兼并方所愿意支付的最高价格。如果实际成交价格高于这个价格,则不但不会给兼并企业带来好处,反而会引起亏损。

第一步,建立自由现金流量预测模型。拉巴波特认为有五种价值动因影响目标企业的价值,即销售增长率、经济利润边际、新增固定资产投资、新增营运资本、边际税率等。

第二步,估计折现率或加权平均资本成本。折现率是考虑了投资风险后,兼并方要求的最低收益率,也就是该项投资的资本成本。这里所指的资本成本不是并购方企业自身的加权资本成本,而是并购方投资于目标企业的资本的边际成本。

第三步,利用贴现现金流量模型,计算现金流量的现值,计算公式为:

$$V=\sum[FCF/(1+K)^{t}]+[F/(1+K)^{t}]$$

其中,FCF 为自由现金流量;K 为折现率或加权平均资本成本;F 为预期转让价格;V 为企业价值。

四、计算题

33. 固定利率时:在每个季度支付现金:100×10%/4=2.5(万元)。

浮动利率时:3 个月时支付 100×12%/4=3(万元);6 个月时支付 100×10%/4=2.5(万元);9 个月时支付 100×9%/4=2.25(万元);12 个月时支付 100×8%/4=2(万元)。

金程点评

注意,浮动利率在当前确定的是未来 3 个月期间的利率,因此,不搞错时间的话一般不会出错。

34. 假设固定成本保持不变为 A。

第一种方案:公司收到的净现值为(10×48 000×98%)/(1+10%/12)-8×48 000-A-3 000=79 512-A;

第二种方案：公司收到的净现值为(10×60 000×97%)/(1+10%/6)−8×60 000−A−5 000=87 459−A。

因此，公司应该采用第二种信用政策。

金程点评

采用净现值法去判断两种方案的净现值大小，进行比较。

(1)采用了$n/30$这种信用政策，可以判断，购货方肯定等到30天截止进行款项支付，因为更早的支付意味着更多的利息损失。同理$n/60$，因此两种方案的贴现时间分别为一个月和两个月。

(2)两种方案的区别除了信用政策的不同导致贴现时间不同以外，还要注意坏账率的不同。

(3)无论坏账率是多少，公司的成本仍然是100%货物的成本。因此在计算成本的时候不需要乘以坏账率。

35. 公司资本成本率为：2%+4%×1.5=8%，

$$NPV=\frac{5\ 000}{1+8\%}+\frac{5\ 000}{(1+8\%)^2}+\frac{5\ 000}{(1+8\%)^3}-13\ 000=-114.5$$

因此，公司不应该接受该项目。

五、论述题

36. 一般性货币政策工具，又称经常性、常规性货币政策工具，即传统的三大货币政策工具，俗称三大法宝：存款准备金政策、再贴现政策和公开市场业务。

(1)存款准备金政策，是指中央银行对商业银行等存款货币机构的存款规定存款准备金率，强制性地要求商业银行等货币存款机构按规定比例上缴存款准备金；中央银行通过调整法定存款准备金以增加或减少商业银行的超额准备，从而影响货币供应量的一种政策措施。

(2)再贴现政策，就是中央银行通过提高或降低再贴现率来影响商业银行的信贷规模和市场利率，以实现货币政策目标的一种手段。

(3)公开市场业务(Open Market Operation)，也称公开市场操作，是指中央银行在金融市场上公开买卖有价证券，以改变商业银行等存款货币机构的准备金，进而影响货币供应量和利率，实现货币政策目标的一种货币政策手段。

选择性的货币政策工具，是指中央银行针对某些特殊的信贷或某些特殊的经济领域而采用的工具，以某些个别商业银行的资产运用与负债经营活动或整个商业银行资产运用与负债经营活动为对象，侧重于对银行业务活动质的方面进行控制，是常规性货币政策工具的必要补充，常见的选择性货币政策工具主要包括：(1)消费者信用控制；(2)证券市场信用控制；(3)不动产信用控制；(4)优惠利率；(5)特种存款。

其他政策工具，除以上常规性、选择性货币政策工具外，中央银行有时还运用一些补充性货币政策工具，对信用进行直接控制和间接控制。包括：

(1)信用直接控制工具，指中央银行依法对商业银行创造信用的业务进行直接干预而采取的各种措施，主要有信用分配、直接干预、流动性比率、利率限制、特种贷款；

(2)信用间接控制工具，指中央银行凭借其在金融体制中的特殊地位，通过与金融机构之间的磋商、宣传等，指导其信用活动，以控制信用，其方式主要有窗口指导、道义劝告。

37. 中间业务，是指商业银行在资产业务和负债业务的基础上，利用技术、信息、机构网络、资金和信誉等方面的优势，不运用或较少运用银行的资财，以中间人和代理人的身份替客户办理收付、咨询、代理、担保、租赁及其他委托事项，提供各类金融服务并收取一定费用的经营活动。在资产业务和负债业务两项传统业务中，银行是作为信用活动的一方参与；而中间业务则不同，银行不再直接作为信用活动的一方，扮演的只是中介或代理的角色，通常实行有偿服务。

(1)种类和作用。

第一，按收入来源分。目前国际上最常见的划分中间业务种类的依据是收入来源标准，美国银行业根据收入来源将中间业务分为以下五类：①信托业务，指信托部门产生的交易和服务收入；②投资银行和交易业务，指证券承销、从事金融交易活动所产生的收入；③存款账户服务业务，包括账户维护等；④手续费类收入，包括信用卡收费、贷款证券化、抵押贷款再融资服务收费、共同基金和年金的销售、自动提款机(ATM)提款收费等；⑤其他手续费类收入，包括数据处理服务费、各种资产出售收益等。

第二，按功能和性质分。①支付结算类中间业务，指由商业银行为客户办理因债权债务关系引起的与货币支付、资金划拨有关的收费业务，如支票结算、进口押汇、承兑汇票等。②银行卡业务，是由经授权的金融机构向社会发行的具有消费信用、转账结算、存取现金等全部或部分功能的信用支付工具。③代理类中间业务，指商业银行接受客户委托、代为办理客户指定的经济事务、提供金融服务并收取一定费用的业务，包括代理政策性银行业务、代收代付款业务、代理证券业务、代理保险业务、代理银行卡收单业务等。④担保类中间业务，指商业银行为客户债务清偿能力提供担保，承担客户违约风险的业务。包括银行承兑汇票、备用信用证、各类保函等。⑤承诺类中间业务，是指商业银行在未来某一日期按照事前约定的条件向客户提供约定信用的业务，包括贷款承诺、透支额度等可撤销承诺和备用信用额度、回购协议、票据发行便利等不可撤销承诺两种。⑥交易类中间业务，指商业银行为满足客户保值或自身风险管理的需要，利用各种金融工具进行的资金交易活动，包括期货、期权等各类金融衍生业务。⑦托管业务，是指有托管资格的商业银行接受基金管理公司委托，安全保管所托管的基金的全部资产，为所托管的基金办理基金资金清算款项。⑧顾问类业务，是商业银行依靠自身在信息和人才等方面的优势，收集和整理有关信息，结合银行和客户资金运动的特点，形成系统的方案提供给客户，以满足其经营管理需要的服务活动，主要包括财务顾问和现金管理业务等。⑨其他类中间业务，包括保管箱业务以及其他不能归入以上八类的业务。

第三，按风险分。巴塞尔委员会从中间业务的风险角度将其分为两大类：金融服务类中间业务和或有债权、或有债务中间业务。金融服务类中间业务是指那些只能为银行带来服务性收入而又不会影响银行表内业务质量的业务，包括与贷款有关的业务、信托和咨询业务、代理业务、支付业务等。或有债权、或有债务类中间业务是指不在资产负债表内反映，但在一定条件下会转化为资产或负债业务的中间业务，包括贷款承诺、担保业务、金融衍生业务和投资银行业务等。商业银行依据什么标准对中间业务进行分类，取决于其经营管理的需要，比如国有商业银行中，中国工商银行和中国建设银行将中间业务产品分为结算、代理、银行卡、托管类、委托贷款、房改金融、咨询顾问、担保类、其他类九项。中国银行和中国农业银行则分为结算、代理、银行卡、托管和其他类五项。

（2）为什么中间业务受到商业银行的重视？

中间业务指的是不构成商业银行表内资产、表内负债，形成银行非利息收入的业务。

①中间业务是商业银行实现利润最大化的需要。银行是企业，以提供服务追求利润最大化为目的，我国商业银行传统资产负债业务资产品种单一、质量低下、筹资成本高；同时，受人民币汇率改革的影响，存贷利差越来越小，利差收益提高困难，依靠传统资产负债业务维持生存发展越来越困难。因此，必须寻找新的利润增长点。中间业务不仅可以改善资产负债结构、分散风险，而且通过增强服务创造效益，已经成为商业银行收益的重要来源。发展中间业务是商业银行实现利润最大化的需要。

②中间业务是商业银行经营发展的需要。按照《巴塞尔协议》，银行的资本对风险资产比率达8%，这就要求商业银行必须增加资本储备，这必然影响银行盈利。中间业务具有成本低、收益高、风险小的优势，有助于商业银行积累大量资本，增强竞争能力，是商业银行未来发展和竞争的主要阵地。

2013年中国人民大学431金融硕士真题参考答案

第一部分(金融学)

一、单项选择题

1. B

1925年,国际金汇兑本位制正式建立。

2. A

股指期货作为期货交易的一种,一般是在场内交易。

3. B

货币市场期限在一年以内的短期融资市场,故银行中期债券不属于货币市场。

4. C

LIBOR是伦敦同业拆借利率,由英国银行家协会公布,所以选C。

5. B

银行承兑汇票一般是经过背书后转让。所谓背书,是指持票人以转让其汇票权利或授予他人一定的汇票权利为目的,并在汇票背面签字的行为。

6. D

稳定物价、稳定联邦基金利率和促进就业这三点,美联储在不同的时间或场合都明确表示过它们是货币政策的目标,D项保持适度水平的长期利率则没有提过,所以选D。

7. A

银行法规定,商业银行贷款余额与存款余额的比例不得超过75%。

8. D

萌芽起源于意大利,正式形成和发展是在英国。

9. D

三大动机分别是交易动机、预防动机和投机动机。

10. D

准货币主要由银行定期存款、储蓄存款以及各种短期信用流动工具构成,但不包括活期存款。

11. A

产生流动性陷阱时,货币需求弹性会变得无限大。

12. B

弗里德曼在 1963 年提出的著名论断。

13. D

危机时，市场萧条，利率非常低，因此国债的价格会上升，同时大量资金为了避险而购买国债，也导致国债价格大幅上升。

14. D

货币的主要职能有：赋予交易对象以价格形态，购买和支付手段，积累和保存价值的手段。

15. B

金融市场只能分散和转移风险，并不能消除风险。

16. D

股票市场属于资本市场。

17. C

其特点之一是利率结构独特，存款利率相对高，贷款利率相对低，故 C 选项因颠倒顺序错误。

18. D

金融市场国际化会增加金融风险的扩散。

19. D

发行人民币属于央行的职能。

20. D

银行法规定，央行在国务院的领导下依法独立执行货币政策，不受地方政府、各级政府部门、社会团体和个人的干涉。

二、判断题

1. ×

外汇储备并非越多越好，如果外汇过多的话，对应的外汇占款较多，导致投放过多的基础货币，会造成国内通货膨胀。

2. ×

资金成本主要是受再贴现工具影响，不是受法定准备金的影响。

3. √

公开市场操作要发挥作用，必须要具备一定的前提条件。

4. ×

这只是内部时滞的内容，货币政策时滞还有外部时滞。

5. √

金融监管基本原则有：合理竞争原则，依法管理原则，安全稳定与经济效率相结合的原则，自我约束和外部强制相结合的原则等。

6. ×

金融监管成本大致分为显性成本和隐性成本。

7. ×

《巴塞尔协议》提出，对于一般银行是每半年信息披露一次，大型银行每季度信息披露一次。

8. ×

浮动汇率制度下，财政政策效果如何，取决于资本流动的自由程度，并不会完全无效。

9. ×

收益率曲线是一般向上倾斜，而不是一定向上倾斜。

10. √

金本位制下，汇率波动的范围会在一定期间浮动，此期间为：铸币平价±输送黄金相关的费用。

11. √

任何有收益的事物，即使不是真实存在的物质，都可以通过收益与利率的对比算出它相当于多大的资本金额，这个过程我们称为资本化。

12. ×

马克思认为，利率的决定取决于贷出资本家和借入资本家对利润的分配，因此具有很大的偶然性。

13. ×

抑制通胀是利率管制的原因之一。

14. √

在国际交往中必须使用外汇，汇率的变化常给交易人带来损失。通常称为汇率风险，其包括进出口风险、外汇储备风险、外债风险。

15. ×

浮动汇率制意味着放弃汇率稳定，选择了货币政策独立性和资本自由流动，因此不会影响内部平衡。

16. ×

央行三大法宝：法定准备金率、再贴现率、公开市场操作。

17. √

降低交易的搜寻成本和信息成本是金融市场的功能之一。

18. √

股指期货是期货的一种，期货属于资本市场。

19. ×

风险投资的步骤第一应是交易发起，然后才是筛选投资机会。

20. ×

离岸金融市场特点有以下几个：(1)市场范围广阔、规模巨大、资金实力雄厚；(2)市场上的借贷关系为非居民借贷双方之间的关系；(3)市场基本上不受所在国政府当局金融法规的管辖和外汇管制的约束；(4)市场有相对独立的利率体系。

三、问答题

1.《新巴塞尔资本协议》的三大支柱分别是最低资本要求、监管部门的监督检查和市场约束。希望通过对这三大支柱的建设来强化商业银行的管理,规避越来越多层出不穷的金融创新风险。

(1)最低资本要求。《新巴塞尔资本协议》继承了旧巴塞尔协议以资本充足率为核心的监管思路,将最低资本要求视为最重要的支柱,其主要针对市场风险、信用风险和操作风险三个方面提出资本要求。监管资本的定义将继续沿用1988年协议的规定,总的资本比率不得低于8%,二级资本仍然不得超过一级资本,即限制在一级资本的100%以内。在计算资本比率时,市场风险和操作风险的资本要求乘以12.5(即最低资本比率8%的倒数),再加上针对信用风险的风险加权资产,就得到分母,即总的风险加权资产。分子是监管资本,两者相除得到资本比率的数值。关于信用风险度量有标准法和内部评级法,其中内部评级法还分为初级法和高级法。有资格采用内部评级法的银行可以根据自己对风险要素的估计值决定对特定暴露的资本要求,风险要素包括违约损失率、违约暴露、违约率以及年期等。关于操作风险是指由于内部程序、人员、系统不足或者运行失当,以及因为外部事件的冲击等导致的直接或间接损失的风险,为了计量方便,这一定义包含法律风险,但不包含战略风险和声誉风险。关于操作风险的度量主要有三种方法,即单一指标法、标准法、高级计量法。

(2)监管部门的监督检查。《新巴塞尔资本协议》强化了各国金融监管当局的职责,提出了较为详尽的配套措施。巴塞尔委员会希望监管当局担当起三大职责:全面监管银行资本充足状况,培育银行的内部评级体系,加快制度化进程。一般情况下,监管当局监督检查有四大原则,分别是:银行应具备与其风险状况相适应的评估总量资本的一整套程序,以及维持资本水平的战略;监管当局应检查和评价银行内部资本充足率的评估情况及其战略,以及银行监测和确保满足监管资本比率的能力;监管当局应希望银行的资本高于最低监管资本比率,并应有能力要求银行持有高于最低资本标准的资本;监管当局应争取及早干预从而避免银行的资本低于抵御风险所需的最低水平。

(3)市场约束。为确保市场对银行约束的效果,巴塞尔委员会提出全面信息披露的理念。新协议在适用范围、资本构成、风险暴露的评估和管理程序以及资本充足率四个领域制定了更为具体的定量及定性的信息披露内容。新协议还将披露信息划分为核心信息与补充信息:核心信息包括银行集团内部风险控制系统的细节信息、实收资本数量、已披露储备量、信贷损失措施、资本构成等。附加信息是指信贷风险方面的细节信息,包括区域性经济崩溃、地区和部门的坏账、信用风险、不利于资产管理的技术、信用风险调节策略、市场风险管理等。

2. 利率期限结构理论是指债券的到期收益率与到期期限之间的关系。相关理论分别是预期理论、市场分割理论、流动性偏好理论。

(1)预期理论。假设条件:投资者风险中性;所有市场参与者都有相同的预期,金融市场完全替代;期限不同的债券可以完全替代。结论:长期利率随着短期利率的预期变化而变化,随着短期利率的预期上升,长期利率会高于短期利率,但不能解释为什么通常长期利率会高于短期利率。

(2)市场分割理论。假设条件:短期和长期债券由各自的供给和需求决定,市场是完全分割的,不可相互替代。投资者对不同期限的债券有不同的偏好。结论:由于长期债券的期限较长,因此所面对的风险也大于短期债券的风险,所以长期债券的风险溢价理应高于短期债券,这就可以解释为什么长期债券的利率通常会高于短期债券,但不能解释不同期限债券市场的联动作用。

(3)流动性偏好理论。长期债券的收益率高于短期利率是因为短期债券的流动性要高于长期债券,易于变现,人们购买长期债券在一定程度上牺牲了流动性,所以要求得到补偿。由于投资者大多不太愿意购买长期债券,因此在利率设计上需要两年的利率要高于连买两个一年期的利率收益。这个理论也就很好地解释了长短期债券市场的价格联系以及为什么长期债券的利率通常高于短期债券。

综上所述,三个理论各有特点,但流动性偏好理论是比较全面的理论,能够全面解释收益率曲线的三个特征,具体的解释情况见下表:

	收益率曲线向上、向下或平缓	短期收益率曲线和长期收益曲线具有相同的变动关系	大多数情况下收益率曲线是向上的
预期理论	能解释	能解释	不能解释
市场分割理论	能解释	不能解释	能解释
流动性偏好理论	能解释	能解释	能解释

四、分析与论述题

(1)货币市场是交易期限在1年以内的短期金融交易市场,其功能在于满足交易者的资金流动供需求。其特征有流动性强,货币市场是流动性金融资产交易和组合的场所,通过对金融机构在中央银行账户存款、商业票据、国库券、大额定期存单的买卖,为金融机构、企业、政府、家庭等提供了流动性转换和配置的条件;风险性小,货币市场交易的金融产品与资本市场的债券和股票相比,具有收益水平低、安全性高的特点;可控性强,货币市场是商业银行、中央银行、财政部门直接大量参与的市场,货币市场在满足参与者调剂资金余缺、补充流动性等要求的同时,也为货币政策和财政政策的实施创造了条件。

我们从风险管理、参与成本、银行、信息优势四个角度分析理财产品为何能使个人进入货币市场。

从风险管理的角度看,风险是经济行为主体普遍面对的问题。银行具备管理风险并提供服务的能力,个人面对风险时,承受能力不足。而银行理财产品能够帮助个人将风险控制在一定范围内,这将有助于投资人控制风险。

从参与成本的角度看,个人要想进入货币市场,首先要付出参与成本,比如学习市场操作的基础知识、学习管理投资产品,组建投资组合、学习相关的市场规则和法律知识等。当金融过度创新的今天,风险的管理和控制日益复杂,需要很高的专业性,个人进入市场时需要付出很高的学习成本。这时在信息获取上并没有优势的个人正好可以通过银行的理财产品获得固定收益,而不必付出高昂的学习成本。

从银行的角度看,银行存在的根据是交易成本和信息的不对称,即是市场的不完全性。同时银行具有规模经济的优势。通过聚集个人的资金形成规模优势能够节约交易成本。而个人要了解资金所要投入的项目可行性、预期收益并以及投资过程中的评估和监控,都要收集大量信息帮助投资者做出决定。具有规模经济优势的银行，不仅可以节约信息收集成本，而且可以利用高质量信息加工出满足个人投资理财需求的金融产品。

从信息优势的角度看，银行相对个人来说，具有很大的信息优势，比个人投资者更加了解市场数据、市场动态，也能更好地通过信息规避风险。所以从理性的角度来说，个人进入货币市场并没有银行的优势，所以应该选择掌握更多信息、抗风险能力更强的银行产品，间接进入货币市场。

(2)我国的金融体系属于银行主导型金融体系。以商业银行为主体、中央银行为核心、其他银行为补充、多种金融机构并存的格局。具体有中国人民银行、商业银行、政策性银行、其他非银行金融机构以及外资银行等。

我国银行法规定，央行受国务院领导，但能相对独立地实施货币政策，对金融机构和金融市场进行监管，发行货币，代理国库，并代表政府参加国际金融活动等。

国有商业银行包括中国工商银行、中国农业银行、中国银行、中国建设银行等，在我国金融机构体系中处于主体地位，主要从事存款、贷款结算等金融业务。政策性银行有中国进出口银行、中国农业发展银行等。中国进出口银行的主要任务是执行国家产业政策和外贸政策，为扩大机电产品和成套设备等资本性货物出口提供政策性基础支持。中国农业发展银行的主要任务是按照国家相关政策，以国家信用为基础，筹集农业政策信贷资金，承担国家规定的农业政策性金融业务，代理财政性支农资金的拨付，为农业和农村经济发展服务。

其他金融机构主要包括国有及股份制保险公司，农村和城市信用合作社，证券公司(投资银行)，财务公司，在华外资金融机构等。这些金融机构的存在进一步完善了我国的金融机构体系。随着时代的发展，我国的金融体系正向投资多元化、利率市场化、分业经营与混业经营相结合的方向发展。

(3)利率的市场化其实质是把利率的决定权交给市场，由市场的主体自主决定利率的过程。在利率市场化条件下，如果市场竞争充分，则任何单一的经济主体都不可能成为利率的单方面制定者，而只能是利率的接受者。利率市场化的内容至少应该包括金融交易主体享有利率决定权，利率的数量结构、风险结构和期限结构应该由市场自发选择，同业拆借利率或短期国债利率将成为市场利率的基本指针，政府(或中央银行)享有间接影响金融资产利率的权力。

利率市场化对货币政策的传导是有利的，能够提高货币政策的效果。在利率未实现市场化之前，各商业银行对利益或者风险的衡量，不愿意把钱贷给中小企业。在中小企业有贷款需求的情况下，便会形成民间金融市场或者影子银行，中小企业只能到那里借款。这个市场上的资金游离于自己的体系，并没有受到央行的监管，但是又严重影响着社会经济的发展。同时央行的货币政策也会因为受到地下融资市场内资金的影响，导致货币政策的效果大打折扣。

但是当实现利率市场化以后，商业银行或者其他金融机构便会根据市场的供求关系来决定利率。那么对于中小企业来说，银行便会通过对风险的评估，灵活调整贷款利率，不再是原来“一刀切”的利率。那么惜贷现象也将不复存在，当中小企业能够在银行贷到资金，那么庞大的民间金融、地下金融市场也因为没有了中小企业的资金需求而逐渐萎靡。那时，整个货币市场的资金都在央行的监管下，央行更容易通过市场情况来调整货币政策，达到预定的政策目标。所以说利率市场化有利于货币政策的传导,也有利于达成货币政策目标。在这种经济情况下,不论危机还是繁荣,央行的政策只有得到有效传导和实施才能有助于实体经济发展。而利率市场化会进一步完善货币政策传导机制,提高央行货币政策执行的效率和效果。

第二部分(公司财务)

一、单项选择题

1. C

股票回报率由股利收益率和资本利得收益率组成。

2. C

资产收益率 ROA=净利润/总资产,发行债务回购股票,并不会改变公司的净利润和总资产,所以选 C。

3. A

$$\text{每股股价}=\frac{\frac{4.7021}{11\%-7\%}}{(1+11\%)^3}+\frac{4.3945}{(1+11\%)^3}+\frac{3.5156}{(1+11\%)^2}+\frac{2.8125}{1+11\%}=94.5547\text{。}$$

4. C

$$ROE=8\%\times 0.6\times 0.2=0.096\text{,可持续增长率}=\frac{0.096\times 0.4}{1-0.096\times 0.4}=3.99\%\text{。}$$

5. A

无风险资产的权重为负,代表投资者以无风险利率借入资金。

6. B

根据可持续增长率的公式,提高留存比率、公司的财务杠杆等可以提高可持续增长率。

7. B

优先股股东一般不拥有投票权,相对于普通股来说,只是有优于普通股的分配权。

8. C

$6\%=R_F+0.5\times(9\%-R_F)$,解出 $R_F=3\%$。

9. B

剩下的风险是系统性风险,不可分散,就是与整个金融市场组合相关的风险。

10. D

$(1+4\%)^{\frac{1}{2}}\times(1+r)^{\frac{1}{2}}=1+5\%$,解得 $r=6\%$。

11. B

贝塔系数与经营杠杆、收入的周期性,以及财务杠杆都是正比例关系。

12. D

增加股票发行,说明公司管理者了解到公司股票被高估,若市场有效,公司一宣布将增发新股,股票价格应该立即下降。

13. C

无税条件下，$R_{WACC}=R_S\times\frac{S}{B+S}+R_B\times\frac{B}{B+S}$，代入数据，可得 $R_S=16\%$。

14. D

该股票的内在价值$=\frac{3\times(1+8\%)}{14\%-8\%}=54$(元)。

15. A

贝塔是某种证券与市场组合变动之间的关系，而不是证券与其收益之间的关系，故 A 项错。

二、判断题

1. ×

财务管理的目标是最大化股票价值。

2. ×

盈利好的公司负债率如何，并无确定的理论，应该具体问题具体分析。

3. ×

危机时，利率较低，国债价格升高，同时大量资金因为避险涌入国债市场，也会造成国债价格升高。

4. ×

FTE 法使用的是有杠杆现金流量(*LCF*)。

5. ×

经营性现金流量 $OCF=EBIT-$税$+$折旧，因此折旧不可忽略。

6. ×

贝塔值受多种因素影响，比如经营杠杆、财务杠杆等，所以即使期望收益率具有相同的标准差，也不能说它们的贝塔值相同。

7. ×

证券市场线上方的点所代表的资产价值是被低估的。

8. √

无税的 MM 理论证明了企业的价值和企业总资本成本与财务杠杆无关。

9. ×

总资产周转率反映的是资产管理或资金周转情况，并不能反映盈利能力。

10. √

弱有效市场中，基本分析能产生作用，所以一种证券今天的价格可以表示为最近的观察价格加上证券的期望收益值，再加上这段时间发生的随机收益值。

三、分析与计算

1. 股利分红的好处有：可以吸引那些喜爱稳定现金流又不愿意承担出售股票所产生的交易成本投资者；行为金融认为缺乏自我控制的投资者购买高股利的股票，这样既可以满足其当期的要求，又能确保不花掉本金；作为股东代表的管理层为了不使债券持有人拿走现金而发放股利；作为股东代表的董事会通过发放股利可以减少供管理层挥霍的现金；管理层提高股利以传递其对公司未来现金流量的乐观预期。

虽然股利分红的好处有很多，但是我认为近些年创业板支付较高的现金股利不会成为常态，以为长期发放高股利也会带来一些问题，比如股利要按普通收入征税、发放股利减少了公司的内部融资金额，迫使企业放弃净现值大于零的项目或转而寻求代价高昂的外部权益融资，一旦股利政策确定了，股利的削减对股票价格会带来负面影响。

所以说，发放股利对公司来说，有利也有弊，公司要根据自己的实际情况进行抉择。

2.(1)$\beta_s=\beta_u\left[1+(1-t_c)\dfrac{B}{S}\right]$，

1.2$=\beta_u$[1+(1−25%)25%]，可得 $\beta_u=1.010\ 5$。

(2)$\beta_u=0.3\times\beta_{u钢}+(1-0.3)\beta_{u化工}$，其中 $\beta_u=1.010\ 5$，$\beta_{u钢铁}=0.8$，

可求出化工业务对应的无杠杆贝塔值为 1.100 7。

(3)公司出售钢铁业务前的负债权益比率为 25%，钢铁业务价值占公司价值的 30%，化工业务价值占公司价值的 70%。现在公司对钢铁业务进行了剥离，将出售钢铁业务所得的三分之一用于偿还债务，三分之二用于回购股票，则公司现在只拥有化工业务，并且负债权益比率变为$\dfrac{2-1}{8-2}=\dfrac{1}{6}$。

公司重组后的权益贝塔值$=\beta_{u化工}\times\left[1+(1-t_c)\dfrac{B}{S}\right]=1.100\ 7\times\left[1+(1-25\%)\times\dfrac{1}{6}\right]=$ 1.238 3。

3.(1)当神州租车公司为购买这批轿车出了其愿意的最高价时，这项投资给神舟租车公司带来的净现值为 0。

假设神舟租车公司为购买这批轿车所愿意的最高出价是 P，则每年的折旧额是 $0.2P$。

$NPV=-P+100\ 000\times(1-25\%)\times A_{10\%}^{5}+0.2P\times25\%\times A_{4\%}^{5}=0$

可得出 $P=365\ 717.787\ 1$。

(2)假定项目融资全部来自权益，其价值为：

$$NPV=-380\ 000+100\ 000\times(1-25\%)\times A_{10\%}^{5}+\frac{380\ 000}{5}\times25\%\times A_{4\%}^{5}$$

$$=-11\ 106.368\ 0(元)$$

融资负效应的净现值：

$$NPVF=200\ 000-200\ 000\times8\%\times A_{8\%}^{5}+200\ 000\times8\%\times A_{8\%}^{5}\times25\%-\frac{200\ 000}{(1+8\%)^{5}}$$

$$=15\ 970.840\ 1(元)$$

在此融资情形下，该项目的调整净现值是：

$APV=NPV+NPVF=-1\ 106.368\ 0+15\ 970.840\ 1=4\ 864.472\ 1$(元)

2013年对外经贸大学431金融硕士真题参考答案

一、单项选择题

1. C

同业拆借市场，又称同业拆放市场，是指金融机构之间以货币借贷方式进行短期资金融通活动的市场。同业拆借的资金主要用于弥补银行短期资金的不足，票据清算的差额以及解决临时性资金短缺需要。该市场是金融机构之间进行短期、临时性头寸调剂的市场。

2. D

中国人民银行买入外汇，需要使用人民币购买外汇，这样会向市场投放更多的基础货币，货币发行增加，外汇是中央银行的资产，而货币是央行对国内的负债。

3. C

久期分析也称为持续期分析或期限弹性分析，是衡量利率变动对银行经济价值影响的一种方法。具体而言，就是对各时段的缺口赋予相应的敏感性权重，得到加权缺口，然后对所有时段的加权缺口进行汇总，以此估算某一给定的小幅度(通常小于1%)利率变动可能会对银行经济价值产生的影响(用经济价值变动的百分比表示)。这种分析方法考察了银行总资产和负债的市场价值对利率变动的敏感性，证券市值的百分比变动＝－利率变动的百分点×久期。

4. A

国内的债券供给增加，导致债券市场新的均衡条件下，债券价格下降，利率上升，汇率上升，本币将会升值。

5. A

可持续增长率是指不增发新股并保持目前经营效率和财务政策条件下公司销售所能增长的最大比率。

$$ROE = \text{销售利润率} \times \text{总资产周转率} \times \text{权益乘数} = 0.08 \times 0.6 \times 2 = 0.096$$

由于$b=0.4$，那么，可持续增长率$=\frac{ROE\times b}{1-ROE\times b}=\frac{0.096\times 0.4}{1-0.096\times 0.4}=3.99\%$。

6. C

美国地方政府发行的市政债券免征联邦所得税，而联邦政府债券需要缴纳联邦所得税，这样联邦政府债券的实际税后收益率$=R\times(1-b)$，而地方政府债券的税前收益率$=R/(1-b)$。

7. C

信用配给是即使借款人愿意支付给定利率，甚至更高的利率，也拒绝向其发放贷款，信用配给有两种形式：第一种是贷款人拒绝向借款人发放任何贷款，即使后者愿意支付更高的利率，第二种是贷款人虽然向借款人发放贷款，但贷款金额低于借款人的要求。

8. A

本题考查逆向选择和道德风险问题的理解，信息不对称会导致逆向选择和道德风险，逆向选择发生在交易之前，道德风险发生在交易之后。

9. C

股票回报率＝股利收益率＋资本利得

10. B

根据 $CAPM$ 模型，$r=r_f+\beta(r_M-r_f)=0.05+2\times(0.1-0.05)=0.15$。

对于永续增长的现金流，$P=\frac{C_1}{r-g}=\frac{0.5\times1.1}{0.15-0.1}=11$。

二、判断题

1. ×

再贴现率是商业银行找中央银行借款的利率，利率由中央银行决定，但是商业银行可以自主选择是否贷款，所以主动权并不完全掌握在中央银行手中。

2. ×

凯恩斯学派的利率决定理论是一种货币理论，认为利率不是由储蓄和投资的相互作用决定的，而是由货币量的供求关系决定的。其基本观点有：

(1)货币需求是一个内生变量，取决于人们的流动性偏好。人们的流动性偏好有三个动机：交易动机、预防动机和投机动机。交易动机和预防动机是收入的函数，与收入成正比 $L_1(y)$，而投机动机与利率成反比 $L_2(i)$。

(2)货币供给是外生变量，它是由中央银行控制的一个常量 M，货币供给与货币需求相等时实现利率均衡，$M_s=M_d=L_1(y)+L_2(i)$，如下图所示：

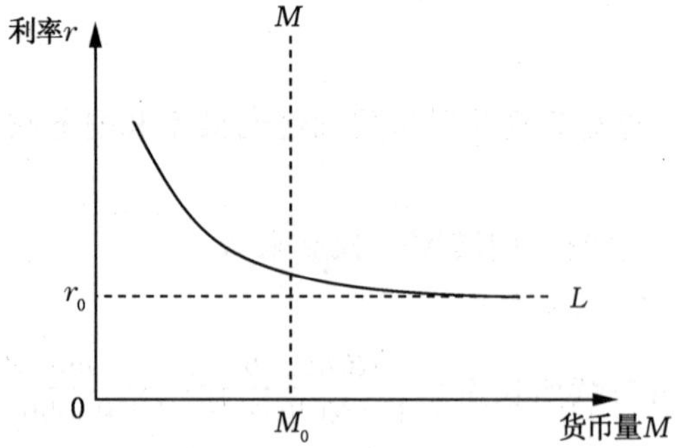

3. ×

非有效的证券或资产组合位于资本市场线的下方，在有效集之上的点不是非有效的点，而是无法达到的点。

4. ×

折旧虽然是非付现费用,但是会产生税盾效应,所以在估计现金流量时不能忽略。

5. √

MM 无公司税模型表明,公司价值与资本结构无关,权益的上升和负债的加权相互抵消,加权平均成本不变。

6. √

托宾 Q 理论是指资本的市场价值与其重置成本之比。托宾 Q 理论的货币政策传导机制为:货币供应↑→股票价格↑→Q↑→投资支出↑→总产出↑,影响的途径是资本市场。

7. ×

通货紧缩,货币的实际购买力上升,债务人偿还固定金额的债务,支付的实际购买力上升,债务负担加重,不利于债务人,有利于债权人。

8. ×

该题包括两个考点,命题人主要想考查同学们看跌期权和其买方的收益,复习的时候应该注意区分看跌期权与看涨期权,期权的买方和卖方的不同,对于看跌期权的买方,拥有的权利是将标的物以协定价格出售的权利,当市场价格低于协定价格与期权费用之差时才有利可图。

9. ×

当评估互斥项目时,NPV 法则总是对的,而 IRR 法可能因为现金流的流入方式不同和忽略规模效应而产生偏差,不一定总与 NPV 法则得出的结果一致。

10. ×

标准差衡量的是波动性,而贝塔值衡量的是股票的系统性风险,两者并不等同。

三、名词解释

1. J 曲线效应指的是马歇尔—勒纳条件成立的情况下,贬值对贸易收支的时滞效应,具体来说,贬值以后,由于种种原因,有可能使贸易收支首先恶化,过一段时间后,待出口供给和进口需求做了相应的调整后,贸易收支才慢慢开始改善,出口供给的调整时间,一般被认为需要半年到一年,整个过程用曲线描述出来,呈字母 J 形。

2. 理性预期是在有效地利用一切信息的前提下,对经济变量做出的在长期中平均说来最为准确的,而又与所使用的经济理论、模型相一致的预期。理性预期等于基于所有可得信息的最优预测,但这一预测结果并非是完全准确的。

3. 约当年均成本法用于评价在两种不同生命周期的机器设备中做出选择,将设备在周期内的成本贴现到现在,再除以相应的年金现值系数,得到平均每年的成本,称为约当年均成本。

4. 票据发行便利又称票据发行融资安排,是指银行同客户签订一项具有法律约束力的承诺,期限一般为 5～7 年,银行保证客户以自己的名义发行短期票据,银行则负责包销或提供没有销售出部分的等额贷款。

5. 内部收益率,就是资金流入现值总额与资金流出现值总额相等、净现值等于零时的折现率,是衡量投资项目的内含报酬率,对于投资型项目,内部收益率大于贴现率时,项目的净现值大于零,项目可行。

四、计算分析题

1.(1)根据国际收支平衡的 BP 曲线公式，纵轴为利率，横轴为收入，本国收入上升时，一般来说，$Q(Y,R)$所反映的是本国进口量增加，在其他条件所反映的参数不变的情况下，i 上升，所以该曲线的斜率为正。

利用数学方法仍可计算，通过本题已知条件，求全微分：$P\times X(Y^*,R)-E\times P^*\times Q(Y,R)+K[i-i^*-E(e)]=0$，得到$\frac{\partial Y}{\partial i}>0$，故曲线的斜率为正。

(2)当外国收入增加时，一般来说，$X(Y^*,R)$所反映的是本国出口量增加，为保证 BP 曲线平衡，在原来的每一个固定的利率水平上，对应的本国收入增加，所以曲线向右方移动。

(3)当本币贬值时，E 增加，为保证 BP 曲线平衡，在原来的每一个固定的利率水平上，对应的本国收入会减小，所以曲线向左方移动，而本国出口产品的价格 P 和外国收入 Y^* 的增加会导致曲线向右方移动，当几种力量综合作用时，只有当本国出口产品的价格 P 和外国收入 Y^* 的增加导致的曲线向右方移动程度强于 E 的增加时，总的结果才会导致曲线向右移动。

2.(1)根据已知对两个公司的贷款利率情况进行分析，见下表：

	固定利率	浮动利率
A公司	11.15%	LIBOR+0.3%
B公司	11.95%	LIBOR +0.5%
绝对优势	A公司：-0.8%	A公司：-0.2
相对优势	A公司	B公司

从表中数据可知，A 的借款利率均比 B 低，即 A 在两个市场都具有绝对优势，但是在固定利率市场上，A 比 B 的绝对优势为 0.8%，而在浮动利率市场上，A 比 B 的绝对优势为 0.2%；也就是说，A 在固定利率市场上有比较优势，而 B 在浮动利率市场上有比较优势，这样，双方就可以利用各自的比较优势为对方借款，然后互换，从而达到共同降低筹资成本的目的。

(2)通过发挥各自的比较优势，双方总的筹资成本降低了 0.6%(即 11.95%+半年期 LIBOR+0.3%-11.15%-LIBOR-0.5%)，这就是互换的利益，互换利益时双方合作的结果理应由双方分享，具体分享比例由双方谈判决定，我们假定双方各享受一半，则双方都将使筹资成本降低 0.3%，具体互换过程是：A 以 11.15%的固定利率借款，B 以 LIBOR +0.5%的利率借款，然后 A 向 B 支付浮动利率 LIBOR，B 向 A 支付固定利率 11.15%，双方最终实际筹资成本分别为：A 支付 LIBOR 浮动利率，B 支付 11.65%的固定利率，如下图所示：

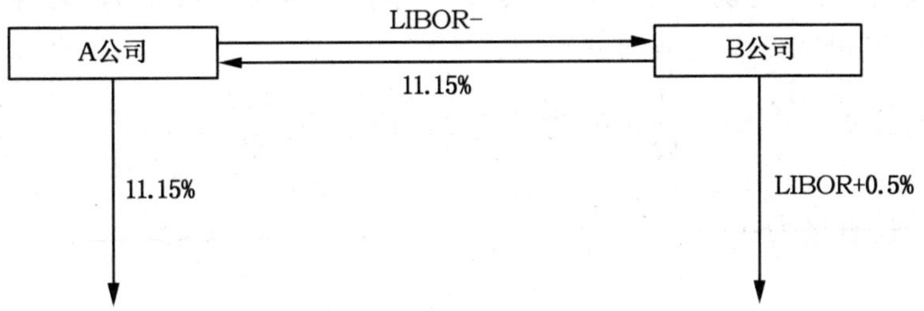

(3)互换交易的总成本节约是 0.6%。

五、证明与简答题

1. 资产组合的方差$=X_1^2\sigma_1^2+2\rho X_1X_2\sigma_1\sigma_2+X_2^2\sigma_2^2$,

对 X_1 求导得,$2X_1\sigma+2\rho(1-2X_1)\sigma+2(X_1-1)\sigma=(1-2X_1)(2\rho-2)=0$。

当两个证券并不完全相关,即 ρ 不等于 1,X_1 等于 0.5,X_2 等于 0.5,资产组合的方差最小,与 ρ 无关。

金程点评

资产组合的方差的计算和最小值的确定方法。复习的时候应该注意区分资产组合的方差和收益的计算方法的不同,组合的方差公式包含资产之间的相关系数,而资产组合的收益率等于资产各自收益率的加权平均。

2. 鲍莫尔现金存量模型

假设:(1)公司未来现金需求是确定的,且现金支出非常稳定。(2)公司将多余的现金全部投资于有价证券,一旦需要现金,则将有价证券变现加以补充,有价证券预期收益率以及每次出售证券的交易成本是固定的。

假定公司未来一年中现金总需求量 T 是已知的,公司首先出售价值为 C 的有价证券,将所有现金作为其活期存款。随着公司将现金逐步投入使用,现金余额逐渐趋向于零,此时,公司通过再次出售价值为 C 的有价证券补足所需现金,如此循环往复。因此,存货模型下的现金余额呈锯齿状,如下图所示。

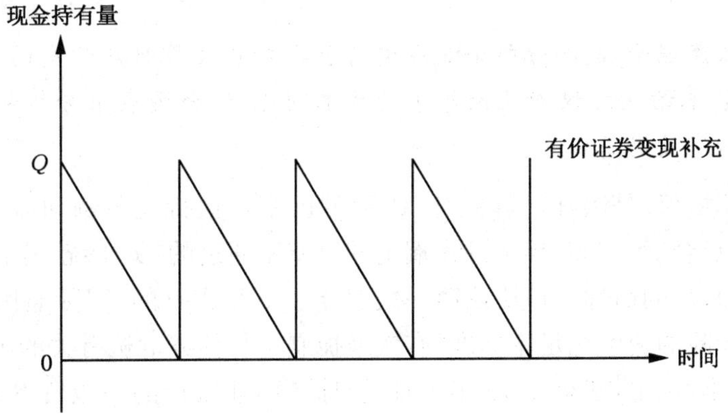

根据图可知，公司年均现金持有量为 $Q/2$。利率为 i，交易成本为 F，现金与有价证券的转换成本为 b，则可知持有现金的成本为：

持有现金的成本 $=\frac{Q}{2}\times i+\frac{T}{Q}\times b$，为了使 TC 最小，使 $\frac{\partial TC}{\partial C}=0$，

得最佳现金持有量为：$Q=\sqrt{\frac{2\times b\times T}{i}}$。

六、论述题

1. 如下图所示：

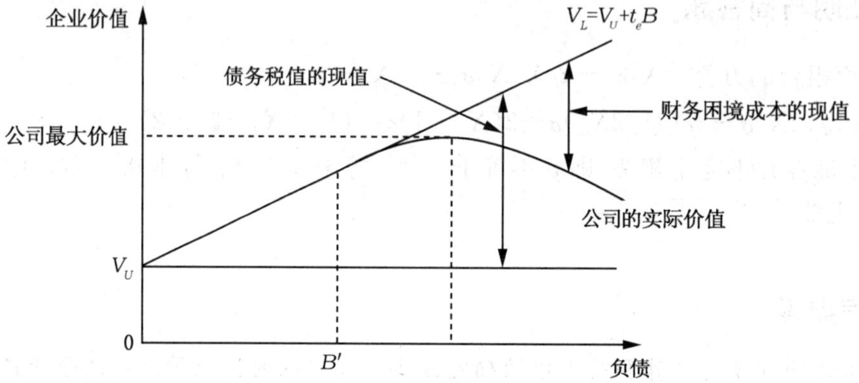

根据有税 MM 定理，有负债的公司的价值＝无负债公司的价值＋税盾的现值，那么随着公司负债的增加，公司的价值会增加，但同时公司所面临的财务困境成本也会增加，这会降低公司的价值，资产结构的权衡理论，权衡负债增加的税盾效应和财务困境成本效应，选择使公司价值最大时的负债水平。如上图所示，开始债务增加时，税盾的现值效应远大于破产成本的增加，公司价值直线上升，但当债务增加到一定程度时，财务困境成本的快速增加大于税盾的现值所带来的好处，公司的实际价值降低，最优的债务额为 B^*。企业在进行长期融资决策时应考虑的基本因素是债务的税盾效应和破产成本，权衡二者，选择最优的债务额度，从而增加公司的实际价值。

金程点评

资本结构的权衡理论，进而分析企业在进行长期融资决策时应考虑的基本因素。复习的时候应该注意资本结构的权衡理论基于的基本理论，结合图表来分析和记忆，答题过程中，通过图文结合，有效提高得分。

2. (1)《巴塞尔协议》是国际清算银行(BIS)的巴塞尔银行业条例和监督委员会的常设委员会“巴塞尔委员会”于 1988 年 7 月在瑞士的巴塞尔通过的《关于统一国际银行的资本计算和资本标准的协议》的简称。该协议第一次建立了一套完整的、国际通用的、以加权方式衡量表内与表外风险的资本充足率标准，有效地扼制了与债务危机有关的国际风险。

《巴塞尔协议Ⅲ》规定，截至 2015 年 1 月，全球各商业银行的一级资本充足率下限将从

现行的 4%上调至 6%,由普通股构成的“核心”一级资本占银行风险资产的下限将从现行的 2%提高至 4.5%。另外,各家银行应设立“资本防护缓冲资金”,总额不得低于银行风险资产的 2.5%,该规定将在 2016 年 1 月至 2019 年 1 月之间分阶段执行。

(2)总的来说,《巴塞尔协议Ⅲ》对于西方商业银行的影响很大,因为它们的杠杆率很高,协议规定的资本率的提高,势必会降低它们的杠杆率,而对于中国银行业而言,由于银监会长期坚持“资本质量与资本数量并重”的资本监管原则,2010 年中国的大中型银行资本充足率均超过 10%,核心资本充足率也在 8%以上,所以从短期来看,相对于西方发达国家,《巴塞尔协议》对我国银行业的影响较小。

金程点评

时事热点《巴塞尔协议Ⅲ》的基本内容和对不同商业银行的影响。同学们在平时复习的时候应该注意对时事经济热点的关注,重点总结这一年的热点话题,了解其背景、基本内容,以及对不同主体的影响。

2013 年中山大学 431 金融硕士真题参考答案

一、单项选择题

1. B

商业银行向中央银行归还借款，流通中的通货就减少，而基础货币是由存款准备金和通货构成的，通货减少，基础货币减少。

2. A

在流量分析中，资本流入说明一国对外国的资产增加或负债减少，资本流出说明对外国的负债增加或资产减少。

3. C

官方结算差额是政府用于平衡自发收支项目总差额的项目，因此官方结算差额等于经常项目和资本金融项目的借贷总值之差。官方结算差额的绝对值是基本差额与私人短期资本流动差额之和。二者方向相反。

4. B

储备资产包括货币当局可随时动用并控制在手的资产，包括货币化黄金、特别提款权、在基金组织的储备头寸、外汇资产和其他债权。

5. C

在判断国际收支实质上是否失衡时，国际上通行的做法是区分自主性交易和调节性交易，自主性交易是指那些基于交易者自身的利益或其他的考虑而独立发生的交易，主要包括经常项目和资本与金融项目中的交易。只有当自主性交易平衡时，一国国际收支才实现平衡。

6. D

根据我国现行划分的货币层次 M0＝流通中现金，M1＝M0＋活期存款，M2＝M1＋定期存款＋储蓄存款＋其他存款＋证券公司客户保证金。M2 的项目囊括了 M1 的所有项目，故 A、B、C 选项都不正确。

7. D

中央银行卖出政府债券，回收货币，但是银行体系内的资金总量保持不变。

8. C

泰勒规则认为，美联储联邦基金利率的确定取决于：①当前的通货膨胀率；②均衡实际利率；③现实的通货膨胀率与目标通货膨胀率之差；④现实的 GDP 产出与潜在 GDP 产出之差。如果现实的通货膨胀率高于目标通货膨胀率，那么联邦基金利率应从基准利率相应调高，以抑制通货膨胀；反之，则应从基准利率相应调减。现实产出高于潜在产出，说明经济偏热，联邦基金利率应从基准利率相应调高，抑制过热；反之，则应从基准利率相应调减，以促成可能的潜在产出得以实现等。

9. A

货币主义学者认为，在短期内，货币供应量的变化主要影响产量，部分影响物价，但在长期内，产出量完全是由非货币因素（如劳动和资本的数量、资源和技术状况等）决定的，货币供应只决定物价水平。

10. A

直接标价法，是购买一定单位的外币需要多少单位的本币，即用本币来表示外币。比如，1美元＝X元人民币，当用比原来更少的本币就能兑换原来一样数量的外币时，表明外币便宜了，即外币贬值，相应地，本币升值。

11. D

公开市场业务是指中央银行在公开市场上买进或卖出二级市场债券（主要是政府债券）用以增加或减少货币供应量的一种政策手段，所以选D。

12. D

A、B选项都属于商业银行的资产，C选项是商业银行的负债。

13. C

公司财务管理的目标是，在满足其他利益集团依据合同规定的利益请求和履行其社会责任的基础上，追求企业价值和股东财富的最大化。

14. A

投资组合的方差取决于组合中各种证券的方差和两种证券之间的协方差。每种证券的方差度量每种证券收益的变动程度；协方差度量两种证券收益之间的相互关系。在证券方差给定的情况下，如果两种证券收益之间的相互关系或协方差为正，组合的方差就上升；如果两种证券收益之间相互关系或协方差为负，组合的方差就下降。

15. B

根据计算公式，流动比率＝流动资产/流动负债，速动比率＝速动资产/流动负债。故选B。

16. C

净现值法所依据的原理是：假设预计的现金流入在年末肯定可以实现，并把原始投资看作按预定贴现率借入的，当净现值为正数时偿还本息后该项目仍有剩余的收益，当净现值为零时偿还本息后一无所获，当净现值为负数时该项目收益不足以偿还本息。

17. D

股票股利在会计上属公司收益分配，是一种股利分配的形式。它是公司以增发股票的方式所支付的股利，我国实业中通常也将其称为“红股”。股票股利对公司来说，并没有现金流出，也不会导致公司的财产减少，而只是将公司的留存收益转化为股本。但股票股利会增加流通在外的股票数量（股数），同时降低股票的每股价值。它不会改变公司股东权益总额，但会改变股东权益的构成结构。

18. A

通过投资组合可以分散风险，分散的是非系统性风险。系统性风险不可分散，不能为零。总风险包括系统性风险和非系统性风险，所以总风险也不能为零。

19. B

资本资产定价模型 *CAPM* 的图示形式称为证券市场线 *SML*，它主要用来说明投资组合报酬率与系统风险程度贝塔系数之间的关系。当股票被高估时，其应在证券市场线下方；其被低估时，应在证券市场线上方。

20. A

折旧的税负减少额＝折旧额×所得税率。

21. C

股利增长率＝期望留存收益率×期望股本收益率。

二、名词解释

1. 套期保值(Hedging)，又称避险、对冲等。套期保值是指把期货市场当作转移价格风险的场所，利用期货合约作为将来在现货市场上买卖商品的临时替代物，对其现在买进准备以后售出商品或对将来需要买进商品的价格进行保险的交易活动，可以分为买入套期保值和卖出套期保值。买入套期保值，又称多头套期保值，是指套期保值者通过建立多头头寸，预期对冲其现货商品或资产空头，或者未来将买入的商品或资产的价格上涨风险的操作。卖出套期保值，又称空头套期保值，是指套期保值者通过建立空头头寸，预期对冲其目前持有的或者未来将卖出的商品或资产的价格下跌风险的操作。

2. 特里芬难题是指一种主权货币作为国际储备货币的货币制度的两难处境，即信心和清偿力之间的矛盾。布雷顿森林体系下，美元直接与黄金挂钩，其他国家货币与美元挂钩，这就形成了所谓的“双挂钩”体系，它实际上是一种美元本位制。因此，它的运行既要求储备货币发行国——美国保证美元按固定官价兑换黄金，以维持各国对美元的信心，又要求美国提供足够的国际清偿力即提供足够的美元，以促进生产和国际贸易发展的顺畅运转。而信心和清偿力又存在着不可克服的矛盾，美元供给太多就会有不能兑换的危险，从而发生信心问题，美元供给太少就会发生国际清偿力不足的问题。这一布雷顿森林体系的根本缺陷是美国耶鲁大学教授特里芬在 20 世纪 50 年代第一次提出的，故称“特里芬两难”。

3. 资本充足率是指资本总额与加权风险资产总额的比例。资本充足率反映商业银行在存款人和债权人的资产遭到损失之前，该银行能以自有资本承担损失的程度。规定该项指标的目的在于抑制风险资产的过度膨胀，保护存款人和其他债权人的利益、保证银行等金融机构正常运营和发展。《巴塞尔协议》规定，两部分之间应维持一定比例，即核心资本应占银行全部资本的 50%以上。另外，《巴塞尔协议》还规定银行的资本充足率应保持在 8%以上，核心资本与银行风险资产的比率，即核心资本充足率应保持在 4%以上。

4. 货币乘数是指商业银行通过基础货币产生的信用扩张倍数。在实际经济生活中，银行提供的货币和贷款会通过数次存款、贷款等活动产生出数倍于它的存款，即通常所说的派生存款。货币乘数的大小决定了货币供给扩张能力的大小。对于决定货币乘数的具体因素，中央银行不能直接控制，但可以通过对其施加影响来控制货币供应量。决定货币乘数的因素一般有以下 5 项：现金比率、超额准备率、定期存款准备率、活期存款准备率、定期存款对活期存款的比率。

5. 市盈率是最常用于评估股价水平是否合理的指标之一，也是投资者进行投资决策、发行人确定发行价格的重要参照指标，同时该指标衡量了股份制企业的盈利能力。市盈率越高，意味着公司未来成长的潜力越大；也就是说，市盈率越高，表明市场对公司的未来越看好。在市价确定的情况下，每股收益越高，市盈率越低，投资风险越小；反之，每股收益越低，市盈率越高，投资风险也就越大。在每股收益确定的情况下，市价越高，市盈率越高，风险越大；反之，市价越低，市盈率越低，风险也就越小。

6. 自由现金流是指在不减少企业价值的前提下，企业所有者可以自由运用的现金流量，即企业在营运活动中产生的现金流量，是扣除为维持企业正常营运而需投入的资本支出后所剩余的现金流量。其计算方法是：自由现金流＝现金流－资本支出。资本支出包括购买新的固定资产的支出。自由现金流可用于支付股利、回购股票或偿付债务。

三、计算题

1. X 公司在固定利率上的绝对优势为 8.2%－6.0%＝2.2%。X 公司在浮动利率上的比较优势为 LIBOR＋0.2%－LIBOR＝0.2%，虽然无论浮动利率还是固定利率，X 公司的借贷成本都低于 Y 公司，但是 X 公司在固定利率上更具有比较优势，Y 公司在浮动利率上的劣势相对较小。同时 X 公司需要的是浮动利率资金，Y 公司需要的是固定利率资金，所以双方存在互换利益。

该互换交易的总成本节约：(LIBOR＋8.2%)－[(LIBOR＋0.2%)＋6.0%]＝2%。X 公司得到互换利益的 60%为 1.2%，Y 公司得到互换利益的 40%为 0.8%。所以利率互换的设计如下：X 公司以 6.0%的利率筹集固定利率资金，然后 Y 公司向 X 公司支付 7.4%(8.2%－0.8%)的利率得到固定利率的资金。Y 公司以(LIBOR＋0.2%)的利率筹集浮动利率资金，然后 X 公司向 Y 公司支付(LIBOR－1.2%)的利率得到浮动利率的资金。

2. (1) $D_A = 400/1\,000 \times 1.25 + 400/1\,000 \times 7.0 = 3.3$(年)

$D_L = 450/900 \times 1.0 + 450/900 \times 5.0 = 3.0$(年)

$D_{Gap} = D_A - \mu D_L = 3.3 - 900/1\,000 \times 3.0 = 0.6$ (年)

(2)持续期缺口为正，净价值随着利率的下降而上升。

$$\frac{\Delta A}{A} = -D_A \frac{\Delta R}{1+R}, \frac{\Delta L}{L} = -D_L \frac{\Delta R}{1+R}$$

$$\Delta K = \Delta A - \Delta L = -\frac{\Delta R}{1+R}(D_A A - D_L L) \approx -\Delta R(D_A A - D_L L) = 9$$

(3)因为持续期缺口不为 0，所以不能实现免疫。欲实现免疫，则需 $D_{Cap} = D_A - \mu D_L$ 或者使 D_A 下降到 2.7，或者使 D_L 上升到 3.67。

(4)新的资产负债表如下表所示：

资产负债表

资产(A)	美元(亿)	D(年)	负债	美元(亿)	D(年)
现金	200	0	CD1	300	1.0
BL	200	1.25	CD5	300	5.0

续表

资产(A)	美元(亿)	D(年)	负债	美元(亿)	D(年)
ML	200	7.0	净价值(K)	0	
总计	600		总计	600	

此时银行净价值将变为0。

$D_A=200/600\times1.25+200/600\times7.0=2.75$(年)

$D_L=300/600\times1.0+300/600\times5.0=3.0$(年)

$D_{GAP}=D_A-\mu D_L=2.15-600/600\times3.0=-0.25$(年)

如果没有存款保险，该银行将会面临资不抵债的风险。故该银行应该补充筹备自有资金。

3.(1)方案A的折现图的特点：NPV随着Ra的增加而减小，当$Ra=25\%$时，$NPV=0$；$Ra<25\%$时，$NPV>0$；$Ra>25\%$时，$NPV<0$。方案B的折线图的特点与A类似，图略。

(2)增量分析法，是指对被比较方案在成本、收益等方面的差额部分进行分析，进而对方案进行比较、选优的方法。增量分析法的具体分析过程所采用的方法是剔除法，即对所有备选方案分别进行两两比较，依次剔除次优方案，最终保留下来的方案就是备选方案中经济性最好的方案。如果项目(A－B)是应该接受的，投资者在选择了项目B之后，则还可继续选择项目(A－B)，两者之和为B＋(A－B)＝A，即应该选取项目A。

4. 当两者的相关系数为1时：设M股票的权重为m，N的权重为n，则组合的期望收益为$R=0.1m+0.15n$。组合的方差$\mathrm{Cov}(MN)=m^2\times0.16^2+2\times0.16\times0.24+n^2\times0.24^2$。根据权重的变化可以做出所有可能的组合。当两者的相关系数为－1时，做法一样。

四、分析与论述

1.(1)学者的观点是正确的，货币乘数是指1单位基础货币的增加所引起的货币的供给的变化量，根据货币乘数的定义，可得货币乘数的计算公式如下：

$$m=\frac{M}{B}=\frac{D+C}{R+C}=\frac{(1+k)D}{(r_d+r_t\cdot t+e+k)D}=\frac{1+k}{r_d+r_t\cdot t+e+k}$$

在上述公式中可以看出货币供给量、基础货币与货币乘数之间的关系。根据上述公式可知：当存款准备金率增大时，货币乘数增加，由于货币供给量$Ms=m\times B$，所以随着m增大，货币供给也会增加。专家对于提高存款准备金率的政策效果的评价是相对于其他政策效果而言的。至于该政策对实体经济的实际影响取决于多个因素。制约存款准备金率的提高对经济产生的影响的多个因素：一是准备金率变动的幅度。二是基础货币的数量。如果基础货币量大，引起的货币供给也会增加。三是利率对货币数量的变动敏感程度，如果利率对货币数量敏感，则货币数量的变动对实体经济的影响就会比较显著。四是受到政策传导机制与时滞的影响。我国虽然连续20次上调存款准备金率，但是每次都是微量的调整，对经济的影响相对较小。此外，还有一个原因是，外资的大量流入减弱了政策的效果。所以虽然我国多次上调存款准备金率，但是经济并没有马上变冷。

(2)央行频繁调整法定存款准备金率主要是为了解决经济体内流动性过剩的根本问题;也就是说,市面上流动的货币过多,超出了经济体系的实际需要,可能造成多方面的后果,如进入消费市场,推动物价恶性上涨,引发通货膨胀。或者以投资的形式进入实体经济,加剧投资过热和产能过剩,或者涌向股市、楼市等领域,抬高市场价格,催生市场泡沫,无论哪一种情形,都有可能进一步演化成系统性的金融危机。而2008年后,世界经济进入萧条周期,投资和消费均不足,为了拉动投资和消费,恢复经济,降低法定存款准备金率,实施扩张的货币政策是解决问题的途径。所以央行频繁调整法定存款准备金率,控制流动性,我认为是有必要和有用的。

2.(1)反映了近十年来,相对于美元,人民币一直在升值。

(2)上图所反映的事实与我国相应时期货币政策所面临的流动性泛滥问题是有必然联系的。人民币升值与流动性泛滥这两个概念联系紧密,人民币升值速度加快,主要是因为我国政府为应对通货膨胀所采取的一些像加息之类的调控手段造成的,也就是控制流动性过剩,而加息就会直接导致本币升值。人民币利率升高,外资为了获得利差就会流入我国市场,市场上对人民币的需求增加,直接导致人民币升值。

(3)我认为这两者之间是有必然联系的。在2008年世界金融危机后,全世界经济萧条,中国政府制定了保8的目标,为了拉动经济恢复,央行多次下调存款准备金率,实行扩张的财政和货币政策,使得市场上流动的人民币增加,人民币利率下降,所以外资流入减少,对人民币的需求得到缓解,所以人民币对美元升值趋势暂时得到了缓解。

(4)①蒙代尔—弗莱明模型,是用来分析货币政策国际传导的基本框架。在浮动汇率机制之下,货币扩张的效应会使国内产出增加、世界市场利率水平下降,但却不会导致外国的产出同时增长。这是因为,当本国发生资本流出、出现国际收支赤字和外国发生资本流入、形成国际收支盈余之际,汇率立即变化:本国的货币贬值,外国的货币升值;本国的货币贬值,本国的出口增加。

②根据不可能三角理论,在开放经济条件下,资本自由流动、本国货币政策的独立性和汇率的稳定性三者不能同时实现,最多只能同时满足两个目标,实现汇率的稳定性目标是我国政府宏观调控的首要任务之一,那么在资本自由流动和货币政策独立性两个目标中,只能二选一,所以为了保持我国货币政策的自主权,我国必须放弃资本自由流动这个目标,实行资本管制。在现阶段,我国当前在汇率制度和资本管制方面所采取的政策和措施还是比较合适的。

3.(1)造成两者差异的原因:①公司的账面价值是以会计方法和规则来计量的,会计活动与财务管理在很多方面均有着重大的差异,会计与财务是具有密切关系,但基本内容完全不同的两种管理工作。

②一般来讲,会计是以货币为计量单位,系统而有效地记录、分类、汇总仅限于财务方面的交易和事项的过程,以及解释其结果的一种应用技术。

③公司的账面价值是在会计方法中历史成本原则下得到的,因此账面价值反映的是该公司资产负债的历史价值。而公司的市场价值则包括一些无形资产的价值,如专利权、商誉、人力资源等无形的资产价值。这是难以用会计上的货币来计量的,所以公司的市场价值与账面价值是不同的。公司的有些资产,随着市场的变化,在A期的价值不同于在B期的

价值。

(2)一般来说,固定资产较少、朝阳产业,如高新技术产业、软件开发行业、服务业等市场价值与账面价值之比高,而一些制造业、机械行业等固定资产多的行业市场价值与账面价值之比较低。

2013年南开大学431金融硕士真题参考答案

一、名词解释

1. 影子银行,又称为影子金融体系或者影子银行系统,是指在金融市场中把银行贷款证券化,通过证券市场获得资金或进行信贷无限扩张的一种融资方式。影子银行引发系统性风险的因素主要包括四个方面:期限错配、流动性转换、信用转换和高杠杆。

2. 资产证券化,是以特定资产组合或特定现金流为支持,发行可交易证券的一种融资形式。自1970年美国的政府国民抵押协会首次发行以抵押贷款组合为基础资产的抵押支持证券——房贷转付证券,完成首笔资产证券化交易以来,资产证券化逐渐成为一种被广泛采用的金融创新工具而得到了迅猛发展,在此基础上,现在又衍生出如风险证券化产品。

3. 高能货币,又称"基础货币""货币基数""货币基础""强力货币""初始货币",它是经过商业银行的存贷款业务而能扩张或紧缩货币供应量的货币,包括商业银行存入中央银行的存款准备金(包括法定准备金和超额准备金)与社会公众所持有的现金之和。

4. 风险溢价,是一个人在面对不同风险的高低且清楚高风险高报酬、低风险低报酬的情况下,个人对风险的承受度影响其是否要冒风险获得较高的报酬,或是只接受已经确定的收入。

5. 流动性风险,指商业银行虽然有清偿能力,但无法及时获得充足资金或无法以合理成本及时获得充足资金以应对资产增长或支付到期债务的风险。流动性风险主要产生于银行无法应对因负债下降或资产增加而导致的流动性困难。

6. 债务货币化,货币就其本质而言,可分为债务货币与非债务货币两大类。当政府出现赤字,有融资需求时会发行债券进行融资。当财政部发行的债券被公众买入,这种行为不会增加基础货币。若财政部发行的债券被央行购入,将导致基础货币增加,该现象称为债务货币化。

7. 信贷配给,是指在固定利率条件下,面对超额的资金需求,银行因无法或不愿提高利率,而采取一些非利率的贷款条件,使部分资金需求者退出银行借款市场,以消除超额需求而达到平衡。银行的这种行为就是信贷配给。

二、简答题

1. 预期理论。如果人们预期利率会上升,长期利率就会高于短期利率。如果所有投资者预期利率上升,收益曲线将向上倾斜;当经济周期从高涨、繁荣即将过渡到衰退时如果人们预期利率保持不变,那么收益曲线将持平。如果在经济衰退初期人们预期未来利率会下降,那么就会形成向下倾斜的收益曲线。

市场分割理论:因为人们有不同的期限偏好,所以长期、中期、短期债券便有不同的供给和需求,从而形成不同的市场,它们之间不能互相替代。根据供求量的不同,它们的利率各不相同。

2. 根据这项协议,商业银行必须上调资本金比率,以加强抵御金融风险的能力。巴塞尔银行监管委员会管理层会议通过了加强银行体系资本要求的改革方案,即《巴塞尔协议Ⅲ》,核心内容在于提高了全球银行业的最低资本监管标准,主要的变化体现在以下几方面:

(1)一级资本充足率下限将从现行的4%上调至6%,"核心"一级资本占银行风险资产的下限将从现行的2%提高到4.5%。新的一级资本规定在2013年1月至2015年1月间执行。总资本充足率要求在2016年以前仍为8%。

(2)增设总额不得低于银行风险资产的2.5%的"资本防护缓冲资金",在2016年1月至2019年1月之间分阶段执行。此后,"核心"一级资本、一级资本、总资本充足率分别提升至7.0%、8.5%和10.5%。

(3)提出0~2.5%的逆周期资本缓冲区间,由各国根据情况自行安排,未明确具体实施安排。

3.(1)金融制度创新。一国的金融制度总是随着金融环境的变化,如政治、经济、信用制度、金融政策等的变化而逐渐演变的,这种演变不仅是结构性的变化,从某种意义上说,也是一种本质上的变化。金融制度创新包括金融组织体系、调控体系、市场体系的变革及发展。它影响和决定着金融产权、信用制度、各金融主体的行为及金融市场机制等方面的状况和运作质量。

(2)金融市场创新。金融市场创新主要是指银行经营者根据一定时期的经营环境所造成的机会开发出新的市场。现代金融市场大致包括:

①差异性市场。如按不同的内容划分的货币市场、外汇市场、资本市场、黄金市场、证券市场、抵押市场、保险市场等。

②时间性市场。按期限长短划分,短期的有资金拆借市场、票据贴现市场、短期借贷市场、短期债券市场等;长期的有资本市场,如长期债券市场、股票市场等。

③地区性市场。如国内金融市场、国际金融市场等。金融市场创新主要指的是微观经济主体开辟新的金融市场或宏观经济主体建立新型的金融市场。由于金融市场向更高级金融市场的过渡和转化,由封闭型金融市场向开放金融市场的进入和拓展。

(3)金融产品创新。金融产品的核心是满足需求的功能,它包括金融工具和银行服务。金融产品的形式是客户所要求的产品种类、特色、方式、质量和信誉,使客户方便、安全、盈利。在国际金融市场上,金融创新的大部分属于金融产品的创新。

(4)金融机构创新。金融机构创新,是从金融创新经营的内容和特征出发,以创造出新型的经营机构为目的,建立完整的机构体系。

(5)金融资源创新。金融资源是指人才、资金、财务、信息等,它是保证银行正常经营的必要前提,金融资源创新主要包括以下几个方面的内容:

①金融资源的来源创新。首先,金融业经营的正常进行必须有专门的人才,人才来源包括自己培养、吸收其他机构高级人才和引进国外高级专业人才;其次,必须有资金来源的充分保证,它要求金融机构经营者随时掌握资金供应市场的动态,挖掘和寻求新的资金供应渠

道,开辟新的负债业务。

②金融资源的结构创新。金融资源结构包括及时、准确地掌握各种信息,高级专业人才比重大,负债结构合理,财务管理先进,它能创造出比同行领先的经营效率和方法。

③金融资源聚集方式创新。对不同的金融资源有不同的吸引和聚集方式,银行经营者要不断创造新的手段,用最经济、最有效的方法去聚集自己所需的金融经营资源,合理地配置这些资源,以求得经营上的最大效益。

(6)金融科技创新。进入 20 世纪 70 年代以来的金融技术革新和金融自由化。主要体现在银行和非银行金融机构,金融服务讲究速度和效率,以及科学技术在金融领域的应用,对金融业务产生了划时代的影响。它一方面使金融市场在时间和空间上的距离缩小,另一方面又使金融服务多元化、国际化。

(7)金融管理创新。金融业管理创新机制包括两个方面:一方面,国家通过立法间接对金融业进行管理,目标是稳定通货和发展经济;另一方面,金融机构内部的管理,建立完善的内控机制,包括机构管理、信贷资金管理、投资风险管理、财务管理、劳动人事管理等方面。目前,金融机构管理,其着眼点都是通过资金来源制约资金运用,实现银行资产和负债双方总量和结构的动态平衡,不断创造新的管理方法。

4. 计算机和通信技术的发展是推动金融创新最重要的供给变化。这种技术的影响体现在两个方面:首先,它降低了处理金融交易的成本,提高了金融机构通过为公众创建新金融产品和提供新服务所获取的利润。其次,它使得投资者更容易获取信息,从而为企业发行证券提供了便利,如银行信用卡和借记卡、电子银行业务、自动提款机等。

5. 中间业务,是指凡不需要动用自己的资金,而是以中介身份,利用银行的优势,代客户办理各种委托事项,提供各种金融服务,并从中收取手续费的业务。

(1)结算业务:进行货币给付及资金清算的行为。

(2)信托业务:银行接受客户的委托,代替客户进行资产管理或投资为客户获取利益。

(3)代理业务:银行根据各种凭证代替客户收取款项的业务。

(4)租赁业务:商业银行的租赁业务是指商业银行作为出租人,向客户提供租赁形式的融资业务。

表外业务:狭义上,指未列入银行资产负债表内,且不影响资产负债总额,但同表内的资产业务或负债业务关系密切的业务。广义上,不仅包括狭义上的表外业务,还包括中间业务。

6. 稳定物价目标是中央银行货币政策的首要目标。主要是因为,物价其实是货币价值最直接的体现。而货币价值的衡量方法就是根据单位货币的购买力来决定的。物价稳定,意味着货币价值的稳定。进入现代,无实际价值的纸币代替了拥有实际价值的金银货币。而让纸币拥有价值是央行存在的根本意义,所以维护纸币的价值。同理,稳定物价,也是中央银行货币政策的首要目标。

7. 流动性溢价理论:长期债券收益要高于短期债券收益,因为短期债券流动性高,易于变现。而长期债券流动性差,人们购买长期债券在某种程度上牺牲了流动性,因而要求得到补偿。对收益率曲线三个特征的解释上,流动性溢价理论更为全面,可以解释三个特征,而预期理论和市场分割理论只能解释其中的两个特征,所以说流动性溢价理论相对前面的预期理论和市场分割理论来说，是比较完善的，但是其也有缺点，它假设投资者都偏好短期债券，这与实际情况不符，现实中，譬如养老金等机构投资者却是偏好长期债券的。

8. 利率平价理论可分为无抛补利率平价和抛补的利率平价两种。此两者的不同之处在于对投资者的风险偏好所做的假定上。无抛补利率平价：在资本具有充分国际流动性的条件下，投资者的套利行为使得国际金融市场上以不同货币计价的相似资产的收益率趋于一致；也就是说，套利资本的跨国流动保证了“一价定律”适用于国际金融市场。抛补的利率平价：与无抛补利率平价相比，抛补的利率平价并未对投资者的风险偏好做出假定，即套利者在套利的时候，可以在期汇市场上签订与套利方向相反的远期外汇合同(掉期交易)，确定在到期日交割时所使用的汇率水平。

三、论述题

1. (1)利率市场化是指金融机构在货币市场经营融资的利率水平。它是由市场供求来决定，包括利率决定、利率传导、利率结构和利率管理的市场化。实际上，它就是将利率的决策权交给金融机构，由金融机构自己根据资金状况和对金融市场动向的判断来自主调节利率水平，最终形成以中央银行基准利率为基础、以货币市场利率为中介、由市场供求决定金融机构存贷款利率的市场利率体系和利率形成机制。

市场化后的利率可以反映宏观经济运行状况的准确价格信号。随着金融体制改革的深化发展以及与国际市场的逐步接轨，原有的利率体制已成为我国改革进程中的“瓶颈”，利率市场化问题显得日益突出和重要，迫切需要改革现行的利率管理体制，完善利率体系，为利率杠杆更好地发挥作用提供保证。

(2)第一，要有一个公平、统一、公开的充分竞争的资金市场；第二，资金市场参与者具有一定的理性；第三，资金流动具有合理性和合法性；第四，国民经济发展战略目标主要通过财政政策来实现。

(3)首先，由于贷款利率放开，存款利率没有完全放开，仍然稳赚利差会使银行反应迟钝，资质好的大型国企会获得利率更低的贷款。尽管有利于抑制高利率，中小企业贷款难的问题依然存在，并且会加剧资金的错配。为避免资金错配，需通过国有银行民营化改革，大力发展民营银行。其次，国际“热钱”认定有利可图时会随时补位，例如，存在热钱支持高地价、高房价的隐患。因此利率市场化改革期间，要加强对热钱的监管，不容国际“热钱”扰乱改革进程。最后，将人民币汇率一次性适当贬值与暂时实行固定汇率结合起来，作为预案视情况实施，解决“热钱”在汇率高位出逃、卷走更多国民财富的问题，解决“热钱”大量外逃造成挤兑美元，导致人民币巨幅贬值的风险。

2. (1)第一，法定存款准备金率政策。法定存款准备金率是指存款货币银行按法律规定存放在中央银行的存款与其吸收存款的比率。法定存款准备金率政策的真实效用体现在它对存款货币银行的信用扩张能力、对货币乘数的调节。

但是，法定存款准备金率政策存在三个缺陷：一是当中央银行调整法定存款准备金率时，存款货币银行可以变动其在中央银行的超额存款准备金，从反方向抵消法定存款准备金率政策的作用；二是法定存款准备金率对货币乘数的影响很大，作用力度很强，往往被当作一剂“猛药”；三是调整法定存款准备金率对货币供应量和信贷量的影响要通过存款货币银行的辗转存贷，逐级递推而实现，成效较慢，时滞较长。因此，法定存款准备金政策往往是作为货币政策的一种自动稳定机制。

第二，再贴现政策。再贴现是指存款货币银行持客户贴现的商业票据向中央银行请求贴现，以取得中央银行的信用支持。就广义而言，再贴现政策并不单纯指中央银行的再贴现业务，也包括中央银行向存款货币银行提供的其他放款业务。

与法定存款准备金率工具相比，再贴现工具的弹性相对要大一些，作用力度相对要缓和一些。但是，再贴现政策的主动权却操纵在存款货币银行手中，因为向中央银行请求贴现票据以取得信用支持，仅是存款货币银行融通资金的途径之一，存款货币银行还有其他的诸如出售证券、发行存单等融资方式。因此，中央银行的再贴现政策是否能够获得预期效果，还取决于存款货币银行是否采取主动配合的态度。

第三，公开市场业务。中央银行公开买卖债券等的业务活动即为中央银行的公开市场业务。中央银行在公开市场开展证券交易活动，其目的在于调控基础货币，进而影响货币供应量和市场利率。公开市场业务是比较灵活的金融调控工具。

传统的三大货币政策都属于对货币总量的调节，以影响整个宏观经济。在这些一般性政策工具以外，还可以有选择地对某些特殊领域的信用加以调节和影响，其中包括消费者信用控制、证券市场信用控制、优惠利率、预缴进口保证金等。

(2)为应对 2008 年金融危机，美联储迅速推出零利率政策，并于 2009 年 3 月和 2010 年 9 月实施两轮量化宽松政策。在经济发展正常的情况下，央行通过公开市场业务操作，一般通过购买市场的短期证券对利率进行微调，从而将利率调节至既定目标利率；而量化宽松则不然，其调控目标锁定为长期的低利率，各国央行持续向银行系统注入流动性，向市场投放大量货币。即量化宽松下，中央银行对经济体实施的货币政策并非是微调，而是开了一剂“猛药”。

我国主要采取调整存款准备金率的方式，当中央银行提高法定准备金率时，商业银行可提供放款及创造信用的能力就下降。因为准备金率提高，货币乘数就变小，从而降低了整个商业银行体系创造信用、扩大信用规模的能力，其结果是社会的银根偏紧，货币供应量减少，利息率提高，投资及社会支出都相应缩减；反之，亦然。

政策工具差异的原因有以下几点：

(1)利率市场化的差异。中国与美国利率市场化差异主要表现在两个方面：利率市场化程度的不同，利率机制作用的不同。

(2)货币政策目标设定的差异。中国与美国在货币政策目标设定的差异主要表现在：中介目标设定的不同、单一目标与多目标的差异。

(3)金融市场发展程度的差异。中国与美国在金融市场发展程度上差异明显，美国已建立起了完备的金融市场体系，而中国尚未建立。一国货币政策工具不同偏好的选择往往反映了一国金融市场的发展水平，一般而言，金融市场发展程度高的国家会选择更具市场化的工具；金融市场发展程度低的国家会采用行政干预较浓、力度较大的工具。

2012年复旦大学431金融硕士真题参考答案

一、名词解释

1. 按照国际货币基金组织的定义，一国若能实现经常账户下的货币自由兑换，该国的货币就被列为可兑换货币。由于自由兑换的条款集中出现在基金组织协定的第8条，所以货币自由兑换的国家又被称为“第8条款国”。具体而言，自由兑换的要求集中出现在基金组织协定第8条的第2、3、4款，其内容为：

(1)避免限制经常性支付(第2款)；

(2)避免实施歧视性货币措施(第3款)，第8条会员国须事先取得基金的批准，否则诸如多种汇率制度、多边贸易协定等安排均可被认为具有歧视性，从而构成对该款的违反；

(3)除个别的例外情况，会员国有义务兑付外国持有的本国货币，只要要求兑换的国家表示需要兑换该货币用以支付经常性交易(第4款)。

其中，这一经常性支付的含义为：(1)所有与对外贸易、其他经常性业务、包括服务在内的以及正常的短期银行信贷业务有关的对外支付；(2)应付的贷款利息和其他投资收入；(3)数额不大的偿还贷款本金或摊提直接投资折旧的支付；(4)数额不大的家庭生活费用汇款。

我国于1996年实现经常项目下自由兑换，即成为IMF第8条款国，经常项目下自由兑换是指经常项目下的外汇使用不再有国家限制。涉及贸易劳务服务有关的外贸经济活动的用汇可持有关凭证及资料到指定银行购买外汇。

金程点评

若在题目中遇到一个不知道什么含义的名词解释，可以先解释你知道的那部分，比如该题IMF协议第8条款国，可以先解释什么是IMF。

2. 表外业务(Off-Balance Sheet Activities)，是指商业银行从事的按通行会计准则不列入资产负债表表内，虽不影响其资产负债总额，但能影响银行当期损益的经营活动。表内业务同表内资产负债业务关系密切，有风险但随着其长足发展逐渐成为银行的主要来源。表外业务包括4种：(1)担保业务；(2)票据发行便利；(3)金融衍生工具交易；(4)贷款承诺。它有狭义和广义之分。狭义的表外业务是指那些虽未列入资产负债表，但同表内的资产业务或负债业务关系密切的业务。广义的表外业务除包括上述狭义的表外业务外，还包括结算、代理、咨询等业务。表外项目也被称为“或有负债”和“或有资产”项目，或者叫“或有资产和负债”。

3. 指令驱动交易机制，即竞价交易制度，分为集合竞价和连续竞价。集合竞价也称为单一成交价格竞价。其竞价方法是：根据买方和卖方在一定价格水平的买卖订单数量，计算并进行供需汇总处理。当供给大于需求时，价格降低以调节供求量，反之则调高价格刺激供给，最终在某一价格水平上实现供需的平衡，并形成均衡价格。在集合竞价市场，所有的交易订单并不是在收到之后立刻予以竞价撮合，而是由交易中心将在不同时点收到的订单积累起来，到一定的时刻再进行集合竞价成交。连续竞价也叫复数成交价格竞价，其竞价和交易过程可以在交易日的各个时点连续不断地进行。在连续竞价市场上，投资者的交易指令由经纪商输入交易系统，交易系统根据市场上已有的订单情况进行撮合。一旦按照有关竞价规则存在与交易指令相匹配的订单，该订单就可以成交。在连续竞价的价格撮合过程中，当出价最低的卖出订单价格等于或小于买进价格时，就可以达成交易。这是一种双边交易制度，其优点是交易价格具有连续性。虽然集合竞价市场缺乏交易的连续性，但集合竞价市场的价格反映了累积的市场信息，其信息效率要高于连续竞价市场。因此，在连续竞价市场交易中断时，集合竞价市场仍然可能正常运转。

4. 税盾是指可以产生避免或减少企业税赋作用的工具或方法，即是因举债而节省的税赋。税盾效应（Tax Shield）即债务成本（利息）在税前支付，而股权成本（利润）在税后支付，因此，企业如果要向债权人和股东支付相同的回报，实际需要生产更多的利润。

债务资本带来的税盾是有风险的，其数额具有不确定性。如果企业单纯追求税盾效应而选择债务资本，是要冒相当大的风险的，财务风险会比较大。

5. 杠杆收购（Leveraged Buy-Out，LBO）是指公司或个体利用收购目标的资产作为债务抵押，收购另一家公司的策略。交易过程中，收购方的现金开支降到最低程度。换句话说，杠杆收购是一种获取或控制其他公司的方法。杠杆收购的突出特点是，收购方为了进行收购，大规模融资借贷去支付（大部分的）交易费用。通常为总购价的 70%或全部。同时，收购方以目标公司资产及未来收益作为借贷抵押。借贷利息将通过被收购公司的未来现金流来支付。

它与普通收购有两点不同：一是大部分收购资金来自债务融资；二是杠杆收购采取私募方式，一旦完成对上市公司的收购，上市公司将转为非上市公司。此类收购通常由投资银行等财务顾问安排有关交易，财务顾问要求收购方成立一家空壳公司，并以此作为猎手公司收购目标公司。

二、选择题

1. A

期权的时间价值是指在期权有效期内标的资产价格波动为期权持有者带来收益的可能性所隐含的价值。随着时间的延长，期权的时间价值的增幅是递减的，这是期权的边际时间递减规律。

2. A

可借贷资金的供给包括：(1)家庭、企业的实际储蓄，它随利率的上升而上升；(2)实际货币供给量的增加量；(3)国际收支盈余。B 选项家庭储蓄的增加与减少直接影响可贷资金供给，C 选项明显影响可贷资金供给，D 选项利用外资影响国际收支账户，从而影响可贷资金供给。

可借贷资金的需求包括:(1)购买实物资产的投资者的实际资金需求,它随着利率的上升而下降;(2)家庭和企业对货币需求量的增加,即为了增加其实际货币持有量而借款或少存款;(3)政府弥补财政赤字的需求。因此,A选项政府的财政赤字是可贷资金的需求。

3. C

有效资本市场假说的三种形式:

(1)弱式有效市场假说(Weak-Form Market Efficiency)。该假说认为在弱式有效的情况下,市场价格已充分反映了所有过去历史的证券价格信息,包括股票的成交价、成交量、卖空金额、融资金额等。

推论一:如果弱式有效市场假说成立,则股票价格的技术分析失去作用,基本分析还可能帮助投资者获得超额利润。

(2)半强式有效市场假说(Semi-Strong-Form Market Efficiency)。该假说认为价格已充分反映了所有已公开的有关公司营运前景的信息。这些信息有成交价、成交量、盈利资料、盈利预测值、公司管理状况及其他公开披露的财务信息等。假如投资者能迅速获得这些信息,股价应迅速做出反应。

推论二:如果半强式有效市场假说成立,则在市场中利用技术分析和基本分析都失去作用,内幕消息可能获得超额利润。

(3)强式有效市场假说(Strong-Form Market Efficiency)。强式有效市场假说认为价格已充分反映了所有关于公司营运的信息,这些信息包括已公开的或内部未公开的信息。

推论三:在强式有效市场中,没有任何方法能帮助投资者获得超额利润,即使基金和有内幕消息者也一样。

4. A

根据股息增长模型,$100\times\frac{1+0.05}{2\ 000}+0.05=10.25\%$。

5. A

扩张期权是指在初始投资成功后,有权进行新一轮的投资。比如,买入未曾开发的土地、为获得先发优势而进行的项目投资等。

延迟期权是指为了解决当下投资项目的不确定性,项目持有人推迟对项目进行投资的权利。比如,油田开采项目、房地产开发项目虽然特别有价值,但是,这些项目投资额大、周期长、不确定性强,待不确定得到解决或确认后再进行投资。

转换期权是指在项目的实施过程中,有能力的开发商可以根据外部环境的变化进行投入要素或产品的转换,如根据市场需求,产品可以在工业、商业、写字楼、住宅用途之间进行转换。显然这为企业的项目营运提供了机动性,为企业适应市场或竞争环境变化提供了有利工具。

放弃期权是指如果项目的收益不足以弥补投入的成本或市场条件变坏,则投资者有权放弃对项目的继续投资,并可能收回成本。

三、计算题

1. (1)根据金铸币平价:1英镑=113.006/23.22=4.869 1=4.866 56(美元);

(2)黄金输出点=4.866 56+0.025=4.891 56(美元);

(3)黄金输出点=4.869 1−0.025=4.841 56 美元。

2.(1)无税 MM 理论下,所有者权益 $E=\frac{EBIT}{r_0}=\frac{500}{10\%}=5\ 000$。

无税条件下,$V_U=E=5\ 000$ 万元,那么,若借入 500 万元回购股票,此时的所有者权益为 5 000−500=4 500(万元)。

(2)在有税条件下,杠杆公司的价值为:

$$V_L=\frac{EBIT(1-T_C)}{r_0}+T_C\times D=\frac{500(1-25\%)}{\mathrm{r}_0}+25\%\times 500=3\ 875(\text{万元})$$

税盾效应$=T_C\times D=25\%\times 500=125$(万元)

四、简答题

1. 货币政策的目标是指国家通过中央银行制定和实施货币政策,对国民经济进行金融调控所要达到的目的。货币政策的最终目标从 20 世纪 30 年代以前的稳定币值这一单一目标,发展到现在的保持物价稳定、维持充分就业、促进经济增长、保持国际收支平衡这样的综合目标,经历了漫长的演变过程。

货币政策最终目标的实现,需要经历一个较长的时期,所以中央银行在执行货币政策时,要了解政策的实施效果,还需要一些可以量化的、可以操作的经济指标,作为实现货币政策的中介桥梁,即中介目标。

中间目标的选择,是实施货币政策的重要环节,它的准确与否关系到最终目标的实现与否。中央银行选择货币政策的中间目标时,主要考虑四个标准:(1)可测性;(2)可控性;(3)相关性;(4)抗干扰性。

当前,各国央行普遍选择利率或货币供应量作为货币政策中介目标,但两者不能同时充当货币政策中介目标。

一方面,根据供求分析的结论,利率和货币总量指标不兼容,中央银行可以实现其中一个,但两者不能同时实现:中央银行追求货币总量的指标意味着利率的波动;中央银行遵循利率指标会导致货币供给以及基础货币等准备金总量的波动。例如,当选用货币供应量目标时,由于产出增减、物价变化或公众持有货币偏好的意外变动等因素,货币需求会发生变化,在货币供给不变的情况下,利率将随货币需求的变动而波动。当选用利率目标时,若货币需求变动,如需求下降,则利率下降,债券价格上升,中央银行若想盯住利率目标,将通过出售债券以促使债券价格下降和利率回升到原来水平,此时,中央银行的公开市场出售导致货币供应量的减少。

另一方面,由于货币供应量的内生性特点日益明显,使人们认识到中央银行对货币供给的控制不是绝对的。

在此情形下,一国央行究竟是选择利率还是货币供应量作为本国货币政策的中介目标,取决于该国具体经济形势。作为中介目标,利率和货币供应量各有优劣。

利率作为中介目标,其可控性、可测性和相关性均比较理想,但抗干扰性不理想,这是因为作为内生经济变量,利率的变动是顺周期的:经济繁荣时,利率因资金需求增加而上升;萧条时,利率随资金需求减少而下降。然而作为政策变量,利率与总需求也应沿着同一方向变动:繁荣时,为防止经济过热应提高利率;萧条时,为刺激经济复苏应降低利率。这样,政策和市场因素对利率的作用效果是叠加的,当利率发生变动时,中央银行往往很难量化货币政策和市场因素的作用效果,对货币政策的松紧也就无从掌握。

货币供应量作为中介目标,不论是基础货币还是M1、M2等若干层次,其可测性、可控性均满足要求。就抗干扰性来说,货币供应量的变动作为内生变量是顺周期的,而作为政策变量是逆周期的,因此,政策性影响和非政策性影响不会相互混淆,抗干扰性也符合要求。

20世纪70年代中期以后,西方各国纷纷将中间目标由利率改为货币供应量,而进入90年代以来,又放弃使用货币供应量,转而采用利率。其原因是80年代以来的金融创新、金融管制放松和全球金融一体化,使货币定义及其计量难度加大,货币总量与最终目标的关系更难把握,也使货币乘数失去了以往的稳定性,削弱了中央银行对货币总量的控制能力。

而在我国,金融创新程度并不深入,加之存贷款利率长期管制,被作为一种外生的货币政策工具来使用,利率市场化程度有待进一步深化,因而我国仍然采用利率作为货币政策中间目标。

2. 现代金融理论对金融市场的研究逐渐深入市场内部运行机制的价格形成机制、市场组织结构、市场交易机制以及市场参与者行为选择等微观层面上。交易制度作为证券市场的核心,直接影响证券市场资源配置功能的发挥。一个市场的微观结构包括五个关键部分:技术、规则、信息、市场参与者和金融工具。广义的交易机制就是市场的微观结构,狭义的交易机制特指市场的交易规则和保证规则实施的技术及其影响。

衡量证券市场的质量有流动性、透明度、稳定性、高效率、低成本和安全性六个主要标准,这六个标准构成涉及证券交易机制政策目标的六个方面。证券交易机制设计的政策目标之间存在既统一又矛盾的辩证关系。

(1)流动性。流动性是证券市场的生命力。没有流动性,市场也就失去了存在的必要。市场的流动性越高,进行即时交易的成本就越低。一般而言,流动性主要包括两方面的内容:以交易时间体现的交易速度,以及以交易成本体现的价格折扣。

(2)透明度。透明度是维持证券市场公开、公平、公正的基本要求。从维护市场公平的角度看,透明度是指证券交易信息的透明,即有关证券买卖的价格、数量等信息的公开披露以及能够影响交易行为的信息,如上市公司信息的及时和准确的披露。

(3)稳定性。稳定性是指证券价格的稳定性,即证券价格短期波动程度及其平衡调节的能力。稳定性通常以市场指数的方差进行衡量,方差越大,市场波动性越大而稳定性越差;方差越小,则相反。

(4)高效率。从交易机制角度看,证券市场的效率主要指信息效率、价格决定效率和运行效率。信息效率也称价格效率,指证券价格准确、迅速和充分反映可得信息的程度,也就是Fama有效市场假说所指的效率。

(5)低成本。证券交易成本包括直接成本和间接成本。直接成本指佣金、交易所费用、过户费、印花税等由投资者承担,间接成本指与证券交易有关,但并非直接由投资者缴纳的相关成本,主要包括买卖差价、搜索成本、延迟成本和市场影响成本。

(6)安全性。安全性指交易技术系统在信息处理方面的安全性。其主要内容包括:交易信息的储存和备份;数据的完整性,如确保数据不被破坏、不被更改、不丢失等;数据的加密性;信息操作安全等。

研究交易机制的目的就是如何改善对市场交易机制的设计,以使得市场更为有效地实现其资源配置效率的职能,使市场具备良好的价格发现机制和资源配置效率功能。

首先,需要考虑市场的目标是什么,这需要从不同的角度来分析。对于证券交易所或者是自动交易系统而言,潜在的目标应该是满足并实现最大化的交易任务;对于交易者来说,一个理想的市场交易机制可能是以最小的价格偏离满足其委托订单的交易需求,或者是支付最小的交易成本;对于监管者来说,最稳定的市场也许是最容易监管的市场;对于整个社会来说,市场对经济资源配置的福利效应是最根本的,以上单个的目标都不能满足这个要求。但是,在目标之间存在矛盾的情况下,只能进行充分的权衡。

其次,需要考虑价格发现功能的有效性。通过对价格机制内在价格机理的研究,我们可以看出:一种交易机制的定价过程得出的均衡价格是一种局限于信息条件的均衡,这种价格并不一定与资产潜在的真实价值直接相关,而是与关于真实价值的信息的市场表现相关,价格与价值之间存在着必然的偏离。

再次,需要考虑交易机制如何体现市场的有效性。从市场的福利效应角度看,市场有效性是一个在实践中难以把握的概念,Fama 定义了市场有效性,并且根据价格对信息的不同反应,把有效性分为三个层次:强式有效、半强式有效和弱式有效。

总的来说,市场交易机制的设计目标是要使得市场的社会福利效应得到充分的发挥。如果市场价格能够快速、准确和有效地反映资产的潜在真实价值,也就达到了最佳资源配置。

五、论述题

1. 宏观经济政策主要是指货币政策和财政政策在封闭经济中,不考虑资本流动、汇率变动等因素对国内经济的影响,尤其是不会有利率机制的影响,如下图所示:

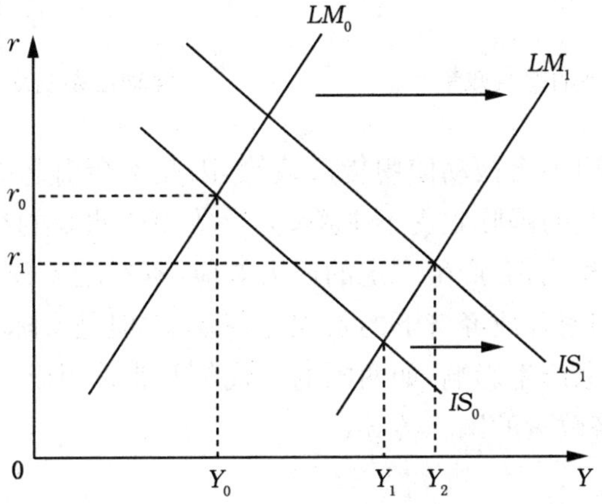

我们知道,在封闭经济中,由于没有义务维持汇率制度,也没有资本流动和利率机制引起的自发调整,政府只要根据自身的宏观经济政策目标制定政策即可。

当推广到开放经济，我们可以用蒙代尔—弗莱明模型进行分析。

(1)固定汇率制度下的宏观经济政策：

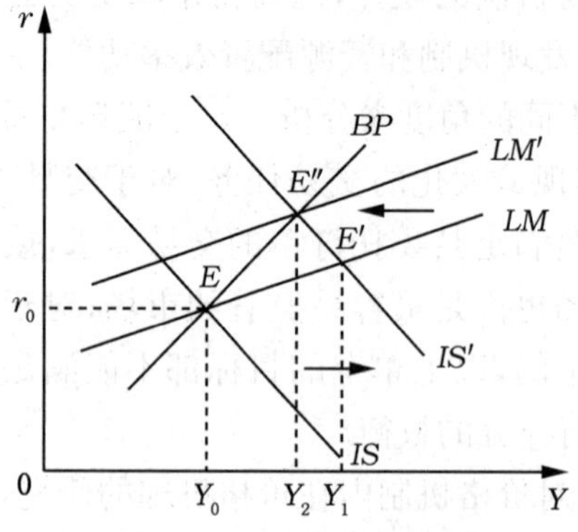

固定汇率制度下的财政政策

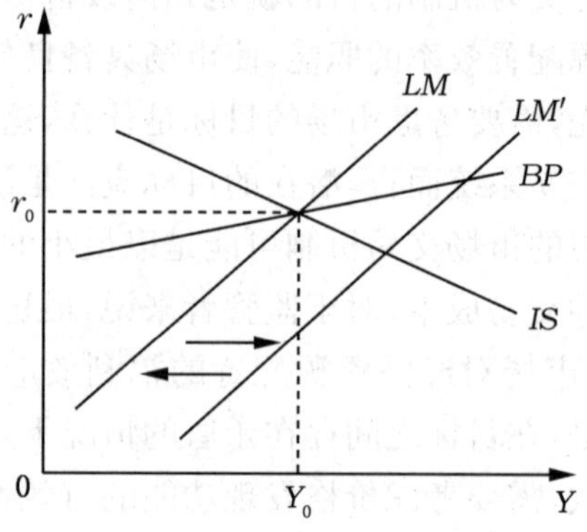

固定汇率制度下的货币政策

固定汇率制度下，由于政府有义务维持固定汇率，那么货币政策完全无效，而财政政策(资本流动较为自由的情形)的效果也不如封闭经济条件下的执行效果。

(2)浮动汇率制度下的宏观经济政策：

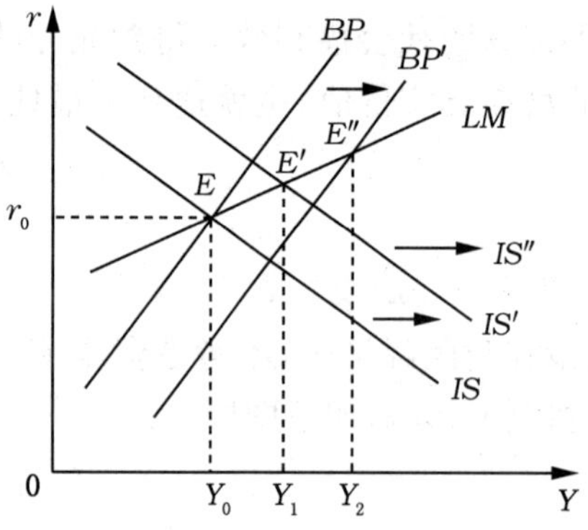

浮动汇率制度下的财政政策

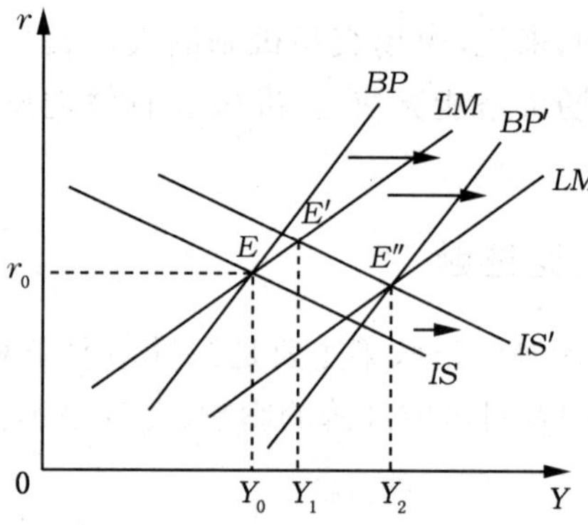

浮动汇率制度下的货币政策

浮动汇率制度下，政府不会被动使用货币政策，因此不会引起 LM 曲线的自发移动，同时，由于宏观经济政策引起的国际收支不平衡，会导致 BP 曲线的移动，那么在最终到达平衡时，与封闭经济情况下相比，会产生一定的放大效应(资本流动较为自由的情形)。

以上讨论的是单个国家开放经济下的宏观经济政策，但是实际上，在本国执行货币政策的过程中，也会对其他国家产生影响，如两国的蒙代尔—弗莱明模型。

固定汇率制度下经济政策的国际传导：

(1)货币政策。

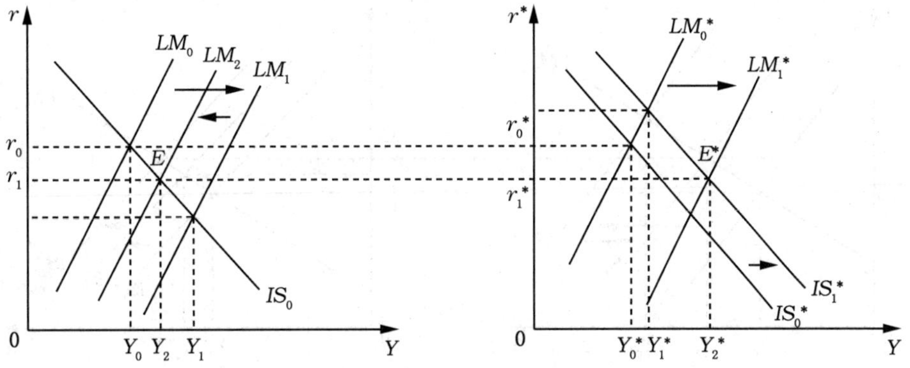

(2)财政政策：

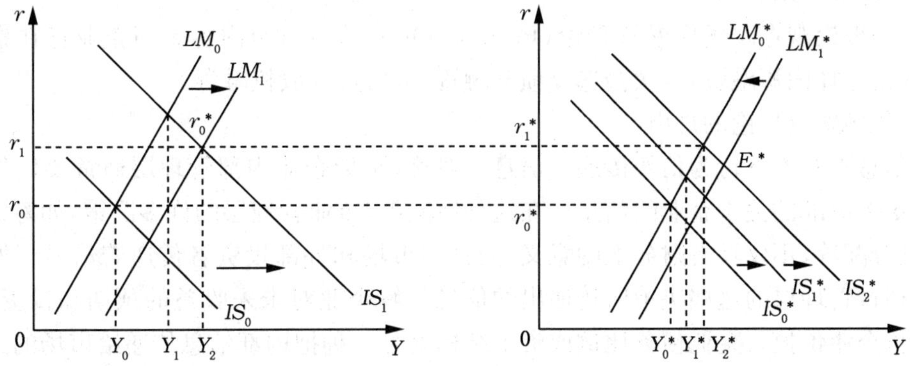

浮动汇率制度下经济政策的国际传导。

(1)货币政策：

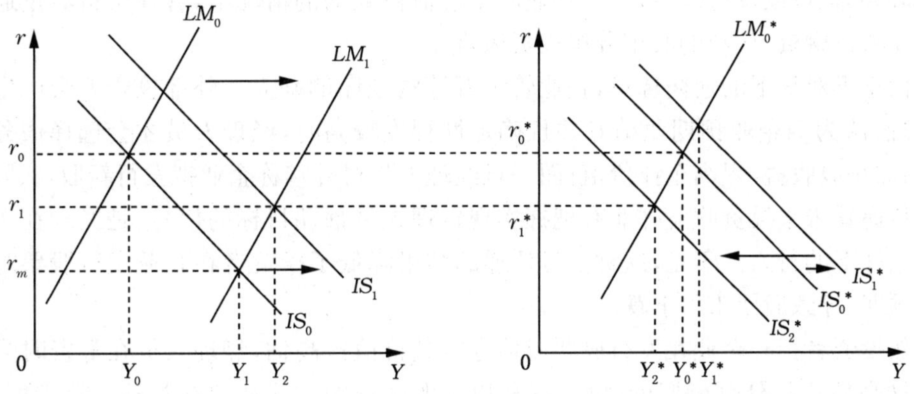

(2)财政政策。

通过下面的模型我们可以知道，由于收入效应，相对价格效应以及利率效应造成的国际收支最终的平衡点和封闭经济有着很大的区别，尤其是浮动汇率制下的货币政策甚至引起了国外的产出下降。

综上，封闭条件下的宏观经济政策，政府的自主性很强，可以通过主动的政策达到想要

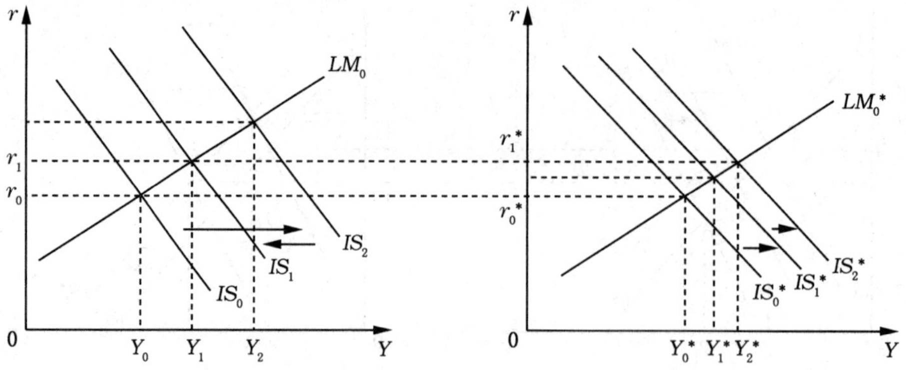

的政策效果，而在开放条件下，根据资本流动性和汇率政策的不同，可能会造成政策无效或者是放大政策效果。

2.(1)理论观点。优序融资理论(Pecking Order Theory)内容是当企业存在融资需求时，首先是选择内源融资，其次会选择债务融资，最后选择股权融资。

(2)优序融资理论的理由。

①信息不对称下行为信号传递。信息不对称，是指企业内部管理层通常要比外部投资者拥有更多更准的关于企业的信息。在这种情况下，企业管理层的许多决策，如筹资方式选择、股利分配等，不仅具有财务上的意义，而且向市场和外部投资者传递着信号。外部投资者只能通过管理层的这些决策所传递出的信息了解企业对未来收益的预期和投资风险，间接地评价企业价值。企业债务比例或资本结构就是一种把内部信息传递给市场的工具。

②信息不对称下筹资方式传递的信号。在信息不对称的条件下，如果外部投资者掌握的关于企业资产价值的信息比企业管理层掌握的少，那么企业权益的市场价值就可能被错误地定价。当企业股票价值被低估时，管理层将避免增发新股，而采取其他的融资方式筹集资金，如内部融资或发行债券；而在企业股票价值被高估的情况下，管理层将尽量通过增发新股为新项目融资，让新的股东分担投资风险。

③信息不对称下的逆向选择，企业管理者筹资顺序的确立。外部投资者会产生逆向选择的心理：认为当企业预期业绩好并且确定性程度较高时，经理人员才会选择债务方式筹资，以增加每股收益，提高企业价值；而一旦经理人员对外宣称企业拟发行新股，实际上是在向市场传递其未来投资收益并非有把握实现经理人员预期目标的信号，是经理在企业价值被高估条件下的行为。于是，这种信号传递的结果降低了投资者在企业发行股票时对企业价值的预期，导致股票市价下跌。

既然投资者担心企业在发行股票或债券时其价值被高估，经理人员在筹资时为摆脱利用价值被高估进行外部融资的嫌疑，尽量以内源融资的方式从留存收益中筹措项目资金。如果留存收益的资金不能满足项目资金需求，有必要进行外部融资时，在外部债务融资和股权融资之间总是优先考虑债务融资，这是因为投资者认为企业股票被高估的可能性超过了债券。因此，企业在筹集资本的过程中，遵循着先内源融资后外源融资的基本顺序。在需要外源融资时，按照风险程序差异，优先考虑债券融资(先普通债券后可转换债券)，不足时再考虑权益融资。

(3)我国上市公司的融资情况。我国上市公司的融资顺序不遵循优序融资理论,其融资顺序为先股权融资,再债务融资,最后才是内部融资,我国上市公司有明显的股权融资偏好。

影响的原因有很多,总结起来有以下六点:

①缺乏完善发达的证券市场和中长期信贷市场。比如我国债权人还没有建立起有效的贷款风险管理体制,也未对借款企业的投资行为进行有效的约束,存在着较严重的债权人缺位现象。

②缺乏信誉机制和法律机制。

③上市公司整体业绩不佳,现金流量不足,内源融资受限。

④上市公司特殊的股权结构,促使大部分国有控股公司偏向于股权融资。

⑤我国中小企业融资渠道有限,这使得小企业更偏好于股权融资。因此,如何有效拓宽小企业的其他融资渠道,也有助于降低我国上市公司对股权融资的偏好。

⑥ 融资成本的客观需要。企业融资首先考虑的就是融资成本,那么债务融资的成本主要是利息,而股权融资的成本主要由两部分组成:一是隐性成本,即上市以后被收购、管理层被解雇等风险成本;二是显性成本,能确认并计量的成本,即发行费用、股息、信息披露费用等成本。从理论上讲,应该是债务融资成本较低,股票融资成本最高,但在我国的实践中,由于政府对上市公司的隐形保护以及市场发展需求,上市公司在股权融资过程中可将大量显性成本予以转嫁,同时,就我国新股发行市盈率测算,即使上市公司将其当年盈利全部作为股利发放,融资成本仍低于银行的债务融资利率。

2012 年上海财经大学 431 金融硕士真题参考答案

一、单项选择题

1. C

每半年付息一次，因此年实际收益率比名义利率高：$(1+0.05)^2-(1+0.1)=0.0025$。

2. C

债券利息固定，意味着债券的风险较小，所以收益较低。

3. A

无论企业营业利润多少，债务利息和优先股的股利都是固定不变的。当息税前利润增大时，每一元盈余所负担的固定财务费用就会相对减少，这能给普通股股东带来更多的盈余。这种债务对投资者收益的影响，称为财务杠杆。如果财务杠杆系数为 1，则意味着 *EBIT* 每增加 1%，*EPS* 也同样增加 1%，这意味着没有财务杠杆的存在，债务和优先股都不存在。

4. B

现金流量为：(180－120－20)×(1－0.3)＋20＝48(万元)。

5. A

市场增加值＝公司市值－累计资本投入。

金程点评

市场增加值就是一家上市公司的股票市场价值与这家公司的股票与债务调整后的账面价值之间的差额。简而言之，市场增加值就是公司所有资本通过股市累计为其投资者创造的财富，也即公司市值与累计资本投入之间的差额。

经济增加值是指从税后净营业利润中扣除包括股权和债务的全部投入资本成本后的所得。其核心是资本投入是有成本的，企业的盈利只有高于其资本成本(包括股权成本和债务成本)时才会为股东创造价值。

6. C

收入的来源是销售，也是编制预算的起点。

7. D

追索权是有限的，除债权人和签约方另有特别约定外，并不能追索项目自身以外的任何形式的资产。

8. A

固定股利使投资者对于公司的汇报预期稳定，公司能树立良好形象。

9. B

这是个永续年金的问题，应该存入：$\frac{30\ 000}{0.06}=500\ 000$（元）。

10. D

存货周转率反映企业的营运能力。

11. B

欧元区共有18个成员国，包括奥地利、比利时、芬兰、法国、德国、爱尔兰、意大利、卢森堡、荷兰、葡萄牙、西班牙、希腊、斯洛文尼亚、塞浦路斯、马耳他、斯洛伐克、爱沙尼亚、拉脱维亚。英国不是欧元区国家。

12. D

凯恩斯的货币理论把货币需求分为交易动机、谨慎动机和投机动机，与收入和利率有关。

13. A

根据劣币驱逐良币理论，银币法定比价低于市场比价，从而银币充斥市场。

14. C

其他的金融机构都是公司型金融机构，而保险公司是契约型金融机构。封闭型基金既可以采用契约型也可以采用公司型的组织架构。

15. A

繁荣期间，货币需求曲线 L 向上移动，要是采取盯住利率的政策，应该增加货币供给。

16. A

活期存款虽然需要有较高比例的准备金，但同时它的成本更低。

17. B

一国一般只有中央银行有发行外在货币的权力。

18. D

遭挤兑说明大家手里持有更多现金，因此A、B、C三个选项都是错的。

19. C

信托和租赁属于商业银行的中间业务。

20. A

鲍莫尔的存货模型是对凯恩斯货币需求理论中交易动机的发展。

21. D

政府债券是信用最好、违约概率最低的债券，一般可作为无风险收益率。公司债券的违约概率大，因此票面利率高是对信用风险的补偿。

22. B

本题考查资本市场线形状，由于不存在借贷限制，且风险不为负数，所以是一条射线。

23. C

系统性风险是全局性的风险，受宏观政策影响。

24. A

因为票面利率越低的债券久期越长，所以对利率越敏感。

25. C

根据资本资产定价模型，$R=R_f+\beta(R_0-R_f)=5\%+1.2\times(15\%-5\%)=17\%$，而X真实收益率只有13%。收益率越低，说明价格越高，所以X被高估，应该卖出。

26. B

根据国际收支的弹性理论，影响一国贸易收支最重要的因素是实际汇率。

27. D

知道美元的利率，以及美元对欧元的升值预期，但是并不知道欧元资产的收益率，那么，无法判断到底投资于哪项资产。

28. C

本题比较贴近实际热点，储备大量的美元资产并没有意味着中国有大量的闲置资源，而是主动实行外汇管制和被动的双顺差造成的结果。

29. D

购买力平价是建立在"一价定律"基础上的，那么，在购买力平价成立的时候，实际汇率为1。

30. C

物价—现金流动机制是由大卫·休谟提出的，米德提出了在固定汇率下内部均衡和外部平衡的冲突问题，即"米德冲突"。

二、计算与分析题

1. 令配股前的价格为 x，则有：$\frac{50x+30\times10}{50+10}=40$，解得：$x=42$。

2. 会计盈亏平衡点就是在账面上表现出来的盈亏平衡，

$$会计盈亏平衡点=\frac{固定成本+折旧}{售价-单位成本}=\frac{160\ 000+150\ 000}{6-2}=77\ 500(件)$$

$$净现值的盈亏平衡点：EAC=\frac{160}{(P/A,10\%,10)}=\frac{160}{6.14}=26.06(万元)$$

$$\begin{aligned}现值盈亏平衡点&=\frac{EAC+固定成本\times(1-t_c)-折旧\times t_c}{(售价-单位成本)\times(1-t_c)}\\&=\frac{260\ 600+150\ 000\times0.75-160\ 000\times0.25}{(6-2)\times0.75}\\&=\frac{333\ 100}{3}=111\ 033(件)\end{aligned}$$

3. (1)根据题意，我们可知：

	固定利率	浮动利率
A公司	10.00%	LIBOR+0.30%
B公司	11.20%	LIBOR+1.00%
绝对优势	A公司(−1.20%)	A公司(−0.70%)
比较优势	A公司	B公司

那么可知在浮动利率借款方面，B 公司具有比较优势。

(2)根据题意设计互换如下：

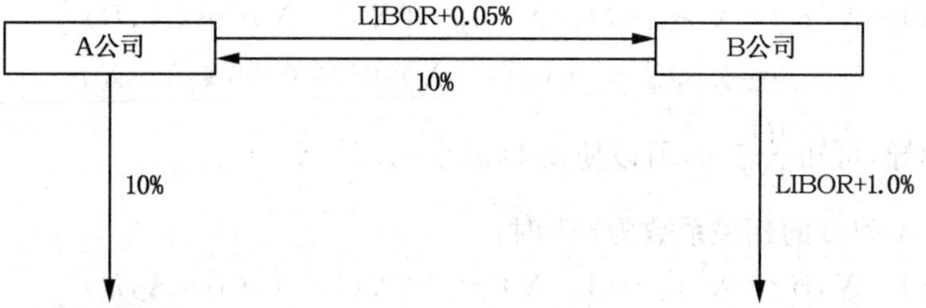

(3)根据以上答案可知，该利率互换可以使得 A 公司总共节省：5 000×0.25%×5＝62.5(万元)。

4.(1)

$$CPI=\frac{\text{一组固定商品按当期价格计算的价值}}{\text{一组固定商品按基期价格计算的价值}}\times 100$$

$$=\frac{365\times 0.5+500\times 1.5+12\times 25}{365\times 0.3+500\times 1.0+12\times 20}\times 100$$

$$=\frac{1\ 232.5}{849.5}\times 100=145$$

(2)CPI 并不能准确、真实地度量物价水平的变化。

CPI 是统计部门选择一定数量的有代表性的货物和服务项目即经济学家们所说的“消费篮子”，追踪并记录它们的价格变化。统计部门还要根据大多数居民的消费结构，确定消费篮子里各大类货物和服务的比重，即权重。根据每种商品和服务的价格变动幅度，并根据权重，加权计算出人们生活费用价格的综合变化。这就是 CPI 如何衡量物价水平。

事实上，没有哪个物价指数能够完全准确地衡量通货膨胀水平，CPI 也一样，它并非包罗万象，住房之类投资品的价格它就不能及时反映。研究表明，它还有偏高的倾向，一般会高估通胀率 1 个百分点。而且，CPI 不一定能反映未来价格走势。因此，考察物价走势还要看其他物价指数，比如生产价格指数。生产价格指数可以帮助人们预测不久的将来消费物价指数将会发生的情况。从离最终消费更远的生产环节看，原材料、燃料和动力购进价格和农业生产资料价格的变化对几个月后的 CPI 也有重要影响，这类价格指数被称为“先行指标”。

(3)CPI 会高估实际的通货膨胀率，原因如下：

①替代偏差。由于 CPI 衡量固定的一篮子产品的价格，所以，它没有反映出消费者用相对价格下降的产品进行替代的能力，所以相对价格变动时，其真实生活费用的上升比 CPI 慢。

②新产品的引进。当一种新产品进入市场时，消费者的状况变好了，因为消费者有了更多可供选择的产品。实际上，新产品的引进提高了本币的实际价值，但本币购买力的提高并没有体现在 CPI 的下降上。

③无法衡量的质量变化。当一个企业改变自己出售的产品质量时，产品的价格全部变化并不是对生活费用变化的反映，如果无法衡量的质量改变是有代表性的，衡量的 CPI 的

上升就比CPI事实上升快。

5. 令股票A的权重为X，

(1)当A和B的相关系数为1时：

$$D[XA+(1-X)B]=X^2\sigma_A^2+(1-X)^2\sigma_B^2+2X(1-X)\text{Cov}(A,B)$$
$$=0.09X^2+0.04(1-X)^2+2\times0.06X(1-X)$$

对X求偏导，可知$\frac{\partial D}{\partial X}>0$，所以使得D最小，那么，$X=0$。

(2)(1)当A和B的相关系数为−1时：

$$D[XA+(1-X)B]=X^2\sigma_A^2+(1-X)^2\sigma_B^2+2X(1-X)\text{Cov}(A,B)$$
$$=0.09X^2+0.04(1-X)^2-2\times0.06X(1-X)$$

对X求偏导可知，当$\frac{\partial D}{\partial X}=0$，所以使得$D$最小，那么，$X=0.4$。

为了使投资组合风险最小，应投资A股票40%，投资B股票60%。

6. 设在直接标价法下即期汇率为e_s，远期汇率为e_f，那么根据无套利均衡：$(1+3\%)=\frac{e_f}{e_s}(1+1\%)$，得一年期远期汇率为：$e_f=e_s\frac{(1+3\%)}{(1+1\%)}=6.629$。

三、论述分析题

1. 公司股利分配理论认为，股利的分配与否应以股东的利益作为根本因素进行考虑。若分配公司并无良好的投资机会，也没有融资需求，经由董事会决议，把股利分配给股东将是正确的决策，而这也正是众多西方成熟企业的做法；反之，则根据股东整体的决议，不进行股利分配，也是本着股东的利益权衡之后的结果，本身无可厚非。然而针对目前中国的股利分配现状，我们可以看到即使经营稳健的上市公司也是惜金如命，很少进行股利分配，这样的现状不仅损害了投资者也就是股东的利益，同时从长远来看也不利于我国证券市场的发展，乃至整个金融体系的发展，证监会推出以上的政策正是考虑到这些因素之后做出的正确决策。

这样做的意义在于，一是培育价值投资理念，普及健康股权文化。上市公司现金分红可以改善投资者的收益结构，使其重点关注上市公司分红水平，从而有助于培育价值投资理念，减少投机行为。而且，连续稳定的现金分红机制可以使投资者对公司的经营前景形成理性预期，增强公司股价波动与基本面的相关性，引导投资者形成稳定的股利偏好，普及健康的股权文化。

二是吸引长期资金入市，增强市场稳定性。养老金、企业年金、保险与公积金等长期资金需要长期稳定的投资回报。鼓励上市公司现金分红，可以提高股票市场对养老金、企业年金、保险与公积金等长期资金的吸引力，增加长期资金入市规模与投资比重，促进股票市场平稳发展，避免市场出现习惯性的大起大落。

三是合理配置公司资金，保护投资者利益。现金分红可以减少公司内部人可支配的现金流，抑制盲目的投资扩张，促进公司资金的合理配置。同时，通过现金流的真实流出，可以降低公司业绩作假的可能，提高上市公司财务数据的真实性，从而有利于保护投资者的合法权益。与成熟市场相比，我国上市公司的融资行为过多，分红行为过少，股民只能将买卖股票的价差作为投资的主要目的。这造成股民长期投资的信心不足，一旦市场行情不好，还会引发资金逃离的风险，加剧市场动荡。因此，增强股市的长期吸引力上市公司必需有稳定的分红政策。一家上市公司是否能够给予股东以持续、高额的分红，是投资者选择投资的判断标准之一。虽然监管层不断采取措施来强化上市公司分红，但更重要的是，上市公司也应认真考虑把分红作为企业的一种长期政策来经营。

2. 债务收益率曲线是表示一组风险相同、期限不同的债券的收益率的图表。横轴代表到期时间，纵轴代表收益率。该曲线一般为向上倾斜的，也有水平或向下倾斜的收益率曲线。

(1)国债的收益率曲线的形状在一定程度上可以预测经济的走势。收益率曲线斜率变大，可能意味着经济向好；收益率曲线的斜率变小，则在未来经济增长速度很可能要减慢。美联储的扭曲操作，实际上是卖出短期国债并买入等值的长期国债，这减少了对于短期债券的需求同时增加了对于长期债券的需求。需求减少将使得短期债券价格下跌，从而短期利率上升；需求增加将促使长期债券价格上升，从而长期利率下跌。表现在收益率曲线中就是使其按顺时针旋转，这就是“扭曲”这个词的意思。

(2)美联储这样做有两方面的考虑。一方面，美联储希望抑制通货膨胀，因此卖出短期国债，使得短期利率上升，这有助于抑制通货膨胀；另一方面，美联储又希望提振经济，增加就业，因此买入长期国债，使得长期利率下降，这有助于创造更为宽松的经济环境，促进经济增长。

(3)关于利率期限结构理论主要有预期假说和流动性溢价假说。前者认为长期利率是未来的预期的短期利率的平均值，因此不同期限的利率会共同变动，并且长期利率的波动小于短期利率的波动。后者认为长期利率在未来的预期的短期利率的平均值的基础上还要加上一个通货膨胀率风险和利率风险的风险溢价，因此长期利率通常高于短期利率。

(4)“扭曲操作”可能不会达到目的，因为该操作若能生效，需要一个前提，即短期资金市场和长期资金市场必须是相互割裂的；否则，短期投资者和长期投资者在两个期限的市场上套利，将会削弱“扭曲操作”的政策效果，使之最终无法实现。

2012年华东师范大学431金融硕士真题参考答案

一、单项选择题

1. C

财政分配是国家为实现其职能，凭借政治权力对国民收入中的剩余产品进行的分配，是财政资金筹集、分拨和使用过程的总称。信用分配是指通过金融机构的存款、贷款、信托、投资、保险、证券交易、代理等信用形式，国民收入也从两个方向进行分配：一是从资金来源角度看，经营单位的投资资金和周转资金，居民分散的投资资金和消费资金，财政暂时不用的库存资金和国债资金，都可以用信用方式集中；二是从资金运用角度看，经营单位对资金的长期和短期需求，居民耐用消费品的购买需求，国家财政与外汇收支差额的弥补，对外经济交往的资金需求，都可以用信用方式供应。

金程点评

相对来说，比较偏的定义，需要理解财政分配和信用分配的定义，但是一般也能想到信用和利息是相关的、有偿的。

2. A

课本知识，考查基本概念的记忆。我国 M0＝流通中现金；M1＝M0＋企事业单位的活期存款；M2＝M1＋准货币。

3. B

$100\times1.05^{3}=119.1$（万元）。

金程点评

送分题，但是如果在没有计算器的情况下，应该知道3年利息大于18万元，但是不到20万元，因此也可以选出答案是B。

4. D

世界银行集团目前由国际复兴开发银行（即世界银行）、国际开发协会、国际金融公司、多边投资担保机构和解决投资争端国际中心五个成员机构组成。总部设在美国首都华盛顿。国际银行家推动的美国联邦货币储备委员会也在此地。世界银行仅指国际复兴开发银行（IBRD）和国际开发协会（IDA）。“世界银行集团”则包括 IBRD、IDA 及三个其他机构，即国际金融公司、多边投资担保机构和解决投资争端国际中心。这五个机构分别侧重于不同的发展领域，但都运用其各自的比较优势，协力实现其共同的最终目标，即减轻贫困。

5. C

非系统风险是只影响单个公司的风险，这个比较简单，经营风险只与本公司相关。

6. D

股票组合的风险分为方差部分的风险和协方差部分的风险，负相关协方差为负数。与2011年的题目基本一样。

7. A

20世纪50年代，美国经济学家米尔顿·弗里德曼创立了"货币主义"理论，主张通过对货币供应的管理调节经济，反对国家全面干预经济，1976年他因此获得诺贝尔经济学奖。

8. D

欧洲市场的定义。

9. A

应该是国际收支平衡而不是国际收支顺差。

10. B

银行传统业务包括资产、负债和中间业务。表外业务是随着金融工具的创新和金融市场的发展而发展起来的。

11. C

票据的价格按照分子为票面利息和最终期的本金，分母为市场利率进行折现，如果票面利率等于市场利率，则平价发行。因此，如果票面利率大于市场利率则溢价发行。

12. D

英国是世界上保险业比较发达的国家之一。这个国家十分重视发展海上保险事业。早在1568年12月，伦敦就准许设立专门从事海上保险交易的市场——皇家交易所。

13. A

利息保障倍数$=EBIT/$利息费用，$EBIT=$净利润$+$利息费用$+$所得税费用。

14. B

$g=ROE\times b=(1-30\%)\times 8\%=5.6\%$。

15. B

沉没成本是指由于过去的决策已经发生了的，而不能由现在或将来的任何决策改变的成本。

16. D

静态回收期、内部收益率和会计利润都与折现率无关，净现值为未来现值的折现和折现率相关。

金程点评

注意对于标准离差率的理解，标准离差就是标准差。

17. C

机会成本的定义理解，为应收账款平均额度所损失的利息。

18. A

CAPM 公式的理解 $R_i = R_f + b(R_m - R_f)$，代入公式 $13\% = R_f + 1.5(10\% - R_f)$，可得 $R_f = 4\%$。

19. B

经营杠杆系数＝(销售收入－变动成本)/(销售收入－变动成本－固定成本)＝(息税前利润＋固定成本)/ 息税前利润＝边际贡献/息税前利润

20. C

现金股利不改变公司的股票数额，但是降低公司的股权总额。增发普通股增加公司发行在外的股票数，增加公司股权总额。股票分割按照比例增加股票数，但是不改变股权总额。股票回购减少发行在外的股票数，降低公司股权总额。

二、名词解释

21. 布雷顿森林体系，是以美元和黄金为基础的金融汇兑本位制。其实质是建立一种以美元为中心的国际货币体系，基本内容包括美元与黄金挂钩、其他国家的货币与美元挂钩以及实行固定汇率制度。

22. 流动性陷阱，是凯恩斯提出的一种假说，指当一定时期的利率水平降到不能再低时，人们就会产生利率上升而债券价格下降的预期，货币需求弹性就会变得无限大，即无论增加多少货币，都会被人们储存起来。发生流动性陷阱时，再宽松的货币政策也无法改变市场利率，使得货币政策失效。

23. 有效汇率，是一种以某个变量为权重计算的加权平均汇率指数，它指报告期一国货币对各个样本国货币的汇率以选定的变量为权数计算出的与基期汇率之比的加权平均汇率之和。通常以一国与样本国双边贸易额占该国对所有样本国全部对外贸易额比重为权数。有效汇率是一个非常重要的经济指标，以贸易比重为权数计算的有效汇率所反映的是一国货币汇率在国际贸易中的总体竞争力和总体波动幅度。

24. 菲利普斯曲线，是由菲利普斯提出的一条用以表示失业率和货币工资变动率之间交替关系的曲线。这条曲线表明：当失业率较低时，货币工资增长率较高；反之，当失业率较高时，货币工资增长率较低，甚至是负数。根据成本推动的通货膨胀理论，货币工资可以表示通货膨胀率。因此，这条曲线就可以表示失业率与通货膨胀率之间的交替关系。

25. 修正的内含报酬率，内含报酬率是在一定的贴现率条件下，将投资项目未来的现金流入量按照预定的贴现率计算至最后一年的终值，而将投资项目的现金流入量(投资额)折算成现值，并使现金流入量的终值与投资项目的现金流出量达到价值平衡的贴现率。修正后的内部报酬率是指在用不同的利率计算支出和收入时所得的内部收益率。同时考虑投资成本和现金再投资收益率。

26. 破产成本，是指企业支付财务危机的成本，又称财务拮据成本。它在负债率较高的企业经常发生。负债率越高，就越难实现财务上的稳定，发生财务危机的可能性也就越大。

三、简答题

27. 货币制度是国家对货币的有关要素、货币流通的组织与管理等加以规定所形成的制度,完善的货币制度能够保证货币和货币流通的稳定,保障货币正常发挥各项职能。主要包括以下内容:①规定货币材料。规定币材的性质,确定不同的货币材料就形成不同的货币制度。②规定货币单位。货币单位是货币本身的计量单位,规定货币单位包括两方面:一是规定货币单位的名称,二是规定货币单位的值。③规定流通中货币的种类。主要指规定主币和辅币,主币是一国的基本通货和法定价格标准,辅币是主币的等分,是小面额货币,主要用于小额交易支付。④规定货币法定支付偿还能力。主要分为无限法偿和有限法偿。无限法偿是指不论用于何种支付,不论支付数额有多大,对方均不得拒绝接受;有限法偿即在一次支付中有法定支付限额的限制,若超过限额,对方可以拒绝接受。⑤规定货币铸造发行的流通程序。主要分为金属货币的自由铸造与限制铸造、信用货币的分散发行与集中垄断发行。⑥规定货币发行准备制度。是为约束货币发行规模维护货币信用而制定的,要求货币发行者在发行货币时必须以某种金属或资产作为发行准备。

28. 近几年人民币的升值压力不断增大,对美元汇价由8元时代升至6元时代,本币的不断升值直接影响我国的经济发展,最大的不利影响体现在出口行业,我国的加工制造以出口导向为主,人民币的加速升值使得我国产品的国际价格优势和竞争力明显下降,出口数量的减少逼迫出口企业依靠降低销售毛利率进行本国内部的不良竞争。相反,本币的升值使得进口商品的价格下降,缩小了我国国际贸易的顺差优势,但也在一定程度上促进了依靠进口的企业的快速发展。本币的升值在一定程度上也影响到了资本市场,大量的资本流出,进行海外投资,不能满足本国企业的融资需求,影响本国的投资总量。随着购买力的增强,在一定程度上也抑制了通货膨胀。

29. 中央银行通过货币市场影响基础货币的数量主要通过三大工具,即存款准备金率、公开市场操作和再贴现率。其中负债业务指的是存款准备金率。中央银行向商业银行按规定收取一定的存款准备金率,就在一定程度上减少了各商业银行实际吸收的存款数量,也就限制了商业银行的贷款总额度。中央银行通过提高和降低存款准备金率来控制商业银行发放贷款的多少,准备金率越高,投入市场的货币数量就越少;反之则越大。

30. 由于企业财务管理中的负债具有税盾的作用,因此,一个经营效果良好的公司会通过增加企业的负债,使得激增的利息抵充高额的税负,尽管过多的负债会增加企业的预期财务困境成本,但对于经营良好的公司来说,额外负债所带来的破产风险的增加通常是细微的。也就是说,理性的企业如果预期自己的盈利会增加,就会提高其负债水平,以增加税盾的作用。如果我们不考虑企业故意愚弄投资者的情况,那么企业负债的增加对投资者来说是一个正的信号,投资者会普遍预期该公司的利润会伴随着负债的增加而上升。资本结构的信号作用就在于当公司的管理层试图改变本公司的杠杆结构时,所传达出的信号对投资者来说是具有积极的作用。

31. 股利无关理论的主要假设为:(1)无税收,无交易费用,任何交易者都不能通过自身交易操纵市价;(2)所有投资者对未来投资、利润和股利具有相同的期望;(3)公司的投资政策事先确定,不随股利政策而改变。在此假设基础上,公司的盈利和价值的增加与否完全视其投资政策而定,企业市场价值与它的资本结构无关,而是取决于它所在行业的平均资本成本及其未来的期望报酬,在公司投资政策给定的条件下,股利政策不会对企业价值产生任何影响。但是在现实生活中,不存在无关论提出的假定前提,股利支付不是可有可无的,而是非常必要的，并且具有策略性。因为股利支付政策的选择对股票市价、公司的资本结构与公司价值、以及股东财富的实现等都有重要影响，股利政策与公司价值是密切相关的。因此股利政策不是被动的，而是一种主动的理财计划与策略。股利相关理论主要有这几个分支："一鸟在手"理论，信号传递理论，税差理论，客户效应理论和代理理论。

32.（1）预期理论。假设条件：投资者风险中性；所有市场参与者都有相同的预期，金融市场完全替代；期限不同的债券可以完全替代。结论：长期利率随着短期利率的预期变化而变化，随着短期利率的预期上升，长期利率会高于短期利率，但不能解释为什么通常长期利率会高于短期利率。

（2）市场分割理论。假设条件：短期和长期债券由各自的供给和需求决定，市场是完全分割的，不可相互替代。投资者对不同期限的债券有不同的偏好。结论：由于长期债券的期限较长，因此所面对的风险也大于短期债券的风险，所以长期债券的风险溢价理应高于短期债券，这就可以解释为什么长期债券的利率通常会高于短期债券，但不能解释不同期限债券市场的联动作用。

（3）流动性偏好理论。长期债券的收益率高于短期利率是因为短期债券的流动性要高于长期债券，易于变现，人们购买长期债券在一定程度上牺牲了流动性，所以要求得到补偿。由于投资者大多不太愿意购买长期债券，因此在利率设计上需要两年的利率要高于连买两个一年期的利率收益。这个理论也就很好地解释了长短期债券市场的价格联系以及为什么长期债券的利率通常高于短期债券。

四、计算题

33. 价格等于未来现金流的贴现，2012 年 1 月 31 日将它转卖给某商业银行时，一个月后能获得的现金流为 100 万元，加上到期利息 100×10%×2/12＝1.67（万元）：

$P=(100+1.67)/(1+9\%/12)=100.91$

$R=(100.91-100)\times 12/100=10.92\%$

34. 按照采购的方式，每年的折旧＝(300－60)/6＝40（万元），因此每年的抵税额＝40×25%＝10（万元），抵税额贴现值为 10×(P/A,12%,6)＝41.14（万元），60 万元的净现值为 60×(P/F,12%,6)＝30.34（万元），所以支出的净现值为 300－41.14－30.34＝228.52（万元）。

按照租赁的方式，租赁费用除去抵税后的净现值为(70×75%)×(P/A,12%,6)＝216（万元）。

所以按照租赁的方式支出的净现值更少。

金程点评

整道题目基本是增量现金流的运用，需要考生理解哪些项目是会影响增量现金流的，比如税收等。

35. 假设总成本为 T_c，耗用某种材料的总额为 T 千克，订购批量为 C 千克，每次的订货成本为 F，资本成本率为 k，订货成本为 $T\times F/C$，订货的机会成本为 $10\times C\times k/2$：

$T_c = T \times F / C + 10 \times C \times k / 2$

所以，$C = (TF/5k)^{1/2} = (4\ 000 \times 25 / 5 \times 0.1)^{0.5} = 447$(千克)。

金程点评

这个是短期资金运用题目，属于超纲的范畴，需要知道最终的总成本来自哪两个部分内容，一部分为订货成本，另一部分为公司的现金机会成本。

五、论述题

36. 假定商业银行的准备金率为10%。

首先，假设某储户A，把1 000元现金存入某商业银行(简称为银行1)，银行1将100元作为准备金，而将其余900元用于贷款或购买各种债券。比如，它将这900元放贷给B，B把900元用于购买衣服，结果这900元到了衣服销售者C的手中，我们假设C把钱全部存入银行2；这样，银行2增加900元存款，然后，它留下10%的准备金，即90元，把其余的810元放贷给农户D，农户D用之购买肥料，结果这810元流到了肥料销售商E的手中，E把它存入银行3，这样，银行3增加了810元的存款。银行3把81元留下，其余也放贷出去，这个过程一直可以持续下去。

银行体系创造货币的结果将是最初1 000元新增现金的10倍，达到10 000元。我们把10倍称为货币供给乘数。它是法定准备金的倒数。

银行体系创造货币的结果：

商业银行可以创造货币——派生存款，但其能力受制于中央银行。原因是，准备金率中的很大一部分属于法定准备金率，中央银行改变法定准备金率，就可以对商业银行的创造派生存款的能力施加重要影响。

当然，商业银行可以通过自己的经营活动来改变超额准备金率，从而影响货币供给量。

重点分析：

(1)基础货币与原始存款的关系。基础货币是指起创造存款货币作用的商业银行在中央银行的存款准备金与流通于银行体系之外的通货这两者总和。原始存款是指商业银行吸收的能增加其准备金的存款，包括商业银行吸收的现金和在中央银行的存款，它是基础货币的一部分。所以基础货币大于原始存款。

(2)原始存款和派生存款的关系。将存款划分为原始存款和派生存款，是从理论上说明两种存款在银行经营中的地位和作用不同。事实上，在银行的存款总额中是无法区分谁是原始存款谁是派生存款。派生存款并不是虚假存款，银行创造派生存款的过程也不是创造实际价值量的过程，而是创造价值符号的过程。

(3)中央银行提供的基础货币与商业银行创造存款货币的关系。中央银行提供的基础货币与商业银行创造存款货币的关系，实际上是一种源与流的关系。因为中央银行掌握着商业银行创造存款货币的源头——基础货币的创造与提供；商业银行作为直接货币供给者，其创造存款货币的存贷活动，从而能提供的货币数量，均建立在基础货币这个基础上。

37. 欧洲主权债务危机爆发的主要引线或导火索可以说是希腊，即希腊在2001年达到了欧盟的财赤率要求，同年加入欧元区。但是，这一过程对希腊国家而言，所付出的代价也是相当巨大的。具体而言，希腊为了尽可能缩减自身外币债务，与高盛签订了一份货币互换协议。这样，希腊就通过货币互换协议减少了自身的外币债务，达到足够的财赤率加入欧元区。但通过与高盛所签订的协议来看，希腊必须在未来很长一段时间内支付给对方高于市价的高额回报。随着时间的推移，希腊的赤字率显然会进入低迷状态，进而导致了 2009 年主权债务危机的形成。

(1)危机的起因。

①外部原因。金融危机使得各国政府纷纷推出刺激经济增长的宽松政策，高福利、低盈余的希腊无法通过公共财政盈余来支撑过度的举债消费。评级机构不断调低主权债务评级，助推危机进一步蔓延。全球三大评级机构不断下调上述四国的主权评级。

②内部原因。产业结构不平衡：实体经济空心化，经济发展脆弱。以旅游业和航运业为支柱产业的希腊经济难以抵御危机的冲击。在欧盟国家中，希腊经济发展水平相对较低，资源配置极不合理，以旅游业和航运业为主要支柱产业。人口结构不平衡：逐步进入老龄化；刚性的社会福利制度。

③根本原因。财政危机为表，单一货币下不同国家竞争力差异拉大才是导致欧元区“内爆”的真正原因。货币制度与财政制度不能统一，协调成本过高；欧盟各国劳动力无法自由流动。

这完全违反了欧元之父——蒙代尔的要素流动性模型的标准。

(2)影响。首先是对出口的冲击，危机会导致欧元区今年下半年增长下降。其次是欧洲主权债务爆发，加剧短期资本流动波动性。欧债危机导致全球避险情绪加重，资金纷纷回流美元。

(3)对策。产业升级势在必行；中国之前出口拉动经济的模式必须改变。但是中国国内的 GDP 下降，是否应该与 2008 年一样 4 万亿元最后到 11 万亿元的货币刺激，这个中国应该谨慎，毕竟通货膨胀已有前车之鉴。

2012年中国人民大学431金融硕士真题参考答案

第一部分(金融学)

一、单项选择题

1. D

金汇兑本位制,该国货币一般与另一个实行金本位制或金块本位制国家的货币保持固定的比价并在后者存放外汇或黄金作为平准基金,从而间接实行了金本位制。实际上,它是一种带有附属性质的货币制度。

2. A

法定货币仅仅是官方用来交易和计价的货币,可以是金属货币,但不能认为其可以代替金属货币。

3. A

准货币代表了居民的潜在购买力,是指流动性较差的存款,可以理解为定期存款或是长期存款。

4. A

储备货币,是中央银行准备长期持有一种作为国际清偿力的货币。

5. C

央行对其他存款性公司债权增加,意味着中央银行对商业银行再贴现或再贷款资产增加,同时也说明通过商业银行注入流通的基础货币增加,这必然引起商业银行超额准备金增加,使货币供给量得以多倍扩张。

6. B

美联储公开市场操作以调整联邦基金利率为目标。

7. C

股价大于期权的执行价格可以盈利,但盈利小于期权费,因此行使期权可以减小亏损。

8. C

外汇掉期一般都是非标准化的合约,通常进行场外交易。

9. D

支付方用辅币支付的数额达到了法律规定的有限法偿标准,那么收款方可以拒绝接受。

10. A

所谓政策性银行,是指那些多由政府创立、参股或保证的,不以盈利为目的,专门为贯彻、配合政府社会经济政策或意图，在特定的业务领域内，直接或间接地从事政策性融资活动，充当政府发展经济、促进社会进步、进行宏观经济管理工具的金融机构。

11. A

英格兰银行成为英国央行是中央银行制度产生的标志。

12. C

利率稳定是中介目标。

13. D

央票回购会增大基础货币的供应量，并进而增加货币供给。

14. C

商业银行应至少将贷款划分为正常、关注、次级、可疑和损失五类，后三类合称为不良贷款。

15. A

流动性溢价理论比预期理论的拓展在于人们偏好流动性较强的短期资产，因此长期资产需要有风险补偿。

16. D

贴现率越高，商业银行的超额准备金率越高，从而货币乘数越小。

17. D

应付款项是一项负债。

18. B

信用风险也称为违约风险。

19. B

直接标价法标的是外币的本币价格，因此汇率变大，本国币值下降。

20. A

通胀率高的国家货币购买力下降得更快，因此有贬值趋势。

二、判断题

1. √

在危机时风险利差会变大。

2. ×

信用卡对于基础货币和货币乘数都会产生影响。

3. √

SDR 是国际货币基金组织于 1969 年创设的一种储备资产和记账单位。

4. √

古典学派的主要观点是：(1)认为货币的功能只是媒介。(2)假定经济处于“充分就业”水平，货币流通速度和商品产量在短期内不会有太大的变化，可视为常数。(3)认为物价水平取决于货币数量的变化，随货币数量的变动而变动；也就是说，货币供应量的增加引起物价的同比例上涨，达到通货膨胀的境地。(4)认为货币政策应是控制货币量的增长、物价和币值。传统的货币数量说有两种主要流派：其一是费雪方程式，其二是剑桥学派的现金余额方程式。

5. √

市场利率与债券价格呈负相关，根据债券的定价公式也可以得出该结论。

6. √

货币汇率取决于其含金量，也就是铸币平价。

7. √

本题的出题方式不是很严密，并没有明确说出所需要的货币供给层次，但从广义的货币层次来说，商业银行的活期存款和定期存款都是货币供给的主要组成部分。

8. √

部分准备金是货币创造的基础。

9. ×

承兑业务属于传统的商业银行担保和承诺类中间业务。

10. √

金融中介一般由银行金融中介及非银行金融中介构成，具体包括商业银行、证券公司、保险公司以及信息咨询服务机构等中介机构，金融是现代经济的核心。

11. ×

1995年3月18日，第八届全国人民代表大会第三次会议通过的《中华人民共和国中国人民银行法》第一次以法律形式确定了中国人民银行是中华人民共和国的中央银行。

12. ×

货币市场和资本市场是按照资产的到期时间不同对金融市场的划分，并不具有包含关系。

13. √

投资时一般是以名义利率进行计量，那么通货膨胀时期，名义利率上升，必然导致投资的减少。

14. √

这里的储蓄存款不同于个人在银行的储蓄，而是企业在商业银行开设的活期储蓄账户，该账户允许企业开立账户，并以支票形式进行支付结算，那么，储蓄存款也是支票存款。

15. √

凯恩斯货币理论中的投机动机就是以货币和债券的预期收益率为变量。

16. √

$IS-LM$ 分别是以国民收入恒等式以及凯恩斯的货币均衡理论推导出来的，实际上分别代表了产品市场和货币市场的均衡。

17. √

“布雷顿森林体系”是指第二次世界大战后以美元为中心的国际货币体系。1944年7月，西方主要国家的代表在联合国国际货币金融会议上确立了该体系，因为此次会议是在美国新罕布什尔州布雷顿森林举行的，所以称为布雷顿森林体系。该体系于1973年宣告结束。

18. ×

对同一借款人的贷款余额与商业银行资本余额的比例不得超过百分之十。

19. ×

看涨期权的卖方的收益以期权费为限,但是损失却有可能是无限的。

20. ×

流动性陷阱是指当一定时期的利率水平降低到不能再低时,人们就会产生利率上升而债券价格下降的预期,货币需求弹性就会变得无限大。

三、问答题

1.(1)三个理论都是从供求关系来解释利率的决定,但不同学派对供求关系的解释不同之处在于:

古典学派强调资本供求对利率的决定作用,认为在实物经济中,资本是一种生产要素,利息是资本的价格。利率的高低由资本供给即储蓄水平和资本需求即投资水平决定;储蓄是利率的减函数,投资是利率的增函数,均衡利率取决于投资流量和储蓄流量的均衡。即储蓄等于投资为均衡利率条件。由于古典利率理论强调实际因素而非货币因素决定利率,同时该理论还是一种流量和长期分析,所以又被称为长期实际利率理论。

凯恩斯的流动性偏好利率理论,由货币供求解释利率决定。他认为货币是一种最具有流动性的特殊资产,利息是人们放弃流动性取得的报酬,而不是储蓄的报酬。因此,利息是货币现象,利率决定于货币供求,由交易需求和投机需求决定的流动性偏好以及由中央银行货币政策决定的货币供给量是利率决定的两大因素。同时,货币供给量表现为满足货币需求的供给量,即货币供给量等于货币需求量是均衡利率的决定条件。在货币需求一定的情况下,利率取决于中央银行的货币政策,并随货币供给量的增加而下降。但当利率下降到一定程度,中央银行再增加货币供给量利率也不会下降,人们对货币的需求无限大,形成"流动性陷阱"。凯恩斯把利率看作货币现象,认为利率与实际经济变量无关。同时,他对利率的分析还是一种存量分析,因而属于货币利率理论或短期利率理论。

可贷资金理论是上述两种理论的综合。研究长期实际经济因素(储蓄、投资流量)和短期货币因素(货币供求流量)对利率的决定。认为利率是由可贷资金的供求来决定的。可贷资金供给包括:储蓄和短期新增货币供给量。可贷资金需求包括:投资和因人们投机动机而发生的货币需求量;在可贷资金需求不变的情况下,利率将随可贷资金供给量的增加或下降而下降或上升;反之,在可贷资金需求量不变的情况下,利率随可贷资金的需求的增加或下降而上升或下降。均衡利率取决于可贷资金供求的平衡。由此可见,可贷资金理论与凯恩斯流动偏好利率理论的区别在于,可贷资金理论注重流量和货币供求的变化量的分析,并强调了长期实际经济变量对利率的决定作用。但可贷资金理论与凯恩斯流动偏好利率理论之间并不矛盾,流动偏好利率理论中货币供求构成了可贷资金理论的一部分。

(2)可贷资金理论在利率决定问题上,一方面,肯定古典利率决定理论认为实物因素对利率起决定影响的基本观点,但是也批评其完全忽略货币因素的影响;另一方面,肯定凯恩斯认为货币因素对利率起决定影响的基本观点,同样也批评其完全否定实物因素作用的缺陷。总的来说,可贷资金理论综合考虑了实物因素和货币因素对利率决定的影响,将社会经济的实体经济层面和虚拟经济层面有机结合起来,合理地解释了利率的决定过程。

(3)央行从以下两个方面实现对市场中利率的影响,从而达到控制货币供给为经济服务的目的。这两个方面分别是市场中债券的供给和窗口指导利率的变化。

第一,市场中债券的供给是央行通过公开市场操作对国债的供给量进行的调整。这需要市场中的国债量已具备一定规模,可以形成足够的调配空间。央行通过买卖国债从而直接影响了国债的价格,利率也会相应做出调整。这是一个间接影响的过程,但是由于货币市场的流动性很强,因此利率的调整也非常迅速。该项操作与利率决定理论中凯恩斯的流动性偏好理论相印证,人们处于投机动机产生对国债的需求,当债券价格变化时,利率也随之变化。

第二,央行通过调整再贴现率和再贷款率从而直接对资金的利率产生影响。银行如果发生资金的短缺,其中有一个获得短期资金的渠道是向中央银行借款,中央银行也乐于提供这样的服务,因为该项服务为央行提供了另一个控制市场中资金利率的有效途径。贴现率更像一种底线,试想如果没有特殊的原因,普通的商业银行是不愿意以低于再贴现率的水平借款给贷款者的,因为这将使他不仅无法获利,而且还要赔钱。该项操作与可贷资金理论相互印证,再贷款率与再贴现率如资金的原始供应价格,价格高则资金的供给就少,价格低则资金的供给就多。

2.(1)利率掉期,就是两个主体之间签订一份协议,约定一方与另一方在规定时期内的一系列时点上按照事先敲定的规则交换一笔借款,本金相同,只不过一方提供浮动利率,另一方提供的则是固定利率。利率的大小也是按事先约定的规则进行,固定利率订约之时就可以知晓,而浮动利率通常要基于一些有权威性的国际金融市场上的浮动利率进行计算,如 LIBOR(伦敦银行间同业拆借利率)或 SHIBOR(上海银行间同业拆放利率),在其基础上再加上或减去一个值等方法可以确定当期的浮动利率。

(2)利差扩大主要是因为国际宏观经济形势不明朗,风险不断积聚,世界经济下行风险加大。从目前情况看,世界经济增速可能长期低位徘徊,面临下行的严重风险。一是发达国家主权债务风险上升。欧洲问题国家债务规模史无前例,目前欧洲主权债务危机正在从希腊等边缘国家向意大利、西班牙等核心国家扩散,从公共财政领域向银行体系扩散,市场信心极其脆弱,引发金融市场持续大幅震荡。二是世界经济复苏动力依然不足。主要发达经济体失业率居高难下,房地产市场持续低迷,消费投资需求疲弱,以技术创新为代表的新增长点尚未形成;财政金融政策空间已十分有限。新兴经济体则面临通胀上升和经济增速回落的双重压力。三是全球性通胀压力短期内难以缓解。目前,主要发达国家普遍强化宽松货币政策。未来一段时期,国际资本大规模无序流动风险增大,大宗商品市场可能频繁大幅震荡,全球通胀形势不容乐观。四是非经济因素干扰不断增多。国际金融危机阴霾不散可能进一步影响相关国家社会稳定,一些国家通胀、失业、社保和两极分化加剧等问题相互叠加,可能导致政局不稳、社会矛盾冲突加剧,各种风险触发点增多,都可能对世界经济产生难以预料的冲击。

四、分析与论述题

(1)货币市场是短期资金市场,是指融资期限在一年以下的金融市场,是金融市场的重要组成部分。货币市场就其结构而言,包括同业拆借市场、票据贴现市场、短期政府债券市场、证券回购市场、大额可转让定期存单等。

同业拆借市场是传导中央银行货币政策的重要渠道。在发达的金融市场上，同业拆借活动涉及范围广、交易量大、交易频繁，同业拆放利率成为确定其他市场利率的基础利率。中央银行通过货币政策工具的操作，首先传导影响同业拆放利率，继而影响整个市场利率体系，从而达到调节货币供应量和调节宏观经济的目的。

票据市场为中央银行提供了宏观调控的载体和渠道。首先，再贴现政策必须在票据市场实施。一般情况下，中央银行提高再贴现率，会起到收缩票据市场的作用，反之则扩展票据市场。同时，中央银行通过票据市场信息的反馈，适时调整再贴现率，通过货币政策中介目标的变动，达到货币政策最终目标的实现。

国库券等短期债券是中央银行进行公开市场业务操作的主要工具。央行通过公开市场业务操作影响短期内货币供应量的变化，从而使利率产生变化，最终实现对宏观经济的调节。

银行发行理财产品，使得小投资者进入货币市场成为可能，丰富了货币市场的投资主体，也加大了货币市场的交易规模。这对货币市场金融工具的流动性的提高、定价机制的形成都起到了积极作用。

(2)所谓影子银行，是指美国金融市场把银行贷款证券化，通过证券市场获得资金或进行信贷无限扩张的一种融资方式，在我国目前表现为银信合作理财、地下钱庄、小额贷款公司、典当行、民间金融、私募投资、对冲基金等非银行金融机构贷款。这种融资方式把传统的银行信贷关系演变为隐藏在证券化中的信贷关系。

刺激中国影子银行形成的一个主要因素是中国对货币价格的严格规定。影子体系得以发展壮大，是因为正规金融领域的利率受到严格管制，并保持在狭窄的区间内。因此，银行更愿意贷款给可以指望其偿还资金的大型国有企业。

它们永远不会因为贷款给这些大企业而受到批评；实际上，这似乎就是它们该做的。与政府部门打交道让银行获得了政治名誉并让个人银行家在有利的情况下放款。相比之下，银行几乎没有贷款给私营企业的动机，因为它们无法收取更高的利息，以弥补贷款给通常抵押较少的机构的较大风险。

然而在中国，拥有过多储蓄的企业家和其他富裕个人数量正在不断增多。在实际存款利率为负值之际，他们无意把钱存入银行。因此，他们乐于把资金投入非正规渠道，借给那些资金拮据的年轻私营企业，每年收取20%～30%的利息。

影子银行就是在美国次贷危机爆发之后所出现的一个重要的金融学概念。住房按揭贷款的证券化是美国影子银行的核心所在。这种住房按揭贷款融资来源方式的改变，降低了住房按揭者的融资成本，也让这种信贷扩张通过衍生工具全球化与平民化，成为系统性风险的新来源。随着美国金融管制放松，一系列金融创新产品不断涌现，影子银行体系也在这个过程中逐渐形成。比如，在各类金融产品中，美国衍生产品和结构性产品发展更是远远超过传统金融产品，最终美国拉着全世界吞下了次贷危机的苦果，影子银行堪称是这次危机的罪魁祸首。

那么根据国内国外的情况，对影子银行恐怕不能一棍子打死，还是要做客观分析。为何会出现影子银行？这是市场需求使然。市场有丰富的金融需求，当商业银行体系难以满足这些市场需求时，影子银行体系就通过创新的工具设计和风险分散安排，使原先不能完成的融资成为可能，进而扩大了金融体系的效率边界及其所服务的群体。如果中小企业能够通过正常的融资渠道，获得生存、发展所需要的资金，那么，民间高利贷必将缺乏生存的土壤。同时也要看到影子银行体系带来的系统性风险，影子银行的大量资金不但扰乱了宏观调控的效果，而且一旦出现资金链断裂潮，这个游离在监管之外的影子银行体系，可能会引发一场前景难测的金融危机。

第二部分(公司财务)

一、单项选择题

1. C

应收账款减少造成流动资产减少，从而使净营运资本减少。

2. D

A、B、C三个选项都是弱型市场的结论。

3. C

相关系数为0，表明两只股票组成的资产组合不会存在分散风险的效果，风险小的股票将组成最小方差组合。

4. A

资产收益率 $ROA=\frac{\text{净利润}}{\text{平均账面余额}}=\frac{\frac{\frac{400}{2}}{3}}{10\ 000}=6\%$。

5. A

根据资产组合的相关理论，$\beta=\frac{\mathrm{Cov}(\sigma_A,\sigma_M)}{\sigma_M^2}=0.4\times\frac{0.4}{0.2}=0.8$。

6. D

有效市场假说如果不成立，那么信息不被公众得知，公司的价值也将得不到正确评估。

7. A

长期财务规划要进行资本预算，要估计增长率，要确定固定资产投资的决策。

8. D

A选项是沉没成本，B选项是非付现项目，C选项是公司财务安排。

9. A

根据财务杠杆的定义，直接影响的是 $EBIT$ 的波动。

10. D

医药行业具有高成长性，但并非成熟行业，因此不会有很高的资产负债率。

二、判断题

1. ×

正好相反,因为只采用一个折现率,所以有可能接受过多的高风险项目,过少的低风险项目。

2. √

这样个人就能像公司一样复制现金流。

3. ×

还要考虑公司的债务结构等。

4. √

当债权人的价值得到保护,债权人的所有权益得到保障,那么股东即可享有公司价值提升的所有好处,因此公司最大化也可作为企业的目标。

5. √

如果抽象来看,无论是项目还是金融资产都是未来可以带来现金流流入的东西,那么它们的评价标准便是一致的,如果风险相同,折现率也应该没有区别。

6. ×

应该是能够实现的最高增长率是可持续增长率。

7. √

套利定价理论评价资产组合的收益率,而资产组合中个别资产的个别风险是可以被分散掉的。

8. ×

这些成本将由股东承担。

9. ×

在风险增大的同时,债务也会带来节税效应,公司的价值变化不确定。

10. √

三、分析与计算题

1. 对于苹果公司的股东,他们希望实现自己的利益最大化。在低负债的情况下,公司不能享受到税盾所带来的好处,这无疑降低了公司的价值。但是另一方面,公司由于持有大量现金和容易变现的有价证券,在公司发掘出好的投资机会或是短期需要大量资金的情况下,就不用进行外部融资而只需用自有资金就可以满足要求了。根据优序融资理论,公司在有融资需求时,首选是内部融资,其次是债务融资,最后才是股权融资。因为若采用股权融资,发行成本将非常高,削弱了公司的价值;而且,发行新股往往给外界消极的信号,似乎意味着股票价格高估,因此就会使公司的股价下跌。若债务融资,发行成本也是个很大的问题;同时还会提高公司的财务困境成本。

当然大量的现金会引发委托—代理问题,但是这对苹果公司似乎影响不大;因为乔布斯既是公司的管理者又是公司的创始人。因此苹果公司的做法使股东获得了更大的好处。

2. (1)根据 *CAPM*,公司的权益资本成本为:$R_E=r_f+(r_m-r_f)\times\beta=0.08+0.05\times 1.2=1.4$。

公司的加权资本成本为:$WACC=W_ER_E+W_DR_D(1-T)=\frac{4}{5}\times 0.14+\frac{1}{5}\times 0.08\times$

(1－0.25)＝0.124。

(2)公司发债的同时，公司价值就得到提升，提升的价值为税盾价值：

$DT=200\ 000\ 000\times0.25=50\ 000\ 000$(元)

回购前：$V_S=8$ 亿元，$V_B=2$ 亿元。

回购后：因为税盾存在，$V_S+V_B=10.5$(亿元)，其中，$V_B=4$ 亿元，$V_S=6.5$ 亿元。

宣布回购：$\frac{(10.5-2)\text{亿元}}{0.4\text{亿股}}=21.25$(元/股)，可回购股数：$\frac{2\text{亿元}}{21.25\text{元/股}}=941.18$(万股)。

回购后的价格为：$\frac{6.5\text{亿元}}{(0.4-0.094\ 118)\text{亿股}}=21.25$(元/股)。

(3)公司的价值在执行债务计划后变为：

$V=D+E+TD=400\ 000\ 000\times20\times(1+0.25)+500\ 000\ 000=1\ 050\ 000\ 000$(元)

发债后公司的股权和债权比例为：

$$W_E=\frac{400\ 000\ 000\times20-2\ 000\ 000\ 000+500\ 000\ 000}{10\ 500\ 000\ 000}=0.619$$

$W_D=0.381$

公司发债后的加权平均资本成本为：

$WACC=W_ER_E+W_DR_D(1-T)=0.619\times0.14+0.381\times0.09\times(1-0.25)=0.112\ 4$

(4)按照第二问的分析，公司发债后的价值将提升税盾价值。股利发放800 000 000元。根据第三问的分析，公司权益的价值为800 000 000＋50 000 000－80 000 000＝770 000 000(元)。公司债务价值为200 000 000＋200 000 000＝400 000 000(元)。因此，明年的股价将变为$\frac{770\ 000\ 000}{40\ 000\ 000}=19.25$(元)，权益负债比变为$\frac{D}{E}=\frac{400\ 000\ 000}{770\ 000\ 000}=0.52$。

3.(1)0期现金流：－1 500－90－650＝－2 240(万元)。

(2)每年折旧额：$\frac{1\ 500}{8}=187.5$(万元)；

5年后厂房的账面价值：187.5×3＝562.5(元)；

5年后厂房的税后残值为：500＋(562.5－500)×0.25＝515.625(万元)。

(3)该项目的经营性现金流为：

$[12\ 000\times(10\ 000-9\ 000)-400\ 000]\times(1-0.25)+1\ 875\ 000\times0.25=9\ 168\ 750$(元)

(4)根据条件，公司的净现值：

$$NPV=-22\ 400\ 000+9\ 168\ 750\times\frac{1-\frac{1}{(1+0.12+0.02)^5}}{0.12+0.02}+\frac{6\ 500\ 000}{(1+0.12+0.02)^5}$$

$$+\frac{5\ 156\ 250}{(1+0.12+0.02)^5}=15\ 130\ 952(\text{元})$$

2012年对外经贸大学431金融硕士真题参考答案

一、单项选择题

1. C

首先是工商企业签发而非银行机构签发，因此不是银行票据；其次，汇票是有承兑人的票据，因此也要除去A选项。

2. A

期限结构的流动性溢价理论认为人们对于短期证券是有偏好的，所以有产生流动性的溢价，并且假设不同期限的债券是可以相互替代的。

3. D

正缺口在利率下降时会导致损失，损失额为利率下降与缺口的乘积，即5%×20=1(亿元)。

4. B

2011年10月15日，法国戛纳召开的二十国集团(G20)领导人峰会，将确定并公布全球系统性重要银行的最终名单。峰会还将表决是否对这些位列名单的银行施行1%～2.5%的强制资本附加要求。

5. C

主张“通货膨胀不论何时何地都是一种货币现象”的经济学家是弗里德曼。

6. C

CAMELS六个字母分别代表资本充足性(Capital Adequacy)、资产质量(Asset Quality)、管理水平(Management)、盈利状况(Earnings)、流动性(Liquidity)、对市场风险的敏感度(Sensitivity)。

7. D

$$EFN=\frac{资产}{销售额}\times\Delta 销售额-\frac{自发增长的负债}{销售额}\times\Delta 销售额-PM\times 预计销售额\times(1-d)$$

其中，PM 为销售利润率，d 为股利支付率。最后算得答案为D。

8. D

直接套用戈登模型：$P=\frac{D_1}{r-g}=\frac{2.25\times1.05}{11\%-5\%}=39.375$(元)。

可算得答案与选项D最接近。

9. A

若无风险资产的权重为正，表示投资于无风险资产；为负则表示以无风险利率借入资金，并投资于风险资产。

10. B

$$可持续增长率=\frac{ROE\times b}{1-ROE\times b}$$

杜邦恒等式：ROE＝销售利润率×总资产周转率×权益乘数。增加留存收益指的就是 b 的增加，因此可持续增长率增加。

二、判断题

1. ×

当市场利率上升时，远期利率协议可以为买方或者借款方规避利率上升的风险；当市场利率下降时，远期利率协议可以为卖方或者投资方规避利率下降的风险。

2. √

此题考查货币流动性定义。

3. √

在蒙代尔的政策分派模型中，财政政策用于解决内部失衡，货币政策用于解决外部失衡。

4. ×

根据商业银行的存款创造机制，当发生违约时，会发生成倍于准备金的货币缺口。

5. √

存款保险制度是一种金融保障制度，是指由符合条件的各类存款性金融机构集中起来建立一个保险机构，各存款机构作为投保人按一定存款比例向其缴纳保险费，建立存款保险准备金，当成员机构发生经营危机或面临破产倒闭时，存款保险机构向其提供财务救助或直接向存款人支付部分或全部存款，从而保护存款人利益，维护银行信用，稳定金融秩序的一种制度。

金程点评

存款保险制度可提高金融体系稳定性，保护存款人的利益，促进银行业适度竞争；但其本身也有成本，可能诱发道德风险，使银行承受更多风险，还产生了逆向选择的问题。

6. ×

折旧是算在增量现金流中的，本题考查增量现金流的概念，在计算息税前利润时，需要减掉折旧，因此需要考虑折旧。

7. ×

FTE 法即权益现金流法，其要计算的是有杠杆的现金流量。复习时要注意调整净现值法、FTE 法和加权平均资本成本法三者的区别。

8. ×

本题考查的是 IRR 法在判断投资还是融资行为时的缺点，应当是在 $IRR>$资本成本时舍弃,当 $IRR<$ 资本成本时采用。与投资项目正好相反。

9. ×

总资产周转率是衡量公司在多大程度上集中有效运用资产来获得收入,是营运能力指标,并非盈利指标。复习时要掌握各类指标包括哪些。

10. ×

高等级债券的风险低于优先股融资,所以债券对应的融资成本低于优先股。

三、名词解释

1. 格雷欣法则是发生在双本位制中的一种现象。在双本位制中,当黄金与白银的法定比价同市场价格不一致时,市场价格高于法定比价的金属货币在流通中的数量会逐渐减少,而市场价格低于法定比价的金属货币在流通中的数量会不断增加,这就是"劣币驱逐良币"现象,通称格雷欣法则(Gresham's Law)。格雷欣法则的最终结果是良币被收藏、熔化退出流通,劣币则充斥市场。格雷欣法则的根本原因在于金银复本位制与货币作为一般等价物的排他性、独占性的矛盾。正因格雷欣法则的存在,双本位制是一种不稳定的货币制度。

2. 货币中性(Monetary Neutrality)是货币理论的命题之一。其认为从长期看,货币供给的一次性增加会引起物价水平的同比例上升,因此实际货币供给和利率等其他所有经济变量保持不变。货币中性说明,在长期内,货币供给的增加不会引起国内利率水平的变动,国内利率会重新回到其原先的水平。根据汇率决定的图像,需求曲线会向右移动,但由于长期内物价水平依然会在较高的位置上,因此,需求曲线不会完全返回到最初位置,这意味着汇率在长期内是上升的。

3. 债券的到期收益率,指使债券的现值等于所有息票利息的现值加上最后偿还的债券面值的现值的收益率,其公式为:

$$D=\frac{c}{(1+r)}+\frac{c}{(1+r)^2}+\frac{c}{(1+r)^3}+\cdots+\frac{c}{(1+r)^T}+\frac{A}{(1+r)^T}$$

如果息票债券的价格等于其面值,到期收益率等于息票利率。息票债券价格与到期收益率是负相关的,也就是说,当到期收益率上升时,债券价格下跌;反之,当到期收益率下降时,债券价格上升。当债券价格低于其面值时,到期收益率高于息票利率。

4. 投资项目估值的修正现值法。调整净现值(Adjusted Present Value)可以用公式 $APV=NPV+NPVF$ 表示,即一个项目为杠杆企业创造的价值(APV)等于一个无杠杆企业的项目净现值(NPV)加上筹资方式的负效应的净现值。这种效应包括债务的节税效应、新债券的发行成本、财务困境成本以及债务融资的利息补贴。第一个负效应影响最大。杠杆融资的项目价值等于全权益融资的项目价值加上债务的节税价值,当其为正时,项目可行。

5. 多头套期保值又称为买入套期保值,是指交易者先在期货市场买入期货以便将来在现货市场买进现货时不致因价格上涨而给自己造成经济损失的一种套期保值形式。它能使两个市场的盈亏大致抵消,可以将远期价格固定在预计水平上,以达到防范价格波动风险的目的。多头套期保值是需要买进现货而又担心价格上涨的客户常用的保值方法。

四、计算分析题

1.(1)基础货币(Monetary Base)又称为高能货币，等于流通中的现金C加上银行体系的准备金总额R。可以表示为$B=C+R$。

货币乘数(Money Multiplier)是指基础货币的既定变动所引起的货币供给变动的比率。货币供给、货币乘数与基础货币的关系为：$M=m\times B$。

(2)根据$M=m\times B$，M2＝20.3×3.847＝78.094，9月末货币供应量为78.094万亿元。

(3)与上式计算相同，去年同期的货币供应量M2＝15.4×(3.847＋0.530)＝67.406(万亿元)。

因此，货币供应量比去年增加了78.094－67.406＝10.688(万亿元)。

2.(1)全权益融资时，$V=\dfrac{EBIT\times(1-t)}{R_0}$

其中，$EBIT\times(1-t)=23\ 500\ 000\times(1-60\%)=9\ 400\ 000$，$R_0=17\%$，则$V=\dfrac{9\ 400\ 000\times 0.6}{0.17}=33\ 176\ 470.6$。

(2)根据有税的MM定理二：

$$R_S=R_0+\frac{B}{S}\times(1-t_c)\times(R_0-R_B)=17\%+0.45\times0.6\times(17\%-9\%)=19.16\%$$

(3)根据公式，

$$R_{WACC}=\frac{S}{S+B}\times R_s+\frac{B}{S+B}\times R_B\times(1-t)=0.31\times19.16\%+0.69\times9\%=9.63\%$$

根据公式，

$$V_L=\frac{EBIT\times(1-t_c)}{R_{WACC}}=\frac{9\ 400\ 000\times0.6}{0.096\ 3}=58\ 566\ 978.2$$

五、证明与简答

1. 金融市场交易中一方对另一方缺乏充分的了解，并影响其在交易中做出的正确的决策会导致信息不对称问题，逆向选择(Adverse Selection)就是信息不对称的一种表现，是交易之前出现的信息不对称：潜在的不良贷款风险来自那些积极寻求贷款的人。因此，最可能导致不良后果的人往往就是最希望从事这笔交易的人。

有以下几种方法能解决逆向选择问题：

(1)信息的私人生产与销售；

(2)意在加强信息的政府监管；

(3)金融中介；

(4)抵押品与净值。

2. 无税的MM理论表明，公司的融资方式是无关紧要的，因此资本结构与公司价值是不相关的。然而，MM理论是建立在一些不现实的假设基础上的，这些假设包括：①不存在代理成本；②没有税收；③不存在破产成本；④投资者，包括机构和个人，都可以以同一利率借款和贷款；⑤对于公司未来的投资机会，所有的投资者和公司拥有相同的信息，不存在信息不对称;⑥$EBIT$ 不受债务的影响,$EBIT$ 预期是等额永续年金;⑦企业只发行无风险债券和风险权益;⑧投资者在投资时不存在交易成本;⑨企业的经营风险是可以度量的,经营风险相同,即认为风险相同。

无税的 MM 模型在这一系列假设条件下,得出了关于财务杠杆与资本成本和企业价值关系的两个命题。

(1)无税的 MM 理论命题Ⅰ(MM Proposition Ⅰ)实为企业价值模型。它表示为:任何企业的市场价值与其资本结构无关,不管有无负债,企业的价值等于预期息税前收益(Earnings Before Interest and Tax,EBIT)除以适用其风险等级的报酬率。用公式表示为:

$$V_L=V_U=\frac{EBIT}{R_0}=\frac{EBIT}{R_{WACC}}$$

式中,V_L 和 V_U 分别表示有负债和无负债企业,R_0 和 R_{WACC} 分别表示有负债的加权平均资本成本和无债务的权益成本。由上式,命题Ⅰ主要结论是:

①杠杆企业的价值等同于无杠杆企业的价值,企业的价值独立于其财务杠杆,即无论企业是否有负债,企业的加权平均成本保持不变;

②有负债企业的加权平均资本成本等同于具有相同风险等级、无债务企业的权益成本;

③R_0 和 R_{WACC} 视企业的风险等级而定。

(2)命题Ⅱ(MM Proposition Ⅱ)为企业股本成本模型。它表示为:负债企业的股本成本等于同一风险等级中某一无负债企业的股本成本加上根据无负债企业的股本成本和负债成本之差以及负债比率确定的风险报酬。其公式为:

$$R_S=R_0+RP=R_0+(R_0-R_B)\frac{B}{S}$$

式中,B 为债务价值,S 为权益价值,R_S 为负债企业的股本成本,R_0 为无债务企业的股本成本,RP 为风险报酬率,R_S 为负债成本。从上式可以看出,随着负债的增加,有负债企业的股本成本上升。权益成本、债务成本和加权平均资本成本的关系如下图所示:

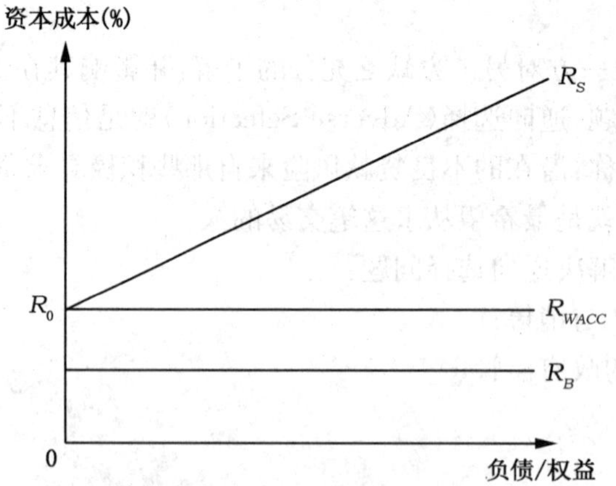

将以上两个命题联系起来看,由于债务资本的增加,剩余的权益资本增大了风险。随着风险的加大,权益资本的成本也随之增大。因此,低成本举债带来的利益恰好被股本成本的上升所抵消。因此,无债务企业的权益成本等于有债务企业的加权平均资本成本,由此可以从无税的MM模型所描述的内在逻辑关系中导出这样的结论：在无税情况下，企业资本结构的变化不会影响企业价值和资本成本。

六、论述题

1. 分业经营优点有以下几点：

（1）分业经营专业性技能更强，有利于与客户保持长期联系。

（2）分业经营为业务发展创造了一个稳定而封闭的环境，避免了竞争摩擦、银行集团内部的竞争和协调困难。

（3）有利于保证商业银行的自身及客户安全，阻止商业银行将过多资金投放到高风险活动上。

（4）分业经营有利于抑制金融危机的产生，为经济的稳定创造了条件。

分业经营的缺点有以下几点：

（1）对某些必要性竞争业务具有一定抑制性。

（2）商业银行与证券、保险等公司之间缺乏优势互补。

（3）在世界上缺乏竞争性。

混业经营优点有以下几点：

（1）增强了商业银行在金融市场中的适应性，全能银行的多元化经营为银行的金融产品创造了巨大的发展空间。

（2）提高了服务效率，有利于增强竞争力。

（3）使商业银行的资源可以充分利用，降低社会成本，促进金融机构的竞争，提高经济效率。

（4）精简了金融机构，有利于相关部门监管，有利于提高政府宏观调控能力。

混业经营缺点有以下几点：

（1）银行集团内部可能会出现竞争摩擦和协调困难。

（2）不利于金融系统的稳定，有可能成为金融危机爆发的原因。

德国的全能银行模式，其特点表现为：银行业在金融体系中占据主导地位。德国银行业在金融体系中占据重要地位，且银行融资额也在金融市场中占据主导地位。全能银行能够从事任何一种或多种金融业务，包括存贷款业务、贴现业务、经纪人服务、投资基金业务、担保业务等。银行广泛持有企业股权，可以持有非金融机构股权。

美国的金融控股公司模式是美国金融混业经营的主要形式。其特点为：金融控股公司由多家金融机构组成，且金融业成为集团主营行业。金融控股公司至少控制银行业、证券业、保险业中的两种以上金融业。金融控股公司内各个金融机构都是具有独立法人地位的实体。

2.（1）理论上说，如果某国货币升值，那么该国货币的相对购买力提高，促进该国的进口，从而产生逆差。根据本题题意，即人民币的升值会引起国内的贸易逆差，从而减缓交易对手美国的贸易逆差。

但实际上，中美之间的经济问题不单是汇率问题，美国国内的失业和经济低迷并不是中国贸易顺差过大和人民币币值低估造成的，而主要是美方没有放开高新技术对华出口，如果人民币继续升值，美国仍然不放开高新技术对华出口，还是解决不了美国对华贸易逆差问题。同时，人民币激进升值可能会引发中美之间的贸易战，如中国限制对美国的出口，美国人民将无法享用中国价廉物美的产品，美国相关产业工人将面临更为严峻的失业形势。因此，强制人民币升值对中美两国来说都是弊大于利的。

(2)中国对外贸易持续顺差是国际产业转移的结果。这些由欧、美、日等发达国家及中国台湾地区的企业主导的生产线具有两个很明显的特点：一个是大进大出，即原材料和半成品大部分来自境外，产品加工后也出口到境外。对这种同时依赖进出口的企业，人民币升值对其出口的影响很小；自然，人民币币值对美国收窄贸易逆差的努力也就帮助甚微了。另一个特点是核心技术和品牌由其母公司掌控，生产线可以根据供应链或国别之间的比较优势不断迁徙。如果西方不断施压，导致升值预期一直很强烈，以致“热钱”不断涌入、流动性长期过剩，进而推动房价、物价、工资上涨，那么，在生产成本过度上升之后这些外企就会把生产线搬到中国以外的国家或地区，比如印度尼西亚、印度、越南等。但由于美国已成功地转型为以服务业为主的国家，传统制造业的比较优势已不复存在，因此，不管生产线怎么转移，指望人民币升值减少美国贸易逆差或指望生产线大量搬回美国，基本上不太现实。

人民币升值不仅无助于上述问题的解决，还会持续打压此类出口企业，导致企业反过来降低工人的薪资和劳动保障水平，减少对环保及安全生产设施的投入。这种成本转嫁的方式，无助于减少中国对美国的出口，无助于改变美国对华逆差的局面。与此同时，人民币升值会增加美国的消费者负担，加大欧美的通胀压力；美国不断对人民币汇率施压，还会导致国际游资在以香港和中国内地为中心的东亚地区涌动或折腾，从而加剧亚洲乃至全球金融市场的动荡。所有这些对“大病初愈”的美国来说同样是不利的。

实际上，中国贸易顺差不减反增是由如下几个原因造成的：

第一，国际产业分工的大格局是建立在比较优势基础上的，是综合因素决定的。汇率在其中所起的作用是有限的。人民币再升值也改变不了美国以服务业为主的经济结构和传统制造业产品靠外部输入的局面。美国的比较优势是高科技、尖端产业及金融服务业，其贸易逆差长期以来是靠金融和资本项目顺差来弥补的。这种格局对美国而言是有利的、可持续的。

第二，中国的外贸是以加工贸易为主的。如果撇除掉加工贸易，中国对美国顺差将大减9成左右；如果扣除掉外企的顺差，中国的年度顺差将收窄至只剩区区二三百亿美元。对这些加工贸易，人民币升值的正面、反面作用将互相抵消，由此产生的贸易顺差将继续不减反增。

第三，在国外施压、舆论热炒和内部有人主动挑起的情况下，无论是渐进升值还是一次性升值方式，都会形成并强化进一步升值的预期，并刺激“热钱”从四面八方分别以贸易、外债、投资、服务贸易、转移支付(如侨汇)的名义疯狂地涌入中国。而披着贸易外衣流入的资金增多，进出口贸易顺差的规模自然会不断放大。从贸易及国际收支顺差的异常增幅看，中国的外汇储备包含3～4成的异常资金，恐怕一点都不值得奇怪。

2012年中央财经大学431金融硕士真题参考答案

一、单项选择题

1. C

各国中央银行在确定货币供给的统计口径时，都以流动性的大小，即以流通手段和支付手段的方便程度作为标准。

2. D

汇票分为银行汇票和商业汇票。银行汇票是由出票银行签发的。商业汇票是由出票人签发的，出票人一般是企业。商业汇票又分为商业承兑汇票（由银行以外的付款人承兑）和银行承兑汇票（由银行承兑）两种。银行本票是由银行签发的，承诺在见票时无条件支付确定金额给收款人或者持票人的票据。

3. D

这项资产未来收益的现值为：$P=\sum_{i=1}^{\infty}\frac{5}{(1+4\%)^{i}}=\frac{5}{4\%}=125$（元），因此最低愿意以125元出售这项资产。

4. B

B选项，市场分割理论认为资金在不同期限市场之间基本是不流动的。当长期市场上资金供不应求，导致利率上升的同时，短期市场资金供过于求，导致利率下降，就会形成向上倾斜的收益率曲线。A选项，利率期限结构是指在某一时点上，不同期限资金的收益率与到期期限之间的关系，长期利率比较稳定，短期利率经常波动。C选项，预期理论认为，长期债券的现期利率是短期债券的预期利率的函数，长期利率与短期利率之间的关系取决于现期短期利率与未来预期短期利率之间的关系。D选项，流动性偏好认为不同期限债券的风险程度与利率结构的关系，较为完整地建立了流动性偏好理论。根据流动性偏好理论，不同期限的债券之间存在不完全的替代性。

5. D

该投资者的投资收益率为：(5.5－5＋0.15)/5＝13%。

6. D

A选项，私募发行有确定的投资者，发行手续简单，可以节省发行时间和发行费用，但投资者数量有限，证券流通性较差。B选项，公募发行的发行条件比较严格，发行程序比较复杂，登记核准的时间较长，发行费用较高；公募发行以众多投资者为发行对象，证券发行的数量多，筹集资金的潜力大。C选项，直接发行，如果发行额较大，由于缺乏专业人才和发行网点，发行者自身要担负较大的发行风险，受到很多法律限制。D选项，间接发行，可在较短时期内筹集到所需资金，发行风险较小；但需支付一定的手续费，发行成本较高。

7. B

商业银行的经营原则是盈利性、安全性、流动性原则，并且有效地在三者之间寻求平衡。

8. C

中央银行的业务可以分为负债业务、资产业务和中间业务，其中资产业务包括贷款、再贴现、证券买卖、保管金银外汇储备等。负债业务包括货币发行、代理国库、集中存款准备金、占用清算资金、其他负债业务等。

9. D

由题可知，商业银行的法定存款准备金为：100×0.2＝20(亿元)，因此其超额存款准备金为：30－20＝10(亿元)。货币乘数 $k=(c+1)/(R_d+e+c)$，其中，$c=20/100=0.2$，代表通货与存款的比率；$R_d=0.2$，代表法定存款准备金率；$e=10/100=0.1$，代表超额存款准备金率，货币乘数 $k=(0.2+1)/(0.2+0.1+0.2)=2.4$。

10. B

金融全球化的积极影响主要有：提高金融市场运作的效率；促进资金在全球范围内的有效配置；促进国际投资和贸易的迅速发展以及促进金融体制与金融结构的整合。同时金融全球化的负面影响主要有：导致国际金融体系和金融机构内在脆弱性的加深；削弱国家货币政策的自主性；加大了各国金融监管的难度以及使资产价格过度波动的破坏性大。

11. B

汇率理论的弹性价格货币分析法的基本模型为：$e=-a(y-y_1)+b(i-i_1)+(Ms-Ms_1)$，其中，$y$、$y_1$ 分别代表本国的国民收入和其他国家的国民收入；i、i_1 分别代表本国和其他国家的利率水平；Ms、Ms_1 分别代表本国和其他国家的货币供应量。因此，导致本国货币对外升值也即 e 变小的原因有：本国的货币供应量相对于其他国家减少；本国的国民收入相对于其他国家增加；本国的利率相对其他国家减少。

12. A

若投机者投入 100 万英镑，那么他在伦敦市场可以换取 142 万美元，然后进入纽约市场，142 万美元则可兑换 142×1.58＝224.36(万加元)，最后进入多伦多市场则可兑换 224.36/2.2＝101.98(万英镑)，因此有套利机会，获利 101.98－100＝1.98(万英镑)。

13. C

蒙代尔的政策分派原则：在固定汇率制下，只有把内部均衡目标分派给财务政策，外部均衡目标分派给货币政策，方能达到经济的全面均衡。具体如下：

经济失衡状态	通货膨胀 国际收支盈余	失业 国际收支盈余	通货膨胀 国际收支赤字	失业 国际收支赤字
最佳政策配合	紧缩性财政政策 扩张性货币政策	扩张性财政政策 扩张性货币政策	紧缩性财政政策 紧缩性货币政策	扩张性财政政策 紧缩性货币政策

因此，当一国同时处于通货膨胀和国际收支逆差时，应采用紧缩性财政政策和紧缩性货币政策的政策搭配。

14. C

流动比率和速动比率主要用于反映企业短期偿债能力。其中,流动比率是企业流动资金与流动负债之比;速动比率是速动资产与流动负债的比率,其中速动资产等于流动资产减存货。因此企业的流动负债为:4 000/2=2 000(元),速动资产为:2 000×1=2 000(元),因此存货=4 000-2 000=2 000(元)。

15. D

根据*CAPM*模型,股票的期望收益率为:

$$E(R_i)=R_f+\beta_i[E(R_M)-R_f]$$

式中,$E(R_i)$为证券i的期望收益率;R_f为无风险收益率;$E(R_M)$为市场资产组合的期望收益率;β_i为资产i的β系数。

上式表明:单个证券的期望收益率由两部分组成,一是资金的时间价值,即无风险利率;二是投资者因承担系统风险而得到的风险报酬,即风险溢价。其中,风险溢价的大小取决于β_i值的大小,是用来度量系统风险的,β_i越大,单个证券的风险越高,得到的风险补偿也越高。

16. B

令永续年金每年固定收入为x,那么有$x/5\%=1\ 000$,得到$x=50$(元),那么当贴现率为10%时,其现值为:50/10%=500(元)。

17. C

认购权证赋予权证持有者在一定期限内按照一定的价格向发行人购买一定数量的标的资产的权利,因此也是有效期限限制的。认股权证与普通看涨期权的区别主要在于:①认股权证在进入交易市场之前,必须由发行股票的公司向市场发行;而普通看涨期权无需经过发行环节,只要买卖双方同意,就可直接成交。②认股权证行权后,公司总股本的增加等于行使股本权证时所购买的股票数量,从而对股票价格有摊薄或提升的作用;股票期权行权时所需的股票完全从市场上购入,上市公司的总股本并不会增减,期权行权对上市公司无任何影响。

18. A

终结现金流量是指项目经济寿命终了时发生的现金流量,主要包括经营现金流量和非经营现金流量。经营现金流量与经营期现金流量计算方式一样,非经营现金流量主要指固定资产残值变价收入以及出售时的税负损益和垫支营运资本的收回。

19. C

根据有税的MM定理命题Ⅱ,$R_s=R_0+B/S\times(1-t)\times(R_0-R_B)$,即$16\%=R_0+1\times75\%\times(R_0-8\%)$,解上式得到公司的债务权益比为0时,权益成本$R_0=12.57\%$。

20. B

股利政策的在手鸟理论认为,用留存收益再投资带给投资者的收益具有很大的不确定性,并且投资风险将随着时间的推移而进一步增大,因此投资者更喜欢现金股利,而不太喜欢将利润留给公司。公司分配的股利越多,公司的市场价值也就越大。

二、判断题

1. ×

实际利率是指物价水平不变，从而货币购买力不变条件下的利息率。名义利率是指包括补偿通货膨胀(包括通货紧缩)风险的利率。名义利率不可能为负，不会出现倒负利息的情况。当通货膨胀率高于名义利率时，实际利率为负值。

2. ×

弱式有效市场认为证券价格充分反映了历史上一系列交易价格和交易量中所隐含的信息；而半强式有效市场假说认为当前的证券价格反映了所有的公开的信息。

3. √

本币升值后，从资产重估的角度出发，持续的、大量的国际收支顺差，将形成大量的对外债权。整体来看，国内企业基于分散风险的需要，将卖出对外债权，买入本币资产，以规避涉外风险。这种对外债权的卖出和本币资产的买入活动本身，就将影响以本币计价的资产价格。本币资产将会获得一个重新估值和价格不断上涨的过程，这个过程将会影响到所有本币资产，而不仅仅局限于金融资产。

4. √

期货合约和远期合约本质是一致的，都是在交易时约定在将来某一时间按约定的条件买卖一定数量的某种标的物的合约。它们的区别之一是期货具有标准化的合约，在交易所集中交易；而远期合约标准化程度较低，没有固定的交易场所。

5. √

商业银行采用缺口管理方法的目的是，根据对利率变化趋势的预测，相机调整利率敏感性资金的配置结构，以实现利润最大化的目标或扩大净利息差额率。

6. ×

费雪的交易方程式仅从货币的交易媒介功能考察，全社会一定时期一定价格水平下的总交易量与所需要的名义货币量的比例关系，没有考虑微观主体动机对货币需求的影响。剑桥学派在研究货币需求问题时，重视微观主体的行为，认为处于经济体系中的个人对货币的需求，实质是选择以怎样的方式保持自己资产的问题。

7. √

根据自然失业率假说，任何一个资本主义社会都存在这样一个失业率水平，其大小取决于社会的技术水平、资源数量和文化传统。长期而言，经济总是趋向于自然失业率，通货膨胀与失业率之间不存在替代关系。

8. 错

货币政策操作中介指标需要满足可测性、可控性、相关性和抗扰性的特点。货币供应量具有很强的可测性，并且能够满足可控性和相关性的要求，而且抗扰性也较好。

9. √

金融结构是指各种金融工具和金融机构的形式、性质及其相对规模；也就是说，金融结构是由金融工具与金融机构共同决定的。一国金融结构的形成取决于多种因素，其中主要是社会经济制度和经济发展程度。合理的金融结构是商品经济顺畅运行的条件和促进因素，能够完善金融的服务功能，降低金融的系统性风险，调节社会经济结构，促进经济结构向合理化方向发展。

10. ×

存款货币的创造必须具备两个紧密联系的必要前提条件：其一，各个银行对于自己所吸收的存款只需保留一定比例的准备金；其二，银行清算体系的形成。在部分准备金制度下，商业银行吸收的原始存款，在上缴法定准备金后，余下部分可以用来发放贷款和进行投资，并且都通过银行清算系统，这样贷款和投资又可以转变为存款，创造出支票货币。如果只有部分准备金制度，而没有银行清算系统，那么就不会出现存款货币的创造。

11. ×

国际储备的功能包括：弥补国际收支赤字、调节本币汇率、充当信用保证以及防患突发事件。

12. ×

存放在美国境外的各国银行，主要是欧洲和美国银行欧洲分行的美元存款，或是从这些银行借到的美元贷款。欧洲美元与美国国内流通的美元是同一货币，具有同等价值，区别只在于财务上的处理方式不同。这样欧洲美元不受美国联邦储备系统监管。因此，此种储蓄比相似的美国境内的储蓄受到更少的限制而有更高的收益。欧洲美元利差由市场决定，美国国内市场的美元利差受市场和政府的双重影响，所以难以比较。

13. √

特里芬难题是指美元承担了相互矛盾的双重职能：①为世界经济增长和国际贸易发展提供清偿能力；②维持美元的币信，保持美元同黄金的兑换比例。

信心和清偿力又存在着不可克服的矛盾，美元供给太多就会有不能兑换的危险，从而发生信心问题，美元供给太少就会发生国际清偿力不足的问题。

14. √

当期限相同、每年付款金额相同时，在同样的折现率水平下，现值的计算公式为：先付年金现值$=A\times[(P/A,i,n-1)+1]$，后付年金现值$=A\times(P/A,i,n)$。根据现值计算公式可知，先付年金的折现期限比后付年金的折现期限短，所以先付年金的现值大于后付年金的现值。

15. ×

在风险与期望收益的坐标系内，位于证券市场线(SML)上方的证券是定价偏低的证券，因为在相同的风险下，在证券市场线上方的证券，其期望收益偏高。价格必须上升，直至其期望收益率位于证券市场线上。

16. ×

根据《中华人民共和国合伙企业法》，以下公司不得成为普通合伙人：国有企业、上市公司以及国有独资企业。

17. √

垃圾债券，也称为高风险债券，评信级别在标准普尔公司BB级及以下的公司发行的债券。

18. √

可赎回债券是指发行人有权在特定的时间按照某个价格强制从债券持有人手中将其赎回，可认为债券与看涨期权的结合体。在市场利率跌至比可赎回债券的票面利率低得多的时候，债务人如果认为将债券赎回并且按照较低的利率重新发行债券，比按现有的债券票面利率继续支付利息要合算，就会将其赎回，因此当市场利率下降时，可赎回债券被赎回的可能性会增大。

19. ×

内部收益率(IRR)是投资收益现值与其初始投资额相等时的收益率，即净现值为零时的贴现率。它是一项投资渴望达到的报酬率，而不是实际收益率。

20. √

无税的 MM 定理的结论：①债转股后如果盈利未变，那么企业的股票价值也不变。②股东期望收益率会随着财务杠杆的上升而上升；也就是说，负债公司的股东所要求的回报率大于无负债公司的股东所要求的回报率。③股东每股盈利也会随着财务杠杆的上升而上升。

三、计算题

1. 资本市场线揭示了有效组合的收益和风险之间的均衡关系，这种均衡关系可以用资本市场线的方程来描述：

$$E(r_p)=r_f+\left[\frac{E(r_M)-r_f}{\sigma_M}\right]\sigma_p$$

将题目中的数值代入上式得到：$25\%=5\%+[(15\%-5\%)/20\%]\times\sigma_P$，

解得该投资组合的回报率标准差 $\sigma_p=40\%$。

由 $CAPM$ 模型可知：$E(r_i)=r_F+[E(r_M)-r_F]\beta_i$，

将数值代入上式得到：$25\%=5\%+(15\%-5\%)\times\beta$，

解得 $\beta=2$。

又因为 $\beta=\rho\times\sigma_p/\sigma_m$，

解得该组合与市场之间的相关系数 $\rho=1$。

2. (1)根据有负债条件下的 MM 理论，$V_1=V_U+TD$，T 代表公司税率，D 代表公司负债。通过转化，$V_1=EBIT(1-T)/r_0+TD$，$EBIT$ 代表息税前利润，T 代表公司税率，D 代表公司负债，r_0 是无杠杆公司的权益报酬。

$1\ 700\ 000=EBIT(1-40\%)/20\%+40\%\times500\ 000$

所以 $EBIT=500\ 000$(元)。

再根据 $EBIT$＝净利润＋所得税＋利息，可得

净利润＝$EBIT$－所得税－利息

$=(500\ 000-500\ 000\times10\%)\times(1-40\%)=270\ 000$(元)

(2)根据无负债条件下的 MM 理论，

$V_u=EBIT(1-T)/r_0=500\ 000\times(1-40\%)/20\%=1\ 500\ 000$(元)

所以，公司的价值 $V=1\ 500\ 000$(元)。

3. 公司是否换车取决于公司换车所带来的未来净现金流量净值是否大于零。

公司换车产生的未来现金流量：

①购买新车的费用为 $5\times250\ 000=1\ 250\ 000$(元)，现值＝1 250 000(元)。

②获得旧车出售带来的收入和由于出售资产损失节税＝$30\ 000\times10+10\times(150\ 000-$

150 000/15×5－30 000)×40%＝300 000＋280 000＝580 000(元)，现值＝580 000(元)。

③新车使用期间每年折旧所带来的税收节约＝(5×250 000/10－10×150 000/15)×40%＝10 000(元)

公司的年经营费用会下降带来费用的节约＝100 000(元)

现值＝(100 000＋10 000)×(P/A,8%,10)＝110 000×6.710 1＝738 111(元)

公司换车产生的未来现金净流量的现值＝－1 250 000＋580 000＋738 111＝68 111(元)>0

所以该公司换车是有利的，应该替换旧车。

四、名词解释

1. 格雷欣法则也称劣币驱逐良币法则，指在实行金银复本位制条件下，金银有一定的兑换比率，当金银的市场比价与法定比价不一致时，市场比价比法定比价高的金属货币(良币)将逐渐减少，而市场比价比法定比价低的金属货币(劣币)将逐渐增加，形成良币储藏、劣币充斥的现象。

2. 流动性风险有两种含义：一种是由于市场的流动性不高，导致证券持有者无法及时变现而出现损失的风险。这种风险叫作市场或产品流动性风险。另一种金融交易者本身现金流出现困难，不得不提前低价变现金融资产时，可能将账面损失变为实际损失的风险。这种风险叫作现金流风险。

3. 期望本币贬值来扩大出口，缓解国际贸易逆差的压力，但是发现本国货币贬值后，最初发生的情况往往正好相反，经常项目收支状况反而会比原先恶化，进口增加而出口减少。这一变化被称为J曲线效应。其原因在于最初的一段时期内由于消费和生产行为的"粘性作用"，进口和出口的贸易量并不会发生明显的变化，但由于汇率的改变，以外国货币计价的出口收入相对减少，以本国货币计价的进口支出相对增加，从而造成经常项目收支逆差增加或是顺差减少，经过一段时间后，这一状况开始发生改变，进口商品逐渐减少，出口商品逐渐增加，使经常项目收支向有利的方向发展，先是抵消原先的不利影响，然后使经常项目收支状况得到根本性的改善。这一变化过程可能会维持数月甚至一两年，根据各国不同情况而定。因此汇率变化对贸易状况的影响是具有"时滞"效应的。

4. 财务危机是指企业明显无力按时偿还到期的无争议的债务的困难与危机。对于财务危机，通常公认有两种确定的方法：一是法律对企业破产的定义，企业破产是用来衡量企业财务危机最常用的标准，也是最准确和最极端的标准；二是以证券交易所对持续亏损、有重大潜在损失或者股价持续低于一定水平的上市公司给予特别处理或退市作为标准。财务危机是导致企业生存危机的重要因素，因此，需要针对可能造成财务危机的因素采取监测和预防措施，及早防范财务风险，控制财务危机。形成原因主要有：内部控制薄弱；风险意识淡薄；投资决策失误；过度负债经营对企业财务的不利影响。

5. 有效投资组合用来描述一项投资组合的风险与回报之间的关系，在以风险为横轴、预期回报率为纵轴的坐标上显示为一条曲线，所有落在这条曲线上的风险回报组合都是在一定风险或最低风险下可以获得的最大回报。有效边界是建立最优投资组合和证券估值最重要和有用的金融学理论。管理大规模资产的基金经理的工作重点就是如何将其投资组合的风险回报值落在有效边界曲线上,那些还没有达到或接近有效边界的投资组合可以采取多元化投资在不增加风险的情况下提高回报率,或在降低风险的情况下不降低回报率。

五、简答题

1. 证券基本面分析是以证券的内在价值为依据,着重于对影响证券价格及其走势的各项因素的分析,以此来决定购买何种证券以及何时购买。其假设前提是:证券的价格是由其内在价值决定的,价格受政治的、经济的、心理的等诸多因素的影响而频繁变动,很难与价值完全一致,但总是围绕价值上下波动。

(1)证券基本面分析的目的有以下两个方面:

①评估证券的内在价值,其作用在于为判断证券市场价格的高低确立一个参照标准。

②因素分析,即试图通过对与证券价格存在逻辑联系的各种因素的分析,探索证券价格决定及其变动的内在原因,并在此基础上对证券价格的走势进行判断。

(2)证券基本面分析的要素有以下几个:

①经济因素。经济周期、国家的财政状况、金融环境、国际收支状况、行业经济地位的变化和国家汇率的调整都将影响股价的沉浮。

②政治因素。国家的政策调整或改变,领导人更迭,国际政治风波频仍,在国际舞台上扮演较为重要的国家政权转移,国家间发生战事,某些国家发生劳资纠纷甚至罢工风潮等都经常导致股价波动。

③公司自身因素。股票自身价值是决定股价最基本的因素,而这主要取决于发行公司的经营业绩、资信水平以及连带而来的股息红利派发状况、发展前景、股票预期收益水平等。

④行业因素。行业在国民经济中地位的变更、行业的发展前景和发展潜力、新兴行业引来的冲击等,以及上市公司在行业中所处的位置、经营业绩、经营状况、资金组合的改变和领导层人事变动等都会影响相关股票的价格。

⑤市场因素。投资者的动向、大户的意向和操纵、公司间的合作或相互持股、信用交易和期货交易的增减、投机者的套利行为、公司的增资方式和增资额度等,均可能对股价形成较大影响。

⑥心理因素。投资人在受到各个方面的影响后产生心理状态改变,往往导致情绪波动、判断失误,做出盲目追随大户、狂抛抢购行为,这往往也是引起股价狂跌暴涨的重要因素。

2. 货币政策最终目标一般又称货币政策目标,它是中央银行通过货币政策的操作而达到的最终宏观经济目标。其内涵包括稳定币值、经济增长、充分就业以及平衡国际收支。

货币政策目标相互之间的冲突性具体如下:

(1)稳定币值与充分就业的冲突。当币值比较稳定、物价上涨率比较低时,失业率往往很高。而要降低失业率,就得以牺牲一定程度的币值稳定为代价。

(2)稳定币值与经济增长的冲突。世界各国的经济发展史表明,在经济发展快时,总是伴随着物价较大幅度的上涨,而过分强调币值的稳定,经济的增长与发展又会受阻。

(3)稳定币值与平衡国际收支的冲突。国内物价稳定时,国际收支却并非一定能平衡,因为国际收支能否平衡还要取决于国内的经济发展战略、资源结构、生产结构与消费结构的对称状况、国家的外贸政策、关税协定、利用外资策略等,同时还要受其他国家政策与经济形势等诸多因素的影响。

(4)充分就业与经济增长的冲突。如果就业增加带来的经济增长伴随着社会平均劳动生产率的下降,那就意味着经济增长是以投入产出的比例下降为前提的。它不仅意味着本期浪费更多的资源,还会妨碍后期的经济增长,因而是不可取的。

(5)充分就业与平衡国际收支的冲突。为了追求充分就业,就需要更多的资金和生产资料,当国内满足不了需求时,就需要引进外资、进口设备与原材料等,这对平衡国际收支又是一大不利因素。

(6)经济增长与平衡国际收支的冲突。经济的较快增长总是对各种生产要素产生较大的需求,这往往又会增加进口,从而引起国际收支逆差的出现。当逆差很大时,国家就得限制进口,压缩国内投资,这又会妨碍国内的经济增长,甚至会引起衰退。

3. 固定汇率制度是指一国货币的汇率基本固定,同时又将汇率的波动限制在一个规定的范围内的汇率制度。浮动汇率制度是指汇率水平完全由外汇市场的供求决定的、政府不加任何干预的汇率制度。

(1)固定汇率制的优缺点。

①固定汇率制的优点是有利于世界经济的发展。由于在固定汇率制下两国货币比价基本固定,或汇率的波动范围被限制在一定幅度之内,这就便于经营国际贸易、国际信贷与国际投资的经济主体进行成本和利润的核算,也使这些国际经济交易的经济主体面临的汇率波动风险损失较小,从而有利于国际经济交易的进行与开展,有利于世界经济的发展。

②固定汇率制的缺点有以下三个方面:

第一,汇率基本上不能发挥调节国际收支的经济杠杆作用。汇率变动有着影响国际收支的经济作用。因而汇率可充作调节国际收支的经济杠杆。固定汇率制下,汇率就基本不能发挥其调节国际收支的经济杠杆作用。

第二,固定汇率制有牺牲内部平衡之虞。由于汇率基本不能发挥调节国际收支的经济杠杆作用,当一国国际收支失衡时,就需采取紧缩性或扩张性财政货币政策,这会使国内经济增长受到抑制和失业扩大化,或者使通货膨胀与物价上涨严重化。另外,维持汇率波动官定上下限所采取的干预外汇市场的措施,也会有同样的后果:软货币(或称弱币,即汇率有下降趋势的货币)发行国货币当局进行干预,一方面会使其外汇储备流失,另一方面又会形成紧缩性的经济影响;硬货币(或称强币,即汇率有上升趋势的货币)发行国货币当局进行市场干预,会形成扩张性经济影响,使该国通货膨胀与物价上涨加快。

第三,易引起国际汇率制度的动荡与混乱,当一国国际收支恶化,进行市场干预仍不能平抑汇价时,该国最后有可能采取法定贬值的措施。这会引起同该国有密切经济关系的国家也采取法定贬值的措施,从而导致外汇市场和整个国际汇率制度的动荡与混乱。

(2)浮动汇率制度的优缺点。

①浮动汇率制度的主要优点有以下三个方面:

第一,汇率能发挥其调节国际收支的经济杠杆作用,一国的国际收支失衡,可以经由汇率的上下浮动而加以消除。

第二,只要国际收支失衡不是特别严重,就没有必要调整财政政策和货币政策,从而不会以牺牲内部平衡来换取外部平衡的实现。

第三,减少了对储备的需要,并使逆差国避免了外汇储备的流失。这是因为,在浮动汇率制度下,各国货币当局没有干预外汇市场和稳定汇率的义务。这一方面使逆差国避免了外汇储备的流失,另一方面又使各国不必保持太多的外汇储备,从而能把节省的外汇资金用于本国经济的发展。

②浮动汇率制度的主要缺点有以下两个方面:

第一,汇率频繁与剧烈地波动,使进行国际贸易、国际信贷与国际投资等国际经济交易的经济主体难以核算成本和利润,并使他们面临较大的汇率波动所造成的外汇风险损失,从而对世界经济的发展产生不利影响。

第二,为外汇投机提供了土壤和条件,助长了外汇投机活动,这必然会加剧国际金融市场的动荡与混乱。

4. 可转换债券是指根据债券合同规定,可以在一定时期内按照事先规定的转换比率或转换价格转换为一定数量的普通股股票的公司债券,兼具债权和期权的特征。债券持有者可以在条件有利的时候将可转换债券转换成公司普通股股票,而在条件不利时则不进行转换。

(1)可转换债券筹资的优点:①可降低筹资成本;②便于筹集资金;③公司可获得转换溢价;④有利于稳定股票价格和减少对每股收益的稀释;⑤提高公司声誉,扩大股东基础,增加长期资金来源。

(2)可转换债券筹资的缺点:①实际筹资成本较高;②增加了财务风险;③债券低利率的期限不长。

六、论述题

1. 货币政策工具分为价格型和数量型。数量型工具主要包括公开市场操作和存款准备金率,价格工具主要包括利率政策和汇率政策。

(1)数量型货币政策的特点及其局限性。

①法定存款准备金率调整,是指在国家法律所赋予的权力范围内,通过规定或调整商业银行缴存中央银行的存款准备金率,控制商业银行的信用创造能力,间接地调节社会货币供应量的活动。中央银行通过调整存款准备金率来改变货币乘数,控制商业银行的货币创造,从而调节货币供应量。当经济扩张,发生通货膨胀时,中央银行可以提高存款准备金率,缩小货币乘数,迫使商业银行紧缩信贷规模,从而减少市场货币供应量。

法定存款准备金率的局限性在于存款准备金率只要稍加调整,都会对金融和信贷状况产生显著影响,由于其效果过于猛烈,中央银行难以确定调整准备金率的时机和调整的幅度,因而法定存款准备金率不宜随时调整,不宜作为中央银行每日控制货币供给状况的工具。而且存款准备金政策对各类银行和不同种类的存款的影响不一致,因而货币政策实现的效果可能因这些复杂情况的存在而不易把握。

②公开市场业务,是指中央银行在公开市场上买进卖出有价证券的业务。中央银行通过公开市场上的证券买卖活动,可以达到扩张和收缩信用、调节货币供应量的目的。当金融市场上资金缺乏时,中央银行就通过公开市场业务买进有价证券,向社会投入了一笔基础货币。这些基础货币如果流入社会大众手中,则会直接增加社会货币供应量;如果是流入商业

银行,则会引起信用的扩张和货币供应量的多倍增加。反之,中央银行就可以通过公开市场业务卖出有价证券,从而达到信用规模的收缩和货币供应量的减少的目的。

公开市场业务的局限性在于公开市场业务要有效地发挥其作用,必须具备一定的条件:一是中央银行必须具有强大的、足以干预和控制整个金融市场的资金实力;二是中央银行对公开市场业务的操作应具有弹性操纵权,中央银行可根据客观经济需要和货币政策目标的要求自行决定买卖证券的种类和数量;三是金融市场必须是全国性的,应具有相当的独立性,证券种类齐全并达到一定的规模。

(2)价格型货币政策的特点及其局限性。价格型货币政策主要是指再贴现政策,中央银行通过制定或调整再贴现利率来干预和影响市场利率及货币市场的供应和需求,从而调节市场货币供应量的一种金融手段。

中央银行通过调整再贴现率可以影响干预商业银行的准备金及市场银根松紧。当中央银行提高再贴现利率,使之高于市场利率时,商业银行向中央级银行借款或贴现的资金成本上升,这就必然减少向中央银行借款或贴现,使商业银行的准备金相应缩减,从而缩减市场的货币供应量,随着市场货币供应量的缩减,银根紧缩,市场利率也相应上升。社会对货币的需求也相应减少,当中央银行降低再贴现利率,使之低于市场利率时,商业银行向中央银行借款或贴现的资金成本降低,借款比较容易,就必然增加向中央银行的借款或贴现,商业银行的准备金相应增加。于是,银行扩大其资产和信贷规模,从而导致市场货币供应量增加,市场利率随之降低,社会对货币的需求也相应增加。

调整再贴现率的局限性在于:一是中央银行在使用这一工具调整货币和信用时,不能处于完全主动的地位。商业银行是否愿意到中央银行申请再贴现,或再贴现多少,取决于商业银行。二是再贴现率高低有一定限度。在经济繁荣或经济萧条时期,再贴现率无论高低,都无法限制或阻止商业银行向中央银行再贴现或借款。三是再贴现率的随时调整,通常会引起市场利率的经常性波动,这会使企业或商业银行无所适从。

我国货币政策操作中使用这两类工具的情况:我国逐步形成了以数量目标为主,同时兼顾利率的操作目标体系,将银行体系超额准备金作为主要操作对象,主要操作目的是将银行体系流动性总量保持在相对合理的水平,以促进货币信贷调控目标的实现。同时,公开市场操作也根据市场环境变化和调控需要,适时通过操作利率的变化引导和调节市场预期,影响市场利率走势。从存款准备金率来看,与许多面临外汇大量流入的新兴市场经济体一样,近年来我国也开始频繁使用准备金率工具来对冲银行体系流动性。使用准备金工具进行外汇对冲操作对于控制货币供应量过速增长和抑制通货膨胀起到了显著作用,准备金率工具对冲量占总对冲量的比重呈上升趋势,已成为最主要的对冲工具。从利率政策来看,近年来,人民银行加强了对利率工具的运用,利率调控方式更为灵活,调控机制日趋完善。利率作为重要的经济杠杆,在国家宏观调控体系中正发挥更加重要的作用。从汇率政策来看,2005 年 7 月 21 日,人民银行对有管理的浮动汇率制度,正式实行以市场供求为基础,参考一篮子货币进行调节,有管理的浮动汇率制度,经过近 6 年来的实践,汇率调节外部失衡以及宏观经济的作用或已凸显。

今年以来,欧债危机反复恶化,全球经济增长明显放缓,国内主动调控房地产市场和化解投融资平台风险,经济增长面临较大的下行压力,国内经济运行处在寻求新平衡的过程中，需要实施积极财政政策和稳健的货币政策。从数量型货币政策角度看，可以略微降低法定存款准备金率，放松商业银行的信贷扩张能力，间接调控社会总的货币量，但是由于法定存款准备金率效果过于猛烈，因此要慎用。公开市场业务操作可以选择买进有价证券，向社会投放基础货币。从价格型货币政策工具角度看，可以降低再贴现率，放松银根。

2. 外部经济失衡是当前中国经济发展面临的一个重要外部矛盾，中国外部经济失衡主要表现为对外贸易顺差的扩大和外汇储备的积聚增长。

(1)造成中国外部经济失衡的原因是多方面的，主要有以下几点：

①国际产业结构调整与转移。20 世纪 60 年代以来，美国、欧洲等发达国家进行了产业结构战略性调整，在国内集中资源重点发展高新技术产业和现代服务业，通过跨国公司将劳动密集型产业、低附加值的加工业以及资源和能源消耗型产业向外转移，使得国内传统产业变为主要的进口竞争性产业，中国拥有良好的制造业和廉价劳动力优势，因而成为国际产业转移的重要场所和世界制造中心。跨国公司将生产加工基地转移到中国，利用劳动力比较优势进行加工制造，然后又将价廉物美的产品运销到发达国家，促进了中国加工贸易和出口贸易的迅速发展，扩大了中国对这些国家的贸易顺差。

②不同的经济结构与增长方式。从经济结构来看，技术密集型产业和服务业在欧美等发达国家的国民经济中占主导地位，而劳动密集型产业和制造业在中国占主导地位。从经济增长方式来看，欧美等发达国家保持着低储蓄、高消费的经济增长方式，主要依赖消费需求拉动经济增长，而中国主要依赖劳动密集型产业的出口拉动经济增长，中国与发达国家之间的不同经济结构与增长方式造成了中国贸易顺差的持续扩大。

③出口导向型发展模式。中国实行对外经济开放政策后，积极引进外资以加快发展制造加工业，大力发展对外贸易尤其是出口贸易，并通过扩大出口和贸易顺差拉动经济增长，出口导向型发展模式大大地推动了出口贸易的迅速发展，保持了国民经济持续增长。但是，中国粗放型出口增长方式对经济持续稳定增长的消极影响日益显现。

(2)中国外部经济失衡的原因是多方面的，因此要积极运用汇率和货币政策、税收和公共支出政策、外资和外贸政策进行调节。

①汇率与货币政策。

首先，中国应当逐渐扩大汇率的波动幅度，通过本币持续小幅度升值，减少或消除过多的国际收支顺差，减缓流动性过剩和通货膨胀的压力。

其次，采取紧缩的货币政策，即提高存款准备金率、提高银行存款利率以及公开市场操作，以此来控制银行信贷规模，提高资金使用成本，保护存款人的资产性收入，这不仅有助于抑制经济过热和产能过剩，控制出口规模，而且有助于减缓因国际收支巨额顺差而产生的流动性过剩和通货膨胀压力。

②税收和公共支出政策。

首先，适时调整和降低出口退税率，或征收出口税，调整和降低外商直接投资的优惠税收政策，同时采取“奖入限出”的贸易政策和“严进宽出”的外资政策，不仅能够控制和减少国际收支不平衡，而且能够优化出口结构和增长方式，改善利用外资的结构，提高利用外商直接投资的质量，制定和实施优惠税收政策，鼓励和促进技术创新，促进产业结构调整与升级和经济增长方式的转变。

其次，运用积极的收入政策以扩大居民的实际收入，同时进一步扩大政府转移支出和财政补贴以增加农民和低收入者的收入，提高家庭消费能力。进一步完善社会保障等制度，促进家庭消费。加强对高科技、先进制造业和现代服务业的财务支持，以促进经济增长方式的转变，扩大中央预算内投资，全面促进中国的经济建设与发展。

③外贸与外贸政策。

首先，对外贸易政策：一是适时控制出口规模，以保持国际收支的基本平衡；二是转变出口增长方式，将出口增长方式从数量型转变为质量型，确保出口贸易的稳定增长；三是适当增加进口，不仅有助于缓解贸易收支的巨额顺差，而且能满足国民经济快速增长的需要。

其次，利用外资和对外投资政策：一是加强金融监管，阻击投机活动；二是调整利用外资的政策，引进外资的目标从追求数量转向注重质量，以扩大跨国公司的技术溢出效应，促进投资流向劳动密集型转向资本与技术密集型；三是加大对外投资的力度，有助于缓和外汇储备的急剧增长，保持资本金融项目的基本平衡。

2012年中山大学431金融硕士真题参考答案

一、单项选择题

1. D

限价委托是指投资者事前指定成交价格，因此股票如果成交将以投资者预期的价格成交。

2. C

优先股一般没有表决权。

3. C

根据久期的定义，10年期零息票债券的久期是10年，其他几项的久期都小于10年。

4. C

根据MM定理2，$r_s = r_0 + (r_0 - r_d) \times \frac{D}{E} = 0.16$。

5. B

根据*CAPM*计算市场风险溢价：$R_M = \frac{E(r) - r_f}{\beta} + r_f = \frac{10\% - 4\%}{1.5} + 4\% = 8\%$，

则β为0.5的预期收益率：$r_e = r_f + \beta(r_m - r_f) = 4\% + 0.5 \times 4\% = 6\%$。

6. B

权衡理论主要认为要在债务融资收益和财务困境成本两者中进行权衡取舍。

7. C

根据弱有效市场的定义，投资者无法通过技术分析获取超额利润。

8. D

根据永续年金的计算公式：$P = \frac{3 \times (1 + 8\%)}{14\% - 8\%} = 54$(元)。

9. A

β系数并不是衡量证券整体的收益变动情况，而只是衡量受系统因素影响的变动情况。

10. B

证券市场线模型的自变量是系统性风险，因变量是某证券的预期收益率。

11. D

反映了一国国际收支的长期趋势。

12. D

M1不包括定期存款，因此在计算时与定期存款比率无关。

13. C

零息票债券的久期为5年,平价债券的久期短于5年。因此零息票债券对利率更敏感。

14. B

分别计算,售价$900,票息率为5%的债券:$\frac{1\ 000-900+50}{900}=16.7\%$。

售价$950,票息率为8%的债券:$\frac{1\ 000-950+80}{950}=13.7\%$。

15. C

流动性溢价理论认为长期利率是未来短期利率的均值与流动性溢价之和。当收益率曲线陡峭上升时,预期未来短期利率将会提高;当收益率曲线下降时,预期未来短期利率会下降;当收益率曲线不变时,则预期未来短期利率没有变化。

16. A

政府财政扩张将会增加国内产出和货币供给,为了维持汇率稳定,国内利率将上升。

17. C

加强对进口的限制减少了市场上本币的供给,从而本币升值。

18. C

处于虚值状态的内在价值为零。

19. B

紧缩性的财政政策可以降低经济的热度,紧缩性的货币政策可以促使本币升值,抑制出口。

20. B

货币主义理论认为政府应该采取一贯原则,实行"单一规则"的货币政策。

21. A

以利率为中介目标可以熨平经济波动,使货币供给具有一定的逆周期性。

22. B

因为实行固定汇率的国家需要有充分的国际储备来维持汇率。

23. B

市场利率上升意味着市场对于收益率的要求上升,因此各类资产的价格都应下降。

24. A

币值低估对本币需求增加,出口增加。

25. B

本题考查欧洲美元定义,这里的"欧洲"已经不是地理概念,而是衍生出境外的含义,欧洲美元就是指美国境外的美元。

26. A

根据利率平价公式:$1+r=\frac{(1+r^{*})s^{*}}{s}$,当本币贬值时,A选项正确。

27. A

国际储备可以随时用来进行国际支付,而商行储备则不可以。

28. B

差价前大后小意味着远期贴水，因此前后分别相减即可。

29. A

本题考查《巴塞尔协议》，其要求一级资本充足率必须超过4%，总资本充足率必须超过8%。

30. C

信贷规模是无法由央行直接控制的。

二、计算题

1. (1)根据CAPM，$E(r)=r_f+\beta(r_m-r_f)=0.08+(0.15-0.08)\times1.2=0.164$。

根据股息贴现模型：$P=\frac{D}{R}=\frac{10\times0.4}{0.164}=24.39$(元)。

(2)根据条件，持有该股票一年的回报率：$\frac{24.39-100+4}{100}=-71.61\%$。

2. (1)$E(r_A)=\frac{1}{3}\times(9\%+6\%+3\%)=6\%$

$\sigma_A^2=\frac{1}{3}\times[(9\%-6\%)^2+(6\%-6\%)^2+(3\%-6\%)^2]=0.000\ 6$

$E(r_B)=\frac{1}{3}\times(20\%+15\%+5\%)=13.3\%$

$\sigma_B^2=\frac{1}{3}\times[(20\%-13.3\%)^2+(15\%-13.3\%)^2+(5\%-13.3\%)^2]=0.003\ 9$

$\mathrm{Cov}(r_A,r_B)=\frac{1}{3}\times[(9\%-6\%)(20\%-13.3\%)+(3\%-6\%)(5\%-13.3\%)]=0.001\ 5$

(2)设资产组合中A的比例为W_A，B的比例为W_B。因此可列方程：

$$\begin{cases}\sigma_p^2=({}^{W}_{A}\sigma_A)2+({}^{W}_{B}\sigma_B)2+2W_AW_B\mathrm{Cov}(r_A,r_B)\\1=W_A+W_B\end{cases}$$

对W_A的导数为零，可得，$W_A=1.6$，$W_B=-0.6$。

3.

子公司	现金流入	按美元计	现金流出	按美元计
美国	USD140 000	140 000	GBP40 000，JPY4 000 000，HKD100 000	110 000
英国	GBP66 666	100 000	USD80 000，JPY4 000 000，HKD600 000	180 000
日本	JPY10 000 000	100 000	USD40 000，GBP13 333，HKD100 000	70 000
中国香港	HKD800 000	80 000	USD20 000，GBP13 333，JPY2 000 000	60 000

为了保持总体上的收支平衡，可以忽略每两个银行互相之间的支付关系，而从总体上保证收支平衡即可。因此，从上表可以看出，仅英国子公司一家现金流为负。因此，若这些子公司间采取净额结算，英国子公司应向美国子公司支付30 000美元，向日本子公司支付3 000 000日元，向香港子公司支付200 000港元。

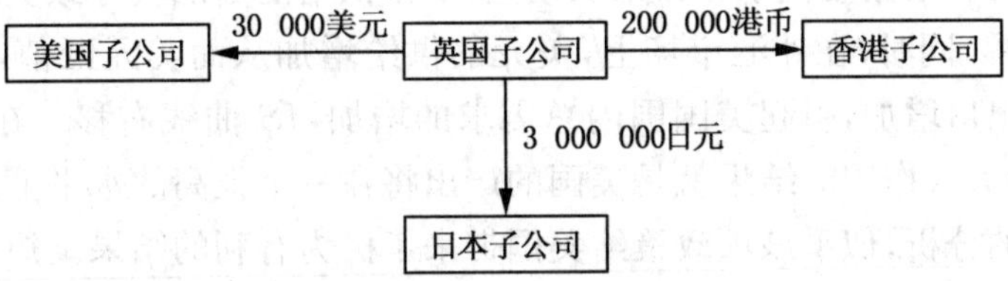

4.(1)该银行的资产负债缺口为:30－20＝10(亿元)。因此利率上升5%,将会带来10×5%＝0.2(亿元)的利润。

(2)可以采取用作固定利率负债的互换,拿出10亿元固定利率负债,换取未来10亿元的浮动利率负债。这样资产－负债缺口将为0。

三、分析与论述题

1. 权衡理论认为,负债可以为企业带来税额庇护利益,但各种负债成本随负债比率增大而上升,当负债比率达到某一程度时,息税前盈余(*EBIT*)会下降,同时企业负担代理成本与财务困境成本的概率会增加,从而降低企业的市场价值。因此,企业融资应当是在负债价值最大和债务上升带来的财务困境成本与代理成本之间选择最佳点。代理成本理论则认为,在确定企业最佳资本结构时,企业必须在综合考虑两种代理成本的基础上做出权衡取舍,在给定内部资金的水平下,能够使总代理成本最小的权益和负债比例,就是最佳的资本结构。

优序融资理论认为,融资的顺序一般表现为:先股权融资,再短期债务融资,后长期债务,内源融资比例很低。优序融资理论有两条原则。第一条:采用内部融资。因为公司采用权益融资会给投资者信号公司股价高估,同理采用债务融资也存在这样的问题。为了避免引起怀疑,资金尽量来源于内部。第二条:先发行最稳健的债券。相对于债券,投资者认为股权有更大的风险。因为只有当公司面临财务困境时,债券才不能收回投资。而这往往意味着公司出了大问题。这种情况比只是公司效益不好出现的可能性要低很多。因此应先发行债券融资,最后才是股权融资。

中国市场的实际情况存在种种非理性因素,从而导致了上市公司的融资异常行为。我国大多数上市公司的股价被高估,股权融资可使公司的价值趋大化,从而偏好股权融资;大量投资者从过去几年迅速发展的股市中获取了巨大收益,他们认为公司的股价与公司的实际运作、分红政策没有明显联系,只与资本的良好运作有关,从而造成股价的价格偏离;我国存在大量的上市公司将募集的资金移作他用或进行委托理财,而不是投资项目。从这样的角度来看,权衡理论可能更符合中国公司实际情况。

2. 从某种意义上说,全球货币均为美元的衍生物。因为美元是由美国发行的,其他国家在国际贸易中出售的是实物财富,而得到的是结算货币。美国政府只需加速印发美元,就能将大量美元注入其他货币区来迫使其他国家提高本国货币对美元的汇率,从而促进美国的对外投资和出口。所以大量国际收支赤字不利于世界经济的平衡发展,但对美国却是有利的。美国可以放任其国际收支赤字无限扩大,并通过美国国债吸收其他各国央行的盈余美元为其预算赤字融资,从而奠定美元的霸权地位。

美国实行量化宽松的货币政策直接的结果是美国的货币供给量增加。这对于美国的影响是深刻而长远的。根据蒙代尔—弗莱明模型,货币供给的增加会导致美国国内利率下降,从而 LM 曲线右移;同时,在外汇市场上,美元的供给增加从而美元贬值,这直接导致的结果就是美国的净出口增加,引起美国国内总需求的增加,IS 曲线右移。在蒙代尔—弗莱明模型中,上述两种力量作用的结果就是美国的产出将在一个很高的水平上达到均衡,经济向好。再看第一段的分析,似乎该项政策给美国带来了极为有利的结果。短期或许如此,长期来看,来自国际的力量是巨大的,量化宽松的好处将被吞没。

美国实行的量化宽松政策对于中国的影响也非常巨大,因为虽然中国最大的贸易伙伴就是欧盟,但是美国的贸易量紧随其后。根据蒙代尔—弗莱明模型,美国量化宽松货币政策虽然会造成美元贬值、出口增加,但总需求增长必然会带来进口也相应增长。对于中国来说就是净出口的增加,这会增加中国国内的总需求,从而提高国民收入。这似乎是件好事。但另一方面,美元贬值的代价也同时转嫁到中国身上。众所周知,中国 2 万亿元的外汇储备基本上是以美元为主。美元贬值带来的美元资产价值的下降,也无疑要由中国来承担。同时中国正处于社会经济转型时期,国际宏观经济环境疲软,出口下降正是给国内经济结构转型的一个动力,可以说在某种程度上并不是一件很坏的事。而现在的量化宽松政策却又给中国的劳动密集型出口企业一个懒惰的借口,长远来看,不利于中国的经济发展。

3.(1)$M_1=m_1\times B$,而 $m_1=\dfrac{1+k}{r_d+r_c\cdot t+e+k}$。

货币供应量受两个因素影响:一是货币乘数,二是基础货币。调整存款准备金率对两个因素都产生一定的影响。首先,调整存款准备金率会影响基础货币。存款准备金上调,商业银行存于中央银行的准备金增加,从而基础货币量增加。从这个角度看,存款准备金率上调是一定会增加基础货币的。其次,存款准备金会影响货币乘数。从公式中也可以看出,存款准备金率 r_d 上调,货币乘数是一定增加的。但是货币乘数还受到其他几个因素的影响,因此只上调存款准备金率对货币乘数的影响是不确定的。

(2)存款准备金率上调是货币收紧的信号,因此股票价格一般会下跌。但是在 2007 年存款准备金率上调的消息公布后,股票价格却在上涨。首先,存款准备金率的变化主要影响的是货币供给总量,进而对股票市场产生影响。因此存款准备金率变化与股票价格的关系并不是成单一的线性关系。

首先,存款准备金率对货币供应量的影响并不确定。正如第一题所分析的,存款准备金率上调可能会造成货币供给量增加,但并不是绝对的。因此,货币供给量增加,并不一定必然导致股票价格上涨。

其次,从股票价格变化的角度考虑,股票价格主要是受到投资者预期的影响。存款准备金率上调一般会带来股票价格上涨,按理说,如果大家预期价格上涨股票价格就会上涨。但是放在当时的背景下,股市刚经历完一轮暴跌,大家预期股市会上扬,而当时的市场氛围投机性很重,各路专家也分析称存款准备金率上调对股市不会产生影响。因此,股价上涨也就可以理解了。

(3)存款准备金政策也有其自身的优势,存款准备金工具具有主动性较强的特点,收缩流动性比较及时、快捷,能够长期、“深度”冻结流动性,更适合应对中长期和严重的流动性过剩局面。上调存款准备金率可以锁定部分基础货币并降低货币乘数,进而影响金融机构信贷扩张能力,对于调控货币信贷总量有着更大的效力。

2012年南开大学431金融硕士真题参考答案

一、名词解释

1. 道德风险是委托人与代理人签约后，在履行过程中由于信息不对称所导致的具有信息优势的一方有可能为实现其自身利益最大化而采取不利于他人的行动，侵占他人的利益，从而造成他人损失的可能性。我国商业银行信贷业务中产生道德风险行为的防范对策主要有以下几点：(1)建立产权明晰、权责明确、政企分开、管理科学的现代企业制度。(2)进一步完善商业银行内部控制体系，将我国商业银行部门分散管理的风险管理方式变为流程管理和系统管理。(3)建立充分的信息披露制度，加强外部监督，可有效地降低商业银行内部道德风险。(4)以法约束，加大对信贷人员从事道德风险行为的惩罚力度。

2. 表外业务是指商业银行从事的不列入资产负债表，但能影响银行当期损益的经营活动，它有狭义和广义之分。狭义的表外业务是指那些虽未列入资产负债表，但同表内的资产业务或负债业务关系密切的业务。广义的表外业务除包括上述狭义的表外业务外，还包括结算、代理、咨询等业务。表外项目也被称为"或有负债"和"或有资产"项目。

3. 基础货币包括中央银行为广义货币和信贷扩张提供支持的各种负债，主要指银行持有的货币(库存现金)和银行外的货币(流通中的现金)，以及银行与非银行在货币当局的存款。从数量上看，基础货币由银行体系的法定准备金、超额准备金、库存现金以及银行体系之外的社会公众的手持现金四部分构成。其公式为：基础货币＝法定准备金＋超额准备金＋银行系统的库存现金＋社会公众手持现金。

4. 相机抉择是指政府在进行需求管理时，可以根据市场情况和各项调节措施的特点，机动地决定和选择当前究竟应采取哪一种或哪几种政策措施。相机抉择分为相机抉择的财政政策和相机抉择的货币政策。相机抉择的财政政策是指政府根据一定时期的经济社会状况，机动地决定和选择不同类型的反经济周期的财政政策工具，干预经济运行，实现财政目标。相机抉择货币政策又称权衡性货币政策，是指货币当局或中央银行依据对经济情势的判断，为达成既定的货币政策目标而采取的权衡性措施。

5. 成本推动通货膨胀又称成本通货膨胀或供给通货膨胀，是指在没有超额需求的情况下由于供给方面成本的提高所引起的一般价格水平持续和显著的上涨。来自供给方面的冲击主要是受国际市场供给价格和数量的变化，农业的丰歉以及劳动生产率变化而造成的"工资推动"或"利润推动"。

二、简答题

1. 利率与货币需求的关系密切，根据凯恩斯的流动性偏好理论，货币需求中的投机动机的决定因素即为利率。

凯恩斯的流动性偏好理论认为，人们对于货币有三个方面的动机：交易动机、谨慎动机和投机动机。交易动机和谨慎动机与利率没有直接的关系。投机动机描述人们对于债券与货币两者之间的权衡取舍问题，而利率是两者选择的决定因素。当利率较高时，由于债券的价格是未来的利息和本金在现行利率贴现到现在的价值，因此会在利率高时价格低，利率低时价格高。因此，人们在利率高时因为债券价格会上涨，对债券的需求就高，而对货币的需求就低；反之则对货币的需求高。当然，凯恩斯的投资动机是从债券这项资产的角度来分析从而得出的结论，但这并不妨碍我们把他的理念应用于当今对于各类证券与货币之间的关系的分析，得出的结论是一样的。

2. 作为特殊的金融机构，中央银行是发行的银行、银行的银行，其在制定和实施货币政策、对金融机构进行服务和调控时又不能不考虑货币经济本身自有的运行规律，因而它不能完全听命于政府，须保持一定程度的独立性。其次，中央银行和政府的任务是有所侧重的，这样就使中央银行和政府在宏观经济目标的选择上并不一定在任何条件下、任何时期都保持一致。基于政府的职责以及政治因素的影响，政府行为的出发基点往往是促进经济增长，而这极有可能诱发通货膨胀和经济过热的现象发生。而央行的首要目标则是遵循货币经济运行的基本规律，保持本国货币币值的稳定。尽管现代中央银行衍生了一系列其他宏观经济管理职能，但稳定币值始终是其最基本的功能，并且越来越多的国家倾向于把稳定币值作为其中央银行首要的甚至是唯一的目标。正是通过中央银行稳定币值的功能的实现，在一定程度上还能制约政府过热的经济决策行为，起到经济稳定器、制动器的作用。而这一切的实现，都以中央银行具有较高的相对于政府的独立性作为前提。

3. 所谓银行的资本充足性，是指银行资本数量必须超过金融管理当局所规定的能够保障正常营业并足以维持充分信誉的最低限额；同时，银行现有资本或新增资本的构成，应该符合银行总体经营目标或所需资本的具体目的。随着金融竞争的日益激烈，商业银行的经营风险增大，自身拥有充足的资本和监管当局对银行资本充足性要求都具有十分重要的意义。

商业银行进行资本充足性管理主要有两方面的原因：第一，《巴塞尔协议》明确规定了商业银行的资本充足率要超过8%。因此，商业银行为了满足《巴塞尔协议》的要求，必须对自身的资本充足性进行管理。第二，商业银行因为自身风险控制的原因也需要对资本充足性进行管理。因为，商业银行与普通工商企业不同，普通工商企业的杠杆率一般不会超过1倍，而商业银行的杠杆率都在8倍以上。当然这里有银行业务的特殊原因，但是在这样高的杠杆率下控制风险就显得尤为重要。保持高的资本充足率能有效降低银行经营的风险。不过另一方面，高资本充足率也意味着银行经营成本的提高。银行是以盈利为目的的企业，控制成本也是其中一项重要的事情，因此把资本充足率控制在有效并且适度的范围内对于银行经营来说至关重要。这也就是银行进行资本充足性管理的原因。

4. 中央银行供应基础货币，商业银行供应市场货币。根据货币供应量的决定公式可知，货币供应量的多少取决于基础货币和货币乘数的大小，货币乘数的大小取决于现金漏损率k、活期存款准备金率、定期存款准备金率、定期存款比率以及超额准备金率。

$$M_1=m_1\times B，其中，m_1=\frac{1+k}{r_d+t\cdot r_t+e+k}$$

从基础货币方面看，基础货币在性质上是中央银行的负债，在数量上是中央银行的资产净额。所以，基础货币可表示为中央银行的国外资产净额和中央银行的国内资产净额之和。对于国内资产净额，中央银行可通过开展公开市场业务买卖证券和调整再贴现率以及调整存款准备金比率等来决定基础货币的大小以及变动。对于国外资产净额则主要受货币市场的国际供求决定。

从货币乘数方面看，货币乘数受现金比率 k、活期存款比率 f、定期存款比率 t、储蓄存款比率 s、法定准备率 r、超额准备率 e 这6个因素影响。其中，k、f、t、s 这4个因素主要取决于公众的行为，e 由存款货币银行决定，r 则直接受中央银行控制。货币乘数的决定虽然表现出很强的内生性，但中央银行仍可通过调控利率、再贴现率等间接影响公众和商业银行对未来的预期，从而间接调控 k、f、t、s、e 这些货币乘数影响因子。综上，货币供给由中央银行、商业银行、存款人和借款人共同决定。

5. 不同发行人发行的相同期限和票面利率的债券，其市场价格会不相同，从而计算出的债券收益率也不一样。反映在收益率上的这种区别，称为“利率的风险结构”。实践中，通常采用信用评级来确定不同债券的违约风险大小，不同信用等级债券之间的收益率差则反映了不同违约风险的风险溢价，因此也称为“信用利差”。由于国债经常被视为无违约风险债券（简称无风险债券），我们只要知道不同期限国债的收益率，再加上适度的收益率差，就可以得出公司债券等风险债券的收益率，并进而作为贴现率为风险债券进行估值。在经济繁荣时期，低等级债券与无风险债券之间的收益率差通常比较小；而一旦进入衰退或者萧条，信用利差就会急剧扩大，导致低等级债券价格暴跌。

影响利率的风险结构主要有违约风险、流动性和税收差异三个因素。违约风险是指金融工具的发行也许不能履行其承诺的支付本金和利息的义务。一般来说，违约风险越高，利率就越大。流动性衡量的是资产变现的速度和成本，流动性越高，利率越低。税收的差异表示有些在收益上具备不同的税收政策，因此利率不同。

三、论述题

1. 存款准备金，是限制金融机构信贷扩张和保证客户提取存款和资金清算需要而准备的资金。法定存款准备金率，是金融机构按规定向中央银行缴纳的存款准备金占其存款的总额的比率。

存款准备金率变动对商业银行的作用过程如下：

当中央银行提高法定准备金率时，商业银行可提供放款及创造信用的能力就下降。因为准备金率提高，货币乘数就变小，从而降低了整个商业银行体系创造信用、扩大信用规模的能力，其结果是社会的银根偏紧，货币供应量减少，利息率提高，投资及社会支出都相应缩减；反之亦然。

1984年，中国人民银行开始建立存款准备金制度。十多年来，经历了四次调整，在当时都起到了积极作用——抑制经济过热、物价上涨过快、货币投放过多的状况。目前，中央银行对存款准备金制度的改革方向是要逐步恢复存款准备金支付清算和作为货币总量调控工具的功能,改变原来主要功能不在调控货币总量而在发挥集中资金、调整信贷结构的作用。

利率及利率政策:

利率,是一定时期内利息额与借贷资金的比率,通常分为年利率、月利率和日利率。根据资金借贷关系中诸如借贷双方的性质、借贷期限的长短等,可把利率分为不同的种类:法定利率和市场利率、短期利率和中长期利率、固定利率和浮动利率、名义利率和实际利率。

改革开放以来,中国人民银行加强了对利率手段的运用,通过调整利率水平与结构,改革利率管理体制,使利率逐渐成为一个重要杠杆。1993 年 5 月和 7 月,中国人民银行针对当时经济过热、市场物价上涨幅度持续攀高,两次提高了存、贷款利率,1995 年 1 月和 7 月又两次提高了贷款利率,这些调整有效地控制了通货膨胀和固定资产投资规模。1996 年 5 月和 8 月,1997 年 10 月和 1998 年 3 月,针对我国宏观经济调控已取得显著成效、市场物价明显回落的情况,央行又适时四次下调存、贷款利率,在保护存款人利益的基础上,对减轻企业特别是国有大中型企业的利息负担,促进国民经济的平稳发展产生了积极影响。

二者关系:

一般地,存款准备金率上升,利率或会有上升压力,都是金融紧缩政策的信号。存款准备金率是针对银行等金融机构的,对最终客户的影响是间接的;利率是针对最终客户的,比如存款的利息,影响是直接的。

我国利率政策可对信贷进行供给和需求的直接的双向调节。存款准备金率政策对信贷的影响是单向的、间接的。在货币供应和信贷供应差异较大的情况下,存款准备金率政策可能只影响货币供应而不影响信贷。

2. 当经济衰退,失业率高时,说明经济需要扩大需求、增加货币以刺激经济向好。因此要采用积极的财政政策,比如提高政府采购并削减税赋,这样对减缓经济衰退、促进就业有积极的作用;另一方面,也要配合积极的货币政策以使经济体中有充沛的货币供给量,这样做的效果虽然没有财政政策那么直接,但是也会很快对经济产生积极影响。

总的来讲,当经济运行在充分就业的产量水平的时候,财政政策和货币政策无效,使用这两种政策都只会带来物价水平的上涨,对产出没有任何影响。如果社会存在剩余生产力,使用财政政策和货币政策就会有效果,在经济萧条时期,财政政策效果最大,因为这时增加政府支出带来的挤出效应为 0(或很小)。当利率很高时,货币政策效果最大,这时财政政策会带来完全的挤出效应,而货币政策会降低利率并带来产出的巨大增加。

针对 $IS-LM$ 曲线,可以分析货币政策和财政政策的效果与 IS 曲线和 LM 曲线的斜率有密切的关系。当 IS 曲线斜率较小时,比如投资对利率非常敏感,或者是边际消费倾向较大从而支出乘数较大,在这种时候财政政策的效果比较小,因为这时挤出效应比较明显;另一方面,如果 LM 曲线的斜率较大,比如货币需求对利率较不敏感,这些也会导致财政政策的效果不好。当 LM 的斜率比较小,比如增加一笔货币供给不会使利率下降很多,或者当 IS 曲线比较陡峭,比如利率上升一定幅度不会使私人部门投资增加很多时,货币政策的效果就不是很理想。

2012 年武汉大学 431 金融硕士真题参考答案

一、名词解释

1. 电子货币是利用电子计算机系统储存和处理的电子存款或信用支付工具，又称数据货币。自电子计算机运用于金融业后，各种信用卡或银行卡正在逐步取代现钞和支票，成为经济生活中广泛运用的支付工具，许多交易结算都利用银行系统的电子计算机网络进行电子化转账支付。电子货币的出现，是现代商品经济高度发达和银行转账清算技术不断进步的产物，将进一步发展。

电子货币主要具有以下功能：①转账结算功能：直接消费结算，代替现金转账；②储蓄功能：使用电子货币存款和取款；③兑现功能：异地使用货币时，进行货币汇兑；④消费贷款功能：先向银行贷款，提前使用货币。

2. 泰勒规则(Taylor Rule)是常用的简单的货币政策规则之一，由斯坦福大学的约翰·泰勒于 1993 年根据美国货币政策的实际经验而确定的一种短期利率调整的规则。泰勒规则认为，应该保持实际短期利率稳定和中性政策，当产出缺口为正(负)和通胀缺口超过(低于)目标值时，应提高(降低)实际利率。假定 π 是通货膨胀率，π^* 是通货膨胀的目标，i 是名义利率，i^* 是名义目标利率，u 是失业率，u^* 是自然失业率。泰勒认为，中央银行应该遵循以下规则：

$$i=i^*+a(\pi-\pi^*)-b(u-u^*)$$

其中，a 和 b 是正的系数。此式的含义有以下几点：

①如果通货膨胀等于目标通货膨胀($\pi=\pi^*$)，失业率等于自然率($u=u^*$)，那么中央银行应该将名义利率 i 设为它的目标值，这样经济将保持稳定。

②如果通货膨胀高于目标值($\pi>\pi^*$)，那么中央银行应该将名义利率设定为高于 i^*。更高的通货膨胀率将导致失业增加，失业增加将反过来导致通货膨胀下降。系数 a 表示央行对失业和通货膨胀关心程度的不同。a 越高，中央银行面对通货膨胀就会增加越高的利率，通货膨胀下降速度将更快，经济放慢的速度也会变快。

③如果失业率高于自然率($u>u^*$)，央行应该降低名义利率。名义利率下降将导致失业率下降。系数 b 反映央行对失业与通货膨胀之间关心程度的不同，b 越高，央行就越会偏离通货膨胀目标来保证失业率在自然率附近。

研究发现，美国和德国的中央银行在制定货币政策时，并不考虑泰勒规则。但是这个规则很好地描述了它们在过去 15～20 年的行为。

3. 权益自由现金流量也称股权自由现金流量，是公司支付所有营运费用、再投资支出、所得税和净债务支出(即利息、本金支付减发行新债务的净额)后可分配给公司股东的剩余现金流量。权益自由现金流量用于计算企业的股权价值，其计算公式为：权益自由现金流量＝净收益＋折旧－资本性支出－营运资本追加额－债务本金偿还＋新发行债务。

4. 风险溢价是指高出无风险收益率的回报。在有效市场假设下，投资者要求的收益率与其所承担的风险是正相关的。由于承担了比较高的风险，市场必然给予较高的回报。无风险的资产存在一个基准收益率，市场接受的收益率高于无风险收益率的差就是市场要求相应风险水平所应有的风险溢价。

5. 实际有效汇率是经本国与所选择国家间的相对价格水平或成本指标调整的名义有效汇率，它是本国价格水平或成本指标与所选择国家价格水平或成本指标加权几何平均的比率与名义有效汇率指数的乘积。实际有效汇率指数的计算公式为：

$$REER_i = \prod_{j=1}\left(\frac{P_i R_i}{P_j R_j}\right)^{w_{ij}}$$

其中，$REER_i$ 代表第 i 个国家的实际有效汇率，w_{ij} 代表第 i 个国家赋予第 j 个国家的竞争力权重，且 $\sum_{j \neq i} w_{ij}=1$，R_i、R_j 分别代表第 i 国和第 j 国货币以美元表示的名义汇率，P_i、P_j 分别代表第 i 国和第 j 国的消费者价格指数。

实际有效汇率指数上升代表本国货币相对价值的上升，下降表示本币贬值。由于实际有效汇率不仅考虑了一国的主要贸易伙伴国货币的变动，而且剔除了通货膨胀因素，能够更加真实地反映一国货币的对外价值。当一国的实际有效汇率下降时，意味着该国货币的贬值幅度较之其主要贸易伙伴国货币贬值的幅度更大，该国商品的国际竞争能力相对提高，有利于出口而不利于进口，贸易收支容易出现顺差，反之则相反。

6. 特里芬难题是指一种主权货币作为国际储备货币的货币制度的两难处境，即信心和清偿力之间的矛盾。在布雷顿森林体系下，美元直接与黄金挂钩，其他国家货币与美元挂钩，这就形成了所谓的“双挂钩”体系，它实际上是一种美元本位制。因此，它的运行既要求储备货币发行国——美国保证美元按固定官价兑换黄金，以维持各国对美元的信心，又要求美国提供足够的国际清偿力即提供足够的美元，以促进生产和国际贸易发展的顺畅运转。而信心和清偿力又存在着不可克服的矛盾，美元供给太多就会有不能兑换的危险，从而发生信心问题，美元供给太少就会发生国际清偿力不足的问题。这一布雷顿森林体系的根本缺陷是美国耶鲁大学教授特里芬在20世纪50年代第一次提出的，故称“特里芬两难”。从四五十年代的“美元荒”到60年代以后的“美元灾”，布雷顿森林体系实实在在地陷入了“特里芬难题”中。这一根本缺陷，使后来采取创设特别提款权复合货币也已无法修补，从而最终使布雷顿森林体系无法维持。

二、计算题

1. 持有期间该债券的利息收入为：100×5%×2＝10(元)。

买卖价差为：103－98＝5(元)，因此，该投资者的持有期收益率为：(5＋10)/98＝15.31%。

2. (1)市盈率＝股票价格/每股收益；

股票价格＝每股收益×市盈率＝2 500/7 000×16＝5.71(元)；

增发后企业股份价值＝股票价格×股数＝5.71×8 000＝45 680(万元)。

(2)股票价格＝每股收益×市盈率＝2 500/7 000×16＝5.71(元)。

(3)股票价格＝每股收益/市盈率＝4 000/7 000×16＝9.14(元)；将增资＝1 000×9.14＝9 140(万元)。

3.(1)由题意知，Nike 公司购买的机器每年的折旧为 350 000/5＝70 000(美元)，该公司的生产 HighFlight 品牌系列鞋的总固定成本(C_f)包括机器每年的折旧、机器每年的固定成本，即 $C_f=100\ 000+70\ 000=170\ 000$(美元)。公司的总成本($C$)即总固定成本($C_f$)加上总可变成本($C_v$)，即 $C=C_f+C_v=170\ 000+8Q$。式中，Q 为产量。

Nike 公司总的税后销售收入(TR)为：$TR=PQ-(PQ-C)\times(1-t)=60Q-(60Q-170\ 000-8Q)\times(1-34\%)=25.68Q+112\ 200$。式中，$P$ 为每双鞋的售价，t 为所得税税率，Q 为产量。在会计盈亏平衡点处，满足总成本(C)等于税后销售收入(TR)，即 $C=170\ 000+8Q=TR=25.68Q+112\ 200$。解得会计盈亏平衡产量：$Q=3\ 269$(双)。

(2)在现值盈亏平衡分析中，盈亏平衡状态上的盈亏平衡点，是指 Nike 公司在机器的整个寿命期内，公司的现金流入现值等于现金流出现值，即其净现值等于零，表示为

$$PV_{in}=PV_{out}$$

其中，PV_{in} 表示现金流入现值，PV_{out} 表示现金流出现值。那么：

$PV_{in}=PQ\times(A/P,8\%,5)=60\times3.992\ 7Q=239.562Q$

$PV_{out}=350\ 000+(100\ 000+8Q)\times(A/P,8\%,5)+(60Q-8Q-170\ 000)\times34\%\times(A/P,8\%,5)=518\ 491.94+102.53Q$

由 $PV_{in}=PV_{out}$，即 $239.562Q=518\ 491.94+102.53Q$，解得现值盈亏平衡产量：$Q=3\ 784$(双)。

(3)从以上两种方法的计算结果可知，用会计盈亏平衡产量是 3 269 双，而现值盈亏平衡产量是 3 784 双。主要是由于会计盈亏平衡产量的计算采用的是传统的盈亏平衡分析方法，而现值盈亏平衡产量的计算则是采用动态的盈亏平衡分析方法。

传统的盈亏平衡分析法是从会计核算的角度出发，根据达到正常生产能力的收入和成本资料，测算用销售收入收回全部会计成本的保本指标。它既没有从生产机器的整个寿命周期的角度去考虑生产销售的现金流及其时点分布，更没有考虑货币时间价值和资金的机会成本。当盈亏相抵时，公司的账面利润为零。而动态盈亏分析法则是在全面考虑机器整个寿命周期内的现金流及其时点分布的基础上，通过考虑货币时间价值和资金的机会成本，来测算用生产全过程的现金流入现值收回全部现金流出现值的各种保本指标。当盈亏相抵时，公司获得的是预期投资收益率，其账面利润不是零。由于动态分析法的各种保本指标暗含着已获得了预期最低投资收益，因而其保本指标必然要高于静态分析法的各种保本指标。显然，与静态分析法相比，动态分析法较好地克服了静态分析法的主要缺点，运用该方法进行盈亏平衡分析能够比较准确地分析和判断各个备选项目适应市场变化的能力和承受风险能力的大小，从而为企业投资决策提供较为客观的参考依据。

4.(1)债务/权益比为 0.6，因此$\frac{S}{S+B}=0.625$，$\frac{B}{S+B}=0.375$。

根据公式，可得：

$$R_{WACC}=\frac{S}{S+B}R_S+\frac{B}{S+B}R_B(1-t_C)$$

$=0.625\times20\%+0.375\times15.15\%\times(1-34\%)$

$=0.1625$

其中,R_{WACC} 为加权平均资本成本;S 为权益;B 为负债;R_S 为权益资本成本;R_B 为债务资本成本;t_C 为所得税率。

(2)期初,仓库投资额为5 000万元,对于企业来说,现金流出的现值为5 000万元,每年年末,可以节约费用800万元,对于企业来说,现金流入的现值=800/0.162 5=4 923.08(万元)。

因为现金流出的现值>现金流入的现值,使得现金净流出量小于0,所以该仓库改造项目不可行。

三、简答题

1.(1)财务现金流是指企业在一定会计期间按照现金收付实现制,通过一定经济活动(包括经营活动、投资活动、筹资活动和非经常性项目)而产生的现金流入、现金流出及其总量情况的总称,即企业一定时期的现金和现金等价物的流入和流出的数量。

在现金流量表中,将现金流分为三大类:①经营活动产生的现金流;②投资活动产生的现金流;③筹资活动产生的现金流。其中,经营活动是指直接进行产品生产、商品销售或提供劳务的活动,它们是企业取得收益的主要交易和事项;投资活动是指固定资产的购建和不包括现金等价物范围内的投资及其处置活动;筹资活动是指导致企业资本及债务规模和构成发生变化的活动。

(2)财务现金流量与公司价值之间的关系。现金流量决定企业的价值创造能力,企业只有拥有足够的现金才能从市场上获取各种生产要素,为价值创造提供必要的前提,而衡量企业的价值创造能力正是进行价值投资的基础。研究发现,现金流量决定企业的价值创造,反映企业的盈利质量,决定企业的市场价值,决定企业的生存能力。

①现金流量决定价值创造。首先,现金流是企业生产经营活动的第一要素。企业只有持有足够的现金,才能从市场上取得生产资料和劳动力,为价值创造提供必要条件。市场经济中,企业一旦创立并开始经营,就必须拥有足够的现金购买原材料、辅助材料、机器设备,支付劳动力工资及其他费用,全部预付资本价值,即资本的一切由商品构成的部分——劳动力、劳动资料和生产资料,都必须用货币购买。因此,获得充足的现金是企业组织生产经营活动的基本前提。其次,只有通过销售收回现金才能实现价值的创造。虽然价值创造的过程发生在生产过程中,但生产过程中创造的价值能否实现还要看生产的产品能否满足社会的需要,是否得到社会的承认、实现销售并收回现金。

②现金流反映企业的盈利质量,决定企业的市场价值。现金流比利润更能说明企业的收益质量。在现实生活中,我们经常会遇到"有利润却无钱"的企业,不少企业因而出现了"借钱缴纳所得税"的情况。根据权责发生制确定的利润指标在反映企业的收益方面确实容易导致一定的"水分",而现金流指标,恰恰弥补了权责发生制在这方面的不足,关注现金流指标,甩干利润指标的"水分",剔除了企业可能发生坏账的因素,使投资者、债权人等更能充分地、全面地认识企业的财务状况。所以考察企业经营活动现金流的情况可以较好地评判企业的盈利质量,确定企业真实的价值创造。

③现金流状况决定企业的生存能力。企业生存乃价值创造之基础。据国外文献记载，破产倒闭的企业中有85%是盈利情况非常好的企业，现实中的案例以及20世纪末令世人难忘的金融危机使人对“现金为王”的道理有了更深的感悟。传统反映偿债能力的指标通常有资产负债率、流动比率、速动比率等，而这些指标都是以总资产、流动资产或者速动资产为基础来衡量其与应偿还债务的匹配情况，这些指标或多或少会掩盖企业经营中的一些问题。其实，企业的偿债能力取决于它的现金流，比如，经营活动的净现金流量与全部债务的比率，就比资产负债率更能反映企业偿付全部债务的能力；现金性流动资产与筹资性流动负债的比率，就比流动比率更能反映企业短期偿债能力。

2.(1)股票回购是指上市公司利用现金等方式，从股票市场上购回本公司发行在外的一定数额的股票的行为。股票回购的方式按照不同标准可以分为多种形式：按照股票回购的地点不同，可分为场内公开收购和场外协议收购；按照筹资方式，可分为举债回购、现金回购和混合回购；按照资产置换范围，可分为出售资产回购股票、利用手持债券和优先股交换(回购)公司普通股、债务股权置换；按照回购价格的确定方式，可分为固定价格要约回购和荷兰式拍卖回购。

(2)公司实施股票回购的原因。公司实施股票回购的原因有很多，但其最终目的均是增加公司的价值。具体原因如下：

①向市场传递股价被低估的信号。如果公司管理层认为公司目前的股价被低估，通过股票回购，向市场传递了积极信息，市场反应通常是提升股价，有利于稳定公司股票价格。如果回购以后股票仍被低估，剩余股东也可以从低价回购中获利。

②当公司可支配的现金流明显超过投资项目所需的现金流时，可以用自由现金流进行股票回购，有助于增加每股盈利水平。股票回购减少了公司自由现金流，起到了降低管理层代理成本的作用。管理层通过股票回购试图使投资者相信公司的股票是具有投资吸引力的，公司没有把股东的钱浪费在收益不好的投资中。

③避免股利波动带来的负面影响。当公司剩余现金是暂时的或者是不稳定的，没有把握能够长期维持高股利政策时，可以在维持一个相对稳定的股利支付率的基础上，通过股票回购发放股利。

④发挥财务杠杆的作用。如果公司认为资本结构中权益资本的比例较高，可以通过股票回购提高负债比率，改变公司的资本结构，并有助于降低加权平均资本成本。

⑤通过股票回购，可以减少外部流通股的数量，提高股票价格，在一定程度上降低了公司被收购的风险。

⑥调节所有权结构。公司拥有回购的股票，可以用来交换被收购或被兼并公司的股票，也可以用来满足认股权证持有人认购公司股票或可转换债券持有人转换公司普通股的需要，还可以在执行管理层与员工股票期权时使用，避免发行新股而稀释收益。

3. 银行的利率风险是指市场利率变动的不确定性给银行带来损失的可能性。通常用敏感性缺口和持续期缺口来度量银行的利率风险。

(1)敏感性缺口。利率敏感性缺口是指在一定时期内将要到期或重新确定利率的资产和负债之间的差额，反映的是利率敏感性资产总值与利率敏感性负债总值之间的差额。通常银行的利率敏感性资产主要包括浮动利率贷款、即将到期的或短期的贷款、短期投资、同业拆出以及买进的可回购协议等。利率敏感性负债主要包括活期和短期存款、同业拆入、出售的回购协议等。

如果一个银行的利率敏感性资产大于负债，称为正缺口，该银行为资产敏感性银行；反之，则为负缺口，该银行为负债敏感性银行，而存在零缺口的银行称为敏感平衡性银行。当市场利率处于上升阶段时，正缺口对银行有正面影响，因为银行可以从利率敏感性资产中获取更多的收益，因为利息收入增长快于利息支出的增长；若利率处于下降阶段，则为负缺口，对银行产生负面影响，由于利息收入增长慢于利息支出的增长。通过敏感性缺口的计算能衡量银行净利息收入受市场利率变动影响的程度，敏感性缺口越大，银行的利率风险也就越大。利率敏感性缺口的表达式为：利率敏感性缺口＝利率敏感性资产－利率敏感性负债。

(2)持续期缺口。持续期也称为久期，是一种把到期日按时间和价值进行加权的衡量方式，它考虑了所有盈利性资产的现金流入和所有负债的现金流出的时间控制，衡量了银行未来现金流量的平均期限。银行的持续期缺口，即久期缺口，是指银行的资产加权平均久期与负债加权平均久期和资产负债率乘积的差额。

若久期缺口为正值，表明银行的资产加权平均久期大于负债的平均加权久期与资产负债率的乘积，当市场利率上升时，资产市值变动大于负债的市值变动，银行的净值将减少，当市场利率下降时，银行的净值将增加；若久期缺口为负值，表明银行的资产加权平均久期小于负债的平均加权久期与资产负债率的乘积，当市场利率上升时，资产市值变动小于负债的市值变动，银行的净值将增加，当市场利率下降时，银行的净值将减少；若久期缺口为零，表明银行的市场价值不受利率风险的影响。总之，久期缺口的绝对值越大，银行对利率的变化就越敏感，银行的利率风险暴露量也就越大，即银行面临的利率风险就越高。持续期缺口(久期缺口)的表达式为：久期缺口＝资产加权平均久期－(总负债/总资产)×负债加权平均久期。

4.(1)公开市场业务的政策效应。公开市场业务是指中央银行在金融市场上公开买卖有价证券，以调节货币供给的一种业务。中央银行买卖的有价证券主要是政府公债、国库券和银行承兑汇票等。当中央银行认为金融市场资金短缺，需要扩大货币供应量时就买进债券，投入基础货币；反之，则卖出债券，以回笼货币，缩小信贷规模，减少货币供应量。

(2)公开市场业务的优点。

①公开市场业务是按照中央银行的主观意愿进行的，它不像再贴现政策那样，中央银行只能用贷款条件的调整去影响商业银行的再贴现需求，从而间接影响货币供给；

②中央银行通过买卖政府债券把商业银行的准备金有效地控制在自己期望的规模内，从而实现基础货币量的稳定；

③公开市场业务的规模可大可小，交易方法和步骤随意安排，保证了法定准备金率调整的准确性；

④公开市场业务不像法定准备金率及再贴现政策那样，具有很大惯性，中央银行根据市场情况认为有必要改变调节方向时，业务逆转极易进行；

⑤中央银行可以根据货币政策目标每天在公开市场上买卖证券，对货币量进行微调，不像存款准备金率与再贴现政策那样，对货币供给产生很大的冲击；

⑥公开市场业务每天都在进行，不会导致人们的预期心理，货币政策可以易于达到理想

的效应。

(3)公开市场业务的缺点。

公开市场业务虽然具备许多优点，但并不是所有国家的中央银行都可以采用这一货币政策工具的，因为开展公开市场业务必须具备以下条件：

①中央银行必须是强大的，具有调控整个金融市场的力量；

②金融市场发达，证券种类，特别是债券种类齐全并达到一定的规模；

③必须有其他政策工具配合。

5.“只要本国货币贬值，就能改善一国的贸易逆差”这一说法不成立。

由英国经济学家马歇尔和美国经济学家 A. P. 勒纳揭示的关于一国货币的贬值与该国贸易收支改善程度的关系，这一关系被称为马歇尔—勒纳条件。马歇尔—勒纳条件认为一国货币相对于他国货币贬值，能否改善该国的贸易收支状况，主要取决于贸易商品的需求和供给弹性，这里要考虑 4 个弹性：①他国对该国出口商品的需求弹性；②出口商品的供给弹性；③进口商品的需求弹性；④进口商品的供给弹性(指他国对贬值国出口的商品的供给弹性)。

在假定一国非充分就业，因而拥有足够的闲置生产资源使出口商品的供给具有完全弹性的前提下，贬值效果便取决于需求弹性。需求弹性是指价格变动所引起的进出口需求数量的变动程度。如果数量变动大于价格变动，需求弹性便大于 1；反之，数量变动小于价格变动，需求弹性便小于 1，只有当贬值国进口需求弹性大于 1(进口减少)与出口需求弹性大于 1(出口增加)时，贬值才能改善贸易收支。

6.(1)香港联系汇率制的本质。香港的联系汇率制是一种货币局制度。中国香港地区是世界上由商业银行发行钞票的少数地区之一，联系汇率制需要香港外汇基金，三家发钞银行(发行货币功能由汇丰银行、渣打银行、中国银行承担)在发行钞票时，以百分之百的外汇资产向外汇基金缴纳保证金，换取无息的“负债证明书”，以作为发行钞票的依据。持牌银行要获得港元也要有等值的美元存入发钞银行。

(2)香港联系汇率制的特点。

①发钞银行换取负债证明书时，无论是白银、银元以及实行联系汇率后规定必须用的美元，都必须是足值的。这是港币发行机制的一大特点，实行联系汇率制则依然沿袭。

②发钞银行增发港币时，须按 7.8 港元等于 1 美元的汇价以百分之百的美元向外汇基金换取发钞负债证明书，若要换回美元，则可以凭负债证明书和相同比例的港元与外汇基金兑换。其他持牌银行向发钞银行取得港币现钞时，也要以百分之百的美元向发钞银行进行兑换，而其他持牌银行把港元现钞存入发钞银行时，发钞银行也要以等值的美元付给它们。

③联系汇率与市场汇率、固定汇率与浮动汇率并存，是香港联系汇率制度最重要的机理。货币当局不直接干预外汇市场，也不直接设置浮动汇率的上下限，港币汇率都是由市场的供求状况来决定的，实行市场汇率。香港联系汇率制度是一种典型的货币局发行制度，现汇率稳定是利用了发钞银行的逐利性。当美元对港元的汇率大于 7.8 时，发钞银行会用负债证明书和港元去兑换美元，从中换取利差。同理，美元对港元的汇率低于一定幅度时，发钞银行就会增发港元。

④外汇基金管理局和银监处合并为金管局，将货币政策和银行监管的功能纳入同一个

政府部门,保证了港元汇率的稳定,即:调节主体——金管局;调节手段——新会计安排、外汇基金票据和流动基金调节机制;调节工具。三者有机结合,构成了香港维持港元联系汇率制的互相依赖的调节体系。

(3)香港联系汇率制的缺陷。

①货币政策独立性和灵活性丧失。香港政府既要维持固定不变的汇率,又要允许资本自由流动。假如香港实行扩张的货币政策→利率下降→资本外流,港元贬值压力→政府回收港元,使得供给目标无法实现。香港货币政策被动地跟随美联储的政策变动。固定汇率、资本自由流动与自主性货币政策无法共存,即著名的"三元悖论"。

②利率武器可能使得香港在货币危机中遭受惨重的损失。在货币局制度下,政府采取的是弃利率保汇率的政策,例如1997年的亚洲金融危机使香港遭受了严重的损失。

③无法利用汇率水平变动来调剂国际收支,而通过价格和成本的调整是一个痛苦的长期过程。由于无法调整汇率,亚洲金融危机后,本地区的整体贸易水平下降,出口和旅游业受到了严重的影响。

④财政政策受到了很大的限制。如果支付实施持续的财政政策,财政赤字的积累将会带来沉重的利息负担,使得政府无力偿还。如果赤字货币化将会导致通货膨胀和外汇储备的下降,最终导致经济危机,使得联系汇率制度无法维持。

⑤外汇储备在特定情况下可能不能完全满足兑换要求。维持汇率稳定需要大量外汇储备,外汇储备一旦用尽,将会导致联系汇率制度的失败。

7. 汇率超调模型是由美国经济学家多恩布什提出的,又称为汇率决定的粘性价格货币分析法。所谓超调,通常是指一个变量对给定扰动做出的短期反应超过了其长期稳定均衡值,并因而被一个相反的调节所跟随。导致这种现象出现的起因在于商品市场上的价格存在"粘性"或者"滞后"的特点。所谓粘性价格,是指短期内商品价格粘住不动,但随着时间的推移,价格水平会逐渐发生变化直至达到新的长期均衡值。

假设条件:①在短期内购买力平价不成立,即由于商品市场和资产市场的调整速度不同,商品市场上的价格水平具有粘性,调整是渐进的,而资产市场反应却极其灵敏,利息率将迅速发生调整,使货币市场恢复均衡;②从长期来看,购买力平价能够成立;③无抛补利率平价始终成立;④以对外开放的小国为考察对象,外国价格和外国利率都可以视为外生变量或假定为常数。

核心思想:当市场受到外部冲击时,货币市场和商品市场的调整速度存在很大的差异,多恩布什认为,这主要是由于商品市场因其自身的特点和缺乏及时、准确的信息。一般情况下,商品市场价格的调整速度较慢、过程较长,呈粘性状态,称为粘性价格。而金融市场的价格调整速度较快,因此,汇率对冲击的反应较快,几乎是即刻完成的。汇率对外部冲击做出的过度调整,即汇率预期变动偏离了在价格完全弹性情况下调整到位后的购买力平价汇率,这种现象称为汇率超调,由此导致购买力平价短期不能成立。经过一段时间后,当商品市场的价格调整到位后,汇率则从初始均衡水平变化到新的均衡水平,由此长期购买力平价成立。

评价:

①积极作用。多恩布什的汇率超调模型的显著特征是将凯恩斯主义的短期分析与货币

主义的长期分析结合起来；采用价格粘性这一说法，更切合实际。同时，它具有鲜明的政策含义。多恩布什的汇率超调模型是国际金融学中对开放经济进行宏观分析的最基本的模型；它首次涉及汇率的动态调整问题，开创了从动态角度分析汇率调整的先河，由此创立了汇率理论的一个重要分支——汇率动态学。

②存在的缺陷。汇率超调模型假定货币需求不变，这就意味着货币需求不会对汇率产生影响，但在实践中，常常由于实际汇率的短期波动而影响到经常账户，这又会进一步影响到一国的资产总量，从而对货币需求产生影响，进而导致汇率的相应变化。但建立在货币模型分析基础上的超调模型却没有分析这一问题。作为存量理论，它忽略了对国际收支流量的分析。

因此，在用超调模型分析实际问题时，也应注意采用国际收支流量分析，通过这两种方法的互补作用，加深对问题的认识。超调模型很难得到实证的验证。原因之一是这一模型非常复杂，在选择计量检验的方式上存在困难；原因之二是现实中很难确定汇率的变动到底是对哪种外部冲击做出的反应。

8. 国际储备的管理是指一国货币当局根据一定时期内本国经济发展的要求和国际收支状况，对国际储备的规模、结构等进行确定和调整，以实现储备资产规模适度化、结构最优化的整个过程。国际储备的管理包括量的管理和质的管理两个方面。其中，质的管理也即国际储备结构管理，是指对国际储备结构的确定和调整。

国际储备结构管理涉及的内容主要有以下几个方面：

(1)国际储备结构管理的含义。国际储备的结构管理确定的是一国国际储备的内部比例，它解决的是国际储备的“质”的规定性。国际储备结构管理是指一国如何最佳地配置国际储备资产，从而使黄金储备、外汇储备、在IMF的储备头寸和SDR(特别提款权)四个部分的国际储备资产持有量之间，以及各部分的构成要素之间保持合适的数量构成比例。可将其划分为两个层次：①国际储备资产四个组成部分的比例确定；②各部分储备资产内部构成要素之间的比例确定，它包括外汇储备的币种结构管理和外汇储备的资产结构管理两个方面。

(2)国际储备结构管理的原则。国际储备的结构管理必须遵循安全性、流动性和营利性原则。①安全性是指外汇储备存放风险低，不易受损；②流动性是指需要动用外汇储备时能够迅速实现无损变现；③营利性是指储备资产的增值、获利。在国际储备结构管理的“三性”原则中，储备资产的安全性与流动性成正相关关系，安全性、流动性与营利性成负相关关系：储备资产的安全性与流动性越高，其营利性往往越低；反之亦然。一国货币当局的国际储备结构管理，必须在确保安全性与流动性的前提下，争取最大限度的收益。

(3)国际储备结构管理的内容。

①外汇储备的币种结构管理。其主要包含下述三个方面：

一是储备货币应与贸易支付和金融支付所需货币保持一致。一国持有的外汇储备，可以看成一国对外进行贸易支付与金融支付的准备金。其中，贸易支付是指支付一国进口大于出口的缺口部分需要动用外汇储备；金融支付是指一国对外债务大于债权的净债务部分，也必须以外汇储备支付。

二是储备货币应与干预市场所需要的货币保持一致。干预外汇市场以维持本币汇率作为一国持有外汇储备的重要目的,为此,一国必须先考虑本国干预外汇市场所需要的储备货币种类,然后据以确定本国的储备货币币种结构。

三是应选择多种储备货币。原因在于:第一,将外汇储备分散于多种货币上,能有效地降低风险。在同一时期,不同货币间的汇率此升彼降、此降彼升,且升降通常能大体相互抵消,从而使外汇储备价值趋于稳定。第二,一国能根据外汇市场汇率的走势,对储备货币币种结构适时进行调整,增加处于升值趋势的“硬币”的持有量,减少陷入贬值趋势的“软币”的持有量,从而趋利避害。

②外汇储备的资产结构管理。外汇储备是被存放在国外,以银行活期存款、外国政府债券等形式持有的。对外汇储备的资产结构管理就是确定银行活期存款与外国政府债券之间、不同种类和期限的外国政府债券之间的比例。在外汇储备的流动性管理上,储备资产的高流动性被置于优先地位,营利性则被摆到比较次要的位置。

总之,在外汇储备结构管理上必须遵循“三性”原则,鉴于外汇储备的特殊性质与作用,在管理上,应以安全性为第一原则,即先保值后增值。

四、论述题

近年来,现代金融监管体制的发展的总体态势是:①政府监管与行业自律结合;②外部监管与内部控制相互促进;③机构性监管向功能性监管转变;④各国金融监管模式日益趋同;⑤金融监管的国际合作不断加强。具体阐述如下:

(1)金融监管体制的内容。金融监管体制是指金融监管的权力制度安排和监管组织体系。监管的权力制度安排是指行使政府监管权力的相关机构之间的权力分配。监管组织体系主要由金融当局宏观监管体系、金融机构内部监管体系、金融业行业自律体系和社会监督防范体系四个层次组成。前两者在金融监管中起主导作用,后两者起重要补充作用,四个体系相互作用、相互协作。

金融监管模式概括起来大致有三种类型:

①统一监管模式。对于不同的金融机构和金融业务,无论是审慎监管还是业务监管,都由一个机构负责,这个机构通常是各国的中央银行或另设的独立监管机构。这是一种典型的混业监管模式,以英国为典型代表。其优势主要体现在:一是成本优势。统一监管能节约人力和技术投入,大大降低信息成本,改善信息质量,获得规模效益。二是改善监管环境。统一监管可避免由于监管者的监管水平和监管强度的不同,使不同的金融机构或业务面临不同的监管制度约束,也可避免被监管者对多种机构重复监管及不一致性无所适从。三是适应性强。统一监管能迅速适应新的金融业务,既可避免监管真空,降低金融创新形成的新的系统性风险,又可避免多重监管,降低不适宜的制度安排对创新形成的阻碍。其缺点在于:缺乏竞争性,易导致官僚主义。

②分业监管模式。将金融机构和金融市场按照银行、证券、保险划分为三个领域,在每一个领域内,分别设置一个专业的监管机构负责包括审慎监管和业务监管在内的全面监管。目前分业监管模式较为普遍,中国便是实行这一模式的。其优点在于:一是具有监管专业化优势,每个专业监管机构负责各自的监管领域,职责明确,分工细致,有利于达到监管目标,提高监管效率;二是具有监管竞争优势,尽管监管对象不同,但不同监管机构之间存在竞争

压力。其缺点在于：一是各监管机构之间协调性差，容易出现监管真空，若设置多重目标或不透明目标则易使被监管对象难以理解和服从，出现多头管理和相互扯皮现象；二是从整体上看，分业监管机构庞大，监管成本较高，规模不经济。

③不完全统一监管。这是介于完全统一监管和完全分业监管之间的一种监管模式，也可以说是一种从分业监管到混业监管的过渡模式。具体有：一是牵头监管模式，几个主要监管机构为建立及时磋商协调机制，相互交换信息，以防止监管机构之间的扯皮推诿，特指定一个监管机构为牵头监管机构，负责不同监管机构之间的协调工作。其典型代表是法国、巴西。这种监管模式既可以发挥分业监管的专业化优势与竞争优势，提高监管效率，又可以通过监管机构定期磋商协调、相互交换信息以及密切配合，将多重监管的不利影响降到最低。其弊端是，牵头监管者并不能做到控制整个体系风险。二是"双峰"监管模式，是对不同的金融业务的经营进行监管。

(2)现代金融监管体制的发展趋势。20世纪80年代以来的金融国际化趋势，使得各国金融市场之间的联系和依赖性不断增强，各种金融风险在国家之间的相互转移和扩散在所难免，严重威胁着各国的金融稳定。金融国际化要求实现金融监管国际化，如果各国金融监管松紧不一，不仅会削弱各国监管措施的效应，而且还会导致国际资金大规模的投机性转移，影响国际金融稳定。因此，西方国家致力于金融监管的国际合作。一些主要西方发达国家的金融监管体制改革趋势如下：

①20世纪30年代大萧条后，美国建立了分业经营和分业监管的体制。到1999年，美国金融经营体制正式从分业经营走向混业经营，但其分业监管体制并未发生变化，监管模式则转变为伞式监管与功能监管结合的模式。在该模式下，金融控股公司既要接受联邦储备委员会的综合监管，又要接受不同行业主要功能监管人的监管，伞式监管人和功能监管人相互协调、共同合作完成金融监管任务。

②英国历史上金融监管主要依靠金融机构的自我约束，采取非正式监管形式，以"道德劝说""君子协议"等方式进行，直到1979年英国的银行监管才走向法制化的道路，在这之前英国的金融监管采取分业监管体制。20世纪70年代之后，英国政府放松对金融业的管制，金融业出现混业经营的局面，英国开始注重对金融业的全面监管。1997年成立了金融服务监管局，由此开始正式实行集中统一的混业监管模式。

③日本金融监管体制随着金融经营体制的变化而变化，20世纪80年代后期，日本由分业经营转为综合经营，其金融监管体制也转变为混业监管。1998年以来，日本金融监管体制进行了一系列以财政和金融相分离为核心的重大改革，形成了以金融厅为最高监管权力机构的新的统一监管体制。

2011年复旦大学431金融硕士真题参考答案

一、名词解释

1. 有效汇率是一种以某个变量为权重计算的加权平均汇率指数，它是指报告期一国货币对各个样本国货币的汇率以选定的变量为权数计算出的与基期汇率之比的加权平均汇率之和。通常可以一国与样本国双边贸易额占该国对所有样本国全部对外贸易额的比重为权数。有效汇率是一个非常重要的经济指标，以贸易比重为权数计算的有效汇率所反映的是一国货币汇率在国际贸易中的总体竞争力和总体波动幅度。

2. 利率期限结构是指某个时点不同期限的即期利率与到期期限的关系及变化规律。由于零息债券的到期收益率等于相同期限的市场即期利率，从对应关系上来说，任何时刻的利率期限结构是利率水平和期限相联系的函数。因此，利率的期限结构，即零息债券的到期收益率与期限的关系可以用一条曲线来表示，如水平线、向上倾斜和向下倾斜的曲线。甚至还可能出现更复杂的收益率曲线，即债券收益率曲线是上述部分或全部收益率曲线的组合。收益率曲线的变化本质上体现了债券的到期收益率与期限之间的关系，即债券的短期利率和长期利率表现的差异性。利率的期限结构理论说明为什么各种不同的国债即期利率会有差别，而且这种差别会随着期限的长短而变化。主要有：(1)预期理论；(2)市场分割理论；(3)流动性偏好理论。

3. 流动性陷阱是凯恩斯提出的一种假说，是指当一定时期的利率水平降到不能再低时，人们就会产生利率上升而债券价格下降的预期，货币需求弹性就会变得无限大，即无论增加多少货币，都会被人们储存起来。发生流动性陷阱时，再宽松的货币政策也无法改变市场利率，使得货币政策失效。推行这一制度，将使我国交易制度更加多样化，有利于发挥不同交易制度的综合优势，实现我国证券市场的全面发展。

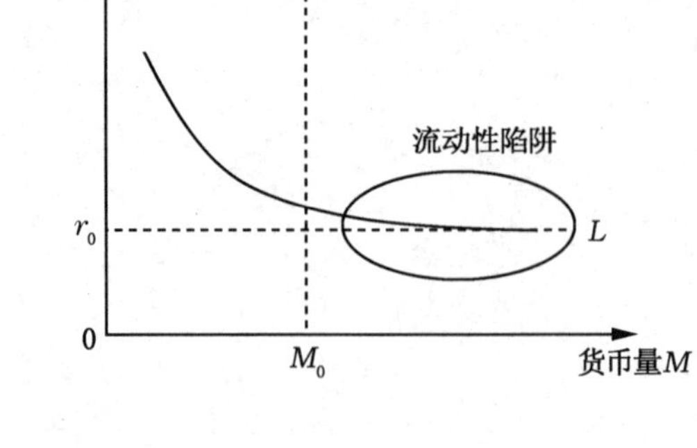

4. 大宗交易机制，是指单笔交易规模远大于市场平均单笔交易规模的交易；针对大宗交易建立的不同于正常规模交易的交易制度称为大宗交易机制。大宗交易机制一般是针对机构投资者占据主要位置的投资者结构做出的适应性安排，也是海外交易所针对机构投资者常用的交易制度。

5. 正反馈交易机制。投资过程反映了投资者的心理过程，由于认知偏差、情绪偏差等各种偏差的存在，最终导致不同资产的定价偏差，而资产定价偏差就会反过来影响投资者对这种资产的认识与判断，这一过程就是反馈机制(Feed-back)。利用反馈机制制定交易策略就是正反馈交易机制(Positive Feedback Strategy)。简单来说，就是指人们在价格升高时买进、价格下跌时卖出，也就是我们通常所说的追涨杀跌。

有效市场假说认为正反馈交易行为是不理性的。对于个别投资者来说，选择正反馈交易策略可能是一种理性的行为。但是在市场势力操纵和羊群行为普遍存在的情况下会形成价格泡沫，影响价格的稳定和市场的稳定，严重时还会影响国家的稳定。例如，著名的有17世纪荷兰的郁金香热潮，18世纪的南海泡沫、密西西比泡沫、英国第一次铁路风潮以及20世纪20年代美国股市泡沫等。这些泡沫事件破灭后的影响也是巨大的，不仅给经济造成巨大冲击，而且给政治也造成强烈的负面影响。

二、选择题

1. C

套汇是指利用不同外汇市场的外汇差价，在某一外汇市场上买进某种货币，同时在另一外汇市场上卖出该种货币，以赚取利润。在套汇中由于涉及的外汇市场多少不同，分为两角套汇、三角套汇和多角套汇。套汇的作用就是迅速使得国际外汇市场平衡，套汇者由于是即时交易，并没有承担很多风险，因此套利具有盈利性。

2. D

根据 *CAPM* 模型可知该股票的收益率为：$r=r_f+\beta(r_M-r_f)=10\%+1.5\times 8\%=22\%$。

根据戈登模型，可知该股票的理论价格为：$P=\dfrac{D_1}{r-g}=\dfrac{D_0(1+g)}{r-g}=\dfrac{8\times(1+8\%)}{22\%-8\%}\approx 61.71$(元)。

3. A

商业银行管理理论包括：资产管理理论(真实票据论、转换理论、预期收入理论)，负债管理理论(购买理论、销售理论)，资产负债管理理论。

4. C

金融抑制是指一国的金融体系不健全，金融市场机制未充分发挥作用，经济生活中存在过多的金融监管措施而受到压制的金融，反过来又阻滞了经济的成长和发展。A、B、D选项都是金融抑制的表现，而金融监管不是金融抑制。

5. B

根据蒙代尔—弗莱明模型，在固定汇率下：

财政政策：

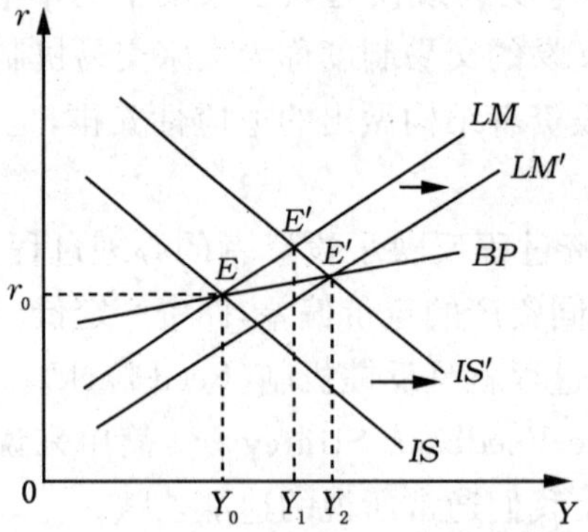

固定汇率下的财政政策(一般情形)

由上图可知,在固定汇率下,财政政策有效。

货币政策:

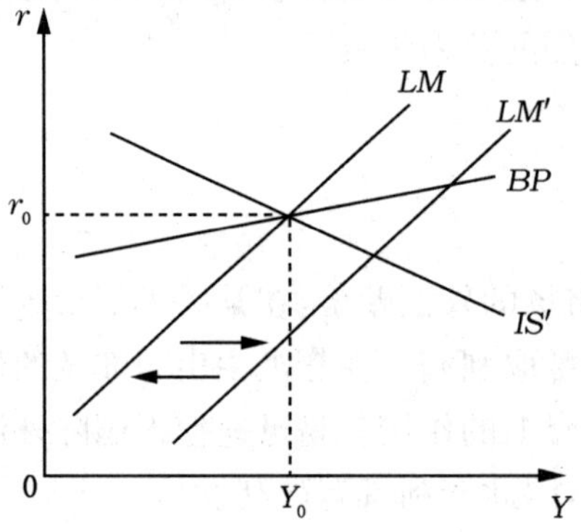

固定汇率下的货币政策(一般情形)

由上图可知,在固定汇率下,货币政策无效。

三、计算题

1. A 公司在欧元固定利率市场上有绝对优势,B 公司在美元浮动利率市场上有绝对优势,美元浮动利率的利差为 0.5%,欧元固定利率借款的利差为 1.5%。当 A 公司想要借入美元,B 公司想要借入欧元,如果没有互换,A 公司借入美元的利率是 LIBOR+1.0%,B 公司借入欧元的利率是 6.5%。因此,双方决定互换。那么,此时互换的总借款成本就为 5.0%+LIBOR+0.5%。因此,互换的总收益为 2.0%。如果互换收益双方均分,即 A、B 各得 1%,这意味着 A 可按 LIBOR 的年利率借入美元,B 按 5.5%的年利率借入欧元。互换的设计见下表:

贷款利率	美元市场	欧元市场
A公司可以直接得到的	LIBOR＋1.0％	5.0％
B公司可以直接得到的	LIBOR＋0.5％	6.5％
比较优势	A公司：－0.5％	B公司：－1.5％

根据该题意可知，可设计互换：

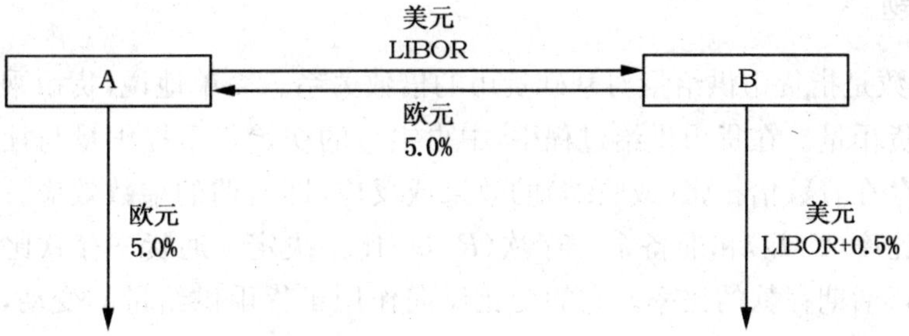

金程点评

本题考查的是货币互换的知识点。本题所提供的数据，与大家在任何书本中所遇到的数据并不相同，在该题中，A公司和B公司体现出来的是绝对优势而不是比较优势，而常规题目中是有一家公司在两方面都有绝对优势，体现出的是比较优势。并且在设计过程中，方法并不唯一。

2.(1)公司目前每股净收益为2元，假设题中采用的是年初的市盈率$\frac{P}{E}=P/EPS_0$，则每股的价格为：$P=EPS_0\times$市盈率$=8\times2=16$(元)，发行在外的股份数为10万股，那么B公司的价值为160万元。

(2)若给出B公司的折现率，可以采用现金流贴现法计算B公司价值。但此题并未给出贴现率，故只能假设市场有效，采用市场比较法计算。$NPV=D-P_0=160-140=20$(万元)。

(3)A公司的每股净收益$EPS=4$元(240/60)，因此每股A公司股票可换取2股B公司股票，要换取B公司股票须5万股A公司股票。换股完成后B公司股票注销，A公司价值为1 200＋160＝1 360(万元)，A公司发行在外股票为65万股。因此合并后A公司股价为1 360/65＝20.92(元)，相当于A公司付出20.92×5＝104.61(万元)，$NPV=160-104.61=55.38$(万元)。

(4)显然，采取换股方式收购NPV更大，因此应该选择换股方式收购。

金程点评

题中并未指明市盈率采用年初的还是年末的,之所以采用年初的市盈率,是因为A公司年末的每股净收益无法得知,为了一致起见,都假设采用年初的市盈率计算。增长率这一条件没有使用。另外要注意换股收购的方式,A公司并没有增发股票,而吸收合并之后B公司的股票应该是注销掉了,这个考生应当有相应常识,否则无法下手。

四、简答题

1. 货币乘数是指货币供给量对基础货币的倍数关系。简单地说,货币乘数是一单位准备金所产生的货币量。在货币供给过程中,中央银行的初始货币提供量与社会货币最终形成量之间客观存在着数倍扩张(或收缩)的效果或反应,即所谓的乘数效应。货币乘数主要由通货—存款比率(C/D)和准备金—存款(R/D)比率决定。通货—存款比率是流通中的现金与商业银行活期存款的比率。它的变化反向作用于货币供给量的变动,通货—存款比率越高,货币乘数越小;通货—存款比率越低,货币乘数越大。准备金—存款比率是商业银行持有的总准备金与存款之比,准备—存款比率也与货币乘数有反方向变动的关系。

完整的货币(政策)乘数的计算公式是:

$$m=\frac{1+k}{r_d+r_t\cdot t+e+k}$$

其中,r_d、r_t、t、e、k 分别代表活期存款法定准备金率、定期存款法定准备金率、定期存款与活期存款间的比率、超额准备率和现金在存款中的比率。而货币(政策)乘数的基本计算公式是:货币供给/基础货币。货币供给等于通货(即流通中的现金)和活期存款的总和;而基础货币等于通货和准备金的总和。

货币乘数的大小由以下四个因素决定:

(1)法定存款准备金率。定期存款与活期存款的法定准备金率均由中央银行直接决定。通常来说,法定准备金率越高,货币乘数越小;反之,货币乘数越大。

(2)超额准备金率。商业银行保有的超过法定准备金的准备金与存款总额之比,称为超额准备金率。显而易见,超额准备金的存在相应减少了银行创造派生存款的能力,因此,超额准备金率与货币乘数之间也呈反方向变动关系,超额准备金率越高,货币乘数越小;反之,货币乘数就越大。超额存款准备金率的影响因素主要有:①持有超额准备金的机会成本大小,即生息资本收益率的高低。②借入准备金的成本大小,主要是中央银行再贴现率的高低。如果再贴现率高,意味着借入准备金成本高,商业银行就会保留较多超额准备金,以备不时之需;反之,就没有必要保留较多的超额准备金。③经营风险和资产的流动性。如果经营风险较大,而现有资产的流动性又较差,商业银行就有必要保留一定的超额准备金,以备应付各种风险。

(3)现金比率。现金比率是指流通中的现金与商业银行活期存款的比率。现金比率的高低与货币需求的大小正相关。因此,凡影响货币需求的因素,都可以影响现金比率。例如,银行存款利息率下降,导致生息资产收益减少,人们就会减少在银行的存款而宁愿多持有现金,这样就加大了现金比率。现金比率与货币乘数负相关,现金比率越高,说明现金退出存款货币的扩张过程而流入日常流通的量越多,因而直接减少了银行的可贷资金量,制约了存款派生能力,货币乘数就越小。

(4)定期存款与活期存款间的比率。由于定期存款的派生能力高于活期存款,各国中央银行都针对商业银行存款的不同种类规定不同的法定准备金率,通常定期存款的法定准备金率要比活期存款的低。这样即便在法定准备金率不变的情况下,定期存款与活期存款间的比率改变也会引起实际的平均法定存款准备金率改变,最终影响货币乘数的大小。一般来说,在其他因素不变的情况下,定期存款对活期存款比率上升,货币乘数就会变大;反之,货币乘数会变小。总之,货币乘数的大小主要由法定存款准备金率、超额准备金率、现金比率及定期存款与活期存款间的比率等因素所决定。而影响我国货币乘数的因素除了上述四个因素之外,还有财政性存款和信贷计划管理两个特殊因素。

因此,如果央行要降低货币乘数,可以做的是:提高法定存款准备金率、提高超额准备金率、提高现金比率、降低定期存款与活期存款的比率。

2. 所谓"价格泡沫",是指由于噪声交易者追涨杀跌的心理,价格在没有新信息出现的情况下不断上涨。正反馈投资策略即为噪声交易者采取的人们在价格升高时买进、价格下跌时卖出的行为模式。

一般来说,正反馈机制的产生源于以下几种解释:

(1)一些投资者认为,市场参与者完全消化新信息需要一段时间,因此市场价格完全包含所有信息也需要一段时间,消息灵通者就可以利用这段时间获利。

(2)投资者的心理预期。正反馈机制是建立在自适应预期基础上的,即发生反馈是由于过去的价格上涨产生了对价格进一步上涨的预期,或由于价格的上涨使投资者的信心增加。价格持续上涨会刺激投资者的乐观情绪,而价格下跌则会加重他们的悲观情绪。

(3)羊群行为。价格持续上涨或下跌有时会导致大量投资者的买入或卖出,这种现象可能归因于投资者的羊群行为。由于搜寻的信息的沉没成本属性使得投资者投资决策时不可能根据所有信息,只能是搜寻到自认为适合的时候就做出决策。当价格持续上涨时,若市场上一部分人认为是好的投资机会,那他们就会进入,而另外一部分人看见这些人进入会认为他们可能有新信息,加上搜寻信息的成本会使得他们在信息很少时仅仅依赖别人的投资行为就决定进入,这样就形成了羊群效应,最后导致价格的偏离。

(4)套利者的炒作。一些消息灵通的套利者会在重仓持有资产后大肆炒作,并通过各种手段刺激噪音交易者的需求,影响人们对价格的预期。

(5)制度因素。一些人认为一些制度因素导致人们在价格上涨时大量买入和价格下跌时大量卖出的现象。例如,规定价格上下限、强制平仓制度、对购买证券组合的买者提供保险等。

价格泡沫的形成和演变一般包含以下几个阶段:积累、分配和清算。

所谓积累,是指知情交易者预计到未来价格的上涨,并通过增加成交量和价格上升来揭示这种信息;分配是指在先购买的知情交易者和为知情交易者之间发生的交易,知情交易者清算资产价值,损失发生。大多数价格泡沫发生的前期都会有利好消息公布:偏移。"偏移"使一些投资者获得了可观的收益。由于最初资产价格上涨,套利者开始增加资产或资产的金融衍生品的供给。这种套利行为毫无疑问是每次价格泡沫的关键原因。套利者只在刚开始时持有这些资产。当泡沫达到高潮时,官方机构往往并没有明确的制止或反对态度,这使泡沫得以维持一段时间。但最后,泡沫总会破灭,受损的是那些噪声交易者,而且伴随泡沫破灭的往往是金融危机和经济萧条。泡沫之后,政府对那些投机者和投资计划的组织者往往采取特别严厉的监管措施。

五、论述题

1. 根据传统的西方财务学界的实证研究,股利政策有明显的信号传递效应,即高股利政策可以传递公司良好预期的信息。利率政策是关于公司是否发放股利、发放多少股利以及何时发放股利等方面的方针和策略。股利政策主要有现金股利、股票股利、股票回购和股票分割。根据传统的西方财务学界的实证研究,股利政策有明显的信号传递效应,即高股利政策可以传递公司良好预期的信息。股利政策是公司理财活动的核心内容,如果上市公司管理层能够对股利分配政策引起足够的重视,对其进行长远的规划,那么上市公司的形象可以有一定的提升,也能让投资者增加对该公司的信心,上市公司也能从该活动中获取利益,促进公司稳定发展。因此,股利政策一直是国内外学者所关心的热点问题。

相关的股利政策理论有很多,尤其是MM股利无关论提出以来,学术界不断地挑战此理论,产生了许多的经典理论,比如“追随者效应理论”“股利信号传递理论”“股利政策的代理成本理论”等。其中,“股利信号传递理论”是最受追捧的一个理论。该理论主要内容是:在股票市场上存在信息不对称的情况下,公司的外部投资者不会直接接触到公司的实际操作和经营,上市公司的管理层拥有更多关于公司内部的信息,这就需要管理层通过一定的方法向投资者传递关于公司的财务和经营等方面的信息,以此来传递公司的真实价值。当现金股利增加时为利好消息,能够造成股票价格的上涨,现金股利的减少则会造成股票价格的下跌。在西方成熟的资本市场中,上市公司的股利分配政策一般比较稳定,不会随意对其进行变更,除非有特殊情况发生,并且主要以现金股利作为其主要的股利分配形式,因为现金股利是最直接和最重要的一种分配方式,投资者可以通过现金股利看到实实在在的回报,这不仅让投资者对公司有信心进而增加投资,同时公司也通过这种途径来筹集低成本的资金。

我国资本市场上的上市公司与成熟的资本市场相比,上市公司面临着更加复杂的市场环境,股利的影响因素也很多,但是在我国确实面临信息不对称的市场环境,投资者不会长期持有股票来获取利益,通常是通过短期股票买卖来获取资本利得。

首先,现金股利是否受投资者欢迎可以通过现金股利所产生的短期效应来进行判断,上市公司可以通过市场反应来了解现金股利分配方案是否合理和有效,是否达到公司进行股利分配所带来的期望效应等。从这些方面来看,上市公司可以参考现金股利所引起的市场反应来进行分配方案的改变。其次,现金股利的分配影响股价变化,进而影响投资收益,影响股票市场的交易。由于我国股票市场正在发展之中,投资者比较关注资本利得,投资者会参考股价的变化来进行以后的短期股票交易。所以,我们对现金股利进行市场反应研究是非常必要的。

对于我国的现状来说,高股利政策并不能够通过高股利传递良好信息,原因如下:

首先,我国目前的股票市场仍然处于发展阶段,投资者认为现金股利的减少可以理解为被投资公司可以将现有资金投资到更好的发展和投资项目中去,因此把留存收益和筹集的资金用于扩张公司的规模和市场，以获取更为可观的利润，投资者会在被投资公司的发展壮大中获取更多的回报，投资者认为是一个利好的消息。

其次，在我国现金股利的分配税收负担过重，投资者获得现金红利将要缴纳20%的税，而通过资本利得来获取利润可以合理、有效地避税，所以投资者对于现金股利的减少产生了正的累计超额收益率。

再者，投资者认为预期高、收益高的上市公司由于公司业绩等各方面已经达到极限后，上市公司已没有成长空间，所以投资者不愿意对这类公司进行投资，反而对成长空间大的上市公司更有兴趣。所以，股利减少而成长空间大的上市公司会更受投资者欢迎。

然后，我国股市投资者中，无论是人数还是资金，中小散户所占比例较大，以投资基金为主的机构投资者严重缺乏，投资者整体素质较差，无论是个人投资者还是目前尚不规范的机构投资者，都很少以收益证券为目的，往往追求的是股票差价收益，而不是持有股票所能获得的现金股利，所以投资者总体上轻视现金股利，现金股利的信号传递效应也就无从产生。

最后，在中国目前这个发展中的股票市场上，有许多垃圾股充斥着市场，颇受投资者欢迎，所以，投资者对股票知识没有一个清晰和准确的认识，不能够准确地把握上市公司股利发放所投放出来的信息，造成对信息的错误接收。

总的来说，我国上市公司的运作缺乏规范性，股利政策的制定也具有较强的随意性，所以虽有部分学者采用信号理论证明了变化确实具有信息内涵，但由于我国市场的有效性不足，股利所传递的具体信息与西方成熟市场具有较大差异。另外，我国上市公司内部经理人员持股比例非常低，外部股份异常集中，内部人员控制现象十分普遍，在这一背景下从代理成本角度进行的国内股利政策研究尚属空白，亟待进一步深化研究。

2. 国际储备是指一国货币当局能随时用来干预外汇市场、支付国际收支差额的资产，国际储备的多少反映了一国货币当局干预外汇市场的总体能力。

总的来说，一国外汇储备的最佳数额是在满足日常贸易支付和汇率波动的基础上加上一个最低储备量。

第一，影响国际储备的因素主要有以下几个方面：

(1)进口规模。由于国际储备最基本的作用是弥补国际收支逆差，因而进口规模越大、占用的外汇资金越多，发生逆差的可能性大，数额也往往越大，就需要保持较多的国际储备。另外，进口规模也是影响一国储备下限“经常储备量”的决定因素。

(2)贸易差额的波动幅度。储备水平与贸易差额的波动幅度正相关。

(3)外债的规模与期限结构。外债规模越大，短期需偿还的外债越多，还本付息的压力就越大，越需要持有较多的国际储备。

(4)持有国际储备的机会成本。持有的国际储备越多，意味着放弃利用实际资源就越多，利润损失就越大。该机会成本＝一国边际投资收益率－国际储备资产利率－因储备而减少的实际资源的投入经乘数效应引起的总利润。

(5)外部冲击的种类、规模和频率。

(6)一国对汇率制度和汇率政策的选择。如果一国采用浮动汇率制而非定制汇率制、目标汇率区制等，就可适当减少持有的储备量。

(7)政府的政策偏好/一国特定时期的经济发展目标。

(8)一国在国际市场上筹集应急国外资金的能力和成本。筹资能力越强,成本越低,一国在一定程度上就可以适当减少持有储备的数量。

(9)一国国际储备的范围和该国货币在国际货币体系中所处的地位。如果一国是IMF成员国并且参与SDR的分配,则该国的国际储备中除了黄金和外汇储备外,还包括在基金组织的储备头寸(普通提款权)和分配的特别提款权,从而增加了该国的储备形式和国际清偿能力,可以在一定程度上缓解该国对外汇储备的需求量。另外,如果一国是储备货币国(如美国),就可以通过增加本国货币的对外负债来弥补储备货币的不足。而不需要持有较多的储备。比如美国常常出现巨额的国际收支逆差(当然,这主要由美元是最主要的储备货币所决定的),但从来不需要担心发生无法平衡逆差或对外支付的困难。

(10)一国的对外开放程度。经济封闭、对外开放程度低的国家,通常对外汇储备的需求量也较少。

(11)其他国际收支调节政策的运用及其有效性。比如,一国实行严格的外汇管制,并且能采用配额的形式严格有效地控制进口和外汇资金流动,就不需要太多的外汇储备。

第二,改革开放30余年来,我国外汇储备总额从1978年的1.67亿美元到2011年的31 811.48亿美元,可以说是增长迅速。而目前巨额外汇储备的增长成因,可以归结为以下几点:

(1)我国经济持续增长是外汇储备增长的根本原因。

(2)国际收支双顺差是外汇储备增长的直接原因。

(3)结售汇制度是近年来外汇储备快速增长的重要原因(尽管在2014年已经彻底废除外汇结算制度,但是结售汇制度已经对我国的外汇储备造成了十分深远的影响)。

(4)人民币升值预期是我国外汇储备增长的又一原因。

此外,我国一直以来的鼓励出口政策、国内经济发展不平衡、全球经济流动性过剩等因素也造成近些年来的外汇储备增长速度加剧。

总体来说,我国的外汇储备规模较大,相对适度规模有超额部分,但根据中国和世界经济的发展状况,该规模具有一定的合理性。

金程点评

本题再适度引申的话应该考查高额外汇储备给中国经济带来的利弊分析,在这里为考生做简要总结:

(1)有利影响:①有利于调节国际收支失衡;②增强我国干预外汇市场的能力;③提高中国的国际清偿力及国际资信;④有利于中国降低金融风险;⑤为实现人民币国际化创造有利条件。

(2)不利影响:①制约国内经济均衡发展;②降低我国货币政策的有效性;③增加持有外汇储备的成本。

2011 年上海财经大学 431 金融硕士真题参考答案

一、单项选择题

1. D

这 4 种资本预算方法中，*NPV* 法和增量现金流相关的资本预算方法都是较为精确的资本预算方法，*IRR* 法有以下几种缺陷：投资还是融资的决策错误，多重内含报酬率，互斥项目的特有问题。

2. C

汇率的决定理论有购买力平价理论，利率平价理论，国际借贷说，资产市场说（货币分析法、资产组合分析法）。吸收论是国际收支理论，不是汇率的决定理论。

3. C

根据我国的货币层次划分：

M0＝流通中的现金。

M1＝C＋D，其中 C 为流通中的现金即 M0，D 为活期存款，包括企业活期存款、机关团体存款及农村存款。

M2＝M1＋TD，TD 为准货币，包括居民储蓄存款、企业定期存款、信托类存款和其他存款。

那么，个人的活期储蓄存款属于 M2。

4. C

国家的货币贬值降低了该国出口品的相对价格，提高了进口品的相对价格。

5. A

投资回收期法的一个缺陷是所谓的可接受的回收期带有管理层一定的主观意愿，那么，在一定的回收期之后有较大的现金流入，很可能造成损失了很好的长期投资项目。

金程点评

投资回收期法分为两种：折现的投资回收期法和非折现的投资回收期法，非折现的投资回收期法不考虑货币的时间价值因素，这是个很大的缺陷，而两种投资回收期法具有的缺陷都是对回收期决策存在主观臆断，并且忽略主观回收期之后的现金流情况。本题考查的是决策者的某种行为是由哪一个缺陷造成的，考生应该明确该题目的考查意图。

6. C

本题考查的是购买力平价。

理论和“一价定律”的关系，严格来说，“一价定律”所指代的商品是可贸易商品，那么对任何商品的描述是不准确的，A 选项错误；因为购买力平价是通过一揽子商品进行分析的，所以，B 选项不准确；D 选项明显错误，“一价定律”只要对可贸易商品成立即可；故 C 选项正确。

7. A

市场利率上升，若货币的供给量不变，那么，货币的流通速度应该增加。

8. D

在资本自由流动的固定汇率制度下，该国没有独立的货币政策，那么，始终被动地释放或回笼货币供给量以求维系该国货币的汇率，那么，国内外利率始终相等；汇率不会变化，即远期汇率与即期汇率相等，同时其预期变化率为零，故 D 选项错误。

9. A

根据债券的定价公式，$D=\frac{c}{(1+r)}+\frac{c}{(1+r)^2}+\frac{c}{(1+r)^3}+\cdots+\frac{c}{(1+r)^T}+\frac{A}{(1+r)^T}$。

当市场利率低于债券的票面利率时，该债券是溢价发行，即发行价格大于票面价值。

10. D

这里的活期存款指的是可用于支付的支票存款，那么，这些存款在其他金融机构是不能够接受的，其他金融机构接受的所谓存款，不过是存款性质的产品，不能够用于支付。

金程点评

另外一个商业银行与其他金融机构的主要区别在于商业银行可以接受原始存款，原始存款是商业银行存款创造的基础，是其他金融机构所不具有的特征。

11. A

经常账户的变化应该等于资本和储备的变动。

12. C

现金周期＝存活周转期＋应收账款周期－应付账款周期

营业周期＝存货周转天数＋应收账款天数

所以货币资金周转天数对于现金营业周期变化没有影响。

13. D

1995 年我国以法律形式确定我国中央银行的最终目标是保持币值稳定，并以此促进经济增长。

14. D

令除权前的股票价格为 X 元，原来有 X 股股票，则有：$3X+20=26\times4$，解得：$X=28$（元）。

15. A

根据商业银行的业务分类，可知贴现是贷款业务的一种，而透支是属于信用方面的业务，可认为是贷款业务。

金程点评

考生需要非常明确商业银行的业务，在这里为考生做简要总结：

负债业务：资本金业务，存款业务，借款业务；

资产业务：现金资产，正确投资，贷款；

中间业务：结算业务，委托代理业务，租赁业务，咨询服务，保管业务，投资银行业务，信托业务，信用卡业务；

表外业务：担保业务，票据发行便利，金融衍生业务。

考生需要注意：这里的中间业务的信用卡业务主要指的是信用卡作为结算的中间业务，而信用卡的透支类似于贷款，那么实际是贷款业务。

16. B

根据我国的《企业会计准则》，对于会计要素进行计量的，一般采用历史成本作为入账成本。

17. A

目前我国的一元硬币是本位币，尽管是金属质地，但不是金属货币。我国的角、分为辅币单位。

18. C

根据股利贴现模型，$P=\frac{5}{12\%}=41.66$(元)，故选 C。

19. B

半年的贴现率为$\frac{100}{2\ 000}=0.05$，那么年贴现率为 0.1。

金程点评

本题的计算过程中会有如下问题，如已知半年的收益率为 5%，那么年收益率为$(1+0.05)^2-1=10.25\%$。

这种做法的考生进入了一个误区，实际上在计算此类型题目时，一般是不计算实际年化收益，而是用半年或 3 个月的收益率直接翻倍到年收益。

20. A

项目融资是近些年兴起的一种融资手段，是以项目的名义筹措一年期以上的资金，以项目营运收入承担债务偿还责任的融资形式。形式有很多，也比较灵活，至于趋势，每一种模式都有适用的领域和趋势，那么可以确认项目融资的投资方没有无限追索权。

21. C

中央银行不能主动控制再贴现的数量，只能通过再贴现率影响再贴现的数量。

22. D

根据 $CAPM$，$R=R_f+\beta(R_M-R_f)=5\%+0.5\times(11\%-5\%)=8\%$。

23. A

中央银行“独占货币发行权”属于其发行的银行的职能。

24. C

套期保值是利用期货和现货的交易,锁定远期价格,可以规避到时产生的现货风险。

25. A

利用传统的货币需求理论,$MV=PY$,收入水平理解为 PY,收入获取时间认为是 V,那么,货币的需求与收入水平正相关,与收入获取时间正相关。故选 A。

26. C

根据有效市场理论,可将市场分为三类:弱式有效市场、半强式有效市场、强式有效市场。证券价格充分反映全部公开信息的市场为弱式有效市场。

金程点评

三种有效市场的分类及特点:

(1)弱式有效市场。这是指当前证券价格已经充分反映了全部能从市场交易数据中获得的历史信息,这些信息包括过去的价格、成交量、未平仓合约等。因为当前市场价格已经反映了过去的交易信息,所以弱式效率市场意味着根据历史交易资料进行交易是无法获取经济利润的。这实际上等同宣判技术分析无法击败市场。

(2)半强式有效市场。这是指所有的公开信息都已经反映在证券价格中。这些公开信息包括证券价格、成交量、会计资料、竞争公司的经营情况、整个国民经济资料以及与公司价值有关的所有公开信息等。半强式有效市场意味着根据所有公开信息进行的分析,包括技术分析和基础分析都无法击败市场,即取得经济利润。因为每天都有成千上万的证券分析师在根据公开信息进行分析,发现价值被低估和高估的证券,他们一旦发现机会,就会立即进行买卖,从而使证券价格迅速回到合理水平。

(3)强式有效市场。这是指所有信息都反映在股票价格中。这些信息不仅包括公开信息,还包括各种私人信息,即内幕消息。强式有效市场意味着所有分析都无法击败市场。因为只要有人得知了内幕消息,他就会立即行动,从而使证券价格迅速达到该内幕消息所反映的合理水平。这样,其他再获得该内幕消息的人就无法从中获利。

27. C

本题考查有效年利率的计算方式。

金程点评

本知识点可以作为连续复利计算公式的基础,推导方式如下:

假设:L 为本金,r 为利率,n 为投资期。如果利息按每年记一次复利,终值是 $L(1+r)^n$;如果每年记 m 次复利,终值就是 $L\left(1+\frac{r}{m}\right)^{mn}$。

当 m 趋向于无穷大时(也就是说,每年计息次数为无穷大),就称为连续复利,如:$\lim\limits_{m\to\infty}L\left(1+\frac{r}{m}\right)^{mn}=Le^{rn}$。

利率 r 的意义就变成,当时间可以无限分割时的复利利率,即连续复利。从实用目的来看,通常可以认为连续复利与每天计复利等价。

28. A

在我们目前的学习阶段,想要扭转经济下滑的局面,首先应该想到的是扩张的货币政策,那么应当选择扩张的货币政策,即选择降低存款准备金率。

金程点评

本题中的D选项涉及回购的概念,正回购是指一方以一定规模债券作抵押融入资金,并承诺在日后再购回所抵押债券的交易行为。这也是央行经常使用的公开市场操作手段之一,央行利用正回购操作可以达到从市场回笼资金的效果。那么正回购的概念可以理解为融资的方式。

相关的概念是逆回购的概念,逆回购的操作与正回购相反,就是先买入债券,再卖出,起到释放流动性的作用。

29. A

根据 $IS-LM$ 曲线的定义和性质,物价水平是 LM 曲线中的变量,当物价水平下降时,实际货币供给增多,利率水平下降,相应地,LM 曲线左移,均衡理论下降。

30. C

陈先生的风险承受能力强,那么可知陈先生的无差异曲线和资本市场线的切点较高,那么其最优证券组合的期望收益率比张先生高。

金程点评

最优风险组合的决定如下图所示:

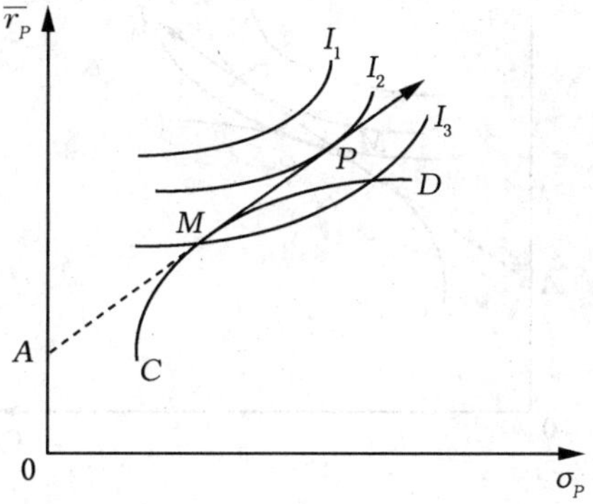

M 点为最优风险组合。

很多考生对风险与收益章节的很多组合并没有区分清楚,会产生很多错误。

本题给出的是最优风险组合的推导,还有最优投资组合的概念,是由有效边界和无差异曲线相切决定的,如下图所示:

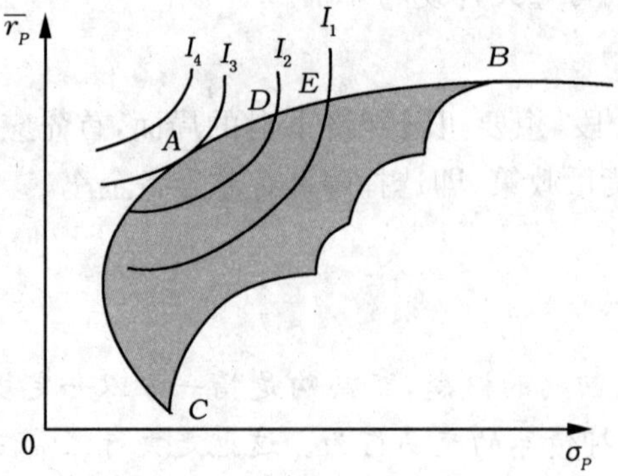

还有一个图形是允许无风险借贷下的可行集和有效边界，如下图所示：

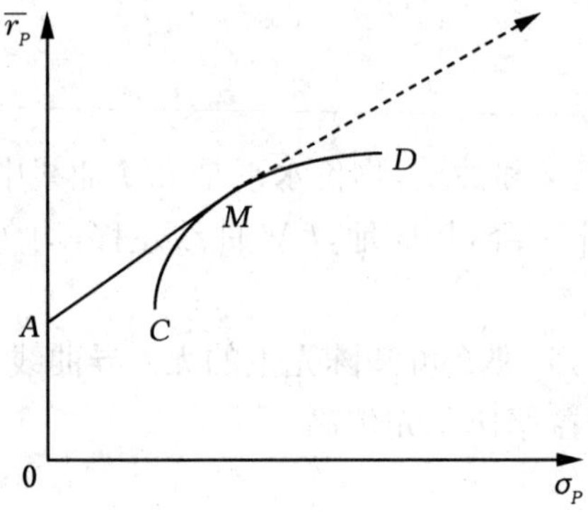

那么在这里需要明确概念：

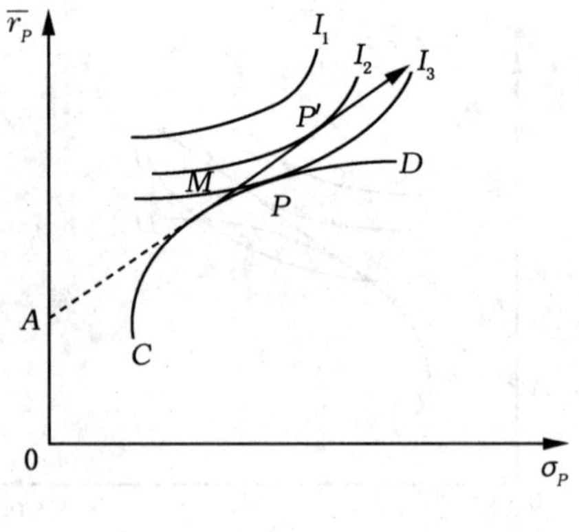

在投资决策的过程中，最优风险组合是M，最优投资组合为P，但是，当投资者借债，然后可以全部投资于M，那么投资者可以放弃P的组合，投资于P'，获得更高的效用。

二、计算与分析题

1. 根据题意可知，

$$R_{WACC}=\frac{E}{E+D}R_S+\frac{D}{E+D}R_D(1-t_c)=\frac{1}{2}\times20\%+\frac{1}{2}\times10\%\times(1-25\%)=13.75\%$$

项目的价值$=\frac{800\times(1-25\%)}{13.75\%}-2\ 000=2\ 363.64$(万元)

2. 根据货币乘数的计算公式：$m=\frac{1+k}{r_d+t\cdot r_t+e+k}$，可知，该国家的货币乘数为：

$$m=\frac{1+25\%}{15\%+50\%\times10\%+5\%+25\%}=2.5$$

因此，该国的货币供给总量为：

$M=m\times B=2.5\times400=1\ 000$(亿元)

因为$M=C+D=0.25D+D=1.25D=1\ 000$，可得，$D=800$亿元，$C=200$(亿元)，$B=C+R=200+R=400$(亿元)，那么$R=200$(亿元)。

3. 根据折旧的税盾性质，每年可以获得的抵税额为$D\times t$，旧设备的年折旧额为：20/5=4(万元)，新设备的年折旧额为：30/5=6(万元)。

那么，旧设备的折旧抵税现值为：

$P_{旧}=4\times25\%\times(P/A,10\%,5)=1\times3.790\ 8=3.790\ 8$(万元)；

新设备的折旧抵税及营业费用节省现值为：

$P_{新}=(6\times25\%+3\times75\%)\times(P/A,10\%,5)=3.75\times3.790\ 8-30+10=-5.784\ 5$(万元)。

可知不更换新设备会给企业带来更多的收益，因此，不应该更换新设备。

4. 根据实际利率、通货膨胀率以及名义利率的关系：

$(1+r_{实际利率})(1+通货膨胀率)=(1+r_{名义利率})$

那么，

(1) A国的实际利率为：$\frac{1.15}{2}-1=-42.5\%$。

(2) B国的实际利率为：$\frac{1.15}{1.05}-1=9.52\%$。

(3) 根据费雪效应，$r_{实际利率}=r_{名义利率}-通货膨胀率$，

A国的实际利率为：$15\%-100\%=-85\%$，

B国的实际利率为：$15\%-5\%=10\%$，

可知当通货膨胀率较小时，满足费雪效应。

5. (1) 根据抛补的利率平价理论，即期汇率与远期汇率之间的升(贴)水$\rho=i_d-i_f=3\%-5\%=-2\%$，可知即期汇率相对远期汇率贴水，本币远期升值。

(2) 根据购买力平价理论，本国预期通货膨胀率比国外高1%，那么，本币贬值。

(3) 远期汇率比即期汇率高3%，根据抛补的利率平价理论可知，远期升水可能是本国利率较高，那么即期利率较高会引起本国货币需求增多，使得本币升值(国际收支说)。

(4) 实际汇率$e=\frac{R\cdot P_f}{P_d}$，当实际汇率为1.1时，表明汇率，即名义汇率R高估，在直接标价法下，汇率高估表明本币币值低估，那么，预计名义汇率应当降低，本币升值。

6. 令组合的收益率为 R_p，A、B 两种证券的权重为 W_A、W_B，那么组合的预期收益率和方差为：

$$R_p = W_A R_A + W_B R_B = 0.08W_A + 0.13W_B$$

$$R_p^2 = W_A^2 \times 12\%^2 + W_B^2 \times 20\%^2 + 2W_A W_B \times 0.3 \times 12\% \times 20\%$$

$$= 0.0144 \times W_A^2 + 0.04 \times W_B^2 + 0.0144 \times W_A W_B$$

最优风险组合方差应尽可能小，因此将 $W_A + W_B = 1$ 代入方差式，对 W_A 求偏导，可得令组合方差最小的 W_A 为：

$$W_A = \frac{\sigma_B^2 - \sigma_{AB}}{\sigma_A^2 + \sigma_B^2 - 2\sigma_{AB}} = 0.82, W_B = 0.18$$

那么最优风险组合的期望收益率为：$R_p = W_A R_A + W_B R_B = 0.08W_A + 0.13W_B + 0.13W_B = 0.89$，方差为 $\sigma_p^2 = 0.013$。

三、论述分析题

1.(1)筹资风险的含义。企业筹资风险又称财务风险，是指企业因借入资金而给财务成果带来的不确定性。一般企业筹集资金的主要目的是为了扩大生产经营规模，提高经济效益，从而实现财务管理目标。企业为了取得更多的经济效益而进行筹资，必然会增加按期还本付息的筹资负担，由于企业资金利润率和借款利息率都具有不确定性，从而会使企业资金利润率可能高于或低于借款利息率。如果企业决策正确、管理有效，就可以实现其经营目标。但在市场经济条件下，由于市场行情的瞬息万变，企业之间的竞争日益激烈，都可能导致决策失误，管理措施失当，从而使得筹集资金的使用效益具有很大的不确定性，由此产生了筹资风险。

(2)筹资风险的成因。

①筹资风险的内因分析。

第一，筹资方式选择不当。目前，在我国可供企业选择的筹资方式主要有银行贷款、发行股票、发行债券、融资租赁和商业信用。不同的筹资方式在不同的时间会有各自的优点与弊端，如果选择不恰当，就会增加企业的额外费用，减少企业的应得利益，影响企业的资金周转而形成财务风险。

第二，负债规模过大，资本结构不当。负债规模是指企业负债总额的大小或负债在资金总额中所占比重的高低。企业负债规模越大，利息费用支出越多，由于收益降低而导致丧失偿付能力或破产的可能性也就增大。负债比重越高，意味着企业借入资本比例越大，资产负债率越高，导致企业的财务杠杆系数增大，股东收益变化的幅度也随之增加，财务杠杆利益越大，伴随其产生的财务风险也就越大。

第三，负债期限结构不当。这是指企业所使用的长短期借款的相对比重。一方面是指短期负债和长期负债的安排，另一方面是指取得资金和偿还负债的时间安排。如果负债期限结构安排不合理，例如应筹集长期资金却采用了短期借款，或者应筹集短期资金却采用了长期借款，就会增加企业的筹资风险。所以在举债时也要考虑债务到期的时间安排及举债方式的选择，使企业在债务偿还期不至于因资金周转出现困难而无法偿还到期债务。同时，负债规模一定时，债务期限的安排不合理，也会给企业带来筹资风险。若长短期债务比例不合理，还款期限过于集中，就会使企业在债务到期日还债压力过大，资金周转不灵，从而影响企业的正常生产经营活动。

第四，负债的利息率。利息率水平的高低直接决定企业资金成本的大小。在同样负债规模的条件下，负债的利息率越高，企业所负担的利息费用支出就越多，企业破产风险也就越大。同时，负债的利息率对股东收益的变动幅度也有较大影响。因为在息税前利润一定的条件下，负债的利息率越高，财务杠杆系数越大，对股东收益受的影响程度也越大。当国家在实行"双松"政策，即扩张的财政政策和宽松的货币政策时，货币的供给量增加，贷款的利息率降低，企业此时筹集资金成本较低，企业所负担的经营成本减少，这样就降低了企业的筹资风险；相反，当实行"双紧"政策，即紧缩的财政政策和货币政策时，货币的供给量萎缩，贷款的利息率提高，企业此时筹集资金成本增加，企业所负担的经营成本提高，这样企业就要承担较大的筹资风险。

第五，决策失误。投资项目需要投入大量的资金，如果决策失误项目失败或由于种种原因不能很快建成并形成生产能力，无法尽快收回资金来偿还本息，会使企业承受巨大的财务危机。

第六，信用交易策略不当。在现代社会中，企业间广泛存在着商业信用。如果对往来企业资信评估不够全面而采取了信用期限较长的收款政策，就会使大批应收账款长期挂账。若没有切实有效的催收措施，企业就会缺乏足够的流动资金来进行再投资或偿还到期债务，从而增加企业的财务风险。

第七，企业经营活动的成败。负债经营的企业，其还本付息的资金最终来自企业的收益。如果企业经营管理不善，长期亏损，那么企业就不能按期支付债务本息，这样就给企业带来偿还债务的压力，也可能使企业信誉受损，不能有效地再去筹集资金，导致企业陷入财务风险。

第八，汇率变动。企业倘若筹借外币，还可能面临汇率变动带来的风险，当借入的外国货币在借款期间升值时，企业到期偿还本息的实际价值就要高于借入时的价值。当汇率发生反方向变化时，即借入的外币变软(贬值)时，可以使借款企业得到"持有收益"，即由于借入外币的贬值，到期仍按借入额归还本金，按原利率支付利息，从而使实际归还本息的价值减少。

②筹资风险的外因分析。

第一，金融市场。金融市场是资金融通的场所。企业负债经营要受金融市场的影响，如负债的利息率就取决于取得借款时金融市场的资金供求情况。金融市场的波动，如利率、汇率的变动，都会导致企业的筹资风险。当企业主要采取短期贷款方式融资时，如遇到金融紧缩、银根抽紧、短期借款利息率大幅度上升，就会引起利息费用剧增、利润下降，更有甚者，一些企业由于无法支付高涨的利息费用而破产清算。

第二，资产的流动性和预期现金流入量。负债的本息一般要求以现金偿还，因此，即使企业的盈利状况良好，但其能否按合同规定偿还本息，要看企业预期的现金流入量是否足额、及时和资产流动性的强弱。现金流入量反映的是现实的偿债能力，资产的流动性反映的是潜在的偿债能力。如果企业投资决策失误或信用政策过宽，不能足额、及时地实现预期的现金流入量以支付到期的借款本息，就会面临财务危机。此时，企业为了防止破产可以变现其资产。各种资产的流动性(变现能力)是不一样的,其中库存现金的流动性最强,固定资产的变现能力最弱。企业资产的整体流动性,即各类资产在资产总额中所占比重,对企业的财务风险影响甚大。当企业资产的总体流动性较强,变现能力强的资产较多时,其财务风险就较小;反之,当企业资产的整体流动性较弱,变现能力弱的资产较多时,其财务风险就较大。很多企业破产不是没有资产,而是因为其资产不能在较短时间内变现,结果不能按时偿还债务而宣告破产。

筹资风险的内因和外因相互联系、相互作用,共同诱发筹资风险。一方面,经营风险、预期现金流入量和资产的流动性及金融市场等因素的影响,只有在企业负债经营的条件下,才有可能导致企业的筹资风险,而且负债比率越大,负债利息越高,负债的期限结构越不合理,企业的筹资风险越大;另一方面,虽然企业的负债比率较高,但企业已进入平稳发展阶段,经营风险较低,且金融市场的波动不大,那么企业的筹资风险就相对较小。

(3)筹资风险的防范。

①树立正确的风险观念。在社会主义市场经济体制下,企业成为自主经营、自负盈亏、自我约束、自我发展的独立商品生产者和经营者,企业必须独立承担风险。企业在从事生产经营活动时,内外部环境的变化,导致实际结果与预期效果相偏离的情况是难以避免的。如果在风险降临时,企业毫无准备,一筹莫展,必然会招致失败。因此,企业在日常财务活动中必须居安思危,树立风险观念,强化风险意识,即正确承认风险、科学估测风险、预防发生风险、有效应付风险。

②优化资本结构,巧舞“双刃剑”。最佳资本结构是指在企业可接受的最大筹资风险内,总资本成本最低的资本结构。这个最大的筹资风险可以用负债比例来表示。确定最佳资本结构,最重要的问题是如何确定适度的负债数额,保持合理的负债比率,以实现风险与报酬的最优组合。一个企业只有权益资本而没有债务资本,虽然没有筹资风险,但总资本成本较高,而且无法获得因债务经营带来的财务杠杆利益,收益不能最大化;如果债务资本过多,则企业的总资本成本虽然可以降低、收益可以提高,但可能会因此带来较大的财务风险,从而导致筹资风险加大。因此,企业应自觉地调节资本结构中权益资本与债务资本的比例,确定一个最佳资本结构。在资产利润率上升时,调高负债比率,提高财务杠杆系数,充分发挥财务杠杆效益;当资产利润率下降时,适时调低负债比率,以防范财务风险。财务杠杆是一把“双刃剑”,运用得当,可以提高企业的价值;运用不当,则会给企业造成损失,降低企业的价值。

③合理安排筹资期限的组合方式,做好还款计划和准备。按资金运用期限的长短来安排和筹集相应期限的负债资金,是规避风险的对策之一。企业必须采取适当的筹资政策,即尽量用所有者权益和长期负债来满足企业永久性流动资产及固定资产的需要,而临时性流动资产的需要则通过短期负债来满足。这样既避免了冒险型政策下的高风险压力,又避免了稳健型政策下的资金闲置和浪费。同时,企业还要根据负债的情况制定出还款计划,使其具有一定的还款保证。

④保持和提高资产流动性。企业的偿债能力直接取决于其债务总额及资产的流动性。企业可以根据自身的经营需要和生产特点来决定流动资产规模,但在某些情况下可以采取措施相对提高资产的流动性,如在加强管理、加速资金周转上下功夫,努力降低资金占用额,

尽量缩短生产周期，提高产销率，降低应收账款，提高企业的盈利水平。企业在合理安排流动资产结构的过程中，不仅要确定理想的现金余额，还要提高资产质量。通过现金到期债务比、现金债务总额比及现金流动负债比等比率来分析、研究筹资方案。这些比率越高，企业承担债务的能力越强。

⑤先内后外的融资策略。内源融资是指企业内部通过计提固定资产折旧、无形资产摊销而形成的资金来源和产生留存收益而增加的资金来源。企业如有资金需求，应按照先内后外、先债后股的融资顺序，即：先考虑内源融资，然后才考虑外源融资；外部融资时，先考虑债务融资，然后才考虑股权融资。自有资本充足与否体现了企业盈利能力的强弱和获取现金能力的高低。自有资本越充足，企业的财务基础越稳固，抵御财务风险的能力就越强。自有资本多，也可增加企业筹资的弹性。当企业面临较好的投资机会而外部融资的约束条件又比较苛刻时，若有充足的自有资本就不会因此而丧失良好的投资机会。

⑥研究利率、汇率走势，合理安排筹资。针对由利率变动带来的筹资风险，应认真研究资金市场的供求情况，根据利率走势，把握其发展趋势，并以此做出相应的筹资安排。当利率处于由低向高过渡时期，应根据资金需求量筹措长期资金，尽量采用固定利率的计息方式来保持较低的资金成本；当利率处于低水平时，筹资较为有利，但应避免筹资过度；当利率处于高水平时或处于由高向低过渡时期，应尽量少筹资或只筹集急需的资金，尽量采取浮动利率的计息方式。

另外，因经济全球化，资金在国际间自由流动，国际间的经济交往日益增多，汇率变动对企业财务风险的影响也越来越大。所以，从事进出口贸易的企业，应根据汇率的变动情况及时调整筹资方案。

⑦建立风险预测体系。企业必须立足市场，建立一套完善的风险预防机制和财务信息网络，及时对财务风险进行预测和防范，对事态发展的形式、状态进行监测，定量测算财务风险临界点，及时对可能发生的或已发生的与预期不符的变化进行反映。制定适合企业实际情况的风险规避方案，通过合理的筹资结构来分散风险。如充分利用财务杠杆原理来控制负债比率，从而控制投资风险；采用总资本成本比较法选择总资本成本最小的融资组合，进行现金流量分析，保证偿还债务所需资金的充足；通过控制经营风险来减少筹资风险，使企业按市场需要组织生产经营，及时调整产品结构，不断提高企业的盈利水平，避免由于决策失误而造成财务危机，把风险减少到最低限度。

总之，企业若要筹资就必须承担筹资风险。企业应在正确认识筹资风险的基础上，充分重视筹资风险的影响，掌握筹资风险的防范措施，使企业既获得筹资经营带来的收益，又能将筹资风险降低到最低限度，使其更有利于提高企业的经济效益，增强企业的市场竞争力。

2.(1)利率的作用表现在以下几个方面：

第一，利率的经济效应。

①成本效应：主要是指投资对利率变动做出的反应。根据投资函数 $I=a-hr$，投资是利率的减函数，当市场利率上升时，利率的成本效应会显现出来，人们将比较资本边际效率与利率的变化，前者小于后者，投资下降，小于储蓄则收入会减少；反之，当市场利率下降时，资本边际效率大于利率，储蓄将转化为投资，从而使收入增加，储蓄又是收入的递增函数，是投资扩大、经济增长的动力。

②资产组合调整效应：利率的变化会使得人们的资产组合的相对收益率发生变化，因此原有的均衡被打破从而产生新的均衡。

③财富效应：由利率的变化导致的资产价格变化所引发的人们财富的变化。

④利率的预期效应：利率的变化特别是方向性的变动，往往使得人们对未来形成一定的预期，比如经济增长缓慢或者衰退时期的第一次降息，往往是后续降息的信号，由此导致人们对未来进入降息周期的预期。

⑤利率的汇率效应：由利率平价关系、利率变化所导致的汇率变化。

第二，利率对宏观经济和微观经济的杠杆作用。

①从宏观的角度看，利率的经济杠杆功能主要表现在以下几个方面：

一是积累资金的功能。商品经济条件下，资金短缺会制约一国的经济发展，但同时，社会上也存在着一定数量的游资，通过利率可以有偿使用这些闲置资金，投入生产，满足经济发展需要。

二是调整信用规模的功能。中央银行的贷款利率、再贴现率作用于中央银行对商业银行和其他金融机构的信用规模；商业银行的贷款利率、贴现率作用于商业银行对顾客的信用规模。

三是调整国民经济结构的功能。主要是通过采取差别利率和优惠利率来实现资源的倾斜配置。

四是抑制通货膨胀的功能。当通货膨胀发生或预期通货膨胀将要发生时，通过提高贷款利率调节货币供求量，使得货币需求下降，信贷规模收缩，促使物价趋于稳定。如果通货膨胀不是由于货币供应量不平衡所致，而是由于商品供求结构失衡所致，则对于供不应求的短线产品的生产可降低对其贷款的利率，促进企业扩大再生产，增加有效供给，迫使价格回落。

五是平衡国际收支的功能。当国际收支严重逆差时，可将本国利率调到高于其他国家的程度，一方面可阻止本国资金流向国外，另一方面可吸引国外的短期资金流入本国。当国内经济衰退与国际收支逆差并存时，一方面降低长期利率，鼓励投资，刺激经济复苏；另一方面提高短期利率，阻止国内资金外流并吸引外资流入，从而达到内外部同时均衡。

②从微观的角度看，利率的经济杠杆功能主要表现在以下几个方面：

一是激励企业提高资金使用效率的功能。

二是影响家庭和个人的金融资产投资的功能。

三是作为租金计算基础的功能。资产所有者贷出资产，在到期后收回并取得相应的租金。租金的度量通常是参照利率来确定的。

(2)在 2008 年 6 月到 2012 年 6 月间，美联储针对当时的宏观经济情况施行了传统的货币政策和非传统的货币政策。

第一，传统的货币政策。

①第一时间采取释放流动性的措施——降低贴现率并延长对银行的贷款期限。

②推行了一系列提供流动性和提振信贷市场的超常规举措，包括建立众多应急贷款便利工具、与全球 14 个央行创建或扩展货币互换协定等。

③作为银行监管人，美联储还通过为大型银行控股公司设立融资平台，引导这些银行控

股公司进行压力测试。

第二,非传统的货币政策。美联储在金融危机不断加深、联邦基金利率达到实际下限的背景下,为促进经济复苏,使用了一系列非传统的货币政策工具。主要形式有管理美联储的资产负债表和与公众进行信息沟通。其中有关资产负债表的管理又涉及大规模资产购买(量化宽松)和"扭曲操作"。

执行这些货币政策的原因:美国次贷危机之后,经济状况不佳,失业率高居不下,美联储为了促进经济发展,提振投资信心,采取了相应的货币政策,在传统货币政策表现不佳时,又相应地采取了非传统的货币政策。

对货币政策的影响:从短期看,量化宽松通过国债、资产抵押证券等资产在央行和存款机构之间的换手压低债券收益率,降低企业融资成本,提升风险资产的价格,有利于提振投资活动和消费信心。从2009年第一次量化宽松以来,以美国股票市场为代表的风险类资产上升幅度明显,由于美国家庭资产中投资资产占比很高,股市等风险类资产价格上涨能够明显带动消费欲望。

但从中长期来看,银行体系内的流动性并没有充分参与流通,企业的去杠杆化行为导致失业率一直居高不下。量化宽松和美国国债规模的扩张带来货币贬值的预期,导致一部分流动性流入新兴经济体如中国,并在经济活跃程度较高的情况下进入了流动环节,给此类经济体创造了输入性通胀的压力。

凯恩斯主义、货币主义和理性预期学派在货币政策上的比较。

①凯恩斯的利率传导机制理论。凯恩斯认为,资产组合模式由货币资产和证券资产组成,资产结构的调整只能通过流动性偏好或货币需求利率弹性途径和投资支出利率弹性途径。如果货币供给量增加,由于货币资产与证券资产之间的替代效应的作用,结果是证券价格上升,利率下降,刺激投资支出,通过投资乘数作用,生产规模扩大,国民收入增加。在资源尚未被充分利用的情况下,货币供给量的增加则会导致实际国民收入的同比例增加和就业水平的提高;在接近充分就业时,货币供给量的增加仍可以增加实际国民收入和提高就业水平,但同时也会引起一般物价水平一定程度的上涨,其涨幅小于货币供给量的增加幅度;在充分就业的情况下,货币供给量的增加只会引起一般物价水平和名义国民收入的同比例上涨,不会再增加任何实际国民收入。但是,凯恩斯认为,这一传导机制可能存在两种障碍,使得货币供给量与国民收入之间的作用链可能有发生脱节现象。一是货币市场上的"流动性陷阱"的问题;二是投资利率弹性低下。这一作用路径为:

货币工具→货币供应量→利率→投资→产出

②货币学派的货币政策传导机制。与凯恩斯学派不同,货币学派认为利率在货币政策传导机制中不起重要作用,而更强调货币供应量在整个传导机制中的直接效果。货币主义者的传导机制主要是资产组合效应。货币主义者认为资产的范围不应局限在货币等少数金融资产上,还应包括其他形式的资产,如厂房、设备,甚至包括耐用消费品、人力资本等。当货币供应量增加时,其边际收益下降,因此资产持有者会把货币转为其他资产。这与凯恩斯学派的分析一样,但货币主义者强调的是这种资产组合的调整包括实物资产在内,直到各项资产的利率相等,而不仅仅是金融资产的利率。当货币供应量增加时,投资者除购买金融资产,使其价格上升、利率降低外,还可以将闲置的资金用于购买各种消费品和资本品,促使其

价格上升、生产扩张，从而产出和收入水平上升。因此，货币主义者认为货币在金融领域内的替代程度是很低的，因而货币需求的利率弹性很低。由此可见，在货币主义者看来，货币政策的传导机制主要不是通过利率间接地影响投资和收入，而是通过实际货币余额的变动直接影响支出和收入。这一作用路径为：

货币工具→货币供应量→产出及收入水平

③理性预期学派认为，由于人是理性的人，为了避免损失和谋取最大利益，会设法利用一切可以取得的信息，对所关心的经济变量在未来的变动状况做出尽可能准确的估计，并会对政策形成合理的预期，采取相应的对策和措施来抵消这种政策的影响。理性预期学派与新古典经济学有一个共同的重要假定，即人都是理性的人，他们能够在充分信息的基础上对经济变动做出明智的反应。根据约翰·穆思的定义，有理性的人在形成经济变量的预期时，会充分利用同决定该变量有关的所有可获得的信息，由于经济活动的当事人总能预期到政策行为及其后果，政策将归于无效。

(3)国际经验表明，投资银行业的兴盛繁荣是成熟市场经济的重要标志。美国次贷危机自爆发以来仍在不断暴露和深化，已从金融、房地产市场逐步扩散至汽车、信用卡等领域，引发了金融市场的全面信用紧缩，对国际金融秩序造成了极大的破坏和冲击。美国金融市场首当其害，面临20世纪30年代“大萧条”以来最为严重的一次金融危机。由于消费者对现状、未来以及劳动市场的前景比较悲观，加上食品和能源价格高企，导致消费者信心持续下降，经济增长大幅放缓，金融市场动荡加剧，金融企业严重亏损。当前美国房价仍在不断下跌，金融市场也没有出现企稳迹象，其危害尚在蔓延。

因此，次贷危机不但严重威胁美国经济乃至世界经济，而且严重冲击了华尔街的金融机构，持续低迷的房地产市场、不断缩小的利差以及多种贷款质量的下降都在侵蚀金融机构的盈利空间。这意味着次贷危机在经历流动性困境之后，正向金融机构的微观层面延续，包括美林、高盛、花旗、雷曼兄弟、摩根大通等在内的国际知名投行都已深陷次贷泥沼。

如果相关大型金融机构面临倒闭，将使与其相关联的众多银行、对冲基金等金融机构遭受巨大损失。为了避免金融市场进一步动荡，美国政府会决定采取各种措施拯救这些金融机构。

美联储采取这些措施带来的经济影响有以下三个方面：

①埋下全球通胀隐患。世界主要商品定价均以美元为基准，美联储实施量化宽松货币政策将导致美元大幅贬值，从而引发新一轮资源价格上涨，埋下全球通胀的隐患。

②恶化相关贸易体的经济形势，美元贬值会增加美国出口商品的竞争力。

③美联储大举购买国债会降低美国国债收益率。债券价格和收益率是负相关的，美联储大举购买美国国债，将推升美国国债价格，降低其收益率，从而使相应持债国家的外汇资产存在非常大的贬值风险。

2011年华东师范大学431金融硕士真题参考答案

一、单项选择题

1. C

什么样的材料决定了什么样的货币制度,“金”决定了货币制度为金本位制,纸币决定了其为信用货币。

2. B

第一次世界大战前为金本位制,所以国际储备为金。

3. A

我国的借贷都是以银行借贷为主,是主要的信用形式,想想我国银行业的规模就知道了。

4. B

信用活动,发生货币的单方面转移,就是支付手段职能。

5. A

按照定义,直接标价法是一单位外国货币以本币表示的价格,因此,数量更高表示一单位外国货币能兑换的本国货币更多,本币贬值。

6. D

本题考查股票的定义。

7. A

本题考查中国发审制度。

8. D

股票组合的风险分为方差部分的风险和协方差部分的风险,负相关协方差为负数。

9. C

基础货币的变动分为两部分,民众手中的通货和商业银行的存款准备金,存款准备金是主要部分,这部分为央行对于商业银行的债务。

10. D

欧洲市场的定义,这里的欧洲是境外的概念,所以欧洲货币市场是指经营境外货币的国际金融市场。

11. A

根据货币市场的定义,借贷期限在一年期以下的借贷市场称为货币市场。

12. B

汇票是由出票人签发的,要求付款人在见票时或在一定期限内,向收款人或持票人无条件支付一定款项的票据。商业承兑汇票是指由收款人签发,经付款人承兑,或者由付款人签发并承兑的汇票。本票是一个人向另一个人签发的,保证即期或定期或在可以确定的将来的时间,对某人或其指定人或持票人支付一定金额的无条件书面承诺。支票是出票人签发,委托办理支票存款业务的银行或者其他金融机构在见票时无条件支付确定的金额给收款人或持票人的票据。商业期票是指由债务人对债权人开出的在一定时期内无条件支付款项的债务证书。

13. D

企业的价值等于企业未来现金流的贴现,等于未来的现金流用相应的资本成本进行贴现,作为贴现率,考虑了风险与报酬之间的关系,风险越大,贴现率作为收益率越大。其次,净现值考虑了时间价值。

14. D

存货不属于速动资产,需要记住:速动资产=流动资产-存货。

15. B

流动比率为短期偿债力,存货周转率为营运能力指标,毛利率为盈利能力指标,资产负债率为长期偿债能力指标。

16. C

标准离差率是一个相对指标,它表示某资产每单位预期收益中所包含的风险的大小。标准离差率=标准差/期望值。标准差和方差只能比较总体风险,发生损失的概率不能表示风险。

17. D

系统风险又称为不可分散风险,无法通过股份的多样化进行分散。

18. D

补偿性余额是银行要求借款人在银行中保持按贷款限额或实际借用额一定百分比(一般为10%~20%)计算的最低存款余额。补偿性余额有助于银行降低贷款风险,补偿其可能遭受的风险;对借款企业来说,补偿性余额则提高了借款的实际利率,加重了企业的利息负担。补偿性余额降低了实际能够使用的款项。

19. D

净资产收益率(ROE)=销售净利率(NPM)×资产周转率(AU,资产利用率)×权益乘数(EM),题目给出了销售利润率和资产负债率但没有给出资产周转率,因此无法判断大小。

20. B

$WACC=(E/V)\times R_e+(D/V)\times R_d\times(1-T_c)$,将数据代入公式可算出答案。

二、名词解释

21. 格雷欣法则,是指在实行金银复本位制的条件下,金银有固定的法定兑换比率,当金银的市场比价与法定比价不一致时,市场比价比法定比价高的金属货币(良币)将逐渐退出市场流通被储藏起来,而市场比价比法定比价低的金属货币(劣币)将逐渐增加,形成良币退藏、劣币充斥的现象。

22. 直接融资，是指资金的供给方和资金的需求方通过一定的金融工具直接形成债权债务关系的金融行为。其中金融媒介所起的作用仅仅是资金供需双方的桥梁，并不与资金的供需方产生债权债务关系。主要的直接融资工具有股票、债券、商业票据等。

23. 可转换债券，是债券的一种，它可以在约定的条件下转换为债券发行公司的普通股股票，通常具有较低的票面利率。从本质上讲，可转换债券是在发行公司债券的基础上，附加了一份可转换为股票的期权。

24. 表外业务，是指商业银行从事的不列入资产负债表，但能影响银行当期损益的经营活动。狭义的表外业务是指那些虽未列入资产负债表，但同表内的资产业务或负债业务关系密切的业务。广义的表外业务除包括上述狭义的表外业务外，还包括结算、代理、咨询等业务。

25. 自由现金流，是指企业产生的、在满足了再投资需要之后剩余的现金流量，这部分现金流量是在不影响公司持续发展的前提下可供分配给企业资本供应者的最大现金额。简而言之，就是指企业经营活动产生的现金流量扣除资本性支出的差额。

金程点评

对于财务管理中几大现金流的理解，需要知道会计现金流和财务现金流的概念。

26. 内源融资，是指公司经营活动结果产生的资金，即公司内部融通的资金，它主要由留存收益和折旧构成，是企业不断将自己的储蓄转化为投资的过程。内源融资对企业的资本形成具有原始性、自主性、低成本和抗风险的特点，是企业生存与发展不可或缺的重要组成部分。

三、简答题

27. 从宏观角度来看，利率有以下作用：

(1)积累资金。由于利率的存在，促使人们将收入除去支出之后的剩余资金投入金融市场，以获取利息收入。而这部分资金可以在聚敛之后，供资金短缺单位有偿使用，或政府可以通过公开市场业务，回收或者放出货币以调节货币供应量，实施货币政策。

(2)调整信用规模。央行通过调整再贴现率，可以起到调整货币供应量的作用。货币供应量的增减则反映了社会信用规模的大小。

(3)调节国民经济结构。通过差别利率可以进行国民经济结构的调整。中央银行对国家拟重点发展的某些经济部门、行业或产品制定较低的利率，目的在于刺激这些部门的生产，调动它们的积极性，实现产业结构和产品结构的调整。

(4)抑制通货膨胀。通货膨胀率过高时，可以通过减少货币供应量，实施紧缩性货币政策来达到抑制通胀的目的。而调整再贴现率是其中重要的方式之一。利率的提高一方面可以抑制投资需求，另一方面又可以提高消费的机会成本，从而抑制消费需求，稳定物价。

(5)平衡国际收支。利率是影响国际收支平衡的重要手段之一。当处于国际收支逆差时，可以调高利率水平，从而抑制本国资本外流，增加国外资本流入，抵消甚至消除国际收支逆差；反之则可通过提高利率来达到抵消顺差的目的。

28. 所谓固定汇率制，是指货币管理当局规定了本国货币与外国货币的比价，允许在一定程度内变动。而浮动汇率制则放弃这一规定，不再承担维持汇率稳定的义务，让汇率的波动完全市场化。浮动汇率的优势在于：防止货币管理当局为稳定汇率而造成大量外汇储备流失；节省国际储备；自动调节国际收支；有利于国内经济政策的独立性，而不必为维持汇率稳定受到外部环境的影响；最大程度上减少通货膨胀的国际传递对本国的影响；缓解国际游资的冲击。相对地，与固定汇率制相比的劣势在于：加剧了汇率震荡和投机行为；不利于国际贸易和国际投资的发展；可能导致的竞争性贬值使得国际货币战加剧；国际协调困难；提高了世界物价水平；不利于发展中国家。很难严格地说明哪一种汇率制的更优秀，只是在不同的阶段，各国应当选取更有利于本国情况的汇率制度。目前，我国采取的是有管理的浮动汇率制度。

29. 中央银行的职能主要体现在以下三个方面：

(1)中央银行作为最高金融机构，需要制定货币政策以达到币值稳定、经济增长、充分就业和国际收支平衡的目标。中央银行通过存款准备金率、再贴现率和公开市场操作完成对宏观经济的干预。

(2)中央银行执行银行功能，是唯一有权发行货币的银行；吸收商业银行的存款准备金，成为最后贷款人，组织全国票据清算事宜；代理国库，对政府提供信用，代表政府管理金融制度，参与国际金融活动。

(3)对金融体系的稳定和健全具有督导功能，制定相关法规和制度，执行审批制度，对银行及其他金融机构的业务和经营进行监督管理，及时杜绝引发金融市场不稳定的各种因素。

30. 有效资本市场是指一个股票价格能够充分反映可用信息的资本市场。根据所反映信息的速度和类型可分为三类：(1)弱有效市场。市场行为完全包含了过去价格的信息，仅从股价波动赚取超额利润的可能消失。(2)半强有效市场。价格反映所有公开信息，包括历史价格和财务报表。(3)强有效市场。价格除了反映所有的公开信息外还反映了内幕信息，即不存在通过任何方式获取的超额收益。

市场的有效性对公司财务管理的影响主要体现在以下四个方面：(1)公司的会计政策的目的在于尽可能利用有利于本公司发展的方式计算入账，使得财务报表看起来有利于股价的提升和稳定，甚至于财务造假的出现，但是如果市场真的有效，那么所有的会计政策都会失效。(2)公司会根据市场走势决定发行权益资本的日期，时机选择的决策会在企业高管们认为本公司的股价被高估的时候发行股票以期望收获超额的股东价值。(3)企业的任何投资和投机行为都会通过分析数据而选择最有利于自己的时机，试图战胜这个市场的均值。(4)企业的并购以及资产的购买都需要建立在市场价格变化的基础上，希望尽可能以低的价格购买良好的资产或者并购优质公司。如果市场的有效性是真实存在的，那么公司的会计政策会失效，股票的发行不需要再选择时机，投资行为不会获得超额收益，并购和资产的购买价格始终保持在均衡价格上，即市场价格反映的信息消除了超额收益的可能性，因此，公司的财务管理需要根据市场有效性的程度决定自己的政策变化。

31. 条件：$X_1A_1+X_2A_2=0(X_1+X_2=0)$表示对于$A_1$和$A_2$两种证券来说，权重之和为0，即买入一种资产的同时卖出另一种，且价值相同，不产生现金流入和流出。

$X_1\beta_1+X_2\beta_2=0$这种权重配比使得证券组合无风险。

$X_1\beta_1+X_2\beta_2>0$ 资产组合的收益为正，这样就存在套利机会。假设市场是有效的，那么所有的投资者都会采用这种方式套利，直至市场达到均衡、资产组合的收益为0为止，这就是无套利定价的模型。假设市场上的证券都以这种方式定价，就不存在套利的可能。

32.(1)MM理论的基本假设为：①企业的经营风险是可衡量的，有相同经营风险的企业即处于同一风险等级；②现在和将来的投资者对企业未来的 $EBIT$ 估计完全相同，即投资者对企业未来收益和取得这些收益所面临风险的预期是一致的；③证券市场是完善的，没有交易成本；④投资者可同公司一样以同等利率获得借款；⑤无论借债多少，公司及个人的负债均无风险，故负债利率为无风险利率；⑥ 投资者预期的 $EBIT$ 不变，即假设企业的增长率为零，从而所有现金流量都是年金。

(2)无公司税时的MM模型。无公司税时MM理论指出，一个公司所有证券持有者的总风险不会因为资本结构的改变而发生变动。因此，无论公司的融资组合如何，公司的总价值必然相同。资本市场套利行为的存在，是该假设重要的支持。套利行为避免了完全替代物在同一市场上会出现不同的售价。在这里，完全替代物是指两个或两个以上具有相同风险而只有资本结构不同的公司。MM理论主张，这类公司的总价值应该相等。

可以用公式来定义在无公司税时的公司价值。把公司的营业净利按一个合适的资本化比率转化为资本就可以确定公司的价值。公式为：

$$VL=Vu=EBIT/K=EBIT/Ku$$

式中，VL 为有杠杆公司的价值；Vu 为无杠杆公司的价值；$K=Ku$ 为合适的资本化比率，即贴现率；$EBIT$ 为息税前净利。

根据无公司税的MM理论，公司价值与公司资本结构无关；也就是说，不论公司是否有负债，公司的加权平均资金成本是不变的。

(3)有公司税时的MM模型。有公司税时MM理论认为，存在公司税时，举债的优点是负债利息支付可以用于抵税，因此财务杠杆降低了公司税后的加权平均资金成本。

避税收益的现值可以用公式表示为：

$$避税收益的现值=tc\times r\times B/r=tc\times B \quad VL=Vu+tc\times B$$

式中，tc 为公司税率；r 为债务利率；B 为债务的市场价值。

由此可知，公司负债越多，避税收益越大，公司的价值也就越大。因此，原始的MM模型经过加入公司税调整后，可以得出结论：税收的存在是资本市场不完善的重要表现，而资本市场不完善时，资本结构的改变就会影响公司的价值；也就是说，公司的价值和资金成本随资本结构的变化而变化，有杠杆的公司的价值会超过无杠杆公司的价值（即负债公司的价值会超过无负债公司的价值），负债越多，这个差异越大，当负债达到100%时，公司价值最大。

四、计算题

33. 存款创造乘数$=1/(r_d+r_e+k+t\times r_t)$，

所以总共创造的货币为1/(15%+4%+6%)=4(亿元)。

所以派生存款=4−1=3(亿元)。

金程点评

要注意存款创造乘数和货币创造乘数的区别。然后在这道题目里面要注意有一个陷阱:是派生存款总额而不是存款总额。

34. 静态回收期:1+500/600=1.83(年)。

动态回收期:贴现以后计算,2+49.6/601.1=2.08(年)。

净现值:454.5+495.9+601.1=1 551.5(元)。

35. $R_s=R_f+\beta(R_m-R_f)$,所以甲公司:10%=4%+1×(R_m-4%),得到R_m=10%。

所以对于乙公司R_s=4%+1.5×(10%-4%)=13%。

五、论述题

36. (1)通货膨胀的含义及中国通货膨胀现状。弗里德曼称“无论何时何地,通货膨胀无一例外都是货币现象”。当通货膨胀被定义为物价水平的持续快速上涨时,几乎所有的经济学家都会同意弗里德曼的论断,认为货币是通货膨胀的唯一原因。2010 年之前,我国通货膨胀没有引起重视,当时 CPI 为负值。2009 年 11 月开始,CPI 呈波浪形上涨,2011 年 7 月达到峰值,同比增长 6.5 个百分点,创 37 个月以来新高。本轮通货膨胀从食品消费类开始,随后推动各行各业物价上涨,最后形成全面的通货膨胀。

(2)通货膨胀的形成原因分析。通货膨胀的形成原因是多方面的,通过对近几年经济发展与 CPI 数据分析发现,本轮通货膨胀主要有以下几个原因:

①流动性过剩。流动性过剩是本轮通货膨胀的主要因素。2008 年次贷危机以来,我国经济受到了一定的影响,政府为了减少金融危机对我国的影响,转向“保增长,扩内需”的经济调控思路,出台了 4 万亿元投资的扩张性的财政政策以刺激经济,超过了市场流通中需要的货币量。据统计,2005 年之前,我国每年新增贷款一般低于 2 万亿元,2009 年之后,信贷量大量增加,到 2010 年,信贷增量为 7.96 亿元,引起市场需求迅速扩大。

我国货币供给分为三个层次 M0、M1、M2。通过 M2 与 M1 的增长率变化,可揭示宏观经济的运行情况。如果 M1 的增长率在较长时间高于 M2 的增长率,说明经济扩张较快,活期存款之外的其他类型资产收益较高。相反,如果 M2 的增速在较长时间内较 M1 的增速高,则说明实体经济中有利可图的投资机会在减少,货币退出流通领域。2009 年,我国 M1 的增长率为 33%,M2 的增长率为 28%。2010 年 M1 的增长率为 20%,M2 的增长率为 18%。M1 的增长率超过 M2 的增长率,通过月度数据比较,M1 的增长率普遍高于 M2 的增长率。由此可以看出,前两年经济发展扩展迅速,货币投放量大,流动性过剩直接导致通货膨胀。

②长期贸易顺差。我国是出口大国,进出口贸易对我国经济发展产生了重要影响。20 世纪 90 年代以来,我国仅 1993 年出现贸易逆差,1993 年以后一直保持贸易顺差,并且差额越来越大。2006 年以后,贸易顺差高达万亿元,其中 2007 年、2008 年两年,贸易顺差都超过 2 万亿元人民币。长期以来,我国汇率保持基本稳定,中央银行被迫增加基础货币供给量满足日益增加的外汇需求,较多的货币推高了通货膨胀,进而引起物价上涨。

③其他因素。国际“热钱”大规模流入中国,推动中国经济虚假繁荣。“热钱”进入楼市,

推动房价上涨，炒高楼市泡沫。同时热钱进入股市，对农产品进行炒作，推高物价，促使通货膨胀进一步加剧。除此以外，通货膨胀预期、自然灾害等因素也推动了通胀。

(3)解决措施有以下几项：

①紧缩性货币政策，积极财政政策，双管齐下。2010年至今，存款准备金率14次调整，已达到20.5%，对收回流通中的货币起了很大的作用。但提高存款准备金之后，银行没有多余的资金放贷，大量中小企业融资困难，不得不转向民间高利贷，使民间非法集资火爆，大量的资金流向民间借贷，流向实业的资金更少，致使实业企业更难以生存。因此政府应该实施积极的财政政策，对中小企业征收合理税收，使闲置资金流向中小企业，降低实业企业成本，当利润率回归正常水平，消除成本上涨带动的通货膨胀。

②人民币汇率市场化。当下贸易顺差大，国内的商品涌向国外，国内商品供应减少，而国外的货币涌入国内，造成货币供给量增加。因人民币的汇率没有完全市场化，一直比较稳定。当外汇增多，中央银行为了维持汇率稳定，以增发基础货币的方式收购外汇。基础货币在存贷过程中形成货币乘数，使流通中的货币成倍增加。如果人民币汇率市场化，汇率由货币供需量决定，保持外币与本币的平衡。这样可降低进出口贸易对通货膨胀的影响。

③引导消费者理性消费。消费者是通货膨胀中的直接受害者，同时盲目投资的消费者也是通货膨胀的推动者。多数购房者唯恐房价上涨，透支买房，使大量货币流向房地产。房地产行业的繁荣带动相关产业的发展，民工荒引起工资上涨，导致房产成本增加，引起价格上涨。物价上涨之时，消费者要量力而行，缩小非必需品的消费。引导消费者认识到，市场价格波动是正常的，政府会采取政策使物价回归合理，不要盲目跟风投资，引起不必要的恐慌。

37.(1)含义。按照传统理解，“货币战”是指一国凭借其强大的经济和金融实力，利用货币和汇率政策，从经济上打击竞争对手、掠夺别国财富。因此，“货币战”从本质上讲，具有强烈的预谋性、目的性和破坏性，是“经济战”的一种形式，也是国与国之间矛盾斗争激烈的表现形式之一。

但必须指出的是：此种意义上的“货币战”，目前只处于猜测、传言阶段，尚无明确证据显示，世界各国正在从事这样一场损人不利己的“自杀式行动”。

实际上，结合当前世界经济形势，“货币战”的含义要简单、明确得多，其大致可以理解为：一些国家和地区由于面临内部经济困境，为刺激出口、增加就业，竞相采取措施，人为压低本币汇率。如果越来越多的国家和地区采取这种以邻为壑的货币和汇率政策，势必加剧各国间的利益冲突，最终将破坏世界经济复苏进程，其影响在一定程度上也许可以与“战争”相提并论。

(2)起因。从表面看，这一轮“货币战”起因主要源于中美关于人民币汇率问题的争端升级。此外，日本政府在日元持续升值后直接干预汇市，以及巴西、韩国、新加坡等经济体纷纷采取措施遏制本币对美元过快升值的势头，都在其中扮演了重要角色。

但是，这一轮“货币战”的真正起因应归于美国。第一，美国一些政客迫于国内政治压力，再一次挑起并激化关于人民币汇率问题的争端，使人民币汇率问题看似处于当前“货币战”的漩涡中心。

眼下，美国经济复苏势头迟滞，国内就业压力居高不下，经济问题已成为11月份美国国会中期选举的主要议题。不少美国政客都有将人民币汇率问题作为美国经济困境“替罪羊”的政治冲动。

这些人在国际社会散播中国“操纵人民币汇率”的言论，在一定程度上制造了“货币战”的紧张气氛。

第二，这一轮“货币战”的根本原因在于美国联邦储备委员会巨量“印钞”。面临经济困境，美联储长期将基准利率维持在接近零的水平，同时以购买金融资产的方式，向金融系统投入大量美元流动性，这一过程也被形象地称为美联储“开动印钞机”。美联储这一政策直接导致美元贬值预期加大，同时也导致大量美元投机资金进入新兴和发展中经济体进行套利。

结果是，从韩国到巴西，从泰国到新加坡，全球许多经济体都感到本币对美元升值的强大压力。美元贬值带动其他货币升值，对这些经济体出口甚至金融安全与稳定都构成了挑战。这些经济体反过来被迫采取措施，干预外汇市场，压低本币汇率，最终形成了看似“货币战”的局面。

(3)危害。如果“货币战”真的开打，各国纷纷使本币贬值，以此希望刺激出口、摆脱经济困境，这将对世界经济和金融稳定带来严重冲击。

从全球第一大经济体美国来说，如果美联储持续“印钞”，将有可能造成全球范围内美元流动性过剩和美元贬值，进而带来严重的“热钱”投机问题。

最典型的结果将是：大量美元“热钱”涌入新兴和发展中经济体进行投机，如果这些经济体不采取干预措施，“热钱”就有可能在当地制造新的股市和房地产市场泡沫；如果这些经济体货币当局通过“印钞”来吸收“热钱”，则有可能在当地造成通货膨胀。

与此同时，美元贬值还可能带来大宗商品价格飞涨，国际金融危机全面爆发前世界一度面临的“油价飞涨”和“粮食危机”局面就有可能卷土重来。

更为重要的是，如果各国就此抛弃在国际金融危机之后形成的合作精神，转而采取以邻为壑的货币和汇率政策，将使世界经济面临严峻挑战。

20世纪30年代“大萧条”时期，各国纷纷采取“人人为己”的政策，导致贸易保护主义横行，结果放大了危机的破坏性，延缓了世界经济复苏的步伐，就是一个沉痛的教训。

(4)对策。面对输入性通胀预期，应加紧促进资源类中资企业“走出去”，在融资、经营和股权等多层次与境外上游资源类实业实现战略合作，控制关键资源，锁定市场风险，在矿业、农业等部门打破国际产业巨头垄断战略资源的局面。

针对愈发严峻的外贸环境，中国商务部门、出口行业和企业需更加娴熟掌握和运用世贸组织框架下的各种法律、法规，积极维权。从宏观层面看，中国经济还有待进一步优化结构，尽快结束“出口替代内需”的增长模式，提高自主、内生增长能力。

应当看到，全球金融危机深刻改变了数十年来中国经济赖以增长的外部环境。近期外部货币宽松潮既是一系列剧变的组成部分，又将激发更深层次的变化。

面对更加复杂的全球货币环境，中国唯有积极应对，创新旧有经济增长和金融管理模式，方能从当前复杂的国际贸易、金融博弈中全身而退，取得稳步增长。

2011 年对外经贸大学 431 金融硕士真题参考答案

一、单项选择题

1. C

直接标价法，汇率降低可知是本币升值，升值幅度为：$\frac{8.2765-6.8275}{6.8275}=21.2\%$。

2. D

根据公式应收账款周转率＝销售额/应收账款，应收账款周转天数＝365/应收账款周转率，可算得答案为 45.63，故 D 选项正确。

3. C

年利率＝$(1+0.66\%)^{12}-1=8.21\%$。

4. B

内部收益率是使得净现值为 0 的贴现率，故选 B。

5. B

根据资产组合理论，系统性风险是指能影响大量资产的风险。非系统性风险指仅影响单个资产的风险，是可以通过分散化降低的，所以分散后最后剩下的是系统性风险，即与整个市场组合有关的风险。

6. B

期货的主要功能就是锁定未来标的资产的价格，因此主要作用就是风险转移，将未来标的资产价格的变动风险转嫁给交易方，从宏观市场角度来看，期货的交易是确定标的物远期价格，体现了价格发现的功能。

7. A

随着美国金融业的发展和扩张，1933 年的《格拉斯—斯蒂格尔法案》已经成为发展的障碍。商业银行不满足于低利润的银行零售业，开始向投资银行渗透，很多商业银行都有变相的投资银行部门。1999 年，由克林顿政府提交监管改革绿皮书(Green Book)，并经国会通过，形成了《金融服务现代化法案》(Financial Services Modernization Act)，又称《格雷姆—里奇—比利雷法案》(Gramm-Leach-Bliley Act)。《金融服务现代化法案》废除了 1933 年制定的《格拉斯—斯蒂格尔法案》有关条款，从法律上消除了银行、证券、保险机构在业务范围上的边界，结束了美国长达 66 年之久的金融分业经营的历史。其结果是商业银行开始同时大规模从事投资银行的活动，如花旗集团(Citigroup)和摩根大通(JP Morgan)。

8. A

根据股票定价的多期模型，计算：

$$P=\frac{2.25\times(1+25\%)}{1+11\%}+\frac{2.25\times(1+25\%)^2}{(1+11\%)^2}+\frac{2.25\times(1+25\%)^3}{(1+11\%)^3}+\frac{2.25\times(1+25\%)^3(1+7\%)}{(11\%-7\%)(1+11\%)^3}$$

$$=2.533\ 78+2.853\ 4+3.213\ 2+85.954=94.55(\text{元})$$

9. D

选项 A、B、C 都是股东用来约束管理层的行为。

10. B

中央银行“银行的银行”职能体现在:中央银行只与商业银行和其他金融机构直接发生业务关系,在业务上和政策上对所有金融机构进行指导、管理和监督,同时也为金融机构提供各种服务,主要表现在以下几个方面:(1)保管商业银行的存款准备金;(2)对商业银行提供信贷;(3)办理商业银行之间的清算业务。

二、判断题

1. ×

财务管理的目标是最大化企业价值。

2. ×

根据费雪方程,实际利率应该等于名义利率减去预期的通货膨胀率。另外,考生还要注意,只有在通货膨胀率较低的情况下才满足费雪方程式。

3. ×

本题课本并未给出明确的理论,但是在课本小字部分给出了一句话,即最优资本结构理论认为,盈利好的企业应该负债率较低,并且认为不存在目标比率。

4. √

根据净现值法则,做出决策的判断就是净现值是否大于 0,若净现值大于 0,则应该投资。

5. ×

最早建立存款保险制度的国家是美国。

6. √

市场价格取决于供求关系。股票账面价值又称股票净值或每股净资产,是每股股票所代表的实际资产的价值。每股账面价值是以公司净资产减去优先股账面价值后,除以发行在外的普通股票的股数求得的。只有在完美市场的条件下才能使得市场价格等于账面价值。

7. √

表外业务虽然不直接形成资产负债表的内容,但却是一种潜在的资产或负债,在一定条件下能转化为表内业务,因此,银行要承担一定风险。

8. √

由于信用配给的存在,导致在信贷市场上的供给减少,利率会上升;也就是说,比供求相等的均衡率要高。复习时要注意把握概念背后的原因及推理过程。

9. ×

根据杜邦恒等式，ROE 取决于销售利润率、总资产周转率和权益乘数，单个因素变化不一定会引起整个 ROE 的相同变化。

10. √

当一国的状态是国内储备大于国内投资时，可以知道现在的国际收支状态是储备较多，处于国际收支顺差的状态。

三、名词解释

1. 优序融资理论(Pecking Order Theory)以不对称信息理论为基础，并考虑交易成本的存在，认为权益融资会传递企业经营的负面信息，而且外部融资要多支付各种成本，因而企业融资会遵循一定的顺序融资，以达到最小成本。

优序融资理论按照内源融资、低风险债券、高风险债券、权益融资的顺序进行融资。这是按照资本成本从小到大的顺序排列的。

优序融资理论还认为：(1)不存在财务杠杆的目标值，即财务杠杆的总额根据可利用的项目随机确定，公司不寻求债务权益比的目标值。(2)盈利的公司应用较少的债务。盈利的公司由内部产生现金，这意味着外部融资的需求减少。由于公司需要外部资本时，首先依靠债务，盈利的公司依靠较少的债务。(3)公司偏好先知财务资源。优序融资理论的基础是公司以合理的成本获取融资的难易程度。

2. 监管套利是指金融机构利用不同监管机构制定的不同甚至相互冲突的监管规则或标准，选择金融监管相对宽松的市场展开经营活动，以此降低监管成本、规避管制和获取超额收益。之所以会形成监管套利，是由于当前网络化的金融市场与以国家层面上划分的"全球"金融体系之间缺乏全球统一、协调的金融监管体系、法规和准则，监管差异必然会导致监管套利。可以说，全球金融监管套利就是导致次贷危机及欧债危机发生的重要外部条件之一。

3. 有效市场假说(Efficient Market Hypothesis)是由尤金·法玛提出的一个假说，有效的资本市场指的是一个股票价格能够充分反映可用信息的资本市场。

市场有效的三个假设为：

(1)所有投资者都是理性的，当市场发布新信息时，所有投资者都会以理性的方式调整自己对股价的估计。此条件为最强假设条件。

(2)独立的理性偏差，即非理性乐观的人和非理性悲观的人在数量上大体相当。市场并不要求理性的个人，只要能相互抵消各种非理性。

(3)套利。如果专业投资者套利能控制业余投资者的投机，市场依然是有效的。

有效市场假说的三种形式为：

(1)弱式有效市场(Weak-Form Market Efficiency)，市场价格已充分反映了所有过去历史的证券价格信息，如果弱式有效市场假说成立，则股票价格的技术分析失去作用，基本分析还可能帮助投资者获得超额利润。

(2)半强式有效市场假说(Semi-Strong-Form Market Efficiency)，价格已充分反映了所有已公开的有关公司营运前景的信息。如果半强式有效假说成立，则在市场中利用技术分析和基本分析都失去作用，内幕消息可能获得超额利润。

(3)强式有效市场假说(Strong-Form Market Efficiency)，强式有效市场假说认为价格已充分反映了所有关于公司营运的信息，这些信息包括已公开的或内部未公开的信息。在强式有效市场中，没有任何方法能帮助投资者获得超额利润。

4. 汇率超调(Overshooting)是指货币供给增加引起的短期汇率贬值程度大于长期汇率的贬值程度。当市场受到外部冲击时，货币市场和商品市场的调整速度存在很大的差异，这主要是由于商品市场因其自身的特点和缺乏及时准确的信息。一般情况下，商品市场价格的调整速度较慢、过程较长，而金融市场的价格调整速度较快，因此，汇率对冲击的反应较快。汇率对外部冲击做出的过度调整，即汇率预期变动偏离了在价格完全弹性情况下调整到位后的购买力平价汇率，这种现象就是汇率超调。由此导致购买力平价短期不能成立。经过一段时间后，当商品市场的价格调整到位后，汇率则从初始均衡水平变化到新的均衡水平。由此长期购买力平价成立。

四、计算分析题

1. (1)$\beta_A=\rho_A\times\frac{\sigma_A}{\sigma_M}=0.4\times\frac{0.25}{0.1}=1$，同理可得 $\beta_B=0.9$。

$\beta_{组合}=\beta_A\times W_A+\beta_B\times W_B=1\times0.4+0.9\times0.6=0.94$

(2)根据 $CAPM$，$E(R)=R_f+\beta\times(R_m-R_f)$，

组合的预期收益率为 $0.05+0.94\times(0.12-0.05)=11.58\%$。

(3)风险溢价即为预期收益率与无风险利率之间的差值，即：$11.58\%-5\%=6.58\%$。

2. (1)利率敏感性缺口＝利率敏感性资产－利率敏感性负债，所以缺口为 200－0＝200，缺口率为 200/2 000＝10%。

(2)根据缺口分析，如果利率敏感性资产高于利率敏感性负债，利率上升会增加银行利润，利率下降会减少银行利润；反之，如果利率敏感性负债高于利率敏感性资产，利率上升会减少银行利润，利率下降会增加银行利润。因为该行为正缺口，即利率敏感性资产高于利率敏感性负债，而且利率处于上升通道，因此，现状能使利润增加。银行应继续保持正缺口，加大利率敏感性缺口资产的数量，以增加银行利润。

五、证明与简答

1. 预期理论假设人们对于特定期限的债券没有任何偏好，投资者仅关心债务工具的预期收益，同时假设金融市场是有效率的，不同期限的债券之间进行套利没有转换成本。在这些假设条件下，长期利率是该期限内预期的短期利率的平均值。

假设现有 1 元，进行 n 年投资，有以下两种投资策略：

短期策略，投资 1 年期债券，到期后取出的本息再投资 1 年，依次类推，直到第 n 年。

长期策略，直接投资 n 年期债券，持有到期。

按复利计算，短期投资策略的利息收入为$(1+i_t)(1+i_{t+1}^e)\cdots(1+i_{t+n-1}^e)-1$，长期投资策略的利息收入为$(1+i_{nt})^n-1$。由于金融市场中存在广泛的套利，这会消除不合理的利率差别，因此，当市场均衡时，无论是长期投资还是短期投资，预期收益都相同。

$(1+i_t)(1+i_{t+1})\cdots(1+i_{t+n-1})-1=(1+i_{nt})^n-1$，将此式展开，因高次式数太小，往往将其忽略，所以化简得到的结果为 $1+i_t+i^e_{t+1}+\cdots+i^e_{t+n+1}=1+i_{nt}$ 即可得到 $i_{nt}=(i_t+i^e_{t+1}+\cdots+i^e_{t+n+1})/n$。

根据结果来看，长期利率等于短期利率预期的平均值，如果预期短期利率上升，则长期利率会高于短期利率，收益率曲线向上倾斜。

如果预期未来利率下降，则长期利率会低于短期利率收益率曲线向下倾斜。

根据预期理论，由于人们对于特定期限债券没有偏好，投资者预期利率可能上升也可能下降，所以得出的收益率曲线应该是水平的。

本题考查的是利率期限结构理论之一的证明，其实本题考查的主要是数学推理能力，证明一个等式的成立。复习时除了要把握文字性定理，还要对教材中的公式自己推理一遍。

2.(1)效率市场假说认为，证券价格已经充分反映了所有相关的信息，资本市场相对于这个信息是及时有效的，任何人根据这个信息集进行交易都无法获得经济利润。根据对信息集大小的分类，效率市场假说可以进一步分为以下三种：

①弱式有效。这是指当前证券价格已经充分反映了全部能从市场交易数据中获得的历史信息，这些信息包括过去的价格、成交量、未平仓合约等。因为当前市场价格已经反映了过去的交易信息，所以弱式有效市场意味着根据历史交易资料进行交易是无法获取经济利润的。这实际上等同于宣判技术分析无法击败市场。

②半强式有效。这是指所有的公开信息都已经反映在证券价格中。这些公开信息包括证券价格、成交量、会计资料、竞争公司的经营情况、整个国民经济资料以及与公司价值有关的所有公开信息等。半强式有效市场意味着根据所有公开信息进行的分析，包括技术分析和基础分析都无法击败市场，即取得经济利润。因为每天都有成千上万的证券分析师在根据公开信息进行分析，发现价值被低估和高估的证券，他们一旦发现机会，就会立即进行买卖，从而使证券价格迅速回到合理水平。

③强式有效。这是指所有信息都反映在股票价格中。这些信息不仅包括公开信息，还包括各种私人信息，即内幕消息。强式有效市场意味着所有分析都无法击败市场。因为只要有人得知了内幕消息，他就会立即行动，从而使证券价格迅速达到该内幕消息所反映的合理水平。这样，其他再获得该内幕消息的人就无法从中获利。

(2)违背有效市场假说的现象有以下几种：

①股权溢价之谜。股票的收益一般会超过无风险债券的收益，这一超过的部分叫作股权溢价。传统的观点认为，股票的风险一般要高于无风险债券，因此股票的收益高于无风险债券是理所应当的，但是，一般溢价达到多少才是合理的呢？按照资本资产定价模型中关于系统性风险的界定，认为股权溢价的大小受到系统性风险的限制。Mehra 和 Prescott(1985)研究了1926年以来股票收益和政府债券收益之间的差别发现，基于资本资产定价模型计算的股权溢价大约为1.4%，而实际上美国股票市场的投资回报率高出债券市场大约7%，Mehra 和 Prescott(1985)将这一现象称为“股权溢价之谜”，认为这在标准的现代证券投资理论中无法得到解释。

②一月效应和周末效应。Kinney(1976)发现了股票市场上著名的“一月效应”，他通过实证检验发现1904～1974年，纽约证券交易所股票价格指数在1月份的收益率明显高于其

他11个月份的收益率，这一现象也被Gultekin(1983)所证实。还有的学者发现了所谓的"周末效应"，比如Elroy(1988)发现了证券市场中一周内，各个交易日股票收益率的差异，并发现在美国的股票市场中，周一的平均收益率为负，而周五为正，同时两者之间还存在显著的统计特征，这在许多股票市场上也得到了证实。

③市盈率效应。Basu(1977)通过对1 400家公司的股票进行实证研究发现，低市盈率股票的收益率比高市盈率证券的收益率高出许多，也就是说，证券的价格并没有对市盈率做出正确的定价，投资者可以根据市盈率的不同获得超额收益。法玛(1992)对1963～1990年在美国纽约证券交易所上市股票的市价与账面价值的比率进行比较发现，账面市值比最高股票的平均收益率比账面市值比最低股票的平均收益率还要高，这个差异比两个组合基于资本资产定价模型所等得到的结果还要大。French(1992)研究了1963～1990年几乎涵盖了所有美洲交易所、纽约证券交易所以及NASDAQ的股票，他将所有股票的市净率从高到低分为10组，结果发现市净率较低的股票的市场表现好于市净率较高的股票，这一研究就是著名的"价值效应"。

④股票市场的过度反应和过度波动。希勒(Shiller,1981)通过比较标准普尔500指数的基本价值曲线表明，该指数的基本价值曲线应该成一个平稳的变动趋势，而标准普尔500指数则经常发生剧烈的波动，这表明市场中存在过度波动的现象。塞勒(Thaler,1987)通过实证研究发现，股票市场中存在过度反应现象，即大多数投资者对新信息的出现表现出过度反应，他将股票集合分为"表现好"和"表现差"两个相等的子集合来比较它们在3年中的表现，发现"表现差"的组合比"表现好"的组合的平均收益率还要高，这一现象表明股票市场中存在过度反应的现象。

⑤规模效应。传统的理论认为，在股票市场上，股票的市值有大有小，这一市值水平与公司资产或资本的规模是成正比的。一般来说，市值越小的股票，资产或资本规模越小，该上市公司在行业中的地位也就越小，竞争力也就越弱。因此我们按这种理论可以认为：小市值的股票与大市值的股票相比，前者的投资回报应低于后者，但从实证研究的结果可以发现，小盘股往往比大盘股有更高的投资回报，这种"异常"的现象被称为"规模效应"，也叫做"小公司效应"。比如，Banz(1981)进行实证分析发现，许多小公司的证券能够获得长期的超额利润率，无论从总收益的角度来看，还是从风险调整后的收益率角度来看，这些公司的收益率都与公司的市值大小呈负相关。Siegel(1988)发现1926～1996年纽约证券交易所市值最大股票的年综合收益率为9.8%，而市值最小的股票的年综合收益率为14%。Fama和French(1992)对1963～1990年，每年在美国证券交易所、纽约证券交易所和纳斯达克上市交易的股票按照市值进行分类，通过实证分析发现，市值最小的10%的股票的收益率比市值最大的10%的股票每月都高出大约0.8%。

也有学者对"规模效应"出现的时间进行了实证分析，他们发现，这种效应主要出现在每年的1月份，因此他们将此现象称为"小公司一月效应"。Keim(1983)将纽约股票交易所的股票按照市值的规模分为10组，发现在1月份，市值规模最小的公司比规模最大的公司的收益率高出14%，而这一较高的收益率主要集中在12月底的最后一个交易日和1月份前几个交易日。Siegel(1988)也认为小公司股票的超额收益率主要出现在每年的1月份。同时，Reinganum(1983)、Blume和Stambaugh(1983)等学者也得出了类似的结论。

⑥羊群效应。羊群效应也叫作羊群行为，是指在股票市场中，由于受到其他投资者某种投资策略的影响，该投资者也采取相同的投资策略。一般而言，投资者采取相同的投资策略不一定是羊群行为，关键是投资者的这种投资策略是否受到了其他投资者行为的影响。比如股票市场中的“跟庄”和“跟风”行为就是典型的羊群效应，基金经理模仿其他基金经理投资策略的行为也是一种羊群效应。

⑦股票价格泡沫现象。股票价格泡沫现象是股票市场中的一个古老的现象，并且这一现象至今为止还困扰着许多经济学家。1936 年在荷兰发生的郁金香狂热泡沫是最早的资产价格泡沫现象，1719～1720 年发生在法国的密西西比股票价格泡沫、1720 年英国发生的南海股票泡沫、美国 20 世纪 30 年代大萧条爆发之前的股票价格泡沫、20 世纪 80 年代末日本的房地产和股票市场泡沫、20 世纪 90 年代末发生在美国的科技网络股票泡沫以及 21 世纪以来发生在美国的房地产和股票市场泡沫，以致最后爆发的席卷全球的“次贷危机”，这些资产价格泡沫现象都表明资产的价格严重偏离其基本价值，市场中的证券资产并没有得到合理的定价。

六、论述题

1. 2010 年中国的经济困难与挑战并存，我们感受最多的就是身边的物价普遍上涨，从“豆你玩”“蒜你狠”“糖高宗”“苹什么”这些人们为物价上涨所想出的搞笑词汇可以看出，“涨”已不是在个别方面。消费者物价指数 CPI 也随之上涨，物价上涨已经是持续而普遍的了，这也就是我们经济学中所说的通货膨胀的最明显的表现。

经济学中，通货膨胀是指在纸币流通条件下，因货币供给大于货币实际需求，也即现实购买力大于产出供给，导致货币贬值，而引起的一段时间内物价持续而普遍的上涨现象。其实质是社会总需求大于社会总供给。供需失衡、供不应求也正是 2010 年我国通胀的幕后黑手。

结合宏观经济学与社会现象，我们不难发现中国通胀背后的一些本质原因：

第一，自然灾害多发，这些自然灾害引发食品供应紧张，导致物价上涨进而引起通货膨胀。

第二，由于 2007 年前中国经济一直过热、流动性过剩，美国华尔街金融海啸后中国实施的经济刺激政策，货币量发行太多，理论上超过 GDP 两倍，市场流动的货币偏大，因此当货币供应偏多的时候物价自然要上涨。

第三，2010 年中国进行了价格调整，电、水、天然气价格都上涨，从而加剧了通货膨胀。

第四，中国的市场经济不太规范，中央政府调控房地产后，社会上的很多游资从楼市退出后对农产品进行严重炒作。在当前流动性过大的情况下，资本的保值增值投资性需求造成了通货膨胀。

第五，国内生产要素价格的上升，结合原材料、燃料、动力购进价格的上涨，成本因素导致物价上涨推动通货膨胀。

第六，部分国家 2010 年遭遇干旱和洪灾造成粮食减产，因而国际农产品价格上涨对中国国内价格产生了很大影响。

第七，2010 年 11 月初，美国宣布采取新一轮量化宽松政策后，释放的流动性使得中国国外农产品、大宗商品及原材料(如原油)价格上涨,并传到中国国内,使 2010 年 10 月 CPI 增速超预期。

第八,发达国家物质产业的比较优势在长期内丧失,物质产业不断向发展中国家转移,并且持续拉大对发展中国家的贸易逆差;全球化发展进入 21 世纪以来物质产业转移出现了加快趋势,随着发达国家制造业的主体转移的加速,发达国家对主要发展中国家的物质产品需求越来越强烈,对发展中国家的商品与生产要素价格形成越来越大的拉动作用,对中国的商品与生产要素价格形成越来越大的拉动作用,从而形成由外部需求拉动导致抬高商品价格水平和生产要素价格水平的通货膨胀。

在了解了国内通胀预期的原因,应当认识到在抑制通胀的同时,不能抑制中国的经济增长,所以不能单纯地使用紧缩的货币政策,而是较多地使用选择性的货币政策,对不同产业实行不同的信贷配给额度或者优惠利率,那么应该根据以下几个方面的政策目标执行货币政策:

第一,继续推进经济结构调整,加快布局战略性新兴产业并形成产业链,保持或加快原有经济发展速度,使资金保值增值需求得到满足,人为地降低经济发展速度反而可能加剧通货膨胀。这就需要在信贷控制上有选择地进行产业扶持,而不是全部实行较高的贷款成本。

第二,继续推进人民币缓慢地升值,形成合理的汇率波动空间,加大加快对外投资。

第三,行业投资、重大项目继续采取区别对待政策,对老百姓重要的消费商品、紧缺领域,运用政策支持扩大投资,如农产品、房地产等方面,继续有选择性地扩大投资。

第四,提高资源价格和劳动力价格,扩大内需应对外需疲弱,收紧外资在国内的资产收购及一般性投资,收紧外资在房地产方面的投资、投机活动,继续严控资本项下外汇投机资金的进出。

第五,因通货膨胀已使部分工薪阶层和低收入阶层生活水平下降,加大补贴力度,强制推高工薪阶层工资的增速和低收入群体的补贴高于通胀水平。

第六,动用中央储备,确保市场供应;改善价格环境,促进价格稳定,必要时对重要的生活必需品和生产资料实行价格临时干预措施;加强监管,维护市场秩序;加强农产品期货和电子交易市场监管,抑制过度投机行为,取缔非法交易。

第七,推进股市繁荣,加快金融市场建设,构筑资金池以便吸纳房地产市场退出来的资金和外来“热钱”,使资金保值增值需求得到满足,也有利于推进金融快速发展,使股市、创业板和期货市场等金融市场能成为良好的投资资金与消费资金的储金池,较好地吸纳当前过剩的流动性。

2. 从原因上讲,金融创新削弱银行获取资金的成本优势与资产负债表资产方的收入优势。成本优势和收入优势的同时削弱导致传统银行业务盈利性的下降,因此银行竭力缩减这些传统业务,而积极开展更具盈利性的新业务。成本方面,通货膨胀率的上升导致了高利率环境,投资者对不同资产之间的收益率差异更为敏感,结果就是脱媒过程。同时,规避存款利率上限和法定准备金制度的努力导致了货币市场共同基金的金融创新,由于该基金的存款人既可以得到类似支票账户的服务,又可以获取高利率,从而将银行拖入更不利的境地。《Q 条例》允许支票存款账户支付利息,大大增加了银行获取资金的成本,进而削弱了银行之前相对于其他金融机构的成本优势。收入方面,信息技术的发展使得优质客户不再依赖银行满足短期信贷需求，利用商业票据市场寻求成本更低的资金来源。同时，信息技术的使用可以利用统计模型准确评价信用风险，促进了证券化的趋势，这样其他金融机构可以从事与银行相同的业务，银行在发放贷款方面就失去了往日的优势。银行对此的反应：第一，它们尝试将贷款业务扩展到新的、风险更高的领域，从而维持传统的贷款业务活动，增加了对企业接管和杠杆收购等高杠杆率交易贷款的发放。第二，开展盈利性更高的表外业务。非传统银行业务的风险较高，因而导致了银行的过度冒险行为。银行寻求新的业务品种使银行更具活力并且更健全，因此是有利的，但这种新的发展方向也增加了银行的风险。

2011年中央财经大学431金融硕士真题参考答案

一、单项选择题

1. A

金银双本位制下金、银两种金属同时被法律承认为货币金属，金、银铸币都可自由铸造，都有无限的法定支付能力，当金银铸币各按其本身所包含的价值进行流通时，市场上的商品就出现了金银两重价格。而这两重价格随金银市场比价的不断变动而变动，为了克服由此造成的紊乱，很多国家用法律规定了金币与银币的比价，但金银市场比价并不会由于法定比例的确定而不再发生变化，于是法定比价和市场比价之间可能会出现差异，价值被高估的货币渐渐被储藏，而劣币则充斥市场。于是劣币驱逐良币规律发挥作用，银贱则银币充斥市场，金贱则金币充斥市场。

2. D

凯恩斯完全抛弃了实际因素对利率水平的影响，其利率决定理论基本上是货币理论。凯恩斯认为，利率决定于货币供求数量，而货币需求量又基本取决于人们的流动性偏好。如果人们对流动性的偏好强，愿意持有的货币数量就增加，当货币的需求大于货币的供给时，利率上升；反之，人们的流动性偏好转弱时，那将是对货币的需求下降、利率下降。

3. B

投资银行是专门为工商企业办理各项有关投资业务的银行。投资银行的名称，通用于欧洲大陆及美国等工业化国家，在英国称为商人银行，在日本称为证券公司。

4. A

国际借贷说，是在金本位制度盛行时期流行的一种阐释外汇供求与汇率形成的理论，该理论认为，外汇汇率变动由外汇供给与需求对比变动所引起，而外汇供求状况又取决于由国际贸易往来和资本流动所引起的债权债务关系。当一国的流动债权多于流动负债时，外汇的供给大于需求，因而本币将升值；反之将贬值。这一理论中的国际借贷关系，实际是指国际收支，故又称为国际收支说。

5. C

在蒙代尔提出的最适通货区理论基础上建立了欧元一体化的货币体系，使用欧元的国家为德国、法国、意大利、荷兰、比利时、卢森堡、爱尔兰、希腊、西班牙、葡萄牙、奥地利、芬兰、斯洛文尼亚、塞浦路斯、马其他、斯洛伐克、爱沙尼亚，称为欧元区。

6. C

自动转账制度是在20世纪70年代的一种创新。在美国，为了避免银行因招揽存款而进行不公平竞争，对储蓄付息，对活期存款不准付息。而自动转账制度这一创新就是为了规避不准对活期存款付息的规定。

7. A

单一中央银行制度是指国家单独建立中央银行机构，有如下两种具体情形：①一元式中央银行制度，这种体制是在一个国家内只建立一家统一的中央银行，机构设置一般采取总分行制。目前世界上绝大部分国家的中央银行都实行这种体制，我国也是如此。②二元式中央银行制度，这种体制是在一国国内建立中央和地方两级中央银行机构，中央级机构是最高权力或管理机构，但地方级机构也有一定的独立权力，这是一种带有联邦式特点的中央银行制度。属于这种类型的国家有美国、德国等。

8. C

真实票据理论又称商业贷款理论，该理论认为为了保持资金的高度流动性，贷款应是短期和商业性的；用于商品生产和流通过程的贷款要是具有自偿性，最为理想。

9. A

蒙代尔认为财政政策和货币政策对国际收支和名义收入有着相对不同的影响，因此，在固定汇率制度下，得出了他的政策“分派原则”：只有把内部均衡目标分派给财政政策，外部均衡目标分派给货币政策，方能达到经济的全面均衡。依据这样的思路，有一个最佳政策配合的设计：

经济失衡状态	通货膨胀 国际收支盈余	失业 国际收支盈余	通货膨胀 国际收支赤字	失业 国际收支赤字
最佳政策配合	紧缩性财政政策 扩张性货币政策	扩张性财政政策 扩张性货币政策	紧缩性财政政策 紧缩性货币政策	扩张性财政政策 紧缩性货币政策

10. B

根据债券价格计算公式：$P=\frac{C}{r_m}$，该债券的理论市场价格应该是 $P=\frac{100\times10\%}{8\%}=125$（元）。

11. B

汇率超调理论指出，浮动汇率制下汇率的剧烈波动的主要原因在于：面对某种初始的外部冲击，不仅资产的价格和商品的价格都可能过度反应，而且资产市场和商品市场的调整速度常常并不一致（商品价格具有“粘性”）。

12. C

货币分析理论认为，汇率是两国货币的相对价格，通过分析两国货币相对需求与供给来确定汇率水平。基本的货币模型为：$e_t=M_t^*-M_t-a(y_t^*-y_t)+b(i_t^*-i_t)$。其中，$e_t$ 是以间接标价法表示的本币汇率，M_t^*，M_t，y_t^*，y_t，i_t^*，i_t 分别代表外国与本国的货币供给变动率，国民收入变动率和利率水平。一国货币的汇率是本币与外币的比价，其决定及变动与本国与外国的这三类变量的变动差异有关。当其他条件不变，若外国货币供给的增长快于本国货币供给增长，将使本币汇率 e_t 升值；若本国收入的增长率快于外国收入增长率，那么对本国的货币需求就会增加，也将引致 e_t 升值；若本国名义利率高于外国名义利率，则意味着本国有较高的预期通胀率，这样，对本国货币的需求将降低，从而使 e_t 贬值，反之亦然。

13. B

对净营运资本的投资是任何资本预算分析的一个重要部分,把营运资本的投资当作项目的现金流出。随着项目的开展,对净营运资本的需求将有所增长。年与年之间的净营运资本的改变量代表了增减的现金流量。

14. B

根据 $CAPM$ 模型,股票的期望收益率为:$E(R_s)=R_F+\beta\times(R_M-R_F)$。式中,$R_F$ 是无风险利率,R_M-R_F 是市场组合的期望收益率与无风险利率之差,称为期望超额市场收益率或市场风险溢价。对于证券 i,贝塔值的计算公式:证券 i 的贝塔值$=\dfrac{\text{Cov}(R_i,R_M)}{\text{Var}(R_M)}=\dfrac{\sigma_{i,M}}{\sigma_M^2}$,当 $\text{Cov}(R_i,R_M)=\text{Cov}(R_j,R_M)$ 时,$E(R_i)=E(R_j)$。

15. C

根据市盈率的计算公式推导得出:$\dfrac{\text{每股价格}}{EPS}=\dfrac{1}{R}+\dfrac{NPVGO}{EPS}$,其中,左边是市盈率的计算公式,$EPS$ 表示每股盈利;R 为公司股票的折现率;$NPVGO$ 代表了增长机会的(每股)净现值。这个等式显示了市盈率与增长机会的净现值相关,即当其他条件不变时,公司增长机会的净现值越大,其市盈率就越高。

16. C

根据营业杠杆的计算公式:营业杠杆系数=(息税前利润 $EBIT$+固定成本)/息税前利润 $EBIT$,企业目前的营业杠杆系数=(1 000 000+2 000 000)/1 000 000=3。

根据财务杠杆的计算公式为:$DFL=EBIT/(EBIT-I)$,企业目前的财务杠杆=1 000 000/(1 000 000−200000)=1.25。

17. B

永续年金现值的计算公式:$PV=\dfrac{C}{1+r}+\dfrac{C}{(1+r)^2}+\dfrac{C}{(1+r)^3}+\cdots=\dfrac{C}{r}$,根据题意可得方程:$1\ 200=\dfrac{C}{5\%}$,由此可知 $C=60$。所以,当贴现率为 8%时,该年金的现值 $PV=\dfrac{60}{8\%}=750$(元)。

18. B

现值指数又称盈利指数法,是指未来收益的现值总额和初始投资现值总额之比,其实质是每一元初始投资所能获取的未来收益的现值额,现值指数可以表示为:现值指数(PI)=$\dfrac{\text{未来收益现值}}{\text{初始投资额}}$。现值指数指标的决策准则是:当投资项目的现值指数大于 1 时,选取该项目;当投资项目的现值指数小于 1 时,放弃该项目;当有多个互斥项目并存时,选取现值指数最大的项目。

19. B

普通股股票资金成本=普通股股东要求的必要报酬率=$D/P+g$=股利报酬率+股利增长率,所以,该公司发行股票的筹资成本=2/20+5%=15%。

20. C

由于*CAPM*模型以资产组合理论为基础，因此它除接受马科维茨的全部假设条件以外，还附加了一些自己的假设条件，主要有：①投资者具有同质预期，即市场上的所有投资者对资产的评价和对经济形势的看法都是一致的，他们对资产收益和收益概率分布的看法也是一致的；②存在无风险资产，投资者可以无风险利率无限制地借入或者贷出资金。C选项，套利定价模型(APT)假设资产收益率满足多因子模型。

二、判断题

1. ✓

1996年底，我国在外汇管理改革方面迈出了重要的一步，实现了人民币在贸易等经常项目下可兑换的承诺。

2. ×

利息转化为收益的一般形态，其主要作用在于导致了收益的资本化。即各种有收益的事物，不论它是否是一笔贷放出去的货币资金，甚至也不论它是否为一笔资本，都可以通过收益与利率的对比倒算出它相当于多大的资本金额。

3. ×

派生存款乘数是指中央银行新增一笔通货流入银行后，经银行体系连续存货所引致的成倍的存款货币乘数。

派生存款是指由商业银行发放贷款，办理贴现或投资等业务活动派生的存款。派生存款产生的过程，就是商业银行不断吸收存款、发放贷款、形成新的存款，最终导致银行体系存款总量增加的过程。银行存款货币创造机制所决定的存款总额，其最大扩张倍数称为派生倍数，也称为派生乘数。

货币乘数是指货币供给量与基础货币之比。

4. ×

基础货币是中国人民银行的负债项目，国外资产是中国人民银行的资产项目。

5. ✓

资产组合分析法也称为汇率决定的资产组合平衡理论，该理论认为，货币只是人们可以持有的一系列金融资产中的一类，人们将根据各种资产收益和风险的权衡，将财富配置于各种可选择的国内外金融资产。投资者要根据经济形势和预期，及时调整其外币资产的比例，从而往往引起货币资本在各国间的大量流动，并对汇率产生很大影响。这一理论运用一般均衡分析，综合考虑多种变量、多个市场影响汇率变化的因素，承认本币资产与外币资产的不完全替代性，较好地反映了20世纪70年代之后各国货币金融性资产快速增长，滚动加快的客观现实。

6. ×

单一中央银行制是指一个国家或地区建立单独的中央银行机构，使之全面行使中央银行职能的中央银行制度。单一中央银行制又可分为一元式和二元式两种中央银行制度。其中，一元式中央银行制度是指在国内只设一家统一的中央银行，机构设置一般采取总分行制，逐级垂直隶属，目前世界上绝大多数的中央银行都实行这种体制，如英国、法国、日本和中国等。英国的中央银行英格兰银行总行设在伦敦，在伯明翰、利物浦等8个城市设有分行，是典型的单一中央银行制。

7. √

期权又分为美式期权和欧式期权。美式期权是指买方可以在期权的有效期内任何时间行使权利或者放弃行使权利的期权；欧式期权是指买方只可以在合约到期时行使权利的期权。由于美式期权赋予期权买方更大的选择空间。一般而言，同一标的资产的美式期权比欧式期权价格略高。

8. ×

远期利率协议的结算日即名义借贷开始日期，也是交易一方向另一方交付结算金的日期。

远期利率协议(FRA)是一种远期合约，合约的买卖双方约定未来某一定时间点作为利息起算日，约定某期限的协议利率、市场参照利率和计息名义本金数额，在利息起算日，双方按规定的协议利率、期限和名义本金额，由一方向另一方支付协议利率与参照利率之间的利息差额的贴现值。

9. ×

根据利率平价理论，利率与汇率的关系：利率高的国家货币在远期外汇市场上贴水，利率低的货币在远期外汇市场上升水。

10. ×

一般将储蓄随利率提高而增加的现象称为利率对储蓄的替代效应；将储蓄随利率提高而降低的现象称为利率对储蓄的收入效应。替代效应表示人们在利率水平提高的情况下，愿意增加未来消费——储蓄，来替代当前消费。

11. ×

在国际金本位制下，各国货币之间的汇率由它们各自的含金量之比决定。而外汇市场上的实际汇率则围绕两国货币含金量之比所确定的金平价上下波动，但这种波动被限定在黄金输送点之间，因此国际金本位下的汇率制度是一种较为稳定的固定汇率制。

12. ×

冲销性操作是指当汇率出现不恰当波动时，中央银行一方面进入外汇市场抛出或补进外汇使汇率达到适当水平，同时，通过购买或出售政府债券等国内资产来抵消因干预汇率而释放或回笼本国货币的影响，以维持国内货币供应量不变。非冲销性操作是指央行在买卖外汇、干预市场的同时，并未采取任何抵消因干预汇率而影响本国货币供给的措施，而外汇买卖的结果是国内货币供应量的净增或净减。

13. √

对于一个理性的投资者而言，他们都是厌恶风险而偏好收益的。对于相同的风险水平，他们会选择能提供最大预期收益率的组合；对于相同的预期收益率，他们会选择风险最小的组合。

14. √

利息费用可以抵税，在计算项目的期间营运现金流量时，如果项目的部分资金来源于债务，那么需要在现金流中扣除利息费用，并按照 *WACC* 作为贴现率评估项目价值。

15. ×

公司经营环境较好，宏观经济处于上升周期时，面临发展机会的公司会采用较为积极的融资政策，较多地使用负债，因为利息可以抵税。

16. ×

现值利率因子 $PVIF(r,t)=\frac{1}{(1+r)^t}$，当 $r>0$ 时，现值利率因子 $PVIF(r,t)$ 大于 0。

17. ×

n 期先付年金（期初年金）与 n 期普通年金（期末年金）的收付款次数相同，但由于付款时间不同，n 期先付年金终值比 n 期普通年金的终值多计算一期利息，因此，n 期先付年金的终值要在 n 期后付年金终值的基础上乘以 $(1+r)$。

18. √

根据《证券法》第十条的规定，公开发行证券，必须符合法律、行政法规规定的条件，并依法报经国务院证券监督管理机构或者国务院授权的部门核准；未经依法核准，任何单位和个人不得公开发行证券。

19. √

所谓普通合伙人，是指在合伙企业中对合伙企业的债务依法承担无限连带责任的自然人、法人和其他组织。根据《合伙企业法》第三条规定，国有独资公司、国有企业、上市公司以及公益性事业单位、社会团体不得成为普通合伙人。

20. ×

七二法则是计算一笔投资需多少年可以倍增的简单公式，用 72 除以投资的年利率，结果就是投资倍增所需的年数。则投资倍增的时间是 72/8＝9（年），根据七二法则，如果投资 45 年，则这笔投资翻了 5 倍，所以终值为 $100\times2^5=3\ 200$（元）。

三、计算题

1.（1）对于收入本币，付出外币的一方的货币互换价值：$V_{互换}=B_D-S_0B_F$

$V_{美}=112e^{-7.5\%}+1\ 512e^{-7.5\%\times2}=1\ 405.297\ 7$

$V_{欧}=100e^{-9.5\%}+1\ 100e^{-9.5\%\times2}=1\ 000.592\ 3$

$S_0=1.4$

对东方集团的价值：

$V=V_{美}-S_0V_{欧}=1\ 405.297\ 7-1.4\times1\ 000.592\ 3=4.468\ 5$（美元）

（2）根据货币互换与债券组合的等价关系，互换的定价就是指两个币种的现金流现值相等，则互换的汇率为 1 欧元＝1 405.297 7/1 000.592 3＝1.404 5。

2. 设兴业银行需要拿票面金额为 X 万元的票据去办理贴现：

计息天数＝25＋31＋30＝86（天）

则有方程：$\frac{X}{1+\frac{86}{360}\times5.1\%}=20\ 000$，

解得：$X=20\ 243.666\ 7$（万元）。

所以，兴业银行需要拿票面金额为 20 243.666 7 万元的票据去办理贴现。

3. (1)资本市场线的公式：$R=R_f+\frac{(R_M-R_f)\sigma_p}{\sigma_M}$，

根据已知条件可得方程：$20\%=5\%+\frac{15\%-5\%}{20\%}\sigma_p$，

解得：$\sigma_p=30\%$。

(2)资本资产定价模型：$R_i=R_f+\beta_{iM}(R_M-R_f)$，

根据已知条件可得方程：$20\%=5\%+\beta_i(15\%-5\%)$，

解得：$\beta_i=1.5$。

根据贝塔系数计算公式：$\beta_i=\frac{\mathrm{Cov}(r_i,r_m)}{\sigma_m^2}$，

代入已知条件可得方程：$1.5=\frac{\mathrm{Cov}(r_i,r_m)}{20\%^2}$，

解得：$\mathrm{Cov}(r_i,r_m)=0.06$。

又因为：$\beta_{im}=\frac{\mathrm{Cov}(r_i,r_m)}{\sigma_i\sigma_m}$，

代入已知条件可得：$\beta_{im}=\frac{0.06}{20\%\times30\%}=1$。

4. 根据题意可知：购买这些彩票的期望收益为50元，所以，投资者最多愿意花50元来购买这些彩票。

5. (1)根据有公司所得税时的MM命题Ⅰ：无杠杆公司(即公司没有债务)的价值是 $EBIT\times(1-t_c)$的现值，即 $V_U=\frac{EBIT\times(1-t_c)}{R_0}$。

代入已知条件可得公司的价值：$V=10\ 000\times(1-35\%)/16\%=40\ 625$(元)。

(2)M公司借入负债为40 625/2元，则公司用所筹集的债务资金全部来赎回股权后股权价值对应的减少40 625/2元，故公司总价值仍不变，为40 625元。

有公司所得税时的MM命题Ⅱ：$R_S=R_0+\frac{B}{S}(1-t_C)(R_0-R_B)$。

所以，该公司的权益资本成本为 $16\%+1\times0.65\times(16\%-10\%)=19.9\%$。

四、名词解释

1. 按照权证持有人行权的时间不同，可以将权证分为美式权证、欧式权证、百慕大式权证等类别。美式证券可以在权证失效日之前任何交易日行权；欧式权证仅可以在失效日当日行权；百慕大式权证可在失效日之前一段规定时间内行权。

2. 费雪效应是指通货膨胀率和利率在长期中同比例变化的关系，美国经济学家费雪(Fisher)在其《利息理论》一书中阐述了这一关系。这一关系假定，在长期中通货膨胀率等于预期通货膨胀率。在其他条件不变的情况下，如果一国的预期通货膨胀率上升，最终会导致该国货币存款利率的同比例上升；反之，如果预期通货膨胀率下降，最终会导致货币存款利率的同比例下降。从国际资本流动来看，费雪效应体现了通货膨胀率、利率和汇率变化的关系。当其他条件不变时，若一国的预期通货膨胀率上升，在外汇市场上将导致该种货币的

贬值;根据利率平价理论,这最终将导致该国货币存款利率的上升,这一关系还可以用相对购买力平价理论和利率平价理论的结合来说明。相对购买力平价表明,在一定时期内两国货币汇率变动的百分比等于两国通货膨胀率之差,利率平价表明,两国货币汇率预期变动的百分比等于两国货币存款的预期收益率之差,即两国货币存款未来的利率之差。在长期中,两国货币的汇率变动即为两国货币汇率的预期变动。这样,两国货币存款未来利率之差就等于两国通货膨胀率之差,用公式表示:

$$R_a - R_b = \pi_a - \pi_b$$

式中,R_a 和 R_b 分别代表两国货币存款的利率,π_a 和 π_b 分别代表两国的通货膨胀率。该公式表明,在其他条件不变时,一国通货膨胀率的上升最终将导致该国货币存款利率同比例上升。

3. 马歇尔—勒纳条件是美国经济学家勒纳(A. P. Lerner)在研究既定的进出口供给条件下一国货币贬值对国际收支的影响时提出的贬值改善国际收支的条件,在假定贸易商品进出口供给弹性无穷大的前提下,一国货币贬值能否改善国际收支取决于本国贸易品的需求价格弹性。假定以 X 表示本币计值的出口量,M 表示外币计值的进口量,E 表示外汇汇率,B 表示以外币计值的贸易收支差额,则有:

$$B = \frac{X}{E} - M$$

对外汇汇率 E 求导,并变形,有:

$$\frac{dB}{dE} = -\frac{X}{E^2}\left(1 - \frac{dX}{dE} \times \frac{E}{X} + \frac{ME}{X} \times \frac{dM}{dE} \times \frac{E}{M}\right)$$

令 η_x,η_m 分别表示出口商品和进口商品弹性的绝对值,则有:

$$\frac{dB}{dE} = -\frac{X}{E^2}\left(1 - \eta_x - \frac{M \times E}{X}\eta_m\right)$$

由于假设初始国际收支处于均衡状态,即 $ME = X$,有:

$$\frac{dB}{dE} = -\frac{X}{E^2}(1 - \eta_x - \eta_m)$$

很显然,当 $|\eta_x| + |\eta_m| > 1$ 时,$\frac{dB}{dE} > 0$,即本币贬值有助于改善国际收支。条件 $|\eta_x| + |\eta_m| > 1$ 就是马歇尔—勒纳条件。马歇尔—勒纳条件表明,在进出口供给弹性无穷大的前提下,只要一国进出口需求弹性绝对值之和大于1,本国货币贬值就会改善国际收支状况。而且进出口需求价格弹性越大,本币贬值对贸易收支状况改善的作用也越大。

马歇尔—勒纳条件是弹性分析法的核心,也是一国是否采用货币贬值政策改善国际收支状况的理论依据,具有重要的理论价值和实用价值。但马歇尔—勒纳条件是以进出口商品供给弹性无穷大为前提,在充分就业条件下,这一假设显然并不存在。因此,马歇尔—勒纳条件的应用也有很大的局限性。

4. 融资租赁是指由出租人代其购进或租进所需要的设备,然后再出租给承租人使用的租赁方式。其具体的形式有四种,即直接购买租赁、回租租赁、转租赁和杠杆租赁。当企业需要添置某些技术设备而又缺乏资金时,会采取这一形式,它具有以下特征:设备的所有权和使用权相分离;融资和融物相结合;以分期付款租金形式获取融资租赁租赁物;租金合同的不可解除性;至少涉及三个方面的当事人和两份合同。

5. 根据可获得的有关信息的分类不同,可将市场效率划分为弱有效市场、半强有效市场和强有效市场三种类型。其中,半强有效市场是指所有公开的可用信息假定都被反映在证券价格中,不仅包括证券价格序列信息,还包括公司财务报告信息、经济状况的通告资料和其他公开可用的有关公司价值的信息,公布的宏观经济形势和政策方面的信息。半强有效市场并不意味着所有的市场参与者都能马上接受并且理解所有公开有用的信息,事实上,只有机构投资者和职业分析家才可能对新的信息做出迅速的反应。

五、简答题

1. 货币传导机制是指各种货币工具的运用引起中间目标的变动和社会经济生活的某些变化,从而实现中央银行货币政策的最终目标这样一个过程。它实际上包含两个方面内容:一是内部传导机制,即从货币工具选定、操作到金融体系货币供给收缩或扩张的内部作用过程;二是由中间指标发挥外部影响,即对总支出起作用的过程。在西方,关于货币政策传导机制的分析,一般分为凯恩斯学派的传导机制理论和货币学派的传导机制理论。

(1)凯恩斯学派的传导机制理论。凯恩斯学派认为,当货币政策变动时,例如,中央银行通过公开市场购买债券,货币供应量增加,导致货币资产收益率下降;经济单位以货币买进债券,导致债券价格上升,市场利率下降,投资者则增加投资,引起总需求增加,导致产出增加,整个传导过程可表示为:货币政策工具→M(货币供应)→r(利率)→I(投资)→E(总支出)→Y(收入)。货币政策的作用过程,先是通过货币供应量的变动影响利率水平,再经利率水平的变动改变投资活动水平,最后导致收入水平的变动,货币政策对收入水平影响的大小取决于:①货币政策对货币供应量的影响,这取决于基础货币和货币乘数;②货币供应量的变化对利率的影响;③利率变化对投资水平的影响;④投资水平对收入水平的影响,这取决于投资乘数的大小,这一传导过程中各个环节是一环扣一环的,如果其中任意环节出现阻塞或障碍,都可能导致货币政策效果的减弱或无效。在这个传导机制发挥作用的过程中,最主要的环节是利率。

(2)货币学派的传导机制理论。货币学派认为,利率在货币传导机制中不起重要作用,而更强调货币供应量在整个传导机制上的直接效果。该学派认为,增加货币供应量在开始时会降低利率,银行增加贷款,货币收入增加和物价上升,从而导致消费支出和投资支出增加,引致产出提高,直到物价的上涨将多余的货币量完全吸收掉为止。因此,货币政策的传导机制主要不是通过利率间接的影响投资和收入,而是通过货币实际余额的变动直接影响支出和收入,可用符号表示为:$M \to E \to I \to Y$。其中,$M \to E$,是指货币供给量的变化直接影响支出。货币供给量不通过利率途径而直接影响支出的原因在于货币需求有其内在的稳定性,当作为外生变量的货币供给改变,由于货币需求并不改变,公众手持货币量会超过他们所愿意持有的货币量,从而必然增加支出。$E \to I$,是指变化了的支出用于投资的过程,这是一个资产结构的调整过程,因为不同取向的投资会相应引起不同资产相对收益率的变动,这就引起资产结构的调整。

2. (1)国际收支失衡的原因。导致国际收支失衡的原因是多种多样的,有经济因素的,也有非经济因素的。概括地讲,主要有以下五种原因:

①季节性和偶然性原因。由于生产、消费有季节性变化，一个国家的进出口也随之而变，季节性变化对进出口的影响并不一样，由此造成了季节性失衡，典型的季节性国际收支失衡发生在以农产品作为主要出口商品的发展中国家。无规律的短期灾害如洪水、地震等自然灾害，也会造成一国出口减少、进口增加，引起国际收支失衡。季节性和偶然性国际收支失衡都是临时性的，它们对国内经济的危害相对较小。

②周期性原因。因经济周期波动使经济条件变动而发生的盈余和赤字交互出现的国际收支失衡。例如，在经济繁荣时期，进口需求增加，可能出现经常项目赤字；在经济萧条时期，进口需求下降，可能出现经常项目盈余。从资本与金融项目看，经济繁荣时期，投资前景看好，资本流入增加；经济萧条时期，投资前景黯淡，资本流出增加。第二次世界大战后，主要工业国的商业周期波动极易传播至其他国家，从而引起世界性的周期波动，致使各国国际收支出现周期性失衡。

③货币性原因。由于一国的价格水平、利率水平等货币性因素与其他国家比较，发生相对变动所引起的国际收支失衡，称为货币性失衡，例如，一国货币供应量增加过多，相对于其他国家而言，该国一般物价水平和生产成本便会普遍上升，该国的出口便会受到抑制，而进口则受到鼓励，从而造成该国经常项目收支恶化。另外，货币供应量过多，还会引起本国利率下降和资本流出增加，从而造成资本与金融项目的逆差。两者结合在一起，会造成一国国际收支逆差，货币性失衡不仅与一国经常项目有关，也同资本与金融项目有关。

④结构性原因。当国际分工格局或国际需求结构等国际经济结构发生变化时，一国的产业结构及相应的生产要素配置不能完全适应这种变化，从而发生的国际收支失衡，称为结构性失衡。各国由于地理环境、资源分布、技术水平、劳动生产率等经济条件不同，形成了各自的经济布局和产业结构，从而形成各自的进出口商品结构。当国际间对某些商品的生产和需求发生变化时，如果一国不能相应地调整其生产结构和出口商品结构，则会引起贸易和国际收支的失衡。

⑤外汇投机和资本外逃造成的失衡。投机性资本流动是利用利率差别和预期的汇率变动来牟利的资本流动。投机性资本流动可能是稳定的，也可能是不稳定的，不稳定的投机使汇率变动更加恶化，投机造成贬值，贬值又进一步刺激投机，从而使外汇市场变得更为混乱，资本大量外流。资本外逃是保值性资本流动，当一个国家面临货币贬值外汇管制、政治动荡或战争威胁时，在这个国家拥有资产的居民与非居民就把其资金转移到他们认为稳定的国家，造成该国资本的大量外流。不稳定的投机和资本外逃具有突发性、规模大的特点，在国际资本迅速流动的今天，它们已成为一国国际收支失衡的重要原因之一。

(2)国际收支失衡的调节措施。一国国际收支失衡会对国家经济的稳定和发展产生不利影响，因而必须保持国际收支平衡。如果一国国际收支经常出现失衡而收支差额较大，特别是发生长期性逆差时，必须要进行调节。国际收支调节可以分为自动调节和政策调节。自动调节通过汇率机制、收入机制和货币机制的调节，从一定程度上缓解一国的国际收支失衡，但自动调节只能在某些条件或经济环境下起作用，而且作用效果和程度也无法保证，因此，各国都采取一定的政策来调节国际收支，使国际收支朝着有利于本国经济稳定的方向发展。一般来说，国际收支失衡的政策调节主要有以下几种：

①外汇缓冲政策。外汇缓冲政策是指运用官方储备的变动或向外借款，来对付国际收

支临时性失衡的政策。一般做法是建立外汇平准基金，当国际收支失衡后，货币当局运用该基金在公开市场操作，买进或卖出外汇，消除超额的外汇供求。这种政策以外汇为缓冲体，故称外汇缓冲政策。运用外汇缓冲政策调节季节性、偶然性失衡和不正常资本流动造成的失衡是一种非常好的选择，它可以使外部失衡的影响止于外汇储备阶段，而不影响国内经济与金融。但对长期性失衡，该政策不但无益，反而有害，因此，不宜用于调节长期性失衡。

②汇率调整政策。汇率调整政策是指发生逆差时实行本币贬值，发生顺差时实行本币升值的政策。汇率调整旨在改变外汇的供求关系，经由进出口商品的价格变化、资本融进融出的实际收益成本的变化等渠道来实现政策目标。但通过汇率调整实现调节目标，要求本国进出口商品具有充分弹性，而且汇率调整，尤其是竞争性贬值容易引起贸易伙伴的报复，从而引发货币战。

③需求管理政策。需求管理政策是运用扩张或紧缩性财政政策和货币政策来控制需求总量，进而消除国际收支的失衡。这是战后各国普遍采用的方法。财政政策一般是从收支两个方面进行调节，其主要政策工具有税收、政府支出和国债政策。财政当局根据国际收支失衡的不同情况，分别采取松动的或紧缩的财政预算对总需求进行直接调节，并通过国内企业的传递，特别是涉外企业的传导来实现对国际收支的调节。货币政策是货币当局运用各种政策工具调节货币供应量和利率，以实现一定的宏观经济目标的政策和措施总和。货币政策工具主要有法定准备金率、再贴现政策和公开市场业务等。对于由国内需求失衡引起的国际收支失衡，需求管理政策是一种有效的调节方式。

④直接管制政策。直接管制政策是指对国际经济贸易采取直接行政干预的政策。它包括外汇管制和贸易管制。以直接管制作为国际收支调节政策的优点首先在于其效果迅速而显著；其次，在国际收支失衡的原因为局部性因素时，较易针对该部分实行管制，因而不必使整个经济变动。但直接管制政策不利于资源优化配置，而且容易招致他国报复。一般来说，直接管制政策作为国际收支调节手段，应以其他政策难以迅速取得效果的情况为限。

3.“最适度通货区理论”认为，要使浮动汇率更好地发挥作用，必须放弃各国的国家货币制度而实行区域性货币制度。“区域”是指有特定含义的最适度货币区，由一些彼此间商品、劳动力、资本等生产要素可以自由流动，经济发展水平和通货膨胀率比较接近，经济政策比较协调的国家(地区)组成的一个独立货币区，在货币区内通过协调的货币、财政和汇率政策，达到充分就业、物价稳定和国际收支平衡。

4.(1)财务危机是指企业明显无力按时偿还到期的无争议的债务的困难与危机。对于财务危机，通常公认有两种确认的方法：

①法律对企业破产的定义，企业破产是用来衡量企业财务危机最常用的标准，也是最准确和最极端的标准；

②以证券交易所对持续亏损，有重大潜在损失或者股价持续低于一定水平的上市公司给予特别处理或退市作为标准。

(2)财务危机成本是在财务管理出现技术上或者企业破产的情况下所形成的直接成本和间接成本。

①直接成本包括履行破产程序及开展破产工作的费用以及因破产所导致的企业无形资产的损失；

②间接成本包括发生财务危机但尚未达到破产地步时的经营管理所遇到的工作障碍对企业价值的贬值，以及企业债权与企业决策者之间的矛盾与斗争所影响的企业价值的贬值。

分析财务危机成本的形成机理，其出现的原因可能有以下几种情况：

①经营不善，管理者无能；

②市场变化，外部风险无法防范和转移；

③代理成本过大，主要是监督和激励成本过高；

④代理链条过长，表现为“剩余损失”过大，经理人的事前“逆向选择”使企业机会成本太高，或事后的“道德风险”使企业不堪重负。

其中第①②项可归属于经营管理的机会成本，第③④项属于代理成本，当这些成本超过一定的临界线就使企业出现财务危机，可见，财务危机事实上是管理和代理两种因素导致的结果。代理和管理都是“双刃剑”：管理层次多，可以使管理精细化，提高经营效率，降低管理成本；而管理层次过多反过来可导致代理链条过长，使剩余损失增加，激励和监督成本也同时增知。尽管管理和代理成本无法清晰地分别计量，但它们发生的结果最终会影响企业价值。

(3)财务危机成本承担。

①资本市场上，财务危机上升将导致融资成本上升。财务危机成本会由股权及债券融资者来承担。

②在商品市场上，商品供应商会把财务危机的成本转嫁给商品销售者。

③在人才市场上，企业发生财务危机时会流失优秀的人才，其成本由自己本身承担。

六、论述题

1. 量化宽松政策(QE)本质上是中央银行增加确定数量的基础货币以刺激经济的货币政策，是指通过购买国债等中长期债券，增加基础货币供给，面向市场注入大量流动性，用于增加经济体中的货币供给。

美国量化宽松货币政策对中国货币政策操作的影响及应对策略有以下几个方面：

①美元贬值使得人民币汇率升值。为了维持汇率稳定，货币当局不得不放松货币供应，但考虑到我国当前通货膨胀依然处于5%以上的高位，货币政策应适当保持稳健，又由于货币政策的滞后性，其对经济的影响落后于经济局势的发展，因此给我国货币政策的执行带来选择难题，加大了操作难度。

②在当前世界经济复苏乏力的局势下，欧美等经济体经济回暖的时候，新兴经济体应在保增长的同时，控制物价水平，为世界经济整体复苏注入动力。因此，中国要在保证经济持续8%的增长率的同时，控制国内通胀，防止系统性的国家主权债务危机的负面影响。因此，货币政策的松紧在此局面下显得很重要，一定要控制数量和时点。

2. 随着各个历史时期经营条件的变化，西方商业银行经营管理理论经历了资产管理、负债管理、资产负债综合的演变过程。

(1)资产管理理论是商业银行最传统的管理思路。在20世纪60年代以前，银行资金来源大多是吸收活期存款。在银行看来，存款的主动权都在客户手中，银行自身的管理起不了决定性影响。而资金运用的主动权却操之于自己手上，所以银行必然会看重资产管理。

在资产管理中,资产流动性的管理占有特别重要的地位。随着经济环境的变化和银行经营业务的发展,其理论历经了如下三个不同发展阶段:

①第一阶段是商业贷款理论。概括而言,即认为为了保持资金的高度流动性,贷款应是短期和商业性的;用于商品生产和流通过程的贷款要是具有自偿性,最为理想。即使是以真实票据为依据贷款,有时候,如危机时,也不能百分之百地保证归还。

②第二阶段是可转换性理论。这是20世纪初提出的,该理论认为,为了应付存款提取所需保持的流动性,商业银行可以将其资金的一部分投资于具备转让条件的证券上。由于这些盈利资产能够随时出售,转换为现金,所以贷款不一定非要局限于短期的和具有自偿性的投放范围。显然,这种理论是以金融工具和金融市场的发展为背景的。可转换性理论的产生,使商业银行资产的范围扩大,业务经管更加灵活多样,但是在人们竞相抛售证券时,银行也很难不受损失地将所持证券顺利转让。

③第三阶段是预期收入理论。这种理论产生于20世纪30年代末。第二次世界大战后,经济的发展带来了对贷款需求的猛增,并且资金需求多样化。在这样的背景下,预期收入理论应运而生。这种理论认为一笔好的贷款,应当以根据借款人未来收入或现金流量而制订的还款计划为基础,这样,无论放款期限长短,只要借款人具有可靠的预期收入,就不至于影响流动性。换言之,这种理论强调的不是贷款能否自偿,也不是担保品能否迅速变现,而是借款人的确有可用于还款付息的任何预期收入。

(2)负债管理理论是在金融创新中发展起来的理论,关于20世纪60年代开始的金融创新,其背景是,一方面银行面临资金来源不足的窘境;另一方面为了维持与客户的良好关系,又必须满足客户对融通资金的要求。因此,迫使银行不得不以创新方式去获取新的资金来源。负债管理的核心思想就是主张以借入资金的办法来保持银行流动性,增加银行收益。负债管理认为,银行的流动性不仅可以通过加强资产管理获得,向外借款也可提供流动性:只要借款领域宽广,流动性就有保证。而且,负债业务管理有效,则无须经常保有大量高流动性资产,并可将资金投入到更有利可图的资产上,银行收益将提高。负债管理开创了保持银行流动性的新途径:由单靠吸收存款的被动型负债方式,发展成向外借款的主动性负债方式;根据资产业务的需要组织负债,让负债去适应、支持资产。这就为银行扩大业务规模和范围创造了条件。

(3)资产负债综合管理理论产生于20世纪70年代末80年代初。无论是资产管理还是负债管理,都只是侧重一个方面来对待银行的盈利性、流动性、安全性,于是很难避免重此轻彼或重彼轻此现象的发生。比如资产管理过于偏重安全性和流动性,往往以牺牲盈利为代价,这不足以鼓励银行经营的积极进取;而负债管理过分强调依赖外部借款,则增大了银行的经营风险。因此,人们日益认识到,能将盈利性、流动性和安全性三者的组合推进到更为协调合理、更为有效率的管理,应该是对资产和负债并重的、综合性的管理。

事实上,上述所讨论的方法都属于风险管理的范畴。自20世纪70年代以来,金融的风险日益增大,面对这样的现实,风险实际是无处逃避和躲藏的。而且跌宕起伏的金融环境其实给金融机构以及金融专业人士提供了更大的机遇和挑战。成功的关键是学会驾驭与管理金融风险。因此,近20年来,存款货币银行的风险管理备受关注,并在管理系统中占有重要地位。对于金融机构来说,高超的风险管理技术和方法显得特别重要,目前关于风险管理的方法很多，其中受到重视的方法之一是 VAR 技术，这是一种用标准统计技术估计金融风险的方法。它的定义是：一种可以在正常的市场环境下，给定一定的时间区间和置信度水平，预计某种资产或资产组合最大损失的方法。

3.(1)项目投资的净现值法则可以归纳为：接受净现值大于 0 的项目，拒绝净现值为负的项目。

净现值法是进行投资决策的明智选择，其主要具有以下三个优点：

①净现值使用了现金流量。公司可以直接使用项目经营所获取的现金流量(比如，分配股利、投资其他资本预算项目或是支付利息)。相比之下，利润则包含了许多人为的因素，对会计人员来说，利润是有用的，但却不能在资本预算中使用，因为利润并不等同于现金。

②净现值包含了项目的全部现金流量，其他一些投资决策方法往往会忽略某一特定时期之后的现金流量，使用这些方法时应当小心。

③净现值对现金流量进行了合理的折现，而其他方法在处理现金流量时则往往会忽略货币的时间价值。

(2)项目投资的内部收益率的基本判定法则可以概括为：若内部收益率大于贴现率，则项目可以接受；若内部收益率小于贴现率，则项目不能接受。

IRR 方法的优点是：提供了一个能体现出项目内在价值的数值，该数值并不依靠折现率，而且内部收益率本身不受资本市场利率的影响，而是取决于项目的现金流量。

(3)内部收益率法本身存在一定的问题，在下述情况下，会与净现值法出现不一致：

首先，在独立项目和互斥项目中都可能遇到的两个问题：

①有些项目首先有现金流入，其后才需要现金流出，这种情况下内部收益率法的投资法则与一般法则正好相反；当内部收益率低于贴现率时，项目可行。

②有些项目的现金流量多次变号，这样就会出现多个内部收益率，此时从业人员必须使用净现值法或修正内部收益率法。

其次，互斥项目所独有的高内部收益率未必对应高净现值。这样，单纯的内部收益率法就不再适用(净现值法依然可以使用)。

综上可知，不管是哪种情况下，净现值法总是适用的。相比之下，内部收益率法只能在某种条件下使用。因此，如果内部收益率法与净现值法出现不一致，应以净现值法为准。

2011年中山大学431金融硕士真题参考答案

金融学部分

一、单选题

1. C

美元为国际统一的储备资产，因此美国货币政策的独立性丧失，这是布雷顿森林体系崩溃的根本原因。

2. C

超额准备金率由商业银行根据自身需要而决定。

3. C

现金流越大，则久期更长。

4. A

以1年期债券为例，收益率分别为15%、10%、13.7%、12%。

5. D

10年期债券的久期更长，因此对利率变化更加敏感，10年期价格下降更多。

6. C

对债券有超额需求，说明预期债券价格上升，意味着利率高，货币发行不足。

7. D

收益率曲线陡峭上升，市场预期未来短期利率将上升，货币供给减少，不会出现通胀。

8. A

短期来看，汇率应该符合利率平价关系，当国内利率上升打破这种平价关系的时候，投资者对于本国货币的需求将上升，从而推动本币升值。

9. D

利率下降，可能会使资本外流，对外币需求增加，对本币需求减少，可能会导致本币贬值。

10. B

国债是典型的货币市场工具。

11. B

建立期货空头进行保值。

12. C

优先股所谓的“优先”，是指在剩余索取权方面较普通股优先。一般情况下，优先股没有控制权和表决权。

13. A

票据发行便利是银行的或有资产或者或有负债业务，属于资产负债表业务。

14. D

附属资本不得超过核心资本的100%，即附属资本充足率不一定要大于4%。

15. C

目前我国商业银行法已取消该项限制。

16. C

100亿元的再贷款相当于增加货币供给100亿元，降低超额准备金率并且公众行为未发生变化，因此货币供给必增加超过100亿元。

17. A

膨胀的货币政策是凯恩斯货币需求理论的观点，是短缺经济时期的产物。

18. A

以利率为中介目标并不会导致货币供给的顺周期性，只会丧失对货币供给的控制。

19. A

J曲线效应的原因在于最初的一段时期内由于消费和生产行为的“粘性”作用，进口和出口的贸易量并不会发生明显的变化，但由于汇率的改变，以外国货币计价的出口收入相对减少，以本国货币计价的进口支出相对增加，从而造成经常项目收支逆差增加或是顺差减少。

20. A

因为要维持汇率的稳定，必须有足够的外汇供给以应对不时之需。

二、计算分析题

1. (1)基础货币：$B=C+R=40+160\times(0.15+0.05)=\$72$ billion

货币总量：$M=C+D=40+160=\$200$ billion

货币乘数：$m=\frac{M}{B}=\frac{200}{72}=2.78$

(2)货币乘数：$m=\frac{1+c}{r_d+e+c}=\frac{1+0.25}{0.15+0.03+0.25}=2.91$

货币总量：$M=B\times m=72\times 2.91=\$209.52$ billion

则货币供给量比原先增加 $209.52-200=\$9.52$ billion

(3)活期或支票账户存款：$D=M\times\frac{D}{C+D}=209.52\times 0.8=\$167.62$ billion

2. 公司将于6个月后收到欧元，为了避免欧元贬值的风险，公司应该卖出6个月欧元期货以对冲风险。根据利率平价关系，欧元6个月后的远期买入价为：

$1.2235\times(1+0.025)=f\times(1+0.015)$，$f=1.2356$

因此，6个月后该公司可以获得：$1\,000\times 1.2356=1\,235.6$(万美元)。

3.(1)甲公司债券价值：$80\times\frac{1-\frac{1}{(1+0.06)^5}}{0.06}+\frac{1\,000}{(1+0.06)^5}=1\,084.25$(元)

乙公司债券价值：$\frac{1\,400}{(1+0.06)^5}=1\,046.16$(元)

丙公司债券价值：$\frac{1\,000}{(1+0.06)^5}=747.26$(元)

因此，根据条件，购买甲公司债券能获得最大收益。

(2)该项投资实现的复利收益率应该使得该项投资的 NPV 为 0：$1\,040=\frac{80}{1+r}+\frac{80}{(1+r)^2}+\frac{1\,050}{(1+r)^2}$

当 $r=0.075$ 时，$NPV=12.24$；

当 $r=0.081$ 时，$NPV=1.2$；

当 $r=0.082$ 时，$NPV=-0.85$。

因此，该项投资实现的年复合收益率大概为 8.15%。

三、论述题

1.(1)造成我国巨额外汇储备的原因是我国连续的、长期的、大幅度的经常项目和资本与金融项目的“双顺差”。这既有悖于传统的国际收支结构理论，又是各国国际收支结构实践中罕见的，其之所以能够维持十余年之久，在很大程度上得益于国内外经济发展环境和国内特殊的管理体制与鼓励政策，但其本身也潜伏着一定的风险，引发诸多矛盾和问题。这种局面是由一系列客观复杂的原因造成的，其中既有国际的原因，也有国内自身的原因。从国际上来看，随着世界各国经济的紧密联系，发达国家和新兴工业化国家为了寻求更优化的资源配置，在进行产业结构调整的过程中出现了一些产业和产品向国外的转移。而我国为了适应国际形势的发展，日趋完善基础设施和优惠的法律和政策，同时不断加大对外开放的步伐，再加上我国具有廉价的劳动力成本，这些都使得我国逐渐成为国际制造产业转移的一个主要目的地，连续数年位居世界前列。同时由于我国国内金融市场较不发达，国内企业往往借助境外资本市场进行融资，从而增加了资本的快速流入。而外国直接投资的发展也促进出口的增长。

(2)美国贸易逆差的根本原因在于美国居民储蓄率低，以及由美国资产市场导向消费引致的过度进口问题。而调整人民币汇率不能改变美国人的消费模式，因此不能解决美国贸易逆差问题，而且还可能给中国尚未成熟的金融体系造成冲击。从另一方面看，美国确实有很多产品产于中国，提高人民币汇率确实会提高这些产品在美国的销售价格。但是，中国销往美国的产品大多属于日常必需品，价格需求弹性很低，价格升高未必能带来消费需求的下降。相反，还很可能引致通货膨胀，影响美国经济。因此，单纯依靠人民币升值来缓解中美贸易失衡的问题是不够的。

(3)上调人民币存贷款利率会造成人民币汇率升高。首先，利率政策通过影响经常项目对汇率产生影响。当利率上升时，信用紧缩，贷款减少，投资和消费减少，物价下降，在一定程度上抑制进口，促进出口，减少外汇需求，增加外汇供给，促使外汇汇率下降，本币汇率上升。其次，通过影响国际资本流动间接地对汇率产生影响。当一国利率上升时，就会吸引国际资本流入，从而增加对本币的需求和外汇的供给，使本币汇率上升、外汇汇率下降。而且，一国利率的提高，促进国际资本流入增加，而资本流出减少，使国际收支逆差减少，支持本币汇率升高。

2.(1)尽管货币政策传导机制理论在不断发展，各种学派对货币政策的传导机制有不同看法，但归纳起来货币政策影响经济变量主要是通过以下四种途径：第一，利率传递途径。利率传导机制的基本途径可表示为：货币供应量 $M\uparrow\rightarrow$实际利率水平 $i\uparrow\rightarrow$投资 $I\uparrow\rightarrow$总产出 $Y\uparrow$。第二，信用传递途径。信用传导机制的基本途径可表示为：货币供应量 $M\uparrow\rightarrow$贷款供给 $L\uparrow\rightarrow$投资 $I\uparrow\rightarrow$总产出 $Y\uparrow$。第三，非货币资产价格传递途径。资产价格传导理论强调资产相对价格与真实经济之间的关系，其基本途径可表示为：货币供应量 $M\uparrow\rightarrow$实际利率 $i\downarrow\rightarrow$资产(股票)价格 $P\uparrow\rightarrow$投资 $I\uparrow\rightarrow$总产出 $Y\uparrow$。第四，汇率传递途径。货币政策的汇率传导机制的基本途径可表示为：货币供应量 $M\uparrow\rightarrow$实际利率 $i\downarrow\rightarrow$汇率 $E\downarrow\rightarrow$净出口 $NX\uparrow\rightarrow$总产出 $Y\uparrow$。

(2)中国货币政策传导的途径包括货币供应量、信贷机制、利率机制等，但是利率机制并不是我国货币政策的主要传导机制，利率政策在调节我国实际经济中存在阻滞因素，使其无法正常发挥效用。国内许多学者也通过研究论证得出，利率机制在我国不起主要作用，而信贷传导渠道和货币渠道在实际中发挥的作用更大。从以上两点的差异分析可知，利率市场化的完成是运用利率政策调节的基础和前提，通畅的利率传导机制是利率政策能够发挥作用的有力保证。

(3)提高我国货币政策传导效率，要从以下几个方面着手：第一，适度增强传统货币政策工具灵活性，增强欠发达地区基层央行贯彻实施货币政策的效力。第二，创造条件，降低门槛，成立地区性商业银行，使货币政策传导的渠道更为广泛和深入。第三，推动金融市场建设，强化货币政策传导载体。引导金融机构通过多种方式有序地参与货币市场，培育和壮大交易主体。第四，规范金融客体行为，提高其对货币政策反应的灵敏度。

公司财务部分

一、单项选择题

1. D

因为价格波动越大，就越存在短期获利的投资机会。

2. A

$$r=\frac{1\ 000}{1\ 000+3\ 000}\times 10\%+\frac{3\ 000}{1\ 000+3\ 000}\times 16\%=14.5\%。$$

3. B

资本市场线描述的是无风险资产和市场组合之间分配的情况。

4. C

因为在这种情况下执行期权即可立即获得 $S-X$ 的收益,因此是实值期权。

5. B

权衡理论主要认为要在债务融资收益和财务困境成本两者中进行权衡取舍。

6. C

根据贴现现金流模型,$P=\frac{2.3}{0.07-0.02}=46$(元)。

7. B

该债券的价格应为债券期望收益率的现值,

$0.5\times\frac{1\ 100}{1+0.04+0.01}+0.5\times\frac{1\ 000}{1+0.04+0.01}=1\ 000$。

8. D

股指期货的交割方式为现金交割,所付金额为多空期货的净差额。

9. A

计算该股票现值:$\frac{1.5+22.5}{1+0.2}=20$(元)。

10. B

国库券一般没有违约风险,短期来看其他风险也较小,因此作为无风险回报率。

二、计算题

1. (1)计算 A 股的现值为:$\frac{45.5+0.56}{1+0.068}=43.13$(元);

(2)该股票的预期股息率:$\frac{0.56}{43.13}=1.3\%$;

(3)该股票的资本利得:$45.5-43.13=2.37$(元)。

2. (1)投资组合的价值:$200\times3.6+100\times3.8=1\ 100$(元);

(2)投资组合的收益:$1\ 100-1\ 000=100$(元);

(3)A 和 B 股票的权重分别为:$3.6\times\frac{200}{1\ 100}=0.654\ 5$;$3.8\times\frac{100}{1\ 100}=0.345\ 5$。

3. (1)在执行交易前,公司的加权平均资本成本为:

$$WACC=w_er_e+w_dr_d=\frac{1}{3}\times12\%+\frac{2}{3}\times6\%=8\%$$

(2)根据 MM 定理 2,公司在执行上述交易后的权益资本成本为:

$$r_{sl}=r_{su}+(r_{su}-r_D)\frac{D}{E}=8\%+(8\%-5.5\%)\times1=10.5\%$$

(3)由于市场是完美的,不存在摩擦和税收,因此 $WACC$ 不变,仍为 8%。

三、分析与论述题

企业持有一定量的现金,对于保证企业日常管理和经营活动是十分必要的,但是过多地持有现金又会影响到企业资产获利的最大化。因此,企业应该合理规划和管理现金的持有量。

具体来说，现金是企业资产中流动性最强的资产，持有一定数量的现金是企业开展正常生产活动的基础，是保证企业避免支付危机的必要条件；同时，现金又是获利能力最弱的一项资产，过多地持有现金会降低资产的获利能力。

企业持有现金的动机为：(1)交易性动机。企业持有现金是为了满足日常生产经营的需要，企业在生产经营过程中需要购买原材料，支付各种成本费用，为了满足这种要求，企业应持有一定数量的现金。(2)预防性动机。企业在现金管理时，要考虑到可能出现的意外情况，为了应付企业意外发生可能对现金的需要，企业应准备一定的预防性现金。(3)投机性动机。企业的现金是与有价证券投资联系在一起的，即多余的现金购买有价证券，需要现金将有价证券变现成现金。但是，有价证券的价格与利率的关系非常紧密，一般来说，利率的下降会使有价证券的价格上升；利率上升会使有价证券的价格下降。当企业持有大量现金要购买有价证券时，可能由于预测利率将要上升而停止购买有价证券，这样企业就会持有一定量的现金，即投机性现金需求。

如果企业持有大量现金仅仅是为了满足日常的生产经营，这无疑对企业价值的提升没有多大帮助。对于预防性动机是否能提升公司的价值，这与公司对未来的发展趋势和自身所处的经济环境的看法有很大关系。一个好的战略规划行为引起公司预留大量现金以防备未来的风险，将大大提升公司的价值。另一方面，由于投机性动机公司持有大量现金也与金融资产未来的价格走势有较大关系。价格走势如果按照预期的方式变化，那么公司价值就可能由此而获得提升。

2011年南开大学431金融硕士真题参考答案

一、名词解释

1. 存款准备金，是指金融机构为保证客户提取存款和资金清算需要而准备的在中央银行的存款，中央银行要求的存款准备金占其存款总额的比例就是存款准备金率。存款准备金的比例通常是由中央银行决定的，被称为存款准备金率。超额存款准备金是金融机构存放在中央银行、超出存款准备金的部分，主要用于支付清算、头寸调拨或作为资产运用的备用资金。

2. 逆向选择指的是这样一种情况，市场交易的一方如果能够利用多于另一方的信息使自己受益而对方受损时，信息劣势的一方便难以顺利地做出买卖决策，于是价格便随之扭曲，并失去了平衡供求、促成交易的作用，进而导致市场效率的降低。逆向选择在经济学中是一个含义丰富的词汇，它的一个定义是指由交易双方信息不对称和市场价格下降产生的劣质品驱逐优质品，进而出现市场交易产品平均质量下降的现象。

3. 所谓银行的资本充足性，是指银行资本数量必须超过金融管理当局所规定的能够保障正常营业并足以维持充分信誉的最低限额；同时，银行现有资本或新增资本的构成，应该符合银行总体经营目标或所需资本的具体目的。随着金融竞争的日益激烈，商业银行的经营风险增大，自身拥有充足的资本和监管当局对银行资本充足性要求都具有十分重要的意义。

4. 有效市场是指这样一种市场，在这个市场上，所有信息都会很快被市场参与者领悟并立刻反映到市场价格之中。有效市场假说认为在一个充满信息交流和信息竞争的社会里，一个特定的信息能够在股票市场上迅速被投资者知晓，从而反映到股票价格中。因此，所有的投资者能赚取与风险匹配的收益率，而不能赚取超额收益率。

5. 经常账户是指反映一国与他国之间的实际资产的流动，与该国的国民收入账户有密切联系，也是国际收支平衡表中最基本、最重要的部分。包括货物、服务、收入和经常转移四个项目。

二、简答题

1. 商业银行经营管理所遵循的基本原则是：盈利性、流动性和安全性，简称“三性原则”。第一，盈利性。作为商业银行经营管理的原则之一是指追求盈利最大化，这是商业银行的经营目的。第二，流动性。遵循流动性原则是由银行这种特殊金融企业的性质所决定的。第三，安全性。安全性是指商业银行在经营中要避免经营风险，保证资金的安全。商业银行经营的三个原则既是相互统一的，又有一定的矛盾。如果没有安全性，流动性和盈利性就不能最后实现;流动性越强,风险越小,安全性也越高。但流动性、安全性与盈利性存在一定的矛盾:一般而言,流动性强,安全性高的资产其盈利性就较低,而盈利性较强的资产,则流动性较弱、风险较大、安全性较差。由于三个原则之间的矛盾,使商业银行在经营中必须统筹考虑三者关系,综合权衡利弊,不能偏废其一。一般应在保持安全性、流动性的前提下,实现盈利的最大化。

2.1936年,凯恩斯在《就业、利息和货币通论》中提出了他的货币需求理论——流动性偏好理论。所谓流动性偏好,是指人们宁愿持有流动性高但不能生利的货币,而不愿持有其他能生利但不易变现的资产这样一种心理倾向。这种流动性偏好实质上就是人们对货币的需求。凯恩斯的货币需求动机主要有三个,即交易动机、预防动机和投机动机。

(1)交易动机,是指为了日常交易而产生的持有货币的愿望。货币需求的交易动机又可分为个人交易动机与企业的营业动机。个人和企业为了满足日常支付和交易需要,必须持有一定量的货币。而持有的货币数量则要取决于个人收入与支出的间隔长短,以及企业销售收入与费用支出之间的时间间隔长短。一般来说,满足交易动机的货币需求的数量取决于收入水平,并与收入多少成正比,所以可将交易动机的货币需求看作收入的递增函数。

(2)预防动机,是指为应付紧急情况而产生的持有货币的愿望。凯恩斯认为,未来是不确定的,现实经济生活中经常有各种意外需要货币。为提防不虞之支出,或抓住未能预见的有利进货时机,人们必须在持有交易的货币之外,再保留一定的货币余额,这就是所谓的预防动机的货币需求。由于这部分货币主要是作为流通手段和支付手段,也受到收入水平的影响,所以预防动机的货币需求也是收入的递增函数。

(3)投机动机,是指人们根据对市场利率变化的预测,需要持有货币以便从中获利的动机。凯恩斯假设,人们只能在货币和债券这两种资产中选择持有财富的形式,由于债券价格与利率呈反向变动,因而,预期利率上升者将售出债券,持有货币,以便在债券价格下跌后,能以低价买进债券。而预期利率下降者则将减少持有货币,买入债券,以便在债券价格上升时高价卖出债券,从中获利。凯恩斯称这种与利率高低有关的货币需求为投机性货币需求,投机动机的货币需求是凯恩斯货币需求理论中最有特色的内容。所谓投机动机的货币需求,实际上是指人们对闲置货币余额的要求,而不是对交易媒介的需求。投机动机的货币需求与现实利率水平呈负相关,而与预期利率升降呈正相关。现实利率水平高,或人们预期利率水平下降,则投机动机的货币需求减少;现实利率水平低,或人们预期利率水平上升,则投机动机的货币需求增加。

由于凯恩斯的货币需求表现为人们的流动性偏好,所以他以 L 表示流动性偏好,即货币需求函数。又由于交易动机和预防动机的货币需求都是收入的增函数,而投机动机货币需求是利率的递减函数,所以,可将总的货币需求 M 分解为两部分:满足交易动机和预防动机的货币需求 M_1,满足投机动机的货币需求 M_2。若以 y 表示收入,i 表示利率,L_1 表示 M_1 与 y 的函数关系,L_2 表示 M_2 与 i 的函数关系,则凯恩斯的货币需求理论可用下列函数式来表示:$M=M_1+M_2=L_1(y)+L_2(i)=L(y,i)$。

凯恩斯货币需求理论的政策含义:凯恩斯的货币需求理论为其提出解决失业问题的政策措施提供了理论基础。凯恩斯的整个经济理论体系是将货币通过利率与投资、就业和国民收入等实际经济因素联系起来的。利率由货币的供给和需求共同决定,其中货币供给量取决于中央银行，货币需求取决于人们心理上的流动性偏好。利率与投机性的货币需求呈反比例变化关系，利率与投资也呈反比。在偏好一定的条件下，中央银行通过改变货币供给量，就能影响利率，从而影响投资和产出水平。因此，当经济不景气时，中央银行通过采取扩张性的货币政策就能达到刺激经济发展、减少失业的目的。当然，这些影响都取决于人们的心理因素，特别是当经济严重衰退、人们的投资需求严重不足时，会出现投资对利率缺乏弹性，此时，利率变动不会影响投资。而当利率降到一定水平后，货币供给改变(增加)不会使利率降低，投机性货币需求变得无穷大时出现了流动性陷阱，此时，货币政策也是无效的。

3. 利率政策对证券市场的影响。理论上讲，利率下降时，股票价格就上升，而利率上升时，股票价格就下降。主要有两方面原因：一方面，利率水平的变动直接影响到公司的融资成本。利率降低，可以通过减少公司的利息负担以降低财务费用，直接增加公司盈利，这对于负债较多的公司尤为有利，因此促进股票价格上涨；而利率升高，公司筹资成本也高，利息负担重，增加财务费用，造成公司利润下降，从而使股价下跌。另一方面，利率变化对于社会存量资金及其结构起到很强的调控作用。利率降低，资金储蓄意愿减弱，会使部分资金从储蓄转向证券市场，从而推高股票价格；反之，若利率上升，一部分资金将会从证券市场转向银行存款，致使股价下降。

存款准备金率对证券市场的影响。存款准备金率作为三大传统货币政策之一，通常被认为是比较猛烈的货币政策手段。中央银行可以通过调整法定存款准备金率政策调节货币供应量，从而影响货币市场和资本市场的资金供求，进而影响证券市场。如果中央银行提高法定存款准备金率，这在很大程度上限制了商业银行体系创造派生存款的能力，等于冻结了一部分商业银行的超额准备。由于法定存款准备金率对应数额庞大的存款总量，并通过货币乘数的作用，使货币供应量大幅度地减少，证券行情趋于下跌。

4. 根据购买力平价理论，对一国长期汇率起决定作用的因素是一国货币的购买力水平。从货币购买力角度看，实际汇率可以视为本国与贸易对象国各自货币的国内实际购买力的比率。如果假定国外价格水平不变，国内名义汇率下降，实际汇率下降，人民币将实际升值；国内价格水平上升，实际汇率下降，人民币也实际升值。在长期中，购买力水平决定了货币的真正价值，是货币兑换时的基础，任何暂时的偏离都会回归到购买力平价的水平上来。

对一国长期汇率起决定作用的另一个因素是一国的经济发展水平。一国经济实力的强弱，对于本国货币的价值是一种有力的支撑。经济实力强的国家，首先在政治风险上就比较低，因此持有该国货币的风险小，另外其经济结构若合理，那么长期中币值也会相对保持稳定，这对于汇率的稳定起到了决定性作用。稳定的汇率使得货币持有者们放心，该种货币更有可能成为国际储备资产从而保持强式地位。

5. 金融远期合约是交易双方的协议合约，存在固有的缺陷：①未规范化、标准化，一般在场外交易，不易流动；②买卖双方易发生违约问题，从合约签订到交割期间不能直接看出履约情况，风险较大；③在合约到期之前并无现金流；④合约到期必须交割，不可实行反向对冲操作来平仓。

而期货则克服了以上四个方面的缺点。首先期货具有规范化、标准化的合约，因此为在场内市场进行交易奠定了基础，而场内市场做市商的存在又使期货合约的流动性大大提高。

买卖双方的违约问题也不在期货交易者的考虑范畴内，因为市场上充斥着很多份相同的合约，交易者完全不用等到合约到期必须履约。虽然期货合约在到期之前也无现金流，但同时在购买之初交易者也不用付出现金流，只需保证账户中有足额的保证金即可。同时最后一点，反向对冲当然是期货市场最大的特点和优点了。因此，综上所述，对远期合约这些缺点的克服正是期货市场成功的原因。但是，期货市场仅仅对某些交易规模大、交易需求大的市场有建立的可能性，而投资者的需求千差万别，这也正是远期合约依然存在的原因。

三、论述题

1. 通货膨胀的原因主要有以下几个方面：

(1)需求拉上。需求拉上的通货膨胀，是指社会总需求超过社会总供给，从而导致物价上涨。供给表现为市场上的商品和服务，而需求表现为用于购买和支付的货币，因此这种通货膨胀又称为“过多的货币追求过少的商品”。

(2)成本推进。当成本上升时，商品价格随之上涨，总供给曲线向上移动，导致产量下降，同时价格水平上升。

在封闭型经济中，标准的成本推进型通货膨胀是指劳动生产率在前期没有提高、价格总水平在前期没有上升的情况下，货币工资自发地、一次性地增长。这种增长可能来自错误的通货膨胀预期，也可能来自具有垄断力量的工会为改变收入分配格局所做的努力。一旦出现通货膨胀以后，工人为维持先前的实际工资水平而要求工资进一步上涨，从而出现“工资—物价螺旋上升”。除了工资成本变化外，引起供给曲线向上移动的原因还有原料价格上升、间接成本推动、利润推动。

(3)结构性通货膨胀。结构性通货膨胀理论的核心是：经济中存在两大部门，由于不对称的原因造成一个部门的工资、物价上升，而劳动力市场的特殊性要求两个部门工人的工资以同一比例上升。当相反的情况出现时，工资与物价存在向下的刚性，结果引起物价总水平的普遍持续上升。

根据中国近几年的情况，可以从短期和长期两个方面来看中国的通货膨胀。

从短期来看，自然灾害多发，2010年中国农产品总体歉收，造成物价上涨较快。其次，2010年7月以来，国际食品价格持续大幅上涨，不仅在我国出现大面积的干旱，俄罗斯等粮食出口大国也有此现象。世界经济一体化的步伐使得来自国际上食品价格的上涨，直接或间接地传导到国内的食品价格市场，一定程度上推动了通胀。

从长期来看，首先，我国的货币增速远远高于GDP的增速。按照货币数量理论，当货币供应量增速高于GDP的增速，其差额将转化为通货膨胀。2008年的金融危机，为刺激经济，中央政府4万亿元、地方政府10万亿元的财政政策出台，造成了流动性充斥于市场。其次，外汇大量占款。2000年以来我国的贸易顺差大幅度上升，短短十年外汇储备上升了将近20倍。为了维持汇率的稳定，中央银行不得不干预外汇市场，买进美元，投放人民币，使得外汇储备大量攀升。

通货膨胀给社会带来了巨大的福利损失，给人民的生活带来巨大的压力。首先，通胀在生产领域会导致资源配置不当和浪费。通胀使得物价普遍上涨，使生产者不能区分物价上涨的真正原因，造成资源的不合理配置。其次，在流通领域由于物价上涨不均衡，因而商品一般都流向价格上涨较快的领域,破坏了商品的正常流通。再次,在消费领域物价上涨,人们的实际购买力下降,说明了居民的实际收入下降,即消费水平的降低。最后,在分配领域,持有资产类财富的社会成员不太会受通胀的影响,而持有货币类财富的社会成员则更易受通胀的影响。而前者往往是富人,而后者则是穷人,这就加剧了贫富分化。

针对通胀可以采取以下对策:第一,采取适度从紧的货币政策,逐渐回收流动性;第二,加快产业结构调整,加快发展农业,提高农产品产量,同时限制"两高"行业的发展,鼓励新能源技术的发展,以减少对国外能源资源的依赖;第三,加强信贷管理,控制流动性;第四,促进人民币缓慢升值,形成合理的汇率波动区间,加大加快对外投资。

2.(1)货币政策工具分为一般性工具和选择性工具。一般性货币政策工具指中央银行所采用的、对整个金融系统的货币信用扩张与紧缩产生全面性或一般性影响的手段,是最主要的货币政策工具。美联储采取的货币政策措施有:①再贴现政策。通过调节再贴现率控制银行的借款成本从而控制货币供应量。②公开市场业务。通过在市场上买卖国债直接对货币供应量进行调节。③再贷款政策。美联储启动贷款拍卖,试图向经济体注入资金。

(2)在全球经济复苏仍然面临众多不稳定因素的情况下,世界经济霸主美国不但不承担其应尽的责任,而且还采取了不负责任的宏观经济政策、孤注一掷的损人不利己行为,引起了国际社会的谴责。

量化宽松政策对世界经济的影响,主要有下述几个方面的原因:①金融海啸后,各国在经济复苏的道路已现"各自为战"的趋势。若世界主要经济体在宏观经济政策层面的协同不再,政策方向和步骤、节奏产生差异,必将引发金融市场的剧烈动荡。②美元贬值,通货膨胀必将抬头。美国利用货币这一王牌向美元资产注水,必将令美元汇率持续走低,造成全球流动性泛滥,导致"热钱"大量涌入新兴经济体资本市场,全球股市和商品市场普遍上涨,给相关国家和地区带来输入性通胀。③给全球经济复苏带来巨大隐患。美国把新印刷的6 000亿美元注入美国经济,实际上是让美元贬值约20%,从而稀释了各国,特别是把美元作为重要外汇储备国家的资产。

(3)美国量化宽松政策对中国经济的负面冲击有长期化、持续扩大的可能,中国必须采取多方面措施予以应对。第一,加快中国外汇储备投资的多元化步伐。为降低中国持有的大量固定收益美元资产因美元贬值而产生的损失,中国应加快外汇储备投资的多元化进程,减少固定收益美元资产的规模,扩大对新兴市场国家债权的投资规模,增加收益率稳定的股票、股权等抗通胀资产的投资力度。第二,鼓励中国企业"走出去"。根据中国经济与社会发展需要,鼓励国内企业扩大对外投资,支持国内企业通过市场化途径收购、兼并国外资源类和高技术企业,或加强与国际资源类、高技术企业集团的跨国合作,在降低储备资产风险的同时,减少国际市场初级产品价格大幅度上涨对中国初级产品进口造成的利益损失,提高我国资源供给的安全性。第三,加强对国际短期资本流入的管控。为防止国际短期资本大量涌入,降低中国货币政策的操作难度,防止国内资产价格严重泡沫化,可依据国际惯例,对短期资本流入征收托宾税。

2011年武汉大学431金融硕士真题参考答案

一、名词解释

1. 远期外汇合约，是指外汇买卖双方在成交时先就交易的货币种类、数额、汇率及交割的期限等达成协议，并用合约的形式确定下来，在规定的交割日双方再履行合约，办理实际的收付结算。远期外汇合约的主要目的就是规避汇率风险，不论是有远期外汇收入的出口企业，还是有远期外汇支出的进口企业，都可以与银行订立远期外汇合约，按预约的价格，在将来到期时进行交割，避免进口产品成本上升和出口销售收入减少的损失，以控制结算风险。

2. 特别提款权，简称SDR，是一种记账单位，又是IMF除普通提款权外分配给成员国的一种使用可兑换货币的权利。目前包含货币：美元、日元、欧元、英镑、人民币。SDR以美元计价。

$$\text{SDR价值}=1\times\omega_1+\frac{\text{美元}}{\text{欧元}}\times\omega_2+\frac{\text{美元}}{\text{日元}}\times\omega_3+\frac{\text{美元}}{\text{英镑}}\times\omega_4+\frac{\text{美元}}{\text{人民币}}\times\omega_5$$

其中，ω_i 表示各国贸易占五国贸易总量的比重。SDR具有三个特征：价值稳定；持有和使用仅限于政府之间；不是一种完全意义上的世界货币（无流通手段职能）。我国人民币于2016年10月1日加入SDR，占比10.92%。

3. 货币局制度，是指在法律中明确规定本国货币与某一外国可兑换货币保持固定的兑换比率，并且对本国货币的发行做特殊限制，以保证履行这一法定汇率的汇率制度。货币局制度通常要求货币发行必须以一定（通常是百分之百）的该外国货币作为准备金，并且要求在货币流通中始终满足这一准备金要求。由于在这种制度下，货币发行量的多少不再完全听任于货币当局的主观愿望或经济运行的实际状况，而是取决于可用作准备的外币数量的多少。货币当局失去了货币发行的主动权。因此这一制度中的货币当局被称为货币局，而不是中央银行。采用货币局制度的国家一般都为将外部均衡目标摆在突出重要地位的小型开放经济单位，比如香港实行的联系汇率制即为一种货币局制度。

货币局制度是一种特殊的固定汇率制度。它与普通的固定汇率制的区别在于：

首先，它对汇率水平作了严格的法律规定。这一法律规定是公开的，因此政府想改变汇率水平是极为困难的，必将损害货币局制度的可信性。

其次，最为重要的是它对储备货币的创造来源也做了严格的法律限制，货币局只有在拥有外国货币作为后备时才可以发行货币，这一规则也称为“后备规则”(Backing Rule)。另外，货币局制度还隐含着一个重要特征，即它对货币局为财政赤字提供融资作了严格的限制。

货币局制度的优点在于它的管理与操作简便，并且赋予货币政策高度的可信性。但是，它的高度规则化同时也构成了它的主要缺点，这体现在名义汇率僵硬、货币局缺乏最后贷款人功能导致金融系统脆弱以及相当部分中央银行职能的丧失等方面。

4. 经济增加值，是全面衡量企业生产经营真正盈利或创造价值的一个指标或一种方法。所谓“全面”和“真正”，是指与传统会计核算的利润相对比而言的。会计上计算的企业最终利润是指税后利润，而附加经济价值原理则认为，税后利润并没有全面、真正地反映企业生产经营的最终盈利或价值，因为它没有考虑资本成本或资本费用。所谓附加经济价值，是指从税后利润中扣除资本成本或资本费用后的余额，它的一般计算公式是：

附加经济价值＝税后利润－资本费用

其中，税后利润＝营业利润－所得税额；资本费用＝总资本×平均资本费用率；平均资本费用率＝资本或股本费用率×资本构成率＋负债费用率×负债构成率。

5. 经营杠杆，即由于固定成本的存在而导致息税前利润变动大于产销业务量变动的杠杆效应。经营杠杆作用的衡量指标即经营杠杆系数。经营杠杆系数是指息税前利润变动率相对于产销业务量变动率的倍数。其计算公式为：

经营杠杆系数＝息税前利润变动率/产销业务量变动率

经营杠杆是用来衡量经营风险的。在固定成本不变的情况下，经营杠杆系数说明了销售额增长(减少)所引起利润增长(减少)的幅度，销售额越大，经营杠杆系数越小，经营风险也就越小；反之，销售额越小，经营杠杆系数越大，经营风险也就越大。而在其他因素不变的情况下，固定生产经营成本的存在导致企业经营杠杆作用，而且固定成本越高，经营杠杆系数越大，经营风险越大。如果固定成本为零，经营杠杆系数等于1。

6. 利息的税盾效应(Tax Shield)，投资者从利息支付的税收抵扣中获得的收益称作利息税盾。由于债务成本(利息)在税前支付，所以利息具有税盾效应。利息税盾的计算公式为：

利息税盾＝企业所得税税率×利息费用

有公司税时的MM理论认为，存在公司税时，举债的优点是负债利息支付可以用于抵税，因此财务杠杆降低了公司税后的加权平均资金成本。公司的价值和资金成本随资本结构的变化而变化，有杠杆公司的价值会超过无杠杆公司的价值(即负债公司的价值会超过无负债公司的价值)，负债越多，这个差异越大，当负债达到100%时，公司价值最大。

二、计算题

1. (1)令该债券的当期收益率为 i，债券的年利息为100×6%＝6(元)，当期市场价格为102元。

根据债券的当期收益率公式：$i=D/p$，

该投资者的当期收益率：$i_1=100\times6\%/102=5.88\%$。

(2)令投资者持有期的收益率为 i_2，债券的购买价格为102元，两年后债券卖出价格为115元，两年持有期间投资者获得的利息为100×6%×2＝12(元)。

根据持有期收益率公式：$r=[D+(P_1-P_0)/n]/P_0$，

该投资者的持有期收益率：$i_2=(115-102+12)/102=24.51\%$。

2.(1)根据现值计算公式：$PV=\frac{C_t}{(1+r)^t}$，

投资者收到股利的现值 $PV=\frac{2\times(1-28\%)}{1+15\%}+\frac{4\times(1-28\%)}{(1+15\%)^2}\approx3.43$(美元)。

(2)根据股票价格计算公式：$P=\sum_{t=1}^{\infty}\frac{D_t}{(1+r)^t}$，

该公司的股票价格 $P=\frac{2\times(1-28\%)}{1+15\%}+\frac{4\times(1-28\%)}{(1+15\%)^2}+\frac{50}{(1+15\%)^3}\approx36.31$(美元/股)。

(3)投资者拥有该公司的股票的数量：$\frac{100\ 000}{36.31}\approx2\ 754$(股)。

3.(1)$NPV=-100+\frac{230}{1+r}-\frac{132}{(1+r)^2}$，内部收益率是使得 $NPV=0$ 时算出的 r，可求得 $r=10\%$或 20%。因为现金流正负交替出现，所以内部收益率可出现多值。

(2)净现值曲线是一条开口向下的抛物线(图略)。

(3)$NPV>0$ 时，项目可行，此时解得 $10\%<r<20\%$。

4.(1)根据 MM 无税收模型定理二：

$$K_{SL}=K_{SU}+(K_{SU}-K_D)\times(D/S_L)$$

式中，K_{SL} 为杠杆企业的权益资本成本；K_{SU} 为全权益企业的权益资本成本；K_D 为债务资本成本；D 为债务额；S_L 为杠杆企业权益资本额。

$K_{SL}=18\%+(18\%-10\%)\times\frac{400\ 000}{1\ 600\ 000}=20\%$

(2)根据 MM 无税收模型定理一：资本结构对于公司的价值没有影响。可知，回购股票后公司的总资本成本与无负债的权益资本成本相同，即回购后公司总的资本成本为 18%。

(3)随着债务的增加，股东承担的风险也增加，因而权益资本成本也随之增加。便宜的负债带给公司的利益会被权益资本成本的上升所抵消，最后使负债公司的总的资本成本等于无负债公司的权益资本成本。

三、简答题

1. 商业信用和银行信用是现代市场经济中与企业的经营活动直接联系的最主要的两种信用形式。其中，商业信用是指工商企业之间相互提供的、与商品交易直接相联系的信用形式，它包括企业之间以赊销、分期付款等形式提供的信用以及在商品交易的基础上以预付定金等形式提供的信用。商业信用是整个信用制度的基础；银行信用是指各种金融机构，特别是银行，以存、放款等多种业务形式提供的货币形态的信用。

(1)商业银行与银行信用的特点比较。

商业信用主要有以下特点：①商业银行是企业之间提供的信用，债权人与债务人都是企业；②商业信用的发生必定包含两种经济行为：买卖行为和借贷行为，或者说是两种行为的统一；③商业信用在生产资本循环和周转过程中为产业资本循环和周转服务，与产业资本循环密切相连，其增减变化也受产业资本循环的影响和制约。

与商业信用比较，银行信用具有如下特点：①银行信用的债权人是银行或其他金融机构，债务人则是企业，银行是专门经营信用的企业和信用中介；②银行信用在规模、方向和时间上都大大超过了商业信用，货币资金可以自由地调剂，并不受商品流转方向的限制，也不受商品流通规模的限制，较商业信用有绝对优越的灵活调剂功能；③银行信用可以满足生产发展所引起的对于流通中追加货币的需求，可使信用相对于社会再生产而发生“膨胀”。

(2)商业信用与银行信用的局限性比较。

商业信用存在着以下三个方面的局限性：①较严格的方向性。商业信用是商业企业之间发生的、与商品交易直接相联系的信用形式，它严格受商品流向的限制。②产业规模的约束性。商业信用所能提供的债务或资金是以产业资本的规模为基础的。一般来说，产业资本的规模越大，商业信用的规模也就越大；反之就越小。③信用链条的不稳定性。

从银行信用的特点可以知道，银行信用并不存在上述局限性。银行或其他金融机构作为中介为企业办理信用，没有严格的方向性，银行信用规模也大大超过商业信用，同时信用链条也比较稳定，不会由于某个企业的行为而中断信用行为。

(3)商业信用与银行信用的关系。

现代信用制度中，在世界各国，不论其社会制度如何，银行信用均居于主导地位，但却并不否认商业信用的基础地位，两者之间有其固有联系：

①从信用发展的历史来看，商业信用先于银行信用产生，银行信用是在商业信用广泛发展的基础上产生和发展起来，并且与银行的产生与发展相联系。没有商品经济就不会有商业信用，而没有商业信用的充分发展就不会有银行信用。

②商业信用直接和商品的生产和流通相联系，在有着密切联系的经济单位之间，它的发生有其必然性，甚至不必求助于银行信用。因此，即使在银行信用发达的情况下，也不可能完全取代商业信用。

③在市场经济条件下，商业信用的发展日益依赖于银行信用，并在银行信用的促进下得到进一步完善，二者在总体上互相依存、互相促进。商业信用不断呈现票据化趋势，而票据成了部分银行信用的工具，如票据贴现、票据抵押贷款等。同时随着银行信用的发展，大银行不断集中借贷资本，为垄断组织服务，进一步促进了产业资本与银行资本的结合，从而促使银行信用和商业信用也进一步融合渗透。

总之，两种信用各具特点，相互补充，相辅相成，不可或缺，应充分利用两种信用，相互配合，以促进经济发展。

2. 同一品类的不同期限的利率构成该品类的利率期限结构，所以利率的期限结构是利率与期限相关关系的反映。利率期限结构只能就与某种信用品质相同的债务相关的利率，或同一发行人所发行的债务相关的利率来讨论，加入信用品质等其他因素，期限则无可比性。对于影响利率期限结构的因素解释主要有：人们对利率的预期、人们对流动性的偏好以及资金在不同期限市场之间的流动程度等。

比较经典的期限结构理论有预期理论和市场分割理论，其中预期理论又可以分为纯预期理论、流动性理论和偏好理论。

(1)纯预期理论。纯预期理论最早是由费雪于 1896 年提出的，之后主要由希克斯和卢茨等人发展。该理论认为远期利率或预期未来短期利率的变化决定了利率的期限结构和收益率曲线的形状。一定时间的利率期限结构反映了当前市场对未来一系列短期利率的预期，当预期未来短期利率上升时，会有上升的收益率曲线；反之，收益率曲线是下降的。换一种说法则是，上升的收益率曲线代表了人们对未来利率上升的预期，下降的收益率曲线代表了人们对未来利率下降的预期。

(2)流动性理论。流动性理论最早是由希克斯于 1946 年提出的，之后经科赛尔做进一步补充。该理论认为，既然期限长的债券价格波动风险比短期债券大，人们自然会对这部分风险要求补偿，即要求流动性风险补偿。因此，只有在长期投资的收益率高于短期投资的平均预期收益率的条件下，人们才会选择长期投资工具，于是期限越长的债券，到期收益率应该越高。按照流动性理论的观点，收益率曲线一般应该是向上倾斜的。只有在预期未来短期利率下降到一定程度，致使流动性补偿无法抵消预期利率下降的程度时，才会出现下降的收益率曲线。

(3)偏好理论。偏好理论最早是由莫迪利安尼和萨奇于 1966 年提出的，该理论接受了人们对未来短期利率的预期会影响收益率曲线的观点，但不赞同流动性理论的观点。偏好理论并不否定收益率中包含对各种风险的补偿，不过该理论认为，期限越长的债券中包含越多流动性风险补偿，只有在市场上所有的投资人均倾向于以尽快速度出售持有的债券，而所有的筹资人均要筹借长期资金的情况下才会发生。偏好理论认为，影响收益率曲线的另一个因素是不同期限的资金市场的供求，当一个特定期限的资金市场上供求严重不均衡时，交易双方才会转向供求状态并非严重不足的其他期限的资金市场。这种资金的流动则会影响收益率曲线，使其表现出或者向上、或者向下、或者水平、或者驼峰状的形态。

(4)市场分割理论。市场分割理论的产生源于市场的非有效性和投资者的有限理性，它最早是由卡伯特森于 1957 年提出的。该理论认为资金在不同期限市场之间基本是不流动的，这并不是行政力量限制所致，而是金融机构的特定业务运作所导致的对资金期限的特定要求使然。不同金融机构有不同的负债性质，因而对资金的期限有特定需求。这种不同期限市场上资金流动的封闭性，决定了收益率曲线可以有不同的形态。

3. 现金交易说和现金余额说统称为数量说。货币数量说在西方货币理论中占有重要地位，这种学说的主要观点认为，货币数量决定着物价水平的高低和货币价值的大小，货币数量多，物价水平上升，货币价值下降；反之亦然。

(1)现金交易说。现金交易说是美国经济学家费雪于 1911 年在《货币的购买力》一文中提出来的，费雪认为，影响物价水平的因素主要有三个：①流通中的货币量；②货币的流通速度，即一年内同一货币用于购买商品的平均次数；③商品的交易量，分别用 M、V、T 来表示。物价水平用 P 来表示，交易方程式为：$MV=PT$。

从以上方程式可以看出：若 V 与 T 不变，则 P 随 M 作反比例变动。因此，费雪认为，在货币的流通速度与商品的交易量不变的条件下，物价水平是随着流通货币数量的变动而呈正比例变动的。之所以得出这个结论，是因为费雪把货币数量看作直接影响物价水平的最主要的因素，而认为货币的流通速度和商品交易量的变化程度很小，基本为常数。

(2)现金余额说。现金余额说的主要代表人物是英国剑桥学派的马歇尔和庇古。马歇尔在 1932 年发表的《货币、信用与商业》一书中做了系统的论述，他认为现金余额是指一国人民以通货形态保持其购买力的数额，即货币需求。同时他还认为物价变动的主要原因在于人们手中保留的现金余额，当人们手中保留的现金余额增加时，整个社会的货币需求增加，货币流通速度就会减慢，物价就会下跌，币值就会上升；反之，当货币需求减少时，货币流通速度就会加快，物价就会上涨，币值就会下跌。马歇尔的观点由庇古加以系统化，并用方程式予以表述，即：$M=KPV$ 或 $P=M/KY$。

上述公式中，M 代表人们对货币的需求量，K 表示货币量与国民收入的比率，P 代表商品的价格水平，Y 表示按照固定价格计算的国民收入。

(3)现金交易说与现金余额说的区别主要表现在以下两个方面：

①现金交易说研究的是货币流量，即流通中用以交易的货币量；而现金余额说研究的是货币存量，即人们手中持有的准备用以购物的货币量。

②现金交易说强调的是客观因素，如商品交易量、货币流通速度等；而现金余额说强调的是人们的主观意志和主观愿望，即人们持有货币的量。

4. 国际收支理论中的货币主义分析法，也称为货币论，从货币的角度，考察国际收支失衡的原因并提出相应的调节主张，其主要内容包括基本假设、基本理论及政策主张。

(1)基本假设。

①在充分就业均衡状态下，一国的实际货币需求是收入和利率等变量的稳定函数；

②从长期看，货币需求是稳定的，货币供给变动不影响实物产量；

③贸易商品的价格是由世界市场决定的，从长期来看，一国的价格水平和利率水平接近世界市场水平。

(2)基本理论。

在上述各项假定下，货币论的基本理论可用以下公式表达：$M_s=M_d$。式中，M_s 表示名义货币的供应量；M_d 表示名义货币的需求量。从长期看，可以假定货币供应与货币需求相等，即

$$M_s=m(D+R)$$
$$M_d=Pf(y,i)$$

式中，P 为本国价格水平；f 为函数关系；y 为国民收入；i 为利率(持有货币的机会成本)；$f(y,i)$表示对实际货币存量(余额)的需求；$Pf(y,i)$表示对名义货币的需求；D 指来自国内的基础货币，即中央银行的国内信贷或支持货币供给的国内资产；R 是来自国外的基础货币，它通过国际收支盈余获得，以国际储备作为代表；m 为货币乘数，指银行体系通过辗转存贷使基础货币扩大的倍数。为叙述方便，取 $m=1$，可得：

$$M_s=M_d=D+R$$
$$\Delta R=\Delta M_d-\Delta D$$

上式是货币论的最基本方程式，ΔR、ΔM_d 和 ΔD 分别表示国际储备的变动(即国际收支)、名义货币需求的变动和国内名义货币供应量的变动。

从上述方程式可知：①国际收支是一种货币现象，国际收支逆差实际上就是一国国内名义货币供应量超过了名义货币需求量；反之，当一国国内的名义货币供应量小于名义货币需求量时，便表现为货币内流，国际收支盈余。②国际收支的调节实际上反映的是实际货币余额(货币存量)对名义货币供应量的调整过程。当国内名义货币供应量与实际经济变量(国民收入、产量等)所决定的实际货币余额需要相一致时，国际收支便处于平衡。

(3)政策主张。

①所有国际收支不平衡在本质上都是货币的。因此,国际收支的不平衡,都可以由货币政策来解决。

②所谓国内货币政策,主要指货币供应政策。因为货币需求是收入、利率的稳定函数,而货币供应则在很大程度上可由政府操纵。因此,膨胀性的货币政策可以减少国际收支顺差,而紧缩性的货币政策可以减少国际收支逆差。

③为平衡国际收支而采取的贬值、进口限额、关税、外汇管制等贸易和金融干预措施,只有当它们的作用是提高货币需求,尤其是提高国内价格水平时,才能改善国际收支,而且这种影响是暂时的。如果在施加干预措施的同时伴有国内信贷膨胀,则国际收支不一定能改善,甚至还可能恶化。

总之,货币论政策主张的核心是:在国际收支逆差时,应注重国内信贷的紧缩。

5. 人民币升值给中国经济带来的影响是双重的,既有有利的一面,也有不利的一面。

(1)有利的一面主要表现在以下几个方面:

①人民币升值可以缓解政府的政治压力,也可以增加人民币的吸引力,提升中国经济在世界经济中的位置。

②有利于中国的进口,提高人民的生活水平和产业制造水平。

③国内财富总量增加,中国对外投资以及对外国产品的消费会增长。

④对于缓解物价上升有一定的帮助。进口产品价格的下降会带动国内产品价格的下降或者降低国内产品价格上升势头。

⑤对于缓解各种外汇投机也有一定的帮助。

⑥人民币升值有助于中国改革汇率制度,一方面可借此机会推动有弹性的人民币汇率制度的建立;另一方面也会与国际上的主要国家减少贸易摩擦,从而有利于未来中国贸易环境的改善。

(2)不利的一面主要表现在以下几个方面:

①出口增长和外商直接投资会受到影响,可能会导致我国国际收支的平衡。人民币升值对出口的影响是显而易见的,对利用外商直接投资的影响,有三个方面:一是随着人民币升值,同样规模的外国投资,在中国的股权数量是下降的;二是随着人民币的升值,出口受到影响,外商投资的热情也会受到伤害,特别是原料在中国,而市场在国外的外商投资;三是对已经在中国投资设厂的外商而言,再投资会受到影响,因为人民币升值后,对利润汇出国外是有利的。

②经济增长放缓,就业问题将更加突出。出口的放缓会影响经济增长,经济增长减慢会伤害就业。对于直接在出口企业中工作的人来讲,影响将更明显。因为出口增长放缓将直接减少他们的就业机会。

③金融不良资产处置问题加重。理由是人民币升值,银行不良资产的价值将被抬升,用外汇储备解决资本充足问题的力量将减弱。

6. 最优货币区理论最早是由蒙代尔提出的,之后麦金农等人对该理论进行不断地发展和完善。最优货币区是指对于某一个区域来说,如果使用共同单一货币和实施共同的货币政策是最优的,那么这个区域就是一个最优货币区。理论上说,任何一个国家都会面临最优货币区的选择问题。若一个国家适合单独组成一个货币区，那么意味着这个国家适宜选择浮动汇率制；若一个国家适合与其贸易伙伴国组成一个货币区，则该国适宜采取固定汇率制。

判断一国是否适宜与其他国家之间组成一个货币区，主要的判断标准有如下几个：

(1)生产要素国际流动性程度标准。蒙代尔认为生产要素流动性与汇率制度的弹性之间具有相互替代的作用。国家之间要素的流动程度越高，它们之间越适宜组建货币联盟，也即越适合选择固定汇率制。理由是，当一国国际收支因其贸易伙伴国对其产品需求减少而出现赤字，若资本国际流动程度高，则可通过资本的大量流入来融通贸易赤字；若劳动力国际流动程度高，则可采取紧缩措施减轻赤字而无须担心失业问题。

(2)经济开放程度标准。麦金农认为以贸易品部门相对于非贸易品部门的规模大小来衡量的经济开放程度越高，加入货币联盟则越有益。理由是，贸易品部门占的比重越大，越容易受汇率波动的影响，因而越倾向于采取固定汇率制。

(3)产品多样化程度标准。凯恩斯认为一国进出口产品越是多样化，一国越倾向加入货币联盟，实行固定汇率制。理由是：一国进出口产品越是多样化，一国出口收入和进口支出越稳定，一国国际收支越稳定，因而不需汇率的变动进行调节，固定汇率制越可行。

(4)金融一体化程度标准。英格拉姆认为一国与他国之间金融一体化程度越高，较小的利率变动就可以吸引必要的资本流入来融通其国际收支赤字，越不需要依赖汇率变动进行调整，固定汇率制就越有利。

实行浮动汇率制后，根据有关最适货币区理论，赫勒对汇率制度选择的因素进行了总结。他认为，一国汇率制度的选择，主要由经济方面的因素决定。这些因素是：①经济开放程度；②经济规模；③进出口贸易的商品结构和地域分布；④国内金融市场的发达程度及其与国际金融市场的一体化程度；⑤相对通货膨胀率。这些因素具体与汇率制度选择的关系是：经济开放程度高、经济规模小，或者进出口集中在某几种商品或某一个国家，一般倾向于实行固定汇率制或盯住汇率制；而经济开放程度低、进出口商品多样化或地域分布分散化、同国际金融市场联系密切、资本流动较为客观和频繁，或国内通货膨胀率与其他主要国家不一致的国家，则倾向于实行浮动汇率制或弹性汇率制。

7. 市场有效性理论中的市场效率指市场的信息效率，即资本市场中投资品的价格对信息的敏感程度和反应的速度。证券价格作为一种正确的信号反映了一切当前可能获得的信息，可获得的有关信息的范围、程度和时效就成为价格是否能作为正确信号的决定因素。

(1)根据可获得信息的范围、程度和时效不同，可将市场划分为弱式有效市场、半强式有效市场和强式有效市场三种类型。

①强式有效市场。在强式有效市场中，所有有用的相关信息都在证券价格中得到反映。具体说：第一，包括投资品的所有相关信息；第二，信息能得到及时的公开和传递；第三，每一位交易者都获得充分的、同样多的信息；第四，每一位交易者对各证券的价值判断是一致的；第五，每一位投资者都可以将投资决策顺利实现。在强式有效市场中，信息一经产生即被公开，不存在信息公开的不完整性，任何处于信息源头的投资者都无法凭借其先期掌握的信息包括“内幕信息”获得超额利润。

②半强式有效市场。在半强式有效市场中，证券市场所有相关的历史信息都在证券价

格中得到反映。具体说:第一,投资者获得的是有关证券的所有已公开的相关信息;第二,信息能得到及时的公开和传递;第三,每一位交易者都充分获得了已公开的、同样多的信息;第四,每一位交易者对投资品的价值判断都是一致的;第五,每一位投资者都可以将投资决策顺利实现。在半强式有效市场中,所有公开的信息将即刻以一种无偏方式反映到价格上。

③弱式有效市场。在弱式有效市场中,所有有用的相关信息都在证券价格中得到反映。具体说:第一,投资者获得的是有关证券的所有公开了的相关信息;第二,每一位交易者都等机会的获得全部公开的信息;第三,信息能得到及时的公开和传递;第四,每一位交易者对各证券的价值判断不都是一致的;第五,每一位投资者都可以将投资决策顺利实现。在弱式有效市场,存在着已公开的非全部信息和内幕消息,而且对于已公开信息,不同投资者的认知程度和价值判断也不同,市场的价格变化变得更加复杂。

(2)市场有效性理论对公司的启示。在一个有效市场里,价格能根据新信息做出迅速调整,且现有市价能充分反映被交易资产所有可得到的信息,因此有效市场对于公司来说具有很重要的意义。

①根据市场有效性理论,除非高级管理人员掌握内幕信息和超级信息分析系统,否则市场是不可预测的。

②现实中管理者显然拥有关于他们所在公司的内幕信息,他们可以具有预测他们所在公司股票的能力。这意味着公司管理者可以根据他们公司的内部信息及公司发展战略和前景来掌握新证券发行的时机。比如公司管理阶层分析认为来年公司会有比今年更好的业绩,所以决定推迟股票发行,以顺利实现融资和降低融资成本。与此同时,财务或投资部的管理人员认为股票市场整体上很快会回升,所以决定推迟股票发行,这是人们基于分析和判断常常会做出的决策。

四、论述题

法定存款准备金政策、再贴现政策与公开市场操作三项政策工具,是中央银行为实现货币政策目标而经常使用的一般性政策工具。这三项货币政策工具的运行机制及其特点各不相同,具体如下:

(1)法定存款准备金政策,是指由中央银行强制要求商业银行等存款货币机构按规定的比率上缴存款准备金,中央银行通过提高或降低法定存款比率达到收缩或扩张信用的目标。

①法定存款准备金政策的运行机制。根据商业银行派生存款的扩张倍数原理,当存款准备金率为零时,派生存款的扩张倍数是无穷大的,提高存款准备金率会引起派生存款的倍数减少。借助存款准备金率与派生存款的倍数间的负相关关系,中央银行在需求过剩、信用膨胀时期可提高存款准备金率以紧缩银根,减少货币供给量;而当需求不足、信用紧张时期,中央银行则可通过降低存款准备金率以放松银根、加大货币供给量。

②法定存款准备金政策的特点。与其他货币政策工具相比,法定存款准备金率的运用具有如下优点:一是中央银行在货币政策的制定上具有主动权,实施起来方便灵活;二是法定存款准备金率的变动对货币供应量发生作用的时滞短,可以较快见效;三是由于对法定存款准备金率的调整的执行是强制性的,所以对所有的金融机构产生的影响是对称的。

然而,法定存款准备金率在运用中也存在不足:一是法定存款准备金率的调整对于货币供应量的影响具有倍数放大效应，导致调整带来的后果过于激烈，一般不宜作为常用的货币政策工具，因此中央银行有将其固定化的倾向；二是在商业银行存在超额准备金的情况下，法定存款准备金率提高应达到的政策效果将部分被冲抵，难以按计划削减信贷规模和减少货币供应量。

(2)再贴现政策，是指中央银行通过正确制定和调整再贴现率来影响市场利率和投资成本，从而调节货币供给量的一种货币政策工具，主要包括：对再贴现率的确定与调整以及规定向中央银行申请再贴现的资格。

①再贴现政策的运行机制。当中央银行对再贴现率进行调整时，商业银行会根据再贴现率与贷款利率的对比来决定调整贷款。当再贴现率高于商业贷款利率时，商业银行就会停止向中央银行申请再贴现，并减少对客户的贷款，或者提高贷款利率，导致客户的贷款减少，进而减少货币供应量。当再贴现率低于商业贷款利率时，商业银行会采取相反的措施，导致信贷的扩张，增加货币供应量。

②再贴现政策的特点。再贴现政策能发挥五个作用：融资、货币政策告示、宏观间接调控、激励商业信用票据化及加速资金周转。其最大优点是中央银行可利用它来履行最后贷款人的职责，通过再贴现率的变动影响货币供应量、短期利率以及商业银行的资金成本和超额准备金，达到中央银行既调节货币总量又调节信贷结构的政策意向。

同时，再贴现政策也存在一些缺点：一是中央银行虽然能够调整再贴现率，但借款与否和借款多少的决定权在商业银行，所以这一政策难以真正反映中央银行的货币政策意向；二是当中央银行把再贴现率定在一个特定水平上时，市场利率与再贴现率中间的利差将随市场利率的变化而发生较大的波动，它可能导致再贴现贷款规模甚至货币供应量发生非政策意图的波动；三是相对于法定存款准备金政策来说，贴现率虽然比较易于调整，但调整频繁会引起市场利率的经常波动，从而影响商业银行的经营预期。

(3)公开市场业务，是指中央银行利用在公开市场上买卖有价证券的方法，向金融系统投入或撤走准备金，用来调节信用规模、货币供给量和利率以实现其金融控制和调节的活动。

①公开市场业务的运行机制。公开市场业务从其动机来看，可分为两类：一类是主动性的调节，中央银行通过公开市场业务达到影响基础货币和市场利率，进而调节货币供应量的目的；另一类是防卫性的调节，用来抵消影响基础货币的其他因素变动所产生的影响。一般而言，当中央银行需要放松银根时，就会买进商业银行手中的有价证券，把货币投入市场；当中央银行需要紧缩银根时，就会卖出持有的有价证券，回笼货币。

②公开市场业务的特点。同前两种货币政策工具相比，公开市场业务有明显的优越性：一是中央银行能够运用公开市场业务，影响商业银行准备金，从而直接影响货币供应量；二是公开市场业务使中央银行能够随时根据金融市场的变化，进行经常性、连续性的操作；三是通过公开市场业务，中央银行可以主动出击，不像贴现政策那样，处于被动地位；四是由于公开市场业务的规模和方向可以灵活安排，所以中央银行有可能用以对货币供应量进行微调，而不会像存款准备金的变动那样，产生震动性影响。

但是公开市场业务作用的发挥需要具备一定的条件：一是客观上必须具备一个全国性的、规范的、完善的金融市场，使公开市场业务有足够的操作空间；二是中央银行必须具有干预和控制整个金融市场的实力。